国家出版基金项目
NATIONAL PUBLICATION FOUNDATION

国家出版基金资助项目

总主编 孙玉琴

中国对外贸易通史

（第三卷）

曲韵 王微微 郑春芳 张鲁青 苏小莉 著

对外经济贸易大学出版社
中国·北京

图书在版编目（CIP）数据

中国对外贸易通史. 第三卷 / 曲韵等著. —北京：对外经济贸易大学出版社，2018.5

ISBN 978-7-5663-1927-2

Ⅰ. ①中… Ⅱ. ①曲… Ⅲ. ①对外贸易–贸易史–中国 Ⅳ. ①F752.9

中国版本图书馆 CIP 数据核字（2018）第 111687 号

中国对外贸易通史（第三卷）

Zhongguo Duiwai Maoyi Tongshi

曲韵 王微微 郑春芳 张鲁青 苏小莉 **著**

责任编辑：张俊娟 高 卓

对 外 经 济 贸 易 大 学 出 版 社
北京市朝阳区惠新东街 10 号 邮政编码：100029
邮购电话：010－64492338 发行部电话：010－64492342
网址：http://www.uibep.com E-mail：uibep@126.com

三河市少明印务有限公司印装 新华书店经销
成品尺寸：185mm×260mm 29.75 印张 687 千字
2018 年 5 月北京第 1 版 2018 年 5 月第 1 次印刷

ISBN 978-7-5663-1927-2
定价：80.00 元

前　言

中国对外贸易的历史源远流长，早在先秦时期，我们的祖先就将丝绸等货物辗转运往境外。公元前 2 世纪，西汉武帝时期开拓的陆上及海上丝绸之路将中国与世界开始联系在一起，中国与世界各国和地区的贸易关系渐次发生，并不断向前发展。贸易往来推动着中外经济文化交流日益深入，中华文明在造福全人类的同时，也吸收、借鉴了世界各国文明的优秀成果，使中外经济文化交相辉映，共同进步。

受社会经济形态、中外政治经济格局及意识形态的制约，中国对外贸易经历了曲折的进程。西汉武帝时期基于国防安全畅通了丝绸之路，客观上打开了中外经济文化交流的孔道。通过古老的陆上及海上丝绸之路，中国与境外国家和民族间展开了日益广泛的政治、经济及文化交流。这一时期尽管贸易规模有限且以奢侈品贸易为主，直接获益者为少数贵族阶层，但通过贸易活动，中国引进了大量域外物种，从而丰富了中国农作物品种，普通民众的福利状况也有所改善。与此同时，作为经济相对发达的大国，中国先进的生产技术随着贸易的开展逐渐输出,有益于丝路沿线国家和地区社会生产力的提高。

魏晋南北朝时期民族纷争不断，政治上南北分裂，经济上遭受战火摧残，使这一时期发展对外贸易的社会经济基础有所削弱，但控制中国北方及南方的各政权为拓展其生存空间均致力于维护丝绸之路的畅通和安全，从而使沿着陆上丝路和海上丝路的对外经济交往得以持续，并进一步发展。

隋唐时期中国再次实现了空前的国家统一，在积极对外开放政策下，陆上丝路贸易发展到一个新的高峰，特别是中国与中亚地区间的贸易高度繁荣。唐后期，随着中国经济重心的南移、造船及航海水平的提高，海上丝绸之路在中国对外贸易中的作用逐渐超过陆上丝绸之路。

宋代由于国内财政危机空前严重，因此对海外贸易空前重视，鼓励海外贸易发展的政策纷纷出台，造船水平的提高、指南针运用于航海又为海外贸易发展提供了技术保障，从而使这一时期对外贸易伙伴大幅度增加，贸易的商品种类大为丰富，特别是海外贸易日益突破奢侈品贸易的局限，不少日用品开始进入海外市场，如宋朝粗重的陶缸、陶瓮出口到东南亚，胡椒等普通香料也大量进口到国内，这种贸易活动直接有益于普通民众的生活。而占城稻的引进不仅推动了南方经济的进一步发展，而且缓解了民众的粮食短缺状况，人民的基本生存条件得到改善。

元代随着欧亚陆海交通畅达，交通运输条件的改善，陆上丝绸之路再度复兴，海上丝路联系的地域更为广阔，中国与亚、非、欧各国的贸易达到了新的水平。

明代初年，面对来自日本倭寇的骚扰及沿海各种反抗势力，明朝实施了严格的海禁政策，中外民间贸易被禁止。15 世纪前期，郑和下西洋推动了海上丝绸之路的空前畅通，中外官方贸易发展到顶峰。16 世纪以后，随着欧洲人的东来，中国传统的贸易格局发生了巨变。面对西方殖民威胁，处于封建社会末期的明清统治者，在高度成熟的封建政治制度下，极力维护其既有的统治秩序。对外政策日趋封闭、保守，对外贸易活动受到严格限制。在与欧洲殖民者的贸易中，中国越来越处于被动不利的地位。妄自尊大、故步自封的结果使中国未能凭借丝、茶等商品的绝对优势获得应得的对外贸易利益，中国在世界经济中的领先地位也终于彻底丧失了。

1840 年鸦片战争后，西方人以坚船利炮打开了中国的大门，中国被迫走上了对外开放的道路。西方列强迫使中国与之签订了大量不平等条约，使中国逐步沦为一个半殖民地半封建社会，传统的独立自主的封建对外贸易随之演变为近代半殖民地性的对外贸易。为使中国经济发展符合西方列强的利益，西方列强凭借雄厚的经济、技术实力和强权政治，迫使中国接受了一系列近代制度安排，它们逐步控制了中国的政治、经济命脉，将中国纳入西方资本主义经济发展的轨道，中国成了西方工业品的销售市场和原料供应地，对外贸易日益半殖民地化。

近代百年，随着对外贸易的发展，中国经济与世界经济的联系不断加强，因而世界经济的繁荣与衰退、国际市场的变动深刻地影响着中国对外贸易的发展，进而影响着中国国民经济的发展。各资本主义列强势力的此消彼长决定着它们在中国对外贸易中的地位及其对中国经济的控制程度。中国对外贸易的半殖民地化，一方面影响了对外贸易的正常发展，另一方面抑制了对外贸易对经济发展促进作用的发挥。

20 世纪前半叶，中国政局动荡，内部纷争不已，外部遭受日本军国主义武装入侵，社会经济遭到严重破坏，中国对外贸易遭到致命的打击。

1949 年中华人民共和国成立后，彻底摆脱了西方列强的控制，半殖民地对外贸易随之终结。从 20 世纪 50 年代初到 70 年代末，30 年间中国受到西方国家的封锁禁运，受中苏关系恶化及计划经济体制等因素的制约，中国对外贸易发展缓慢，结构落后。1978 年党的十一届三中全会确立改革开放政策后，中国对外贸易加速发展，与世界经济融合日益加深。进入 21 世纪以来，中国已成为国际贸易大国，对外贸易对国民经济发展发挥着愈益重要的作用。与此同时，不断加剧的国际竞争也使中国面临着一系列国际间的矛盾与冲突。

现实是历史的继续，系统研究中国两千余年的对外贸易历史，梳理中国对外贸易发展的脉络，总结经验教训，不仅能使我们更好地认识过去，而且能使我们以史为镜、鉴古知今，更深入地理解现实，继往开来，为中国从贸易大国迈向贸易强国、为“一带一路”建设提供历史的智慧。

本套书共分为四卷。第一卷是古代卷，涵盖先秦至清前期的对外贸易；第二卷是近代卷，主要涉及清晚期及中华民国时期的对外贸易；第三卷是现代卷，主要研究新中国60余年来对外经济贸易的发展；第四卷为画册，以图片直观展现中国对外贸易史的发展历程。

本套书由多位中青年学者共同撰写完成，总主编对本套书从体例到内容进行了系统整合。参加本套书编写的人员主要有：孙玉琴，对外经济贸易大学教授，主要负责第一卷第一章～第六章，第七章、第八章部分内容，第二卷第一章、第二章、第五章、第六章部分内容，第四卷部分内容；陈晋文，北京工商大学教授，主要负责第二卷第三章、第四章；曲韵，中国社会科学院经济研究所副研究员，主要负责第三卷第一章～第五章；蒋清宏中国社会科学院近代史研究所副研究员，主要负责第二卷第五章、第六章部分内容；孙倩，对外经济贸易大学副教授，主要负责第四卷部分内容；常旭，中国社会科学院经济研究所副研究员，主要负责第一卷第七章、第八章部分内容，第二卷第一章、第二章部分内容；王微微，中国社会科学院大学副教授，主要负责第三卷第六章；张鲁青，首都师范大学副教授，主要负责第三卷第七章；郑春芳，北京联合大学教授，主要负责第三卷第八章、第九章；苏小莉，中国电子科技集团有限公司发展战略研究中心博士，主要负责第三卷第十章。此外，西北大学李瑞哲副教授，中国社科院经济研究所常旭副研究员，对外经济贸易大学叶梅副教授、王虎老师、曹亚红副研究员、刘海军老师，对外经济贸易大学李建树、周宇轩、张阳、邢恩焱、罗皓、谢梅、赵乐、于硕、许畅以及希腊留学生玛丽安（Erotokritou Marianna）、索菲亚（Erotokritou Sofia）等同学为本套书提供了图片或协助拍摄，对外经济贸易大学博士生刘平同学对本套书资料的后期核查提供了帮助，在此一并表示感谢。

本套书由总主编负责统稿，为使本套书保持学术风格的统一，总主编对各卷作者提供的文稿在内容上进行了取舍、补充与整合，本套书的学术贡献均归功于各卷作者，编纂过程中的不当之处请专家、读者不吝指正。

孙玉琴

2018年1月于对外经济贸易大学

目 录

第一章

新中国对外贸易基本政策的确立与演进

中华人民共和国成立伊始，面临着生产力水平低下、对外贸易自主权丧失的严峻现实。为了迅速恢复与发展国民经济，中华人民共和国实行对外贸易管制，并采取了保护贸易的政策。受到国内外多种因素的影响，不得不选择了“一边倒”的对外开放策略。

1949 年 10 月 1 日，中华人民共和国成立，结束了旧中国一百多年半殖民地半封建社会的屈辱历史，中国的对外开放也进入了一个新的时代。中华人民共和国成立伊始，为了使中国走上独立、自主、统一的现代化道路，新中国在独立自主、自力更生的基础上，按照平等互利的原则，积极促进内外交流，发展同世界各国的贸易往来。然而，由于中华人民共和国成立前后所面临的复杂的国际、国内环境，其走向国际社会的历程并非一帆风顺。

中华人民共和国成立前后，即面临着将以何种姿态走向世界的现实选择。首先，对于脱胎于半封建半殖民地社会的中国来说，鉴于鸦片战争后百余年历史的惨痛经历，维护国家的独立和主权必然成为中国对外方针的基本前提和条件。其次，中华人民共和国成立前后所面临的极为复杂的国际形势，也对这一选择产生了重要影响。第二次世界大战结束以后，随着以欧洲为中心的旧的世界格局的崩溃，美国、苏联两个大国由战时合作走向战后对抗，国际上形成了以不同的意识形态和社会制度来划分的两大对峙集团，即以苏联为首的社会主义阵营和以美国为首的西方资本主义阵营。正是在这样的背景下，1949 年春夏之间，毛泽东先后提出了“另起炉灶”、“打扫干净屋子再请客”和“一边倒”三条处理新中国对外关系的指导方针，并写入《中国人民政治协商会议共同纲领》（以下简称《共同纲领》），以法律的形式确定下来。《共同纲领》宣布：“凡与国民党反动派断绝关系，并对中华人民共和国采取友好态度的外国政府，中华人民共和国中央人民政府可在平等、互利及互相尊重领土主权的基础上，与之谈判，建立外交关系”；“对于国民党政府与外国政府所订立的各项条约和协定，中华人民共和国中央人民政府应加以审查，按其内容，分别予以承认，或废除，或修改，或重订”；“中华人民共和国联合世界上一切爱好和平、自由的国家和人民，首先是联合苏联、各人民民主国家和各被压迫民族，站在国际和平民主阵营方面，共同反对帝国主义侵略，以保障世界的持久和平”。这是根据中国的历史和现实以及当时的国际环境做出的重大决策。此外，《共同纲领》还规定：“中华人民共和国可在平等和互利的基础上，与各外国的政府和人民恢复并发展通商贸易关系”；“中华人民共和国中央人民政府应尽力保护国外华侨的正当权益”；等等。这些具体政策，体现了新中国开展内外交流遵循的基本原则。

“另起炉灶”、“打扫干净屋子再请客”和“一边倒”三条指导方针，分别针对中华人民共和国一成立就面临的三大问题：如何处理国民党政府与外国的旧外交关系和如何着手建立起新的外交关系；如何对待美国和其他帝国主义国家在中国的特权、势力和影响；如何处理与苏联和其他社会主义国家间的关系。虽然三条指导方针各自的侧重点不同，但在实行中却是并行不悖的。中华人民共和国成立以后，根据上述指导方针，中国在对外关系方面发生了根本性的变革。首先，在对方明确承认中华人民共和国中央人民政府是中国的唯一合法政府的前提下，中国在较短的时间内与世界上许多国家建立起正常的外交和经贸关系。其次，为了维护国家主权，中国政府取消了 1840 年鸦片战争后，西方列强胁迫中国政府签订的一系列不平等条约和政治、军事、经济方面的许多特权。至此，中国由半殖民地、半封建社会变成了完全独立自主的民主国家。与此同时，中国收回了对外贸易（简称外贸）自主权，在解放区已经开展的对外贸易基础上，通过没收官僚资本，并对民族资本外贸行业进行社会主义改造，逐步建立起独立自主的对外贸易体系和海关管理体系。这一切为中国在平等互利的基础上开展内外交流创造了条件。

第一节　新中国成立初期社会经济发展情况

在 1949 年中华人民共和国成立前的 100 多年里，中国的社会性质与经济结构发生了巨大的变化。1840 年 6 月鸦片战争的爆发是中国历史的一个转折点。战争历时 2 年，以中国的失败告终。战后签订的中英《南京条约》成为中国近代史上第一个不平等条约。1840 年鸦片战争以前，中国是中央集权的以传统农业为主的封建社会。鸦片战争以后，中国的领土主权、司法主权、关税主权等遭到破坏，中国一步步变成了一个半殖民地半封建的社会，以小农经济为主的自给自足的自然经济基础开始解体，城乡商品经济有所发展。正如毛泽东所言："帝国主义列强侵略中国，在一方面促使中国封建社会解体，促使中国发生了资本主义因素，把一个封建社会变成了一个半封建的社会；但是在另一方面，他们又残酷地统治了中国，把一个独立的中国变成了一个半殖民地和殖民地的中国。"①

一、生产力水平低下

旧中国在帝国主义、封建主义和官僚资本主义的三重压迫下，经济发展水平极其低下。

（一）农业十分落后

旧中国有 80%的人口从事农业生产，基本上是以个体劳动为主的传统农业经营，没有机械化农具，生产技术落后，劳动生产率低下，长期以来每年需从国外进口大批粮食和棉花。以玉米种植为例，抗日战争前，同样面积的土地，中国投入的劳动力为美国的 1.41 倍，而产量只及美国的 46%。② 帝国主义的侵略压迫和地主阶级的残酷剥削，使得农田基本建设设施落后，长期失修，水、旱、虫等自然灾害严重，加之战乱不断，农村经济日趋衰落。1946 年农作物的总产量仅及 1932—1936 年平均年产量的 2/3；1947 年农业总产量仅为战前标准的 60%。③ 1949 年全国粮食平均亩产仅为 142 斤，棉花仅为 22 斤。④ 人均占有粮食为 209 公斤，棉花 0.8 公斤，油料 4.73 公斤。⑤

---

① 毛泽东选集：第 2 卷. 北京：人民出版社，1991.

② 马洪，孙尚清. 中国经济结构问题研究. 北京：人民出版社，1981.

③ 陆仰渊，方庆秋. 民国社会经济史. 北京：中国经济出版社，1991.

④ 国家统计局. 伟大的十年. 北京：人民出版社，1959.

⑤ 中国统计年鉴（1981）. 北京：中国统计出版社，1981. 该引用中的"斤"相当于 500 克，即 0.5 千克；"公斤"规范的提法应为"千克"。

（二）工业生产技术落后，劳动生产率和产量低下

旧中国工业企业的生产技术十分落后，劳动生产率低下。据计算，抗日战争前中国工厂的工人劳动生产率仅相当于美国的1/10左右。[①] 1949年，全国手工业产值为34亿元，占工业总产值的75%，占工农业总产值的11.7%。在这种状况下，中国工业的门类很不齐全，行业的集中程度也很低。如中国民族资本主义工业最发达的面粉业，1913—1921年的最兴盛时期，平均每厂职工仅有92人，钢磨13部，生产能力2 237.2包；其后生产规模日趋缩小，1946—1949年，下降为平均每厂职工25.9人，钢磨3.8部，生产能力509.1包。[②]

从总量看，中国与当时先进国家工业水平的差距至少在100年以上。如：生铁产量，英国1835年为102万吨，法国1848年为47万吨，德国19世纪40年代仅莱茵河两岸的鲁尔区和萨尔区即约为20万吨；[③]而中国1936年为81万吨，1949年仅为25.2万吨。钢产量，1936年中国为41.43万吨，同年苏联为1 624万吨，是中国的39倍；美国为4 853万吨，是中国的117倍；英国为1 197万吨，是中国的29倍。电力，1936年中国为37.95亿千瓦时，同年苏联为364亿千瓦时，是中国的近10倍：美国为1 465亿千瓦时，是中国的近39倍；英国为242亿千瓦时，是中国的6倍多。原煤产量，1936年中国为3 956万吨，同年苏联为12 640万吨，是中国的3倍；美国为44 785万吨，是中国的近12倍；英国为23 212万吨，是中国的5倍。[④]

（三）工农业比例失衡

鸦片战争后外国列强的入侵，加速了中国封建时代自给自足的自然经济的解体。特别是第一次世界大战后，中国农业生产的商品化有了迅速的提高。1893年中国农产品出口总值在全部出口货物中占15.6%，1910年则为39.1%，1930年更是增长到45.1%。中国农产品出口总值，1930年比1893年增长22倍多。[⑤] 据估计，1933年全国工农业总产值为249.55亿元。其中，农业总产值为218.94亿元，占工农业全部产值的87.7%；工业总产值为30.61亿元，仅占工农业全部产值的12.3%。[⑥] 1949年，在全国5.42亿人口中，农村人口为4.84亿，占总人口的89.39%。[⑦]

农业内部，在封建土地所有制下，土地日趋集中，“耕者无其田”现象非常严重。据1927年6月发表的《中国国民党中央执委会农民部土地委员会报告》估计，无地少地（10亩以下）的农民，占农村人口的75%，仅占有土地6%；而占农村人口14%的地主富农，却占有81%的土地。又据有关材料估计，抗日战争前中国的地主占有50%以上的土

① 陈真，等. 中国近代工业史资料：第4辑. 北京：三联书店，1961.

② 严中平，等. 中国近代经济统计资料选辑. 北京：科学出版社，1955.

③ 毛磊，等. 中西五百年比较. 中国工人出版社. 1989；中国统计年鉴（1981）. 北京：中国统计出版社，1981.

④ 国家统计局. 我国的国民经济建设和人民生活. 北京：统计出版社，1958. 此引用中英国原煤产量是中国的5倍，经计算应为5.87倍。

⑤ 严中平，等. 中国近代经济统计资料选辑. 北京：科学出版社，1955.

⑥ 中国社会科学院，中央档案馆. 1949—1952 中华人民共和国经济档案资料选编：综合卷. 北京：中国城市经济出版社，1990.

⑦ 国家统计局. 我国的国民经济建设和人民生活. 北京：统计出版社，1958.

地，地主和富农合计占 70%～80%的土地，而占农村人口 90%的雇农、贫农、中农和其他劳动者只占有 20%～30%的土地。[①] 土地的使用则日趋分散。地主阶级垄断了大量的土地，并非集中经营，而是将其分散出租给农民耕种。据 16 省 55 个县的统计，1890 年各农户使用耕地的面积平均为 20.25 亩。[②]又据 1943 年国民政府土地委员会对 16 省 103 个县的调查，各农户使用耕地的面积 10 亩以下的占 47%，20 亩以下的占 70%。[③]

残酷的封建地租剥削严重阻碍了农业的发展。据 1927 年江西省 60 个县地租与全部收获量比例的调查统计，地租占全部收获量 50%以下的仅 12 县，占 50%的 22 县，占 55%的 4 县，占 60%的 16 县，占 65%的 1 县，占 70%的 4 县，占 80%的 1 县。[④] 据国民政府统计，安徽省的地租额无论田的等级如何，都占产量的 70%以上；四川省、福建省在 60%以上；陕西省在 55%左右；而四川省、云南省的个别县，租率竟有高达 100%以上的。[⑤] 这种残酷的地租剥削，以及其他种种超经济的苛重剥削和高利贷盘剥，加之水利失修，战乱破坏，使得农民最多只能维持简单再生产，有时甚至连简单再生产也无法维持。

工业内部重工业所占比重很小。1933 年消费资料生产净产值占全部工业产值的 72.7%，从事消费资料生产的工人占 64%；而生产资料生产净产值仅占 27.3%，工人只占 36%。[⑥] 1949 年，全国轻工业产值占工业总产值的 73.6%，而重工业产值仅占 26.4%。[⑦] 重工业内部各部门之间的比例关系也很不合理，采矿业比重过大，冶炼业比重过小，制造业和其他近现代产业微不足道。抗日战争前的某些年份，中国铁矿石产量超过生铁产量近 10 倍，超过钢产量近 100 倍。[⑧] 生铁产量又大大超过钢产量。1931 年，中国生铁产量为 48.8 万吨，钢产量只有 1.5 万吨，铁与钢的产量比为 33.87:1，同年美国的比例为 0.71:1，日本为 0.49:1。[⑨] 而中国轧钢能力只占炼钢能力的 47.4%。矿冶业总产值占工业总产值的 15%，机器制造业产值仅占 0.1%。[⑩]其他如电力、石油等能源工业及交通运输业、邮电通信业等的发展更是十分落后。

二、对外贸易丧失自主权，赤字居高不下，贸易量下降

自鸦片战争起到中华人民共和国成立前的 100 多年间，外国列强迫使中国政府签订的不平等条约达 1 182 个，除割地赔款、开辟租界外，还给予外国侵略者以在华驻军、领事裁判、协定关税、海关管理、内河航行、兴建铁路、设立银行、开办工厂、自由经

---

① 何东，等. 中国新民主主义革命时期农民土地问题. 北京：中国人民大学出版社，1983.

② 严中平，等. 中国近代经济统计资料选辑. 北京：科学出版社，1955.

③ 何东，等. 中国新民主主义革命时期农民土地问题. 北京：中国人民大学出版社，1983.

④ 何东，等. 中国新民主主义革命时期农民土地问题. 北京：中国人民大学出版社，1983.

⑤ 严中平，等. 中国近代经济统计资料选辑. 北京：科学出版社，1955.

⑥ 严中平，等. 中国近代经济统计资料选辑. 北京：科学出版社，1955.

⑦ 中国统计年鉴（1983）. 北京：中国统计出版社，1983.

⑧ 严中平，等. 中国近代经济统计资料选辑. 北京：科学出版社，1955.

⑨ 孙健. 中华人民共和国经济史. 北京：中国人民大学出版社，1992. 此引用中铁与钢的产量比为 33.87:1，经计算产量比为 32.5:1。

⑩ 巫宝三. 中国国民所得：上册. 北京：中华书局，1947.

商等军事、政治和经济特权。中国的主权和领土完整遭到了严重破坏，对外贸易也丧失了独立自主的权利。

外国列强通过一次次侵略战争，从中国攫取了巨额赔款。其中仅《南京条约》《马关条约》《辛丑条约》等主要不平等条约，就向中国勒索赔款 19.53 亿两白银，相当于清政府 1901 年全部收入的 16 倍。[①] 此外，外国列强逐步掌握了中国的海关主权。1842 年签订的《南京条约》，确立了中国海关“协定关税”的原则，中国失去了自主确定关税税率的权力。在所谓“协定关税”的基础上，外国列强还进一步夺取中国的海关行政权，侵占中国关税收入的支配权。这些权力的丧失导致外国货物大量涌入，改变了中国外贸长期出超的局面。1865 年，中国首次出现入超。此后，除 1872—1876 年曾一度转为小量出超外，一直为入超，且入超数字愈来愈大，进口货物的种类也不断增多。1926—1936 年，中国平均每年入超近 5 亿美元，约占同期进口平均总值的 1/4 以上。抗日战争结束后，入超更为严重，1946 年入超额约比战前增加两倍。与此同年，中国平均每年入超近 5 亿美元，约占同期进口平均总值的 1/4 以上。[②]

与此同时，外国列强对中国的资本输出不断加强。甲午战争后，外国列强在华投资额不断增大，它们通过向中国政府提供高息借款作为输出资本并在政治上加以控制的重要手段。并且通过在中国设立外资银行，操纵了中国的财政和金融命脉。外国列强还在很大程度上垄断了中国远洋和内河的航运、铁路的修筑、矿产资源的开采、近现代工业的投资等，从中国攫取了大量利润。正如毛泽东主席所指出的：“帝国主义列强根据不平等条约，控制了中国一切重要的通商口岸，并把许多通商口岸划出一部分土地作为它们直接管理的租界。它们控制了中国的海关和对外贸易，控制了中国的交通事业（海上的、陆上的、内河的和空中的）。因此它们便能够大量地推销它们的商品，把中国变成它们的工业品的市场，同时又使中国的农业生产服从于帝国主义的需要。”[③]

外国资本主义的侵入，一方面，加速了中国封建自然经济的解体，促进了中国资本主义萌芽的发展；另一方面，帝国主义又勾结中国封建势力，培植官僚买办资产阶级，共同压制民族资本主义的发展，从而使中国逐步变为半殖民地半封建社会。同时，中国封建社会的对外贸易也变为半殖民地半封建性质的对外贸易，其主要特征是：

第一，对外贸易被帝国主义和官僚买办资产阶级所控制和垄断。帝国主义列强于 1843 年取得了协定关税特权，从 1845 年起又霸占了中国海关的行政管理权，英国和美国帝国主义分子相继窃据总税务司职位，中国大门的钥匙落到帝国主义手中，为它们的经济侵略大开方便之门。外国资本大量涌入中国，1882—1913 年，洋行由 440 家猛增到 3 805 家，向商品流通领域的各个环节和其他领域迅速扩张它们的势力，从而完全控制了中国对外贸易以及外汇、金融、航运、保险、商品检验等有关事业。帝国主义所豢养的官僚买办资产阶级，也开办了各种垄断性的进出口贸易公司，它们实际上是外国垄断

---

① 张寿春，等. 新中国经济建设评析. 南京：东南大学出版社，1996.

② 董辅礽. 中华人民共和国经济史. 北京：经济科学出版社，1999.

③ 毛泽东选集：第 1 卷. 北京：人民出版社，1964.

资本在中国的代理行。

第二，进出口商品结构完全适应帝国主义掠夺资源、倾销商品的需要。出口商品主要是生丝、茶叶、桐油、猪鬃、大豆、花生、锑、钨等工业原料和农副产品。进口商品除1913年前鸦片居首位外，主要是棉织品、毛织品、煤油、汽油、香烟、洋酒、食品罐头、糖果、化妆品、玻璃丝袜等消费品和奢侈品。据统计，1873—1947年，每年进口的机器设备从没有超过进口总额的10%。① 洋纱、洋布、洋油等充斥中国市场，严重打击了民族经济的发展。

第三，对外贸易长期入超和不等价交换。帝国主义在中国市场上的大肆倾销，使中国对外贸易自1877年至1949年的73年间，年年入超，总额达64亿美元，② 造成金银大量外流，财政经济陷于困境。1946年，贸易入超额高达4.721亿美元，为该年出口贸易值（1.787亿美元）的2.6倍，比1936年入超额（7 000万美元）增加了近6倍，创中国入超史上的最高纪录。1947—1948年入超额有所减少，但也分别达到2.134亿美元和0.449亿美元。战后三年合计，中国贸易入超总额为17.04亿美元，超过战后三年出口贸易的总值。③ 帝国主义还凭借其对中国外贸的控制权，肆意扩大中国进口工业品和出口原料产品之间的价格剪刀差，通过不等价交换，对中国人民进行残酷的掠夺和剥削。

由于工农业发展水平低下，中华人民共和国成立前的对外贸易也萎缩凋敝。1949年，主要农作物的产量急剧下降，全国粮食总产量只有2 263.6亿斤，比1949年以前的最高年产量减少了24%以上。棉花产量为8.9亿斤，减少了47%以上。本来可以自给的面粉、棉花、烟草等都需要依赖进口；一些传统出口的农副产品如大豆、桐油、猪鬃、生丝、茶叶等，也无法输出。④

与抗日战争前相比，主要工农业产品产量锐减，国民收入和人均收入也大幅度下降。到1948年，重工业产量减少了70%，轻工业产量减少了30%。重要出口商品的产量下降更为剧烈，如生丝抗日战争前产量约为297 460担，到1948年降至82 400担，仅相当于抗日战争前的27.7%。⑤ 茶叶抗日战争前产量每年为170万担左右，到1947年降至216 499担，仅有抗日战争前的12.7%。⑥ 国民收入1936年为257.98亿元，1949年降至189.48亿元，降幅达26%，年均增长率为–2.4%。人均收入1936年为50.51元，1949年下降到34.98元，降幅为31%，年均增长率–2.87%。产出的下降直接造成出口货源的锐减，收入的降低又削弱了国民的购买力，导致对外贸易规模严重萎缩。

① 当代中国对外贸易编辑委员会．当代中国的对外贸易：上．北京：当代中国出版社，1992.

② 当代中国对外贸易编辑委员会．当代中国的对外贸易：上．北京：当代中国出版社，1992.

③ 李康华，等．中国对外贸易史简论．北京：对外贸易出版社，1981.

④ 陆仰渊，方庆秋．民国社会经济史．北京：中国经济出版社，1991.

⑤ 彭泽益．中国近代手工业史资料（1840—1949年）：第4卷．北京：中华书局，1984.

⑥ 彭泽益．中国近代手工业史资料（1840—1949年）：第4卷．北京：中华书局，1984.

第二节　实行国家对外贸易的统制和贸易保护政策

争取对外贸易的独立自主权并建立人民的对外贸易，是中国新民主主义革命的奋斗目标之一。由于中国共产党领导的中国人民革命是以农村包围城市进行武装斗争夺取政权，在革命根据地和解放区就对这一奋斗目标开展了局部的初步实践。早在第二次国内革命战争时期，根据地革命政府就“有计划地组织人民的对外贸易”，[①] 通过各种渠道向国民党统治区卖出多余的粮食和一些土特产品，买回食盐、布匹、药材等必需品，以打破敌人封锁，保证军需民用，支援革命战争。在根据地革命政府领导和管理下的公营对外贸易，实际上是中国社会主义对外贸易的萌芽。经过抗日战争和解放战争，革命根据地不断发展，解放区迅速扩大，并陆续解放了东北与苏联接壤地区和一些沿海口岸。在已经解放的城市，人民政府即行收回对外贸易自主权，帝国主义对中国对外贸易的控制权被相继摧毁。自 1945 年至中华人民共和国成立前，东北、山东、华北、华东等解放区先后建立了对外贸易管理机构和一些外贸公司，对苏联、朝鲜、日本等国家和港澳地区开展了小规模的贸易往来，由过去根据地年代对国民党统治区的贸易发展为对国外的贸易。这是中国社会主义对外贸易的雏形，为以后新中国建立社会主义对外贸易积累了经验。中华人民共和国成立后，立即废除了帝国主义在中国境内的一切特权，收回了长期被外国人把持的海关管理权，取消了外国资本在金融、航运、保险、商检、公证、仲裁等方面的垄断，没收官僚资本对外贸易，改造民族资本主义对外贸易，新建国营对外贸易，实行了对外贸易的统制和保护贸易政策。从此，中国的对外贸易恢复了独立自主的地位，以崭新的面貌跻身国际市场。

1949 年 10 月中央贸易部成立后，即实行对外贸易的管制，采用保护贸易的基本原则，着手制定了一系列相关管理条例和实施细则。1950 年 12 月 8 日，政务院通过并公布实施了全国统一的《对外贸易管理条例》和出进口货物管制附表。为了突破帝国主义的封锁，1950 年 12 月，在第二次全国对外贸易会议上，确定了对资本主义国家的贸易方式由现汇改为易货，并制定了易货贸易管理办法和易货出进口管制货物附表。这两个文件的制订使对外贸易管理工作开始由各地的分散管理转变为国家统一集中的领导。随后，又陆续制定了一系列有关进出口管理、海关管理、外汇管理、商检管理的具体办法，新中国的对外贸易管理逐步走向法制化和规范化。

1949 年 2 月 16 日，在中华人民共和国成立前夕，中共中央在《关于对外贸易的决定》中即已指出：“为了迅速恢复与发展新中国的国民经济……我们应该立即开始进行新中国的对外贸易。”1949 年 9 月通过的《共同纲领》规定：“中华人民共和国可在平等互利的基础上，与各外国的政府和人民恢复并发展通商贸易关系。”“保护一切合法的公私

① 毛泽东选集：第 4 卷. 北京：人民出版社，1991.

贸易。实行对外贸易的管制，并采用保护贸易政策。”这些是新中国开展对外贸易的基本原则。

一、实行国家对对外贸易的统制

为了迅速改造半殖民地性质的经济，尽快恢复和发展民族经济，新中国实行国家对外贸的统制政策。中华人民共和国成立前夕，1949 年 3 月，毛泽东在中国共产党第七届二中全会上的报告中指出：“人民共和国的国民经济的恢复和发展，没有对外贸易的统制政策是不可能的。”[①] 根据中共中央关于统制对外贸易的决策，1949 年 9 月通过的《共同纲领》规定：“实行对外贸易的管制，并采用保护贸易政策。”

中华人民共和国成立后，在建立集中统一的对外贸易管理机构体系的基础上，陆续颁布了一系列统制全国对外贸易的法令和法规，并制定了有关的具体规定和实施办法。遵照统制对外贸易政策，对外贸易部门会同其他有关部门，采取商品分类管理、进出口许可证、外贸企业审批、外汇管制、出口限价、保护关税、货运监管、查禁走私、商品检验等行政管理措施，运用信贷、税收等经济手段，并逐步加强计划管理，把全国对外贸易活动置于国家集中领导、统一管理之下，以统一地开展对外经济活动，维护国家独立自主，促进国民经济的恢复和发展，保证社会主义改造和社会主义建设顺利进行。

二、实行贸易保护政策，对进出口统筹兼顾

实行贸易保护是国家在不平衡的情况下，以及出于保持贸易平衡的目的，所采取的保护本国经济的做法。为了在人口多、底子薄的情况下，既满足人民生活的基本需要，又保证经济建设的顺利进行，新中国成立初期对进出口实行了“奖出限入”的贸易保护政策，即：凡是可以输出的货物，都要奖励输出，以推销国内物资，争取外汇，换回生产资料；凡是无益于生产建设的物品，或国内可以生产的物品，一定要限制或禁止输入，以保护国内工业，稳定国内物价。

这种“奖出限入”是积极意义上的，即不是单纯的争取出超，而是用各种办法增加出口，同时也按需要尽快增加进口，出口是为了进口，即在争取外汇收支平衡的原则下大量地输出和输入。在不影响国内生产的情况下，也允许输入部分非必需的工业品，以刺激国内生产技术的改良。奖励出口的办法有减免出口税、贷款扶持、减低运费、举办埠际转口押汇等。限制输入的办法主要是通过许可证制度、关税政策和批汇管理，严格限制非生产需要和非必需品的进口申请。“奖出限入”的商品种类不是一成不变的。准许、特许、统购、统销、禁止五类商品的货单根据国内市场情况在不断调整，或由统销统购商品改为普通进出口商品，或由准许进出口商品改为禁止进出口商品，或由禁止出口商品改为准许出口商品、特许出口商品等。对于与发展工业生产有关的货物，还实行“奖入限出”，如对进口原料减免进口关税、减低国内运费，限制本国所需原料的输出等。总之，“奖出限入”或“奖入限出”，都是以保护或促进本国工农业生产为基本原则的。

---

① 毛泽东选集：第 4 卷. 北京：人民出版社，1991.

1953年，中国开始进行工业化建设，根据经济发展的新需要更加强调生产资料的优先进口。中共中央提出的党在过渡时期的总路线将优先发展重工业作为实现工业化的中心环节，同时相应发展轻工业、交通运输业和农业。保证经济建设所需技术、设备，特别是发展重工业所需的钢铁工业、机器制造工业、电力工业、燃料工业、有色金属工业、基本化学工业等成套设备的输入，成为对外贸易进口的核心。同时，适当进口发展交通运输、轻工业、农业、科学文化事业等所需要的各种器材，并酌量进口满足人民生活需要的某些日用品。

在积极输入经济建设所需物资的同时强调进口须以保护国内生产为原则，进口什么、进口多少应根据国家的经济力量和生产及市场需要安排，绝不能打击国内生产。凡国内生产能满足供应，或经努力可满足供应的，或国内有代用品的应不进口或少进口。中央上述指示的基本精神，是在保证国内市场基本需要的同时，尽量挤出一些东西扩大出口，从而兼顾人民生活和国家建设，把人民的眼前利益和长远利益恰当地结合起来。这一系列对外贸易基本方针政策的制定和实施，是社会主义基本原则在对外贸易领域的体现，后来通过长期实践不断充实、发展，逐步形成较完整的中国对外贸易方针政策体系。

“内销服从外销”是新中国成立后统筹安排进出口的另一个重要原则。1953年，对外贸易部提出在出口工作中必须遵守以下原则：凡对国计民生关系重大的商品（如粮食），应首先满足国内需要，如有剩余才可出口；凡对国计民生关系较小的商品，应积极组织出口，有的商品（如肉类、油籽）并应适当节减国内消费，挤出来出口。[①]这一原则后来被逐步明确为“内销服从外销”原则，并于第一个五年计划（又称“一五”计划）时期及其后相当长的时期内作为出口工作的指导性原则被反复强调。

生产力发展水平是决定一个国家出口能力和出口商品构成的基础。恢复时期（1949—1952年）结束后，中国的工农业生产能力虽得到一定恢复和发展，但工业基础仍很薄弱。农副产品方面，落后的农业生产条件加之耕地面积的限制和自然灾害的影响，短期内增产能力也有限。“一五”计划时期，随着大规模经济建设的展开，对原材料的需求急剧增长，加之经济初步恢复后人民购买力水平的逐步提高，导致国内市场上包括农副产品在内的大量商品的全面紧缺。为了组织出口货源，外贸部门一方面深入生产领域，采取措施促进工农业产品数量的增长和质量的提高，另一方面，为了使出口商品在规格、质量、花色、包装等方面适应国外市场的要求，还设立了一定数量的农产品、畜产品和副产品的初制加工厂，并指定了一些工厂或车间专门生产出口工业品。此外，外贸部门还曾设立专项后备资金，作为收购和储备出口物资之用。

中华人民共和国成立时出口物资的来源大体上可分为以下几类：（1）由国家统一掌握分配的重要物资，都按国家计划直接调拨，供应出口，如粮油、钢材、水泥、煤炭等。（2）由国营对外贸易企业直接或委托合作社在国内收购，经过加工后组织出口，如丝绸、

① 中国社会科学院，中央档案馆. 1953—1957中华人民共和国经济档案资料选编：商业卷. 北京：中国物价出版社，2000.

畜产和若干小土产等。（3）按照对外贸易部门和有关供货部门所订的供货协议，国营对外贸易企业从供货部门作价进货，再组织出口，如茶叶、食品、纺织品、轻工业品及某些大宗的土产品等。（4）进口原料，经过组织有关生产部门加工后，再供应出口，像出口的麻帽、棉布、部分呢绒、橡胶制品等。（5）转口物资，这类物资是由国营对外贸易企业根据国家的计划购进后，再按照某些国家的需要，直接转供出口，不与国内其他部门发生关系，例如进口的一部分橡胶、棉花、砂糖和大米等，就直接转供第三国。

三、在尊重主权、平等互利的基础上与世界各国开展通商贸易

为了迅速恢复和发展国内经济，中国政府坚持以自力更生为主，同时尽量争取国际援助，充分重视、建立并发展与各国的对外贸易关系，但这种对外贸易关系必须建立在尊重主权、平等互利的基础上。1949 年 9 月《共同纲领》规定：“中华人民共和国可在平等和互利的基础上，与各外国的政府和人民恢复并发展通商贸易关系。”中国对外贸易部门把平等互利原则具体贯彻在对外贸易的各个方面和各个环节，坚持国家不分大小、贫富、强弱，在贸易交往中一律平等，双方的权利和义务应体现对等的原则；进出口商品根据双方供应可能，互相适应对方需要，尊重对方的民族爱好和风俗习惯；按国际市场价格水平公平合理作价，以求互利；严格履行贸易协议和合同，重合同，守信用。1954 年 6 月，经周恩来总理提议，中国同印度和缅甸共同倡导以和平共处五项原则作为国际关系的准则，即互相尊重主权和领土完整，互不侵犯，互不干涉内政，平等互利，和平共处，并于同年 9 月载入新中国第一部宪法。平等互利原则，反映了国际间正常开展商品交换和经济技术交流的客观要求，在对外经济关系方面体现了中国独立自主的和平外交政策，是新中国成立和发展对外贸易关系的基本原则。

（一）制定独立自主的关税政策和税则税率，保护民族经济发展

近代以来，按照不平等条约规定的关税政策和税则税率都是有利于西方资本主义国家对中国的经济侵略的。如进出口货物的税率要协商订立，即协定关税；进口洋货在缴纳了极低的关税后即可畅通无阻地自由运销内陆各地。尽管 1929 年中国收回了关税自主权，以后又几次修订税则，提高了税率，但都是在原不平等的极低的税则税率基础上修订的，对保护民族经济的作用十分有限。关税收入除用于海关行政开支外，其余都用于偿付外债、内债和支应军费了[①]。

新中国成立后，在新的税则税率未及订立之前，各海关暂沿旧制，并根据国内生产情况和市场供应情况的变化，对一些商品的进出口税率做了临时调整。与此同时，新中国明确将新的关税税则税率的制定原则确立为保护民族经济。1950 年 1 月，政务院《关于关税政策和海关工作的决定》中做出如下要求。新的关税政策必须以保护国家生产，保证本国产品对外国商品的竞争力为目的，要贯彻一些基本原则，包括：国内能大量生产的或者暂时不能大量生产但将来有发展可能的工业品及半制品，在进口同样商品时，海关税率应高于该项商品成本与国内同样货品成本之间的差额，以保护国家民族生产；

① 郑友揆. 中国的对外贸易和工业发展（1840—1948）. 上海：上海社会科学出版社，1984.

对奢侈品和非必需品的输入实行高关税；对国内生产很少或不能生产的生产设备器材、原料、粮食种子、肥料等的输入实行低税率或免税；对一切必需的科学图书、国内不能生产或国产品不能替代的药品的输入，免征或减征关税；根据与中国有无贸易条约或协定关系实行差别税率；对经准许出口的半制成品及加工原料的出口实行低税率或免税输出。

1951 年 5 月 10 日，政务院批准了重新制定的《中华人民共和国海关进出口税则》和《中华人民共和国海关进出口税则暂行实施条例》。新税则的制定完全服从于国家的利益，不受任何不平等条约的束缚，是中国历史上第一部独立自主的关于税则的法规。新税则的分类和税率的厘定都是以保护国内生产和发展对外贸易为目的，体现了《共同纲领》规定的保护贸易的政策。根据税则规定，关税一律从价计征，出口货物只有一种税率，进口货物按需要程度和国内市场情况分为必需品、需用品、非必需品和奢侈品 4 类共 20 级。此外，对于进口货物，根据出口国与中国是否订立有贸易条约、协定或最惠国条款，分别实行较低税率或普通税率。新税则的分类和税率的厘订都是以保护国内生产和发展对外贸易为目的，体现了《共同纲领》规定的统制贸易和保护贸易的政策。这个税则从 1951 年至 1984 年共实施了 34 年，其间对税收中的货品和税率做了 24 次调整。

新税则的颁布实施，维护了国家和人民的利益。同时，海关加大力度防止走私漏税，基本上肃清了帝国主义、官僚、军阀大规模走私的局面，保证了国家财产少受损失。1950 年，尽管遭到西方国家封锁禁运的影响，进出口贸易仍比中华人民共和国成立前有所增长，海关税收完成预计数的 171.24%，达到了抗日战争前的平均水准。1950—1952 年海关关税收入分别为 3.56 亿元、6.94 亿元和 4.81 亿元，分别占各年国家税收总额的 7.27%、8.55%和 4.92%。①

（二）管制贸易外汇

《中国人民政治协商会议共同纲领》规定："外汇、外币和金银的买卖，应由国家银行经理。"新中国成立后，国家制定了人民币对外汇的兑换率，并实行了外汇管理。外汇管理主要包括管理指定银行、私商银行外汇交易所以及进行市场管理。

中华人民共和国成立初期，国家外汇管理的基本办法主要有：严禁外币的计价流通和使用，消灭外币黑市；办理外币存兑，根据公私兼顾原则，订立外币收买价，允许以自备外币经营进口贸易；组织外汇交易所，集中进行外汇交易；指定国家银行经营外汇业务，对私营外商和华商银行采取利用与管理政策；出口所得必须结汇，即出口商输出商品所得外汇，必须移存中国银行，开取外汇存单（私商），或由银行按当日买入价兑换人民币结存（国营外贸公司）；进口货品必须办许可证，申请批给外汇额度，以此管制外汇的使用；掌握外汇牌价，跟随物价变化调整汇率，以促进本国产品输出。

外汇管理办法对实施对外贸易管制起了重要作用。对外排除了国际资本操纵国内外汇业务的可能性，保证了外汇管理的独立自主，对内控制了私人企业和个人的外汇收支，

① 中国社会科学院，中央档案馆. 1949—1952 中华人民共和国经济档案资料选编：对外贸易卷. 北京：经济管理出版社，1994.

保证了国家集中统一管理和使用，在外汇不足的条件下，可以配合外贸管理，按照国家计划，合理、有效地使用外汇，同时加强对外收支平衡的计划性，使有限的外汇用于进口生产必需、急需的设备、器材和原料。

（三）实行进出口商品许可证制度和商品分类管理

进出口许可证制度是实行对外贸易国家管制的一种根本制度，也体现了奖出限入、扶助生产的贸易保护政策的要求。1950 年 12 月 8 日政务院公布的《对外贸易管理暂行条例》规定："进出口厂商输入或输出任何货品，均须事先向所在地区之对外贸易管理局请领进口或出口许可证，经核发后，方得凭以办理其进出口手续。"通过对进口或出口许可证的申请和核发，有关国家机关就可以根据政策要求和国内生产需要及市场供求情况，有计划地对进出口贸易在品种、数量、价格以及付款方式等方面进行有效管理。

在商品分类管理方面，国家根据国内生产和消费的需要，对进口商品分为准许、特许、统购、统销、禁止五类。划分的原则是，凡经济建设所必需的设备、器材和原料，或国内尚无生产的一些主要民需品等，准许进口，凡是无益于生产建设的物品，或国内可以生产的物品，一律限制或禁止输入，以保护国内工业，稳定国内物价。与此同时，也允许输入部分非必需的工业品，以刺激国内生产技术的改良。出口方面，在不影响国内生产的情况下，大力鼓励出口，即国内能大量生产且自给有余的一般物资准许出口，以推销国内物资，争取外汇，换回生产资料。特许进出口的是一些重要物资，由国家根据情况，随时掌握和调节内外销及进出口数量，少数战略性物资或重要资源需由国家统一经营的，由国家统购统销。进出口许可证的签发以商品分类为主要依据，这种商品分类的内容不是固定不变的，而是随着国家经济情况和政策要求的变化而随时调整。或由统购统销商品改为普通进出口商品，或由准许进出口商品改为禁止进出口商品，或由禁止出口商品改为准许出口商品、特许出口商品等。对于与发展工业生产有关的货物，还实行"奖入""限出"，如对进口原料减免进口关税、减低国内运费，限制本国所需原料的输出等。

实行许可证制度和商品分类制度是为了对进出口商品的种类和数量以及私营进出口贸易进行有效监控，通过"奖出限入"保护国内工农业生产和人民生活，并集中有限的物力、财力，确保换回有用物资，保护或促进本国工农业生产，保证国家经济计划的实施。这种"奖出限入"是积极意义上的，即不是单纯的争取出超，而是用各种办法增加出口，同时也按需要增加进口，出口是为了进口，即在争取外汇收支平衡的原则下大量地输出和输入。奖励出口的办法有减免出口税、贷款扶持、减低运费、举办埠际转口押汇等。

（四）掌握进出口商品定价的自主权，支持国内生产

旧中国进出口商品价格受到洋行洋商及其代理人的操纵，在外直接受国际市场物价、汇价变动的支配，在内受到从通商口岸到产销市场的商业网点层层压价（出口商品）或抬价（进口商品）。西方列强将进口工业品的价格抬高到价值以上，同时将中国出口的农产品和手工艺品的价格压低到价值以下，进出口商品价格的"剪刀差"呈长期扩大趋势。这种"剪刀差"造成中国国内市场上工农业产品的差价，形成一种半殖民地半封建性质的价格结构。这种不等价交换加深了中国城乡之间、工农之间的矛盾，破坏了中国工农业生产的发展。

新中国成立后，中国政府按照《共同纲领》关于实行保护贸易政策的规定，在实行进出口商品许可证制度的同时，对进出口商品实行审价制度，掌握了进出口商品定价的主动权。审价的基本原则是，在保证进出口商品合理利润的基础上，根据国内外市场的供求情况，适时调整价格政策，制定适当的进出口商品价格，其根本目的是保护国内生产。1951 年 7 月 5 日，中央对外贸易工作组工作总结中，规定了审价的参考依据、原则和方式。同年 9 月 14 日，中央贸易部、海关总署、中国银行总管理处发布了《对外贸易管理局、海关、中国银行办理进口货物联合审价及估价办法》。根据这一办法，在进口商品方面，对进口商酌情规定了进口基价和费用、利润标准，同时配合国内需求情况在审价上给予机动掌握。如对国内急需的战略物资的进口，在审价上就适当放宽。在出口商品方面，为了恢复和发展出口商品的生产，政府一方面提高了农副产品的收购价格以及一些出口商品的价格，另一方面对出口商品实行限价审价，以避免出口商之间过度压价竞争。对于一些国内能够大量生产的产品，如盐、鸡蛋、猪鬃等，在一个时期里采取低价出口的政策，以扩大这些商品的销路，使其占领国际市场，从而刺激国内出口商品的生产。

（五）取缔外商对进出口商品检验的垄断权，建立独立自主的进出口商品检验制度

进出口商品检验是国家对外贸易管理的一个重要方面，也是一个独立国家的主权。进出口商品检验为贸易各方提供商品质量、规格、数量、重量、包装以及货物交接、通关结汇、解决争议等的第三方检验证明，以维护贸易各方的合法权益。旧中国进出口商品检验长期被外商所垄断控制，是为西方资本主义国家经济侵略服务的工具。当时在沿海口岸和内陆商埠开设了许多外国检验机构。这些外国资本利用特权，不接受中国政府的管理，对外商和华商不平等对待，袒护外商，进行不公正、不负责任的鉴定和公证。尽管国民政府也设有商检机构，但签发的检验证书一般只作为国内口岸的通关证件，不作为对外交接货物的证明。

中华人民共和国成立后，人民政府即着手逐步取消了洋商公证行和私营公证行，改变了旧中国商检公证操于外人之手的状况，并初步建立了新的独立自主的商检机构，统一领导和管理全国进出口商品检验工作，并制定了统一的商检政策、管理法规和工作制度。1949 年 10 月，在中央贸易部国外贸易司内设立了商品检验处，并在天津、上海、武汉、青岛、广州、重庆等口岸先后设立商品检验局和商检处。从 1950 年起，中国政府陆续停止各地外商检验机构的活动，由中国有关机构接办其工作。

1950 年 3 月，中央贸易部召开全国商检会议，制定了《商品检验暂行条例》，统一了全国进出口商品检验的规章制度、商品检验范围。1951 年 11 月，经中央人民政府政务院批准，政务院财政经济委员会公布了经过修改的《商品检验暂行条例》。决定取缔外国在中国境内的检验公司和公证行，停止一切私人经营的检验业务，废除所有违反国家独立自主原则和妨碍对外贸易发展的规章制度。1952 年对外贸易部成立后，下设商品检验总局，统一领导和管理全国的进出口商检机构和商检工作。中国完全掌握了商检的独立主权。各地商检局的领导关系，也从新中国成立初期由各大行政区分别管理，改为由对外贸易部和地方政府双重领导。1954 年 1 月 3 日，政务院又公布了《输出输入商品检验暂行条例》，以国家法规的形式将进出口商品检验工作纳入了国家行政管理轨道。此后，随着中国社会主义改造和建设事业的蓬勃开展以及对外贸易的迅速发展，全国商检工作有了进一步的加强，进出口商品检验和管理的范围不断扩大，中国的进出口商品检验事业全面发展。

由于认真执行商品检验制度，积极改善检验设施和环境，提高检验能力和技术水平，中国的商检信誉逐步建立和提高。国内外进行贸易的关系人、航运公司、保险公司开始接受中国商检机构的检验鉴定和公正鉴定，接受以中国的检验证书作为进行交易和解决争议的依据和凭证。1950 年，全国商检机构共检验进出口商品 4.88 万批。自 1951 年建立公证鉴定工作，到 1952 年两年中，商检机构对资本主义国家发出的索赔证书得到国外承认赔付的达到 85%以上。①

第三节 “一边倒”对外政策的形成与结束

由于国内外多种因素的影响，中华人民共和国成立前，中国共产党就不得不选择了“一边倒”的对外开放策略。中华人民共和国成立后，随着主客观条件的变化及国际局势的变幻，中国的对外开放政策在此后的近 30 年里不断调整和探索，走过了从“一边倒”到相对封闭，再到对外开放的曲折历程。这其中，既有国际环境的制约，又有国内政局的影响。

一、“一边倒”方针形成的国际背景及对社会主义阵营“一边倒”政策的制定

抗日战争时期，美国与中国共产党曾经有过合作关系，这与中国共产党的努力争取是分不开的。毛泽东甚至曾设想过要超越意识形态和社会制度的对立，与美国在平等互利、互相尊重的基础上发展经济合作。他曾认为，在抗日战争后，“美国不但是援助中国发展经济最适当的国家，也是能够充分参加中国发展经济仅有的国家”。②但毛泽东和中国共产党的愿望在当时并没有得到美方的足够重视。1941 年 12 月，太平洋战争爆发，美国出于本国利益的需要开始在一定程度上转变对华政策。1942 年 1 月，罗斯福委派主张对华政策采取现实态度的史迪威将军为中国、印度、缅甸地区美军司令，中国战区统帅蒋介石的顾问、参谋长。在他的促进之下，1944 年六七月间，中外记者考察团和以鲍瑞德上校为组长，包括和共产党友好的谢伟思在内的美军观察组先后来到延安。在不到

---

① 中国社会科学院，中央档案馆. 1949—1952 中华人民共和国经济档案资料选编：对外贸易卷. 北京：经济管理出版社，1994；沈觉人. 当代中国对外贸易：上册. 北京：当代中国出版社，1992.

② 埃谢里克. 在中国失掉的机会——美国前驻华外交官约翰·S·谢伟思第二次世界大战时期的报告. 罗清，等译. 北京：国际文化出版公司，1989.

两个月的时间里，毛泽东和其他中共领导人 8 次会见他们。在民族矛盾是主要矛盾，政治斗争、军事斗争是主要斗争形式的情况下，毛泽东已经开始考虑抗日战争后与美国进行经济合作、实现中国工业化的大问题。在同谢伟思谈话时，他一再声明：中国抗日战争后最急需的是发展经济，美国和中国经济上彼此互为补充，不会竞争。中国不具备大规模工业化所需要的东西，它不可能期待与有高度专业化制造业的美国竞争。美国的重工业和这些专业化的制造业需要一个出口市场，它也需要为它的资本市场寻找出路。中国必须建立起轻工业以供应其市场，并提高它自己人民的生活水平，最终它将能够向其他远东国家供应这类物资。美国不仅是援助中国发展经济的最适当国家，也是能够参加中国发展经济的仅有国家。由于这一切理由，中国和美国之间不应该也不可能存在任何冲突、疏远和误解。在另一次谈话中他还指出，中国必须工业化，而且只有通过自由企业和外资援助才能做到。秦邦宪根据毛泽东和中共中央的意图，更明确地向谢伟思指出了以下六点：第一，共产党人同意中国必须工业化；第二，中国目前只有在资本主义经营基础上才能工业化；第三，实现这种工业化需要有外援；第四，苏联没有力量给予中国所急需的大规模经济援助；第五，美国是唯一能帮助中国的国家；第六，在中国的这一经济发展中，应给外国投资以很大自由。[①] 这些思想与当时中共中央内部文件精神是一致的。1944 年 8 月，《中共中央关于外交工作指示》指出："在经济方面，在双方有利原则下，我们欢迎国际投资与技术合作。"[②] 这表明了中国共产党愿意在抗日战争后与美国合作的诚意。遗憾的是，毛泽东与中国共产党的这种与美国合作的愿望，由于美国政府方面的原因，未能实现。[③]

抗日战争中期，美国扶蒋反共政策更加明显，中国共产党和美国的关系开始全面恶化。1945 年 6 月，谢伟思等人因涉嫌远东共产党案件被捕，美国国内兴起大规模反共宣传。1945 年 8 月，日本投降，杜鲁门采取"异乎寻常的步骤"，命令日军就地驻防，不准向中国共产党领导的人民军队投降。同时，大规模空运国民党军队，抢夺胜利果实。1945 年 10 月，美国总统特使马歇尔上将来华，以调解为名，帮助国民党政府部署内战。1946 年 3 月，美国驻华军事顾问团在南京成立，人数由 750 人迅速扩大到 1 万人；同年 6 月，国民党政府代表在华盛顿与美国签署了《美国军事援华法案》，美国政府供应国民党政府总价值 5 000 万美元的军事物资。1948 年 4 月，美国国会通过杜鲁门签署的《美国对外援助法案》，其中第四条规定向国民党提供 4.63 亿美元的援助[④]。

1949 年 4 月，人民解放军解放南京、上海，胜利已成定局，而美国仍继续支持国民党政府。虽然南京解放时美国驻国民党政府的大使司徒雷登奉美国国务院之命继续留在南京，没有随国民党政府南下广州，但是司徒雷登北京之行的打算被美国政府否定，美

---

① 埃谢里克. 在中国失掉的机会——美国前驻华外交官约翰 • S • 谢伟思第二次世界大战时期的报告. 罗清，等译. 北京：国际文化出版公司，1989.

② 中央档案馆. 中共中央文件选集：第 12 集. 北京：中共中央党校出版社，1986.

③ 朱育和. 封闭与开放. 北京：清华大学出版社，1997；唐秉仁. 试论毛泽东的对外开放思想. 毛泽东思想论坛，1990（1）.

④ 朱育和. 封闭与开放. 北京：清华大学出版社，1997.

国实际上默许国民党军舰封锁上海港口，这都表明美国政府对中国共产党采取敌视态度并施加压力，以增加其困难的态度。1949 年 5 月间，美国国务卿艾奇逊即通过美国驻外使馆向驻在国外交部强调：“任何主动承认（中国）的行为或者发表官方言论对（中国）共产党人谋求承认的行动表示欢迎，都是有害的”；“有关西方大国对此应保持同样的阵线”。[①]新中国成立后，美国政府迅速宣布它继续承认国民党政府，不承认中华人民共和国中央人民政府，中美建交更无从谈起。这一切表明，美国实行的是坚决扶蒋反共的政策，未能给中国共产党留下选择的余地，中华人民共和国和美国的对抗是不得已的，是被迫的。

1950 年 6 月，美国打着“联合国”的旗号发动侵略朝鲜的战争，派遣军舰游弋台湾海峡，操纵联合国通过对中国的禁运政策，竭力把中国排斥于世界之外。以美国为首的资本主义国家对新中国在经济上实行禁运、封锁，在政治上实行孤立、遏制，在军事上实行威胁政策，企图把新中国扼杀在摇篮里。

由于美国长期坚持扶蒋反共的对华政策，在中国共产党和中国人民中形成了反美的群众基础和情绪。中华人民共和国成立后，美国政府在其国内反共势力影响下，最终决定对中华人民共和国采取“不承认、不接触、不通商”的强硬态度，继续支持败退台湾的国民党政权，延续内战时期扶蒋反共策略，使台湾问题成为一个难解的症结，美国与中华人民共和国关系正常化的前提条件因此化为乌有。特别是，此时美国又在亚洲积极扶植日本以代替国民党政权，并将中华人民共和国视为苏联的附庸而加以遏制，美国的这些战略部署都使中华人民共和国将其视为中国国家安全的巨大威胁。在这样的国际环境下，中国共产党在中华人民共和国成立之初、国家尚未稳固的情况下，从国家安全与经济建设的民族利益出发，不得不选择了“一边倒”的对外政策，通过积极寻求与苏联结盟，全力争取苏联的理解和支持，避免了中华人民共和国一成立就面临两面受敌或自我封闭的孤立无援境地。

“一边倒”政策，是毛泽东在 1949 年 6 月 30 日发表的《论人民民主专政》一文中正式提出来的。他说：“一边倒，是孙中山的四十年经验和共产党的二十八年经验教给我们的，深知欲达到胜利和巩固胜利，必须一边倒。”“中国人不是倒向帝国主义一边，就是倒向社会主义一边，绝无例外。骑墙是不行的，第三条道路是没有的。”“我们在国际上是属于以苏联为首的反帝国主义战线一方面的”。“一边倒”这一形象的语言表明了新中国对外政策的基本倾向。

中国共产党做出“一边倒”决策绝不仅仅是由于意识形态方面的原因，更重要的是考虑到国家安危与经济建设的需要。首先，尽管苏联对中国共产党的支持并非一直积极，但中国共产党认为这是兄弟党之间的问题，与美国扶蒋反共有本质的不同。其次，苏联早在 1949 年初米高扬来华时，就表明了待新中国一成立，立即给予承认的态度。再次，苏联在亚洲是美日的敌对力量，中国共产党一直把它视为可靠的战略后方。最后，也是非常重要的一点，苏联在政治与经济方面为新中国提供了一个可遵循的模式，在资金技

① 陶文钊. 1949—1972 美国对华政策文件集：第 1 卷（上册）. 北京：世界知识出版社，2003.

术上提供了可靠的帮助。而一旦采取了苏联的模式，中国共产党只能“一边倒”。当时的国际国内环境决定了中国共产党只能做出这种选择。[①]

1949年7月，刘少奇率中国共产党代表团秘密访问苏联期间，斯大林表示将在政治上、经济上支持未来的新中国政府，双方就贷款、专家、办学、贸易、交通等方面达成了协议。1949年10月新中国成立，毛泽东向全世界宣告：“凡愿遵守平等、互利及互相尊重领土主权等项原则的任何外国政府，本政府均愿与之建立外交关系。”对于新中国的成立，来自世界各国的反应复杂多样。由于此前曾公开宣布将倒向社会主义一边，社会主义国家对新中国都采取了鲜明的热情支持的态度，苏联更成为第一个与中国建交并互派大使的国家。之后，保加利亚、罗马尼亚、匈牙利、朝鲜、捷克斯洛伐克、波兰、蒙古人民共和国、阿尔巴尼亚和越南也相继承认新中国并互派大使。中国决定不经谈判即同各社会主义国家建交，并在此基础上同它们开展友好合作关系。在当时的历史条件下，这对巩固新中国，恢复和发展其饱经战争创伤的国民经济，具有重大意义。

新中国尽管提出“一边倒”的对外方针，并同以苏联为首的社会主义国家建立了相当程度的同盟关系，但并不反对与西方资本主义国家间的经济交流。然而，1950年6月爆发的朝鲜战争从根本上改变了中国与外部世界的关系，导致了中国与以美国为首的西方世界的公开对抗，国际环境急剧恶化。以美国为首的西方国家政治上不承认中华人民共和国，经济上禁运，军事上包围和封锁，从外面关上了中国向西方开放的大门。在这种情况下，新中国不得不进一步靠近苏联，争取其经济上、军事上的援助，这些都使“一边倒”策略在其后的一段时期内随着国际、国内形势的变化而不断调整和强化，对新中国成立后的对外开放政策产生了深远的影响。

由此可见，“一边倒”的对外开放政策，虽不能和20世纪70年代末开始的全面对外开放政策相提并论，但也不是封闭的、排他的，而是当时特殊历史条件所决定的次优选择。邓小平曾回顾说：“中华人民共和国建立以后，第一个五年计划时期是对外开放的，不过那时只能是对苏联东欧开放。”

二、中华人民共和国成立初期“一边倒”的对外开放（1949—1959年）

中华人民共和国成立后的前10年，对外政策的主基调是执行“一边倒”的对外政治、经济合作，主要目的是巩固新政权，为国内经济的恢复和发展创造条件，同时壮大社会主义阵营，以抗衡以美国为首的西方资本主义阵营。中华人民共和国成立初期，同社会主义国家建立和发展关系在中国的对外关系中占据首要地位。中国和苏联签订了友好同盟互助条约，同其他社会主义国家各方面的友好合作都有相当大的推进。

（一）中苏同盟的建立与中苏关系的全面发展

自中华人民共和国成立之初起，根据“一边倒”原则而建立起来的中苏战略同盟关系，便一直是新中国国内建设及对外关系的主要基石。

中苏建交后，两国关系中亟待解决的一个重要问题就是处理旧中国同苏联签订的

① 何迪. 1945—1949年中国共产党对美政策的演变. 历史研究，1987（3）.

《中苏友好同盟条约》[①]，重新确立中苏关系的指导原则和法律基础。1949 年 12 月，在国家尚未完全安定的情况下，毛泽东访问苏联，建议中国和苏联签订一项新的条约，以代替旧的《中苏友好同盟条约》。苏联方面表示同意后，周恩来总理随即于 1950 年 1 月率中国政府代表团赴苏联谈判。2 月 14 日，中苏双方签订了《中苏友好同盟互助条约》、《关于苏联政府贷款给中国政府的协定》和《关于苏联将中东铁路及旅顺港设施归还给中国的协定》等文件。《中苏友好同盟互助条约》（以下简称《条约》）是新中国“一边倒”对外政策的集中体现。《条约》有效期为 30 年，在《条约》签订后的近 10 年的较长时期内，中国和苏联在政治、经济、文化、科技、外交、军事等领域开展了密切的互助合作。在当时的历史条件下，中苏新条约和新《协定》的缔结纠正了《雅尔塔协定》对中国国家利益和主权的侵犯，为中苏建立平等关系奠定了基础，标志着中苏战略合作以法律形式确定下来。这样，“使得我们有了一个可靠的同盟国”，“便利我们放手进行国内的建设工作和共同对付可能的帝国主义侵略，争取世界的和平”[②]。周恩来总理也指出：“这些条约和协定……将有助于中国经济的恢复和发展。”[③]

1950 年 6 月 25 日，朝鲜半岛爆发了大规模的战争。9 月 15 日，以美军为主体的“联合国军”在仁川登陆，向“三八线”以北地区进犯，把战火烧到了中朝边境。10 月 19 日，中国在朝鲜请求和苏联支持下出兵援助朝鲜，在此后的近 3 年中，中国、朝鲜、苏联协力抗击以美国为首的所谓“联合国军”，最终实现朝鲜停战。

中苏结盟使新中国在对外关系中打破了以美国为首的西方国家孤立新中国的图谋，双方在国际舞台上相互配合，在国内建设上相互支持。在联合国，苏联为恢复中华人民共和国的合法席位，同以美国为首的反华势力进行了坚决的斗争。在 1954 年召开的讨论朝鲜问题和印度支那问题的日内瓦会议上，中苏相互配合，协调行动。中苏对美国单独同日本媾和、把中国排斥在外的行径进行了联合斗争。中国对苏联在欧洲和世界舞台上采取的一系列行动大力支持和配合，例如成立华沙条约组织，在匈牙利事件和波兰问题上中国以负责的态度帮助苏联稳定局势，正确处理同东欧国家的关系。

在经济建设方面，两国开展了平等互利基础上的全面互助合作。在中华人民共和国成立之初的经济恢复时期，自 1950 年起，根据《关于苏联贷款给中华人民共和国的协定》，苏联向中国提供了总数为 3 亿美元的贷款（以 35 美元作为 1 盎司纯金计），每年利息为 1%，每年以总额的 1/5 支付给中国。中国用这笔贷款从苏联购进了建设所需的机器设备和其他器材。双方在经济上的密切合作充分体现在中国第一个五年计划建设时期。1952 年 8—9 月，周恩来总理率中国政府代表团再次访问苏联，同斯大林等苏联领导人就中国第一个五年计划的制定等问题交换意见。苏联表示大力支持。中国在苏联帮助下制定了第一个五年计划。1953 年 5 月 15 日，李富春率中国政府代表团同苏联签订了关于苏联援助中国发展国民经济的协定和议定书。苏联总共承诺援建 304 个工程项目，到赫鲁晓

① 1945 年签订的《中苏友好同盟条约》是《雅尔塔协定》的产物，而《雅尔塔协定》是苏联、美国、英国三国背着中国达成的有损于中国权益的密约。

② 建国以来毛泽东文稿：第 1 册. 北京：中央文献出版社，1987.

③ 我国周恩来总理兼外长在签字式上的演说. 人民日报，1950-02-15.

夫 1960 年单方面撕毁协议时，实际完成和基本完成的有 154 个工程项目。这些项目构成了新中国工业的基础，对新中国尽快恢复经济和顺利完成第一个五年计划也起到了不容忽视的积极作用。

苏联在援建中国工程项目的过程中，曾派遣许多专家来中国。同时，大量的中国技术人员和学生赴苏联培训和学习。中苏贸易量直线上升，苏联是当时中国最重要的贸易伙伴。另外，为向苏联购买建设物资，偿还苏联的贷款、利息，中国除用黄金和外汇（美元）支付外，还向苏联出口它十分需要的矿产品和农产品。1952 年周恩来访问苏联时，根据斯大林的建议，由苏联贷款 885 万卢布给中国，用以开办橡胶园，其产品以 70%的优惠价格卖给苏方。可见，当时中苏经济合作基本上是互利的。

（二）中国与其他社会主义国家间关系的发展

中华人民共和国成立初期，在加强中苏关系的同时，中国同其他社会主义国家的关系也有很大发展。1950—1957 年，中国依据两大阵营的理论，规定其对外政策所追求的目标之一就是维护社会主义阵营的团结，发展社会主义的力量，以改变东、西方力量的对比。

新中国成立后，同朝鲜、越南、蒙古人民共和国这些周边社会主义国家间的关系有较大发展。中国通过抗美援朝战争，大大加强了同朝鲜间的友谊与合作，朝鲜停战后，中国为朝鲜问题获得政治解决，实现和平统一做了大量工作，同时为了协助朝鲜治愈战争创伤，发展经济，向朝鲜提供了力所能及的援助。而中国东北在电力供应紧张时，也曾得到朝鲜的支援。

中华人民共和国成立以后，蒙古人民共和国是最早给予中国外交承认的国家之一。20 世纪 50 年代，中蒙签订了多个经济、技术、文化和劳务等方面的协定，开展了全面合作。越南民主共和国成立后，中国首先予以承认。之后无论在国际政治舞台上，还是在越南国内的和平建设上，中国都曾给予道义支持和物质援助，建立了紧密的双边关系。

中国同欧洲社会主义国家的关系基本上是友好、平等、互利的。第二次世界大战后，东欧地区建立了一系列人民民主国家，与苏联一道组成社会主义阵营。中国“一边倒”的对外政策，为发展同这些国家间的关系奠定了基础。新中国成立后，未经谈判，迅速与大多数东欧社会主义国家建立起正式外交关系。1955 年，中国又与南斯拉夫建交。在政治、经济、文化等方面都进行过密切交往和相互援助。当时，中国同阿尔巴尼亚、保加利亚、捷克斯洛伐克、民主德国、匈牙利、波兰和罗马尼亚的关系都处于全面发展时期。中国领导人和这些国家的领导人进行过互访。针对美国的“航运管制”，中国曾租用波兰等国家的船舶承运进口物资，同时成立了中波合营轮船公司，办理中国对欧洲各国进出口货物，支持了中国的反禁运斗争。在重大国际问题上，中国都同这些国家步调一致。中国还同这些国家签订了贸易、科技和文化协定，加强经济合作，这些对中国经济的恢复和发展，对打破美国的封锁禁运起到了积极作用。在这些国家需要时，中国也力所能及地伸出了援助之手。

（三）中美对抗的逐步升级

新中国成立后，在与社会主义阵营国家间关系全面发展的同时，由于相互间意识形态与社会制度的根本对立，以及朝鲜战争、台湾海峡危机（简称台海危机）等事件的触发，中美之间在多条战线上发生交锋，对抗不断升级。由于美国对中国采取政治上孤立、经济上封锁、军事上包围的政策，中国对此也进行了针锋相对的斗争。

1950 年 6 月，朝鲜半岛战争爆发后，美国迅速出兵干预。先是派本国部队，继而又组织以美国为主，辅以英国、法国等共 16 个国家军队组成的所谓“联合国军”，对朝鲜进行武装干涉，使得朝鲜内战迅速国际化，发展成为东西方之间的一场“热战”。9 月 15 日，美军在仁川登陆，并向朝鲜北部推进。

朝鲜战争的爆发对中国东北部边境的安全造成严重威胁，对于美国在朝鲜半岛的武力参与，中国坚决反对，并多次阐明自己的严正立场。1950 年 9 月 30 日，周恩来宣布：“中国人民热爱和平，但是为了保卫和平，从不也永不害怕侵略战争。中国人民决不能容忍外国的侵略，也不能听任帝国主义者对自己的邻人肆行侵略而置之不理。”但是，美国置中国的多次警告于不顾，在朝鲜战场加紧北上，并于 10 月 7 日越过三八线，向中朝边境进逼。在朝鲜要求和苏联援助下，中国人民志愿军被迫出兵，于 10 月 19 日开赴朝鲜战场。中国人民志愿军进入朝鲜以后，同朝鲜人民军一道，很快就把美国军队从中朝边境赶回到三八线以南。之后，交战双方经过长时期边打边谈的停战谈判，于 1953 年 7 月最终签署停战协定。

朝鲜半岛之外，台海地区是中美交锋和冲突的另一“热点”。朝鲜战争爆发后，中国政府推迟了解放台湾的军事准备，但台湾海峡的局势一直是紧张的。朝鲜停战后，针对台海危机的不断升级，中美在台湾海峡的冲突也进一步升级，并发生了第一次台海危机。

几乎在对朝鲜进行武装干涉的同时，美国派遣武装力量进入台湾海峡。1950 年 6 月，美国第七舰队进入台湾海峡，加紧对台湾的控制，在台湾设立海军、空军基地，派大批军事顾问帮助训练台湾当局的军队，给台湾以巨额经济援助，以阻止中国人民解放军解放台湾。据不完全统计，从 1950 年 7 月至 1954 年 6 月，美国对台湾经济援助总额达 14 亿多美元。美国还支持和怂恿台湾当局的军队对大陆和沿海进行骚扰，破坏中国商船的正常航行，袭击中国渔船。对中国的挑衅有增无减。针对台湾海峡局势的不断复杂化，中国政府采取了必要对策。

1954 年 7 月日内瓦会议结束后，毛泽东立即指出解决台湾问题不容推延。7 月 23 日《人民日报》宣布，中国人民一定要解放台湾。9 月上旬，中国人民解放军对福建省的金门岛进行了大规模炮击。作为报复，当年 12 月 2 日，美国和台湾当局订立所谓《共同防御条约》。该条约规定美国维护并发展台湾当局的武装力量，将美国在台湾地区的军事介入法律化。中国对此表示强烈谴责，并决定通过进一步的军事行动来显示与美国进行斗争的决心。1955 年 1 月 18 日，中国人民解放军取得一江山岛战役的胜利，并随后控制了包括一江山岛在内的整个大陈岛。此后，根据美国与台湾当局矛盾的发展，中国提出和平解放台湾的政策，第一次台海危机平息下来。

第一次台海危机后，中美关系的发展以及中国政府对台湾政策的基调都出现了一些变化。1955 年 4 月，周恩来在万隆会议期间宣布，“中国愿意同美国政府坐下来谈判，讨论和缓远东紧张局势的问题。”[①]美方也对此做出了反应。1955 年 7 月，美国通过英国向中国建议举行大使级会谈，8 月 1 日，中美大使级谈判在日内瓦开始举行。之后，在至 1970 年止的 15 年间，双方断断续续进行了 130 多次谈判。在此期间，谈判曾经中断。1958 年 8 月至 10 月曾爆发的第二次台海危机使双方重新回到谈判桌前。尽管由于双方主张存在较大差距，这场马拉松式的会谈本身并没有取得任何实质性的结果，但毕竟为双方的直接接触提供了渠道。此外，大使级会谈使得两国保持官方的谈判和联系，此外，作为美国被迫承认新中国为谈判对象的一种外交形式，中美大使级会谈也具有一定象征意义。

除在朝鲜半岛和台湾海峡与中国发生正面交锋外，20 世纪 50 年代，美国还在中国的周边地区构筑了一条主要针对中国的军事包围线。这条自北向南的军事包围线是通过一系列双边和多边军事同盟条约连接在一起的。除上面提到的美国和台湾当局订立的所谓《共同防御条约》外，还包括《美日共同防御援助协定》（1954 年 3 月 8 日）、《韩美共同防御条约》（1953 年 10 月 1 日）、《菲美共同防御条约》（1951 年 8 月 30 日）、《泰美军事援助协定》（1950 年 10 月 17 日）、《东南亚集体防务条约》（1954 年 9 月 8 日），上述几个条约的签字国包括美国、英国、法国、澳大利亚、新西兰、韩国、菲律宾、泰国和巴基斯坦等。[②] 简言之，从 1949 年新中国成立到 50 年代末，在东西方对峙的形势下，中国处于同以美国为首的西方资本主义阵营相抗衡的最前沿。

（四）与其他资本主义国家间关系发展缓慢

第二次世界大战以后，欧洲资本主义国家的实力普遍受到削弱，事实上成为美国的追随者。新中国成立初期，由于意识形态的对立和美国的牵制，西方资本主义国家对中国大多采取观望甚至敌对态度，中国与大多数资本主义国家间的关系发展缓慢。

在这些国家中，北欧的一些国家最早对新中国给予了承认。中国于 1950 年同瑞典、丹麦、瑞士、芬兰，1954 年同挪威建立了正式外交关系。朝鲜战争爆发后，大多数西方资本主义国家追随美国，参与了对中国的封锁、禁运，中国对此采取了一些报复性措施，影响到这些国家在中国的政治、经济利益，相互间关系变得更为疏远。1954 年关于朝鲜问题和印度支那问题的日内瓦会议为中国同有关西欧国家的官方直接接触和相互观察了解提供了机会。同年，中国先后与英国和荷兰建立了代办级外交关系。同其他尚未建交的西欧国家则开展了贸易、文化或民间交流。

与其他资本主义国家相比，由于历史及地缘政治的原因，中日关系具有更为特殊的意义。第二次世界大战结束后，美国对日本实行单独的军事占领。日本的内政、外交由美国占领当局一手控制。新中国成立后，日本政府追随美国，对中国持敌对态度。1952 年，日本吉田政府与台湾当局签订所谓“日华合约”，建立所谓“外交关系”。中国政府对此强烈反对，并采取了针锋相对的斗争。朝鲜战争中，日本更成为美国侵略军的后勤基地。出于其远东军事战略的需要，美国改变了削弱日本的原定方针，加快了扶植日本

① 周恩来外交文选. 北京：中央文献出版社，1990.

② 牛大勇，沈志华. 冷战与中国的周边关系. 北京：世界知识出版社，2004.

的步伐，为中日关系的发展制造了更多障碍。在新中国成立后的近10年间，中日关系因日本政权的更替而时有起伏。值得一提的是，中国政府在与反华的日本政府斗争的同时，积极发展两国的民间外交，并极大地推动了中日民间贸易、文化的发展。

（五）积极发展与发展中国家的关系

新中国成立后，在积极发展与社会主义阵营国家间关系的同时，发展同广大发展中国家间的关系也被放在重要位置。中国周边的一些国家如缅甸、印度、巴基斯坦、锡兰（今斯里兰卡）、阿富汗、尼泊尔、印度尼西亚等都先后表示承认中华人民共和国，并愿意与之建立外交关系。这些国家除了巴基斯坦后来加入美国拼凑的军事同盟外，都奉行在东西方之间保持中立的政策。这些国家在20世纪50年代对中国打破美国的政治孤立、军事包围和经济封锁政策，争取一种较为和平和稳定的周边安全环境，起了很大的作用。

这一时期，中国通过积极倡导“和平共处五项原则”和参加万隆亚非会议等外交举措，消除了一些发展中国家对新中国的疑虑和误解，拓展了相互间的关系，促进了它同新兴的民族独立国家，尤其是亚非民族独立国家的关系。“和平共处五项原则”的基本内容是相互尊重主权和领土的完整、互不侵犯、互不干涉内政、平等互利、和平共处。这一原则是由周恩来提出，得到印度、缅甸领导人的确认，并由中国、印度、缅甸三方共同倡导的处理国际间关系的准则，现已成为当代国际关系中的基本准则。

在20世纪50年代中国一系列的外交活动中，万隆亚非会议是新中国在国际舞台上的一次重要亮相，是新中国与广大发展中国家关系发展史上的一个重要里程碑。1955年4月在印度尼西亚万隆召开的亚非会议是第二次世界大战后第一次完全由亚非国家自己举行的国际会议。参加会议的有 29 个亚非国家。中国派出了以周恩来总理兼外长为团长的代表团赴会，本着求同存异、团结友好的精神，以和平共处五项原则为指导，展开了原则性与灵活性相结合的积极外交，对这次会议的圆满成功起到了积极作用。特别是周恩来以其出色的外交风度和人格魅力使新中国为广大发展中国家所认识和接受，为此后中国与这些国家间关系的发展奠定了良好的基础。万隆亚非会议后，周恩来总理与贺龙元帅又陆续出访了多个发展中国家，这一系列外交行动，使得中国在20世纪50年代同大多数非社会主义阵营的发展中国家保持了较为友好、稳定的关系。

第四节 中苏关系破裂及“一边倒”式对外开放的结束

20世纪50年代后期至60年代末，由于国际上冷战格局以及中国国内政治的变化，中国的对外关系发生了一定变化。这一时期，美苏对峙的冷战格局依旧，但美、苏对各自盟国的影响力日渐削弱，国际局势出现动荡。中国同苏、美两个超级大国间的关系也发生了变化。中苏关系逐渐破裂。随着中苏关系的破裂，社会主义阵营也走向瓦解，这一时期中国与除阿尔巴尼亚以外的大多数东欧社会主义国家间的关系逐渐疏远。

中华人民共和国成立后，中苏关系依据《中苏友好同盟互助条约》获得了全面发展。然而，在中苏关系全面发展的同时，由于历史纠葛、现实利益冲突、意识形态分歧与国际战略格局多方面因素的影响，一些潜在的矛盾也在酝酿和发展。从1956年苏联共产党第二十次代表大会（简称苏共二十大）开始，中苏之间的分歧加剧，中苏关系渐次恶化，由意识形态分歧发展到两国对外方针政策的对立，再由公开论战发展到两国关系的全面恶化，并导致严重的边界武装冲突。至20世纪60年代初，中苏两国的同盟关系已名存实亡。两国关系发生逆转，进入了敌对和僵持状态。

1956年2月，苏共二十大召开。赫鲁晓夫在会议报告中提出和平共处、和平竞赛、和平过渡的国际共产主义运动总路线，主张西方国家的共产党通过议会斗争使国家和平过渡到社会主义，并在秘密报告中对斯大林给予全面否定。中国共产党对上述观点和做法持有不同意见，中苏两党间出现明显分歧。1956年6月和10月分别发生了波兰和匈牙利事件。虽然中、苏通过团结合作，共同应付了挑战，平息了社会主义阵营的内部危机，但与此同时，苏联在处理波匈事件过程中的某些大国主义做法也引起了中国领导人的警觉和不满。此外，中国在处理波匈事件过程中发挥的积极作用也使其在国际共产主义运动和社会主义阵营中的威信和地位大大提高，苏联认为自己的既有利益和地位受到损害，把中国视为潜在的竞争对手予以打击和压制，加速了中苏关系的全面恶化。1957年1月，世界共产党和工人党会议在莫斯科召开，此次会议使中苏双方都明显感到了彼此在一些重大政治原则问题上存在着严重的分歧和对立。

1958年开始，“长波电台”和“共同舰队”等事件的发生，逐渐使中苏关系由两党在意识形态上的分歧发展为国家间的龃龉。1958年4月，苏联建议由中苏共同建设一座长波电台，其中大部分资金由苏联承担，建成后两国共同使用，企图在电台的主权上做文章。中国明确表示不同意苏联建议，而主张由苏联给予贷款和技术援助，建台的一切费用由中国承担，电台主权属于中国，中苏共同使用。由于双方僵持不下，这个问题最终不了了之。同年7月，苏联利用中国要求苏联在海军建设方面给予信贷技术援助的机会，又提出关于“中苏建立一支共同潜艇舰队”的建议，毛泽东认为同合资建立长波电台一样，建立共同潜艇舰队也是涉及中国主权的政治问题，明确拒绝了苏联的建议，并主动撤销了关于苏联为中国新型海军舰艇提供技术援助的要求[①]。

从20世纪50年代末开始，由于双方在国家利益上的基本冲突，两国在国际战略，包括对美政策上的分歧加剧。赫鲁晓夫上台后加紧推行“美苏合作、主宰世界”路线，并不惜牺牲中国的主权和利益。第二次台海危机和中印边境冲突发生后，苏方表示强烈不满，将中苏分歧公开化。1959年，赫鲁晓夫下令停止向中国运送根据协议答应提供给中国的原子弹样品，也不再提供有关技术资料。这样，中苏双方在外交事务中的利害冲突及苏联对中国内部事务的干涉，使中苏关系全面陷入僵局。

中苏两党的分歧于1960年前后完全公开化，并导致两国关系的急剧恶化。1960年

① 石志夫. 中华人民共和国对外关系史（1949.10—1989.10）. 北京：北京大学出版社，1994.

7 月，苏联突然照会中国政府，单方面宣布召回在华的近 1.4 万名苏联专家，并终止派遣按协议应来华工作的 900 多名专家，废除了 257 个科学技术合作项目，带走了图纸，停止了重要设备的供应。苏联撤走援华专家并撕毁经济技术合作协议等一系列恶化中苏关系的行为使中国蒙受了巨大的经济损失，极大地伤害了中国人民的民族感情，给中苏关系造成了难以弥合的创伤。1960 年至 1963 年间，中苏在多个场合，通过多种方式，在一系列意识形态问题上展开公开论战，中苏关系持续逆转，使 20 世纪 50 年代末成为中苏同盟关系发生戏剧性变化的时期。中苏同盟关系从 20 世纪 40 年代末开始持续到 60 年代初，当初毛泽东和斯大林预计 30 年有效的同盟只持续了十几年就破裂了。至 1960 年，由于苏联撤走援华专家，撕毁经济技术合同，以及中苏双方的大论战，中苏同盟关系已经名存实亡。

1961 年 10 月苏共二十二大后中苏关系进一步恶化。1962 年正值中国面临经济困难、台海危机不断之时，苏联在中国新疆伊犁、塔城地区策动和协助 6 万多以少数民族为主的中国公民越境跑到苏联一边。当年 10 月，印度军队越过“麦克马洪线”入侵中国领土，苏联在军事和外交上公开支持印度。这些事件使中国感觉到苏联对中国国家安全和领土完整构成直接或间接的威胁，中苏关系增加了更多敌对成分。1963 年，苏联与美、英签署了关于部分禁止核试验的条约，想借此保持美苏的核垄断地位，并进而向中国施加压力，迫使中国屈服于苏联的核威胁，依附于苏联的“核保护伞”，以便对中国进行控制。这使得中苏关系进一步恶化。1964 年 10 月，中国通过独立自主的努力，成功地进行了第一次核试验。1966 年 3 月，中国共产党拒绝了苏联共产党的邀请，没有参加苏共二十三大，从此，中苏两党关系彻底断绝，正常的国家间关系也已不能保持，文化、体育等交流也陷于中断。1968 年至 1969 年，中苏边界多次发生武装冲突和军事对峙，两国间关系剑拔弩张，处于全面战争的边缘。

在中苏交恶、中国“一边倒”政策被迫结束的同时，中美冲突也有所加剧，美国除了继续通过精心构筑军事包围线、支持台湾国民党当局、干涉印度支那战争等手段威胁中国的安全外，还在某些方面与苏联进行合作，共同对付中国。20 世纪 60 年代，美国卷入越南战争。中国全力援助越南，中美关系处于遏制与反遏制、封锁与反封锁、包围与反包围的全面对抗阶段。这一时期，除中国与法国于 1964 年建立外交关系外，中国与其他资本主义国家间关系的发展总体而言陷于停滞。

这一时期中国与亚非发展中国家间的合作得到进一步加强。20 世纪 50 年代中期以后，一大批亚洲、非洲、拉丁美洲的发展中国家摆脱殖民统治，获得独立。相似的历史经历和中国通过万隆亚非会议树立起的和平外交形象，使中国与这些发展中国家间有着较强的认同感。美苏对中国的夹击，也促使中国积极拓展对外交往的“中间地带”。在这样的背景下，中国以积极的姿态，开展了与广大亚非发展中国家间的交往与合作。20 世纪 50 年代中期至 60 年代中期，有 24 个国家与中国建立了外交关系，出现了新中国的第二个建交高潮。其中，除法国外，其他都是亚洲、非洲、拉丁美洲的发展中国家。1963 年底至 1964 年初，周恩来总理成功出访亚非 13 国，并于出访期间提出了著名的中国对外援助八项原则，进一步巩固和发展了中国同这些国家之间的了解与合作。

1966 年，中国爆发“文化大革命”，国内极左思潮的盛行和政治秩序的混乱波及对外关系领域。在 1966 年至 1967 年的 1 年多时间里，中国同已建交和即将建交的 40 多个国家中的近 30 个国家先后发生外交纠纷，在一定程度上损害了中国与原先友好或者中立国家的关系，给中国的对外关系和国际形象造成负面影响，对外关系一度几乎陷于中断，中国对外开放的空间被进一步压缩。

第二章 新中国对外贸易体制的建立与调整

新中国成立以后，首先建立起集中统一的对外贸易管理机构体系，并制定、颁布了一系列管理全国对外贸易的法令法规，以及相关的具体规定和实施办法。进入第一个五年计划时期后，外贸进出口在已有基础上进一步发展，并逐步形成了高度集中统一的外贸经营管理体制。

第一节　集中统一对外贸易管理体制的建立

为了迅速改造半殖民地性质的经济，尽快恢复和发展民族经济，新中国确立了实行对外贸易管制、采用保护贸易的政策。为了贯彻执行上述基本方针政策，新中国成立以后，首先建立起集中统一的对外贸易管理体系，并制定、颁布了一系列管理全国对外贸易的法令法规，以及相关的具体规定和实施办法。

一、集中统一对外贸易管理体制的建立

（一）成立对外贸易部

中华人民共和国成立前，华北、华东等部分解放区已经开展了对外贸易，各区均建立了相应的外贸管理机构，制定了不同的外贸政策和管理条例。中华人民共和国成立后，根据国家统制对外贸易的政策，1949 年 10 月，在中央人民政府下成立了贸易部，下设国外贸易司，统一管理全国的对外贸易工作。随着各地的先后解放，在开放进出口贸易的口岸相继设置了对外贸易管理局及分局。1951 年 12 月，经过调整，确定在上海、天津、青岛、武汉、旅大、福州、广州、昆明 8 个主要口岸城市设立对外贸易管理局。对外贸易管理局受贸易部与各大区或直属省市财经委的双重领导，负责执行对外贸易的法规命令，并管理各口岸及其腹地地区的进出口事务。由于国内对外贸易事业发展的需要，1952 年 9 月，中央人民政府政务院决定撤销贸易部，分别成立对外贸易部和商业部，对外贸易部作为中国政府统一领导和管理对外贸易的行政机构，下设办公厅、综合计划局、进口局、出口局、第一局、第二局、第三局、对外贸易管理总局、全国商品检验总局、财务会计局、人事局以及其他专业职能部门，分别负责管理有关的对外贸易业务和行政工作。这样，新中国统一集中的国家对外贸易管理体系基本建立起来。

对外贸易部自 1952 年 9 月成立以后，一直作为中国政府主管对外贸易的行政机构行使其管理职能。1955 年，国务院公布《中华人民共和国对外贸易部组织简则》，明确规定对外贸易部的基本任务是：领导并监督执行国家对外贸易管制和保护贸易政策；贯彻执行国家进出口政策，保证国家社会主义建设的顺利进行；在平等和互助合作的基础上恢复和发展同外国政府和人民的贸易关系和国际经济合作；领导国营对外贸易企业，巩固其在对外贸易中的领导力量，领导并完成对私营进出口商的社会主义改造。主要职责是：编制国家进出口贸易计划和对外贸易外汇收支计划，组织和检查计划的执行；起草中国同有关国家发展经济贸易和技术合作的联系方案，负责同有关国家进行谈判，签订协定和议定书等，并监督执行；起草对外贸易管理的基本法规和海关法，并贯彻执行；领导海关工作，不断加强货物监管和政治经济保卫工作；制定国营对外贸易企业进口、出口、再出口和运输业务程序，并监督执行；签发进口、出口和过境贸易的许可证；研

究拟订商品检验制度。[①]

（二）建立人民海关

海关是主权国家的经济大门。海关的自主权对保障本国经济利益不受侵害、保护民族工商业和对外贸易的正常发展有着至关重要的意义。然而鸦片战争后中国的海关却长期掌握在帝国主义国家手里。各个列强通过 1842 年的《南京条约》及其他条约，取得了协定关税的特权，关税税则不是由中国独立自主决定，关税税款长期作为偿付外债和对外赔款的担保。1854 年，英、法、美三国强行夺取了上海海关的管理权。第二次鸦片战争后各个列强又进一步夺取了全国海关的管理权。海关用英语办事行文，海关的主要负责人、总税务司及地方海关的主要职位均由外国人担任。海关工作秉承外国总税务司的意志，服从其所代表的各西方国家的利益。帝国主义国家还把与海关无关的职务也纳入其管理范围，如保证航运安全和巡卫国境海岸等。总之，旧中国的海关为帝国主义经济侵略大开方便之门，实际上成为它们控制中国内政外交的工具。

中华人民共和国的成立使中国人民实现了多年来彻底收回海关主权的愿望。在解放战争期间，各解放区管辖内的旧海关已经被陆续接管。1949 年 10 月 25 日，中央人民政府海关总署在北京宣告成立，由中央人民政府政务院直接领导，负责统一领导与管理全国海关及其事务。各解放区海关先后与海关总署建立了联系。到 1950 年 5 月，全国各海关都已由海关总署直接领导。

海关总署成立后，系统地彻底改革了旧海关的组织制度与办事制度。凡属维护帝国主义利益和半殖民地半封建性质的规章、制度、条例一律废止；解除了与海关无关的职务，将海务、港务及巡卫国境等工作移交有关部门；对验估、检查、统计等仍然有用的管理技术则加以吸收、改造。1950 年 1 月 27 日，政务院通过了《关于关税政策和海关工作的决定》，对海关的性质、任务做出了明确的规定。规定海关总署是统一集中的和独立自主的国家机关。海关的主要任务是对各种货物和货币的输入输出执行监督管理，有效地征收关税，查禁走私。海关政策的基本方向是配合国家对外贸易的管制，执行国家对外贸易政策和国内经济政策，保护国民经济特别是民族工业的恢复和发展。这些规定，标志着海关的性质和职能已经发生了根本变化，按照刘少奇当时的通俗讲法，实现了“把大门的钥匙放在自己的袋子里”。

1950 年 12 月 14 日，中央人民政府政务院发布了《关于设立海关原则和调整全国海关机构的指示》，确立了各地海关的设立原则，调整了全国设关地点，撤销了一些内河关所。这些内河关所很多是在不平等条约下开辟的“条约港”[②]，是帝国主义国家深入中国内地进行经济侵略的据点。全国海关及其分支机构由原来的 173 处缩减为 70 处，其中地方海关 26 处，分关 9 处，支关 35 处，改变了过去对外门户洞开、对内关卡林立的不合理现象，基本建立起新的海关体系。在调整机构的同时，统一了全国海关财务，各区

---

① 沈觉人. 当代中国对外贸易. 北京：当代中国出版社，1992.

② 鸦片战争后，西方列强以武力相威胁，迫使中国政府签订了数百个不平等条约，强迫中国政府开放沿海与内河的通商口岸。这些在不平等条约下被迫开放的通商口岸也称为“条约口岸”或“条约港”。

关税皆解缴中央（东北地区暂除外），各关经费一律由海关总署统筹拨付。调整节省了大量海关经费，1950 年全国海关支出占海关税收的比例为 2.5%，而解放前旧海关每年的支出约占其税收的 20%[①]。

近百年的旧中国海关从未有过海关法。为了能够有效执行对外贸易管制政策，使新中国的海关能够真正履行自身职能，海关总署成立后，立即着手制定海关法。1951 年 3 月 23 日，中央人民政府政务院通过了《中华人民共和国暂行海关法》（简称《暂行海关法》），于 4 月 18 日公布，5 月 1 日起实施。《暂行海关法》系统地规定了新海关的组织机构、任务、职权和统一的海关工作方法，规定了进行对外贸易和运输的公私企业、机关、团体对于海关规章的责任和义务，以及海关与它们之间的相互关系，规定了查处走私的处理办法。《暂行海关法》切实贯彻了保护国内经济发展的独立自主原则，体现了新中国海关工作的方针政策。它的制定和实施，使全国海关工作有了法律依据，从而走上新的轨道。

海关总署根据海关法，对海关的行政管理、人事制度进行了改革，建立了新的制度，提高了工作效率，并加强了缉私工作，使海关真正成为贯彻国家经济政策、保护新中国经济利益的大门卫士，猖獗的走私活动大为减少。人民海关的建立及其对进出口监督管理的有效实施，保证了国家对外贸的管制，为中国跻身国际市场奠定了基础。

二、国营对外贸易经营体系的建立

中华人民共和国成立后，在对私营进出口商社会主义改造基本完成之前，中国对外贸易管理与经营体制的基本状况是：外贸部门统一领导和管理全国对外贸易；主要通过制定和执行国家方针政策和法令法规行使外贸行政管理权；以国营外贸专业公司为主体由不同经济成分多家经营；在中央统一安排下实行口岸分工，对外成交由相对分散过渡到大集中、小分散；对国营外贸企业实行直接计划和统收统支，对私营外贸企业实行间接计划或估算性计划，并有区别地运用经济手段进行调节。因此，这一时期中国对外贸的统制，与当时苏联等国家对外贸的全面垄断性的统制不同。由于存在着多种经济成分，还要发挥其各自的积极作用，这一时期国家对外贸的管理准确地说还是《共同纲领》所规定的“对外贸易的管制”。[②]

（一）按商品经营分工的国营外贸公司的建立

贸易部成立初期，由于部分地区尚未解放，在经营上，短时期内仍保留了各地区分散的外贸经营机构与各自的贸易经营。随着全国解放，财经统一，1950 年 3 月，在政务院关于统一全国国营贸易的决定中，决定成立全国范围的国营对外贸易专业总公司，统一有关产品的对外经营。国营外贸企业的建立主要由两部分组成：一部分是原解放区的外贸企业，另一部分是没收的原国民政府和官僚资本的外贸企业。

---

① 中国社会科学院，中央档案馆. 1949—1952 中华人民共和国经济档案资料选编：对外贸易卷. 北京：经济管理出版社，1994.

② 吴承明，董志凯. 中华人民共和国经济史：第 1 卷. 北京：中国财政经济出版社，2001.

解放战争时期，为巩固和发展东北根据地，中国共产党在东北率先开展了对外贸易，这是中国共产党历史上最早开创的对外贸易。它是在陈云同志积极建议和支持下开展起来的，并且建立了比较完善的对外贸易管理机构。东北有着其他解放区所没有的现代工业。这里地理环境优越，背靠苏联、蒙古人民共和国和朝鲜三国，是中国共产党领导的唯一摆脱被敌人长期包围分割的革命根据地。这些条件是东北根据地迅速建立并赖以生存的物质基础。1946 年 8 月，中共中央东北局成立了统一的财经机构“东北财经办事处”。8 月 6 日，召开了东北各省代表联席会议，成立了东北行政委员会。为了统一领导和协调党、政、军各系统的财经工作，经中共中央东北局批准又成立了财经委员会，作为财经领导机关，对外仍称财经办事处。陈云任财经委员会主任委员兼建设委员会主任委员。1949 年 7 月，又设置了东北行政委员会财经办事处。从此，政府开始统一管理财经工作，中共中央东北局不再直接领导。

在陈云同志直接指导关怀下，中共中央东北局首先解决了粮食运输问题，安排专人负责。各省、县、区都成立了购粮委员会等。中共中央东北局做出规定：对外贸易必须统一于东北财经办事处。就是内地贸易自由，对外贸易统制。1946 年 1 月成立了东北贸易总公司，由叶季壮兼任经理。9 月 15 日，北满贸易总公司合并于东北贸易总公司，由张永励任经理，赵濯华、张化东仍任副经理。东北贸易总公司是在东北财经委员会领导下的一个专门对外贸易机构。它的主要任务是开展对外贸易，具体任务是：① 组织收购和储运粮食；② 接收部分公粮出口；③ 对苏联出口粮食和土产品；④ 接收出口物资交东北财经办事处直属物资处；⑤ 推销进口日用工业品；⑥ 进口工业、交通器材。另外，为了收购、保存、调拨、运输和出口粮食，又创办了东兴公司。它是中国共产党历史上组建的第一个专门对苏联的贸易及签约公司，基本职能是：负责签订对苏贸易合同；拨付资金、物资，收集情况等。东北根据地的对外贸易，是中国共产党开展对外经济合作的最初尝试。[①]

官僚资本操纵着旧中国绝大部分的进出口贸易。新中国对官僚资本的对外贸易采取了没收政策。在全国范围没收官僚资本的过程中，国民党政府的对外贸易机构，如中央信托局、输出入管理委员会等，以及官僚资本外贸企业，都由人民政府接管。这些机构中的旧职员，凡愿继续服务者，予以留用。人民政府对所接管的官僚资本外贸企业，进行了民主改造和重新组织，使之转变为社会主义国营外贸企业。由于官僚资本的进出口与官僚资本的外贸企业主要拥有外汇，在解放战争过程中，官僚资本的外贸企业已将全部外汇席卷一空，汇出大陆，中华人民共和国政府没收的官僚资本的对外贸易企业的资产非常有限。

中华人民共和国成立以后，原有各解放区因地制宜、分散设立的对外贸易组织机构已不能适应全国统一后的需要。因此，在中央人民政府统一领导下，对外贸易组织进行了全面调整和改组。到 1951 年，计成立有猪鬃、土产、油脂、茶叶、蛋品、蚕丝、烟叶、

① 李正鸿，于桂荣. 东北根据地的对外贸易. 兰台世界，2010（7）.

水果、粮食、进口（负责对苏联及其他人民民主国家[①]的进口贸易）、矿产、石油、皮毛、进出口（负责对资本主义国家的进出口贸易）、工业器材、海外运输等国营外贸总公司。同时，各地的分支公司也逐步建立和完善。这一时期，因各公司均为初创，关系尚未理顺，为改善经营分工，在各公司的设置、相互间的业务分工等方面时有调整。它们建立伊始，就在对外贸易经营中起着主导作用，在此基础上，国营对外贸易的经营体系基本建立。

国营外贸公司按照国家的对外贸易方针，大力开展对世界各国的通商贸易。根据公私分工原则，国营外贸公司统一开展对苏联及其他人民民主国家的贸易，并掌握主要商品的对资本主义国家的贸易。国营外贸公司有直接经营的自营业务，也接受各需要单位委托的进出口业务。由于这一时期对外贸易重心的转移，对苏联和其他人民民主国家的贸易量增长，因而在经营成分上表现为国营对外贸易的迅速发展。在对资本主义国家的贸易中，1952 年，海关统计的国营外贸公司的进出口总值为 67 125 万元，占对资本主义国家贸易总额的 54.31%。[②]

（二）建立合作社系统的对外贸易经营机构

为了便利农产品外销，扩大农副产品的输出，1950 年 9 月，经中央财政经济委员会（简称中财委）批准，允许合作机构在规定条件内经营部分进出口业务。按规定，全国各主要口岸，包括天津、上海、广州、青岛、武汉，每地只准全国合作社联合总社或各地行政区合作社联合总社设立一个机构，代表该地区合作社经营进出口贸易。合作机构经营出口的范围，只限于土产、土产加工品及手工业品。

（三）私营进出口贸易的经营

近代以来至社会主义改造全面完成前，私营进出口业曾是中国对外贸易中的一支重要力量。据不完全统计，新中国成立以前，全国私营进出口商发展最多时达五六千户，其中上海有 1 600 多户，天津有 500 多户，广东有 2 000 户，武汉约有 60 户。这些进出口商中，大多是兼营户和虚设字号的业户，在新中国成立前夕已有很大部分歇业。[③]

中华人民共和国成立后，国家允许私营进出口商继续经营进出口贸易，发挥其在内外交流中的作用，与国营外贸公司分工合作，为尽快恢复和拓展国际市场、发展国内生产服务。由于私营进出口商一般在出口商品的产销、加工、保管、运输方面经验丰富，拥有长期以来所建立的对外贸易关系，在新中国成立初期的对外贸易中，仍是一支重要力量，但经营范围一般仅限制在对资本主义国家的贸易方面。

在国民经济恢复时期，国家对私营进出口业着重利用其有利于开展内外交流的积极作用，并主要通过行政和贸易管制，限制其消极作用。1949 年 2 月，中共中央在《关于对外贸易的决定》中提出："对外贸易应由国家经营和管制。目前国家尚不能经营的某些

① 当时各资料中对人民民主国家的提法不一，有时也称为新民主国家、东欧国家等。

② 中国社会科学院，中央档案馆．1949—1952 中华人民共和国经济档案资料选编：对外贸易卷．北京：经济管理出版社，1994.

③ 中央工商行政管理局．私营进出口商业的社会主义改造（油印本）．1959.

贸易，以及由私人经营无害或害处不大的某些贸易，应该在国家管制之下允许私人经营。”1949 年 9 月通过的《共同纲领》规定：“保护要求合法的公私贸易。实行对外贸易的管制，并采用保护贸易的政策。”因此，新中国成立初期对私营进出口业的基本原则是利用和限制相结合，通过审查登记、实现许可证制度和审价限价措施及外汇管理等行政和市场手段，实施对私营进出口业的控制。

为了了解私营进出口业的总体状况，新中国成立后，各口岸对私营进出口商一般都进行了两次全面的审查和登记。第一次大都是在口岸解放后，依地方需要办理的。第二次系在 1951 年上半年按中央人民政府的统一规定进行。通过登记管理，逐步摸清了私营进出口商的经营能力、义务关系、经营作风等情况，也为对他们进行改组、改造准备了条件。据不完全统计，1950 年全国各口岸有私营进出口商约 4 600 户，从业人员 35 000 人，资金约 13 000 万元，其中有不少是兼营户，主要是兼营国内商业和加工生产的。他们主要集中在沿海港口城市和长江流域的大中城市。上海、天津、广州、武汉、青岛的私营进出口企业的户数占到全国的约 81%，从业人员约占全国的 78%，资本约占全国的 88%。1950 年，全国私营进出口企业经营额占对外贸易总额的 33.12%。由于旧中国的对外贸易为帝国主义和官僚买办所垄断，属于民族资本主义经济的一般私营进出口企业的经营，发展受到限制。根据 1951 年 9 月的普查，上海等 7 个大城市的私营进出口企业，资本额在 10 万元以上的只占 7.45%，其余都是资本不足 10 万元的中小企业。①

上海私营进出口商的户数和资金约占全国总数的四分之一到三分之一，其他口岸的私商中也有一部分是上海商户的分支机构。②另据贸易部统计，1950 年，各口岸（天津、青岛、上海、广州、福州、武汉、昆明、旅大）经营进出口的私营华商有 2 046 户，1951 年 9 月为 3 463 户，1951 年 12 月的统计为 4 256 户。以资金能力、信用及经营记录、国外关系等情况区分大、中、小户，1951 年 12 月有大户 250 户、中户 1 577 户、小户 2 475 户。③ 全国私营进出口商资金情况如表 2–1 所示。

表 2–1　全国私营进出口商资金估计表

单位：人民币（旧币）亿元

口岸	大小商户数及资金额							
	大商		中商		小商		总计	
	户数	资金额	户数	资金额	户数	资金额	户数	资金额
广州	83	622.5	538	1 345	767	575.25	1 388	2 542.75
上海	66	495	143	357.5	404	303	613	1 155.5
天津	28	210	112	280	521	390.75	661	880.75
武汉	28	210	82	205	30	22.5	140	437.5

① 中国对外贸易基础知识. 北京：中国财政经济出版社，1962.

② 中央工商行政管理局. 私营进出口商业的社会主义改造（油印本）. 1959.

③ 董志凯，吴承明. 中华人民共和国经济史：第 1 卷. 北京：中国财政经济出版社，2001.

续表

口岸	大小商户数及资金额							
	大商		中商		小商		总计	
	户数	资金额	户数	资金额	户数	资金额	户数	资金额
青岛	23	172.5	29	72.5	72	54	124	299
其他口岸	11	82.5	74	185	195	146.25	280	413.75
总计	239	1 792.5	978	2 445	1 989	1 491.75	3 206	5 729.25

注：(1) 大商平均每户资金以 75 000 万元计算，中商每户 25 000 万元，小商每户 7 500 万元。

(2) 洋商不包括在内，上海 275 家无成绩者也不包括在内。

(3) 此表根据 1950 年经营记录制成。

数据来源：中国社会科学院，中央档案馆. 1949—1952 中华人民共和国经济档案资料选编：对外贸易卷. 北京：经济管理出版社，1994：206.

中华人民共和国成立初期的私营对外贸易除私营华商外还有在华外商。外商进出口业在旧中国依仗不平等的特权，赚取垄断利润，在中国对外贸易中占有绝对优势，其中以英国、美国、法国、德国、苏联几国进出口商势力最大。对于外国在中国的进出口企业，新中国政府在取消它们的特权后，允许其在服从中国法令的条件下继续经营。中国的公私营贸易机构与其建立了正常的贸易关系，并采取委托进出口及加工订货等办法，帮助其恢复和发展。外商进出口业经营的业务，在出口方面，新中国成立前后变化不大，主要有皮毛、猪鬃、地毯、草帽辫、煤、桐油、蛋品等；在进口方面，外商经营的种类已大为减少，其中的奢侈品以及中国能够自制的物品已被限制进口。新中国成立初期，有的外商如美国、英国商人曾做了许多生意，获得了较大利润。但是，西方资本主义国家在新中国成立初期就采取排华政策和经济封锁，朝鲜战争爆发后，封锁禁运进一步升级，在华外商的经营遭受巨大困难，难以为继，不得不收缩歇业，外商数量及进出口额逐年减少。1950 年 12 月，美国冻结中国在美国的公私财产，中国相应宣布管制美国在中国境内的资产，在华美商全部停业。其他洋商在 1951 年美国等西方国家对中国实行全面禁运后，大都陷于瘫痪状态，陆续放弃经营、申请歇业或作价转让给中国政府。新中国成立初期，全国共有进出口外商 540 余户，1950 年各口岸有经营进出口贸易的外商 426 户，1951 年为 325 户，主要集中在上海、广州。据海关统计，外商直接经营的进出口贸易总额，1950 年为 4 996 万美元，1951 年为 1 591 万美元，1952 年为 524 万美元，分别占各年对资本主义国家贸易总额的 6.52%、1.73%、0.96%。[①] 到 1955 年底，只剩下 28 家，在全国对资本主义市场贸易中的比重下降为 0.005%。[②]

① 中国社会科学院，中央档案馆. 1949—1952 中华人民共和国经济档案资料选编：对外贸易卷. 北京：经济管理出版社，1994.

② 沈觉人. 当代中国对外贸易. 北京：当代中国出版社，1992.

中华人民共和国政府对私营进出口企业实行了利用、限制和改造的政策，即通过国家资本主义道路，逐步把私营进出口企业改造成为社会主义对外贸易企业。

华商的外贸经营主要是对资本主义国家。新中国成立初期，私营进出口商一度收缩观望，不敢大胆经营。为了鼓励私商积极开展进出口贸易，特别是活跃出口贸易，国家在调整工商业时，也对进出口业的公私关系进行了调整，在贷款、批汇、经营范围分工等方面对私营进出口公司进行政策扶持，为其经营创造一定条件。1950 年 7 月召开的全国出进口贸易会议，决定国营与私营在经营商品种类、代购对象方面有所分工。国营外贸公司除统一经营统购统销物品外，在自营进出口商品中只经营对国计民生影响较大的主要商品，以保证工业器材原料的供应和一部分市场需要，在数量上以能够调剂供求、稳定物价为原则，其余进出口商品放手让私商经营；国营公司只接受国家企业的委托代购任务，私营企业的代购任务由私营进出口商来做；国家也将部分业务委托私商代购代销；私商可以经营统购统销物品的收购和国内运输；已登记的进口商可以申请外汇，办理进口。另外，由于私营进出口商在运用国外贸易关系方面仍有一定能力，国营公司积极鼓励私商争取进口，并在解决进口货物的国内销路、进口利润、资金周转等方面给予协助。公私双方均需忠实执行合同，否则除不可抗拒之原因外，应负赔偿对方损失之责任。遇有纠纷时，可按合同进行协商仲裁，以致向法院控诉解决。在封锁禁运升级前的一段时间里，这些私营进出口商通常都可盈利，经营积极性较高。

“三反”“五反”运动以后，私营进出口业务也有所下降。1951 年 5 月西方国家对中国加强封锁禁运以后，中国的对外贸易转向以苏联及其他人民民主国家为主，对资本主义国家的贸易额下降，从而导致私营进出口商的业务大幅减少，私营进出口贸易额显著下降。1952 年下半年，帝国主义的封锁禁运有所和缓，中国对资本主义国家的贸易形势开始松动。在这种情况下，为了维持私商的经营，以补充国营公司力量的不足，政府适当放宽了对私营进出口商的经营限制。1952 年 7 月，全国各地行政区贸易部长会议以及贸易部《关于私营进出口几项具体问题的指示》提出：“在中国与资本主义国家于莫斯科国际经济会议期间及会后所订立的贸易协议的具体交易过程中，国营公司可从总合同中分出一部分交由私商执行；放宽管理尺度，有的地方过去在发采购证、发牌照方面对私商限制较严，今后对小土产应放宽；由于进口利大，出口赔本，考虑用进口贴补出口的办法来解决；以批汇进口带动出口。为防止过度压价竞争，以往对私营进出口商曾实行了出口限价政策，针对这时国际市场物价下落，限价偏高不利出口的情况，改变公开限价为内部审价，缩小限价（审价）范围，根据不同商品，灵活掌握，一般商品可不限价，但在总贸易额中仍维持了一定份额。

（四）进出口贸易组织的合营联营

为了在复杂变化的国际环境下，有组织、有计划地团结一切公私对外贸易力量，步调一致地进行对外贸易工作，特别是为了克服私营进出口商之间盲目竞争的现象，争取及时进口重要物资，1950 年 7 月，全国进出口贸易会议提出采用“国际贸易研究会”“同业公会专业小组”“联合经营”几种形式，按各地区不同情况，把公私进出口商组织起来。1950 年 9 月 4 日人民日报社论《开展对外贸易》中也指出：发展对外贸易的关键之一，就是团结一切公私对外贸易力量，步调一致地进行对外贸易工作。

1951 年 1 月，对资本主义国家的贸易方式改为以易货为主之后，一些私商在经营上发生困难，外汇来源、资金周转等方面出现问题，有的要求放宽结汇范围，有的缩小了经营规模。为了帮助私商解决困难，有必要进一步改进组织形式，即推动私商组织联营，以便集中力量，扩大关系，稳定国外市场。联营是私商组织起来的较高形式。到 1951 年 7 月，各口岸产生的公私营进出口商都通过同业公会或联营的形式组织起来了。同业公会及公私联营，一般是由国营公司担任领导者与协调者。这些组织在推动易货贸易、统一购销价格、推销滞货冷货、稳定国外市场中，起了一定作用。与此同时，一些建立不久、资金能力不足、经验不足的进出口商，因为没有继续经营的能力，则在国家指导下有计划地进行了转业。

私营进出口商大都是批发商。与对从事国内贸易的批发商不同，国家对私营进出口商不是采取代替政策，而是在适当分工、加强管理的条件下，鼓励并扶助其经营，特别是对私营出口商加以鼓励。不过，在当时特殊的国际环境下，单个私商很难维持经营，依靠国营力量、采取联营形式，是一种必然选择。接受国家委托代购代销以及公私联营这类形式，实际上已使其走上了社会主义改造的道路。据海关统计，1952 年对资本主义国家的贸易中，公私合营的进出口值为 5 580 万元，占当年对资本主义国家进出口总值的 4.51%。①

私营进出口商过去兼营进口和出口，同时经营几种以上商品的较多。国外客户往往也经营多种商品。在私营时期，私商为了保持其国外客户关系，往往经营几个归口专业公司的商品，合营后，原私营公司虽已根据其经营的主要商品按归口专业参加了合营，但对于过去建立起来的跨公司业务仍然存在，而且有一定比重。为了解决这个矛盾，各公司采取委托代理的办法，相互拟订交叉业务计划，使跨公司的业务仍能进行。其后，随着国营公司同国外关系直接建立起来，这种业务也逐步缩减。

私营进出口商国内机构加入合营后，其国外机构属于派出机构及人员者，仍为合营的派出机构及人员。国外机构与资方系股东关系者，与合营建立业务往来关系；合营时资方自动申报其国外机构、人员组织、财产状况要求加入合营者，批准定为虚股，其国外机构及资金仍照常独立经营，盈亏由资方个人负责。国内各口岸间分支机构采取就地合营办法。

私营进出口商全业合营后，绝大部分是合并成立合营公司，这些合营公司的办公及作业制度是根据国营外贸公司的标准和要求制定的，而不是在原来私营企业制度的基础上建立的，但对原企业在加工、保管等作业中的某些带有技术性的操作规程和制度，则予以保留，在实践中再不断发动职工进行研究改进。

为了精简机构、缩减编制，按照以业务为中心、以商品为对象，对苏联及其他东欧社会主义国家和对资本主义国家统一经营的原则，在 1957 年冬，各地外贸合营公司进行

① 中国社会科学院，中央档案馆. 1949—1952 中华人民共和国经济档案资料选编：对外贸易卷. 北京：经济管理出版社，1994.

了改组，实行合署办公，对外挂国营及合营公司两个牌子，内部有的行政及业务部门完全合并，如上海及天津均如此，有的如广州只有少数合署办公时行政部门合并，业务计划仍分工经营。

1956 年，基本完成私营进出口企业的社会主义改造。从此以后，一切对外贸易业务的经营和管理都通过对外贸易部下属的各专业进出口公司完成。在全部对外贸易业务领域，国家经营对外贸易所占的比重从 1950 年的 66.8%上升至 1957 年的 99.9%，形成了以国家统制为基本特征的对外贸易格局。①

第二节　集中统一对外贸易管理体制的调整与强化

在国民经济恢复时期，中国逐步建立起了独立自主的对外贸易体系，确立了国家对对外贸易的统制及贸易保护政策。进入第一个五年计划时期后，除继续实行对外贸易管制，并采取贸易保护政策外，中国对外贸易的核心目标是服从国家在过渡时期总路线、总任务的要求，为实现社会主义工业化和完成社会主义改造服务，并密切配合国家的和平外交政策。外贸进出口在已有基础上进一步发展，并逐步形成了高度集中统一的外贸经营管理体制。对外贸易管理体制伴随外贸经营体制的变化及外贸机构的调整，也发生了一系列变化，其中最重要的特征就是行政管理手段的逐步强化和计划管理成分的日益提高。至“一五”计划末期，外贸领域高度集中统一的管理体制已最终确立。

一、高度集中统一计划管理体制的强化

1956 年以前，由于私营进出口企业的存在，国家在对外贸进行统一管理的同时，在很多方面还具有一定的灵活性。在资本主义工商业社会主义改造完成以前，国家对私营进出口企业主要通过进出口许可证制度、私营进出口企业登记办法、税收、价格等行政手段与经济手段相结合的措施进行管理。就外贸管理体制来说，在强调国家统制的同时，还保持一定的灵活性，具体表现在如下几方面：第一，在国营专业公司占绝对优势的前提下，允许私营进出口商存在。国家根据公私兼顾、统筹安排的原则，对私营进出口商在经营范围上予以照顾，在外汇使用上给予通融，使私营进出口商在同资本主义国家的贸易中发挥了积极作用。第二，实行直接计划与间接计划相结合的计划制度。在对私营进出口企业实行全行业公私合营之前，国家对国营专业外贸公司实行直接计划，而对私营进出口企业则实行间接计划；对与国计民生关系重大的进出口物资实行直接计划，对一般土特产品和手工业产品实行间接计划。由于对不同经济成分和不同种类的物资采取灵活多样的计划形式，因而较好地处理了“主体”与“补充”的关系。第三，国家在对私营进出口商实行行政管理的同时，也重视税收、信贷、价格、出口补贴等经济杠杆的

① 夏英祝. 中国对外贸易. 北京：人民邮电出版社，2014.

调节作用。如国民经济恢复时期，中央人民政府财经委员会就曾多次决定豁免外棉进口税。1954 年 3 月 16 日，对外贸易部曾颁发《对私营进出口补贴办法》，规定对经营土特产品和手工业品出口的私营出口商进行补贴，以使其获得一定利润。这些经济措施对调动私营进出口商的经营积极性起了很好的作用。第四，采取多种形式，组织私营进出口商统一对外，为防止私商间削价竞销、盲目竞争，国家除了实行许可证制度、保护关税、海关货运监管等办法对私商加强管理外，还采取"国家贸易研究会""同业公会专业小组"等形式，组织私商，统一对外。

1956 年以后，随着对私营进出口企业社会主义改造的完成，整个对外贸易由国营外贸专业公司实行专营，高度集中统一的外贸管理体制最终形成。对外贸易全部纳入国家的计划管理，按照外贸部门与其他相关经济职能部门制定的指令性计划开展进出口业务，财政上统收统支，利润上缴，亏损补贴。这一时期开始，指令性计划是组织外贸进出口工作的主要依据。对外贸易进出口计划分为长期计划（如五年进出口计划）、年度计划和季度计划，由国家计划委员会（简称国家计委）、对外贸易部（简称外贸部）、中央其他各部、各地方共同制定，经国务院审批后，责成外贸部及其下属各单位贯彻执行。计划是指令性的，各单位不得任意变动，如需修改，则要逐级上报，由国务院核批。在国民经济恢复时期，只单独编制出口计划、进口计划和对外贸易运输计划，其他业务计划都是将国内贸易和对外贸易合在一起编制的。在"一五"计划时期，编制的对外贸易计划有商品流转计划（包括收购、内销、出口、调拨、加工、储存和国家统一分配物资计划，进口订货、到货、交货计划）、外汇收支计划、财务计划、运输计划、商品流通费用计划、基本建设计划、生产企业计划、劳动工资计划、贸易网计划、干部培养计划。50 年代末至 80 年代初，对外贸易计划的种类虽有所增减，有的计划名称也做了变更，但计划的基本内容没有大的变化。

由于对外贸易管理的对象、目的和要求都发生了变化，管理体制由原来主要依靠进出口许可证制度实行国家对对外贸易的管制，转向更偏重于保证国家指令性进出口计划的完成。1957 年 1 月 23 日，对外贸易部公布《进出口货物许可证签发办法》，其主要目的是尽量简化国营进出口公司申领进出口许可证的手续，便利开展对外贸易。

"一五"计划末期，高度集中统一的管理体制形成后带来了一些弊端，主要体现为：中央和地方政府对国营外贸企业经营活动的干预导致政企不分，使外贸企业的自主性和经营灵活性大受影响。市场行情瞬息万变，行政干预往往使外贸企业在经营过程中难以迅速做出反应，在对外交易上陷于被动。由于各生产单位和供货单位都不直接对外成交，产供销脱节，供货部门对自己提供的商品是否适销对路、经济效益如何并不关心，只关注能否完成上级下达的计划任务，其直接后果就是产品质量下降，价格、品种、款式调整不及时，影响出口物资的生产并导致出口货源的紧张。财政统收统支使国营外贸企业内部缺乏改善经营管理、提高经济效益的动力。

"一五"计划末期对外贸易管理体制形成一种过度集中统一的僵化模式，是当时若干重要历史因素共同作用的结果。"一五"计划末期，生产资料社会主义改造的基本完成为确立全国集中统一的经济管理体制奠定了基础。这种体制要求各个经济部门在中央借助行政手段的统一指挥下，按指令性计划发展。各部门的计划都要与国家计划衔接并服从于整个国民经济计划，绝大部分的物资供应要由国家统一调拨，财政上统收统支。对外贸易部门的经营活动与国民经济各部门有着广泛联系，当其他部门都实行集中统一的管理体制后，外贸部门也只能实行集中统一的管理。不仅如此，由于外贸部门自身的一些特点，在整个经济体系都实行集中统一管理后，外贸领域的集中统一程度只会更高。其原因首先在于对外贸易与国外直接发生交往，是整个对外关系的一个组成部分，所代表的是国家的利益。按照当时的理解，进出口活动的集中和统一，有利于对外政策的贯彻执行和避免盲目竞争，从而便于在同其他国家的交往中维护本国利益。其次，国际帝国主义的封锁，是集中统一外贸体制形成的重要外因。新中国成立后，遭到以美国为首的资本主义国家的全面经济封锁。在这样一种国际环境中开展对外贸易，客观上要求国家加强对外贸易的集中统一管理，以反击封锁。最后，苏联经验对中国外贸体制的形成起了重要作用。苏联是第一个社会主义国家，在进行社会主义革命和建设中积累了不少经验。在国民经济恢复时期和“一五”计划时期，党和政府多次号召向苏联学习，这在当时是必要的。但是各国都有自己的国情，中国在学到一些好的经验的同时把苏联的那套集中过多、统得过死的管理办法也学过来了。出现这种情况，一方面是由于对苏联经验缺乏全面的认识，另一方面也与中国当时的外贸实际状况有关。在西方国家对中国进行经济封锁和贸易禁运的条件下，中国的对外贸易主要是与苏联和其他社会主义国家进行的，贸易双方同属中央集权型的计划经济，有着基本相似的国民经济体制和外贸体制。进出口业务活动都是在政府双边协定的基础上进行的。这种贸易实践中的相互适应性，对中国外贸管理体制的形成起了一定的作用。[①]

二、对外贸易组织机构进一步集中

第一个五年计划时期，为适应经济形势变化的需要，对外贸易管理在组织和机构上发生了一些变动，对外贸易管理体制与恢复时期相比，更加集中和统一。

（一）对外贸易行政管理机构的变化

自 1952 年 8 月中央人民政府政务院撤销贸易部，分别成立对外贸易部和商业部后，对外贸易部成为中国对外贸易的最高行政领导机关。它在国务院的领导下，统一领导和管理全国对外贸易，贯彻执行国家对外贸易管制和保护贸易政策。对外贸易部在各大区设立对外贸易部特派员作为其地方机构，大区撤销后，在各省成立了对外贸易局。对外贸易局是各省（市、自治区）人民委员会的组成部分，受对外贸易部和各省（市、自治区）人民委员会的双重领导。其主要任务是领导督促各省（市、自治区）对外贸易行政管理和企业单位执行国家对外贸易的方针政策和法令指示。这一时期的对外贸易主要集中于中央及各大口岸，但可供出口的商品则分散于全国各地，各省（市、自治区）外贸局的一项重要工作就是把种类复杂、零星分散的产品经过收购和加工，积极组织出口货源。此外，对资本主义国家出口方面，从对外报价到具体买卖，口岸省（市、自治区）

① 成协祥．“一五”时期我国对外贸易管理体制的形成及其历史条件的考察．中南财经大学学报，1986（5）．

对外贸易局都有领导责任。此外，各省（市、自治区）对外贸易局还要领导对私营进出口商和丝绸、茶叶、畜产内销私商的社会主义改造工作，监督和领导所属地区的对外贸易行政机构和国营对外贸易企业改善经营管理。

对外贸易部成立后，1953 年 1 月 9 日，中央人民政府政务院通过《关于海关与对外贸易管理机关实行合并的决定》。1953 年 1 月 14 日，经中央人民政府委员会第 21 次会议批准，将中央人民政府海关总署划归中央人民政府对外贸易部领导，成为对外贸易部的组成部分，并将对外贸易部的对外贸易管理总局与海关总署合并，改称中央人民政府对外贸易部海关总署。各口岸对外贸易管理局及其分支机构也与当地海关合并，统称海关。自合并之日起，按照对外贸易管理暂行条例的规定，海关增加三项任务：执行对外贸易许可证制度，审查价格，签发进出口许可证；管理登记进出口厂商；拟订本口岸进出口计划，报中央批准，并组织其实现。[①]这就是习惯所称的“关局合并”。关局合并后，各地海关组织建制属中央，直属对外贸易部海关总署，同时受海关所在地大行政区或省、市财政经济委员会监督指导，以便加强对各地海关的监督和更好地处理地方性和紧急性的问题。

私营进出口商利用原对外贸易部和海关工作不相衔接的漏洞逃套外汇是促成此次关局合并的主要动因。恢复时期对私营进出口商的贸易管制，包括签发许可证、审查价格、外汇管理以及进出口商的登记注册均由各地对外贸易管理局主管，而货物报关单则是向海关申报。地方海关有时忽视核对货物与对外贸易部核发的许可证是否相符，仅凭报关单与货物相符即征税放行。一些私商利用这种工作上的脱节，伪报货物品名规格，套汇偷税。“关局合并”使全国对外贸易的管理监督工作在领导上、组织上更加统一和集中。合并后实施报关单与许可证合一的监管制度，签发许可证、审查价格等对私营进出口商的管理职能均由“关局合并”后的各地海关主管。海关总署为此增设了进出口处、审价处、计划处等管理私商的机构。

1953 年后，随着国营进出口货物从满洲里、天津等口岸大量进出口，北方各口岸海关大力简化和改进货物的查验征税制度，普遍实行了对国营外贸公司货物的集中纳税办法，初步解决了港口积压问题。

1954 年 6 月 12 日，中央人民政府政务院批准解除海关编制地方进出口计划和审查价格两项职能。1955 年 3—4 月，全国海关关长会议在北京举行。会议确定海关工作的中心是经济、政治保卫，除要求做好货运监管、征收关税、查禁走私外，保护国家物资、监督检查货运事故也被列为海关基本任务之一。与此同时，各地海关的签证、小土特产的审价以及管理私营进出口商的工作，对外贸易部同意移交各地对外贸易局，待报国务院批准后下达执行。[②] 同年 12 月 8 日，对外贸易部发布了《海关对进出口货物的监督检查职责和实施办法》。

---

① 中国社会科学院，中央档案馆. 1953—1957 中华人民共和国经济档案资料选编：商业卷. 北京：中国物价出版社，2000.

② 中国社会科学院，中央档案馆. 1953—1957 中华人民共和国经济档案资料选编：商业卷. 北京：中国物价出版社，2000.

1956 年，由于外贸经营成分发生变化和国家行政管理分工的需要，各地海关的任务及领导关系再做调整。当年 9 月，国务院发布《关于调整各地海关任务和领导关系的通知》，指出："各口岸海关及其分支机构现在所执行的签发许可证、对私营进出口厂商的登记管理、零星小土特产的审价工作，应即移交给各地对外贸易局（处）负责办理。未设对外贸易局（处）的口岸，由有关的省对外贸易局在该地设立工作组或由对外贸易局商请当地人民委员会在其财经或商业管理部门内设立对外贸易科（组）办理此项工作。""地方海关受对外贸易部和所在地的省或直辖市人民委员会双重领导（个别离省人民委员会较远的地方海关，由省人民委员会委托海关较近的高一级人民委员会执行双重领导），并受该省（市）对外贸易局的指导。"①

（二）对外贸易业务机构的变化

根据进出口业务的需要，对外贸易部成立后，按照各大类商品分工经营原则，对原专业进出口公司进行调整，原贸易部所属茶叶、丝绸、畜产、矿产等专业公司划归对外贸易部领导，经营对外贸易并且兼营国内贸易，中国进出口公司专营对外贸易业务。对外贸易部还先后分别成立了专营对外贸易业务的中国机械进口公司、中国五金电工进口公司（后改组为中国五金进口公司）、中国技术进口公司、中国仪器进口公司、中国土产出口公司、中国粮谷油脂出口公司、中国食品出口公司、中国陆运公司和中国海运公司（后改组为中国对外贸易运输公司和中国租船公司）。国营对外贸易专业公司总公司归对外贸易部领导，各口岸和内地的分公司则由有关的总公司和当地外贸局双重领导。国营外贸专业公司的进出口业务，是根据国家进出口计划开展的，具有高度的计划性，在各个国营对外贸易专业公司之间有着明确的分工，每个公司都有其一定的商品经营业务范围，统一经营同社会主义国家和资本主义国家的进出口业务。国营对外贸易专业公司是独立法人，有权处理与业务有关的法律问题和在进出口业务进行中发生的异议及索赔事项，提出业务上的诉讼并且答复法院和贸易仲裁机构的询问。

（三）民间外贸组织的发展

为了推动中国和世界各国人民间通商贸易关系的发展，1952 年莫斯科国际经济会议后，民间性的对外贸易团体——中国国际贸易促进委员会（简称贸促会）宣布成立。贸促会的成员包括国营对外贸易企业、公私合营企业和私营进出口商的代表、经济专家、贸易专家、法律专家和对外贸易工作者。它的任务主要是密切与外国厂商及贸易团体的关系，加强相互了解，并以此促进双边贸易。第一个五年计划期间，贸促会的工作卓有成效，先后邀请并接待了英国、法国、意大利、比利时等 10 多个国家的工商界人士或团体来华洽谈贸易或访问，了解双方需要和可能，签订了许多贸易协议，其中特别有代表性的是与日本贸易促进委员会等贸易团体签订了 4 个贸易协议。此外，贸促会还负责安排中国产品在国外举办展览会或接待外国来中国举办展览会，通过相互交流促进贸易的发展。

---

① 中国社会科学院，中央档案馆. 1953—1957 中华人民共和国经济档案资料选编：商业卷. 北京：中国物价出版社，2000.

为适应对外贸易发展的需要，1954 年 5 月 6 日，中央人民政府政务院通过了关于在中国国际贸易促进委员会内设立对外贸易仲裁委员会的决定，这个决定规定了该仲裁委员会的组织和职权，确定了关于审理争议程序的基本原则，同时，也规定了执行仲裁裁决的办法。贸促会根据这个决定，选定了仲裁委员会的委员，制定了仲裁程序暂行规则，并于 1956 年 4 月正式成立对外贸易仲裁委员会。该委员会是一个常设的仲裁机构，属于社会团体的性质。对外贸易仲裁委员会受理对外贸易契约和交易中所发生的争议，特别是外国商号、公司或者其他经济组织同中国商号、公司或者其他经济组织间的争议；但是也可以受理外国商号、公司或者其他经济组织间，以及中国商号、公司或者其他组织间有关对外贸易契约和交易中所发生的争议。[①]

三、对外贸易经营体制的变化

新中国自成立伊始便实行了国家对对外贸易的管制和保护贸易政策，通过实施进出口商品许可证制度、管制贸易外汇和对进出口商品进行集中统一领导，积极促进了中国独立自主经济的建立和恢复。第一个五年计划时期，为确保大规模经济建设的需要，国家对对外贸易的管制进一步加强，并继续实行了保护贸易政策。

如果说国民经济恢复时期中国对外贸的统制由于还存在着多种经济成分，更接近于《共同纲领》所规定的“对外贸易的管制”，那么 1956 年私营进出口商实行公私合营后，国家通过对外贸易行政机构和国营对外贸易专业公司，掌握了对外贸易的所有权、组织领导权和经营管理权，至“一五”计划末期，中国的对外贸易已基本上是置于国家集中统一领导和统一管理之下的国家垄断制或专营制。

在外贸经营方面，新中国成立后中国政府通过国家力量建立起了国营对外贸易体系，并通过一系列措施使国营外贸的领导地位在恢复时期便得以确立并不断加强。国家在优先发展国营对外贸易经济的条件下，对私营进出口企业实行利用、限制和改造政策，根据公私兼顾的政策，对于私营出口企业给予适当的照顾，例如划出一定范围的商品给他们经营，批准他们以自备外汇进口等，从而使私营进出口企业的经营有了一定的发展，对于恢复和开展出口物资的外销以及争取重要物资的及时进口都起了一定的作用。第一个五年计划时期，在进一步强化国营外贸领导地位的同时对私营进出口商继续实行利用、限制和改造，并于 1956 年完成了私营进出口商的全行业公私合营。

（一）“一五”计划初期外贸领域的多种经济成分

恢复时期结束时，尽管国营对外贸易已占据领导地位，但私营进出口商在全国对外贸易中仍占相当大的比重，他们与资本主义国家，特别是东南亚地区以及中国港澳地区的关系尤为密切。1952 年，全国对外贸易的公私经营比重为国营占 92%，私营占 8%。私商只限于对资本主义国家贸易，约占对资本主义国家贸易额的 50%，并以出口为主。

在公私经营成分的具体划分方面，由于新中国成立后在对外贸易统计中关于经营成

---

① 齐小思. 我国对外贸易基本知识. 北京：财政经济出版社，1958.

分的分类和解释并不完全一致，妨碍正确地分析研究公私经营比重及其发展变化情况，1954 年 4 月 9 日，国家统计局和对外贸易部联合发出指示，规定了进出口贸易经营成分统计分类原则和具体分类办法。根据该办法，当时的对外贸易经营成分包括国营、合作社经营、公私合营及私营四大类。

国营部分包括中央国营和地方国营。中央国营中又分为中央对外贸易系统经营和非中央对外贸易系统经营。前者指对外贸易部及其分支机构按照中央对外贸易计划，使用中央外汇所自办、接受订货、接受委托或委托其他经营成分经营的进出口贸易；后者指凡中央对外贸易系统以外之各委、部及其直属企业、机关、部队、学校等使用中央外汇所自办或委托其他经营成分经营的进出口贸易。地方国营包括地方对外贸易系统经营和其他地方国营。合作社经营是指经所在地合作管理机构批准立案之各种合作社所经营之进出口贸易。政府与私人资本合资，政府参加经营管理的企业，称“公私合营企业”。私营投资经营的企业及个人经营的进出口贸易，均称私营，具体又分为私商经营——本国私人资本所投资经营的企业及个人经营的进出口贸易、外商经营——外国私人资本所投资经营的企业所经营的进出口贸易以及中外合营——中国私人资本与外国私人资本合资经营的企业所经营的进出口贸易三类。[①]

根据国家统计局关于对外贸易计划执行结果的年度报告，1953 年公私经营占进出口总额的比重是国营及地方国营（包括合作社经营及公私合营）占 92.3%、私营占 7.7%。其中，出口的比重是国营及地方国营占 91.1%、私营占 8.9%；进口的比重是国营及地方国营占 93.3%、私营占 6.7%。1954 年的对外贸易总额中，国营（包括地方国营及很少一部分合作社与公私合营的贸易额）所占比重增至 98%左右，私营比重降为 2%左右。由于计划与统计指标中所列私营贸易额仅系私营进出口商的自营业务，私营接受国营委托的业务被列入国营贸易额中，故私营贸易额的急剧下降和私营进出口商经营业务的缩小程度尚有差别。如果包括国营委托业务，则 1954 年私营进出口商的实际营业额仍占全国对外贸易总额的 4.2%，占对资本主义世界市场贸易总额的 23.0%。[②]

由上可见，在第一个五年计划初期，中国对外贸易领域尚存在着多种经济成分，并各自发挥着独特的作用。

（二）发展国营对外贸易，坚持国营贸易的领导地位

1953 年，党的过渡时期总路线的提出以及计划经济在国民经济各领域，尤其是外贸领域的逐步强化，使国营外贸成分进一步发展。为了积极发展对苏联和其他社会主义国家的贸易，以保证工业化所必需的成套设备和其他器材的供应，有必要由国家集中掌握进口贸易，统一使用外汇。进口扩张要求出口同步增长，由于国内市场紧张，许多物资供不应求，为平衡内销和外销，保证市场稳定，国家加强了对出口物资的控制。所有这些，都使国营对外贸易进一步得到发展。

① 中国社会科学院，中央档案馆. 1953—1957 中华人民共和国经济档案资料选编：商业卷. 北京：中国物价出版社，2000.

② 中国社会科学院，中央档案馆. 1953—1957 中华人民共和国经济档案资料选编：商业卷. 北京：中国物价出版社，2000.

1953 年，大规模经济建设开始后，市场供需缺口增大，许多商品，特别是农副产品收购困难，若干主要出口物资供不应求，内销和外销之间出现矛盾。这时，一方面，私营进出口商与国营贸易争夺货源，抢购套购重要出口物资，与货栈、南北土产行业的商人订立收购合同和协议，控制产区。他们用抬价和小恩小惠种种方法利诱农民，甚至挑拨农民对抗国营收购。抢购套购引起国内土产市场紧张，有些土产价格反常上升。当时私商主要是为了进口而出口，他们只要进口有高利，就不惜抬价抢购出口品。另一方面，一些私商通过逃套外汇破坏外贸管制。在 1953 年上半年，进口商还有私营批汇，此外私商手上还有相当数量的出口合同等待完成。在经营上，他们就破坏进出口平衡的办法。私商这一时期大多是采用在国外市场低价抛售出口货的方法进行投机，目的在于使出口货尽早脱手以便早办进口，谋取更多利润。这种不按售定方式售出货物的活动，使某些出口货在国外市场的跌幅一再增大。“平衡”本是以进口利润调剂出口利润为目的，但私商这种做法反过来使出口影响了进口。此外，在进口方面，他们通过进口高报价格及运杂费或进口不合规格的货物等方式，逃套外汇。

私商投机违法经营的结果是暴利大增。在私商的盈利当中，经营进口者多于经营出口者，大户多于小户。根据天津一些典型户的估算，进口纯利润率可达 88%，远洋订货达 100%左右。[①]上述情况反映出大规模经济建设开始后，国营外贸与私营进出口的矛盾加剧，因此自 1953 年下半年起，国家即开始采取一系列措施，限制私商的投机活动。这一时期，为加强国营对外贸易的领导地位，国家采取了一系列行之有效的措施。

首先，扩大国营商业对货源的掌握。国家加强了对农副产品的收购工作，并实行了对若干重要产品的统购统销，统销物资全部由国营公司经营。外贸进出口方面，也对公私营的经营范围进行了划分。根据 1953 年 8 月发布的《公私营出进口商经营范围划分的原则规定（草案）》，出口方面，国营经营部分主要经营两大块：一是统购统销出口物品全部（如猪鬃、矿砂、大豆等），但此项统销物品可以一部分或大部分委托私商代售；二是经营几种主要出口物品之一部分（皮子、油脂、肉类、蛋品、茶叶、丝、煤、盐等）。私营部分包括三项：一是除国家统购统销者外，经营几种主要出口物品之一部分（皮子、油脂、茶叶、蛋品、丝、煤、盐、肉类等）；二是经营许多国营没有经营的出口物品（如地毯、花边、药材、特种手工艺品等）；三是代理国营出口（包括统销物品和非统销物品）。进口方面，国营企业原料器材等全部、私营工矿主要器材之一部分和主要必需品的一部分均由国营部分经营，其中后两项的经营数量以能调剂供应与能稳定物价为限度。私营进口的经营范围也包括三部分：一是民营工厂主要原料器材的一部分，次要原料器材的一部分或全部；二是必需品的一部分并与贩卖商结合的大部分；三是接受国营公司及私营工厂委托定购（代理）部分。其中第一、二项系结汇经营。[②]

其次，国家加强了对外汇的管理。一般从 1953 年下半年起（有些口岸更早一些），

① 中央工商行政管理局，中国科学院经济研究所资本主义经济改造研究室. 私营商业的社会主义改造. 北京：生活・读书・新知三联书店，1963.

② 中国社会科学院，中央档案馆. 1953—1957 中华人民共和国经济档案资料选编：商业卷. 北京，中国物价出版社，2000.

即紧缩对私营进口批汇，外汇由国家集中掌握，同时又停止记账易货，实行结汇出口，在具体清算上采取了检验出口实绩证件才批准进口的办法，这就消除了过去记账易货上私商只顾进口、拖延出口的弊病。在第三季度，又改进了平衡办法，并规定进口货物全数由国营公司收购。自此，进口货的自由市场消失，私商的利润受到限制。到第四季度至 1954 年初，平衡办法停止，出口利润一般控制在 5%～10%，个别商品在 15%左右，私商的投机利润受到进一步的限制。这种措施的实行割断了私商进口与出口的联系，使他们进一步依赖于国营贸易。

最后，国家加强了行政管理，实行主要批发商业的国有化。同时加强市场控制，制止私商抢购套购，私商的市场采购需遵守国营牌价或规定价格，有些商品实行议价。为了有效地利用、限制、改造私营进出口商业，国营对外贸易公司通过业务加强对进出口商的领导。各地在特派员统一领导下，与海关密切配合，协调步调，加强行政管理。对于审价工作，对外贸易部要求各地在特派员领导下，由海关及国营外贸公司组成议价小组，进行内部议价。凡国营公司有牌价者按牌价审价；无牌价者由小组议定，经特派员批准，由海关执行，并报部备案。零星的小土特产的审价标准，各地海关在特派员的领导和同意下掌握执行。在进出口许可证申报、价格审核和次序等方面贯彻国营贸易优先的精神。上述办法进一步割断或削弱了进出口商与国内生产者特别是与农民的联系，使他们不得不依靠国营供给货源。

以上几项措施使国营对外贸易的地位大大提高，国营对外贸易的经营比重由 1950 年的 68.35%变为 1955 年的 99.24%，取得了绝对优势和牢固的领导地位，至 1956 年私营进出口商全行业公私合营，对外贸易已全部由国营对外贸易专业公司所掌握。国营对外贸易之所以发展得这样迅速，一则是因为重要出口物资和外汇掌握在国家手里，二则是因为对苏联和各社会主义国家的贸易，以至对订有贸易协定的亚非国家和资本主义国家的贸易已为国营对外贸易企业所掌握。1954 年，国营对外贸易企业的上缴利润与海关关税合计，相当于这一年国家预算拨给工业部门资金的 30%。①

（三）对私营进出口商的利用、限制和改造

恢复时期结束时全国私营进出口商已为数不多，但其与国外贸易关系较多，对他们处理得正确与否对国内与国外，特别是对资本主义各国、东南亚各国及当地华侨，都有一定的影响，因此，“一五”初期对私营进出口商的方针是：仅维持其现有经营额，在必要和有利条件下将逐步缩小，加强对他们的组织和领导，鼓励其积极性，将国内过剩或滞销的物资输往资本主义国家。② 国家对私营进出口商采取逐渐地稳步地代替的方针。一般允许他们比经营内销的批发商存在的时间更长些，直至国营对外贸易公司确实能够代替他们而且以代替为有利时为止。

另外，尽管认为若干年内允许私营进出口商存在还有一定意义，但承认并允许其存

① 中国社会科学院，中央档案馆. 1953—1957 中华人民共和国经济档案资料选编：商业卷. 北京：中国物价出版社，2000.

② 中国社会科学院，中央档案馆. 1953—1957 中华人民共和国经济档案资料选编：商业卷. 北京：中国物价出版社，2000.

在，并非让其原封不动，而是要根据中央方针实行管制政策，规定管制办法，限制其不利于国民经济的盲目经营，严禁其非法活动，同时利用其经营积极性，并对他们逐步实行社会主义改造。

1. 统筹规划，加强领导

1953 年 8 月，对外贸易部副部长李哲人在第一次特派员会议上的总结中指出：对私营进出口商，应采取逐渐淘汰的方针，但目前应鼓励他们在国家计划范围内积极经营小土产和国家暂不经营或不能全部经营的出口商品，主要是利用它们的资金、经营经验和国外关系。一切重要的出口物资（如大米、大豆、杂粮、植物油和油籽、肉类、矿产、茶叶、蚕丝等），应统归国家独占出口，如个别重要商品需要通过私商出口者，亦只能是特许出口。为了国家集中掌握和使用外汇，目前应适当扩大结汇出口，有步骤地紧缩易货贸易。私商结汇赔钱部分，可由中国进出口公司通过收购出口单证的办法，予以贴补，每次给以 3%～10%的纯利。可先选择若干主要商品试行，待取得经验后再予推广。施行扩大结汇，私营进口商可能受到一些影响，除积极组织他们转营出口，或由国家适当委托他们进口，或经营地方出口外，并得视具体情况在批汇额度上酌予调节，对少数进出口商走私投机的非法行为，必须依法严惩。① 可见，“一五”计划初期对私营进出口商的政策基本延续了恢复时期利用和限制的原则。

从 1953 年下半年开始，随着国内市场物资供应紧张，一系列优先发展国营对外贸易的政策措施的出台，私营进出口商的业务范围不断缩小，经营出现困难。“至 1953 年 11 月份全国特派员碰头会议召开时，在全国进出口商中，除约有 400 户一二年来已瘫痪外，估计约有 110 户经营油脂油料及杂粮的出口商（上海 11 户，天津 28 户，武汉 13 户，青岛 7 户，广州 27 户，其他口岸约 24 户）肯定要垮台。其他进出口商，按照次年私营进出口计划及其所获利润来算，大体上是有饭可吃，有微利可图，无暴利可得，尚可维持，但因有其他方面影响，估计其中亦有一部分要歇业。除瘫痪的 400 户外，估计次年全国各地共约有 200 进出口商户将要歇业，约占全国进出口商总户数（2 500 余户）的十分之一。”②

由于当时某些小土产和零星进口货国营尚不能完全经营，如歇业过多，原私营企业中职工的转业有一定困难，因此在改造过程中采取了稳步进行的政策。1953 年 11 月召开的全国特派员碰头会议确定的对私营进出口商的政策主要包括：（1）要根据私营进出口商对国计民生的利害大小，分开先后去代替。对由于国家禁止食用油脂油料及杂粮向资本主义国家出口，因而要歇业的出口商，告其转业；对投机性大的私营进出口商，严格限制，分批淘汰。对一二年来已瘫痪的私营进出口商户，听其自生自灭，对勉强仍能维持的，尽量予以维持。对私营进出口商代替的步骤，一般是先进口商、后出口商，先内地、后口岸。除瘫痪的 400 户外，淘汰与代替的数字，在之后一年内，如无特殊情况，以不超过 10%为限。淘汰与代替多少，各地特派员经调查研究后，提出具体计划，经当

① 中国社会科学院，中央档案馆. 1953—1957 中华人民共和国经济档案资料选编：商业卷. 北京：中国物价出版社，2000

② 中国社会科学院，中央档案馆. 1953—1957 中华人民共和国经济档案资料选编：商业卷. 北京：中国物价出版社，2000.

地党政同意后，报对外贸易部批准后执行。歇业者一般劝其转业。职工中有经营技术者，如要求到国营对外贸易公司工作，可根据需要，审查清楚，个别吸收。（2）在出口品种上，除统销物资全部由国营公司经营以及特许出口物资和对国内市场关系大的出口物资绝大部分由国家经营并实行结汇出口外，对国营出口公司不经营或不能全部经营的小土产，特别是对一些出口困难、对内销市场关系不大的小土产，有积压的商品及新商品，仍鼓励私商在国家政策法令下积极去经营，并可酌予贴补出口，并酌量采取以进带出方式，以扩大出口。（3）在进口方面，逐渐缩小私商自营，扩大委托进口（按国家计划）。适当提高代理进口手续费，一般可掌握在 3%～5%。某些进口商品，如国营内销公司不能全部供应市场及生产需要者，酌量允许进口商自销一部分。对各地私商进口的收购和供应，建议中央商业部根据地方工业和市场的需要，统盘筹划。（4）地方进出口的公私比重，在保证国营对外贸易的领导作用下根据实际情况适当调整。某些口岸如国营对外贸易比重较小者，可适当扩大，但不能造成大批歇业；国营比重过大，前进过快者次年应少发展或暂不发展。（5）为了有效地利用、限制、改造私营进出口商业，国营对外贸易必须加强对进出口商的领导。各地应在特派员统一领导下，国营对外贸易公司必须通过业务加强对私营进出口商的领导，海关应加强行政管理，并互相密切配合，步调一致。（6）在进出口商中逐步推行国家资本主义。其形式有三种：① 委托代进代出；② 公私联营；③ 公私合营。其中，代进代出是主要形式。以上海为例，委托经营部分占私营进出口商全部进出口额的比重，1951 年为 15%，1952 年为 0.9%，1953 年为 36%，1954 年为 69%，1955 年为 71.1%，其中进口占 99.2%，出口占 59.8%；1955 年委托经营的绝对值为 1951 年的 256.8%。天津私商进口总额中，委托经营占 99.2%，出口总额中，委托经营占 89%；广州私商经营总额中，委托经营占 86%，其中出口占 82%，进口基本上是委托的。由此可见，到全行业公私合营前夕，主要口岸私营进出口商的经营已经基本上纳入国家资本主义轨道了，自营只占极小比重，而且主要是出口的。这部分自营出口的货源，也大部分是由国营公司批售的。①

不论推行哪一种形式，其对象均以真正有国外关系和经营能力者为条件。但公私联营只限于出口，不适用于进口。至于公私合营，因不易控制，故对象条件必须是靠近共产党与人民政府、政治面目清楚、国外关系良好、资金较多、经营能力较高者。在公私合营的企业中，必须派强有力的干部，确保国营经济领导权，同时亦要使资本家有职有权，能够按合理比例分得利润，并归其自由支配。②

2. 按行归口，统一安排

随着部分私营进出口商相继被淘汰或转业，他们的作用逐步消失，但也还有一些经营零星分散的小土特产和手工艺品的私商，在一定时期内还有其作用。1954 年对这部分私商进行了按行业归口管理，即按私商主营的商品，划归各国营专业外贸公司领导。经

---

① 中央工商行政管理局中国科学院经济研究所资本主义经济改造研究室. 私营商业的社会主义改造. 北京：生活·读书·新知三联书店，1963.

② 中国社会科学院，中央档案馆. 1953—1957 中华人民共和国经济档案资料选编：商业卷. 北京：中国物价出版社，2000.

营同一类商品的私商都组织在一个联营单位之内，因此又称为专组联营。归口的国营公司负责安排公私经营，拟订进出口计划与私商改造计划并负责实施。归口管理以后，进口与出口的许可证审价部分，由国营公司负责，这样，就统一了商品价格的掌握。同时，私商经营方式、货源批售、盈利或亏损等方面，也全部由国营公司掌握。1955 年，上海共组织了 9 个出口公司公私联营，4 个进口公司公私联营，参加私商 303 户，占当时私营专业进出口商户的 90%。天津在 1954 年组织了废棉、草帽辫、国药、山干货、畜产、酒、冬菜、苹果等 14 个公私联营单位，参加联营的私商共 223 户，未参加的有 181 户。1955 年广州参加公私联营的私商有 95 户，占当时私商户数 106 户的 90%以上，组织有京果、药材、山货、丝绸等 19 个联营单位。①

1954 年实行归口管理后，各地即安排经营。安排的原则是在保证国营贸易稳步增长的前提下，充分利用和适当照顾私商，使他们中间有经营能力的能维持下去，有业务可以经营，有一定利润可得。这种照顾是必要的，其目的是对私商更好地进行社会主义改造。在进口方面，私商主要是代理国营业务，但国家也批给私商一小部分自营业务。出口方面，国营贸易已掌握主要的大宗出口，私营则着重于利用他们的国外关系，推动小土特产、手工艺品、新产品和其他经营环节较多的商品出口。安排的方法是，对国营掌握的商品，主要是委托私商代进代出，使私商有一定的经营业务，对国营不掌握或掌握较少的商品，鼓励他们自营，并控制其自营利润与代进代出佣金。根据营业额和利润、佣金率，掌握每户的收支，避免过肥过瘦。在安排中，出口方面，私商往往因为资金不足不能完成安排的任务，进口方面则有些资金闲置，不好利用。因而有的地方组织了部分私营进口商资金转营出口。私商经营出口在货源上也存在着很多问题，为了帮助他们解决这些问题，有的地方采取举办小型出口物资交流会的办法，组织各地货源与私商见面。

当时的出口物资主要还是分散的小农经济生产的农副土特产品，其增长速度远赶不上生产生活需要和进口需要增长的速度。由于除中央国营出口部分外，地方国营、私营出口仍占整个对资本主义国家出口计划的相当比重，如 1954 年约占 40%，地方国营、私营出口计划的完成情况，关联着整个对资本主义国家出口计划的完成情况。而地方国营、私营出口计划中又多为次要的农副土特产品，销售较困难，以至这些商品出口时产生亏本、无利或利润过低等情况，影响了出口。为了积极组织货源扩大出口，解决地方国营、合作社与私营进出口商经营农副土特产出口时的亏损、无利或利润过低等问题，1954 年 4 月对外贸易部发布了《关于对私营进出口商出口贴补办法的指示》。

根据该指示，执行出口贴补办法，必须同时对私营进出口商进行广泛与深入的宣传教育，澄清当时在私营进出口商中普遍存在着消极、观望、等待以及某些对抗的混乱现象。对确实可资利用的出口商，鼓励其经营积极性，并把他们的业务逐步地引导到国家计划的轨道上，使他们在国营经济领导下积极经营。但须防止其虚报成本、虚报亏损与在国内抬价、抢购，在国外低价抛售等投机行为。在执行贴补办法时，仍首先保证国营

① 中央工商行政管理局，中国科学院经济研究所资本主义经济改造研究室. 私营商业的社会主义改造. 北京：生活·读书·新知三联书店，1963.

出口计划的完成。对公私共同经营的商品，须恰当地安排国营和私营的比重，加强国营公司通过业务对私营进出口商的领导。

该指示规定，为求稳妥起见，出口贴补办法应在执行公进私出经验的基础上有步骤地推行；在开始实行时，对于利润可从宽掌握，以鼓励私商积极经营；对贴补商品的范围，应根据具体情况，有计划地逐步扩大。此外，该指示还对各项有关具体问题及相应补贴办法做了详尽说明。贴补办法当时并未以书面方式对外公布，决定给予贴补商品的品种及所规定之贴补率或贴补额，由中国进出口公司各口岸分（省）公司（无进出口公司机构的口岸，由各区对外贸易局指定之代理机构负责）通过专业小组或同业公会对私营进出口商（不包括洋商）宣布。[①]

1954 年 7 月，中央关于加强市场管理和改造私营商业的指示中，对私营进出口商的改造问题又做了进一步的指示，指出对私营进出口商，基本上应以对私营批发商的处理原则进行处理。同时，国营对外贸易机关应尽量采取联营、经销、代进、代出等国家资本主义的形式，对私营进出口商实行社会主义改造，使他们能在国营对外贸易机关的领导和管制之下，发挥其对资本主义国家进出口贸易应有的积极作用。[②]至 1954 年底，国营对外贸易企业的经营比重为 98.16%，重要物资的进出口已为国营对外贸易公司所掌握。尽管 1955 年 2 月召开的全国省（市）对外贸易局长会议认为，对于公私经营比重，两三年内不宜再前进，然而从后来形势发展的情况看，对私商的替代潮流已难以遏制。

3. 分别类型，区别对待

为了进一步改造进出口商，1955 年初，各地根据中央指示对私商进行了整顿，按照他们的经营能力和经营情况进行排队，分别确定是维持、保留还是淘汰。根据 1954 年 11 月底的材料，全国还有 1 757 户私营进出口商，其中有经营能力可以利用的约 623 户，一般需要设法维持的 565 户，这里有一部分是有能力可以维持的，但也有一部分是维持不了的；此外还有 569 户是已经垮了的。[③]对他们加以甄别后，把有经营能力的维持下来，逐步加以改造。其余没有经营能力无法维持和已经垮了的，不再扶起。1955 年 6 月进一步明确了进行甄别和安排的 3 条原则：（1）有经营能力，亦有货源经营者，应尽量维持利用。（2）有一定经营能力，或在国内外政治上有一定影响者，应适当加以维持利用；如因营业额缩小，利润减低，容纳不了原有职工，有关国营对外贸易公司可酌情选择吸收其部分职工。（3）没有经营能力，名存实亡，或已处于半停业状态者，均不再予以维持；人员应由国营对外贸易公司按行业分别包下来。上年已代替而未妥善安排者，应重新安排。对私营进出口商进行代替的步骤是“先进口商、后出口商，先内地、后口

① 中国社会科学院，中央档案馆. 1953—1957 中华人民共和国经济档案资料选编：商业卷. 北京：中国物价出版社，2000.

② 中国社会科学院，中央档案馆. 1953—1957 中华人民共和国经济档案资料选编：商业卷. 北京：中国物价出版社，2000.

③ 中国社会科学院，中央档案馆. 1953—1957 中华人民共和国经济档案资料选编：商业卷. 北京：中国物价出版社，2000.

岸”[①]。内地的进口商和多数出口商已无利用条件且靠借债度日者，应按上述要求予以处理。对继续维持利用户，应按照有生意可做、有饭可吃、有利润可得的原则，在国营公司统一计划下，分别让其自营或实行委托代购代销、公私联营和私私联营。在利润和手续费的掌握上，私商自营所得利润一般应高于私商接受委托所得手续费。[②] 在出口利润中，国营供货的应高于国营不供货的。

当时对私营进出口商的改造主要有两种方式。一是转业。有的私营进出口商由于失去经营条件，资金闲置，加之其他条件的限制，不适于经营进出口，对这些业户采取了引导他们转向其他经营领域的办法。私营进出口商的转业一般是与当时国内私营批发商转业同时进行的。由于私营批发商中有些资金额度较大的在1953年即开始转业，到1954年转业的出路愈来愈窄，不再鼓励转业。在进出口商中，实际转出的为数不多，但也有些地方原来私营工业的基础较差，转业还有一定余地。如广州市，至1954年5月已转业的私营进出口商有214户，占总户数的46%；又如武汉市，50余户私营进出口商中，1954—1955年有10家转入工业，1家转入服务业，7家转入国内贸易。此外，还有一些进出口商结束了经营，将资金转投入公私合营投资公司。二是采取包下来的政策。这主要是针对一些瘫痪户，他们多半是在对外贸易上已失去作用，全无经营或只有极少业务，开支困难，资金枯竭，1955年初，这类户在上海有130户，广州有57户，均约占私商总户数的三分之一。以广州的57户为例，其中全无流动资金，处于停业状态者14户；流动资金极少，陷于半停业状态者19户；有资金但无经营或极少经营者24户。依照规定，瘫痪户申请歇业后，其从业人员，包括资方人员，由国营公司“包下来”安排工作，同时对企业财产和债权债务进行清理。对私营进出口业担任实职的资本家及资方代理人，如无法经营或经营困难，除本人不愿参加工作，或年老而可维持生活者外，只要没有政治问题，可经过地方党政的批准，安插在国营企业中没有机密性的部门使用。其中有代表性的、有社会地位的人，依据具体情况在生活上、职务上给以适当照顾。瘫痪户的资产经清理后，所余资金存入银行，引导其投向有益事业。资不抵债者，按破产还债原则处理。对瘫痪户的安排和处理，大体上从1955年初至第三季度结束。各主要口岸共处理了579户，从业人员5 400人（其中职工4 384人，资方1 016人），流动资金约1 054万元（负债未列入）。[③] 经过安排和整顿，进出口商的户数大为减少。

当时对于对私营进出口商替代的速度是否太快这一问题也有一些争论。根据1953年中央的指示，私营进出口商一般可比国内批发商存在的时间长一些。由于1954年国内私营批发商中有80%被国营代替，至1955年初则全部被代替，而同期约有40%的私营

① 中共中央批转的对外贸易部党组《关于全国各省市对外贸易局长会议的报告》，载《中共中央文件汇集（1955年第四册）》，第311页.

② 当时贴补后的私商向港澳出口的利润，掌握的幅度是8%～20%，向远洋出口者增加3%；私营进口都是由国营公司按计划批给外汇，进口后必须按规定的条件卖给国营公司，不能到自由市场去卖，所以国营公司完全能够控制私商的进口利润，使之低于对出口利润所掌握的幅度。这样便于利用私商经营出口。

③ 中央工商行政管理局，中国科学院经济研究所资本主义经济改造研究室. 私营商业的社会主义改造. 北京：生活·读书·新知三联书店，1963.

进出口商被淘汰，因此这一速度基本符合中央关于进出口商的替代应该迟于国内的批发商的指示精神。与此同时，一些地方也出现了在执行上应当维持的没有维持，把尚有经营能力的私商也组织转业，没有经营能力的反而留了下来，以及私营进出口商营业额下降过猛等问题；此外，对已被代替的茶叶、丝绸、畜产批发商缺乏有计划的安排。

4. 私营进出口商社会主义改造任务的完成

经过这一时期的改组改造，私营进出口商的经营已经基本上纳入了国家资本主义轨道。全国进出口总额中私商自营部分 1955 年只有 1950 年的 6%，其中进口额只有 1950 年的 3.25%，出口额为 1950 年的 7.47%。他们的自营额占全国对外贸易总额的比重，1953 年为 7.3%，1954 年为 1.7%，到 1955 年仅为 0.8%；占对资本主义国家贸易总额的比重，由 1953 年的 32.05%降为 1955 年的 4.25%（其中进口占 1.59%，出口占 6.91%），并且主要是为国营企业代购代销的业务。私营进出口商的户数也逐年减少，经营户数由 1950 年的 4 600 户减至 1955 年底的 1 017 户，和 1950 年相比，户数减少约 77%，从业人员减少 72.7%，资本额减少了 58.5%。① 私营进出口企业的力量已大大削弱。

在基本完成了对资本主义工商业社会主义改造后，1957 年中国国民经济转入单一计划经济轨道，中国对外贸易体制随之适应国家经济体制的要求，逐步实行了国营对外贸易公司和公私合营对外贸易公司的合署办公。至此，私营进出口企业的社会主义改造任务全部完成（西藏地区和个别口岸尚有少数进出口商和外商），形成了由政府职能部门领导的国营外贸公司集中经营，中国的进出口业务全部由国营外贸专业总公司及其分支公司经营的局面。国家对外贸公司实行指令性计划管理和统负盈亏，管理和经营趋于一体的高度集中的对外贸易体制也从此确立。公私合营后，私营进出口商的某些好的经营传统和经营方式丧失，对资本主义国家和港澳地区的贸易产生一些消极影响。

---

① 中央工商行政管理局，中国科学院经济研究所资本主义经济改造研究室. 中国资本主义工商业的社会主义改造. 北京：人民出版社，1962.

第三章 改革开放前进出口贸易的发展

从新中国成立到改革开放前，独立自主的对外贸易得以发展，并取得了相当的发展成就。但由于各种主客观因素的限制，这一时期中国对外贸易的发展也有不尽如人意之处，同期中国进出口商品的结构也发生了一定变化，对外贸易国别、地区关系的发展同样经历了几次转变。

第一节　外贸进出口的总体发展状况及变动趋势

1949—1978 年，中国在原有积贫积弱的基础上，逐步建立和发展起独立自主的对外贸易，建立贸易关系的国家和地区由 1950 年的 40 多个增加到 170 多个，在国际市场上开辟出自己的一席之地，取得了相当的发展成就，这一点直接体现在这一时期 30 年间中国对外贸易总量的增长上。1978 年，中国对外贸易进出口额为 206.38 亿美元，是 1950 年 11.35 亿美元的 17.2 倍，其中进口额 108.93 亿美元，是 1950 年 5.83 亿美元的 17.7 倍，出口额 97.45 亿美元，是 1950 年 5.5 亿美元的 16.6 倍。与此同时，由于中华人民共和国成立伊始就面临西方资本主义国家的封锁禁运以及日后中苏关系大逆转等恶劣的国际环境，加之在经济建设经验方面的欠缺、极“左”思潮的严重干扰和国民经济总体发展状况的制约，在对外贸易发展战略及具体政策的制定与实施方面也曾出现失误。受各种主客观因素的限制，这一时期中国对外贸易的发展也有不尽如人意之处，在发展速度上大大落后于许多国力曾与自己相近的国家，在国际市场上所处的地位也有所下降。以出口为例，1950 年的中国外贸出口额占世界出口总额的比重为 0.91%，1978 年这一数字下降至 0.75%。

图 3–1 直观地显示了 1950—1978 年中国进出口的发展变动情况。可以看出，在 20 世纪 70 年代以前的 20 年间，中国对外贸易虽有所发展，但发展速度相对比较缓慢，进出口总额一直维持在 50 亿美元以下的水平。进入 20 世纪 70 年代后，随着国际环境的改善，中国外贸进出口发展速度明显加快，并迅速超过 100 亿美元的水平。

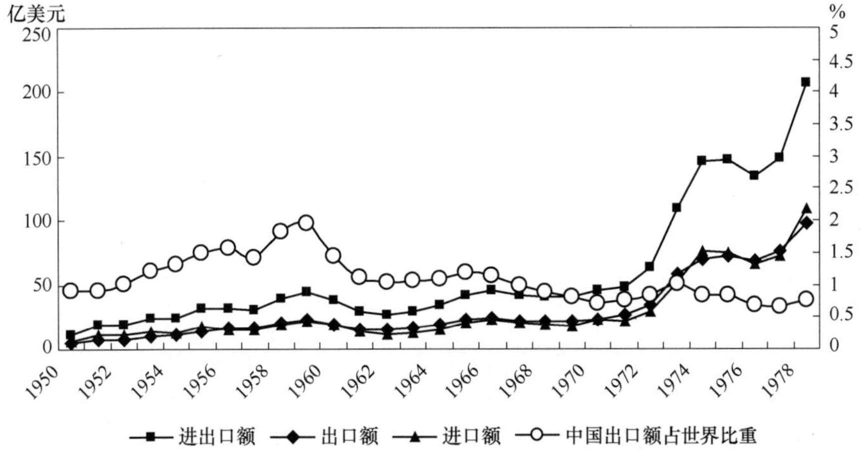

图 3–1　1950—1978 年中国进出口变动情况及出口额世界占比变动趋势

数据来源：中国对外经济贸易年鉴（1984）. 北京：中国对外经济贸易出版社，1985：IV–3。

从外贸进出口的增长速度（见图 3–2）来看，在近 30 年间经历了两次快速增长，同时也出现了两次比较明显的负增长。两次快速增长都与机械设备等大型生产资料的大量引进相关。第一次快速增长出现在“一五”计划时期和“二五”计划前半期，当时为了配合国民经济的恢复和大规模工业化建设的启动与开展，从苏联及东欧社会主义国家进口了大量成套设备，在外汇平衡、以出定进的原则下也千方百计组织了大量产品出口，带动了贸易的增长。第二次快速增长出现在 20 世纪 70 年代，伴随国际环境的改善，中国从西方国家引进了大量成套设备、大型生产线等，推动了贸易额的大幅飙升。规模较大的两次负增长则分别出现在 20 世纪 60 年代初（国民经济发展遇到中华人民共和国成立后最大挫折的时期）以及 60 年代末（受“文化大革命”的极左思潮思想影响，对外贸易正常运转受到严重干扰的时期）。此外，在其他个别年份，进出口额也出现过几次小规模的负增长。

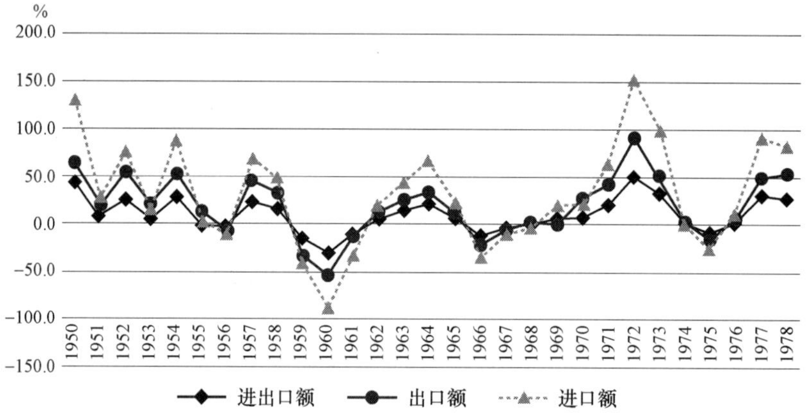

图 3–2　1950—1978 年中国进出口额增长速度变动情况

数据来源：中国对外经济贸易年鉴（1984）. 北京：中国对外经济贸易出版社，1985：IV–4。

第二节　进出口商品结构变动情况

在中华人民共和国成立至改革开放前的近 30 年间，中国对外贸易的发展不仅表现在总量的变化上，还体现在进出口商品结构的变化上，这种变化在一定程度上体现了中国在对外贸易发展战略方面的取向。

一、出口商品结构的变动

出口方面，中华人民共和国成立初期，出口产品构成基本延续了旧中国以农副产品和原料性矿产品为主的特点。国民经济的恢复和“一五”计划时期大规模经济建设的展开，为扩大出口、改善出口商品结构创造了条件。1958 年以后，中国开始有意识地改变出口结构过于偏重原料性初级产品的状况，强调出口原料性商品和出口半成品、制成品并重，出口农副产品和出口工矿产品并重等原则，出口大宗商品和出口新、小商品并重，并取得了明显成效（见表 3–1）。

表 3-1　　1950—1978 年中国出口商品构成表

（按农副产品、农副产品加工品、工矿产品划分） 单位：亿美元，%

年份	出口总额	农副产品		农副产品加工品		工矿产品	
		金额	比重	金额	比重	金额	比重
1950	5.52	3.18	57.5	1.83	33.2	0.51	9.3
1951	7.57	4.13	54.6	2.38	31.4	1.06	14.0
1952	8.23	4.88	59.3	1.88	22.8	1.47	17.9
1953	10.22	5.69	55.7	2.65	25.9	1.88	18.4
1954	11.46	5.53	48.3	3.18	27.7	2.75	24.0
1955	14.12	6.51	46.1	4.01	28.4	3.60	25.5
1956	16.45	7.01	42.6	5.15	31.3	4.29	26.1
1957	15.97	6.40	40.1	5.03	31.5	4.54	28.4
1958	19.81	7.03	35.5	7.33	37.0	5.45	27.5
1959	22.61	8.50	37.6	8.75	38.7	5.36	23.7
1960	18.56	5.75	31.0	7.85	42.3	4.96	26.7
1961	14.91	3.09	20.7	6.84	45.9	4.98	33.4
1962	14.90	2.89	19.4	6.84	45.9	5.17	34.7
1963	16.49	3.99	24.2	7.07	42.9	5.43	32.9
1964	19.16	5.37	28.0	7.49	39.1	6.30	32.9
1965	22.28	7.37	33.1	8.02	36.0	6.89	30.9
1966	23.66	8.50	35.9	8.87	37.5	6.29	26.6
1967	21.35	8.39	39.3	7.75	36.3	5.21	24.4
1968	21.03	8.41	40.0	8.03	38.2	4.59	21.8
1969	22.04	8.24	37.4	8.62	39.1	5.18	23.5
1970	22.60	8.29	36.7	8.52	37.7	5.79	25.6
1971	26.36	9.55	36.2	9.20	34.9	7.61	28.9
1972	34.43	10.77	31.3	14.10	41.0	9.56	27.7
1973	58.19	20.80	35.8	23.00	39.5	14.39	24.7
1974	69.49	25.30	36.4	20.73	29.8	23.46	33.8
1975	72.64	21.50	29.6	22.61	31.1	28.53	39.3
1976	68.55	19.46	28.4	22.41	32.7	26.68	38.9
1977	75.90	20.96	27.6	25.74	33.9	29.20	38.5
1978	97.45	26.91	27.6	34.14	35.0	36.40	37.4

数据来源：中国对外经济贸易年鉴（1984）. 北京：中国对外经济贸易出版社，1985：IV-7。

作为一个传统的农业国，中华人民共和国成立前出口商品构成中，70%以上是农副产品。中华人民共和国成立初期的 1950 年，中国出口产品中农副产品所占比重仍高达 57.5%。此后，随着经济建设的展开，依据国情，中国在继续注重扩大农副产品出口的同时，积极发展工矿产品的出口。首先，出口原料性商品和出口半成品、制成品并重，逐步增加半成品和制成品的比重，开始时主要扩大将农副产品加工成半成品和一般成品，如：猪肉、水果加工成罐头和其他猪肉制品、果脯等；将棉花加工成棉纱、棉布；羊毛加工成毛毯、地毯。之后，随着基础工业的陆续建立，用各种设备装备轻纺工业，在原有基础上，又进一步发展较高一级的制成品出口，如用绸缎、呢绒加工成服装，将钢材加工成缝纫机、自行车、陶瓷制品、小五金制品和工具、农具等，以及生产百货、文教用品、建筑材料、电器用品、西药等，继而又发展了中国原来不能生产、对工艺技术水平要求较高的半成品和制成品的出口，出口商品逐步增加了不少中高级产品。近 30 年中，制成品出口从无到有，发展较快。

具体来说，第一个五年计划以后，工矿产品在出口商品中的比重大大增加。1957 年出口商品构成中，农副产品占 40.1%，工矿产品占 59.9%。同中华人民共和国成立初期相比，20 世纪 50 年代陆续增加的主要商品有棉织品、针织品、缝纫机、自行车、皮件、搪瓷制品、球鞋、人造棉纱和布，以及机床、汽车、轮胎、西药、小成套等产品；在 20 世纪 60 年代中期以前又增加了棉涤纶、洗衣服、拖拉机、工具、小五金制品、煤炭、部分化工产品等。1965 年出口商品构成与 1957 年相比，农副产品出口尽管金额有所增长，但在出口总额中比重下降，只占 33.1%；农副产品加工品占 36%；工矿产品所占比重则上升为 30.9%。1966—1978 年，出口商品构成又发生了不小的变化。按 1978 年的出口实绩分析，农副产品的出口占 27.6%，农副产品加工品的出口占 35%，工矿产品的出口占 37.4%。工矿产品比重增加的一个重要原因是中国从 1973 年起开始出口石油。此外，出口大宗商品和出口新、小商品并重。出口商品品种由中华人民共和国成立初期的不足 1 万种增加到 1978 年的 5 万种左右。

此外，从按农副产品、轻工业产品和重工业产品分类进行的统计中也可以看出这一时期农副产品占比的下降趋势（见图 3–3）。第一个五年计划时期，轻工业生产发展较快，出口迅速增长。“一五”计划完成后，重工业产品的出口也开始增加。20 世纪 60 年代初的经济困难时期，农业生产遭到严重破坏，农副产品的出口大幅下降，纺织品的出口占比则大幅增加。60 年代中期，随着农业生产的逐步恢复，农副产品占比又有所反弹，至 60 年代后期及 70 年代后，又开始下降。这期间，由轻工业品和纺织品组成的轻工业产品出口占比稳步上升，其中轻工业品出口占比增长更为明显。就重工业产品来看，近 30 年间其在出口中的比重一直保持在 20%左右，进入 70 年代，特别是 1973 年以后出现了较为明显的增长。

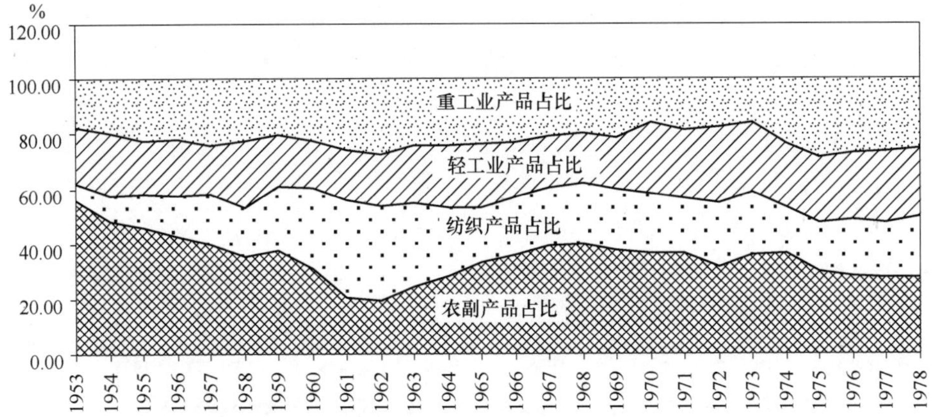

图 3–3　1953—1978 年中国出口商品构成（按农副产品、轻工业产品、重工业产品划分）

注：纺织产品占比和轻工业产品占比之和即相当于轻工业产品出口占比。

数据来源：中国对外经济贸易年鉴（1984）. 北京：中国对外经济贸易出版社，1985：IV–8。

从按《国际贸易标准分类》划分的统计可以看出，工业制成品的比重在“一五”大规模经济建设刚刚开始时只占 20.6%，至调整时期结束的 1965 年迅速增长至 48.8%，但此后的增长趋缓，在进入 20 世纪 70 年代后，这一比例大体上保持在 45%左右（见图 3–4）。同期，初级产品出口呈现下降趋势，但所占比重一直占主导地位。从中可以看出，新中国成立后，虽然通过种种努力，出口过于偏重初级产品的状况有所改善，但对外贸易出口以初级产品为主的基本特征并没有从根本上改变。此外，从图 3–5 工业制成品出口的细分统计可以进一步看出，工业制成品出口还是以轻纺产品为主，虽然“二五”和调整时期重化工业产品的出口比重曾一度上升，但此后总体呈下降趋势，至 1978 年重化工业产品在出口工业制成品中只占 22.3%，而在重化工业产品出口内部，机械及运输设备又只占约三分之一，比重很小，耐用消费品出口则基本上是个空白。

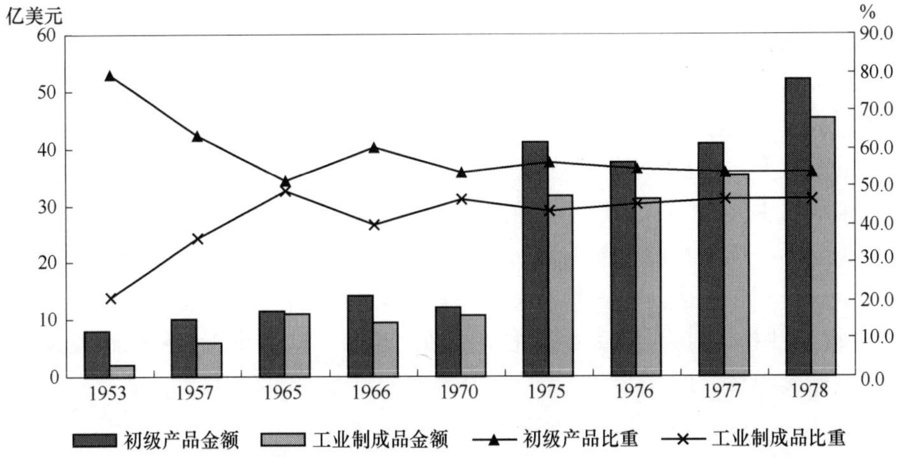

图 3–4　改革开放前不同时期中国出口工业制成品构成（按《国际贸易标准分类》）

数据来源：中国对外经济贸易年鉴（1984）. 北京：中国对外经济贸易出版社，1985：IV–9。

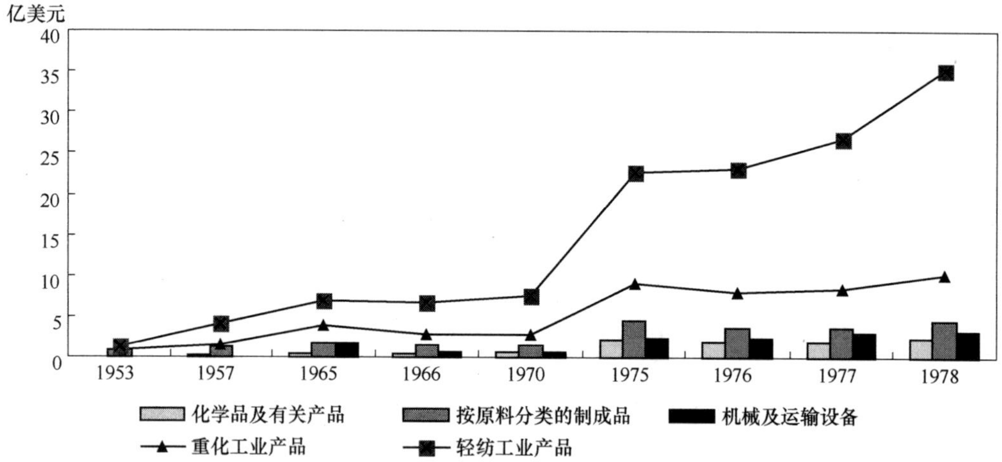

图 3-5 改革开放前不同时期中国出口工业制成品构成（按《国际贸易标准分类》）

注：重化工业产品包括化学品及有关产品、按原料分类的制成品和机械及运输设备三类产品。

数据来源：中国对外经济贸易年鉴（1984）. 北京：中国对外经济贸易出版社，1985：IV–9。

从以上出口商品结构的变动趋势可以看出，改革开放前 30 年中国的出口基本上都属于创汇性出口。在 20 世纪 50—60 年代，中国的出口对象主要是苏联和东欧国家，以换取工业化所需物资。受生产力发展水平的制约，出口结构与国内需求结构表现出很强的重叠性，出口规模的扩大通常以压缩国内需求为代价，出口本身对工业化的牵引作用不明显。而且由于出口中初级产品所占比重大，其产业连锁性差，也制约了出口带动工业发展功能的发挥。国内外价格体系的背离、国内价格与价值的背离，使出口贸易不仅没有体现出动态比较优势，而且没有体现出静态比较优势。20 世纪 60—70 年代中国的主要贸易伙伴转向西方国家，出口目标市场的变化以及进口来源及构成的相应改变使中国的贸易与生产之间的关系发生了一系列变化。首先，虽然中国的出口仍属于创汇型出口，但由于出口市场从主要面向计划经济国家转向主要面向市场经济国家，这种来自出口市场的竞争压力，对进口技术设备及原材料的使用和提高中国产品的质量、丰富花色品种起了积极的作用。并促使中国开始酝酿建立农副产品及工业品的出口生产基地。其副作用是造成了中国出口生产与面向国内市场生产的相对割裂，出口结构与国内生产结构存在错位等现象。出口对国内生产的牵引与辐射作用无法充分传递。出口本身对工业发展的直接影响主要体现在扩展了工业生产的规模。此外，出口规模、结构的演化反映了国内工农业生产规模与结构的演进。国内工业化的推进使工业品生产及出口能力增强，工业品出口规模逐步放大，所占比重呈上升趋势。但经济结构中重工业的迅速扩展在出口结构中反映不明显，出口的工业品主要是轻工产品，表明重工业的发展是面向国内市场，以进口替代为目标的。[①]

① 黄晓玲. 外贸、外资与工业化——理论分析与中国实证研究. 北京：对外经济贸易大学出版社，2002.

二、进口商品结构的变动

在半殖民地半封建社会的旧中国，进口商品主要是消费品甚至奢侈品，未能有效满足发展民族经济的需要。新中国成立后，工业基础十分薄弱，恢复和发展国民经济所需要的设备、器材、原材料等重要物资绝大部分还不能自主生产，因此，为配合工业化建设目标，在中华人民共和国成立后的近 30 年间，生产资料的进口一直占主导地位（见图 3–6）。1950—1978 年，中国进口总额为 841.2 亿美元，其中生产资料进口总额为 678.12 亿美元，占进口总额的 80%。有计划地引进了一批冶金、燃料动力、建筑材料、汽车拖拉机制造、飞机制造、化肥、化纤、电子等技术和成套设备，缩短了我们自己摸索研制的时间，填补了一些空白部门，增强了我们自力更生的力量。同时，适当进口了小麦、食糖、食油、化肥、农药、化纤、毛条、塑料、纸张、手表、药品、电视机、录音机等以满足人民生活和发展农业、轻纺工业生产的需要。

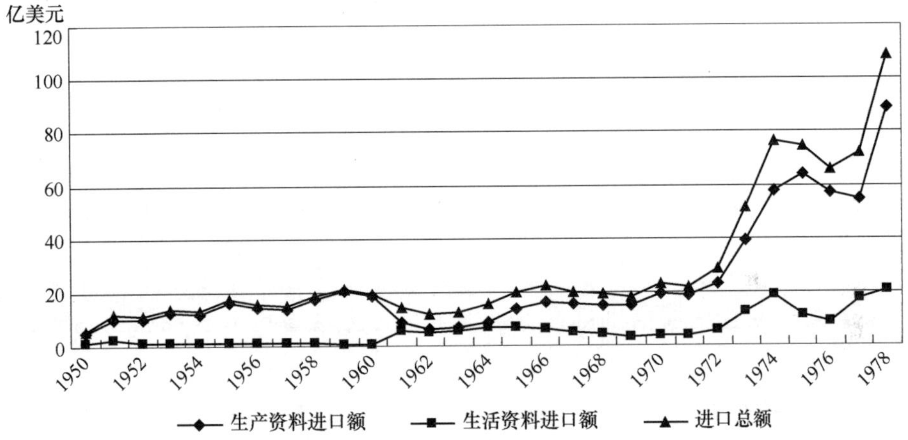

图 3–6　1950—1978 年中国进口额及进口商品结构变动情况

数据来源：中国对外经济贸易年鉴（1984）. 北京：中国对外经济贸易出版社，1985：IV–10。

近 30 年中，中国进口贸易经历了不同的发展阶段，在进口贸易额、进口国别、进口商品结构等方面都有很大的变化。20 世纪 50 年代进口总额为 143.44 亿美元，其中生产资料进口额 131.2 亿美元，占 91.5%，生活资料进口额只占到 8.5%，与中华人民共和国成立前形成鲜明对照。在这些生产资料中，属于生产手段的成套设备和机电产品的进口额与占进口总额的 51%，属于工业用的原材料占 36.5%，属于农业用的物资占 4%。这一时期，从苏联及东欧等国家的进口额占中国进口总额的 78%左右，从资本主义国家的进口额占 22%左右。20 世纪 60 年代，由于严重自然灾害的影响，中苏关系交恶，苏联单方面废止合同并撤回专家，以及受“左”倾思想的干扰，60 年代前期进口贸易增速减缓，特别是生产资料进口占比大大降低，而生活资料占比上升。整个 20 世纪 60 年代进口总额为 174.39 亿美元，生产资料进口额 124.81 亿美元，占 71.6%，比 20 世纪 50 年代降低约 20 个百分点。在进口生产资料中，属于生产手段的成套设备等物资的进口额占比下降到 20.32%，农业生产所用的物资则由 4%上升到 8.6%。与此相对照，生活资料占进口总额的比重却上升到 28.4%。由于中苏关系恶化，在进口贸易中的另一个重大变化是技术和设备的引进逐渐转向资本主义国家，来自资本主义国家进口额的比重由上期（20 世纪 50 年代）的 22%上升为 81%。进入 20 世纪 70 年代，随着国际环境的改善，进口贸易增长迅速。由于 1972 年恢复了中断多年的成套设备和新技术的引进，1973 年进口总额比 1970 年翻了一番多。1970—1978 年，中国进口总额为 523.37 亿美元，其中生产资料进口额 422.11 亿美元，占进口总额的 80.7%，生活资料进口额为 101.26 亿美元，不到进口额的五分之一。在生产资料增长的比重中，除了成套设备和新技术占进口总额的比重有所增长，工业生产用的原材料增长幅度很大，由 20 世纪 60 年代的占 42.6%增长至占 52.1%，绝对金额增长更为明显，1970—1978 年的 9 年中，工业中生产原料进口额为 272.93 亿美元，是整个 60 年代工业生产原料进口额的 3.67 倍。图 3–7 展示了 1950—1978 年中国生产资料进口额及内部结构变动情况。

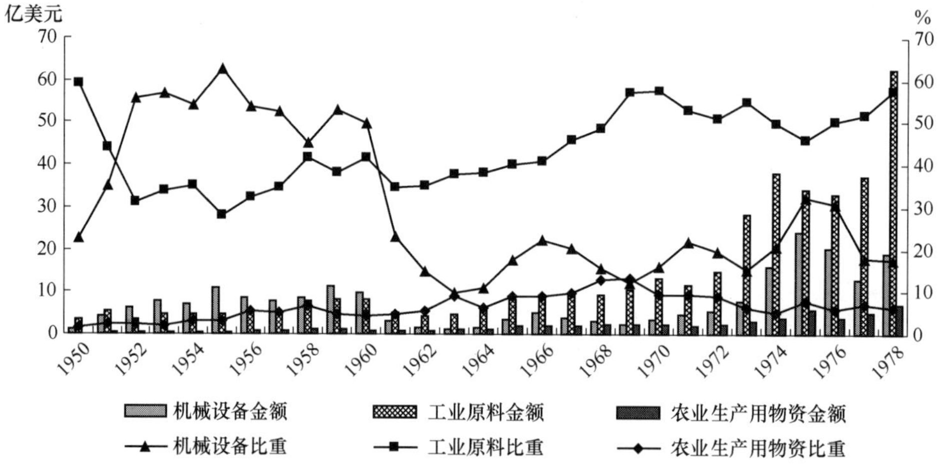

图 3–7 1950—1978 年中国生产资料进口额及内部结构变动情况

注：图中工业原料和农业生产用物资的金额与比重之和构成进口生产原料的金额与比重；机械设备金额与生产原料金额之和构成全部进口生产资料金额。

数据来源：中国对外经济贸易年鉴（1984）. 北京：中国对外经济贸易出版社，1985：IV–10。

近 30 年间，进口贸易的发展对促进整个国民经济的发展和推动中国的工业化进程起到了重要的作用。通过进口化肥、化肥设备、农药及农用机械等农业用生产资料加速了农业生产的发展；进口轻纺机械设备和轻纺原料，促进了中国轻纺工业的发展，对于满足国内市场需求，开展加工贸易起到了积极作用；通过进口重要原材料和机电设备，加速了重工业的发展；通过引进国外先进技术和成套设备，提高了国内的生产能力，并推动了国内科学技术和自主研发能力的发展；通过进口生产资料，补充了国内市场，改善了人民生活水平。

进口商品结构在不同阶段的变动情况反映出在不同时期进口对中国工业化进程起到的不同作用。20 世纪 50—60 年代，中国从苏联和东欧国家的进口主要为大型成套设备和项目的引进，规模浩大，且以重工业项目为重点。这一时期的引进大多是大型“交钥匙”工程，这些引进对中国在较短时期内初步建立起大体完整的工业体系发挥了关键性作用，并为工业化的进一步发展打下了基础。20 世纪 60 年代开始，进口对象转向西方国家，中国进口结构虽仍然以生产资料为主，但进口的生产资料的内部结构发生了极大变化，引进以小型成套项目居多，且受同期国内经济发展需要影响，较重视支农项目与轻工业原料项目，旨在进行技术改造，对原有生产结构进行调整，以便充分发挥原有企业的生产能力。此外，工业原材料占进口生产资料的比重大幅度上升，取代机器设备构成进口生产资料的主要部分，到 60 年代末，工业原材料进口额已占进口总额的一半以上，占进口生产资料的三分之二左右。20 世纪 70 年代从西方国家引进的设备以大型技术设备为主，对提升中国主要工业行业的生产能力及技术水平有显著的促进作用，使钢铁、石化、化纤、化肥等骨干行业的技术水平与世界先进水平的差距迅速缩小，并对中国进入 80 年代以后的工业发展产生了深远的影响。这一时期进口的明确目的仍是通过引进项目扩展国内生产能力，并为加强国产能力提供原材料，因此仍然是服务于进口替代、重工业优先发展的工业化模式。[①]

第三节 对外贸易地理方向的变化

从中国对外贸易地理方向的变化来看，随着国内外形势的变化，1949—1978 年中国对外贸易国别、地区关系的发展经历了几次转变。

一、中国与以苏联为首的社会主义国家间贸易的变动趋势

中华人民共和国成立之初发展对外贸易关系的基本政策是：同世界各国人民实行友好合作，恢复和发展国际间的通商事业，以利发展生产和繁荣经济。但是，西方国家的敌视及朝鲜战争爆发后其对中国的军事包围、经济封锁，使新中国在对外经济关系方面不得不实行“一边倒”政策，即倒向以苏联为主的社会主义阵营一边。因此，20 世纪 50 年代，中国主要是在社会主义阵营内部开展贸易和接受部分外援。虽然 1954 年日内瓦会议后，在中国和一些西方国家的共同努力下，双方的贸易有一定恢复和发展，但这一时期总的来看中国进出口贸易的市场主要是苏联和东欧国家。

20 世纪 50 年代，中国对苏联和东欧国家的出口额分别约占出口总额的 50%和 16%，其他的出口市场是中国港澳地区以及日本、东南亚、西欧国家和朝鲜、越南、蒙古人民共和国等。其中对中国港澳地区和西欧国家的出口分别占出口总额的 9%和 6%；在进口贸易中，自苏联和东欧国家的进口额分别约占进口总额的 60%和 17%。从西欧国家的进口仍占较大的比重，约占进口总额的 10%，其次为南亚、东南亚、日本和中国港澳地区，

① 黄晓玲．外贸、外资与工业化——理论分析与中国实证研究．北京：对外经济贸易大学出版社，2002.

所占的份额都很小。[①] 这一时期，同中国有贸易往来的国家和地区由 1950 年的 46 个增加到了 1960 年的 118 个。

20 世纪 60 年代初中苏关系恶化后，中国对苏联和东欧的贸易额急剧下降，整个贸易格局发生了很大的变化。至 60 年代后期，中苏贸易关系濒于中断，在 1968 年和 1969 年连互派政府贸易代表团商谈签订年度换货议定书的通常做法也停止了，改为只由双方常设商务机构同驻在国的对外贸易部签署换文，以确认双方已签合同有效和规定银行支付结算。中苏贸易额（进出口总额）由 1960 年的 16.64 亿美元、占中国进出口总额的 43.7%，急剧下降到 1965 年的 4.1 亿美元和 9.6%，到 1970 年中苏双边贸易额只有 4 723 万美元，在中国全部进出口贸易额中所占比重降至 1.03%，成为中苏两国建立贸易关系以来贸易额最低的一年。之后至 1978 年虽略有回升，但一直低于 4%（见表 3–2）。

表 3–2　　1950—1978 年中苏贸易进出口总额及占中国进出口总额比重的变动情况　　单位：万美元，%

年份	中苏进出口总额	对苏出口总额	对苏进口总额	占中国进出口总额的比重
1950	33 844	15 325	18 519	29.82
1951	80 860	31 129	49 731	41.36
1952	106 421	41 204	65 217	54.83
1953	125 823	48 061	77 762	53.13
1954	129 124	58 663	70 461	53.07
1955	178 985	67 021	111 964	56.91
1956	152 377	76 168	76 209	47.50
1957	136 470	74 697	61 773	43.98
1958	153 857	89 887	63 970	39.75
1959	209 700	111 794	97 906	47.87
1960	166 394	81 878	84 516	43.68
1961	82 791	53 626	29 165	28.20
1962	70 158	49 066	21 092	26.35
1963	60 106	40 678	19 428	20.62
1964	44 522	31 164	13 358	12.86
1965	40 744	22 167	18 577	9.60
1966	30 514	14 041	16 473	6.61
1967	11 141	5 547	5 594	2.68
1968	9 214	3 293	5 921	2.28

① 当代中国丛书编辑委员会. 当代中国对外贸易：下. 北京：当代中国出版社，1992.

续表

年份	中苏进出口总额	对苏出口总额	对苏进口总额	占中国进出口总额的比重
1969	5 422	2 724	2 698	1.35
1970	4 723	2 317	2 406	1.03
1971	14 927	8 093	6 834	3.08
1972	25 033	13 350	11 683	3.97
1973	26 177	13 343	12 834	2.38
1974	29 999	15 495	14 504	2.06
1975	29 725	15 130	14 595	2.02
1976	41 473	16 838	24 635	3.09
1977	32 904	17 645	15 259	2.22
1978	43 653	22 966	20 687	2.12

数据来源：中国对外经济贸易年鉴（1984）. 北京：中国对外经济贸易出版社，1985：IV–3，IV–68。

这一时期中苏双边进出口贸易结构也发生了变化。1966 年起，中国石油原油工业国产化取得成功，国内石油原油开采提炼技术得到发展，自给能力迅速提高，使得中国可以摆脱对苏联的依赖，减少进口其石油原油。出口方面，随着 20 世纪 60 年代后期中国逐步还清苏联债务及国内各种因素导致的供应困难，中国开始陆续停止对苏联农产品的出口供应。这一时期中国对苏联的出口商品中，大米、大豆、食用油籽及油、锂砂、压电石英等基本上停止了供应；钨砂、锡、水银供应减少；纺织品和轻工业品相对增加了供应。在出口总额中，工矿产品占 2.7%，农副产品占 18.3%，轻纺产品等占 60%以上。[①]

中苏关系交恶后，东欧一些国家也追随苏联疏远了同中国的关系，但从 1966 年开始又有所恢复。

从 1970 年开始，中国与波兰、捷克斯洛伐克、民主德国、匈牙利等东欧国家间的贸易不再以卢布计价，改用瑞士法郎。1971 年开始又逐步将与这些国家间贸易的作价原则由固定价格改为按国际市场价格，这些举措有利于扩大与东欧国家的贸易往来。尽管如此，1966—1976 年，中国与社会主义国家之间的贸易总额虽从 11.7 亿美元增加到 22.5 亿美元，但年均增速仅为 6.8%，比同期中国对外贸易总额 11.3%的年均增速低了 4.5 个百分点。[②] 从进出口商品结构来看，中国出口的商品仍多为谷物、棉花、土畜产品、矿产品等，并增加了一些纺织品、轻工业品、工艺品的出口，进口产品为钢材、化肥等化工品、汽车、机械设备及黑白电视机、电子计算机等。

① 商务部国际贸易经济合作研究院. 中国对外贸易史：下卷. 北京：中国商务出版社，2016.

② 商务部国际贸易经济合作研究院. 中国对外贸易史：下卷. 北京：中国商务出版社，2016.

二、贸易对象转向西方发达国家和广大发展中国家

20 世纪 60 年代开始，中国进出口贸易重点转向西方资本主义国家和发展中国家市场。中国与西欧和日本的对外贸易取得了一些突破，贸易额有所增长。西欧一些大国如法国、意大利要求同中国开展友好往来和建立外交关系的呼声日高。1964 年中国和法国建交，带动了双边贸易的发展，并掀起西欧国家同中国发展贸易的热潮。1964 年 11 月，英国在中国举办机械及科学仪器展览会；同年，中国分别同意大利、奥地利达成互设商务代表处的协议，对促进中国同西欧经济贸易关系的发展起了积极作用。20 世纪 60 年代对西欧国家的进口额和出口额在中国进口总额和出口总额中所占的比重平均都在 20%左右，最高年份达到 30%。[①] 对西欧市场出口的商品主要是传统的土畜产品、茶叶、香料、纺织品及服装、饲料等，从西欧进口的主要商品是机电设备、钢材、化工原料、化学纤维、有色金属和化肥等。

在此期间，中国对日本的贸易也在逐渐恢复和发展。20 世纪 50 年代，中日通过民间贸易起步，1952—1958 年中日签订的四个民间贸易协定为双边贸易的发展打下了一定基础。1958 年以“长崎国旗事件”为导火线，中日关系大倒退，中日贸易陷入中断。1960 年 6 月岸信介下台，池田勇人内阁成立，中日关系出现了转机。周恩来总理于同年 8 月 27 日发表了中日政治和贸易三原则，恢复了对日贸易。根据这些原则，中日双方签订了贸易备忘录和友好贸易议定书。至此，中日贸易关系由民间转入了半官半民阶段。双方通过“友好贸易”和“备忘录贸易”这两个渠道加强了贸易往来。1965 年，对日本进口额和出口额在中国进出口总额中所占比重分别上升至 13%和 9%，到实现邦交正常化前夕的 1971 年，中日贸易总额达 8.74 亿美元。对日本出口的商品主要是农副产品和纺织品，进口商品主要是机械设备、钢材、化肥、汽车等。1972 年 9 月 29 日，周恩来总理、姬鹏飞外长同来华访问的日本田中角荣首相、大平正芳外相在北京签署了《中日联合声明》，宣告两国实现邦交正常化。根据联合声明精神，中日两国政府间先后签订了贸易、航空、海运、渔业、商标保护、租税、科技、投资保护等一系列协定。中日政府贸易协定于 1974 年 1 月 5 日签订，协定明确规定要尊重已有民间贸易所积累的成果，平等互利，在关税上互相给予最惠国待遇，并确认了 1972 年 8 月两国银行签署的人民币日元结算业务协议和中日双方定期召开贸易混合委员会等事项。这一时期，在“和平友好、平等互利、长期稳定、互相信赖”的原则基础上，双边经济贸易合作的领域和规模不断扩大，合作方式日趋多样化，带动了贸易额逐年大幅度增长。1972 年中日两国双边贸易额为 10.39 亿美元，次年跃升至 19.5 亿美元，1975 年达 37.95 亿美元，1978 年增至 48.24 亿美元。[②]

中国对东南亚地区的贸易也有所发展，1965 年对东南亚的进口额和出口额在中国进口总额和出口总额中的比重分别上升至 3.2%和 7.8%。中国对东南亚国家出口的主要商

---

① 当代中国丛书编辑委员会. 当代中国对外贸易：下. 北京：当代中国出版社，1992.

② 中国对外经济贸易年鉴（1984）. 北京：中国对外经济贸易出版社，1985.

品是食品、轻纺产品和通用机械，进口的主要商品是木材、天然橡胶、胶合板、椰油、棕榈油和大米。在这一时期中国还开展了对加拿大和澳大利亚的贸易，从加、澳进口了大量的粮食，1965 年中国对加拿大和澳大利亚的进口额在进口总额中所占比重分别上升至 6%和 10%以上。同年，中国对苏联和东欧国家的出口额在出口总额中所占比重分别降至 9.9%和 7.9%，进口额比重降为 9.2%和 6.3%。①

香港以其特殊的地理位置和转口条件，对内地进出口贸易的发展有重要作用，同时当地居民日常生活需要的许多食品也依赖内地供应。因此，20 世纪 60 年代内地对香港的出口额有了显著增长，在出口总额中所占比重上升至 20%以上。

1966 年开始的“文化大革命”使中国的对外贸易陷入了低谷。虽然如此，到 1970 年同中国有经济贸易关系的国家和地区发展到了 130 个。

20 世纪 70 年代初，中国的外交关系获得了突破性进展。1971 年 10 月，联合国通过决议，恢复了中国在联合国的一切合法权利；1972 年 2 月，中美发表联合公报，指出：“双方把双边贸易看作是另一个可以带来互利的领域,并一致认为平等互利的经济关系是符合两国人民利益的。他们同意为逐步发展两国间的贸易提供便利。”同年 4 月，中日邦交正常化。这些都大大推动了双边贸易关系的发展，使中国对美国和日本的贸易额迅速增长。到 70 年代中期，美国在中国进口总额和出口总额中所占比重分别上升至 5%和 1.7%，70 年代末进一步上升至 11.8%和 4.3%。1975 年，日本在中国进口总额和出口总额中所占的比重分别上升至 32%和 20%。② 这一时期中国对日本出口的商品中，原油上升为第一位，纺织品和服装也大量增长。1966—1976 年，中日双边贸易额从 6 亿美元增加到 30.4 亿美元，年均增速 17.6%，比同期中国对外贸易总额年均增速快了 5.3 个百分点。③

20 世纪 70 年代，随着中国对外关系的广泛发展，中国对西欧国家的贸易也继续扩大，1975 年在进口总额中所占比重上升到 25%，出口比重保持在 14%以上。对香港和澳门的出口继续上升，在出口总额中的比重上升到 24%。中国对西亚地区的出口也有了明显增长，特别是石油生产国已发展成为中国重要的出口市场，1975 年在出口总额中的比重扩大为 5.5%。④中国对西亚地区出口的主要商品是纺织品、服装和轻工业品，进口的主要商品是化肥和原油。1966—1976 年，中国与亚洲国家双边贸易额从 20.1 亿美元增加到 69.4 亿美元，年均增长 14.3%，比同期中国对外贸易总额年均增速快了 3 个百分点。⑤

这一时期，发展与西方经贸关系成为中国追求的重要目标之一。1966 年中国与西方发达国家贸易额为 19.2 亿美元，1976 年这一双边贸易额增加到 63 亿美元，年均增长 12.6%，比同期中国对外贸易总额 11.3%的平均增速快了 1.3 个百分点，其占中国对外贸

① 当代中国丛书编辑委员会. 当代中国对外贸易：下. 北京：当代中国出版社，1992.

② 当代中国丛书编辑委员会. 当代中国对外贸易：下. 北京：当代中国出版社，1992.

③ 商务部国际贸易经济合作研究院. 中国对外贸易史：下卷. 北京：中国商务出版社，2016.

④ 当代中国丛书编辑委员会. 当代中国对外贸易：下. 北京：当代中国出版社，1992.

⑤ 商务部国际贸易经济合作研究院. 中国对外贸易史：下卷. 北京：中国商务出版社，2016.

易总额的比重从 41.5%升至 46.9%。其中，中国与日本、联邦德国、法国、澳大利亚等国家的双边贸易额增长比较明显。1966—1976 年，中国与联邦德国的双边贸易额从 1.9 亿美元增加到 9.5 亿美元，年均增速为 17.7%；中国与法国双边贸易额从 1.8 亿美元增加到 6.1 亿美元，年均增速为 13%；中国与澳大利亚双边贸易额从 1.3 亿美元增加到 4.3 亿美元，年均增速为 13.1%。年均增速都明显高于同期中国对外贸易总额的年均增速。[①] 到 1978 年，同中国有经济贸易关系的国家和地区发展到了 160 多个。

① 商务部国际贸易经济合作研究院. 中国对外贸易史：下卷. 北京：中国商务出版社，2016.

第四章
改革开放前利用外资与经济技术引进的历程

经过抗日战争和解放战争，外资企业在中国经济中的垄断地位相继失去，在国民经济中已处于微不足道的地位。20 世纪 50 年代中国通过从苏联及东欧其他社会主义国家大规模引进成套设备，初步建立起现代工业体系。20 世纪 60 年代后，由于国际环境发生变化，中国经济技术引进的来源国开始转向西方国家。

第一节　中华人民共和国成立初期对西方资本主义国家在华经济资产的处理

一、中华人民共和国成立前后外资在华企业总体情况

20 世纪前半期，日本、英国、美国、德国、意大利等帝国主义国家的经济势力曾在中国占据统治地位。1936 年，外国在华投资总额约为 42.85 亿美元，其中日本 20.96 亿美元，占 48.9%，英国 10.46 亿美元，美国 3.4 亿美元。[①]三国合计占外国在华投资总额的 80%以上。第二次世界大战期间，外资总额和企业投资分别达到 91.62 亿美元和 70.80 亿美元的最高峰。这主要是日本以掠夺资源为目的的投资猛增，其企业投资为 61.64 亿美元，为其余各国总额的 7 倍多。由于中国在第二次世界大战期间参加了国际反法西斯阵线，并在战争中做出较大牺牲和贡献，因而英美等发达国家取消了在华的租借地，归还了中国关税自主等权力。

抗日战争胜利后，在华外资企业发生了重大变化，战时占 87.5%的日本、德国、意大利法西斯国家的企业及资产，被中国国民政府所没收，外国在华经济势力受到削弱。但是，随后国民党政府为了在国共两党的斗争中获得美国支持和援助，又与美国签订了一系列实际上不平等的经济条约，赋予了美国在华企业一些特权。中华人民共和国成立前夕，随着中国人民解放战争节节胜利、国民党统治区经济走向崩溃，外国在华资本纷纷从中国撤走或转移，或将其总公司、总经理处移出大陆，只剩下为数不多、不便拆迁的工矿设备、房地产等。中华人民共和国成立前夕的 1948 年，外资总额为 30.99 亿美元，[②]为第二次世界大战时的三分之一；企业投资为 6.99 亿美元，不到第二次世界大战时的四分之一，外国企业在中国现代产业中的垄断地位开始消失。除中东、广九铁路外，全部铁路由中国人营运。但由于《中美商约》这个不平等条约的存在，海关未完全自主，外贸仍为外资企业垄断，国内市场美货充斥。中国经济仍为外资所控制，这是导致中国民族工业破产的主要原因之一。

至 1948 年，英国成为在华最大投资国。在华英资企业资产为 3.94 亿美元，资产绝对数为第二次世界大战前的 60%，相比第二次世界大战前已大为缩水。由于国民党统治区经济崩溃和人民战争的胜利，许多英资企业从中国撤走或转移资金，或将其总公司、总经理处移出内地。许多英资企业，如在华四大英资企业之一的沙逊集团，原设在上海的各直属公司全部迁往香港，上海只设分支机构，并尽量压缩业务，抛售股票。英资四大集团之一的英美颐中烟公司，将其下属的颐中、颐运、首善、振兴、驻华联合、合泰等 9 个公司，均陆续在香港注册。他们还采取“尽量汇出资金，决不汇入分文”的方针，

① 吴承明. 中国资本主义与国内市场. 北京：中国社会科学出版社，1985.

② 吴承明. 中国资本主义与国内市场. 北京：中国社会科学出版社，1985.

汇出 459 万英镑和 1 212 万美元（共约 3 247 万美元）。其下属的天津烟厂、青岛烟厂、达利铁厂，却因缺少资金和销售困难而停产、歇业。颐中烟的销售量也由“二战”前占全国的 66%下降至 20%，失去了在该行业的优势。

“二战”后美国在中国的政治和经济中相较其他帝国主义国家几乎处于独占地位。自抗日战争起至 1948 年止，美国给予蒋介石政府的各种援助总数不下 67 亿美元，[①] 但这些投资随着国民党的战败而化为乌有。美国私人投资增加很少，1948 年美国企业资产为 2.25 亿美元，较“二战”前增加 6.6%；但企业数却由 600 个减少到 210 个左右。[②]

总之，经过抗日战争和解放战争，由于外国在华特权的丧失，外资企业在中国经济中的垄断地位也相继失去，不少外资企业选择了歇业或撤走，剩下的也大多生产下降，经营不利，到新中国成立时，外资企业在任何产业部门中均丧失了垄断地位，已不能控制中国的经济命脉。新中国成立初期，外资在华企业有 1 192 个，这些企业涉足的行业主要是煤炭、石油、造船、机器、发电等重工业，以及卷烟、肥皂、纺织、制药、食品等轻工业，还有一些城市公用事业以及银行、进出口贸易、码头、仓库、房地产等，拥有职工 12.6 万人，资产 12.1 亿元。资产额约为第二次世界大战时的 4.3%，占新中国没收官僚资本的 6%。外资中，属于英国、美国、法国、瑞士等西方资本主义国家的有 685 家，雇用工人 5 万多人，资产总值约为 5 亿美元，其中英、美两国又占 89%。这些企业主要集中在上海。1949 年 5 月，上海外资企业为 910 家，其中属于苏联和东欧国家的为 225 家，但多数是小工商企业，资产很少，职工人数也不多。[③]

外资企业中，英资企业 200 多家（连分支机构共 300 多个单位），为抗战前的三分之一，职工 9.8 万人，资产 6.9 亿元，也约为“二战”前的三分之一。英资企业以经营进出口贸易者最多，仅上海就有 98 家。金融业有 36 家，工业单位约 50 个，除开滦煤矿外，主要集中于上海。英资工矿业产品较“二战”前大幅度下降。颐中上海各厂的卷烟产量，1937 年占全国的 59%，1950 年上半年只占 5%。“二战”前拥有 17 万纱锭的怡和纱厂（占英资纱锭的 77%），减为 5 万锭，产量不及“二战”前的 1/5，不到全国的 1%。英资企业中，较有影响的是开滦煤矿，拥有职工 6 万人。开滦煤在“二战”前的华北、华东市场具有垄断地位。1949 年以后，由于中国煤矿的发展，开滦煤仅占全国产量的 12%。又因其成本高出中国国营煤的 1 倍以上，销售困难，不得不依赖于中国政府的包销。[④]

美资企业资产为 3.9 亿美元，约为“二战”前的一半。中华人民共和国成立后，美商撤退歇业者较多。如到 1949 年底，美国在上海的五大银行（花旗、大通、美洲、运通、友邦）都陆续歇业。至 1950 年底，进出口商由 96 家减至 58 家（“二战”前有 274 家）。其中有 2 家出售给中国私人，有 1 家准备转为瑞典籍。许多美国企业主将企业委托给其

① 吴承明. 中国资本主义与国内市场. 北京：中国社会科学出版社，1985.

② 王瑞璞，等. 对外国在华企业的政策——共和国经济大决策：第 1 卷. 北京：中国经济出版社，1999.

③ 王瑞璞，等. 对外国在华企业的政策——共和国经济大决策：第 1 卷. 北京：中国经济出版社，1999；范守信. 中华人民共和国国民经济恢复史（1949—1952）. 北京：求实出版社，1988；孙怀仁. 上海社会主义经济建设发展简史（1949—1985）. 上海：上海人民出版社，1990.

④ 王瑞璞，等. 对外国在华企业的政策——共和国经济大决策：第 1 卷. 北京：中国经济出版社，1999.

他国籍的人代管经营（其中委托给中国籍者 15 家，苏联籍者 10 家，英国籍、德国籍者各 4 家，法国籍、意大利籍、葡萄牙籍、加拿大籍者共 10 多家）。1950 年底，全国还有外资企业 135 家，连同分支机构共 200 多个单位，其中上海 115 个单位，天津 30 多个单位。按行业划分，进出口业 67 家，公用事业 3 家，石油公司 3 家（在各地的油栈、经理处较多），房地产公司 8 家，各电影公司的经租处（仅重庆就有米高梅等 8 个影片公司的经租处）等。①

另外，外资企业虽然处于衰败状态，但由于它们长期垄断某些行业，在经济活动中仍起着举足轻重的作用。1947 年 2 月—1948 年 1 月，外国资本在上海进出口贸易中，经营比重占到 44.4%；1948 年上海共有沿海航船 223 艘，英国资本所有的达 167 艘；1949 年，上海市 57%的进口押汇和 53%的出口押汇由外资银行控制。1948 年，73.4%的自来水、97.4%的煤气、1 005 部电话、100%的电车、21.6%的公共汽车操纵在外国资本主义企业手中。②英商颐中烟草公司的卷烟产量占到全国的三分之一，1949 年 7 月，颐中缴纳的卷烟税占全国卷烟税总额的 40%。英商中国肥皂公司亦操纵肥皂业市场，1951 年底其产量占全上海市的四分之一。③

至中华人民共和国成立初期，约有外资企业 1 192 个，这些外资企业，过去主要是依靠帝国主义在中国的特权发展起来的，现在特权被废除了，它们就失掉了依靠。因而这些外国资本企业的性质也就发生了变化，“基本上已变成单纯经济性的投资”④。

二、中华人民共和国成立后对帝国主义国家在华企业的政策

中国共产党和人民政府民主革命的任务之一，便是肃清帝国主义在华势力，特别是肃清帝国主义在华特权。解放战争后期，随着城市的不断解放，如何对待外国在华企业问题摆在新的国家政权面前。关于肃清帝国主义在中国的侵略势力的具体政策，1949 年 3 月，在中国共产党七届二中全会上已经提出了“有步骤地、彻底地摧毁帝国主义在中国的控制权” 的方针。帝国主义的控制权，表现在政治、经济、文化等方面。关于肃清帝国主义在中国的侵略势力的具体政策，毛泽东指出，“在国民党军队被消灭、国民党政府被打倒的每一个城市和每一个地方，帝国主义者在政治上的控制权即随之被打倒，他们在经济上和文化上的控制权也被打倒。但帝国主义者直接经营的经济事业和文化事业依然存在，……对于这些，我们必须分别先后缓急，给以正当的解决。不承认国民党时代的任何外国外交机关和外交人员的合法地位，不承认国民党时代的一切卖国条约的继续存在，取消一切帝国主义在中国开办的宣传机关，立即统制对外贸易，改革海关制度，这些都是我们进入大城市的时候所必须首先采取的步骤。……剩下的帝国主义的经济事业和文化事业，可以让它们暂时存在，由我们加以监督和管制”。⑤ 起着临时宪法作用的《共同纲领》第五十九条规定：“中华人民共和国政府保护守法的外国侨民。”上述规定，一方面宣布取

---

① 王瑞璞，等. 对外国在华企业的政策——共和国经济大决策：第 1 卷. 北京：中国经济出版社，1999.

② 张侃. 新中国成立初期外资企业改造中的转让. 中共党史研究，2007（6）.

③ 张侃. 新中国成立初期外资企业改造中的转让. 中共党史研究，2007（6）.

④ 魏子初. 英国在华企业及其利润. 北京：人民出版社，1951. 转引自孙健. 中华人民共和国经济史（1949-90 年代初）. 北京：中国人民大学出版社，1992.

⑤ 毛泽东选集：第 4 卷. 北京：人民出版社，1991.

消帝国主义国家（包括侨民、外资企业）在旧中国依据不平等条约而享有的一切特权，另一方面则规定保护外国侨民在华的一切合法财产，其经营的企业在遵守人民政府政策法令的前提下继续经营，并且在党内发了指示，要求各地不得擅自决定和发表涉外政策。

中华人民共和国成立以后，由于百废待举，同时也由于如何对待外国在华企业是一个牵涉到多方面的复杂问题，为了制定出慎重的、权衡照顾到各方面关系的具体政策和办法，在整个国民经济恢复时期，中央政府没有专门制定颁布外国在华企业管理法规。朝鲜战争前，中央曾考虑要制定公布一项对待外国在华企业及投资的方针政策，但朝鲜战争打乱了这个设想。1949—1952 年期间，政府工商管理部门对外资企业的管理仿照国内私营企业。但是，中央规定：不批准成立新的外资企业；外资企业不得加入工商联，不得购买土地；国营企业亦不得擅自收购外资企业资产；外资企业歇业与国内私营企业一样，需经过政府工商主管部门批准；外资企业的劳资纠纷须按照劳动部制定的劳资纠纷调解仲裁程序进行，政府颁布的劳动保护法令亦须贯彻执行；外国在华银行的经营范围基本被限于外汇业务。1950 年 12 月 3 日，中国政府制定的关于外国教会和外国人在华房地产的处理原则规定：土地为中华人民共和国所有，中国不承认外国人在中国境内享有土地所有权，不准许他们买卖或继承土地。从 1953 年起停止外国侨民在华经营房屋租赁业。

这些外资企业，过去主要是依靠帝国主义在中国的特权发展起来的，中华人民共和国成立后，经过肃清帝国主义在华势力的斗争，废除了帝国主义在中国的特权，声明依法保护外国侨民，凡遵守人民政府法令的外资企业，均受到政府的保护，从而使“外资企业基本上已变成单纯经济性的投资”。[①] 中国政府对外资企业的管制和监督是通过法律进行的，并没有对每一外资企业进行管制和监督。中国的法令明确规定，凡是遵守中国政府法令的外资企业都会受到中国政府的保护，[②] 对守法的外资企业，中国政府尊重其财产所有权和经营自主权，这些外资企业可继续在中国经营企业或者歇业、出售、转让、委托他人代管甚至新开设企业等。中国的公私贸易机构还同在华的外国工商业者，陆续订立了各种贸易合同及加工订货合同，但是，随着美国发动侵略朝鲜的战争，并对中国实行封锁禁运，冻结和劫夺中国海外资产，中国也采取了相应的报复措施。在这种情况下，外资企业进一步衰落，在国民经济中已处于微不足道的地位。

三、朝鲜战争爆发后中国政府对待西方资本主义国家在华企业的政策

1949 年和 1950 两年间，中国与资本主义世界各国间的贸易曾一度恢复和发展。1950 年中国与这些国家的贸易总额超过了 1936 年。特别是中英贸易的发展使一些英资进出口企业有所活跃。英商在天津新开设了几家从事进出口贸易的企业，有的英商准备扩大投资，添建新厂。中国的公私贸易机构和在华的外资工商业者还陆续订立了各种贸易合同以及加工订货合同，表明这一时期中国政府所属机构同外国在华公司厂商已经建立了良好的

---

① 魏子初. 英国在华企业及其利润. 北京：人民出版社，1951.

② 1949 年 4 月 25 日，毛泽东、朱德签署的《中国人民解放军布告》明确宣布：“保护外国侨民生命财产的安全。一切外国侨民各安生业，保持秩序。一切外国侨民，必须遵守人民解放军和人民政府的法令。”（《毛泽东选集》第 4 卷，第 1459 页）

合作关系。就外资在华企业比较集中的上海地区来说，上海解放后，为了保证城市人民生活的正常进行，上海市人民政府对外资企业进行了分类管理。对公用事业中具有垄断地位的企业，如美商电力公司、法商电车电灯公司、英商电车公司和自来水公司等，军事管制委员会（简称军管会）和人民政府派驻军事特派员或联络员实行监督。对一般企业，如美商电话公司、英商煤气公司等则由公用局派驻业务联络员。对于其他行业，包括在国际经济正常往来上尚有作用的外资银行、进出口企业、轮船公司以及外侨赖以生活的小工商业，则允许其继续经营，凡有利于中国国计民生的生产事业，也允许外商继续投资。[①] 照这个趋势发展下去，在华外资企业的前景是光明的。但是，美国发动侵略朝鲜的战争和之后所采取的一系列敌视中国的政策，完全改变了外资企业在中国的命运。

1950 年 12 月 14 日，美国政府正式宣布对中国实行封锁禁运。美国国务院发布新闻公报说："美国政府今天已采取措施，将中国共产党在美国管辖之一切资产置于管制之下，并颁布章程禁止在美国登记的船只在另有通知以前驶往中国港口。"[②] 中国政府随即采取了对应政策。12 月 26 日，美国又宣布管制在美国的中国公私财产。作为回应，12 月 28 日，中国政府颁布《关于管制美国财产冻结美国存款的命令》，宣布："中华人民共和国境内之美国政府和美国企业的一切财产，应即由当地人民政府加以管制，并进行清查"，"中华人民共和国境内所有银行的一切美国公私存款，应即行冻结"。[③]12 月 30 日，华东军管会首先军管了美资上海电力公司及美资上海电话公司，分别组织临时管理委员会对上述两个企业进行管理。随后被实行管制的美国企业还有友邦银行、美国商业银行、德士古汽油公司、美孚火油公司、海宁洋行、海京洋行、慎昌洋行、奇异安迪生电气公司、远东酒精炼气厂、赫克生汽车公司、美国 X 光医疗用器公司、科发药房、沙利文糖果公司等 115 家。北京、天津、广州、南京、汕头等地政府也对该地区的美国企业实行了管制。[④]

管制美资企业、冻结美国存款，是因为美国政府"对我国日益加剧的侵略和敌视行动，为了防止其在我国境内从事经济破坏和危害我国人民的利益"。管制与征用不同，美国企业被管制后，其资产和经营权仍属原企业主，他们仍可进行生产和经营活动，为此，中国政务院还颁布了《关于美国企业及个人存款申请动支的规定》。

1951 年 5 月 18 日，美国操纵第五届联合国大会通过《实施对中国禁运的决议》，英、法等国投票赞成，并公布对华禁运货单。作为对应措施，7 月 11 日，上海市军事管制委员会宣布征用已被管制的美孚、德士古、中美三家美资石油公司除其总公司和分支机构的办公处以外的全部财产，并征购其所存油料。[⑤] 其他没有被征用的美资企业仍继续生产和经营。1951 年 4 月 7 日，英国政府无理征用在香港修理的中国交通部所属永灏轮，

① 孙怀仁. 上海社会主义经济建设发展简史（1949—1985）. 上海：上海人民出版社，1990。转引自张侃. 新中国成立初期外资企业改造中的转让. 中共党史研究，2007（6）.

② 中美关系资料汇编：第 2 辑. 北京：世界知识出版社，1961.

③ 中央人民政府政务院发布命令 管制清查美国财产 冻结美国公私存款. 人民日报，1950-12-29（3）.

④ 范守信. 中华人民共和国国民经济恢复史（1949—1952）. 北京：求实出版社，1988.

⑤ 上海市军事管制委员会征用美商油公司财产 美商美孚、德士古和中美三公司职工保证协助政府做好征用工作. 人民日报，1951-07-22.

将其移交英国海军，中国政务院4月30日则发布命令，征用在中国境内的英国亚细亚火油公司的全部财产（其总公司及其分支机构之办公处除外），并征用其全部存油。[①]

1952年7月28日，英国枢密院将中央航空公司所属40架飞机及其他财产"判给"陈纳德的"美国民用运输公司"所有，同日深夜，港英当局派出大批武装人员袭击停放中国飞机的香港启德机场，殴打、逮捕和拘禁保护该项财产的中国员工，抢夺了两航空公司留港的全部财产，对此中国政府提出严重抗议，8月15日，上海市军事管制委员会征用英资英联船厂及马勒机器造船厂。1952年10月8日，香港高等法院将中国航空公司31架飞机及其他财产"判给"陈纳德的上述公司，对此，中国政府在又一次提出严重抗议的同时，于11月20日征用了在上海的英资电车公司、自来水公司和上海、天津、武汉的英资隆茂洋行的全部财产。1953年初，英政府掠夺广东水产局在香港的5艘轮船，3月，广州市军管会征用英国在广州的太古公司码头仓库及西堤楼全部财产。

在这一时期，为了审慎处理各方面利益和关系，中国对于美国和英国在华资产采取了通过多种形式、有步骤地逐个解决的办法，一般不采取无偿没收。其中，对美国财产从严处理，1951年中央人民政府发出《关于处理美国在华财产的指示》，规定对美国财产的处理原则是："对有关我国主权或与国计民生关系较大者，可予征用；关系较小者，或性质未便征用者，可予代管；政府认为有需要者，可予征购；对一般企业，可加强管制，促其自行清理结束。以上四种方式中，应以征用和加强管理为主，对少数在政治上经济上无大妨碍的美国企业，在上海、天津、广州等地可以保留一些。"美国政府及私人在华占用的土地一律无偿征回。对英国企业，除了亚细亚火油公司和英联、马勒两个船厂予以征用外，开滦煤矿因为英方无法继续经营，由中方代管；颐中烟草公司、中国肥皂公司、天津利顺德饭店等先后自动转让，交给中方有关部门管理。此外，这一时期，英、美还有一些能继续维持的企业保留下来。[②]对于法资在华企业，1953年11月2日，中国政府将上海法商电车、电灯两公司收归公营，代管其全部财产。[③]

美国对中国的封锁禁运使许多外资企业难以维持经营，那些依靠进口商品和原料的企业更是如此。在华美资企业绝大多数是从事进出口贸易的，即使是剩余的少数工业企业，其原料、零件、机器设备更新也依赖于进口。因此一大批美资企业宣告歇业。1951年5—7月，美国商业银行、赞多洋行、华泰洋行、远东洋行、吉利洋行、万国商业机械公司、大昌实业公司、伊士敏轮船公司、亚尔西爱胜利公司等一大批美资企业，在《解放日报》上刊登启事，宣告歇业。到1952年底，对美资在华企业的清理工作基本结束。

中国政府管制美资企业后，其他国家的在华企业仍独立自主经营，并未受到管制。但是，对华禁运严重损害了所有的在华外资企业。因为它们也大都从事进出口贸易或相关业务。其中英资企业受害最大。英资在华企业，解放初在上海有98家，到1951年只

---

① 中央人民政府政务院命令．人民日报，1951-04-30（1）；"永灏"油轮负责人邵良 左文渊等到达北京 举行记者招待会报告该轮被劫夺经过 要求政府对英帝国主义的挑衅行为采取对策．人民日报，1951-04-30（1）．

② 赵德馨．中华人民共和国经济专题大事记（1949—1966）．郑州：河南人民出版社，1989；柳随年、吴群敢．中国社会主义经济简史（1949—1983）．哈尔滨：黑龙江人民出版社，1984．

③ 石志夫．中华人民共和国对外关系史（1949.10—1989.10）．北京：北京大学出版社，1994．

剩下60家。在联合国通过对中国禁运决议后，即有一大批外资企业在上海宣告歇业。其中有：英国源和公司、香港物产保险公司、谏当物产保险公司、泰勒顿物产保险公司、锦隆洋行、合众纸行、上海汇丰银行青岛支行等，法国的倍利洋行、祥和洋行，瑞士的罗德洋行、罗门图书馆、新瑞广公司，联邦德国意泰林纳洋行，挪威的道尔行公司、鲍利葛造纸厂驻华办事处，波兰华北印字馆，印度天成洋行，叙利亚培尔登法国商店，荷兰海昌洋行，苏联摩登妇女首饰商店等。[①]

对华禁运时间愈久，外资企业的处境愈艰难。1952年4月和5月，英国政府曾两次照会中国政府说，英国公司和厂商在中国遭遇到重大困难，几乎全部准备申请结束业务，其原因乃中国国营机构业务日益扩大。7月5日，中国外交部副部长章汉夫发表《就英国政府有关中英两国贸易问题的照会的声明》，重申中国对外资企业的政策，指出，中国政府愿意与各国政府和人民在平等互利的基础上恢复和发展通商贸易关系，一切遵守中国政府法令的外侨外商，都可得到各级人民政府的保护。但在华英商的困境并非中国方面的原因，而是英国政府管制禁运所给予的苦果，当英国公司、厂商陷于不能不收缩、倒闭的困境时，中国各级政府曾采取提供贷款、供应原料等办法来帮助他们，但英国政府的管制禁运措施却日益扩大。中国政府重申，只要外商遵守中国政府的法令，各级中国政府仍当予以保护。中国外交部的声明重申了中国政府一贯尊重外国在华企业的财产所有权和经营自主权的郑重立场，同时也明确指出外资企业在中国遇到的困境是英美等国封锁禁运造成的。1949—1952年外国在华企业变化情况如表4–1所示。

表4–1　1949—1952年外国在华企业变化情况[②]

	1948—1949年10月（人民币千元[③]）	1949年（以1948—1949年10月的为100）	1950年（以1948—1949年10月的为100）	1951年（以1948—1949年10月的为100）	1952年（以1948—1949年10月的为100）
工业	450 403	99.6	99.4	97	26.1
公用事业	456 649	99.7	35.3	35.3	15.5
银行保险业	13 394	100	97.1	95.4	95.4
航运码头仓库业	59 859	100	93.2	91.7	91.7
进出口业	113 683	99.9	96.9	24.8	22.4
房地产业	104 842	100	100	99.1	91.6
其他商业	8 707	99.9	85.5	74.6	66.1
解放前歇业有遗留财产	18 627	90.9	89.7	85.6	83.5
合计	1 226 164	99.5	74.7	66.8	32.5

注：根据1961年12月外交部的《处理外资企业和私人房地产统计提要》整理加工。

① 王瑞璞，等. 对外国在华企业的政策——共和国经济大决策：第1卷. 北京：中国经济出版社，1999.

② 董志凯. 1949—1952中国经济分析. 北京：中国社会科学出版社，1996.

③ 人民币新币值。

1953 年，朝鲜战争结束，美国仍坚持对中国实行全面禁运的政策。到 1957 年 4 月 23 日，美国国务卿杜勒斯还声明：禁止“一般美国人到共产党中国去，‘与敌通商法’现在仍适用共产党中国”。这样，美国人在华居留也成为非法。于是，朝鲜战争结束后，又一批企业歇业。其中 1953 年底—1954 年初，上海歇业的有华星企业公司、国民机器收银公司、美通汽车公司、西电公司、胜家缝纫机器公司等。另外，还有些固定资产较多的企业无人经营。为了使企业资产不受破坏或散失，中国政府代管了这些企业。其产权则作为遗留问题，在中美正式建交后得到了妥善处理。

总之，中华人民共和国成立初期，许多在华外资企业难于维持而采取了自动歇业、放弃经营、请求转让出售或出租等形式。如 1953—1954 年初歇业的有：英国的大东电报公司、中孚洋行、瑞记公司、万泰公司、安利公司、懋利公司等；法国的华懋公司、百多洋行；瑞士的礼惠洋行、长丰国际运输公司；葡萄牙的瑞昌洋行、安德兄弟印刷公司；丹麦的中国爱克司光行，怡昌洋行；巴拿马协华洋行；苏联通成实业公司；还有国家不明的先诺洋行、松贸贸易公司等。有的外资企业采取出售企业资产方式收回其投资。有两家美资企业出售给中国私人，荷兰渣华邮船公司上海公司向中国交通部上海区港务局出售其轮船“芝坚尼号”。采取出租形式的有：英美烟公司所属首善印刷公司汉口大智门厂出租给益民公司；哈尔滨老巴夺厂出租给哈尔滨烟酒公司。采取转让形式的有：1952 年 4 月，颐中烟草公司以代偿还其债务为条件，转让给上海烟草公司。又英资企业开滦煤矿自动放弃经营，呈请由中国染料工业部代管，这是商品经济中的正常经济行为。

上述出租、出售、停业、停产、歇业、转让等方式，是外资企业结束在华业务的几种具有代表性的方式，也是企业的自主行为，而不是中国政府的政策措施。英资企业也有自动放弃经营的。如开滦煤矿英方总经理弃职离华，并将存放在伦敦的生产资金和近期出口煤的外汇所得全部扣留，使开滦煤矿无法进行再生产。1952 年 4 月，由滦州公司董监事联席会呈请，经中国政府批准，该矿由燃料工业部代管。

关于西方资本主义国家外资企业在新中国成立后的变化情况，据国家工商管理局统计资料，1949—1953 年，在华外国资本企业从 1 192 家减少到 563 家，职工由 12.6 万人减少到 2.3 万人，所有资产由 12.1 亿元减至 4.5 亿元。其中，英商企业由 409 家减少到 223 家，职工由 10.4 万人减至 1.5 万人，资产由 6.9 亿元减至 3.1 亿元；美商企业由 288 家减少到 69 家，职工由 1.4 万人减至 1 500 人，资产由 3.9 亿元减至 0.16 万元。[①]外资企业经营的国际贸易额，只占中国进出口贸易总额的 6%。在华银行只存在 6 家，外汇经营总额降至 0.48%，存放款业务已经完全没有。[②] 以上海为例，这一时期人民政府以征用、代管、租用、接管等方式改造了 50 家外资企业，大部分外资企业是由于自身经营问题而自行歇业的。1951—1952 年，上海外资企业共减少了 500 余家，占当时在上海外资企业总数的 57%，职工占总数的 60%，资产占总数的 57%。[③]

① 柳随年，吴群敢. 中国社会主义经济简史（1949—1983）. 哈尔滨：黑龙江人民出版社，1984.

② 中国社会科学院，中央档案馆. 中华人民共和国经济档案资料选编：综合卷. 北京：中国城市经济社会出版社，1990.

③ 张侃. 新中国成立初期外资企业改造中的转让. 中共党史研究，2007（6）.

20 世纪 50 年代中期以后，英、法等国对华禁运有所松动，但美国仍坚持全面禁运，再加上苏联对中国背信毁约，中国的国际经济环境更加恶化了。这对中国国内的一些政策也有一定的消极影响。当时，在所有制上“单纯求纯”，导致经济体制的过分集中和单一。在这几方面的综合影响下，20 世纪 60 年代初，最后一批外资企业也在中国内地自动消失了。

第二节　20 世纪 50 年代与苏联等社会主义国家间的经济技术合作

在 20 世纪 50 年代中国第一次大规模成套设备的引进过程中，中国从苏联引进了成套机器设备、工艺和产品设计等，使得中国在原材料、能源、机械、电工等工业领域形成较快的生产能力，中国的现代工业体系得到了初步建立。

一、20 世纪 50 年代苏联对华援助情况

（一）新中国成立初期苏联的对华援助

新中国成立后在外交方面所做的第一件大事就是签订了《中苏友好同盟互助条约》，而对于苏联援华的初步意向则在新中国成立前便已形成。20 世纪 50 年代苏联对中国经济建设支持和援助的具体形式，除提供低息贷款外，还包括援建重点项目、进行技术合作和在中苏贸易中实施价格补贴，以及派遣苏联专家、共享管理经验等方式。

1. 苏联对华援助意向的确立与《中苏友好同盟互助条约》的签订

20 世纪 40 年代的中国百废待兴。中国共产党人既肩负着夺取战争最后胜利的使命，又面临着在积贫积弱的基础上建设现代化国家的巨大挑战。在这种背景下，外来援助不仅十分重要，而且非常关键。1949 年 1 月底，斯大林派苏共政治局委员米高扬来华与中国领导人讨论一系列重大的战略和双边关系问题，这些会谈内容中就包括关于苏联向中国共产党提供经济和军事援助的问题。当时对于中共方面提出的援助请求，米高扬给予了初步的原则性赞同。

在利用外资方面，由于鸦片战争以来 100 多年丧权辱国的历史记忆犹新，因此中国共产党的援助要求虽然迫切，但自始至终都体现了以保证民族独立与尊严为先决条件，同时寻求国家之间公平、平等的原则。对于《中苏友好同盟互助条约》、苏联对华贷款协定等的战略意义，毛泽东认为首先在于：这一切将使新中国处于更加有利的地位，有利于使各国无条件承认中国，废除旧约，承认新约。[①]另外，中国并不寻求无偿援助。1949 年 2 月 6 日，毛泽东正式向米高扬提出由苏联提供 3 亿美元有息贷款的请求。他说：“3 亿，这是我们的需要。我们不知道你们是否能给这个数目，是少一些还是多一些。但即使你们不给，我们也不会感到受伤害。我们不要求提供无偿的援助，因为这是对苏联的一种剥削。我们请求提供付息的、将来中国能偿还的贷款。这一点对中国工人来说是重

① 建国以来毛泽东文稿：第 1 册. 北京：中央文献出版社，1987.

要的。他们应知道，苏联的贷款是必须偿还的。”[①]

在援助要求得到苏方的初步认可后，1949 年 6 月 21 日以刘少奇为首的中国共产党代表团秘密访问苏联，就苏联援华问题进行了初步探讨。7 月 6 日，刘少奇致函斯大林，提出了 8 点具体问题和请求，涉及非常广泛的需要苏联援助的领域，请斯大林就贷款和派专家等事宜做出批示。这些等待援助的领域包括：

（1）让中国代表团在苏联了解各级政府结构、中央与地方的关系、党政机关和群众团体之间的关系，武装部队、人民法庭、公安机关、财金机关的组织设置，文化、教育机关以及外交部的结构。在经济政策和管理方面，了解工业、农业和商业的协调发展，国家预算、地方预算，工厂、机关、学校、国营农场和集体农庄的概算，国有企业、地方企业、工厂、机关、学校的副业与合作企业之间的关系，银行、合作社、海关、对外贸易部的组织与作用，税收体系的职能和交通运输的结构等。了解文化组织，党、群众、青年和工会的组织结构和运行方式。[②]

（2）请求苏联政府建立一所专门培养中国干部的苏联学校，为新中国培养所需要的建设和管理国家与企业的干部，设工业系、贸易系、银行业务系、法律系、教育系等。

（3）建立苏联与中国之间的交通联系，包括邮电通信、海陆运输、空中联系，并且帮助中国建立飞机修理厂和培养空军干部等。

（4）帮助中国建立中国海军，培养海军干部。

（5）帮助解放新疆，解决空军支援问题。

（6）帮助中国扫雷、打捞沉船和建立海岸防务。

（7）东北向苏联出口 80 万～100 万吨粮食，换取机器设备，苏联帮助建设。

（8）建立中苏文化的联系，翻译政治、科学和文化著作，在中国建立俄文图书馆，开设书店等。[③]

刘少奇对苏联的访问给毛泽东晚些时候出访苏联、处理 1945 年国民党政府同苏联政府签订的《中苏友好同盟条约》做了很好的铺垫。

1949 年 10 月 2 日，苏联率先承认了中华人民共和国，当年年底至 1950 年初，毛泽东主席、周恩来总理先后访问苏联，中苏两国领导人就多方面的合作进行了商谈。2 月 14 日，双方以中国政府和苏联政府间条约的方式在莫斯科签订了《中苏友好同盟互助条约》，苏联也完成了从援助国民党政府向援助中国共产党政府的过渡。此后，中苏友好同盟关系的一个重要标志——苏联对华援助迅速得到实施，成为中苏两国友好的见证。

2. 苏联对华贷款

在签订《中苏友好同盟互助条约》的同时，中苏双方还签署了《关于苏联贷款给中华人民共和国的协定》，正式落实了苏联对新中国的援助承诺。该条约规定，“贷款以美元计算，总数为 30 000 万美元；其计算法，系以 35 美元为一盎司纯金”，“苏联政府鉴

① 迪特·海茵茨希. 中苏走向联盟的艰难历程. 北京：新华出版社，2001.

② 周弘，等. 外援与中国. 北京：社会科学文献出版社，2007.

③ 周弘，等. 外援与中国. 北京：社会科学文献出版社，2007.

于中国因其境内长期军事行动而遭受的非常破坏，同意以年利1%的优惠条件给予贷款”，“自1950年1月1日起，在5年期间，每年以同等数目即贷款总额的1/5交付之，用以偿付为恢复和发展中国人民经济而由苏联交付的机器设备与器材”，中国“将以原料、茶、现金、美元等付还第一条所指的贷款及其利息”，“贷款的付还以10年为期”。①

苏联政府向中国政府提供3亿美元贷款的这一协定，是新中国成立后对外签订的第一个贷款协定。此后，在整个20世纪50年代，中苏两国政府又签订了10笔贷款协议，具体数额及用途如表4–2所示。

表4–2　20世纪50年代中国接受苏联贷款一览表②

序号	时间	金额/亿（旧卢布）	用途
1	1950年2月14日	12	经济建设
2	1951年2月1日	9.86	购买军用物资
3	1952年9月15日	0.38	种植橡胶
4	1952年11月9日	10.36	购买60个步兵师装备
5	1953年6月4日	6.1	购买海军装备
6	1954年1月23日	0.035	有色金属公司
7	1954年6月19日	0.088	有色金属和石油
8	1954年10月12日	5.46	特种军事用途
9	1954年10月12日	2.78	转让中苏合营公司苏联股份
10	1955年2月28日	2.47	转售安东苏军物资
11	1955年10月31日	7.23	转售旅大军事基地苏军物资
总计		56.763	

资料来源：王泰平. 中华人民共和国外交史：第二卷（1957—1969）. 北京：世界知识出版社，1998：257–258. 转引自沈志华. 中苏关系史纲. 北京：新华出版社，2007：129。

这些贷款的年息为1%～2.5%，偿还期为2～10年。上述11笔贷款的总金额折合新卢布为12.75亿，加上利息1.32亿新卢布，本息合计为14.07亿新卢布。③ 这些贷款被用于支付从苏联购买抗美援朝战争和加强国防所需军事装备物资、经济建设的设备物资以及苏联移交给中国的设施、物资等的费用。货单由中方提供。因此，苏联援华贷款主要是以实物而非资金的形式提供的。

---

① 曹英主. 共和国风云五十年（一）. 呼和浩特：内蒙古人民出版社，2002.

② 沈志华考证分析认为，本表中部分内容并不全面。其中1951年1月10日和当年4月10日的两笔军事贷款未计算在内，数额分别是3.4亿和6亿旧卢布。因此加上这两笔贷款，总额应为66.163亿旧卢布。此外，1950年2月14日签订的12亿旧卢布贷款并未全部用作经济建设，而是主要用于军事用途。沈志华认为在全部贷款中有62.88亿旧卢布用于军事用途，其中约32亿旧卢布属于抗美援朝期间苏联借给中国用于购买苏联军事物资的贷款。参见沈志华. 中苏关系史纲. 北京：新华出版社，2007：136–137。

③ 许毅. 从百年屈辱到民族复兴——新中国外债与中国特色的社会主义. 北京：经济科学出版社，2005.

关于贷款用于军事和经济用途的具体比例，在不同学术著作中有细微差别。一种说法认为在全部贷款中，用于购买军事装备物资和支付苏联移交旅大军事基地等设施、物资的费用占 76.1%；用于购买经济建设设备物资的费用占 23.9%。[①] 根据表 4–2，在贷款总额中，军事贷款占 73%，经济贷款占 23%。沈志华认为，军事贷款占到 95%，经济贷款不足 3.3 亿旧卢布。[②]

苏联对华贷款的规模，无论就苏联方面的能力，还是中国方面的切实需要相比，都不算多，其中用于经济用途的贷款更十分有限。首先，与美国同期按照“马歇尔计划”给予欧洲国家的援助相比，这些贷款的数额相对较小。如荷兰 1947—1957 年根据“马歇尔计划”得到 9.782 亿美元的援助；法国自第二次世界大战后至 1955 年以各种名义接受了 70 亿美元；英国于 1945 年得到美国以相当优惠的条件给予的约 10 亿英镑的贷款，此后又得到“马歇尔计划”的援助；1945—1952 年，国际上对意大利的援助总额超过 20 亿美元；中国台湾地区于 1951—1965 年得到美国以补贴、贷款和军事装备等形式提供的 40 多亿美元的援助。[③] 其次，即使与苏联同期给予其他国家的款额比较，这笔款额也是较少的。根据苏联公布的材料，截至 1957 年 7 月，苏联向社会主义阵营各国的贷款数额达到 280 亿卢布。对于发展中国家，1954—1957 年给印度贷款 10 亿多卢布，偿还期 12 年。1954—1956 年给阿富汗贷款 4.13 亿卢布，偿还期 30 年。1956—1957 年给印度尼西亚贷款 4.264 亿卢布，偿还期 6～12 年。[④] 1959 年又增加对印度贷款 25 亿卢布。此外，1953 年苏联向朝鲜提供无偿经济援助 10 亿卢布，以后增加的贷款 7.6 亿卢布经 1960 年签订协议免于偿还；1955 年向越南提供无偿援助 4 亿卢布。[⑤]此外，这些贷款在中国国民收入和财政收入中所占的比重也很低。

然而尽管数额不大，相对于新中国成立初期一穷二白的经济基础，这些贷款还是解决了国民经济恢复与发展的燃眉之急。可以说，上述贷款的“附加价值”是数字所无法概括的。苏联对新中国的贷款实际上以资金转移这种方式带动了大量的设备和物资的转移，数以万计的顾问专家来华工作，并且通过这些设备和人员的交流，转移了技术、培训了中国的专业技术人才，还通过技术合作、优惠贸易、合股公司等形式向中国转移了物资、技术和管理经验。这些援助对于新中国来说，不是用“及时”和“必需”就可以概括的。[⑥] 因为这些贷款和援助不仅推动了中国现代化工业的起步，而且产生了长久的制度影响，具有突出的战略意义。

新中国在执行独立自主、自力更生的建设方针和“一边倒”外交方针的情况下，较好地利用了苏联等国的优惠贷款，使新中国经济社会建设取得巨大成效。对于外资给中

① 石林. 当代中国的对外经济合作. 北京：中国社会科学出版社，1989.

② 沈志华. 中苏关系史纲. 北京：新华出版社，2007.

③ 董志凯. 1949—1952 中国经济分析. 北京：中国社会科学出版社，1996.

④ 1958 年 6 月 17 日《人民日报》，转引自沈志华. 中苏关系史纲. 北京：新华出版社，2007：138。

⑤ 苏联科学院经济研究所. 苏联社会主义经济史（1946—60 年代初）：第 6 卷. 盛曾安，等译. 北京：东方出版社，1986：736–737，728。转引自沈志华. 中苏关系史纲. 北京：新华出版社，2007：138.

⑥ 周弘，等. 外援与中国. 北京：社会科学文献出版社，2007.

国的贷款，中央财政经济委员会规定由中央人民政府财政部统一管理。此项收入列入国家预算。贷款分配给各部门使用时，作为财政的正式投资，扣其当年的预算，不能视作预算外的拨付。有关这项贷款的管理、使用、还本付息等事宜，均统一由中央人民政府财政部负责办理。[①] 此外，不仅苏联援助体现了国际主义，在中方的思维方式中也有国际主义的成分。中苏两国签订的协定中规定，中方在 1954—1959 年向苏方提供钨砂 16 万吨、铜 11 万吨、锑 3 万吨、橡胶 9 万吨等战略物资，作为苏联援建项目的部分补偿。薄一波认为，“向苏联提供战略物资，不仅是偿还，也是我们的国际主义义务”。[②]

3. 援建重点项目

苏联对华援助的另一个重要内容就是帮助中国建设了一批奠定新中国工业化基础的重点项目。20 世纪 50 年代，中国同苏联共签订了引进 304 个项目的成套设备（包括第一个五年计划期间开始建设的 156 个重点项目）和 64 个单项车间、研究所及设备装置的合同。304 个成套设备项目包括：冶金工业 46 个、电站 52 个、石油工业 11 个、化学工业 19 个、民用机械工业 47 个、国防工业 87 个、煤炭工业 30 个，还有 12 个为建工、林业、轻工、纺织、商业、广播等项目。64 个单项车间、研究所及设备装置包括：列车电站 33 个，锅炉电机电站 4 个，柴油机电站 2 个，无线电研究所 4 个，短波无线电发射台 4 个，船用电机车间 1 个。[③] 实际执行的总金额为 17 亿多新卢布，其中用苏联政府贷款支付的货款约 3 亿新卢布，占 18%，其余 82%通过两国贸易账户结算。[④]至 1961 年 6 月 19 日，上述项目中完成设计、设备交付的有 122 个，基本完成设计、设备交付的有 27 个，陆续开始交付设计、设备的有 89 个，尚未开始开展工作的有 66 个；在 64 个单项车间、研究所及设备装置项目中，已交付完设备的有 29 个。[⑤] 在这些项目中 156 项重点工程项目更是成为新中国工业化的奠基石。

所谓“156 项工程”，其实只是一个标志性的用语，这些项目具体内容也不是一次确定下来的，而是经过了一个逐步形成的过程。新中国刚刚成立时，苏联政府除给予中国 3 亿美元优惠贷款外，承诺帮助中国新建和改建 50 家工业企业（经过大量的准备工作，至 1952 年底这 50 个重点项目陆续商定）。1950 年 4 月 20 日，中苏两国政府签订了 1950—1952 年由苏联供应中国各种工业装备及器材议定书，以解决企业建设所需设备问题。1952 年 8 月，以周恩来为首的中国代表团访问苏联，征询苏联政府对中国“一五”计划的意见，同时就苏联政府进一步援助中国发展经济建设的问题进行商谈。经过一个多月的协商，双方确定了基本原则，周恩来等先行返国，李富春等留下继续与苏联有关方面负责人商谈援建细节，对每个项目都进行了周密的研究，历时 8 个月。1953 年 5 月 15

① 董志凯. 1949—1952 中国经济分析. 北京：中国社会科学出版社，1996.

② 薄一波. 若干重大决策与事件的回顾（上卷）. 北京：中共中央党校出版社，1991：301.

③ 宿世芳. 关于 50 年代我国从苏联进口技术和成套设备的回顾. 当代中国史研究，1998（5）.

④ 武力.“一五”期间苏联及东欧民主国家的经济援助.（2010-01-26）[2018-03-05]. http：//www.hprc.org.cn/wxzl/wxxgwd/ 201001/t20100126_42742.html.

⑤ 宿世芳. 关于 50 年代我国从苏联进口技术和成套设备的回顾. 当代中国史研究，1998（5）.

日，中苏两国签署了《关于苏维埃社会主义共和国联盟援助中华人民共和国中央人民政府发展中国国民经济的协定》。协定规定，苏联援助中国建设与改建91个项目，再加上1950年已确定的50个项目，总计141个项目。苏联负责完成各项设计工作和设备供应，在施工过程中给予技术援助，帮助培训这些企业所需干部和技术人员，并提交上述各企业中组织生产产品所需的制造特许权及技术资料。中国政府组织现有企业生产一部分供上述141个项目所需配套用的和辅助性的半成品、成品和材料，完成建设上述企业的技术设计与施工图的20%～30%的设计工作。

1954年9月，以赫鲁晓夫为首的苏联政府代表团来华参加国庆5周年庆典，10月12日，与中国政府签订了关于苏联给予中国5.2亿卢布长期贷款的协定和关于苏联政府帮助中国新建15项中国工业企业和扩大原有协定规定的141项企业设备的供应范围的议定书。至此，中苏双方三次共签订了156个援建项目，这便是20世纪50年代著名的“156项工程”。1955年，双方商定再增加16项，后来又口头商定增加2项，前后5次共确定项目174项。经反复核查调整后，有的项目合并，有的项目推迟建设，有的项目取消，还有的项目从1个分为数个，不列入限额以上项目，最后确定为154项，实际施工的为150项。由于第一个五年计划已先期公布了由苏联帮助建设156个重点项目，人们对此印象深刻，所以在公开宣传中就将“156项”作为一个标志不再加以改动。[①] 加上第二个五年计划期间新签订的中苏协议项目，苏联援华建设项目协议超过了300项，[②] 1960年苏联撤援时建成133项，其他在建项目继续建设，到1969年“156项工程”实际完成。[③]

“156项工程”实际施工的150项分布在煤炭、电力、石油、钢铁、有色金属、化工、机械、医药、轻工、电子、兵器、航天、船舶等13个行业，这些行业有属于国民经济基础的能源原材料产业，如煤炭、电力、石油、钢铁、有色金属和化工行业；有代表当时国家科技发展水平的高科技产业，如航空、航天和电子行业；有加强国防实力的兵器行业；还有与人民生活密切相关的医药和轻工行业。实施的150项工程涉及44家军事工业企业和106家民用工业企业。军事工业企业包括航空工业12家，电子工业10家，兵器工业16家，航天工业2家，船舶工业4家。民用工业企业包括钢铁工业7家，有色金属工业13家；化学工业企业7家；机械加工企业24家；能源工业企业53家，其中煤炭工业和电力工业各25家，石油工业3家；轻工业和医药工业3家。由援建项目的构成可以看出，除了3个轻工业和医药项目之外，这些重点项目的分布行业几乎全部是重工业。[④]

在150项工程中，“一五”计划期间施工的有146项，除“一五”计划期间全部建成投产的49个项目的建设规模、建设期限、完成投资和新增生产能力比较准确外，1958

① 董志凯，吴江. 新中国工业的奠基石——156项建设研究（1950—2000）. 广州：广东经济出版社，2004；薄一波. 若干重大决策与事件的回顾：上卷. 北京：中共中央党校出版社，1991.

② 彭敏. 当代中国的基本建设：上. 北京：中国社会科学出版社，1989.

③ 董志凯，吴江. 新中国工业的奠基石——156项建设研究（1950—2000）. 广州：广东经济出版社，2004.

④ 董志凯，吴江. 新中国工业的奠基石——156项建设研究（1950—2000）. 广州：广东经济出版社，2004.

年以后建成投产的项目有很多和国内安排的建设内容、投资交织在一起。根据1983年国家计委《“一五”156项建设情况》以及《1953—1957中华人民共和国经济档案资料选编》提供的资料，实际施工的150个建设项目的设计总投资为2 022 178万元，实际完成1 961 335万元，为设计总投资的96.8%。其中，民用行业计划安排投资1 612 530万元，占全部计划投资的79.7%，实际完成投资1 586 050万元，在全部实际完成投资中的占比为80.9%；军工行业计划安排投资409 648万元，占全部计划投资的20.3%，实际完成投资375 285万元，在全部实际投资中所占比例为19.1%。[①]

“156项工程”的建设，形成了以鞍山、武汉、包头三个大型钢铁综合企业为核心的多项重要工程，如长春第一汽车制造厂、武汉重型机床厂、哈尔滨汽轮机厂、兰州炼油化工设备厂、洛阳第一拖拉机制造厂等大型工业企业及武汉长江大桥等重点交通工程。围绕这些重点企业，兴建了一系列配套工程，形成规模巨大的工业基地，如鞍山钢都、长春汽车城、沈阳飞机城、富拉尔基重型机械加工城等。这些项目的绝大部分是中国新兴工业部门的企业，其中，国防工业占有一定的比重。因此，“156项工程”的建设极大地填补过中国一部分空白，改善了工业的部门结构，提高了工业建设的自力更生能力，使中国初步建立起布局相对合理、技术比较先进、门类基本齐全的基础工业体系和国防工业体系的骨架，为中国工业化的进一步发展奠定了基础。[②]

4. 进行技术转让

1953年5月15日签订的中苏经济合作的协定中还包括一项无偿向中国提供技术文件的独立条款。根据这项条款，苏联几乎是无保留地向中国提供了苏联国内相关援助领域里的最新技术。[③] 1950—1959年，中国从苏联引进的技术设备投资折合人民币总计73亿元。苏联在向中国提供成套设备和专门生产技术的同时，还在地质勘探、选择厂址、搜集设计基础资料、确定企业的设计任务书、进行设计、指导建筑安装和开工运转、培养技术干部，一直到新产品的研制等方面，都给予了全面的、系统的技术指导。苏联向中国提供的资料和设计图纸仅1953年就达23吨，1954年为55吨。苏联的技术援助使中国的工业技术水平从1949年以前落后于工业发达国家近一个世纪，迅速提高到工业发达国家20世纪40年代的水平。[④]

从苏联和东欧国家引进的成套设备在当时都是比较先进的。例如，苏联在帮助建设长春第一汽车厂的过程中，曾动员了好几个技术部门的专家，综合了苏联国内各厂的建设经验，并结合中国的具体情况，设计出了最新的汽车制造厂，该厂的许多设备当时在

① 董志凯，吴江. 新中国工业的奠基石——156项建设研究（1950—2000）. 广州：广东经济出版社，2004.

② 董志凯，吴江. 新中国工业的奠基石——156项建设研究（1950—2000）. 广州：广东经济出版社，2004.

③ 沈志华. 建国初期苏联对华经济援助的基本情况.［2017-09-23］. http：www.shenzhihua.net/zsgx/000140.htm.

④ 陈夕. 156项工程与中国工业的现代化. 党的文献，1999（5）.

苏联也是最先进的。[1] 在援建鞍山钢铁公司的时候，苏联设备本已到位，因为苏联国内用最新的工艺生产出更先进的设备，苏方又及时地将最新设备运到鞍山，替换此前已经到位的"过时"设备。就连西方学者麦克法夸尔和费正清也承认："苏联技术援助和资本货物的重要性不论如何估计也不为过。它转让设计能力的成果被描述成技术转让史上前所未有的。此外，中国看来已接受了苏联国内最先进的技术。在有些情况下，转让的技术是世界上最佳的。"[2]

在科学技术领域里，根据1954年10月12日签订的中苏科学技术合作协定，1950—1959年，苏联无偿地向中国提供的科学技术文件共计：整套技术设计文件31 440套，基本建设方案3 709套，机器和设备草图12 410套，整套技术文件2 970套，整套部门技术文件11 404套，其中1955—1958年分别为25 896套、3 359套、9 837套、2 678套、10 022套。[3]苏联提供的主要是冶炼、选矿、石油、机车制造和发电站等建设工程的设计资料，制造水轮机、金属切削机床等的工艺图纸，生产优质钢材、真空仪器等工业产品的工艺资料。[4] 这些先进的技术资料，对于提高中国工农业的技术水平和新产品的生产能力具有重大的意义。而且，在提供技术资料时采取的是互相支援的优惠办法，不按专利对待，仅收取复制资料的成本费用。此外，1954—1957年苏联还向中国提供了4 261个教学大纲、4 587项工业制品的国家标准，以及按优惠出口价格为中国设计和制造的221个仪器、设施、设备样品。在"一五"计划期间，苏联把对社会主义国家科学技术援助总数的一半给予了中国。[5]

由于赫鲁晓夫需要中国领导人在政治上支持他在社会主义阵营中的领导地位，所以决定将中苏技术合作扩大到尖端军事科技领域。1957年10月15日，在毛泽东第二次访苏的前夕，中苏双方在莫斯科签订了《中苏国防新技术协定》。协定规定苏联将援助中国发展核能力，向中国提供有关的技术资料和原子弹样品。12月11日，中苏两国科学院院长在莫斯科签订了《关于科学技术合作协定的联合公报》。为了有利于中国实现科技发展远景规划，1958年1月18日，中苏两国政府又在莫斯科签订了《关于共同进行和苏联帮助中国进行重大科学技术研究的协定》。协定规定：在中国执行第二个五年计划期间，即1958—1962年，中苏共同进行和苏联帮助中国进行122项重大科学技术研究，其中包括一些高新技术的研究。

5. 派遣苏联专家与接受中国留学生

新中国经济建设所面临的另一个重要困难是科技人才的缺乏。除向中国提供完整的技术资料外，苏联向中国提供技术支持的另一个重要方面，便是派遣大批苏联专家和技术人员来华工作，指导重点项目建设，同时接受中国的留学生和技术干部实习，帮助中国培养自己的技术队伍。

---

① 彭敏. 当代中国的基本建设：上. 北京：中国社会科学出版社，1989.

②（美）麦克法夸尔，费正清. 剑桥中华人民共和国史（1949—1965）. 北京：中国社会科学出版社，1990.

③ 沈志华. 中苏关系史纲. 北京：新华出版社，2007.

④ 彭敏. 当代中国的基本建设：上. 北京：中国社会科学出版社，1989.

⑤ 沈志华. 中苏关系史纲. 北京：新华出版社，2007.

苏联派往中国的顾问和专家不仅人数非常多，而且延续的时间相当长，涉及面也极其广泛。1947—1956 年，苏联向各人民民主国家总计派出 14 000 多人，而 1950—1956 年派往中国的苏联顾问和专家就有 5 092 人。1956 年以后，苏联撤回了在东欧各国的大部分专家顾问，但在华专家不仅留下来，而且人数还有增加，到过中国的苏联顾问专家总计超过了 18 000 人次。① 苏联援华的顾问一般是苏联的高级干部如副部长、总局副局长或司局长的级别。来华后在各政府主管部门负责机构设置、规章制度建设和管理体制设计等方面的工作。专家是专业技术人员，是根据苏联援助项目的合同聘请的，一般在企业或经济主管部门工作，解决具体的技术问题。

在 20 世纪 50 年代，苏联顾问和专家遍及中央政府和军队各个系统的领导和管理机构。从所有大型企业、重点院校到技术兵种的基层部队，从安全、军事、经济、情报到教育、文化、体育、卫生等各领域和部门，都有苏联顾问和专家。1952—1960 年苏联技术专家来华人数如表 4–3 所示。

表 4–3　　1952—1960 年苏联技术专家来华人数

年份	1952	1953	1954	1955	1956	1957	1958	1959	1960
专家数	294	428	541	790	1 422	2 298	1 231	1 153	1 156

数据来源：沈志华. 苏联专家在中国（1948—1960）. 北京：中国国际广播出版社，2003：197.

苏联对华援助活动在各个领域和各个层次上都是由中方主导的。援华贷款的购货清单是由中方提供的，援建的重点项目是在中方提出的要求的基础上双方共同商定的，苏联提出的修改意见也基本是根据中国的实际情况做出的。在具体项目实施过程中，根据中方的要求而改变原计划的情况也时有发生。②

此外，苏联还通过接受中国留学生学习和技术干部实习两种途径帮助中国培养自己的技术力量。中苏于 1951 年 12 月 6 日签订了关于中国公民在苏联进行生产技术实践的条件的协定，1952 年 9 月 1 日签订了《关于中华人民共和国公民在苏联高等学校（军事学校除外）学习之协定》。在这两个协定中，苏联都给予了比较优惠的条件。在苏联厂矿实习的中国技术干部，只需支付苏联专家和教师的讲课费以及少量的实习费。而对在苏联学习的中国大学生和研究生，除教科书费用和公用事业费外，中国政府仅向苏联政府支付 50%的助学金。③ 这一时期，苏联为中国培养了大批专业技术人员，这些技术人才成为中国几十年经济建设的中坚力量。

6. 建立合资企业

在 1949 年 9 月新中国成立前夕，中国人民政治协商会议将内外交流方针列入《共同纲领》，遵从这一方针，新中国明确要学习外国先进技术，适当利用外资。然而，新中国成立初期，以美国为首的世界主要资本主义国家对新中国实行经济封锁和物资禁运，

① 沈志华. 苏联专家在中国（1948—1960）. 北京：中国国际广播出版社，2003.

② 沈志华. 建国初期苏联对华经济援助的基本情况.［2017–10–08］. http：www.shenzhihua.net/zsgx/000140.htm.

③ 沈志华. 中苏关系史纲. 北京：新华出版社，2007.

国际形势决定了当时只能从苏联、东欧这些社会主义国家得到恢复经济必不可少的宝贵资源。这一时期，针对国内有些人对中苏两国合资办企业不理解的现象，中共中央于1950年3月10日在《中共中央关于中苏合股公司协定公布消除群众波动的指示》中指出：为了利用外国资本以促进中国的工业化，某些企业和外资合营及成立这种股份公司甚为必要，不独和苏联，和各新民主主义国家，甚至和某些资本主义国家还可能在适当条件下订立这种合营合同甚至租让合同。1950年4月1日，《人民日报》为此发表社论指出，在当时中国经济落后、资金严重不足的情况下，“吸收外国资本在平等互利的条件下参加我国的经济建设就有了它的重要性”，“对于人民政权来说，有条件地吸引外资参加经营企业（而不仅简单地借款和聘用外国经济技术人员），以便使其‘积极发挥作用’，不但不是什么可怕的事，而且是有利和必要的事情”。

为了吸收外国的资金、技术和管理经验，早在20世纪50年代初，中国就与苏联、波兰共同投资创办了5个合营企业，这是新中国成立后建立的第一批中外合资经营企业，包括：中国与苏联在1950年、1951年先后合资经营的中苏（新疆）石油股份公司、中苏（新疆）有色及稀有金属股份公司、中国民用航空股份公司和中苏（大连）轮船修理建造股份公司4个企业和中国与波兰在1951年合资开办的中波轮船股份公司。

1949年底，彭德怀将一份关于苏联与国民党政府议定在新疆设立金属和石油两个股份公司的协定草案从西北带到北京，希望中央人民政府与苏联政府也议定大体同样的协定，以便利用苏联资本，开发新疆资源，发展生产。这个草案规定合资公司资本双方各半，净利平分，中国的资本以地段和建筑材料估价交付，苏联的资本则以设备材料及运输工具估价交付[①]。刘少奇基本同意彭德怀的意见，并就此给毛泽东写了报告。这是新中国成立初期在中外合资企业中实施“平权合股”办法的最早设想。1950年初，中共中央政治局经过讨论，致电正在苏联访问的毛泽东，建议由我方主动提出在新疆创办中苏合资公司。

1950年和1951年，中国先后与苏联、波兰签订了创办合资公司的多个协定：1950年3月27日，中苏两国政府签订了《关于在新疆创办中苏石油股份公司协定》《关于在新疆创办中苏有色及稀有金属股份公司协定》《关于创办中苏民用航空股份公司的协定》。1951年7月28日，中苏两国政府又签订了《关于在大连市创办中苏轮船修理建造股份公司“中苏造船公司”的协定》，规定双方按平权合股原则组建该公司，业务为建造及修理船只和其他水运工具。

这些协定都对合资股份公司实施的“平权合股”办法做了具体规定，主要内容包括：合资企业的股份，双方各占50%；双方均享利润，共担风险；中方以场地、厂房及其他建筑物或建筑材料等投资入股，苏方以各种机械设备、工业器材、探测器材、飞机、航空器材等投资入股。如果需要补充投资，其补充部分双方应为同等数目；企业由双方共同管理，设管理委员会；管理委员会的主任、副主任以及管理委员会下设的总经理、副总经理由双方人员定期轮流担任；企业的其他职员由双方公民平均充任。公司享受中国

① 董志凯. 建国早期的中外合资企业. 中国投资，2007（11）.

国营及私营企业所享受的同等待遇，包括缴纳国家或地方的捐税和关税，缔约双方有权按世界价格购买其产品的50%，等等。这些内容不仅体现了国家的主权，而且反映了在企业管理以及经济负担和利益上，不仅在权利上要求完全平等，而且在数量上要求完全均等。协定规定的合营期限，石油、有色金属两公司为30年，造船公司为25年，民航公司为10年。

除中苏合资企业外，中国与波兰在 1951 年合资开办了中波轮船股份公司，经营航运及有关委托代理业务。根据当年1月中波签订的《关于组织中波轮船股份公司协定》，公司股本额定为8 000万卢布（每一卢布含金0.222 167克拉），按平权合股原则双方各占 50%。企业所得税在利润分配后，双方各自向本国政府缴纳。合营期限原定 12 年，由于经营情况良好，至今仍在合营。

中、波双方各投资船舶 2 艘，作为第一期应缴纳的股金。中国投入“和平”“国际友谊”轮，波兰投入“布拉斯基”和“克修斯克”轮，另各自向公司注入自由外汇 60万卢布。1951年6月15日，在天津举行了中波轮船股份公司股东创立会，并以公司创办人及股东会全权代表名义，共同宣布公司成立。6月23—26日，中波公司第一届管理委员会在北京召开。管理委员会委员选举中方于周为主任委员，波方耶·多莫罗维奇为副主任委员，委派格罗诺维奇为总经理，蔡德仁为副总经理。6月26日，中波轮船股份公司在天津马场道158号正式对外营业。其业务为：经营中波两国间及两国外的本航线上各港口之轮船运输业务；中波两国政府主管部门之委托租船业务并代接洽船位；国外轮船代理业务。公司拥有的船队，1951年为10艘，共10万载重吨。

上述这些协定使新中国得到了发展生产的重要投资，其共同特点为：双方在公司中处于完全平等的地位，双方的股金不但在开始时是等同的，在增加资金时也保证是平等的；双方的管理权、用人权是平等的，为了保障这种平等，协定规定了轮流负责制；完全尊重中国主权，遵守中国关于企业和税收的一切法令；充分体现了互利原则，如允许苏联合资方有权购买矿产的一半，并分享可能产生的利润的一半（和分担亏欠一样）。苏方所得红利的20%缴给中方。①

这些企业在新中国初期的经济发展中也发挥了相当重要的作用。举例来说，中苏合资企业中，按企业资产计算，除中苏航空公司外的3家股份公司共有资产4.4亿卢布，合人民币5.86亿元，而1950—1952年全国新增工业固定资产仅为19.3亿元，可见这几家股份公司在工业发展中的重要性。同时，从经济效益上讲，中苏合营企业也是比较突出的。除4个中苏股份公司外，新中国成立初期还有一些中苏合营企业。1949年底共有中苏合营企业109个，根据中苏关于中长铁路、旅顺口及大连的协定，在1950年大部分企业已经移交给中国，到1950年底还有38个。到1950年底，在国营工业企业的发展中，中苏合营企业的效益最好，其平均产值为413.26亿元，大大超过了国家公营（162.75亿元）和公私合营（131.60亿元）企业。②

---

① 董志凯．建国早期的中外合资企业．中国投资，2007（11）．

② 沈志华．新中国建立初期苏联对华经济援助的基本情况：上．俄罗斯研究，2001（1）．

1954 年 10 月 12 日，中苏两国政府商定将这 4 个合资企业的苏方股份转让给中方，并作为对中国的贷款，由中华人民共和国以供应苏联通常出口货物的办法，在数年之内偿还。至 1955 年 1 月 1 日，4 个中苏合营公司中的苏方股份已照协定规定全部移交给中国。因此，各中苏股份公司的企业于 1954 年底提前结束合营，完全成为中华人民共和国的国营企业。新中国成立初期中国与苏联、东欧国家的合资企业情况如表 4–4 所示。

表 4–4　　新中国成立初期中国与苏联、东欧国家合资企业情况

企业名称	签订协议时间	国外投资额	企业资产总额	备注
中苏有色及稀有金属股份公司	1950 年 3 月 27 日	1 400 万卢布	2 800 万卢布	1955 年苏方股份移交中国
中苏石油股份公司	1950 年 3 月 27 日	2 300 万卢布	4 600 万卢布	同上
中苏民用航空股份公司	1950 年 3 月 27 日	2 100 万卢布	4 200 万卢布	同上
中苏轮船修理建造股份公司	1951 年 7 月 28 日	3 000 万卢布	6 000 万卢布	同上
中波轮船股份公司	1951 年 1 月	4 000 万卢布	8 000 万卢布	延续至今

资料来源：董志凯. 建国早期的中外合资企业. 中国投资，2007（11）.

上述合资企业对于新中国的经济恢复与发展发挥了积极作用。中苏合资企业促进了新疆的开发。如中苏石油公司和中苏有色金属公司在铁路未通到乌鲁木齐前，在地质勘探（重心放在北疆，南疆只作个别勘探）和培养干部方面取得了成绩；中苏轮船修理建造股份公司对于大连的修造船业也有一定推动作用。中苏民用航空股份公司自 1950 年 7 月成立到 1952 年底的两年多时间里，开辟了以北京为中心，东经沈阳、哈尔滨到苏联赤塔，北经张家口、乌兰巴托到苏联伊尔库茨克，西经西安、兰州、乌鲁木齐到苏联阿拉木图的 3 条航线，设立了 19 个航空港站，对于发展中国的航空事业，发挥了较大作用。在当时中外合资企业和种种利用外资的行业之中，持续时间最长、关系长期稳定、经济效益良好的是海外运输业。中波轮船股份有限公司（当时称中波海运公司）组建以后，在中国至欧洲长达 1.25 万海里的航线上，中、波两国船员，冲破美国和台湾当局的军事骚扰和劫持，坚持运输外贸物资，为突破封锁禁运，恢复中国与印度洋、波罗的海沿岸一些国家的外贸，做出了贡献。从公司成立到 1952 年 11 月底的 17 个月中，共运货 80 万吨，航程 76 亿海里，它所运输的进口物资中，80%是被美国列为禁运的“战略物资”，从未发生过事故。该公司良好运行至今，成为新中国成立以来中外合资企业中历史最长的一个。

7. 管理技术援助

在苏联对华援助中，除实实在在的资金和重点项目援助外，在管理技术方面的对华援助也独具特色。具体地讲，在这个领域里的苏联援助主要体现在两个方面：一是苏联对中国编制第一个国民经济发展五年计划所提供的帮助，二是苏联专家对各个援建企业的现代化工业管理体制和规程所做出的贡献。此外，苏式管理的引进还对新中国的高等教育体制、文艺体育团体以及军事院校建制等发挥着难以估量的作用。可以说，苏联援助事实上促成了苏联模式的计划经济体制和政治制度在新中国生根发芽。

向苏联学习是中国“一五”计划编制和实施的一个特点。“一五”计划的主要建设项目是苏联援建的156项建设工程。“一五”计划的编制主要是吸取苏联的经验教训。正式公布的第一个五年计划吸取了中国自己的经验，借鉴了苏联的经验，经过多次修改和补充，重视了国民经济的综合平衡，是一个较为成功的中期计划。

1952年初，根据周恩来总理的提议，中央决定成立由周恩来、陈云、薄一波、李富春、聂荣臻、宋劭文6位同志组成领导小组，组织领导“一五”计划的编制工作。1952年8月，以周恩来为团长、陈云和李富春为副团长的政府代表团赴苏，征询苏联政府对《五年计划轮廓草案》（简称《草案》）的意见，商谈苏联援助中国进行经济建设的具体方案。苏联领导人看了《草案》后认为“还不能算是五年计划，不仅不是计划，即使作为指令也不够”。周恩来和陈云在苏联逗留了一个多月的时间，两次会见了斯大林。斯大林对中国的“一五”计划提出了一些原则性的建议。他认为，《草案》里考虑的5年工业年平均增长20%的速度是勉强的，建议降到15%或14%。他强调，计划不能打得太满，必须留有后备力量，以应付意外的困难。他同意帮助中国设计一批企业，并提供设备。薄一波认为，斯大林的意见有很深刻的启发意义。[①]

周恩来和陈云回国后，李富春率领代表团继续同苏联有关部门广泛接触，征询意见，商谈苏联援助的具体项目，时间达3个月之久。1953年4月4日，米高扬向李富春通报了苏共中央苏联国家计划委员会和经济专家对中国“一五”计划的意见。薄一波认为，这些经验虽然是立足于苏联的经验而谈的，但基本上符合当时中国的实际。薄一波承认：“老实说，在编制‘一五’计划之初，我们对工业建设应当先搞什么、后搞什么，怎样做到各部门之间的相互配合，还不大明白。”“我们参考这些（苏联的）意见对计划草案作了较大的调整。”[②] 最后确定的“一五”计划工业发展构成是：军事工业企业占44%（其中航空工业12%，电子工业10%，兵器工业16%，航天工业2%，船舶工业4%），冶金工业占20%（其中钢铁工业7%，有色金属工业13%），化学工业占7%，机械加工企业占24%，能源工业企业占52%（其中煤炭占25%，电力25%，石油2%），轻工业和医药工业仅占 3%。这些工业构成中国比较完整的基础工业体系和国防工业体系，而苏联援建的项目正是这些体系的骨架，“起到了奠定中国工业化初步基础的重大作用”。[③]

苏联对于中国现代化企业管理的帮助与“一五”计划的编制相关联、相配套。为了完成“一五”计划，还需要制定工业产品标准、技术操作规程和技术经济定额。不仅如此，还需要各行业通过完整的现代的管理体制，保证这些标准、规程和定额能够贯彻实施。

在企业管理方面，苏联专家发挥的作用最为显著。中华人民共和国成立初期，中国

① 薄一波. 若干重大决策与事件的回顾：上卷. 北京：中共中央党校出版社，1991.

② 薄一波. 若干重大决策与事件的回顾：上卷. 北京：中共中央党校出版社，1991.

③ 薄一波. 若干重大决策与事件的回顾：上卷. 北京：中共中央党校出版社，1991.

还停留在手工业生产阶段，对于管理大工业几乎完全没有经验和知识。1947 年陈云主管东北经济时，曾对大连造船厂实行的苏联八级工资制拍手叫好。1949 年，石景山发电厂发生重大事故后，苏联专家发现这是由于操作失当引起的，于是帮助编制了一套工厂运行规程，要求工人按规程操作。由于中国处于工业化的初期阶段，所以这样的现象并不是孤立的。1951 年 8 月 14 日，苏联专家莫谢耶夫在对《中国西北天然石油产地开采草案》提出书面意见时，尖锐地批评说："草案中根本没有谈到石油工业的管理问题。发展石油开采和人造石油的全部计划，只有在解决全国所有石油工业的管理组织问题的条件下，才能制定和执行。"① 同年 12 月 27 日，苏联专家向中国政府递交了《关于制定 1951—1955 年恢复和发展中华人民共和国经济国家计划方针的意见书》，提出有关工业发展方针及管理建议，要求把提高劳动生产率作为工业的中心任务之一，具体办法包括生产设备的现代化和合理使用，改善生产技术程序，采用先进作业法，提高工人技能，开展劳动竞赛，实施计件工资制，适当的劳动分工和企业专业化，降低生产成本，实行经济核算制，统一度量衡等一系列措施。②

在这种情况下，各行各业、各层各级建立了计划机构，各个企业开始使用计划表格，确定生产责任制，实施"流水作业法"，在工矿企业里掀起了完整地学习苏联管理工业生产的规章制度、加强生产的科学管理、提高劳动生产率的热潮。从 1 000 多名苏联专家直接参与，利用苏联管理铁路的经验，帮助中长铁路制定的 12 条工业化管理制度可以看出，除了市场机制以外，苏联向中国传授了计划经济条件下管理现代化工业所必需的所有技术和经验。

除了工矿企业以外，苏联还派遣农场经理、总会计师等苏联专家，向中国传授管理国营农场的经验，同时提供农业机械设备，使中国"在最短时间内学会……经营大型农场的先进经验"。到了 1952 年末，现代化管理制度已经基本上在新中国的公共部门得到了确立。财政部在这一年年终的工作报告中称，三年来建立起一套基本的财政法规，如预算暂行条例、预算科目、会计报表制度、银行执行预算出纳业务条例、企业财务管理制度、基本建设投资监督拨款办法、财政监督制度以及各种税收制度等，共 20 多种法规及制度。这些都是在苏联专家帮助下，吸收苏联经验并根据中国工作情况拟定的。③ 苏联专家还介绍了许多先进的企业管理方法，改善了中国的企业管理。如帮助国营重工业部门建立各级计划机构，开始使用计划表格，科学地管理生产；帮助建立统计机构，使重工业部能够在 24 小时之内掌握全国各钢铁厂的生产情况。又如东北的某些厂矿，在苏联专家的帮助下拟定了各部门的工作细则，开始实行责任制度；建立了生产调度室，对生产起了很大的推动作用。许多机器厂在苏联专家帮助之下实行了"流水作业法"，大大

---

① 中国社科院经济研究所，中央档案馆．1949—1952 中华人民共和国经济档案资料选编：工业卷．北京：中国物资出版社，1996.

② 中国社科院经济研究所，中央档案馆．1949—1952 中华人民共和国经济档案资料选编：工业卷．北京：中国物资出版社，1996.

③ 中国社科院经济研究所，中央档案馆．1949—1952 中华人民共和国经济档案资料选编：工业卷．北京：中国物资出版社，1996.

地提高了生产效率。[①] 现代化管理制度的确立使得中央的管理更加有效，并对社会主义计划经济体制在中国的确立和实施发挥了重要作用。

（二）苏联援助的终止

苏联的援助与贷款，凝聚着苏联政府与人民对新中国的真挚友情。这种友好关系在中国抗美援朝战争之后和中国第一个五年计划期间达到了最佳状态。在那个时期，苏联政府动员了巨大的人力物力，帮助中国编制计划、援建项目、提供设备、传授技术、代培人才、提供低息贷款、帮助中国建设，并且向中国提供研究和平利用原子能的技术和工业方面的帮助。这些都受到中国领导人的高度赞扬。

苏联对华援助是以中苏同盟关系为基础的，中苏同盟关系的结束直接导致了苏联对华援助的终止。

中苏两党两国关系的恶化是从 1956 年苏共二十大开始的。从 1958 年下半年起，由于中苏之间分歧的发展，苏联开始收缩对中国的技术转让，只给中国一般技术，对高新技术则能拖就拖，能推就推。1958 年下半年，毛泽东在一次内部讲话中评论苏联援助时说："'无私援助'，基本对，但也有些保留。这也是人之常情，不见怪，大界限里还有小界限。"[②] 1959 年，苏联对中国的技术转让限制更严，设计稿、新技术的转让几乎停止。双方签订的各项有关科技合作的协定和议定书的执行情况更差。当年 6 月 20 日，苏共中央致函中共中央说：苏联将不向中国提供原子弹样品和生产原子弹的技术资料，实际上单方面退出了双方在 1957 年 10 月签订的国防新技术协定。

此后，中苏两党龃龉不断，在经济政策、中印边界等问题上反目，两党之间的意识形态分歧扩大到了国家关系。1960 年 7 月 16 日，苏联政府照会中国政府，借口中国不信任苏联专家，不尊重苏联专家的建议，以及向苏联专家散发 3 篇纪念列宁的文章，单方面决定召回全部在中国工作的专家，并撕毁经济援助合同，停止供应中国建设需要的重要设备。7 月 25 日，苏联政府又通知中国政府，苏联专家将从 7 月 28 日开始撤离，9 月 1 日撤完，[③] 并拒绝了中国政府关于重新考虑召回苏联专家决定的建议，按原定计划召回了在华工作的 1 390 名专家，并终止 900 名已经应聘的苏联专家来华工作，废除了 257 个科学技术合作项目。苏联政府甚至要求苏联专家将施工未完的工程图纸带走，希望通过施加经济压力达到政治目的。苏联对华援助就此告终。

苏联单方面中断合同，突然撤走专家，并停止供应中国建设急需的重要设备，大量减少成套设备和各种设备中关键部件的供应，使中国 250 多个企业和事业单位处于停顿和半停顿状态，一些重大设计项目和科研项目被迫中断，一些正在试验生产的厂矿不能投入生产，严重扰乱了中国经济建设的正常进行，加重了经济困难。

（三）对苏联对华援助及中国技术引进效果的评价

中国要在基础相当落后的情况下，快速建设现代化工业国家，不仅缺乏资金、设备

---

① 中苏两国人民的伟大友谊. 人民日报，1951-02-15.

② 王泰平. 中华人民共和国外交史（1957—1969）：第二卷. 北京：世界知识出版社，1998.

③ 王泰平. 中华人民共和国外交史（1957—1969）：第二卷. 北京：世界知识出版社，1998.

和技术，更缺乏经验和人才。苏联援助替代了工业发展过程中需要耗费许多年才能积累起来的资金投入，带来了需要几代人的学习和实践才能获得的知识和技能。20世纪50年代，中国的技术引进和技术创新活动是在重工业优先发展战略下的体制框架内进行的，因而引进技术的行业构成，引进规模，引进项目建设的实施，引进技术的消化、吸收乃至创新方式、形式和成效都深受重工业优先发展战略下的有关因素的影响。

这一时期在消化吸收引进技术方面取得了明显的成效，不仅如此，中国还在某些领域实现了技术再造，技术创新能力得到了迅速积累，主要表现在以下几个方面：初步掌握了现代化工厂、矿井、桥梁、水利建设的设计和施工技术，并在大批引进工程的建设过程中迅速发展起来有关队伍和机构。已经能自行制造单系列设备，虽然建设所需的机器设备有40%还靠进口，但已改变了过去基本上依靠进口的状况。中国许多工业品已经开始出口。大批生产经营和经济管理人才成长起来。在硬件技术基础上，中国还在苏联专家的帮助下，研制了一些新产品、新设备，开发了一些新技术，其中某些技术已经达到当时的世界水平。[①] 中国正是在20世纪50年代引进的基础上发展了一定程度的自己的投资能力，从而奠定了初步工业化的物质技术基础。当时投资能力形成的主要标志有两个：一是自主的工程设计能力大大提高。到1958年中国开始第二个五年计划时已经能做到绝大多数建设项目靠自己设计。显然，如果没有苏联专家的热心传授和指导，设计能力提高得如此之快是不可能的。二是机械设备和钢材的自给程度大为提高。[②]

20世纪50年代的对外引进也存在着一些负面效应：过于强调把引进重点放在建设施工和投产上，在经济领域里一度出现了盲目模仿苏联和盲从苏联专家、全面照搬苏联经验、忽视本国制造水平和创新能力的倾向，淡化了本国持续开发的力量培育；有些引进设计项目如三门峡水利枢纽脱离了中国的国情而没有成功；引进专业分工过细，如模仿苏联建立许多大而全、产品单一的军工企业。从引进方式来说，这种依靠苏联支援的大规模引进，是非正常状态的，必然要随着政治形势的变化而动荡，并没有使我们得到正常的国际贸易经验和与国际市场接轨的格局。因此，在1960年初苏联突然终止援助时，中国有些措手不及，许多引进建设项目下马，中国不得不重新探索自己的对外贸易道路。

尽管存在上述种种负面因素，不可否认的是，20世纪50年代从苏联引进的技术设备不但作为现实的生产要素直接增强了中国的工业实力，而且成为国内技术扩散的基础。从技术援助的方式看，苏联提供了整个工业体系的规划设计以及所拥有的最新的技术和设备；苏联援建的成套设备均附带了全套的技术资料；中方获得了大量的、深入的人员培训。因此，引进过程中不仅在项目的提出和设计方面，而且在项目的实施方面体现了受援国的主导权和国家平等的原则。以苏联援建的哈尔滨量具刃具厂为例，从工厂的整体布置到设备制造、产品图纸、各种产品的技术操作规程和生产管理设计，都由苏联方面协助完成。在项目建设的过程中，凡是中国能够生产的设备，能够进行的设计，援助

① 林柏，苏少之. 20世纪50年代中国在引进基础上的技术创新. 中国经济史研究，2006（5）.

② 康荣平，杨英辰. 新中国技术引进40年述评. 管理世界，1991（6）.

方都主动提出由中国自行解决，以促进中国设计能力的提高和生产的进一步发展，[①] 这些在人类历史上是空前的，也许是绝后的。中国正是在这次引进的基础上发展了一定程度的自己的投资能力，从而奠定了初步工业化的物质技术基础。当时投资能力形成的主要标志有两个：一是自主的工程设计能力大大提高。到 1958 年中国在开始第二个五年计划时已经能做到绝大多数建设项目靠自己设计。显然，如果没有苏联专家的热心传授和指导，设计能力的提高如此之快是不可能的；二是机械设备和钢材的自给程度大为提高。[②]

苏联政府的突然撤援虽然给中国的经济生活造成了巨大的困难，包括“156 项工程”在内的许多限额以上建设项目一直拖到 60 年代后期才完工投产，但是由于通过苏联援助进入中国的不仅仅是资金和设备，更包含了观念、方式和体制，这些方面的影响不可能随着资金和设备的停止供应而消失。时至今日，在中国的各行各业，特别是党政机关、国有企业、大都市建筑、人民习尚、高校建制，甚至宪法条文中，都还可以看到苏联影响的痕迹。[③]

二、20 世纪 50 年代与其他社会主义国家间的经济技术合作

20 世纪 50 年代，中国同绝大多数东欧国家的友好合作关系进入了全面发展时期，中国同许多东欧国家这时都签订了友好条约，普遍地签订了贸易、科技和文化合作协定。

新中国在成立初期就同东欧各国建立了外交关系，早在 20 世纪 50 年代初，中国先后同波兰、捷克斯洛伐克、民主德国、匈牙利等国签订了长期贸易协定。1950 年中国对东欧国家的贸易额占中国对外贸易总额的 12.6%，1959 年上升为 20%。第一个五年计划期间，东欧国家根据自己工业上和技术上的特点，帮助中国建设了 68 个工矿企业项目，主要有电力、化工、矿石、电讯、石油、轧钢等企业，以及供应其他重要物质。我们按照需要与可能，向他们提供了大量的工业原料、战略物资和大米、大豆等有关国计民生的物资。[④]

20 世纪 50 年代，中国和东欧各国先后签订协定：引进成套设备建设项目 116 项，完成和基本完成 108 项，解除义务 8 项；单项设备 88 项，完成和基本完成 81 项，解除义务 7 项（见表 4–5）。[⑤] 与此同时，从东欧引进了大量的相关技术资料，东欧还派出大量技术专家到中国进行技术指导和人员培训，同时接受中国 2 万多人出国留学和技术培训。[⑥] 据 1953 年 3 月的统计，当时有德国专家 14 人、捷克斯洛伐克专家 10 人在中国工作。1954 年，东欧国家有 75 名技术专家在华工作，其中，德国 20 人，捷克斯洛伐克 26 人，罗马尼亚 13 人，波兰 12 人，匈牙利 4 人。[⑦] 1955 年 8 月 12 日，国家计委党组和国家建委党组根据中波技术协议，鉴于波兰煤矿业发达的状况，拟委托波兰设计三个洗煤厂和两

---

① 彭敏. 当代中国的基本建设：上. 北京：中国社会科学出版社，1989.

② 康荣平，杨英辰. 新中国技术引进 40 年述评. 管理世界，1991（6）.

③ 周弘，等. 外援与中国. 北京：社会科学文献出版社，2007.

④ 彭敏. 当代中国的基本建设：上. 北京：中国社会科学出版社，1989.

⑤ 王章豹. 中国机械工业技术引进五十年. 自然辩证法通讯，2000（1）.

⑥ 李国青，娄成武. 20 世纪 50 年代我国技术引进的若干特点及其评价. 东北大学学报（社会科学版），2004（1）.

⑦ 中国社会科学院. 中央档案馆. 1953—1957 中华人民共和国经济档案资料选编：固定资产投资和建筑业卷. 北京：中国物价出版社，2000.

对竖井。[①] 1955 年 6 月，国家计委党组提请民主德国派遣专家来华帮助开发磷灰石和硼砂资源。至 1959 年 9 月，东欧国家共派遣了 1 000 多名专家。[②]

表 4–5　　20 世纪 50 年代中国从东欧民主国家引进成套设备情况表

国别	成套设备项目			单项设备（项）		
	合计	完成和基本完成	撤销	合计	完成和基本完成	撤销
民主德国	39	37	2	15	14	1
捷克斯洛伐克	32	29	3	32	26	6
波兰	24	22	2	7	7	
罗马尼亚	9	9		12	12	
匈牙利	10	9	1	16	16	
保加利亚	2	2		6	6	
总计	116	108	8	88	81	7

资料来源：彭敏．当代中国的基本建设：上．北京：中国社会科学出版社，1989：53。

此外，1952—1955 年，中国先后和匈牙利、波兰、捷克斯洛伐克、保加利亚、罗马尼亚、阿尔巴尼亚、民主德国签订了农业科学技术协定，有的还签订了农作物检疫和防止病虫害的协定，交换农作物种子和技术资料，派专家互访或参加学术会议。[③]

“一五”计划期间，东欧社会主义国家中，民主德国和捷克斯洛伐克是工业比较发达的国家，中国与这两个国家的贸易额比较大。在社会主义国家中它们是仅次于苏联的第二、第三大贸易伙伴。从 1951 年开始，一直到 1961 年，中国每年参加民主德国莱比锡国际博览会的展览，展出面积都在 5 000 平方米左右。民主德国也每隔两三年在中国举办一次专业展览，这对促进双边贸易的发展起了积极作用。50 年代中国从民主德国进口的商品以成套设备和一般机械为主，进口品种多，数量也较大。主要进口商品有火力发电设备，水泥厂、糖厂、纺织厂、仪表厂的各项设备，各种仪器，货船和船用柴油机等，约占中国从民主德国进口总额的 90%。中国从捷克斯洛伐克主要进口成套设备、大型机床、柴油发电机组、挖土机、各种车辆、钢材等，其中包括电站设备，糖厂、水泥厂的设备，化工设备和轧钢设备等。[④]

1952 年之前，民主德国仅限于对华出口纯粹商品，一开始主要是小型机床，之后更多的是精密仪器，但随着中国自身工业化的发展，便逐渐减少对民主德国小型机床的进

① 中国社会科学院．中央档案馆．1953—1957 中华人民共和国经济档案资料选编：综合卷．北京：中国物价出版社，2000.

② 孙泽学．对 1950 年代中国利用外资外智的历史考察．中国经济史研究，2011（3）.

③ 朱荣，等．当代中国的农业．北京：当代中国出版社，1992：611.

④ 上海财经大学课题组．中国经济发展史 1949—2005：上．上海：上海财经大学出版社，2007.

口。到 1956 年，在这方面的进口降低到了 1952 年的水平，原先计划 1957 年在这方面的贸易额可以达到 5 000 万～6 000 万卢布，但实际只能完成 3 000 万卢布。[①] 因此，从 1954 年开始，根据与中国签订的专家计划，民主德国有计划地向中国派遣专家，其目的一来是交流经验，二来也是为自己国家的机器出口做广告。民主德国试图改变自身对华的出口方式，从一般的商品出口转变为成套工业设备的出口，并且在中国援建各类工业项目。1956 年之前已经完成以及计划开展的援建项目 41 项，同年 7 月，民主德国重工业部又根据中方的意向准备再提供 40 个建设项目。到 9 月为止，民主德国已经向中国派遣了超过 500 名技术专家，出口工业设备约 200 套。

对于中国在工业设备上的任何需求，民主德国政府都给予高度重视。朱德参加苏共二十大期间，曾向格罗提渥表示，他在民主德国访问期间参观了蔡司（Zeiss）光学仪器制造厂，留下了很深的印象。想请民主德国帮助在中国建一个专门生产光学镜片的车间。格罗提渥当时就十分认真地拿出小本子记下了这个要求。之后不久，民主德国就派遣技术专家来到中国，在河北保定建立了一家生产光学材料的专业工厂。[②] 而中国对民主德国的出口同样也在不断扩大，1951 年出口商品种类仅为 45 项，到 1956 年就已达到 120 种，仍以农副产品为主，占其 1956 年向民主德国出口总额的 75%。民主德国在油脂、油料、蛋品和茶叶等农产品需求方面，对中国存在着很大程度的依赖性；另外在有色金属方面，由于苏联和其他社会主义国家的资源都不多，民主德国也希望能够主要依靠中国来给予供应。[③]

中国同捷克斯洛伐克于 1949 年 10 月 6 日建立外交关系，在 1950 年 6 月签署了第一个双边贸易合同，随后的 1951 年与 1952 年又签署了两个一年一度的双边贸易合同，致使双边贸易额从 1950 年的 2 320 万卢布上升到 1951 年的 8 240 万卢布。在这两年内，双边贸易基本平衡，中国向捷克斯洛伐克出口的主要是原材料，进口的主要是卡车与机器修理工具，中国在捷克斯洛伐克的外贸额的比例占到了 5%。而且，这种贸易迅速扩展到科学与技术领域，1952 年 5 月，中华人民共和国与捷克斯洛伐克还签署了科学与技术合作协议，这是新中国对外签订的第一个政府间科技合作协定。

随后的几年内，中国与捷克斯洛伐克进行了卓有成效的贸易合作，并于 1956 年 7 月签署了一个 1958—1962 年的长期贸易协议。就在这个贸易协议签署后不久，由于受中国与苏联关系恶化的影响，双方出现了许多政治与经济上的分歧。尽管如此，除 1952 年双边贸易稍有下滑外，整个 50 年代都处于增长的趋势，而且进出口贸易基本保持平衡。60 年代双边贸易进一步扩大，1960 年的双边总额是 1950 年的 8 倍之多。中国在捷克斯洛伐克的外贸额仅仅排在苏联与民主德国之后，成了第三位。这个时期中国出口到捷克斯洛伐克的主要是食物、原材料或半成品，如钢铁、矿砂、棉花、大米、肉类、大豆，油与茶，占出口量的 96%以上。而捷克斯洛伐克出口到中国的主要是机械设备，还有卡车、拖拉机等。[④]

---

① 葛君. 民主德国与中国关系史初探. 上海：华东师范大学，2015.

② 师哲，李海文. 在历史巨人身边：师哲回忆录. 北京：九州出版社，2015.

③ 对外贸易部第二局. 德意志民主共和国经济贸易基本情况（1958 年 12 月）. 中国外交部档案馆，109-01362-01，第 22 页。

④ 李跃波. 中国与捷克贸易关系的回顾. 中小企业管理与科技，2009（10）.

中国与波兰的经济贸易关系中，值得一提的是两国在外贸运输方面的合作。当时美国迫使一些国家对中国实行封锁、禁运和航运管制，中国为了完成外贸运输任务，与波兰等国合作，于 1952 年底在波兰格丹尼亚成立专管远洋运输的办公室，以便解决较重要的战略物资和其他进口货物的接货转运问题。当时中国采用货到格丹尼亚验收后付款的办法办理进口，然后再把这些货物通过社会主义国家国际铁路联运运回国内。中波还成立了合营的中波轮船股份公司，这对发展中国的远洋运输业，打破西方对中国的封锁、禁运起了重要作用。[①]

鉴于当时国内还不能自制成套设备，为加速发展水泥工业，决定从国外购进设备。1954—1961 年，中国先后从民主德国、罗马尼亚、波兰等国家进口了 49 套水泥设备，用于建设大同、永登、耀县、昆明、邯郸等地的水泥厂。在大批进口东欧设备的同时，中国积极开展自行研制水泥生产大型成套设备，筹划上海型湿法回转窑、华新型湿法窑和小屯型半干法立波尔窑成套设备。在消化、吸收进口设备和技术的基础上，经过多年的努力奋斗，到 60 年代中国已能够依靠自己的力量制造出较高水平的 ϕ 3.5m×145m 湿法窑和 ϕ 4.0m×60m 的半干法立波尔窑。1965 年，用国内制造的水泥成套设备建设的新疆、洛阳、巢湖、松江等地的 11 个大中型水泥厂建成投产。全国水泥产量从 1961 年的 620.7 万吨上升到 1965 年的 1 634 万吨，其中大中型水泥产量上升到 1 105.8 万吨。[②]

从 50 年代末进入 60 年代后，由于中苏关系恶化，中苏两国、两党的关系中断和停顿，极大地影响到中国同东欧一些国家和党的关系，双方的国家关系和党的关系随之也处于停顿状态。这时，中国同民主德国、捷克斯洛伐克、匈牙利、保加利亚等国在政治、经济以及文化方面的交流都中断了。中苏关系的恶化造成了比美国对华贸易禁运更为严重的影响。中国与波兰、捷克斯洛伐克、民主德国、匈牙利、保加利亚 5 国的贸易总额由 1959 年的 22 亿元，降至 1966 年的 5.4 亿元，降幅为 75.5%，占中国对外贸易总额的 4.2%。[③] 中国同波兰除了在某些方面的经济合作，如中波联营的轮船公司一直未停止营业，其他方面的友好合作关系也中断了。中国同上述东欧国家的关系不正常状态一直延续到 20 世纪 80 年代中期。

第三节　20 世纪 60—70 年代从西方国家的技术设备引进

20 世纪 60 年代，中国面临的国际环境发生了变化。1960 年，苏联单方面撕毁合同，在此期间许多东欧社会主义国家也因此疏远甚至冻结与中国的关系，中国的对外经济关系处于萎缩状态。囿于当时国际国内的特殊环境和条件，中国经济技术引进的来源国开

① 上海财经大学课题组．中国经济发展史 1949—2005：上．上海：上海财经大学出版社，2007．

② 王承敏，崔源声．中国水泥工业世纪回眸．中国建材，1999（9）．

③ 王海琳.1949—1978 年中国对外经济关系基本属性的再认识．江西社会科学，2014（5）．

始逐渐转向西方国家。

中华人民共和国成立前，中国与西方许多国家有贸易往来的传统。中华人民共和国成立后，初期虽与有些国家继续保持少量的贸易往来，但自1950年美国对中国实行经济封锁和贸易禁运的制裁措施以后，许多西方国家政府根据美国的要求，中断了与中国的贸易来往，中国从西方引进技术的贸易仅能与建交较早的丹麦、瑞典、瑞士等国家进行。1952年4月的莫斯科国际经济会议谴责了封锁、禁运的做法，提出了发展国际间正常经济贸易关系的倡议，并决议成立国际贸易促进委员会。通过中国代表团与一些西方国家代表团在会上的接触，一些民间直接贸易关系得以恢复，但仍时常受到各种因素的干扰。因此，1952—1960年，中国与苏联、东欧的科技合作项目共26 544项，而与西方国家的科技交流合作项目几乎为零。①

在从苏联和东欧国家引进技术的实践受挫后，中国政府开始尝试开拓与资本主义国家的经济技术往来。1960年前后，中国与西方国家的政治关系逐步缓和，贸易关系也有较快发展。如与英国在1954年签订互派代办的协议，与法国1964年正式建交，20世纪60年代初，中国与日本、意大利签订了一系列的民间贸易协定等，使中国有条件与部分西方国家发展技术贸易。国内来看，从20世纪60年代开始，毛泽东批准从西方购买汽车、拖拉机、飞机等。1962年又进一步做出从西方国家引进设备的决定。毛泽东指示："工业上要从外国引进一些，比如尖端技术，要搞一点，但不要宣传。"② 他对法国议员代表团说："我们反对资本主义，你们也反对共产主义。但是，还是可以合作。""希望你们把什么禁运战略物资也反掉。""我说，总有一天会突破这个缺口。"③ 他还提出：在一定时候，可以让日本人来中国办工厂、开矿，向他们学技术。④ 由此开始了新中国历史上的第二次大规模成套技术设备引进工作。

一、20世纪60年代的技术引进

20世纪60年代，中国正处在国民经济调整时期，国家建设的方针是重点解决"吃、穿、用"的问题，通过进口一些成套设备促进生产的发展，克服国民经济中的薄弱环节。由于建设资金的匮乏，中国政府决定使用出口信贷和延期付款方式从西欧、日本等资本主义国家引进先进技术和成套设备。

由于20世纪60年代处于新中国与西方国家进行技术贸易的初始阶段，国务院对技术引进方案的制定持谨慎态度，并进行了严格的审查和集中管理，在确定总体引进规模与各项技术的具体规模上充分考虑了量力而行的原则。从西方国家引进成套技术设备是一项新的、极其重要的任务，为此，中共中央和国务院成立成套设备进口五人小组，由方毅（兼计委）、李强（对外贸易部）、张有萱（科委）、叶林（经委）、柴树藩（计委）

---

① 苏冰，史玉民. 20世纪50年代我国技术引进的特点成效分析. 合肥学院学报：社会科学版，2007（6）.

② 黎青平. 毛泽东邓小平与对外开放. 北京：中共中央党校出版社，1998.

③ 毛泽东外交文选. 北京：中央文献出版社，世界知识出版社，1993.

④ 中华人民共和国国民经济和社会发展计划大事辑要. 北京：红旗出版社，1987. 转引自陈东林. 20世纪50—70年代中国的对外经济引进. 上海行政学院学报，2004（6）.

组成，方毅为组长，柴树藩为副组长。五人小组的任务是在从西方国家进口成套设备的谈判和进口过程中，就各部门提出但外贸部和其他部门所不能解决的有关政策和工作问题提出意见，向总理和外贸三人小组做报告，并处理总理交办的其他工作。[①]

1963—1968 年，中国利用西方国家银行的卖方信贷，以延期付款方式先后与日本、联邦德国、英国、法国、意大利等 11 个西方国家签订了 82 项技术引进合同，预计消耗外汇 3 亿美元。其中，2 项合同因未获有关国家政府的批准而后撤销，即 1964 年与大日本纺织株式会社签订的第二套维尼纶工程和 1965 年与英国签订的大型计算机引进项目。实际用汇 2.7 亿美元，占 60 年代全部引进技术消耗外汇的 91%；与波兰、罗马尼亚、民主德国签订 4 项技术引进合同，金额为 2 600 万美元，占 9%。在西方国家中，按实际结汇情况分析，来自日本的技术占 24.4%，联邦德国占 21.9%，英国占 15.4%，意大利占 10.6%，法国占 8.8%，瑞典占 6.9%，奥地利占 6.5%，瑞士、荷兰、比利时、丹麦共占 5.5%。[②]这批进口项目，提高了中国这些部门的技术水平和生产能力，填补了工业中的部分空白。

20 世纪 60 年代初，为解决人民吃穿用问题，轻纺工业与提供重要的支农物资和轻纺工业的非农业原材料的化学工业的基本建设与技术引进工作受到较大的重视。在“一五”计划和“二五”计划期间，化学工业的基本建设投资仅占全部工业的 5.4%和 7.6%，1963—1965 年经济调整时期便上升到 11.2%，“三五”计划期间达 11.5%。在 50 年代，化学工业的引进规模仅占全部引进规模的 5.6%，而 60 年代便上升到 28.1%。纺织工业和轻工业的引进比重也由 20 世纪 50 年代的 1.6%和 2.7%分别上升到 60 年代的 11.7%和 5%。20 世纪 60 年代按消耗外汇计算的技术引进部门结构如下：冶金工业 31.7%，化学工业 28.1%，纺织工业 11.7%，机械工业 10.9%，石油开采与加工工业 5.8%，电力工业 5%，轻工业 5%，其他工业 1.8%。此次引进仍以成套设备为主，按消耗外汇计算的引进结构是：引进的 55 项成套设备项目占 96.6%，单项技术设备占 2.6%，单项技术合同占 0.8%。部分成套设备合同利用了转让国的出口信贷[③]。

此次引进中，成套设备项目以中小型为主，主要用于原有企业技术改造。以填补技术空白为主要目标，在技术选择上具有先进性并适合国情。因此，避免了重复引进，引进技术绝大部分用于原有企业技术改造，成套设备或生产线基本上属于中小型规模。60 年代初期，在西方国家的成套设备和技术引进过程中，中国与这些西方国家有了更多的经济贸易往来，推动了与这些国家政府之间的联系，为 70 年代初期建立外交关系奠定了一定基础。同时，培养了技术、管理和外事人才，积累了经验，为 70 年代初期的大规模成套设备引进和以后的对外开放创造了一定条件。

总体上看，20 世纪 60 年代的技术引进规模比较小，虽然在某些部门取得了一定的进展，如各行业的技术引进是以填补技术缺口作为主要目标，引进了一些具有一定战略意义的先进技术，但总体效果并不理想。其中有些项目花了投资，却长期得不到经济效

---

① 中国社会科学院，中央档案馆. 1958—1965 中华人民共和国经济档案资料选编：固定资产投资与建筑业卷. 北京：中国财政经济出版社，2011.

② 陈慧琴. 技术引进与技术进步研究. 北京：经济管理出版社，1997.

③ 陈慧琴. 技术引进与技术进步研究. 北京：经济管理出版社，1997.

益。这一时期的技术引进仍然是以成套设备进口为主，没有意识到引进工艺流程技术和设备设计制造技术的重要性。尽管曾使用翻版仿制的方法，但实际效果并不理想。如自己翻版的若干维尼纶厂，经过很长时间才投产。1966 年以后，出现了十年动乱，对外引进几乎完全停顿，许多已经引进的项目受到影响，造成工程拖期，无法正常投产。个别项目的进口设备长期搁置不用，造成了不应有的损失。在“文化大革命”时期的工业建设中，在技术创新体系混乱、生产任务繁重、对外经济技术交流一度停止从而中断了新技术引进的情况下，中国虽然依靠自我摸索，通过国家重点攻关，使一些技术相比 20 世纪 50 年代引进技术基础有所改进、提高，但这些改进、提高很多是相对于以往技术水平而言的，而且是局部的、个别的，没有得到更大的推广，在量大面广的层面上技术创新趋于停滞，因此，整个技术水平与世界相比差距更加扩大了。因此，这次从西方国家的技术引进实际上起到的是承前启后、率先开拓的作用。

20 世纪 70 年代前期，当以军事工业为中心的重工业的高速发展导致的国民经济比例失调、人民吃穿用问题十分严重、能源原材料供应异常紧张的局面形成时，中国落后的技术设备已经难以对提高生产能力、走出经济困境起到更大的作用，再次进行大规模的引进变得刻不容缓。[①]

二、“四三方案”与“78 计划”

1971 年 10 月 25 日，中国恢复了在联合国的合法席位，加上 1972 年美国总统尼克松访华，中美发表上海联合公报以及中日实现邦交正常化，美国等西方国家的对华封锁被打破，中国对外工作局面逐步打开。与此同时，中国国内也开始纠正部分“文革”错误，为中国扩大对外引进创造了有利条件。在这样的背景下，根据中国发展国民经济的第四个五年计划的需要和可能，技术引进又出现了新的高潮。由于 70 年代前期引进的预定计划是从联邦德国、日本、美国、荷兰、英国、法国等国家引进 43 亿美元规模的成套技术设备，因此此次大规模引进也被称为“四三方案”。这是继“156 项工程”后的第二次大规模引进计划，也是打破“文革”时期闭关自守局面的一个重大步骤。

这一时期，中国同发展中国家之间的易货贸易大部分改为现汇贸易，进出口贸易总额增长明显加快，1972 年总额上升到 63 亿美元，1973 年比上年增长 74%，达到 109.8 亿美元。对外贸易对象的结构也发生巨大变化，对资本主义国家的进出口额占 75%，对苏联和东欧国家的进出口额下降，只占 25%。这一时期中国的外汇储备增加，为发展与西方国家的经贸关系、开展技术引进创造了条件。在这样的背景下，国家计委接连提出从国外进口先进的大型成套设备以武装中国工业的计划和方案。

（一）“四三方案”的确定过程

这次大规模成套技术设备的引进，从最初 4 套化纤设备和 2 套化肥设备约合 4 亿美元的方案，扩大到约合 43 亿美元方案的出台，国家计委给中央递交了 4 份报告，前后经历了一年时间。1972 年 1 月 22 日，李先念、纪登奎、华国锋联名向周恩来报送国家计委《关

---

① 林柏．“文革”时期工业建设中引进技术基础上的创新．史学月刊，2010（3）．

于进口成套化纤、化肥技术设备的报告》，建议1972年上半年引进中国急需的化纤新技术成套设备4套、化肥设备2套及部分关键设备和材料，约需4亿美元。报告同时指出，进口国外这些技术较新的设备也是“根据国外经验，必须大力发展石油化工，把化纤、化肥工业搞上去”的需要。该报告中说：为了充分利用中国石油、天然气资源，迅速发展化学纤维和化肥原料，拟向国外进口成套化纤、化肥设备和部分的关键设备。化纤方面，拟从法国、日本进口4套设备，约需2.7亿美元。建成后每年可生产合成纤维24万吨，约等于500 万吨棉花，可织布40亿尺（约合13.33亿米）。引进这4套设备的厂址，拟放在四川、辽宁、上海、天津。化肥方面，进口2套30万吨大型合成氨厂设备，拟建在四川和大庆。同时，提出为在晋南建设30万吨生产能力的合成氨厂和加快全国正在建设的25个合成氨厂的进度，以及为改造、扩建老厂要进口的关键设备、部件和钢材，需要9 000万美元。还准备进口生产合成材料的部分单机、材料，需外汇4 000万美元。报告特别提到：中国进口4 套化纤生产设备以后，“的确良”的产量总数将达到19亿尺（约合6.33亿米），城乡人民对“的确良”的需要，将进一步得到更好的满足。报告还提出，立即组织三个技术考察小组出国考察，将国内配套工程分别列入长期和年度计划，争取1974年、1975年建成或形成生产能力。2月5日，经周恩来批示呈报，毛泽东圈阅批准。

1972年8月6日，国家计委又正式提出进口1.7米轧机报告，报告中说：“轧钢能力不足、钢材品种不配套，特别是板、管少，是当前国民经济发展中的一个比较突出的问题……因此，冶金部要求进口1.7 米连续式轧板机1套，以便增加200 万吨左右钢板的轧制能力，其中冷轧钢板80 万吨左右。”国家计委提出，进口1套新的连续轧板机约需2亿美元，虽然用外汇多些，但与每年进口300万吨钢板所花费的约3亿美元相比，还是合算的，并可以考虑一次订货分批进口，或先进口两个机组，也可考虑进口旧轧机。同时建议，由冶金部、一机部、外贸部、国家计委指派人员，成立专门小组来抓。8月21日，毛泽东、周恩来予以批准。由此，引进成套技术设备工作从石化工业扩大到钢铁工业。11月7日，国家计委再次提出报告，建议进口价值6亿美元的23套化工设备。周恩来批准的同时，要求采取一个大规模的一体化引进方案。①

1972年11月7日，国家计委向国务院报送《关于进口成套化工设备的请示报告》，建议进口6亿美元的23套化工设备。煤炭、石油、化工、机械、军工、水利、电力、交通、林业等其他工业部门，也相继提出要从国外引进技术设备项目，引进范围不断扩大。周恩来指示国务院业务组和国家计委准备采取更大规模的引进方案。1973年1月5日，国家计委提交《关于增加设备进口、扩大经济交流的请示报告》，对前一阶段和今后的对外引进项目做出总结和统一规划，建议今后3～5年内引进43亿美元的成套设备（其中12.5亿美元的设备中央已在1972年批准进口），以加强中国工业，支援农业，逐步改变中国国民经济技术落后的面貌。引进项目包括13套大化肥、4套大化纤、3套石油化工、10个烷基苯工厂、43套综合采煤机组、3个大电站、武钢1.7米轧机及

① 王永华. 我国七十年代大规模引进成套技术设备揭秘. 党史博采，2011（6）；陈东林. 70年代前期的中国第二次对外引进高潮. 中共党史研究，1996（3）.

透平压缩机、燃气轮机、工业气轮机工厂等。报告还提出进口设备时应采取的原则：（1）坚持独立自主、自力更生的方针；（2）学习与独创相结合；（3）有进有出，进出平衡；（4）新旧结合，节约外汇；（5）当前与长远兼顾；（6）进口设备大部分放在沿海，小部分放在内地。这些原则成为当时引进技术设备的指导方针。以后在此方案基础上又陆续追加了一批项目，到 1977 年中国与西方国家谈成 222 个进口项目，计划进口总额达到 51.4 亿美元。

（二）“四三方案”引进的主要项目

利用这些引进的成套设备，通过国内配套和改造，中国兴建了总投资约 200 亿元的 27 个大型工业项目（这些项目的具体情况见表 4–6），到 1982 年全部投产，取得了较好的经济效益。如武汉钢铁公司在 1.7 米轧机投产后的 1984 年实现利税 6.85 亿元，比投产前的 1979 年增长 1.66 倍，引进的先进技术还在国内同行业中推广移植，推动国内轧钢、炼钢技术进一步发展。在“四三方案”的带动下，重要的引进项目还有从美国引进彩色显像管成套生产技术项目、利用外汇贷款购买新旧船舶组建远洋船队项目、购买英国三叉戟飞机项目等。[①]

表 4–6　“四三方案”时期引进 27 个成套设备建设的企业和工程

项目	投资/亿元	设计能力	引进国家
赤水天然气化肥厂	2.73	合成氨 30 万吨，尿素 48 万吨	美国、荷兰
四川化工厂	2.61	合成氨 30 万吨，尿素 48 万吨	日本
泸州天然气化工厂	2.40	合成氨 30 万吨，尿素 48 万吨	美国、荷兰
云南天然气化工厂	2.77	合成氨 30 万吨，尿素 48 万吨	美国、荷兰
宜昌湖北化肥厂	2.45	合成氨 30 万吨，尿素 48 万吨	美国、荷兰
湖南洞庭化工厂	2.50	合成氨 30 万吨，尿素 48 万吨	美国、荷兰
广州石油化工总厂	3.14	合成氨 30 万吨，尿素 52 万吨	法国
南京栖霞山化肥厂	2.98	合成氨 30 万吨，尿素 52 万吨	法国
安庆石油化工厂	3.01	合成氨 30 万吨，尿素 52 万吨	法国
山东胜利石油化工总厂	2.47	合成氨 30 万吨，尿素 48 万吨	日本
河北沧州化工厂	2.39	合成氨 30 万吨，尿素 48 万吨	美国、荷兰
辽宁辽河化肥厂	3.48	合成氨 30 万吨，尿素 48 万吨	美国、荷兰
黑龙江大庆石油化工厂	2.43	合成氨 30 万吨，尿素 48 万吨	美国、荷兰
吉林化学工业公司	2.09	乙醇 10 万吨、乙烯 11.5 万吨、合成橡胶 8 万吨	联邦德国、日本

① 陈东林. 20 世纪 50—70 年代中国的对外经济引进. 上海行政学院学报，2004（6）.

续表

项目	投资/亿元	设计能力	引进国家
北京石油化工总厂	23.70	乙烯 30 万吨、高压聚乙烯 18 万吨、聚丙烯 8 万吨	日本、联邦德国、美国
北京化工二厂	1.39	氯乙烯 8 万吨、聚氯乙烯 2.5 万～7.5 万吨	联邦德国
上海石油化工总厂	20.79	化纤原料 10.8 万吨、化学纤维 5.2 万吨	日本、联邦德国
天津石油化纤厂	10.37	化纤原料 8.1 万吨、化纤 5.2 万吨	日本、联邦德国
辽宁辽阳石油化纤厂	24.15	化纤原料 13 万吨	法国、意大利、联邦德国
长寿维尼纶厂	7.2	化纤 4.5 万吨	法国、日本
辽宁元宝山电厂	3.92	发电机组 30 万千瓦	法国、瑞士
河北唐山陡河电厂	5.30	发电机组 75 万千瓦	日本
天津大港电厂	4.50	发电机组 32 万千瓦	意大利
辽宁清河电厂	6.44	发电机组 110 万千瓦	苏联
武钢 1.7 米轧机工程	38.9	热轧钢板 300 万吨、冷轧钢板 100 万吨，硅钢片 7 万吨	日本、联邦德国
江苏南京烷基苯厂	2.21	烷基苯 5 万吨	意大利
江苏南钢氯化球团工程	1.00	球团矿 30 万吨	日本

资料来源：据国家计委档案编制。投资额计算截止到 1978 年。转引自陈东林. 20 世纪 50—70 年代中国的对外经济引进. 上海行政学院学报，2004（6）。

“四三方案”是继“一五”计划时期“156 项工程”引进之后，中国对外成套设备和技术的第二次大规模引进。从引进构成看，“四三方案”与“156 项工程”的侧重点有所不同，前一次引进的焦点主要集中在国防军工和以能源、机械、冶金为主的重工业方面，目的是迅速提高社会生产力水平，尽快建立起部门比较齐全的社会主义国民经济体系。“四三方案”偏重于与发展农业、提高人民生活水平关系密切的石化和轻纺工业，以及作为经济发展基础的能源、原材料工业。在引进的项目中，以生产化肥、化纤为主的石化和轻纺设备占成交额的 45.9%，能源、电力设备占 19.4%，冶金设备占 18.4%，机械、农林、国防、交通、邮电设备约占 16.3%。[①] 表 4–7 列出了“四三方案”引进项目的行业结构。

① 阎放鸣. 论我国第二次成套设备的大引进. 中国经济史研究，1988（1）.

表 4–7 "四三方案"引进项目行业结构 单位：%

	按全部成交金额分析	按成套设备项目金额分析
石油化工	46	54.7
其中：化工系统	24.5	28.6
纺织轻工系统	21.5	26.1
冶金系统	18.4	21.6
能源工业	19.4	14.1
机械工业	11.6	8.7
其中：一机和农机系统	3.8	2.7
交通、通信	0.7	0.4
农、林	0.8	0.1
其他	3.1	0.4

资料来源：陈慧琴. 技术引进与技术进步研究. 北京：经济管理出版社，1992：51。

（三）"四三方案"的引进效果与存在的问题

这次大规模引进的成套设备，多属世界先进水平，技术先进、自动化程度高，使中国工业技术水平有很大提高，大大缩短了同发达国家间的差距。如进口的 30 万吨合成氨厂设备吨氨耗电只有 50～60 千瓦时，比国内的化肥厂吨氨耗电 1 000～1 500 千瓦时低得多。进口的陡河电站设备每度电的发电煤耗为 318～320 克，比国内设备少耗煤 20～30 克，电厂自用电只占 5.5%，比国内低 1.5%。这个时期进口的成套设备全部建成投产后，新增的生产能力主要有：热轧钢板 300 万吨，冷轧带钢 100 万吨，硅钢 7 万吨，镀锌板 15 万吨，镀锡板 10 万吨，工业轴承 75 万套，铁路轴承 21 万套，发电装机容量 228 万千瓦，合成氨 390 万吨，尿素 636 万吨，乙烯 60 万吨，化纤 52 万吨。[①] 其中不少产品填补了国内空白。

引进中用于解决吃穿用问题的化肥、化纤和烷基苯项目，就占了全部引进项目 26 个中的 18 个，总投资 136.8 亿元，占"四三方案"全部投资的 63.84%。陈锦华在《国事述忆》中提到，"大化肥"设备总数达到 33 套，年产尿素 1 593 万吨。按照 1:4～1:5 的增产效果计算，1 593 万吨尿素可增产稻谷 6 500 万～8 000 万吨，占 2000 年全国粮食总产量 46 218 万吨的 14%～17%，增产效果十分显著。这对解决当时中国人民的吃饭问题起了决定性的作用。在穿的方面，1972 年中国年产化纤只有 13.7 万吨，仅占全国纺织原料的 5.5%。而引进的四个大化纤厂于 1982 年全部建成投产后，大量的涤纶、腈纶等合成纤维纺织品和塑料制品解决了中国的服装、鞋帽供应问题，使人民告别了"凭布

① 国家计划委员会对外经济贸易司，等. 中华人民共和国技术引进四十年（1950—1990）资料汇编. 北京：文汇出版社，1992.

票买衣服”的历史。[①] 特别是促进了农业生产，增加了粮棉产量，减少了供需矛盾，为解决全国人民吃穿用问题奠定了有力的物质基础，并对增加出口、减少进口发挥了作用。在引进过程中客观上锻炼和培养了一批人才，促进了技术进步。

这次引进，在新中国经济发展的其他方面还产生了一些深远影响。其一是形成了新的对外贸易格局，正如陈云所指出的：“过去我们的对外贸易是 75%面向苏联和东欧国家，25%对资本主义国家；现在改变为 75%对资本主义国家，25%对苏联、东欧。”“这个趋势是不是定了？我看是定了。”[②]“四三方案”中提出了引进设备大部分放在沿海、小部分放在内地的原则，指出“沿海工业基础较好，可以使进口设备尽快投产，尽快仿制”，“沿海工业发展得快一些，从长远看，对促进内地建设是有利的”[③]。由此，对 20 世纪 60 年代末期形成的片面强调三线建设和备战的战略布局进行了调整。

周恩来在这次引进过程中产生了利用外资的认识。1973 年 6 月，他在会见美国银行家洛克・菲勒时说：通过两国银行来推动两国贸易的发展，这是一个有效的渠道。这一点我们还赶不上台湾省的严家淦。他们引进美国、日本和其他国家的外资，进口原材料，然后加工，专门供出口。还在台湾高雄划了一个像香港一样的自由港，不收税。这样，台湾的贸易额就大了。[④] 10 月，他和澳大利亚总理惠特拉姆会谈时又重提：蒋介石在台湾省有一个高雄港是自由港，没有税，吸引外资带着原材料去建厂，利用台湾的廉价劳动力、劳务费，然后把商品回销外国。这样吸引很多外资到台湾去投资。[⑤] 由于“文革”的环境，周恩来的这一宝贵见识未能在实践中得到落实。

与此同时，“四三方案”期间引进的许多项目，因为突击引进和体制上的弊端等各种不良因素，也存在许多问题和不足。“四三方案”原计划用汇金额 43 亿美元，以后又根据国内急需追加了一部分项目，计划用汇金额超过 50 亿美元，这与中国当时每年出口创汇平均不到 30 亿美元的水平相比显然过于庞大，也远远高于五六十年代引进技术的用汇总额。巨额的用汇计划使外汇不足问题凸显，中国为此采取了各种应对措施，但所有的措施都以尽快增加生产供应为前提，甚至不得不以牺牲技术发展为代价。如在引进方式上，中国尽可能压缩只需要少量外汇但不能很快形成生产能力的软件技术的引进，而增加能够快速形成生产能力的硬件技术——成套设备的引进。如该时期软件技术占各种引进方式的比重只有 0.2%，明显低于五六十年代的相应数字 1%和 0.8%。并且在软件技术中，绝大部分为专利使用技术，真正属于基础设计、产品设计、工艺技术以及设备制造技术等软件技术的合同数仅占该时期软件技术合同总数的 4%。[⑥]

在压缩软件技术的同时，中国还大批量重复引进大型设备，以便在短期内增加国内生产，将常年进口短缺产品所花费的外汇节省下来。如 1972 年 8 月国家计委向国务院呈

---

① 张华甲.“四三”方案——新中国第二次大规模技术设备引进. 装备制造，2008（10）.

② 陈云文选：第 3 卷. 北京：人民出版社，1995.

③ 陈东林. 70 年代前期的中国第二次对外引进高潮. 中共党史研究，1996（3）.

④ 周恩来经济文选. 北京：中央文献出版社，1993.

⑤ 周恩来年谱（1949—1976）：下卷. 北京：中央文献出版社，1997.

⑥ 陈慧琴. 技术引进与技术进步研究. 北京：经济管理出版社，1997.

送的《关于进口一米七连续式轧板机问题的报告》中说：进口一套新的连续轧板机约需2亿美元，虽然用汇较多，但由此可以增加200万吨左右钢板的轧制能力，与每年进口300万吨钢板所花约3亿美元相比，还是划算的。李先念在1973年8月写给余秋里、陈云等人并报送总理批示的一封信中也建议“除中央已批准进口一套一米七轧机外，再进口一套”，以节省每年因进口钢材而花费的巨额外汇。[①] 重复引进直接有助于尽快缓解供应紧张局面，却也限制了自我研发的动力。

此外，这一阶段的技术设备引进中存在的一些致命弱点，使得引进的技术设备不能充分发挥其经济效益。大量订购的设备远远超出了中国的消化能力。1973—1975年，各引进项目均已开工，但多数进展缓慢，大大超出了合同中规定的施工进度。据对化工、冶金、电力、轻纺等行业的24个成套设备项目的情况进行的考察，拖期验收达1年以上的有11个，其中有些项目长达3年之久。[②] 其他一些非成套引进的重点工程也都存在不同程度的拖期现象。设备能力利用率低。1978年底以前投产的项目（开工生产22项，全部建成18项）中有一半以上设备利用率低。基本上满负荷生产的仅7项，占开工生产22项用汇18亿美元的32%。余下的部分，用汇18%的项目设备能力利用率在60%～70%，用汇50%的项目（9项）能力利用率在50%以下，投资回收期大大拉长，资金占用多，周转困难，不少项目的投资回收期拉至十几年以上。例如四川维尼纶厂，若按投产后的经营情况计算，全部投资需52年方能收回。[③]

引进项目建设缓慢的原因是多方面的。为摆脱外汇不足，在选择引进来源国方面，中国把能否提供出口信贷作为一个重要的考虑因素，为节约外汇，将一些引进项目交给非专利技术的第三国，导致某些项目存在技术指导、设计水平低，设备质量差等问题。由于这些承包商不是技术专利拥有者，他们自身的技术水平和设计、施工能力有限，因此由他们来承建引进工程，往往不仅没有把技术成功转移到中国，而且还造成工程质量出现问题，被迫拖延工期。化肥、化纤工业是因此而延长引进工期的最主要领域，引进的13套大化肥项目中的南京化肥厂、安庆化肥厂、广州石化总厂，受非技术专利所有者的外国承包商技术水平不足的影响，其建设工期分别延长到6年半到7年零10个月，生产能力只能达到原设计能力的70%～80%，基建投资也比同类工程有较多的扩大。化纤工业方面，北京燕山化工厂、辽阳石油化纤总厂、四川维尼纶厂的醋酸乙烯工程等都存在此类问题。[④] 此外，一些项目建设的可行性研究工作做得很不够，有些项目根本就没有做，不能落实大型引进工程所需的国内资源和配套工程，因而在引进后的一个不短的时期内，或因生产任务无着落，或因原材料、动力供应不落实，生产极不景气，投资回收无望，造成的损失也达数十亿元之多，造成严重浪费和损失。“四三方案”主要技术引进项目合同项数及成交额如表4–8所示。

① 陈锦华. 国事忆述. 北京：中央党校出版社，2006.

② 陈慧琴. 我国三十年来技术引进工作经济效果初步分析：上. 工业经济管理丛刊，1981（5）.

③ 孔繁敏. 对七十年代前期引进技术设备问题的反思. 经济科学，1987（5）.

④ 林柏. 新中国第二次大规模引进技术与设备历史再考察. 中国经济史研究，2010（1）.

表 4–8　　1963—1966 年主要技术引进项目按年度统计分析情况表

年份	合同项数	合同成交额/万美元
1963	5	5 011
1964	9	4 276
1965	27	10 458
1966	14	6 845
总计	55	26 590

数据来源：国家计划委员会对外经济贸易司，等. 中华人民共和国技术引进四十年（1950—1990）资料汇编. 北京：文汇出版社，1992：39。

“四三方案”时期引进技术设备工作中出现的种种问题，主要是由体制上的缺陷造成的。实行过于集中的中央计划体制，在计划手段和计划方法并不完备的情况下，要做出较为详细的、符合客观实际的计划非常困难。中国这一阶段的技术设备引进是国家包办，国家引进技术设备之后再分配到各部门和各地方政府，在引进计划的制定和引进过程中，企业既没有参与权，更没有决策权，也就不能保证引进的内容是企业需要的。事实上，主管国家进口业务的外贸部门对某一领域里什么是世界上最先进的技术，哪些技术中国急需引进，哪些可以国内解决，哪些设备可以国内制造，心里并不十分清楚。因此，引进技术设备工作中出现盲目性是必然的。引进项目（主要是成套项目）建设的投资几乎全部由国家承担，造成企业不注重核算，并对回收投资漠不关心。这正是软投资约束体制的通病。

此外，“文化大革命”的冲击也是许多引进项目未能按时发挥作用的重要原因。“四三方案”的引进项目从签约时间进度分析，1963 年签约的项目合同金额约占全部金额的 25%，1964 年签订的合同占 13%，60%以上的合同是在 1965—1968 年签约的。在“文化大革命”的冲击之下，能将合同执行完毕并取得较好效果的仅占引进项目的三分之一左右（按金额计算）。其余项目有的长期达不到设计能力，个别的一直到 20 世纪 70 年代末期经过重新组织技术力量进行调整以后才达到原设计目标，也有个别设备因管理不善而报废。①

（四）“78 计划”的制定与实施

1976 年粉碎“四人帮”后，全国人民热切希望加快建设速度，把“文化大革命”时期造成的损失夺回来。1976 年 11 月 16 日，《人民日报》发表文章批判“四人帮”关于引进外国技术设备是“爬行主义”“洋奴哲学”的观点，肯定引进技术和设备的必要性，“那种认为凡是引进先进技术就是‘洋奴哲学’，就是‘爬行主义’，实际上是主张‘闭关自守’，这是对人类文明史的愚妄无知，是对独立自主、自力更生方针的恶意歪曲”。在

① 国家计划委员会对外经济贸易司，等. 中华人民共和国技术引进四十年（1950—1990）资料汇编. 北京：文汇出版社，1992.

此基础上，1977 年 3 月全国计划会议提出了引进技术和设备促进中国经济发展的意见，并形成《关于 1977 年国民经济计划几个问题的汇报提纲》，提出："要有计划有重点地引进先进技术，洋为中用，这样有利于增强我国的能力，加快社会主义建设的步伐。善于学习前人的好经验，吸取外国的长处，这是后来居上的一个重要因素。闭关自守，拒绝学习外国的好东西，什么都要从头摸索，那就会放慢我们一些工业技术的发展，那也是爬行主义。"① 中央政治局经过讨论同意了此汇报提纲。中央领导层很快就引进外国先进设备和技术来加快社会主义现代化建设速度达成共识。

1977 年 11 月，在 1975 年制定的《十年规划纲要（1976—1985）》基础上，国家计委提出：到 2000 年分三个阶段打几个大战役，建设 120 个大项目，20 世纪末使中国的主要工业产品产量分别接近、赶上和超过最发达的资本主义国家，各项经济技术指标分别接近、赶上和超过世界先进水平。实现这个大规模建设规划的主要手段就是扩大引进外国资金和设备规模。1977 年 12 月全国计划会议形成的《关于经济计划的汇报要点》中指出：中国的工业技术非常落后，很多方面基本上还是苏联四五十年代的东西，已经不适应中国经济发展的步伐，必须坚持独立自主、自力更生的方针，不断地提高农业、工业、国防和科学技术的现代化水平。同时，还要认真学习外国的好东西，引进必要的先进技术。在今后 5～8 年内，要利用国际上的有利时机，在坚持独立自主和平等互利的前提下，运用更加灵活的方式，把我们急需的国外先进技术拿到手，把学习和独创很好地结合起来。为了做好新技术的引进工作，1978 年 5 月，国务院成立了引进新技术领导小组。小组由国务院副总理余秋里担任组长，副组长由当时国家计委副主任顾明担任。小组的任务主要是：统筹提出新技术和成套设备的引进计划，搞好综合平衡；向中共中央、国务院提出有关引进的方针、政策和建议；组织引进计划的实施，进行督促检查，总结交流这方面的经验；组织有关方面研究、消化和发展引进的新技术等。另外，还需完善相关引进法规，使引进工作有根据、有保证。

从 1978 年起，中国陆续派出了分别由谷牧、林乎加、李一氓等率领的多个中央考察团，到欧洲、日本以及中国香港和澳门等地访问。1978 年 6 月，华国锋主持中央政治局会议听取了谷牧等人关于访问的汇报。谷牧提出，我们与国外先进水平已经有很大差距，应当利用当前国外资金过剩的有利时机，扩大对外引进。到会的叶剑英、李先念等中央领导人纷纷表态支持。华国锋当即要求，由谷牧组织研究出几条引进措施，到国务院务虚会上讨论。② 7 月 6 日—9 月 9 日，国务院召开务虚会，60 多位部委负责人参加并做汇报，对外引进是重要议程之一。华国锋、李先念做了多次讲话和长时间插话。7 月 11 日，国家计委副主任李人俊介绍了引进的安排，提出了 500 亿美元的规模。

（五）"78 计划"引进的主要项目

1978 年对外引进的情况是：3 月 11 日，国务院批准国家计委、建委等部门报告，决定从日本引进成套设备，在上海宝山新建一个年产铁 650 万吨、钢 670 万吨的大型钢铁

---

① 张旭东．1976—1978：中共对外引进政策的恢复与突破．党史研究与教学，2007（2）．

② 陈东林．20 世纪 50—70 年代中国的对外经济引进．上海行政学院学报，2004（6）．

厂，总投资214亿元，其中外汇48亿美元，国内投资70亿元。3月20日。国家计委、建委下达《1978年引进新技术和成套设备计划》，批准各部门用汇总额85.6亿美元，当年成交额59.2亿美元，当年用汇11.7亿美元。[①] 这个计划实际上达到协议金额78亿美元，简称"78亿计划"。12月5日，化工部向国家计委和国务院报告，年内同国外签订了9个化工成套设备引进项目，有大庆石油化工厂、山东石油化工厂、北京东方红化工厂各1套30万吨乙烯生产装置，南京石油化工总厂2套30万吨乙烯装置，吉林化学工业公司1套11万吨乙烯关键设备，浙江化肥厂、新疆化肥厂、宁夏化肥厂各1套30万吨合成氨生产装置，山西化肥厂30万吨合成氨装置。这10个大型成套设备项目包括国内工程投资共需160多亿元。除此之外，1978年签订的成套引进项目还有100套综合采煤机组、德兴铜基地、贵州铝厂、上海化纤二期工程、仪征化纤厂、平顶山帘子线厂、山东合成革厂、兰州合成革厂、云南五纳厂、霍林河煤矿、开滦煤矿、彩色电视项目。以上共22个大型成套设备项目，需要外汇130亿美元，折合人民币约390亿元，加上国内工程投资 200多亿元，共需600多亿元。整个1978年，引进项目已经签约58亿美元，相当于1950—1977年28年中国引进累计完成金额65亿美元的89.2%。[②]

进口的成套设备按合同金额分为：冶金、石油、化工和轻纺共占86.8%，其中冶金占34.6%，化工占22.8%，轻纺占20.3%，石油占9.1%；其他为机械、电子、煤炭、建材、交通、水电等。这批项目建成后新增的生产能力为：铁300万吨，钢300万吨，无缝钢管50万吨，粗铜9万吨，铝8万吨，合成氨120万吨，尿素156万吨，硝酸磷肥90万吨，乙烯120万吨，塑料128万吨，有机化工原料177万吨，化纤73万吨，原煤4 000万吨，洗煤400万吨，发电装机容量70.3万千瓦，彩色显像管96万只。[③] 这批项目的建设对提高中国工业技术水平，增强中国经济实力，满足国家经济建设的需要等都起了重要作用。

（六）"78计划"存在的问题及作用

1978年在成套设备进口方面出现的问题许多在"四三方案"引进过程中就已存在，如一定程度的盲目性和急于求成的倾向。1978年全年78亿美元协议金额中，有一半左右的金额是在12月20日到年底的短短10天里抢签的合同。[④] 在极短时期内突击签约，使计划的综合平衡出现了严重脱节，有些项目的国内资源情况没有摸清，建设进度和资金、外部配套条件与设施等没有完全落实。1978年进口的22个大型成套设备项目，加上国内配套需投资600多亿元，这么多大项目同时引进，对国家财力而言是很大负担，对整个国民经济也是很大冲击。其中与日本等国签订的30多个合同，金额达26亿美元，不得不暂缓生效，或撤销合同，在国际上引起了强烈反响，经济上造成了很大损失。

---

① 白合金. 中华人民共和国经济大事辑要（1978—2001年）. 北京：中国计划出版社，2002。转引自陈东林. 20世纪50—70年代中国的对外经济引进. 上海行政学院学报，2004（6）.

② 陈东林. 20世纪50—70年代中国的对外经济引进. 上海行政学院学报，2004（6）.

③ 国家计划委员会对外经济贸易司，等. 中华人民共和国技术引进四十年（1950—1990）资料汇编. 北京：文汇出版社，1992.

④ 彭敏. 当代中国的基本建设：上. 北京：中国社会科学出版社，1989.

这些进口的成套设备改变了“四三方案”时期延期付款的支付方式，全部用现汇支付。由于时间集中、金额太大，外汇收支失衡，不得不在合同签订后去筹措外资，加重了财政困难。一些项目没有进行认真的可行性研究，如化工领域在1978年12月就赶签了9个项目的29套设备合同，总金额17亿多美元。直到1981年，22个项目中的南化、仪征的设计任务书还未批准，因而有的项目不得不推迟建设，造成了较大的损失和浪费。此外，重复引进仍大量存在。如以石油或天然气为原料的大化肥设备，“四三方案”时引进了13套，1978年又引进了3套；综合采煤机组，“四三方案”时引进43套，1978年又引进100套。而对技术的引进没有得到应有重视，1978年以技术许可、技术服务、顾问咨询和合作生产方式引进设计、工艺、制造技术的项目只有22个，合同金额3 125万美元，约占1978年引进项目合同总金额的0.4%。[①]

尽管存在着种种问题，“78 计划”仍然大大突破了过去的引进框架，有着重要的开创意义。这表现在从“78 计划”开始，引进已由过去的片面强调自力更生，发展到不怕大规模借贷；由单纯引进技术设备发展到吸引外资到中国开办合资企业；由借贷发展到境外发行外债，还出现了设立特区的构想。

向国外借贷，在“文革”时期是被批判的。对外贸易部部长李强在1978年4月还曾指出，以下几种做法在“四人帮”干扰时我们不能做，现在可以做：(1) 补偿贸易；(2) 来料加工、来样加工；(3) 用外商商标牌号定牌；(4) 协作生产；(5) 寄售；(6) 分期付款、延期付款。但向外国借款和与外国举办合资企业，是不做的。6月，邓小平听取谷牧等人汇报时果断地提出：分期付款不干了，搞补偿贸易、银行贷款。[②] 11月的中央工作会议，确定了利用有利形势大力吸收外国资金技术的方针。12月15日，李强在香港宣布：中国最近决定把拒绝政府与政府之间的贷款和外商在中国的投资这两个禁区取消了，“基本上，国际贸易上的惯用的做法都可以干”。[③] 境外发行外债支持引进的办法始于22项重点工程中的仪征化纤工程。该项目被调整下马后，因国内确实需要，荣毅仁任董事长的中国国际信托投资公司在邓小平的支持下，继续进行引进探索，1981年成功地在日本发行100亿日元债券，分别从德国和日本引进主要装置及技术。1982年1月开工，1984年第一套生产装置投产，1990年二期工程建成，形成50万吨聚酯生产能力。此次集资创举被称为“仪征模式”，开创了国家重大项目由财政拨款改为境外发债的先例。

开办经济特区的思想也在引进高潮中出现了萌芽。1978年华国锋访问朝鲜回国后，辽宁省委书记任仲夷向他提议，将与日本关系密切的大连建设成北方经济对外窗口。华国锋很快就批准了报告，并派人到辽宁考察，后因条件不成熟而搁置。1979年4月，中央政治局听取广东省委书记习仲勋汇报后，批准了在广东、福建搞特区。不久，邓小平听取谷牧等人汇报后也提出：“可以划出一块地方，叫作特区。过去陕甘宁就是特区嘛。

---

① 国家计划委员会对外经济贸易司，等. 中华人民共和国技术引进四十年（1950—1990）资料汇编. 北京：文汇出版社，1992.

② 李正华. 准备改革开放的一次重要会议. 国史研究参阅资料，总第214期。

③ 李正华. 中国改革开放的酝酿与起步. 北京：当代中国出版社，2002.

中央没有钱，要你们自己搞，杀出一条血路来！”[①]

（七）20 世纪 70 年代大规模引进的总体情况

据有关方面统计，1971—1979 年共签订成套设备进口合同和技术引进合同 347 项，金额超过 112 亿美元（见表 4–9）。有些项目因种种原因，后来被迫暂缓执行。成套设备和先进技术的引进，促进了中国基础工业，尤其是冶金、化肥、石油等化学工业的发展，为改革开放后的经济腾飞提供了必要的物质条件。

表 4–9　　1971—1979 年主要技术引进项目按年度统计情况分析表

年份	技术为主合同		设备为主合同		合计	
	合同项数	合同成交额/万美元	合同项数	合同成交额/万美元	合同项数	合同成交额/万美元
1971	0	0	1	916	1	916
1972	0	0	6	9 489	6	9 489
1973	0	0	80	151 107.1	80	151 107.1
1974	0	0	19	87 740	19	87 740
1975	5	28 367.94	17	20 946.5	22	49 314.44
1976	1	2 045	13	13 448.5	14	15 493.5
1977	0	0	17	13 841.3	17	13 841.3
1978	18	2 539.57	65	448 307.2	83	450 846.77
1979	38	5 004.07	67	338 335.6	105	343 339.66
总计	62	37 956.58	285	1 084 131	347	1 122 087.77

资料来源：国家计划委员会对外经济贸易司，等. 中华人民共和国技术引进四十年（1950—1990）资料汇编. 北京：文汇出版社，1992：50，80。

20 世纪 70 年代成套设备进口项目的重点在化工、石油、冶金、轻纺、煤炭等方面，发电设备和电子工业也受到重视。从支付的外汇金额看，石油化工、冶金和电力的成套设备占 86.5%，而机械、电子工业只占 7.5%。当时有一种见解认为，与其进口化肥，不如进口化肥生产装置。从国外进口的年产 30 万吨合成氨装置与国内设计制造的年产 5 万吨和 10 万吨的合成氨装置相比较，设备先进，经济指标优越。因此，一次便签订了 8 套设备进口合同，接着又签订了 5 套。乙烯、化纤和联合采煤机组方面，也在同一时期大规模地进口设备，这种做法在国际上也是少见的。1973—1982 年中国各部门技术引进情况如表 4–10 所示。

20 世纪 70 年代，大型成套设备进口为中国生产能力的提高做出了重要贡献，大幅

① 邓小平思想年谱（1975—1979）. 北京：中央文献出版社，1998.

提高了这些部门的生产能力。如 13 套化肥装置年生产能力达 390 万吨合成氨或 650 万吨尿素，占全国化肥生产能力的三分之一以上；合成纤维年产能力达 40 万吨，1979 年化纤产量比 1977 年增长 70%以上；塑料年产量达到 47 万吨，1979 年产量比 1977 年增长 130%以上。此外，乙烯年产能力可以达到 180 万吨，热轧钢板生产能力可以达到 300 万吨，冷轧钢板可以达到 100 万吨，机械工业部门急需的硅钢片生产能力可达 7 万吨；进口的 42 套综合采煤机组，年采煤量可达 4 000 多万吨；上海金山和北京燕山两个石油化工联合企业则成为中国石油化学工业的重要基地。

表 4–10　　1973—1982 年中国各部门技术引进的情况

部门	单项技术		成套设备		合计			
	项数	金额/亿美元	项数	金额/亿美元	项数	百分比/%	金额/亿美元	百分比/%
机械	206	1.96	37	1.6	243	33.4	3.56	3.5
电子	26	0.59	86	3.34	112	15.4	3.93	3.9
水利电力	2	0.09	18	8.95	20	2.7	9.04	8.9
冶金	6	0.02	45	32.5	51	7	32.52	31.9
煤炭	6	0.097	58	2.23	64	8.8	2.32	2.3
石油、化工	14	1.31	120	43.64	134	18.4	44.96	44.1
纺织、轻工	10	0.14	61	3.27	71	9.8	3.42	3.4
建材	4	0.067	18	1.99	22	3	2.05	2
农业、医药	5	0.046	5	0.017	10	1.4	0.06	0.06
合计	279	4.34	448	97.53	727	100	101.87	100

资料来源：机械工业部科学技术情报研究所，等. 1973—1982 年我国技术和设备引进情况汇编. 1983. 转引自孙秋昌. 技术引进与现代化. 重庆：重庆出版社，1989：179。

中国在进口成套设备时忽视了引进设计、工艺和制造技术，在成套进口项目中支付了相当数额的技术专利费用，但是没有掌握到应有的技术。据初步统计，1973—1980 年支付技术专利费的有 216 项，共付出技术专利费用 5.56 亿美元。例如，1.7 米冷连轧机组支付技术专利费 1 970 多万美元，1.7 米带钢热连轧机组支付技术专利费为 2 300 多万美元，从联邦德国引进 30 万吨合成氨装置支付专利费 4 000 多万马克，从日本引进的 30 万吨合成氨及 48 万吨尿素成套设备，支付技术费 1 600 多万美元。可是，我们并没有得到这些设备的工程设计技术，也不能根据外国公司提供的那些技术资料自己制造这些设备。

从 1976 年开始，中国的技术引进计划中出现了一种新形式，称为“单项技术引进”。1977 年列入国家计划的“单项技术引进项目”共有 24 项，其中包括锅炉给水泵、风扇磨煤机、机械密封、透平压缩机、液力偶合器、大型制氧机、船用柴油机等。在此之前已经引进的单项技术有工业汽轮机、斯贝发动机、摩擦材料等项目。由于中国当时对这种新的技术引进项目不熟悉，工作中遇到不少困难。合同谈判进展迟缓，长期达不成协议。已签订的合同，向对方付出的技术费太高，条件苛刻。

为了学习外国技术引进的经验，1978 年 4 月，第一机械工业部派出一个综合技术考察团到南斯拉夫和罗马尼亚进行了访问考察。考察团发现南斯拉夫、罗马尼亚的做法与中国大不相同，它们主要以技术许可、合作生产、合资经营等方式从西方国家引进先进技术，较快地提高了机械工业的技术水平和设备自给能力。考察团回国后向有关部门领导介绍了这两个国家在技术引进方面的经验与效果，受到领导的重视。第一机械工业部做出决定，把单项技术引进作为此后技术引进的重点，并设立了相应的机构。1979 年签订了单项技术引进合同 28 项，合同总价为 1 950 万美元，平均每项为 66 万美元。通过两三年的实践与摸索，取得了经验，走出了技术引进的新路，为中国技术引进政策方针转向以引进生产过程工艺、产品设计与制造技术为主做了准备。据统计，1973—1979 年，全国共引进 70 项单项技术，合同成交额为 7 600 多万美元，平均每项为 109 万美元，其中机械工业为 53 项，占 75.7%。[①]因此，20 世纪 70 年代末期，在总结过去多年技术引进经验教训的基础上，国家提出了新的引进思路，为提高技术引进的效果打开了新的局面。

这一时期还通过举办一系列国际展览会来加强对外技术交流，如 1978 年 9 月举办了日本建筑材料和机械加工展览会，10 月举办了外国农业机械展览会，11 月举办了英国仪器展览会，12 月举办了法国石油和天然气设备仪器展览会。其中，外国农业机械展览会规模很大，影响很大，应邀参展的有 12 个国家，是中国第一次举办的有亚洲、欧洲、北美洲、大洋洲等国家参加的农业机械展览会。参加展出的国家有澳大利亚、加拿大、丹麦、法国、联邦德国、意大利、日本、荷兰、罗马尼亚、瑞典、瑞士和英国。这些展览会为中国人民学习外国的先进技术提供了好机会，促进了对外国先进技术的认识和吸收。

三、改革开放前夕利用外资和对外引进政策的恢复与突破

总结新中国成立后至改革开放前的对外引进历程，可以得出以下经验：首先，必须根据不同的国际环境和国内需要，采取与时俱进的不同开放方式。当国际环境不允许全面开放时，争取最有利的一方支援，是唯一的选择。“156 项工程”就是这样的成功典型。而当世界形势出现缓和，就要紧紧地抓住机遇，积极推行试点，大胆开放。“四三方案”和“78 计划”尽管存在一些问题，如急于求成等，但方向无疑是正确的。其次，中国是一个大国，20 世纪下半叶是由地域经济走向全球化的时代。中国要想富强，必须通过与国际接轨的贸易方式，在竞争中解决全面对外开放问题，闭关自守的拒绝引进或者“一边倒”式的单向受援，都只能是权宜之计。正如邓小平所说：“三十几年的经验教训告诉我们，关起门来搞建设是不行的，发展不起来。”[②] 还要引起注意的是，引进并不是单

① 孙秋昌. 技术引进与现代化. 重庆：重庆出版社，1989.

② 邓小平文选：第 3 卷. 北京：人民出版社，1993.

纯地利用设备，更重要的是学习和消化，培养自己的创新能力，扶持自己的工业体系。在这一点上，20 世纪 50—70 年代的成功和失误，在今天仍然具有指导和借鉴意义。

需要指出的是，这一时期不论是在对利用外资的认识上，还是在利用外资的规模、领域和方式上，都有很大的局限性，特别是在“文化大革命”期间，利用外资几乎成了“禁区”。就认识上来说，主要原因是：（1）在半封建半殖民地的旧中国，人民饱受帝国主义掠夺、欺凌之苦；20 世纪 60 年代初，苏联政府撕毁合同，撤回专家，给中国的经济建设造成了严重的困难。对此中国人民都记忆犹新，因而产生“利用外资危险”的思想。（2）新中国成立后，在世界主要资本主义国家进行经济封锁的条件下，依靠全国人民的艰苦努力，在经济建设上取得了很大的成绩，在一段时间内，由于“左”倾错误思想的影响，过高地估计自己的能力，片面地强调自力更生，在某种程度上产生了“无须利用外资”的思想。（3）“文化大革命”的十年动乱中，林彪、江青反革命集团煽动极“左”思潮，肆意歪曲“独立自主、自力更生”的方针，把利用外资、引进技术诬为“崇洋迷外”“向资本主义国家乞讨”，束缚了人们的思想，严重阻碍了利用外资工作的开展。

1978 年 5 月，真理标准问题的讨论在全国展开，人们的思想开始不断得到解放。9 月 16 日，邓小平发表了《高举毛泽东思想旗帜，坚持实事求是的原则》的讲话，指出：“毛泽东同志在世的时候，我们也想扩大中外经济技术交流，包括同一些资本主义国家发展经济贸易关系，甚至引进外资、合资经营等等。但是那时候没有条件，人家封锁我们。后来‘四人帮’搞得什么都是‘崇洋媚外’‘卖国主义’，把我们同世界隔绝了。……经过几年的努力，有了今天这样的、比过去好得多的国际条件，使我们能够吸收国际先进技术和经营管理经验，吸收他们的资金。”[①] 邓小平的讲话，为利用外资和技术引进政策的突破提供了思想保证。

从客观形势看，一方面，这一时期大规模的引进与外汇不足的矛盾日益突出。当时中国每年的商品出口收入不过 100 多亿美元，其他非贸易外汇收入，更是不超过 10 亿美元，这相对于巨大的外汇需求来说，不过是杯水车薪。另一方面，70 年代以来，资本主义国家经济发生滞涨，剩余资金急于寻找出路，一些国家主动表态要借款给中国，另外还有一些国家的商人表示愿意利用中国廉价的劳动力到中国来投资或合资办厂。这些客观因素为政策突破创造了条件。

随着国际环境的改善和与外界接触的增加，中国与其他国家间发展的现实差距使中国领导人受到很大震撼。1966—1976 年，当中国国内轰轰烈烈地大搞政治斗争之时，国外却进入了一个科学技术日新月异、各国经济迅速发展的新时期。在这 10 年里，中国的社会总产值增长了 77%，而同期美国增长了 124%，日本增长了 345%，联邦德国增长了 131%，法国增长了 212%，苏联增长了 99%，加上原来就存在的差距，到 1976 年，中国与发达国家的差距就更大了。[②] 此外，这一时期党和国家领导人的出国考察以及出国考

① 邓小平文选：第 2 卷. 2 版. 北京：人民出版社，1994.

② 谢春涛. 改变中国——十一届三中全会前后的重大决策. 上海：上海人民出版社，1998.

察团的回国汇报为对外引进政策的突破提供了丰富的感性材料，使得党和国家领导人对先进国家的经济科技发展水平以及中外经济发展的巨大差距有了更加直观的感受和改革的迫切感，成为政策突破的促进剂。出国考察团的回国汇报，特别是分别以谷牧、林乎加、段云为团长的3个出国考察团的回国汇报更加促使党和国家领导人对引进政策进行理性分析，意识到中国要想快速发展，就要借鉴国外成功经验。1978年6月，3个代表团回国后向中共中央政治局汇报，强烈建议：国际经济运作中有许多通行办法，包括补偿贸易、生产合作吸收国外投资等，我们可以研究采用。① 邓小平约谷牧谈话，详细询问了出访情况，指出：引进这件事要做，下决心向国外借点钱搞建设，要抓紧时间。② 在以上因素的综合作用下，1978年5月30日，在与胡乔木等人谈话时，邓小平指出："现在的国际条件对我们很有利。西方资本主义国家从它们自身的利益出发，很希望我们强大一些。这些发达国家有很多困难，它们的资金没有出路，愿意把钱借给我们，我们却不干，非常蠢。"③

1978年9月，在国务院务虚会议上，李先念指出：欧洲、美国、日本等资本主义国家经济萧条，要找出路。我们应该有魄力、有能力利用它们的技术、设备、资金和组织经验，来加快我们的建设。随后，全国计划会议确立了"从那种不同资本主义国家进行经济技术交流的闭关自守或半闭关自守状态，转到积极地引进国外先进技术，利用国外资金，大胆地进入国际市场"。9月28日，《人民日报》指出：我国还准备采取更加灵活的贸易方式和支付方式。联系当时的形势，灵活的方式指的就是利用外国贷款和直接投资。11月召开的中央工作会议正式提出：要善于利用国际国内有利形势，吸收外国资金技术。根据会议精神。11月11日，李先念在会见外国客人时表示：在不损害我国主权的条件下，我国可以利用美国、日本和西欧等发达国家的先进技术和资金，以加快实现四个现代化的速度。12月15日，对外贸易部部长李强在香港向世界宣布了中国利用外资政策的重大转变。他说："今天我们做贸易有了很大的改变，采取了很多灵活的做法。不久以前，我们在外贸上还有两个'禁区'：第一，政府与政府之间的贷款不干，只有银行与银行之间的商业贷款；第二，外商在中国投资不干。最近，我们决定把这两个'禁区'取消了。基本上，国际贸易上的惯用的做法都可以干"。④ 中国共产党第十一届三中全会批准《1979、1980两年经济计划的安排》，提出要积极引进外国先进技术，利用外国资金，大胆地进入国际市场。这就表明中国共产党对外引进政策的重大转折最终实现。

可以说，从引进技术和设备发展到利用外资来为社会主义现代化建设服务，是中国共产党第十一届三中全会前夕对外开放思想的一个巨大进步，为后来对外开放思想的确立及发展奠定了坚实的理论基础。在此基础上，中国共产党第十一届三中全会指出：在自力更生的基础上积极发展同世界各国平等互利的经济合作，努力采用世界先进技术和设备。这表明包括引进政策在内的对外开放国策已经确立。

---

① 中央文献研究室. 回忆邓小平：上. 北京：中央文献出版社，1998.

② 邓小平年谱（一九七五——一九九七）：上. 北京：中央文献出版社，2004.

③ 邓小平年谱（一九七五——一九九七）：上. 北京：中央文献出版社，2004.

④ 张旭东. 1976—1978中共对外引进政策的恢复与突破. 党史研究与教学，2007（8）.

第五章
改革开放前对外贸易与中国工业化进程

从新中国成立至改革开放前，中国采取了封闭型、高度内向化、向重工业倾斜的工业化发展模式，对外贸易实行了进口替代战略。这一战略取得了一定成效，成功地在极低的起点上启动了中国工业化进程。但这一时期对外贸易在工业化进程中所处的辅助、从属的地位，使得其对经济发展的促进作用受到限制。这一时期进口替代战略并未实现预期目的，还只是一种低水平的进口替代。

第一节 对外贸易战略的选择及其工业化基础

对外贸易战略是一国经济社会发展战略的有机组成部分。从某种意义上来说，对外贸易战略就是一国以国际环境为背景的产业发展战略。在世界各国现代化发展的过程中，对外贸易战略的选择往往与其工业化路径互为表里，并在很大程度上决定着一国工业化发展的速度甚至成败。尽管对外贸易战略的类型有多种划分方法，但归纳起来，最本质的区别无非是对保护贸易和自由贸易的倾向性，相对应的贸易战略便是进口替代还是出口导向，抑或二者的折中。进口替代战略以保护本国市场为中心，通过采取关税、进口数量限制和外汇管制等措施限制进口，以扶植和保护本国有关工业部门发展，通过增加国内供给以替代进口，促进民族工业的发展。实施这项政策的目的在于通过贸易保护建立国内产业体系，减少本国对国外市场的依赖，实现工业化。新中国成立初期的经济发展水平和特点、苏联的榜样作用，以及当时的国际环境，都促使中国与这一时期取得独立的大多数发展中国家一样，选择了以建立独立、完整的工业体系和国民经济体系为目标的进口替代发展战略。即使在今天看来，这一选择也不失为历史的必然。

一、对外贸易与工业化的关系

对外贸易作为服务于工业化的手段之一，它的地位和作用必然地由它所服务的对象决定。纵观历史，工业化过程往往伴随着对外贸易的迅速增长，反过来，对外贸易的迅速扩张也意味着工业化过程的急速推进。例如，英国从 18 世纪中叶到 19 世纪中叶，对外贸易总额增加了 15 倍多；到了 19 世纪，在美国、德国、日本的工业化过程中，对外贸易也是成倍增长；而第二次世界大战后步入新兴工业化阶段的亚洲“四小龙”，在 20 世纪 60—70 年代，对外贸易更是高速扩张。对外贸易对工业化的促进作用主要体现在以下几个方面。

（一）对外贸易推动技术进步

对于落后国家而言，对外贸易对工业发展及工业化的促进作用首先是实现“后发优势”，即利用发达国家已有的先进科学技术和较为成熟的制度。技术对于工业化的引导和推动作用越来越明显。随着工业化进程的深入，发展中国家要想改变在国际贸易中不利的地位，缩小与发达国家的差距，就必须加快技术进步的步伐。对外贸易的开展为国内企业接触和学习先进的技术提供了契机。通过先进设备的引进和生产经验所产生的技术外溢效应，发展中国家运用“干中学”的理论，能够在比较短的时间内，以较低的成本获得先进技术，从而避免大规模研发投入带来的资金风险。技术进步所形成的后发优势，可以帮助发展中国家在工业化进程中少走弯路，在工业体系中构建较高的发展平台。通过“技术外溢”和“边干边学”效应，可以把这些先进技术“外溢”至国内其他行业，从而加速本国的经济发展和工业化进程。

技术进步还是工业化能够持续下去的保障。由于劳动力成本的优势随着国民收入的提高也会减弱，发展中国家的工业化进程会出现多种阻碍。只有依靠技术进步，提高本国产品的质量和劳动生产率，才能使本国工业面对国外企业的竞争时可以生存下来。因而，对外贸易本身就为企业的技术进步赋予了无形的压力与动力。

对外贸易还可以促进制度创新，节约制度创新的成本。对于落后国家而言，许多制度可以作为贸易商品引进，从而扩大制度创新的选择集合。通过引进制度，可以节省在基础社会科学方面的投资费用，同时还可以借鉴他国维持和巩固制度创新的现成经验，从而节省制度创新过程中的维持费用。此外，贸易活动增加了国内外信息交流，开阔了人们的视野，有利于形成制度创新所需的意识形态基础。

（二）对外贸易促进资本积累

工业化进程伴随着大量的资本投入。尤其是资本密集型产业与现代新兴的高科技产业的发展更需要雄厚的资本投入作为基础。发展中国家在工业化起步阶段所面临的最大困难往往就是资本的匮乏。由于经济不发达，人均收入水平低，绝大部分收入被用于生活消费，而很少用于储蓄，从而导致储蓄水平低。低储蓄能力进而导致资本形成不足，使生产规模难以扩大，生产率难以提高；低生产率又引起低经济增长率；低经济增长率又造成了新一轮的低收入。这样周而复始，形成了恶性循环。打破这个循环，必须要有较大的资本投入以提高产出率。发展中国家除了依靠国际投资与援助之外，更重要的是充分发挥本国自然资源或者劳动力成本的优势，打开国际市场，实现出口创汇。

发展中国家在工业化初期遵循比较优势原理参与国际分工，通过出口开拓国际市场，为剩余物资找出路，创收外汇以支持进口。随着一国工业化的推进，生产能力会不断扩大，出口可以突破国内市场的约束，从而动员更多的资源进入生产过程，增加就业、收入和积累，从而取得资本积累的“第一桶金”，为工业化的加速发展奠定基础。

另外，对于国内市场较小的国家来说，出口还可以解决生产达不到规模经济的问题。许多产业具有不完全竞争与规模报酬递增的性质，这些产业采用大规模生产的方式可以大大降低成本。如果一国的企业在为本国消费者提供这类产品的同时，还能够在国际市场上销售同类产品，就可以获得规模经济效益。在出口的拉动下，这些产业的发展还可以带动一系列相关产业的发展，因为这类产业往往具有很强的扩散及拉动效应。如果这种产业链条能够顺利地延伸下去，就可以大大增加就业，加速国民收入的积累，从而推动工业化进程。

（三）对外贸易促进经济结构优化升级

工业化进程中经济结构的优化至关重要。经济结构的优化包括三个方面，即产业结构的优化、产品结构的优化和就业结构的优化。其中后两个方面的优化取决于产业结构的优化。产业结构优化升级是指在国民经济效益最优的目标下，根据本国特点，通过对产业结构的调整，达到与已有条件相适应、三次产业协调发展的状态，并且随着经济的发展，产业结构进行动态的合理调整从而满足社会不断增长的需求的过程。一个国家不可能实现绝对平衡的增长，即供给结构和需求结构正好相符，而对外贸易正好可以修正国内供给结构和需求结构的差异。当国内需求过大而缺乏必要的资源和条件时，可以通过进口解决；当国内资源过剩而需求不足时，可以通过出口来解决。另外，通过对外贸易与国外发生经济往来时，必然要引进竞争机制，而国际竞争又被视为实际掌握技术和赶上国外竞争者标准的主要动力。竞争帮助淘汰国内某些低效率的产业，促进国内具有竞争优势产业的发展，从而优化国内资源配置，促进一国经济结构的优化。对外贸易是企业感受国际竞争压力和激励的一个主要途径，这些感受可以转化为提高效率和赶超先进国家的动力。

对后进国家来说，在工业化初期，一国往往着力建设有比较优势的产业，以期能快速实现工业比重的提高并出口产品换取外汇。进而为了改善贸易条件，维护国家经济安全，需要建立比较完善的工业体系。这时，产业结构的确定会受到对外贸易的重大影响。如果一个国家能够在对外贸易中积累足够的资本，并利用学习曲线的效益和“干中学”原理在生产实践中掌握较先进的技术，那么就可以通过战略性贸易政策实施对部分幼稚产业的扶植，在短时间内赶超发达国家的相关产业，建立起具有竞争优势的产业。而这些被保护的产业一般都是科技含量高而且具有广泛正外部效应并具有高收入弹性和高成长潜力的产业，以这些产业作为工业化的先导产业，产业结构高级化进程将加快，也可以快速提升工业化的质量和速度。①

工业化生产模式是以机械化与自动化，以流水生产线及标准化、程序化生产为特征的。这样一种生产模式对劳动者的技能及熟练程度的要求降低了，因此，在大多数情况下，劳动边际生产率的提高远不如资本边际生产率提高得快，技术进步主要表现为劳动节约型技术进步。假定劳动节约型技术进步发生在一国原本具有比较优势的劳动密集型产业，那么一方面是要素生产率的提高，另一方面是对劳动要素的需求减少，其价格进一步下降，其原有的比较优势进一步加强，出口迅速扩张，其价格贸易条件可能恶化，但收入贸易条件及要素贸易条件则可能大幅度改善。再假定劳动节约型技术发生在一国原本处于比较劣势的资本密集型产业，且资本密集程度与劳动要素节约程度都不高（发展中国家在工业化初期的技术进步大多具有这一特征），那么，尽管该国的要素禀赋状况没有改变，但该产业中要素的生产率提高了，要素生产率的提高弱化了要素禀赋的比较劣势，甚至可能转化为比较优势，此时，该国先从资本密集产品的进口替代再发展到资本密集型产品的出口。总之，工业技术进步导致了比较优势的演进，并进而导致了贸易结构的转换。

在工业化后期，从需求方面来看，随着人均收入水平的进一步提高，需求结构呈现出高度化趋势：一是需求越来越具有多样化、个性化的特征；二是对商品的质量要求越来越高。再从供给方面来看，为了适应需求结构的变化，也出于竞争的外在压力和追求超额利润的内在动力，企业的研发（R&D）投资及技术创新加速，国民经济的主导产业相应地由资本密集型产业转向资本技术密集型或技术密集型产业。市场结构则由完全竞争市场转向不完全竞争市场，市场竞争也由以价格竞争为主转向以非价格竞争为主。此

---

① 鲍硕. 对外贸易对我国工业化进程的影响. 经济论坛，2009（16）.

时的比较优势不是体现为相对价格优势，而是体现为相对效用价格比优势。

二、对外贸易战略及其选择

任一国家，无论是发达国家还是发展中国家，政府对对外贸易的干预对于本国经济的发展都是十分重要的。因此，在许多发展经济学文献中，贸易战略与工业化战略是结合在一起讨论的，称为贸易—工业化战略，对于发展中国家而言尤为如此。对外贸易政策对于发展中国家而言，是决定工业化道路抉择及工业化成效的重要因素。关于贸易—工业化战略的分类，尽管有不同的出发点与角度，但基本上都包括“进口替代工业化”与“出口导向工业化”两大战略，经济学文献中关于贸易战略的争论也主要集中在这两大战略的优劣比较上。

进口替代工业化是指以国内市场为导向实现国内工业的扩张，通过对内的鼓励与对外的保护措施，限制国外工业品的进口，建立和发展本国工业，推动国产工业制成品取代进口制成品，通过工业化实现经济增长。出口导向战略是指通过实施各种贸易鼓励措施促进本国制造业发展，以扩大制造业产品的出口来带动整个国民经济的发展。它强调改变出口商品结构，用劳动密集型产品代替初级产品的出口，继而用资金密集型和技术密集型产品代替劳动密集型产品的出口，以增加外汇收入，带动其他经济部门的发展。

从 20 世纪 50 年代初到 60 年代中期，很多后发国家试图利用发达国家工业化发展的成果，通过日益开放的国际市场，借助国际援助或引进先进技术、机器设备，在较高的起点上切入，迅速培育重工业生产能力，在较短的时间内建立起完整的工业体系，实现后发优势。因此，进口替代战略成为大多数发展中国家的选择，中国同样如此。

中国工业化是在经济发展水平极低、产业结构十分落后的情况下起步的。1949 年新中国成立时，工业产值仅占社会总产值的 25.2%；1950 年的人均国民生产总值只有 50 美元，而从世界工业化国家的发展经验看，人均国民生产总值 300 美元左右是大多数国家工业化起步的标志。除国内经济基础薄弱外，以美国为首的西方国家对中国实行的封锁禁运切断了中国与外部的交换和流通。同时受苏联模式的影响，为加速实现工业化，中国工业化采取了超常规的向重工业倾斜的发展战略。从贸易发展战略看，中国采取的是与内向型工业化道路相适应的全面进口替代战略，即一般消费品与重化工产品进口替代并举。这与许多发展中国家在经济发展初始阶段采取的进口替代有很大的差别。一般的进口替代都要求投入大量的进口技术设备、中间产品，有些国家甚至因此陷入债务危机。而中国则基本上立足国内的资源。除了“一五”计划时期苏联援建的价值 25 亿美元的 156 个大型项目顺利启动工业化以外，其他阶段基本上是靠最大限度地调动国内资源继续工业化的。

在改革开放前高度集中的资源配置机制下，与重工业优先发展战略相对应，中国实行的是高度内向型的进口替代工业化模式。这一选择在当时的历史背景下有其内在的合理性。

首先，进口替代贸易战略避免不利的国际贸易条件、避免国际剥削的出发点与重工业优先发展模式的出发点——迅速建立独立、完整工业体系，降低对国际市场的依赖程度——是高度统一的。中国作为一个社会主义发展中大国，在实施重工业优先发展战略中，除了拥有工业后发国优势及体制优势外，赶超工业发达国家的强烈愿望和大国优势也起了重要作用。自鸦片战争以来，中国饱受帝国主义列强的侵略，长期极度贫穷落后。中华人民共和国成立后，又面临国际上各种政治上、军事上的压力与威胁，经济上受到封锁禁运，工业化的开展只能立足国内，因而力争在短时间内建立独立完整工业体系的愿望十分强烈，重工业优先发展模式因其可以在较短时间内建立生产资料供应体系，为工业消费品生产及资本品生产提供生产设备及原材料，使工业化目标得以加速实现而成为首选。

国内市场广阔与资源充裕度高的大国特征，也为中国在低起点上强行启动工业化提供了条件。重工业多属于资本密集型产业，且建设周期长，需要大规模的资本积累，这也正是先行工业国的重工业是随着工业化的推进、资本积累的丰富才逐步得以发展的原因之一。而实行计划体制的社会主义国家，可以通过计划体制将社会资源集中配置给重工业部门，非社会主义发展中国家也通过政府的强力干预，使社会资源向重工业倾斜配置，中国作为社会主义国家和政府干预能力较强的发展中国家，也为重工业优先发展战略提供了重要的体制保证。

其次，进口替代贸易战略与重工业优先发展模式的实施都需要强有力的政府干预甚至统制，而中国高度集中的计划经济体制为此提供了坚实的体制保证。改革开放前中国在生产资料公有制的基础上实行计划经济体制，经济运行主要靠指令性计划和行政命令进行调度，指令性计划直接规定着从宏观到微观各层次的经济活动，并通过纵横交错、逐级隶属的行政机构来保证计划的执行。在这种计划经济体制的宏观背景下，中国建立起了相应的对外贸易体制。

进口替代贸易战略是割断国内外市场进行的对外的保护与对内的鼓励，需要通过政府行为才能实现；重工业优先发展模式由于是逆消费需求顺序、逆产业自然生成顺序的产业发展模式，产业结构演进的超前性需要外力的强行推动与调节，通过持续的资源强行倾斜配置保证重工业的投入，创造对重工业的产出需求，这更是需要超市场的力量——政府干预。进口替代贸易战略与重工业优先发展模式所要求的政府深度强力干预在计划经济体制下得到统一：以指令性计划集中配置社会资源，并以强有力的行政措施设置保护网，在计划经济体制下，二者得到了完美的结合。

可以看出，进口替代贸易战略与重工业优先发展的工业化模式在计划经济体制下取得了高度内在统一，然而另一方面，进口替代贸易战略又有着内在的局限性。

对外贸易结构及其转换是由比较优势状况及其演进决定的。比较优势结构的演进主要取决于要素积累和技术进步以及两者的适应性演进，因而与一国的工业化进程基本上是同步的。一国对外贸易结构如果脱离其比较优势而盲目高度化，就会导致贸易条件恶化，其工业化进程及经济增长也难以持续，并最终导致对外贸易结构的逆转。

当一国处于工业化的初始阶段时，其社会生产力水平低下，可供开发和利用的自然资源及劳动力资源相对丰裕，与之相适应，这一阶段的主导产业一般为农业、采矿业、食品加工业及轻纺工业等。其比较优势集中于矿产品、农副产品等初级产品及轻纺产品等资源与劳动密集型工业制成品。进入工业化阶段后，其社会生产力水平迅速提高，这一阶段，比较优势将从劳动密集型产品转向资本密集型产品。此外，技术进步会提高要素生产率，形成技术对要素的替代，从而导致比较优势的结构性变动。

1949—1978 年，中国面对长期经济封锁和军事包围的外部环境，为赶超世界发达国家和建立相对独立的工业体系，建立了在人均收入水平很低的基础上启动资本替代劳动的机制，采取了优先发展重工业的方针。这种倾斜式的结构发展方式使重工业在 30 年中提高了近 30 个百分点，也使可容纳较多劳动力和提供积累主要来源的农业和轻工业长期得不到充分发展。同时，长期保持高积累、高就业和低收入政策也挤压了消费，从而导致结构失调和产生调整的要求。

第二节　对外贸易发展对中国产业结构的影响和工业化的推动

一、1949—1978 年中国对外贸易的总体情况

在自 1949 年到改革开放前的大部分时间里，由于受到主客观各方面因素的限制，中国对对外贸易在经济发展中作用的理解还比较狭窄，大体上定位为调剂余缺、互通有无，这一时期虽然没有明确提出，但从政策取向和实际效果看，中国实际上实行的是“纯粹的进口替代型”贸易战略。[①]

新中国自成立伊始便实行了国家对对外贸易的管制和保护贸易政策，通过实施进出口商品许可证制度、管制贸易外汇和对进出口商品进行集中统一领导，积极促进了中国独立自主贸易体系的建立和恢复。1953 年，国家开始对原有的外贸公司进行调整和改组，按进出口商品的品种和类别划分经营分工，分别成立了 12 个外贸专业公司。1956 年，私营进出口商实行公私合营后，国家通过对外贸易行政机构和国营对外贸易专业公司，掌握了对外贸易的所有权、组织领导权和经营管理权，行政管理手段逐步强化，计划管理成分日益提高。至“一五”计划末期，对外贸易领域高度集中统一的经营管理体制已最终确立，中国的对外贸易已基本上是置于国家集中统一领导和统一管理之下的国家垄断制或专营制。这一切都为进口替代战略的实施提供了制度保障。

在内向型的进口替代战略下，中国对外贸易在国民经济中所占比重和自身发展速度都相对有限。1952—1978 年，中国的对外贸易依存度平均为 8.22%，只有 4 个年度的数值高于 10%，出现在 1955 年的峰值也仅为 12.07%（见图 5–1）。“文化大革命”期间的 1971 年只有 4.98%（见图 5–1），是改革开放前对外贸易依存度最低的一年。这一时期中国的出口依存度平均为 4.17%，而出口占总产值的比重在 5%以下是进口替代型国家的一

① 1994 年世界银行专家通过对中国对外经济贸易的考察研究，认为中国改革前的贸易战略是纯粹的进口替代型。参见康珊. 我国贸易发展战略文献综述. 黑龙江对外经贸，2007（2）。

个标志性特征。[①] 进口依存度更低，平均为 4.05%。[②] 据世界贸易组织（WTO）和国际货币基金组织（IMF）的数据测算，1960 年全球对外贸易依存度为 25.4%，1970 年为 27.9%。[③] 可见这一时期中国对外贸易在国民经济中所处的地位大大低于世界平均水平。

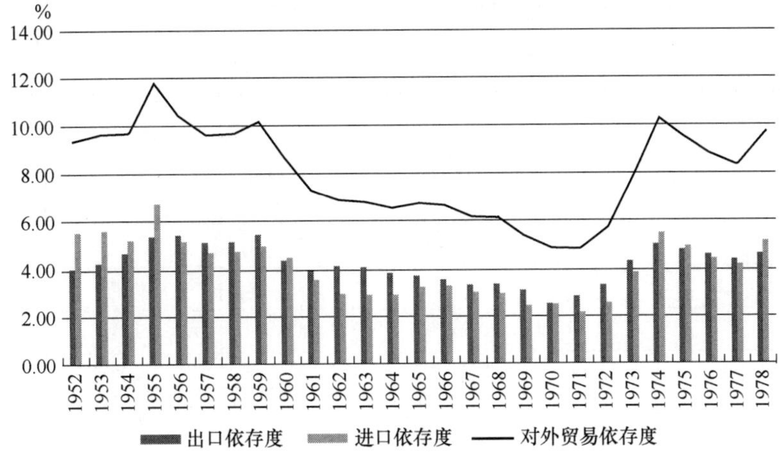

图 5–1　1952—1978 年中国对外贸易依存度变动情况

数据来源：国家统计局网站。

改革开放前中国对外贸易发展的起伏变动也比较剧烈。1951—1978 年，中国进出口贸易额年均增速为 12.94%，其中出口额增速为 12.01%，进口额增速为 14.29%（见图 5–2）。这期间，中国的对外贸易经历了剧烈的周期波动。1951 年和 1973 年进出口贸易额的年增长率都超过了 70%，分别达到 72.7%和 74.2%，与此同时，有 9 个年度进出口贸易额出现了负增长，其中 1960 年和 1961 年进出口贸易额的增长率分别是−13.1%和−22.9%。

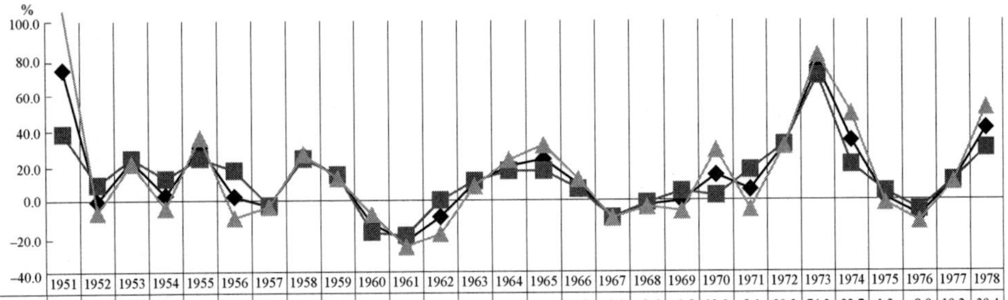

	1951	1952	1953	1954	1955	1956	1957	1958	1959	1960	1961	1962	1963	1964	1965	1966	1967	1968	1969	1970	1971	1972	1973	1974	1975	1976	1977	1978
进出口	72.7	−0.7	22.0	2.7	29.3	2.0	−3.3	24.8	13.2	−13.1	−22.9	−9.3	9.5	18.8	22.6	8.7	−9.9	−2.6	−0.5	13.8	5.6	30.2	74.2	32.7	1.2	−8.9	10.2	39.4
出口	37.1	8.7	23.2	12.1	23.2	16.5	−2.9	23.0	14.1	−17.9	−19.7	−0.1	10.7	16.2	16.3	6.2	−9.8	−1.5	4.8	2.5	16.6	30.6	69.0	19.4	4.5	−5.6	10.7	28.4
进口	105.5	−6.7	20.4	−4.4	34.7	−9.8	−3.6	25.5	12.2	−7.9	−26.0	−18.8	7.9	22.2	30.4	11.5	−10.1	−3.7	−6.2	27.5	−5.2	29.6	80.4	47.7	−1.7	−12.1	9.7	51.0

进出口　出口　进口

图 5–2　1951—1978 年中国对外贸易增长率变动情况

数据来源：中国对外经济贸易年鉴（1984）. 北京：中国对外经济贸易出版社，1985：IV–4。

① 黄晓玲. 外贸、外资与工业化——理论分析与中国实证研究. 北京：对外经济贸易大学出版社，2002.

② 数值根据国家统计局网站数据计算得出。

③ 石碧涛，张艳丽. 中国对外贸易依存度研究综述. 云南财经大学学报，2009（6）.

从周期波动的角度看，如果按照从波峰到波峰的方法进行划分，改革开放前中国进出口贸易共经历了 7 个小周期。从周期长度看，跨度最长的为 6 年，最短的为 2 年；从波动幅度看，1951—1953 年、1970—1973 年及 1973—1978 年三个周期波动幅度最大，其次为 1958—1965 年周期，具体如表 5–1 所示。

表 5–1　　1951—1978 年中国对外贸易周期波动情况

年份	波长	波动高度		波动深度	
		年份	峰值	年份	谷值
1951—1953	2	1951	72.7%	1952	–0.7%
1953—1955	2	1955	29.3%	1954	2.7%
1955—1958	3	1955	29.3%	1957	–3.3%
1958—1965	7	1958	24.8%	1961	–22.9%
1965—1970	5	1965	22.6%	1967	–9.9%
1970—1973	3	1973	74.2%	1971	5.6%
1973—1978	5	1973	74.2%	1976	–8.9%

从波动幅度较大的四个周期所处的时间段来看，第一个周期的剧烈波动是由于朝鲜战争爆发后，在应对美国为首的西方国家对中国封锁禁运不断升级的过程中，为抢运物资减少损失，外贸部门采取了“大进大出”的措施，使得 1951 年的进出口额急剧扩张。之后的三个剧烈波动周期则与中国改革开放前的几次大规模对外经济技术引进相对应。

二、进口替代战略的实施及进出口结构的变动

在 1949—1979 年的 30 年间，中国主要进行了 4 次以进口替代为目的的大规模技术、设备引进。4 次引进的总体情况如表 5–2 所示。

表 5–2　　1950—1979 年中国技术转移的状况

	1950—1959 年	1963—1966 年	1973—1977 年	1978—1979 年	30 年合计
引进总额/亿美元	27	3.02	35	79.9	144.9
其中：成套设备	24（89%）	2.8（91%）	31.5（90%）	76.1（95%）	134.3（93%）
引进总额占进口总额比重/%	18.4	4.2	10.3	30.1	17.7
引进总额占基建投资比重/%	7.4	1.4	3.9	13.4	6.5
产业百分比/%					
能源	36.8	10.8	18.8	24.7	25.2
其中：石油	2.9	5.8	2	1.7	2.1
煤炭	4.5		3	11.5	8
电力	29.4	5	13.8	11.5	15.1
钢铁	22.9	31.7	20.1	26.1	24.1

续表

	1950—1959年	1963—1966年	1973—1977年	1978—1979年	30年合计
化学	5.6	28.1	26.2	29.1	24
轻工业	4.3	16.7	24.5	9.2	12.1
其中：纤维	1.6	11.7	23.4	7.5	10.3
机械工业	11.3	10.9	3.1	1.1	3.7
军事工业	11.8		5.6	6.3	7
建材工业	2.6		0.2	1.6	1.5
运输	0.5		0.9	0.5	0.6
农、林、水利	0.7			0.1	0.2
其他	3.5	1.8	0.6	1.3	1.6
合计	100	100	100	100	100

数据来源：陈慧琴. 我国30年来技术引进工作经济效果初步分析. 工业经济管理丛刊，1981（5）。

可以看出，1950—1979年的30年间，中国引进技术的总金额为149.9亿美元，其中重化工产业占了80%以上，显示引进技术高度向重化工业倾斜，表明进口替代的重点是重化工业。与其他一些后进国家不同的是，中国在实行进口替代的过程中，没有遵循从对一般消费品工业进行初级进口替代，然后逐步过渡到对重化工业进行次级进口替代的两步走战略，而是从一开始就同时实行了对这两个工业部门的进口替代，并以对重化工业的进口替代为重点，这与中国优先发展重工业的赶超战略是相辅相成的。

另外，从中国的进口商品结构看，1950—1978年，生产资料进口额在进口总额中所占比重平均达到80.37%，即使因为经济调整而处于最低值的1962年和1964年也占到55.2%和55.5%（见图5-3）。消费资料进口相对有限，其中相当部分是粮食等初级产品，工业消费品所占比重很小。生产资料主要包括机械设备和生产原料，1960年以前以机械设备的进口为主，此后生产原料进口占据了更大比重。中间产品、资本品进口比重长期居高不下表明重工业进口替代虽取得了一定成效，但远未达到预期效果。

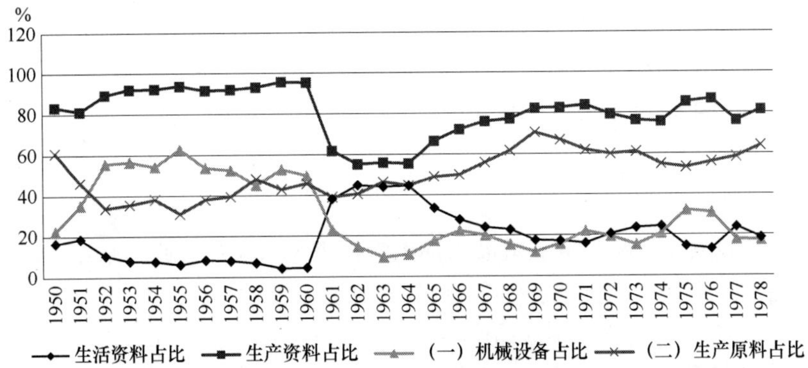

图5-3　1950—1978年中国进口商品构成中生产资料和生活资料所占比重变动情况

数据来源：中国对外经济贸易年鉴（1984）. 北京：中国对外经济贸易出版社，1985：IV-10。

此外，如果按照一国出口商品结构体现该国竞争优势所在的规律来看，中国出口商品结构的变动趋势（见图 5–4）也从一个侧面反映了这一时期中国进口替代的效果。

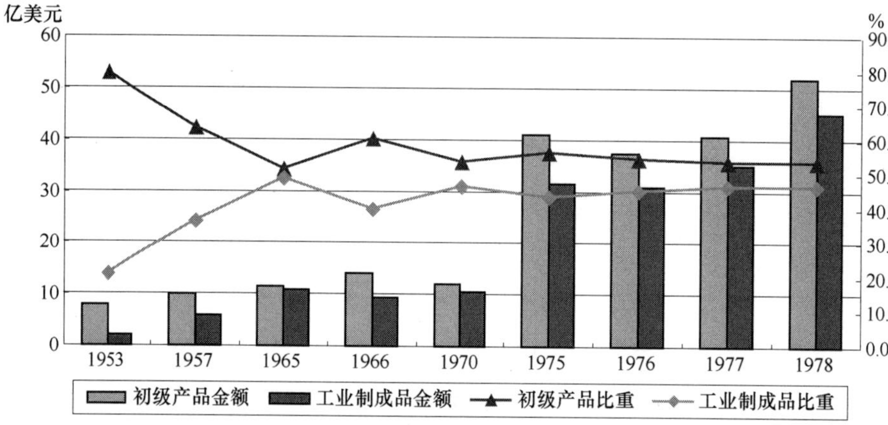

图 5–4　1953—1978 年中国出口产品结构变动情况

注：初级产品包括食品、饮料及烟草、非食用原料、矿物燃料、动植物油脂及蜡；

工业制成品包括重化工业产品和轻纺工业产品。

数据来源：中国对外经济贸易年鉴（1984）. 北京：中国对外经济贸易出版社，1985：IV–9。

从图 5–4 可以看出，虽然中国出口产品的绝对额从 20 世纪 70 年代开始有明显增长，但从出口商品的结构变化来看，初级产品出口所占比重在 20 世纪 50—60 年代初曾有显著下降，但此后这种下降趋势没有得到延续。至改革开放前的 1978 年，中国初级产品在出口中所占比重仍高达 53.5%。相比之下，工业制成品所占比重一直低于 50%（见图 5–5），表明这一时期中国制造业的竞争优势和产业结构提升基本处于停滞状态。

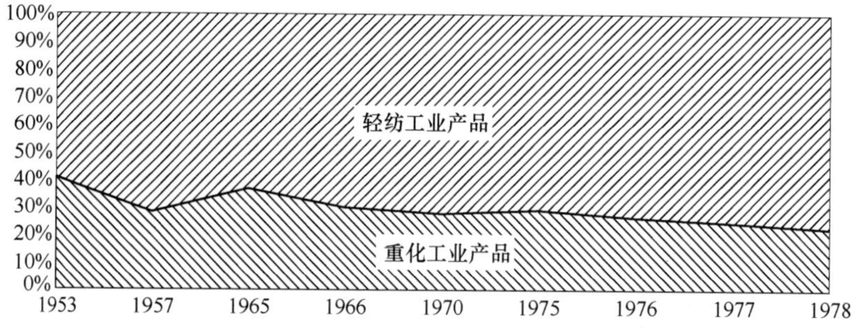

图 5–5　1953—1978 年中国工业制成品出口结构变动情况

注：重化工业产品包括化学品及有关产品、按原料分类的制成品、机械及运输设备。

数据来源：中国对外经济贸易年鉴（1984）. 北京：中国对外经济贸易出版社，1985：IV–9。

从图 5–5 可以看出，从工业制成品内部来看，明显以轻纺工业产品为主，重化工业产品只占工业制成品出口的三分之一左右，且所占比重从 20 世纪 60 年代中后期开始表现为单调下降，1978 年在出口工业制成品中占 22.3%，在全部出口产品中更是仅占 10.4%。

上述变动趋势表明，20 世纪 50 年代的大规模引进在进口替代方面取得了相当成效，表现为 20 世纪 50—60 年代中期，中国初级商品在出口中所占比重曾有过一次比较明显的下降，从 1953 年的占 79.4%下降至 1965 年的 51.2%，工业制成品所占比重相应提高。而之后这一趋势没有得到延续。此后的几次引进由于前述各方面因素的影响，对于出口商品结构提升的效果相对有限。

此外，从对外贸易与整个国民经济发展的关联度来看，图 5–6 显示，在 1971 年以前，中国的进出口增长率与国内生产总值（GDP）增长率表现出了很高的相关性，除个别年份外，对外贸易进口的波峰年与经济周期的波峰年或者相一致，或者最多相差 1 年。而在 1971 年以后，对外贸易与经济增长之间的相关性开始变差。

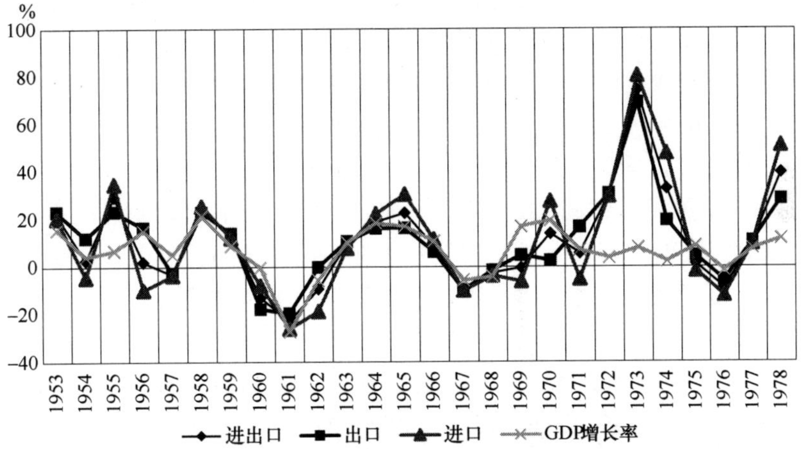

图 5–6　1951—1978 年改革开放前中国进出口贸易与 GDP 的增长变动情况

数据来源：进出口数据来自中国对外经济贸易年鉴（1984）. 北京：中国对外经济贸易出版社，1985：IV–10 页；GDP 增长率数据来自国家统计局网站。

三、总体评价

从新中国成立初期至 1978 年前，中国采取了封闭型、高度内向化、向重工业倾斜的工业化发展模式，对外贸易方面实行了进口替代战略。总体来说，中国改革开放前的进口替代战略取得了一定成效，成功地在极低的起点上启动了中国工业化进程。据有关专家分析计算，中国工业结构在 1952—1965 年的 14 年时间里，完成了世界主要工业发达国家在 19 世纪末到 20 世纪初的结构变化。① 经过近 30 年的努力，中国基本上建成了比较独立的、完整的工业体系和国民经济体系，完成了一般消费品的进口替代。

但这时期经济运行高度的内向性、封闭性，决定了对外贸易在工业化进程中只处于辅助、从属的地位，对外贸易对经济发展的促进作用受到限制。这一时期内进口替代并未实现预期目的，还只是一种低水平的进口替代，取得的成效也是有限的。实现进口替代的只是低水准的一般消费品，高档次的消费品远未完成替代；此外，轻工业的发展受到很大抑制，不能对人民生活水平的提高起到较好作用，从重工业自身来看，发展速度也不理想，向重化工业倾斜的战略并没有真正实现重化工业的进口替代目标。

① 孙名扬. 我国工业化进程中的若干潜在问题. 中国工业经济研究，1989（3）.

首先，进口替代工业化政策要求社会资源配置向工业部门倾向，在生产力水平低下的情况下，中国主要通过牺牲农业、轻纺工业，抑制消费，来将有限的资源集中投入到重化工业中去，导致最终需求增长缓慢，对重化工业产出吸收的能力有限，产品在国际市场缺乏竞争力，难以发挥规模效益，扩大出口，从而阻碍了进口替代工业的进一步发展，造成重化工业在低水平上通过数量扩张自我循环，预期中的通过技术引进提高产业结构层次，进而改善外贸结构，扩大工业制成品出口的良性循环未能实现。1950—1978年，中国农业生产用物资的进口额在全部进口额中所占比重平均只有 6.37%。① 而农业的欠发展反过来使得进口替代工业的国内市场扩展受到限制，导致工农业发展失调，城乡经济差距扩大，以牺牲国内消费者的福利为代价，阻碍了整个工业化的进程。

其次，进口替代政策的出发点是以国内工业品取代进口工业品，减少外汇支出。但是，进口替代的结果往往是最终消费品工业成效显著，而中间产品及资本品的进口替代效果较差，中间投入品及资本品的进口随着进口替代工业的发展逐步扩大，而出口能力没有得到相应的培植，导致国际收支平衡危机。由于主要靠出口初级产品和轻纺产品等换回发展重工业所需的成套设备等生产资料，在短缺经济的背景下，这种牺牲国内消费的“挤出式”出口，创汇能力非常有限，加上为保证进口替代战略的实施而实行的汇率高估政策具有反出口偏向，外汇缺口长期存在。在 1950—1978 年的 29 年间，中国有 11 年出现了进出口逆差，其中 1978 年的逆差达到了 11.4 亿美元，这无疑会影响到中国通过进口替代进行技术和设备引进的时效性和持续性。

此外，在微观层面上，由于这一时期中国市场竞争机制的缺失，企业缺乏改进生产技术、提高产品质量的内在动力和外在压力，对引进的技术和设备消化吸收不良，形成“等距离”甚至拉大距离追赶的局面。从而致使生产效率不高、生产能力利用率低下，由于长期排斥外来竞争，实行国内外两个市场、两种价格互不相关、完全独立的政策，不是根据劳动生产率的提高和国际市场价格的变动而及时地调整国内价格，一些通过努力能够降低成本的产品因受到保护而安于现状、不求上进，失去了通过技术创新提高生产效率、降低生产成本的动力，这些从国内生产要素和市场方面来看都不占优势、劳动生产率极低的产品部门被长期保护下来。国内生产严重依赖技术设备和原材料的进口，事实上形成以对生产设备和原材料等资本品和中间产品进口的依赖代替了对最终消费品进口的依赖，“引致进口”的增加，加上进口替代贸易政策内在的反出口倾向，使得外汇短缺的瓶颈不仅得不到缓解，反而导致国际收支进一步恶化。

一般认为，进口替代战略在发展中国家工业化的初期阶段是必不可少的，但由于该战略存在着深刻的缺陷，在初期进口替代完成后，迅速转向出口导向战略是必要的。据经验分析，进口替代工业化一般可维持 15 年左右，之后即丧失发展动力。② 东亚等一些国家和地区由于采取了从非耐用消费品的进口替代入手的顺比较优势战略，通过发挥

① 中国对外经济贸易年鉴（1984）. 北京：中国对外经济贸易出版社，1985.

② Little I，Scitovsky T，Stott M. Industry and Trade in Some Developing Countries：A Comparative Study Oxford，England：Oxford University Press.

廉价劳动力的资源优势逐步建立起竞争优势，并在初期进口替代完成后转向鼓励出口，通过出口积累的资本为次级进口替代打下基础，促进了产业继续向耐用消费品、中间产品和资本品的升级。而中国为服务于优先发展重工业的赶超战略，在实行进口替代的过程中，没有遵循从对一般消费品工业进行初级进口替代，然后逐步过渡到对重化工业进行次级进口替代的两步走战略，而是从一开始就同时实行了对这两个工业部门的进口替代，并以对重化工业的进口替代为重点，这一选择在短期内推进了中国产业结构的高度化，然而在资本稀缺、技术水平低下的情况下强行推进对资本技术密集型的重化工业的进口替代，资源配置失效导致进口替代的产业结构提升效应难以持续，长期以来不得不断续性“进口”却始终难以实现“替代”，延误了转向出口导向战略的时机。

总之，尽管新中国自成立始便将进口替代的重点放在重化工业上，然而这种倾斜并没有达到预期目标，并使得进口替代战略在中国的存续时间被大大延长。事实上直到20世纪80年代末，中国重化工业领域的生产技术，仍存在鲜明的两个领域：靠中国自有技术设备为主的生产占80%，这部分的生产技术绝大部分相当于国际上20世纪60年代的水平。其余是靠新引进的国外技术为主的生产，相当于国际上20世纪70—80年代水平，而且这部分最先进的技术仍要靠不断进口来补充。① 由于国内自制的机电设备相对比较落后，用户千方百计购买性能先进的国外设备，国内产品的生产得不到市场认可，生产受阻，技术水平提高缓慢，进一步刺激了对国外产品的进口需求，由此导致的积压与进口并存的现象正是这种恶性循环的结果。

尽管如此，不可否认的是，在实行改革开放转变投资方向后，中国的农业和轻工业实现了迅速增长，这在很大程度上得益于前期重工业优先发展战略打下的重工业基础。没有前期重工业的超前发展，改革开放后由消费需求拉动的经济结构转换与经济快速增长是难以实现的。

---

① 孙名扬. 我国工业化进程中的若干潜在问题. 中国工业经济研究，1989（3）.

第六章
对外开放与中国对外贸易战略的演变

改革开放以来，中国由一种近乎完全封闭的状态逐步融入世界经济，进而发展成位居世界第一的贸易大国。对外贸易的辉煌成就与改革开放以来的外贸战略调整密不可分。

第一节　对外开放政策的确立与发展

新中国成立以后，中国的经济建设取得了较大成就，但是随着经济形势的发展，高度集中的计划经济体制和封闭与半封闭的对外政策已经越来越不能适应中国经济发展的需要。20 世纪 70 年代末，中国终于打破封闭与半封闭状态，实施对外开放政策。

一、对外开放政策的确立与初步实践（1978—1991 年）

（一）对外开放政策确立的背景

20 世纪 70 年代以来，国际政治经济格局发生了显著变化，这为中国的对外开放提供了良好的机遇。

一是与西方国家外交关系的建立与改善为中国对外开放提供了良好的政治机遇。在这一时期，经过中国共产党第一代领导人的努力，中国外交局面发生了重大变化，中美关系解冻，中国同日本、西欧等发达国家全面建交，并恢复了在联合国的合法席位。20 世纪 70 年代后期，美苏之间的争霸陷于持续僵持状态，使中国在国际均势中的作用突显，西方国家希冀中国发展壮大。1978 年 6 月，国务院副总理谷牧在访欧汇报中阐述了一个重要的观点，即欧洲受苏联威胁，希望中国强大，希望为中国四个现代化出点力量。①1979 年 8 月 28 日，美国副总统蒙代尔在北京举行的记者招待会上公开表示："一个安定的现代化的中国是符合美国的利益的。"②由此，中国对外开放的良好政治机遇出现了。

二是中国具备了承接劳动密集型产业的能力。20 世纪 70 年代以来，世界技术进步加速，特别是电子信息技术的广泛应用，标志着世界进入了高科技时代，世界各国间的经济联系日益密切，相互依赖性显著加强，对外开放成为强大的世界潮流。伴随科技进步的加速，产品生命周期缩短，发达国家面临新一轮产业升级，需要寻找新的生产基地，把失去优势的劳动密集型产业转移出去。具有丰富廉价劳动力和巨大潜在市场的中国具备了承接劳动密集型产业的能力。

三是日本及新兴工业化经济体为中国的对外开放树立了成功的典范。20 世纪 50 年代，日本通过对外开放承接了第二次世界大战后第一次世界产业转移，从而实现了经济腾飞。20 世纪 60—70 年代，新加坡、韩国以及中国的台湾、香港地区通过对外开放，承接第二轮国际产业转移，发展对外贸易，积极参与国际竞争，经济获得持续高速增长，人民生活显著改善，成为新兴工业国家或地区，从而为发展中国家经济发展树立了成功的典范。

从国内情况来看，20 世纪 70 年代中期中国对外贸易的发展和调整整顿为改革开放打下了一定的基础。伴随着与西方国家关系的改善，70 年代中国对外贸易工作取得成效，发展与西方经贸关系成为中国加速经济增长的重要方式。1972 年中美双方签订的《中美

① 房维中. 在风浪中前进：中国发展与改革编年纪事（1977—1989）：1977—1978 年卷. 内部资料.

② 萧冬连. 中国对外开放的决策过程［J］. 中共党史研究，2007（2）.

联合公报》指出，双方把双边贸易看作是另一个可以带来互利的领域，并一致认为平等互利的经济关系符合两国人民利益，并同意为逐步发展两国间的贸易提供便利。1975年8月18日，国务院召开会议讨论国家计委起草的《关于加快工业发展的若干问题》时，邓小平指出，要“引进新技术、新设备，扩大进出口。可以考虑同外国签订长期合同，引进他们的技术装备开采煤矿，用煤炭偿付。这是一个大政策。总之，要争取多出口一点东西，换点高、精、尖的技术和设备回来，加速工业技术改造，提高劳动生产率”。邓小平回顾这段历史时说：“说到改革，其实在1974年到1975年我们已经试过一段。”“那时的改革，用的名称是整顿，强调把经济搞上去，首先是恢复生产秩序。”这一时期对外贸易发展取得的成效及调整整顿成为改革开放的实践基础。

此外，粉碎“四人帮”和真理标准问题大讨论，为改革开放做了思想理论准备。1978年5月，《光明日报》发表的题为“实践是检验真理的唯一标准”的文章，引起广泛关注并掀起了一场全国性的大讨论，这场讨论从客观上有力地冲破了长期“左”倾错误思想对人们的束缚，为恢复中国共产党的实事求是思想路线创造了条件。中国共产党开始重新客观审视中国与世界的差距：一方面，中国经济发展缓慢；另一方面，发达国家及周边国家和地区经济的飞速发展使中国产生了极大的紧迫感。进而，以经济建设为中心逐渐成为全党全国的共识，如何加速实现中国的现代化成为紧迫的任务。

（二）对外开放政策的确立

1. 总结历史经验教训

1976年10月，十年动乱结束，加速经济发展、提高人民生活水平、摆脱长期贫穷落后的状态成为全社会的诉求，在总结自身教训、借鉴国际经验并审时度势的基础上，对外开放政策逐步酝酿出台。邓小平曾总结教训指出：“从一九五七年下半年开始，我们就犯了‘左’的错误。总的来说，就是对外封闭，对内以阶级斗争为纲，忽视发展生产力，制定的政策超越了社会主义的初级阶段。”① 在此，邓小平同志将我们当时犯的“左”倾错误的首要错误归结为“对外封闭”。同时，邓小平还深刻反思了中国近百年落后挨打的历史，果断提出了走开放之路的思想。他指出：“现在的世界是开放的世界。中国在西方国家产业革命以后变得落后了，一个重要原因就是闭关自守。建国以后，人家封锁我们，在某种程度上我们也还是闭关自守，这给我们带来了一些困难。三十几年的经验教训告诉我们，关起门来搞建设是不行的，发展不起来。”② 他还指出：“发展经济，不开放是很难搞起来的。世界各国的经济发展都要搞开放，西方国家在资金和技术上就是互相融合、交流的。”③ 这阐明了当代世界经济的一个鲜明特征，即开放已成为世界经济的潮流。中国的发展离不开世界，中国需要对外开放。

2. 派代表团出国考察，学习国外经验

从1977年开始，中央派出多个国家级和地方级的代表团先后出国考察。1977—1978

---

① 邓小平文选：第3卷. 北京：人民出版社，1993.

② 邓小平文选：第3卷. 北京：人民出版社，1993.

③ 邓小平文选：第3卷. 北京：人民出版社，1993.

年，对外贸易部部长李强对英国、法国、埃及、比利时、卢森堡、联邦德国、新西兰、澳大利亚等国家进行了友好访问。1977 年 9 月，由中国国际贸易促进委员会主任王耀庭率领的代表团应美中贸易全国委员会的邀请到美国进行访问；1978 年 5 月，国务院派出了新中国第一个由时任国务院副总理谷牧带队的赴西欧考察的经济代表团，他们在法国、德国、比利时、丹麦和瑞士进行了一个多月的考察。6 月下旬中央政治局专门开会听取考察团的汇报。7 月，国务院召开关于经济建设的务虚会，充分讨论了对外经济合作的问题，并在几个重要问题上达成了共识：(1)“二战”后，资本主义经济发达国家的社会经济都发生了重大的变化，科学技术和经济发展日新月异，资本主义有很多我们可以借鉴的地方；（2）中国的社会主义建设虽然取得了很大的成绩，但与资本主义相比还比较落后，与发达国家的发展差距不是缩小了，而是拉大了；（3）发达资本主义国家出于其政治和经济的考虑也想和我们进行经济合作，它们需要投资的市场和产品销售的市场；（4）在发展对外经济关系中，许多国际上流行的做法，包括补偿贸易、合作生产、吸收国外投资等，我们都可以研究采用。这些海外考察活动开阔了决策层的视野，把握了现代经济发展的一些基本经验和路径，从而明确了中国经济发展的方向和基本道路。

3. 积极开展各类对外经贸方式、方法的探索

1978 年 2 月，华国锋在第五届全国人大第一次会议的《政府工作报告》中提出：“中国对外贸易要有一个大发展。”[①]

在“对外贸易要大发展”的方针下，外经贸部门积极探索并尝试发展对外贸易的各类方式、方法。1978 年 10 月 16 日至 11 月 2 日，由中国对外贸易部、联合国贸易和发展会议共同在上海主办了中国对外贸易及经营管理座谈会，这是中国举办的第一次这种类型的活动。对外贸易部副部长王润生在阐述了中国的国际地位之后指出[②]：“同世界先进国家相比，中国在经济和科学技术方面还有很大差距。”“为此，进一步发展同其他国家的友好经济合作和交流，其中，包括贸易交流也是非常必要的。”1978 年 4 月，对外贸易部部长李强就灵活贸易做法问题明确指出：“以下几种做法，‘四人帮’干扰时我们不能做，现在可以做：补偿贸易；来料加工、来样加工；用外商商标牌号定牌；协作生产；寄售；分期付款、延期付款。”[③]

4. 对外开放政策的最终确立

1978 年 9 月，全国计划会议召开。会议提出，经济战线必须实行三个转变，其中之一是从那种不同资本主义国家进行经济技术交流的闭关自守或半闭关自守状态，转到积极地引进国外先进技术、利用国外资金、大胆地进入国际市场的开放状态上来。[④] 会议特别提出，必须多方面地改变不适应生产力发展的生产关系，改变不适应经济基础的上层建筑，改变农业企业的管理方式和思想方式，使之适应于现代化大经济的需要。要在政治挂帅的前提下，放手发挥经济手段和经济组织的作用，按经济规律办事，改变那些

① 华国锋. 团结起来，为建设社会主义的现代化强国而奋斗. 北京：人民出版社，1978.

② 王润生. 交流经验，加深了解，发展贸易. 经济导报，1978-10-25.

③ 李强同志谈灵活的对外贸易做法. 内部参考，1978-05-29.

④ 马齐彬，等. 中国共产党执政四十年. 北京：中共党史资料出版社，1989.

不讲经济核算、不讲经济效果、不讲经济效率、不讲经济责任的老框框、老办法。各级领导干部要自觉地认识这些变革的重要性、复杂性、艰巨性，站在斗争的前列，依靠广大群众，大胆而又细致地去领导这些变革。[①] 这次会议从总体上明确了改革开放的发展思路。

1978 年 12 月，中国共产党第十一届三中全会召开，会议明确提出“以经济建设为中心、进行改革开放、加速社会主义现代化建设的伟大战略决策”。并提出要“在自力更生的基础上积极发展同世界各国平等互利的经济合作，努力采用世界先进技术和先进设备”。实行对外开放政策作为党的重要决策而被进一步明确，由此确定了中国改革开放的基本国策，揭开了中国经济发展的新的序幕。

1981 年 11 月召开的第五届全国人大第四次会议的《政府工作报告》又进一步明确指出：“实行对外开放政策，加强国际经济技术交流，是我们坚定不移的方针。”1982 年 12 月，对外开放政策被正式写入中国宪法。

1984 年，邓小平强调指出，中国的对外开放是全方位的开放，既向西方发达国家开放，也向苏联东欧国家开放，同时还向第三世界开放。对外开放的重点是经济对外开放，但又不限于经济，同时也包括政治、文化、社会等方面。1984 年 10 月，中国共产党第十二届三中全会通过了《中共中央关于经济体制改革的决定》，正式将对外开放确定为中国的长期基本国策。

（三）对外开放政策的初步实践

1. 经济特区的建立

广东省于 1979 年 1 月 23 日做出决定，将宝安县改为深圳市、珠海县改为珠海市。这一决定于 3 月 5 日获得国务院批复同意。继而，广东省委、省政府初步决定先在深圳、珠海两地试办出口特区，并希望中央给广东放权，让广东充分发挥自己的优势，在现代化建设中先走一步。

1979 年 4 月，中央召开工作会议，专门讨论经济建设问题。当时广东省委领导人习仲勋在汇报工作时提出，希望中央下放一定的权力，允许广东有一定的自主权，允许参照亚洲“四小龙”的成功经验，在毗邻港澳的深圳、珠海、汕头举办出口加工业。

1979 年 7 月 15 日，经过各方面的充分讨论和准备，中共中央、国务院批转了广东和福建两省分别提出的关于对外经济活动实行特殊政策和灵活措施的两个报告，中央指出，“对两省对外经济活动实行特殊政策和灵活措施，给地方以更多的自主权，使之发挥优越条件，抓紧当前有利的国际形势，先走一步，把经济尽快搞上去，这是一项重大的改革”，同时批准在广东的深圳、珠海、汕头以及福建的厦门试办出口特区。

1980 年 5 月 16 日，中共中央发出《关于广东、福建两省会议纪要的批示》，正式确认了经济特区这个名称。中央批示指出，“一年来的实践证明，中央决定广东、福建两省在对外经济活动中实行特殊政策和灵活措施是正确的。中央决定，在广东省的深圳市、珠海市、汕头市和福建省的厦门市各划出一定范围的区域，试办经济特区”。

① 李正华. 1978 年国务院务虚会研究. 当代中国史研究，2010（2）.

1980 年 8 月 26 日，第五届全国人大常委会第十五次会议决定，批准国务院提出的在广东省的深圳、珠海、汕头和福建省的厦门设立经济特区，并批准公布了国务院审议的《广东省经济特区条例》。这标志着中国经济特区的正式诞生。随后，国务院批准上述 4 个经济特区的地理位置和区域范围，4 个经济特区相继投入开发建设。

经济特区在起步时期经济规模均较小。1980 年，深圳、珠海、汕头、厦门和海南五个地区 GDP 合计仅 41.83 亿美元，占全国的 0.94%，其中深圳地区 GDP 只有 2.7 亿美元。特区成立后，在特殊的开放政策下，吸引了大量内外资企业投资，到 1983 年，深圳吸引的外资（FDI）就超过了香港，工业产值达到 13 亿元，比 1979 年增长了 20 倍，财政收入 4.5 亿元，比 1979 年增长 10 余倍。到 1984 年底，四个经济特区与外商签订的各种经济合作协议累计达 4 700 多项，外商协议投资额达 20 亿美元，实际利用外资 8.4 亿美元。特区经济面貌发生了巨大变化，深圳由一个边境小镇一跃成为初具规模的现代化新兴城市。

2. 沿海开放城市的确定

经济特区在短时间内取得突破性进展和巨大成就产生了明显的示范效应，极大地鼓舞了民心，扩大了对外开放的社会基础，也进一步坚定了决策层扩大对外开放的决心。1984 年 2 月，邓小平视察了深圳、珠海、厦门及上海后，明确指出：“深圳的发展和经验表明，我们建立经济特区的政策是正确的。”[①] 为扩大开放成果，他与有关中央领导谈话指出，可将厦门特区扩大为整个厦门岛，以吸收大批华侨、港台资金及外国人投资。同时他还提出：“除现在的特区外，可以考虑再开放几个港口城市……这些地方不叫特区，但可以实行特区的某些政策。”[②]

1984 年 3 月 26 日—4 月 6 日，中共中央书记处和国务院在北京召开由有关省区市和部门负责人共 90 余人参加的沿海部分城市谈话会。会上介绍了深圳及蛇口工业建设的经验，论证了进一步开放的必要性和可能性，提出了开放沿海港口城市的初步设想。这次座谈会形成了《沿海部分城市座谈会纪要》（简称《纪要》），经 4 月 30 日中共中央政治局会议讨论通过，5 月 4 日由中共中央和国务院转发全党和全国，正式宣布进一步开放天津、上海、大连、秦皇岛、烟台、青岛、连云港、南通、宁波、温州、福州、广州、湛江和北海 14 个沿海港口城市。中央重申，进一步开放沿海城市主要靠政策：一是给前来投资和提供先进技术的外商以优惠待遇，使其有利可图；二是扩大沿海港口城市的自主权，让其有充分的活力去开展对外经济活动。《纪要》具体提出了在这两个方面的若干优惠政策和措施。

3. 沿海经济开发区的形成

1985 年 1 月 25 日—31 日，国务院召集江苏、上海、浙江、福建、广东五省市和有关省辖市、地区、县的负责人及中央有关部门负责人举行座谈会，商讨落实开辟长江、珠江三角洲和闽南三个地区为沿海经济开放区的问题。会议认为，将沿海地区逐步开辟为对外开放的经济地带，“不但可以使沿海经济加快发展，在全国最先建设成为内外交流、

---

① 邓小平文选：第 3 卷. 北京：人民出版社，1993.

② 邓小平文选：第 3 卷. 北京：人民出版社，1993.

工农结合、城乡渗透、现代化、开放式的文明富庶的地区，而且可以使内地和沿海的优势互为补充，相得益彰，共同发展和繁荣”。[①] 同时，“我国的经济体制改革和对外开放，将通过经济特区—沿海开放城市—沿海经济开放区—内地这样多层次的探索和实践，由外向内、由沿海到内地逐步推进，从而有效地把发展沿海经济同开发内地经济密切结合起来，解决我国东部和西部的关系问题，使我国经济全面振兴，人民普遍富裕起来”。2月18日，中共中央、国务院批转了《长江、珠江三角洲和闽南厦漳泉三角洲地区座谈会纪要》。这3个三角洲的对外开放将城市与广大农村作为一个整体，从而形成一个对外开放的前沿地带，对外开放实现了由线到面的重大推进。

这3个沿海三角洲地区人口2亿多，工农业总产值占全国的50%以上。国务院在批转纪要的通知中指出：“开放上述3个地区，是我国实施对内搞活经济、对外实行开放的又一重要步骤，是社会主义经济建设中具有重要战略意义的布局。”至此，中国初步形成了多层次、有重点、递进式的对外开放格局。

4. 沿海技术开发区的设立

1984年9月，国务院首先批准了东北重镇大连市兴办经济技术开发区。自此到1985年1月，在逐渐审批沿海开放城市的实施方案中陆续批准了秦皇岛、烟台、青岛、宁波、湛江、天津、连云港、南通、福州、广州10个城市举办经济技术开发区，并给予它们和沿海经济特区类似的优惠政策。1986年8月，国务院批准设立上海闵行经济技术开发区和虹桥经济技术开发区，1988年又批准了上海市举办以发展高新技术为主的漕河经济技术开发区。这样，中国的经济技术开发区已经达14个。到1991年底，14个经济技术开发区累积开发土地面积达30万平方千米，批准外商投资项目1 501个，协议吸收外资27.2亿美元。依托良好的经济基础和对外开放的优惠政策，沿海开放城市经济发展速度大大加快，经济总量大幅上升。1984年，15个城市的地区GDP合计为1 075.5亿元，到1991年达到2 980.54亿元，1998年增至14 083.99亿元，年均增速16.67%，高出全国平均增速（10.98%）5.69个百分点，占全国GDP的比重从1991年的13.79%上升为1998年的17.74%。到2001年，15个城市[②]的GDP合计为14 219.77亿元，沿海开放城市的经济潜力被发挥出来。其中，开放前经济相对落后的中小城市，如威海、福州、温州、北海、青岛和烟台增速均超20%。据研究，1991年15个城市的GDP离散系数为101.23，到1998年则降至90.59。沿海城市间经济发展出现了明显的收敛趋势，但占前三位的上海、天津、广州在15个城市经济中所占比重则变化不大。1984年，三者占比合计为59.2%，此后有所降低，但到2001年升至65.24%。[③]

5. 海南特区的设立

1988年，中国对外开放又迈出新的一步——设立海南省，创办海南大特区。早在1980年6月—7月，中央有关部委和广东、海南的有关负责人就在北京召开了海南岛问题座

① 中共中央文献研究室．十二大以来重要献选编中册．北京：人民出版社，1986.

② 1987年，威海市从原归属于烟台市管辖的县级市升级为独立的地级市，继续享受沿海开放城市政策。

③ 根据《中国海洋统计年鉴》计算。

谈会。国务院于7月24日批转了会议纪要，提出对海南要放宽政策，把经济搞活。随后，几位中央领导先后视察海南。根据几位领导的意见，中共中央、国务院于1983年4月做出专项决定，赋予海南行政区较多的对外经济合作自主权，并在海南实行经济特区的某些政策。

6.“复关”过程促进了中国经济的对外开放

1978年以后，中国经济对外开放在客观上要求中国参加国际经济组织。20世纪80年代初，中国开始与关贸总协定建立联系。1980年以后，中国先后派出代表以观察员身份参加关贸总协定缔约方全体会、理事会等活动。1984年1月，中国签署了由关贸总协定主持达成的《多种纤维协定》。在改革开放政策指引下，随着改革开放的深入发展，出于对内改革对外开放的需要，1986年7月，中国正式向关贸总协定递交照会，要求恢复中国在关贸总协定中的缔约国地位。

“复关”是中国经济改革开放的客观要求，中国需要世界多边贸易体制，世界多边贸易体制也需要中国。中国“复关”和加入世界贸易组织，不但对健全世界多边贸易体制有利，也是自身改革、开放和发展的需要。中国对外开放是全面的开放，但是经济是基础，中国实行对外开放首先是经济上的对外开放，即要大力发展和不断加强对外经济技术交流，积极有效地引进外资，学习先进的管理经验，积极探索扩大双边与多边和区域经济合作的途径和方式，加速与世界经济的接轨。

1987年2月，按照关贸总协定的惯例和程序，中国政府向关贸总协定递交了《中国对外贸易制度备忘录》。同年3月，关贸总协定成立中国等缔约国地位工作组，对恢复中国在关贸总协定中的缔约国地位问题进行审议。截止到1995年8月，中国工作组一共举行了19次工作组会议。从1992年2月起，中国恢复关贸总协定缔约国地位的谈判已由对中国经贸体制的一般性审议进入到议定书和关税、非关税减让的实质性谈判阶段。

中国要求恢复关贸总协定缔约国地位的申请受到了绝大多数缔约方的欢迎与支持。从1986年7月申请“复关”到1994年12月的“复关”谈判，中国始终采取积极与合作的态度，耐心地回答和解释了缔约方美国提出的4 500多个问题。随着中国改革与开放的深入，中国与关贸总协定基本原则的差距在不断缩小。与此同时，中国全面参加了关贸总协定乌拉圭回合的多边贸易谈判，并签署了《最后文件》及《建立世界贸易组织的协议》。1995年7月，中国成为世界贸易组织观察员。

按照关贸总协定成立的基础与各国加入关贸总协定的做法，一国要以关税减让作为承诺条件进入关贸总协定，必须具备以下基本条件：（1）该国的经济制度基本上是市场经济；（2）该国保护国内市场的手段以关税为主，在个别情况下可以保留数量限制措施；（3）价格基本上由市场供求关系决定；（4）外贸法规比较健全，且在全国通行；（5）外汇基本自由；（6）外贸政策措施要对外公布，并按其执行，保持透明度。

缔约方对中国“复关”的审议中，除希望经济体制改革继续外，还提出了五项具体要求：（1）外贸政策法规的全国统一性；（2）外贸政策法规的透明度；（3）非关税措施的合理性，关税作为主要保护手段；（4）承诺价格改革时间表；（5）在完成价格体制改革以前，接受选择性保障条款。

中国外贸体制改革的方向与上述要求异曲同工，并行不悖。其结果，随着改革的深入，中国“复关”过程中，可以得到更加稳定良好的国际环境，更加广阔的贸易空间，增加中国商品和服务进入国际市场的机会，在多边贸易体制基础上，维护经贸方面的正当权益。与此同时，也推动社会主义市场经济的建立和完善，促进中国经济与世界经济的接轨，保持持续、稳定的发展。

中国“复关”的过程，使中国经济与世界经济分工合作更加密切。一个日益开放的中国为世界经济的发展提供了巨大的市场、更多的就业机会以及更好的国际资源配置机遇，对世界经济的繁荣和世界贸易组织的健康发展做出了更多的贡献。

二、对外开放政策的深化与发展（1992—2001年）

1992年，邓小平发表了著名的南方谈话，科学地总结了中国共产党第十一届三中全会以来的基本经验，明确地回答了困扰和束缚人们思想的姓“资”还是姓“社”的重大问题。同年召开的党的十四大对建设有中国特色的社会主义理论进行了科学的概括。理论上的创新带来了人们思想的解放，从而推动了实践的发展，中国的对外开放迈出了新的步伐。

（一）邓小平南方谈话与新一轮思想解放

1992年1月17日，88岁高龄的邓小平乘专列离开北京，前往武昌、深圳、珠海、上海等地视察，开始了历时35天、改变中国、影响世界的“南方之旅”。邓小平视察南方并发表重要谈话，是在中国改革开放和现代化建设处于关键时刻进行的。南方谈话针对“左”的错误思潮及其观点，科学地总结了中国共产党第十一届三中全会以来党的基本实践和基本经验，以一系列振聋发聩的新思想、新观点、新论断，从理论上深刻回答了长期困扰和束缚人们思想的许多重大认识问题，澄清了前进道路上的迷雾，促进了全党全国人民的又一次思想大解放。

南方谈话的内容，主要集中在以下六个方面。

（1）提出毫不动摇地坚持党的“一个中心、两个基本点”的基本路线，坚持不懈地推进改革开放。邓小平指出：革命是解放生产力，改革也是解放生产力。过去只讲在社会主义条件下发展生产力，没有讲还要通过改革解放生产力。应该把解放生产力和发展生产力两个讲全了。要坚持党的十一届三中全会以来的路线、方针、政策，关键是坚持“一个中心、两个基本点”。不坚持社会主义，不改革开放，不发展经济，不改善人民生活，只能是死路一条。基本路线要管一百年，动摇不得。有了这一条，中国就大有希望。

（2）提出改革开放胆子要大一些，敢于试验。看准了的，就大胆地试大胆地闯。邓小平指出：没有一点闯的精神，没有一点冒险精神，就干不出新的事业。改革开放迈不开步子，不敢闯，说来说去就是怕资本主义的东西多了，走了资本主义道路，要害是姓“资”还是姓“社”的问题。判断的标准，应该主要看是否有利于发展社会主义社会的生产力，是否有利于增强社会主义国家的综合国力，是否有利于提高人民的生活水平。邓小平提出：“到本世纪末，上海浦东和深圳要回答一个问题，姓‘社’不姓‘资’，两个地方都要做标兵。要回答改革开放有利于社会主义，不利于资本主义。这是个大原则，要用实践来回答。……要用上百上千的事实来回答改革开放姓‘社’不姓‘资’，有利于社会主义，不利于资本主义。”[①] 针对计划和市场问题上的争论，邓小平强调：“计划多一点还是市场多一点，不是社会主义与资本主义的本质区别。计划经济不等于社会主义，资本主义也有计划；市场经济不等于资本主义，社会主义也有市场。计划和市场都是经济手段。社会主义的本质，是解放生产力，发展生产力，消灭剥削，消除两极分化，最终达到共同富裕。”[②]

（3）提出抓住时机，发展自己，关键是发展经济。邓小平指出：“现在，周边一些国家和地区经济发展比我们快，如果我们不发展或发展得太慢，老百姓一比较就有问题了。”[③]

（4）提出要坚持两手抓，一手抓改革开放，一手抓打击各种犯罪活动，两手都要硬。邓小平要求，广东二十年赶上亚洲“四小龙”，不仅经济要上去，社会秩序、社会风气也要搞好，两个文明建设都要超过它们，这才是有中国特色的社会主义。在整个改革开放过程中都要反对腐败，都必须始终坚持四项基本原则。

（5）提出正确的政治路线要靠正确的组织路线来保证。邓小平指出：“中国的事情能不能办好，社会主义和改革开放能不能坚持，经济能不能快一点发展起来，国家能不能长治久安，从一定意义上说，关键在人。”“要注意培养人，要按照‘革命化、年轻化、知识化、专业化’的标准，选拔德才兼备的人进班子。我们说党的基本路线要管一百年，要长治久安，就要靠这一条。真正关系到大局的是这个事。”邓小平强调：“学马列要精，要管用的”，“实事求是是马克思主义的精髓。要提倡这个，不要提倡本本”，“马克思主义是很朴实的东西，很朴实的道理”。[④]

（6）提出社会主义经历一个长过程发展后必然代替资本主义，这是社会历史发展不可逆转的总趋势。邓小平指出：“一些国家出现严重曲折，社会主义好像被削弱了，但人民经受锻炼，从中吸收教训，将促进社会主义向着更加健康的方向发展”，“我们要在建设有中国特色的社会主义道路上继续前进”，“如果从建国起，用一百年时间把我国建设成中等水平的发达国家，那就很了不起！从现在起到下世纪中叶，将是很要紧的时期，我们要埋头苦干”。[⑤]

（二）党的十四大的三大历史决策

1992 年 10 月 12 日—18 日，中国共产党第十四次全国代表大会在北京召开。大会正式代表 1 989 人，代表全国 5 100 多万党员。这次代表大会的任务是：以邓小平同志建设有中国特色社会主义的理论为指导，认真总结中国共产党第十一届三中全会以来 14 年的实践经验，确定今后一个时期的战略部署，动员全党同志和全国各族人民，进一步解放思想，把握有利时机，加快改革开放和现代化建设步伐，夺取有中国特色社会主义

---

① 邓小平年谱（一九七五——一九九七）：下. 北京：中央文献出版社，2004.

② 邓小平文选：第 3 卷. 北京：人民出版社，1993.

③ 邓小平文选：第 3 卷. 北京：人民出版社，1993.

④ 邓小平文选：第 3 卷. 北京：人民出版社，1993.

⑤ 邓小平文选：第 3 卷. 北京：人民出版社，1993.

事业的更大胜利。

1992 年 2 月 20 日，江泽民在党的十四大报告起草座谈会上强调，邓小平视察南方的重要谈话，是他十多年来关于建设有中国特色社会主义的一贯思想的高度体现和新的发展，党的十四大报告要以这个谈话精神作为贯穿全篇的主线，在系统地总结改革开放和现代化建设 14 年实践和经验的基础上着重阐明为什么要毫不动摇地坚持党的“一个中心，两个基本点”的基本路线。江泽民指出，“一个是基本路线不变，一个是社会政治稳定，有了这两条，我们就能够不断地胜利前进。坚持党的基本路线就是要一百年不动摇”。

1992 年 4 月 30 日，中央政治局常委会议对党的十四大报告的第一稿进行了讨论。此后又形成了第二稿和第三稿。江泽民 6 月 9 日在中央党校发表讲话后，起草小组又对报告稿做了重要修改，形成第四稿，并提请政治局审议，报邓小平审阅。7 月 23 日和 24 日，邓小平审阅报告稿后表示同意报告的框架并提出了修改意见。在此基础上，党的十四大顺应历史的要求和人民的愿望，做出了三项深远意义的决策。

（1）中国经济体制改革的目标是建立社会主义市场经济体制。大会指出，中国经济体制改革确定什么样的目标模式，是关系整个社会主义现代化建设全局的一个重大问题，其核心是正确认识和处理计划与市场的关系。

（2）社会主义市场经济体制是同社会主义基本制度结合在一起的。在所有制结构上，以公有制包括全民所有制和集体所有制经济为主体，个体经济、私营经济、外资经济为补充，多种经济成分长期共同发展，不同经济成分还可以自愿实行多种形式的联合经营。在分配制度上，以按劳分配为主体，其他分配方式为补充，兼顾效率与公平。在宏观调控上，把人民的当前利益与长远利益、局部利益与整体利益结合起来，更好地发挥计划和市场两种手段的长处。

（3）确立邓小平建设有中国特色社会主义理论在全党的指导地位。党的十四大报告首先回顾了党领导人民进行的 14 年改革开放实践，指出：“改革开放十四年来我们党所以能够取得伟大成就的根本原因，是“坚持把马克思主义基本原理同中国具体实际相结合，逐步形成和发展了建设有中国特色社会主义的理论”。

（三）全方位多层次宽领域对外开放向纵深推进

邓小平南方谈话和党的十四大以后，中国掀起了新一轮对外开放的热潮。关于在发展社会主义市场经济条件下经济特区的地位和作用问题，1994 年 6 月 20 日，江泽民在深圳考察时对经济特区的发展郑重提出了“三不变”承诺，即“中央对发展经济特区的决心不变，中央对经济特区的基本政策不变，经济特区在全国改革开放和现代化建设中的历史地位和作用不变。要把发展经济特区贯穿于社会主义现代化建设的整个过程”。

从 1995 年到 2000 年，各经济特区保持了国民经济的持续快速发展。深圳经济特区 1999 年与 1994 年相比，国内生产总值由 615 亿元增加到 1 436 亿元，年均递增 8.5%；人均国内生产总值从 1.95 万元增加到 3.59 万元；居民人均可支配收入由 1.09 万元增加到 2.02 万元；外贸进出口总额由 349.8 亿美元增加到 504.3 亿美元，其中出口总额由 183 亿美元增加到 282 亿美元；地方预算内财政收入由 74.4 亿元增加到 184.8 亿元。随着经济实力的增强，深圳对国家的贡献越来越大，5 年累计上缴中央财政收入 1 020 亿元。

上海浦东的开发开放，是加速中国沿海地区和沿长江地区对外开放迈出的重要一步。党的十四大以后，为了进一步支持浦东新区的开发开放，国务院给予上海浦东新区一系列新的优惠政策。一是扩大上海市五类项目的审批权，具体有：授权上海市自行审批在外高桥保税区内的中资和外资从事转口贸易的企业；授权上海市自行审批浦东新区内国营大中型企业产品出口经营权；扩大上海市有关新区内非生产性项目的审批权；扩大上海市有关新区内生产性项目的审批权，总投资 2 亿元以下的项目，可以自行审批；授权上海市在中央规定的额度范围内自行发行股票和债券，允许全国各地发行的股票在上海上市交易。二是给予上海五个方面配套资金的筹措权，明确在“八五”计划期间：（1）允许上海每年发行 5 亿元浦东建设债券；（2）在原来每年中央给上海 1 亿美元借款的基础上，从 1992 年起每年增加 2 亿美元优惠利率贷款；（3）允许上海在原定额度以外，每年再发行 1 亿元人民币股票，为浦东开发筹资；（4）允许上海每年发行 1 亿美元 B 股票；（5）在原定每年国家支持 2 亿元拨款的基础上，1992 年开始每年再增加 1 亿元人民币拨款。

实施“引进来、走出去”相结合的对外开放战略。积极利用外资，是邓小平提出的加速中国社会主义现代化建设的一项大政策。党的十四大提出：“利用外资的领域要拓宽。采取更加灵活的方式，继续完善投资环境，为外商投资经营提供更方便的条件和更充分的法律保障。按照产业政策，积极吸引外商投资，引导外资主要投向基础设施、基础产业和企业的技术改造，投向资金、技术密集型产业，适当投向金融、商业、旅游、房地产等领域。”1996 年 11 月，江泽民在中央经济工作会议上指出：“积极合理有效地利用外资，是我国对外开放政策的重要组成部分，是必须长期实行的指导方针，这一点决不能动摇。我们既要充分地看到利用外资的积极作用，又要始终保持清醒头脑，注意避免外商投资可能带来的一些负面影响。”

三、新时期对外开放政策的调整（2002 年至今）

改革开放以来，中国通过融入经济全球化潮流，实现了以市场交换的方式获取全球资源，促进了经济持续高速发展。历史经验表明，经济发展需继续推进对外开放。

（一）加入世界贸易组织对中国对外开放政策的影响

1995 年 1 月 1 日，世界贸易组织在关贸总协定（GATT）的基础上成立并正式运行。中国的“复关”谈判因此也转为“入世”谈判。通过多年的谈判经历，中国不断了解世界贸易的规律，相应调整国内各行业的标准。中国已经准备好进入开放的下一个阶段，在全世界的贸易平台中迎接全面、多层次、全方位、宽领域的开放。

2001 年 11 月 10 日，在卡塔尔多哈举行的世界贸易组织第四届部长级会议通过了中国加入世界贸易组织法律文件。这是中国现代化建设进程中具有重大历史意义的一件大事，它标志着中国对外开放进入了新的阶段，对外贸易战略和经济体制改革也面临新的突破。

2001 年 12 月 11 日，中国正式成为世界贸易组织成员。中国加入世界贸易组织后做出以下主要承诺。

（1）中国将根据 WTO 的原则为贸易和外商投资创造一个更为透明的环境，中国将给予 WTO 的所有成员以无歧视待遇，所有来自其他成员的人或企业，包括以前没有在中国进行投资或注册的企业都应该享受与中国企业同等的待遇。

（2）中国将取消双重价格标准，并取消同等产品在国内销售和出口所享受的不同待遇。

（3）取消用价格控制的方法来保护本国工业和服务业。

（4）修改目前中国有关法规中与 WTO 规则不相符的部分，从而与世界贸易组织的规定相一致。

（5）在中国“入世”3 年内，所有企业都将获得进出口经营权。除了少数例外，进出口货物将能在中国所有的海关管辖区通过。

（6）目前在中国的外资企业所受的限制将在“入世”3 年内取消或大大减少。

中国在享受世界贸易组织提供的机遇的同时，也平等地承担 WTO 体系下的义务。世界贸易组织成员方的基本权利加大了中国对外开放的力度，实现了经济的高速增长，提高了中国政府的国际地位，使中国在国际政治、经济等领域中发挥着更加重要的作用。加入世界贸易组织以来，中国按承诺开放了包括金融、电信、建筑、分销、法律、旅游、交通等在内的众多服务领域。制定、修订、废止了 3 000 余件法律、行政法规和部门规章，加强知识产权保护，投资环境进一步完善，利用外资的规模继续扩大，实际利用外资平均每年近亿美元。短短几年时间里，中国平均关税大幅降低，服务贸易领域的开放程度接近发达国家水平。同时，各行各业都发生了惊天巨变，中国电信业走向了世界，银行业也全面向外资开放，基本完成了“入世”承诺。

同时，世界贸易组织成员方的基本义务对中国存在的问题提出了挑战，唯有积极主动地改革现有体制中的弊端，才能有效地提高国际竞争力，实现个人、企业和国家的发展，有力地推动中国国内全面的改革进程。中国加入 WTO，是对外开放政策的一个分水岭，从此中国进入了发展的关键期、改革的攻坚期和矛盾的凸显期，如何合理地解决社会中突出存在的各种矛盾，成为能否保护多年来对外开放成果的关键。

（二）西部大开发

1. 战略实施背景

1978 年后，中国开始实行强调效率、市场机制和相对优势的对外开放战略，20 世纪 80 年代初继首批 4 个经济特区正式批准后又开放沿海港口城市和沿海经济开放区并给予多种优惠政策，这种沿海倾斜型对外开放政策对特区和沿海其他地区开展对外贸易、吸引外资发挥了重要作用。1992 年，在巩固沿海地带开放成果的基础上中国开始实施向西部推进的对外开放政策，相继开放沿边口岸城市、内陆边境城市和内陆省会城市。

“入世”为中国与世界经济接轨带来了契机，推动中国开放型经济步入跨越发展阶段。与此同时，党中央、国务院也意识到西部地区经济发展刻不容缓。西部大开发是中华人民共和国中央政府的一项政策，目的是把东部沿海地区的剩余经济发展能力，用以提高西部地区的经济和社会发展水平，巩固国防。2000 年 1 月，国务院成立了西部地区开发领导小组，研究加快西部地区发展的基本思路和战略任务，部署实施西部大开发的重点工作。中国共产党第十五届五中全会通过《中共中央关于制定国民经济和社会发展第十个五年计划的建议》，把实施西部大开发、促进地区协调发展作为一项战略任务，强调："实施西部大开发战略、加快中西部地区发展，关系经济发展、民族团结、社会稳定，关系地区协调发展和最终实现共同富裕，是实现第三步战略目标的重大举措。"2001 年 3 月召开的第九届全国人大第四次会议通过了《中华人民共和国国民经济和社会发展第十个五年计划纲要》，对实施西部大开发战略再次进行了具体部署。

进入"十二五"后，党中央、国务院出台了《西部大开发"十二五"规划》，对西部大开发进行了全面部署，明确提出了重点任务及重大工程。加大了对西部大开发的投入，设立了专项补助资金，支持西部做好项目建设前期工作的探索，推进扶贫致富，在继续加强西部大型水利枢纽、交通电网等重大基础设施建设的同时，也着重发展工业和能源。在此期间，西部地区生产总值增长速度超过东部地区和全国平均水平，完成固定资产投资预定目标，地方公共财政收入不断提高，城乡居民收入与经济发展基本保持同步；对外发展态势良好，区域内机场、铁路、高速公路等交通要道和枢纽不断进行改造升级，高铁项目已经成为带动西部崛起的新动力，西部地区的对外联系得以加强，进出口总额显著增长，西部已成为中国经济增长最有发展空间的区域，区域发展更加开放化。

2013 年 11 月，中国共产党第十八届三中全会的召开，标志着中国改革开放事业在历史新起点上迈入全面深化新阶段，明确了今后一段时期内中国深化改革开放的方向。与此同时，《中共中央关于全面深化改革若干重大问题的决定》强调了对丝绸之路经济带、海上丝绸之路的建设，明确指出扩大内陆沿边开放，不仅有利于提高对外开放水平，而且有利于缩小区域发展差距，为西部地区发展增添活力和动力。

2. 战略实施具体措施

（1）加强西部招商引资的力度

一是刺激经济。国家投资重点西移，优先在中西部安排资源开发和基础设施建设项目，并在跨地区能源、交通、通信等基础设施建设项目上给予重大的支持。在投资政策上，允许西部省区根据有关政策开辟新的资金来源，用作重点建设项目的资本金。对重大的资源开发和基础设施项目，可建立项目基金解决资本金来源。国家投资力度的加大，对拉动西部增长起到重要作用。

二是交通先行。国家实施积极财政政策，增加投资，加快西部地区以交通为重点的基础设施建设，近年来，西部加快了铁路、公路、机场、电力、通信及城市公共设施等建设步伐，基础设施的落后面貌可望在较短时期内基本改变。

三是吸引投资。国家鼓励外商向中西部地区投资，出台了一系列政策措施。在项目审批上，进一步放宽管理权限和设立条件，扩大投资领域，放宽外商持股比例限制。在税收上，对国家鼓励的外商投资企业，在现行税收优惠政策执行期满后的三年内，继续减半征收企业所得税；对东部地区外商投资企业到中西部地区再投资的项目，凡外资比例达到 25%以上的，享受外商投资企业的待遇。在信贷上，优先安排西部地区外资项目的配套人民币资金贷款等。

（2）东西部大合作

实现东西部市场经济网络的一体化，通过在体制、机制整合一体化基础上的东西合作，发挥东西部各自的区位、资源等比较优势，共建长江与成昆—南昆铁路沿线经贸区、新亚欧大陆桥经贸区，形成东西合作与中外合作相互促进、向东开放与向西开放紧密结合，联合参与全球经济竞争与合作的新格局。这不仅有利于兼容并蓄国内外先进经验，吸收越来越多的国外资金和技术参与西部开发，给东西部合作双方带来巨大效益，促进全国区域经济协调发展，而且有助于提高中国参与国际分工合作的整体水平，更充分有效地利用国际国内两种资源、两大市场。

目前，东西合作与中外合作联动发展已涌现多种模式：对口帮扶引入国际合作，即对口地区牵线搭桥，扩大对外贸易、科技交流、经济合作等的形式，包括帮助建立对外联系窗口、外贸公司，介绍合作对象、合作项目等；借船出海，即西部借助于东西合作企业扩大对外贸易、融通资金、引进技术，进而实施“走出去”战略；东部的中外合资企业或港澳台合资企业西进，如原在沿海发展的台湾旺旺食品集团到陕西、甘肃等地设立分厂；东西部联合发展海外劳务输出，即沿海劳务输出公司为中西部开拓境外就业岗位；等等。

（3）区域总体发展战略

2000 年以来，中国推出了西部大开发战略，随后又相继推出了东北地区等老工业基地振兴、中部地区崛起区域发展总体战略，促进区域协调发展。鼓励各地从实际出发，充分发挥自身优势，在应对外部冲击中闯出发展新路。东部地区要大力开拓国际市场，稳定出口，着力发展先进制造业、现代服务业和高新技术产业，加快产业升级和体制创新，培育新的经济增长点，形成参与国际合作竞争新优势，增强更高水平上的可持续发展能力。经济特区、上海浦东新区、天津滨海新区要继续当好改革开放排头兵。

进一步支持中西部和东北地区加强薄弱环节，以消除瓶颈制约为重点，加大基础设施、生态建设和环境保护投资力度，新开工一批交通、水利重点工程，加快建设一批粮食、能源原材料、装备制造等优势产业基地和特色产业基地，加快重点地区优先开发，促进矿产资源枯竭型城市经济转型。抓紧研究制定中西部地区承接产业转移的具体政策。制定和实施全国主体功能区规划。大力扶持革命老区、民族地区、边疆地区和贫困地区发展。提升中西部国家级开发区发展水平和沿边开放水平。继续实施“走出去”战略。

（三）“一带一路”倡议

1. 倡议实施背景

当今世界正发生复杂深刻的变化，国际金融危机深层次影响继续显现，世界经济缓慢复苏、发展分化，国际投资贸易格局和多边投资贸易规则酝酿深刻调整，各国面临的发展问题依然严峻。对外开放思想的核心是实现中国经济发展与世界经济发展的科学而有效的衔接，不仅能够帮助中国自身实现社会经济建设的可持续发展，同时也为世界经济的发展做出重要而影响力巨大的贡献。“一带一路”倡议是对外开放思想在中国新的历史条件下全方位对外开放的重要举措，是对外开放思想在引领中国经济发展中的顶层设计。推进“一带一路”建设既是中国扩大和深化对外开放的需要，也是加强和沿线国家互利合作的需要。

共建“一带一路”致力于亚欧非大陆及附近海洋的互联互通，建立和加强沿线各国互联互通伙伴关系，构建全方位、多层次、复合型的互联互通网络，实现沿线各国多元、自主、平衡、可持续的发展。通过“一带一路”倡议的实践，中国社会经济发展与国际社会经济发展成为了紧密的共同体。共建“一带一路”旨在促进经济要素有序自由流动、资源高效配置和市场深度融合，推动沿线各国实现经济政策协调，开展更大范围、更高水平、更深层次的区域合作，共同打造开放、包容、均衡、普惠的区域经济合作架构。

2. 倡议实施的具体措施

在 2013 年 3 月召开的第十二届全国人大第一次会议上，习近平主席在参加上海代表团审议时指出，中国改革已经进入攻坚期和深水区，要敢于啃硬骨头，敢于涉险滩，更加尊重市场规律，更好发挥政府作用，以开放的最大优势谋求更大发展空间。

2013 年 9 月和 10 月，中国国家主席习近平在出访中亚和东南亚国家期间，先后提出共建“丝绸之路经济带”和“21 世纪海上丝绸之路”的重大倡议，得到国际社会高度关注。中国国务院总理李克强参加 2013 年中国—东盟博览会时强调，要铺就面向东盟的海上丝绸之路，打造带动腹地发展的战略支点。加快“一带一路”建设，有利于促进沿线各国经济繁荣与区域经济合作，加强不同文明的交流互鉴，促进世界和平发展，是一项造福世界各国人民的伟大事业。

2015 年 3 月，国家发展改革委、外交部、商务部联合发布的《推动共建丝绸之路经济带和 21 世纪海上丝绸之路的愿景与行动》，对建设“丝绸之路经济带”和“21 世纪海上丝绸之路”的倡议构想进行了详细规划。

“一带一路”倡议自提出以来，得到周边国家的热烈回应，重点建设“五通”（政策沟通、设施联通、贸易畅通、资金融通、民心相通），打开了中国对外开放战略的新格局。“一带一路”贯穿亚欧非大陆，一头是活跃的东亚经济圈，一头是发达的欧洲经济圈，中间广大腹地国家经济发展潜力巨大。丝绸之路经济带重点畅通中国经中亚、俄罗斯至欧洲（波罗的海），中国经中亚、西亚至波斯湾、地中海，中国至东南亚、南亚、印度洋的联系。21 世纪海上丝绸之路重点方向是从中国沿海港口过南海到印度洋，延伸至欧洲，以及从中国沿海港口过南海到南太平洋。

根据“一带一路”走向，陆上依托国际大通道，以沿线中心城市为支撑，以重点经贸产业园区为合作平台，共同打造新亚欧大陆桥、中蒙俄、中国－中亚－西亚、中国－中南半岛等国际经济合作走廊；海上以重点港口为节点，共同建设通畅安全高效的运输大通道。进一步巩固、扩大中国与中亚、东南亚以及更广大发展中国家和地区的互利合作，有利于全方位开放新格局的形成。

中国的对外开放经历了由经济特区到沿海开放城市，再到沿江沿边开放，最后全面开放这样几个阶段，受地理区位条件制约，东部沿海地区开放水平明显较高，沿边地区特别是西部沿边地区在全国进出口贸易总额中的比重依然较小，形成全方位开放新格局的重点和难点。在中西部，“一带一路”国内段覆盖了中国中西部的大部分地区，使广大中西部地区由原先的内陆腹地变成现在的开放前沿，为中西部地区进一步提高对外开放水平、促进经济平稳健康发展提供了契机。

第二节　改革开放后中国对外贸易战略的演变

一、扩大出口的倾斜战略（1978—1991 年）

（一）战略实施背景

1978—1991 年，中国的对外贸易战略从极端的进口替代型贸易战略逐渐转向扩大出口的倾斜战略。在这一阶段，基于国内改革开放和经济发展的需要，中国集中对出口政策进行了一系列调整。为了鼓励出口，中国先后实施了贸易补贴、减免关税、出口退税、外汇留存等措施，极大地推动了中国的对外贸易。这一时期实行进口替代战略所依赖的名义高关税大幅度下降，高估的汇率政策也在 1994 年随着汇率并轨而得以部分校正。因此，在进口政策做出大幅调整的时候，由于出口鼓励政策起到了一定的“抵消性”作用，总的贸易战略逐步从进口替代战略向扩大出口的倾斜战略转变。

这一时期，中国的对外贸易战略表现出如下特征：（1）实行相对开放和优惠的经济贸易政策，以鼓励出口。即通过比较有竞争力的制度环境吸引外商到中国投资，以此带动中国进出口的增长。（2）汇率政策方面采取了鼓励出口的措施，具体表现为人民币汇率低估。（3）产业政策上向出口行业倾斜。鼓励和扶持出口型产业，并进口相应技术设备，实施物资分配、税收和利率等优惠，组建出口生产体系；限制外资企业商品的内销；实行出口退税制度；建立进出口协调服务机制等。国内大部分资源流向出口行业，如机电、纺织、服装等行业。（4）限制进口。对于进口仍采取相对严格的审批措施，同时通过关税、进口许可证、外汇管制、进口商品分类经营管理、国营贸易等措施实施进口限制。

这一对外贸易战略实施以来，中国的对外贸易取得了很大的发展（见表 6–1）。1991 年中国的贸易总额即进出口额达到 1 357 亿美元，是 1979 年的 4.63 倍，其中出口额为 719.1 亿美元，年均增速达到 13.63%，进口额为 637.9 亿美元，年均增速达到 11.40%。

表 6–1　　1979—1991 年中国的贸易增长　　单位：亿美元，%

年份	进出口额	进出口额增长率	出口额	出口额增长率	进口额	进口额增长率
1979	293.3	42.0	136.6	40.2	156.8	43.9
1980	378.2	28.9	182.7	33.8	195.5	24.7
1981	440.2	16.4	220.1	20.5	220.2	12.6
1982	416.1	–5.5	223.2	1.4	192.9	–12.4
1983	436.2	4.8	222.3	–0.4	213.9	10.9

续表

年份	进出口额	进出口额增长率	出口额	出口额增长率	进口额	进口额增长率
1984	535.5	22.8	261.4	17.6	274.1	28.1
1985	696.0	30.0	273.5	4.6	422.5	54.2
1986	738.5	6.1	309.4	13.1	429.0	1.5
1987	826.5	11.9	394.4	27.5	432.2	0.7
1988	1 027.8	24.4	475.2	20.5	552.7	27.9
1989	1 116.8	8.7	525.4	10.6	591.4	7.0
1990	1 154.4	3.4	620.9	18.2	533.5	–10.0
1991	1 357.0	17.6	719.1	15.8	637.9	19.6

注：1981 年以前的数据来自外经贸业务统计。

数据来源：中华人民共和国海关统计。

（二）战略具体措施

这一时期对外贸易战略的具体措施体现在三个方面。

1. 进口政策

由于先进技术和关键设备是这一时期中国处于比较劣势的产品，根据追求静态贸易利益的原则，该时期中国的进口主要围绕引进先进技术和关键设备展开，而对一般商品特别是消费品的进口则采取了严格控制的态度。

1986 年 3 月，国务院《关于第七个五年计划的报告》提出，国家应根据有利于促进国内技术进步、提高出口创汇能力和节约使用外汇的原则，合理调整进口商品结构，坚持把重点放在引进软件、先进技术和关键设备上，严格控制一般的加工设备和耐用消费品的进口。1990 年 12 月，《中共中央关于制定国民经济和社会发展十年规划和“八五”计划的建议》中再次重申了以上观点，即要按照有利于技术进步、有利于增加出口创汇能力和有利于节约使用外汇的原则，合理安排出口。要把有限的外汇集中用于引进先进技术和关键设备，以及进口国家重点生产建设所需的物资。

2. 出口政策

1981 年，国务院向第五届全国人大第四次会议所做的工作报告是这一时期出口政策的具体体现。该报告表示，增加出口是扩展对外贸易的关键。要根据中国的情况和国际市场的需要，发挥中国资源丰富的比较优势，增加矿产品和农副土特产品出口；发挥中国传统技艺精湛的优势，发展工艺美术和传统轻纺工业品的出口；发挥中国劳动力众多的优势，发展进料加工；发挥中国现有工业基础的作用，发展各种机电产品和多种有色金属、稀有金属加工产品的出口。

到了 20 世纪 80 年代后期，出口贸易战略开始有了较大调整。尽管出口创汇仍然是首要目标，但对于出口的战略意义有了新的认识，提高出口商品质量、改善出口商品结构对于创汇的重要性凸显出来。

1986 年 3 月，第六届全国人大第四次会议《关于第七个五年计划的报告》提出了扩大外贸出口、创造更多外汇的四大基本战略，即提高出口商品质量、改善出口商品结构、改善出口商品的生产格局以及积极开拓国际市场。1991 年 3 月，第七届全国人大四次会议《关于国民经济和社会发展十年规划和第八个五年计划纲要的报告》又提出要把工作重点放在改善出口商品结构和提高产品质量上。今后的任务是要逐步实现第二个转变，即由粗加工制成品出口向精加工制成品出口转变，强调了机电产品、轻纺产品和高技术商品的出口。

3. 外汇政策

这一时期的人民币汇率制度大体可以划分为两个阶段。

第一阶段是人民币内部结算价与官方汇率双重汇率并存时期（1981—1984 年）。为了促进对外开放，扩大对外贸易，加强经济核算，适应外贸体制改革的需要，1979 年 8 月，国务院决定改革中国现行的人民币汇率体制，除了继续保留对外公布的牌价适用于非贸易结算外，还决定制定适用于对外贸易的内部结算价。在这一时期实行的两个汇率中，对外公开的非贸易汇率主要处理对外的关系，而贸易结算价主要是处理对内的关系。此外，从 1979 年开始，中央政府还采取了外汇留成方式来调动企业出口的积极性，即给予出口承包各方保留外汇额度并进行交易的权力。1981—1984 年，中国实行的是贸易外汇内部结算办法（见表 6–2）。对于关系国计民生的重要物资和必需品，经国家批准后按官方汇率进行折算。这样就减少了以人民币表示的进口的成本，有利于解决国内企业的流动资金短缺问题。一般商品进口按内部结算汇率折算，这样就增大了进口成本，以达到限制进口的目的。

表 6–2　　1978—1991 年人民币对美元汇率

年份	国民总收入（GNI）/亿元		国内生产总值（GDP）/亿元		人均国内生产总值（人均 GDP）/元		年平均汇率	贸易内部结算价
	本币	美元	本币	美元	本币	美元		
1978	3 645.2	2 119.3	3 645.2	2 119.3	381	222	1.720 0	—
1979	4 062.6	2 621.0	4 062.6	2 621.0	419	270	1.550 0	—
1980	4 545.6	3 050.7	4 545.6	3 050.7	463	311	1.490 0	—
1981	4 889.5	2 751.9	4 891.6	2 753.0	492	277	1.776 8	2.8
1982	5 330.5	2 769.2	5 323.4	2 765.5	528	274	1.924 9	2.8
1983	5 985.6	3 058.1	5 962.7	3 046.4	583	298	1.957 3	2.8
1984	7 243.8	3 286.2	7 208.1	3 270.0	695	315	2.204 3	2.8
1985	9 040.7	3 078.6	9 016.0	3 070.2	858	292	2.936 6	—
1986	10 274.4	2 975.7	10 275.2	2 975.9	963	279	3.452 8	—

续表

年份	国民总收入（GNI）/亿元		国内生产总值（GDP）/亿元		人均国内生产总值（人均 GDP）/元		年平均汇率	贸易内部结算价
	本币	美元	本币	美元	本币	美元		
1987	12 050.6	3 237.6	12 058.6	3 239.7	1 112	299	3.722 1	—
1988	15 036.8	4 039.9	15 042.8	4 041.5	1 366	367	3.722 1	—
1989	17 000.9	4 515.4	16 992.3	4 513.1	1 519	403	3.765 1	—
1990	18 718.3	3 913.3	18 667.8	3 902.8	1 644	344	4.783 2	—
1991	21 826.2	4 100.1	21 781.5	4 091.7	1 893	356	5.323 3	—

数据来源：Wind 数据库，http：//www.wind.com.cn/。

第二阶段是取消内部结算价，进入官方汇率与外汇调剂市场汇率并存时期（1985—1993 年）。从 1985 年 1 月 1 日起，中国取消内部结算价，重新实行单一汇率。为了使人民币汇率同物价的变化相适应，起到调节国际收支的作用，1985—1990 年，国家根据国内物价的变化，多次大幅度调整汇率，由 1985 年 1 月 1 日的 2.8 元人民币对 1 美元，逐步调整至 1990 年 11 月 17 日的 5.22 元人民币对 1 美元。为了避免官方汇率大幅度下调对企业生产的不利影响，从 1991 年 4 月 9 日起，官方汇率的调整从以前的大幅度、一次性方式转为逐步微调的方式。在这期间，让市场汇率（调剂汇率）随着市场外汇供求状况浮动，为官方汇率的调整方向提供重要的参考依据。此外，从 1985 年 1 月开始，中央政府允许企业自主使用 50%的留成外汇。企业出口创汇按规定比例上缴国家的部分，按官方汇率折算，企业留成部分可按市场汇率折算。这就形成了人民币汇率的官方价格和市场调节价格。企业用国家给予的计划外汇使用权力，进口大差价商品盈利，可以得到更多的人民币收益。国家以此种方式补贴企业因完成出口任务造成的亏损，激发企业出口的积极性。企业还可以在主要城市设立的外汇调剂中心，以高于官方汇价的价格将留成外汇进行买卖，直接获利。这一时期人民币的实际汇率是按外汇留成比例加权计算的官方汇率与调剂汇率的平均数。

4. 外资政策

在改革开放初期，中国经济发展缺乏外汇和先进技术。作为对经济的必要补充，中国引进外资强调的是推动出口和技术进步。比如，《国务院关于鼓励外商投资的规定》中就对外商投资企业中属于“产品出口企业”和“先进技术企业”的企业，在场地使用费、水、电、运输条件和通信设施、信贷资金、所得税、工商统一税、进口许可证等许多方面给予特别优惠。此外，中国在 20 世纪 80 年代中期提出的“两头在外，大进大出”的发展战略，以及“吸引劳动力寻找型外国直接投资，发展外向型经济”的号召，极大地激励了加工贸易的发展。从表 6–3 可以看到，1988 年中国加工贸易出口额已达到 129 亿美元，占出口总额的 27%。到 1991 年，这一比例迅速提高到 45%。

表 6–3　　　　1988—1996 年中国加工贸易发展　　　　单位：十亿美元，%

	1988 年	1991 年	1994 年	1996 年
（1）加工出口	12.9	32.4	57.0	84.3
（2）用于加工出口的进口	13.7	25.0	47.6	62.3
（3）总出口	47.5	71.8	121.0	151.0
（4）总进口	55.3	63.8	116.0	139.0
（1）/（3）	27.15	45.12	47.11	55.82
（2）/（4）	24.77	39.18	41.03	44.82
（1+2）/（3+4）	25.87	42.33	44.13	50.55

数据来源：根据历年中国海关统计年鉴计算得出。

这一阶段，根据当时特定的国内外形势，中国实行扩大出口的倾斜战略。根据这一战略，对在国内具有比较优势的劳动密集型产业，通过引进外资等一系列增强竞争力的措施，采取鼓励出口的政策；而对不具比较优势的资本技术密集型产业，则继续实行进口替代。这一战略总体上是成功的。

二、出口产业升级战略（1992—2001 年）

（一）战略实施背景

随着国家对贸易作用认识的不断提高和加入 WTO 步伐的日渐加快，对市场开放的要求也在提高，从而带来外贸易体制改革的进一步深化，国家对进口的控制强度减弱，这是市场化取向和对外贸易自由化的必然要求。随着价格改革的逐渐到位，国内市场与国际市场的逐步接轨，中国出口不再以创造更多外汇为首要目的，而逐渐转向了促使国内比较优势的转变上。

（二）战略具体措施

1. 进口政策

这一时期中国的进口政策出现了重大调整，进口不再单纯围绕具有比较劣势的产品展开，而逐渐由“调剂型”向“发展型”转变。即从进口那些本国具有比较劣势的产品，以保证国民经济的正常发展和人民生活的正常供应的“调剂型”，转向进口与整个国民经济发展战略相结合，以提高国内技术和产业水平，保证和促进国民经济全面发展的“发展型”转变。

具体而言，这一阶段进口政策的重大调整体现在三个方面：一是更加强调进口是为出口服务的理念，为出口而进口的物资更加针对有出口潜力的产品；二是进口更强调先进技术的引进而不是成套设备的引进；三是进口的重点虽然仍是围绕引进先进技术和关键设备展开，但对一般商品特别是消费品的进口已不再采取严格控制的态度。

第七届全国人大第四次会议内容体现了前两个方面。该会议表示要进一步扩大技术引进和智力引进。要逐步增加技术引进的投入，并提高进口软件在技术引进中的比重；要将技术引进的重点放在现有企业的技术改造上，优先引进有助于扩大出口能力与发展替代进口产品的技术和设备。此外，国务院颁发的35号文件也提出要控制国内长线商品的进口；推动进出结合，以进带出，扩大出口。党的十四大报告也强调指出要认真抓好引进的先进技术的消化、吸收和创新。

1995年3月，第八届全国人大第三次会议的《政府工作报告》较好地体现了第三个方面的调整要求。该报告表示要巩固和发展全方位对外开放格局，把工作重点放到提高成效上来；要合理调整进口商品结构，对一般商品尤其是高档消费品，要运用符合国际惯例的方法加以调节。

2. 出口政策

这一时期国家对出口贸易的认识也有了较大的转变，出口不再以创造更多外汇为其首要目的，而逐渐转向了促使国内比较优势的转变上。

促使国内比较优势的转变需要培养资本密集型出口产品的国际竞争力。因此，出口政策的重点就放在了改善出口商品结构、大力发展资本密集型产品的出口、制定有利于资本密集型产品出口的相关优惠政策上。需要指出的是，虽然在20世纪80年代后半期中国的出口政策也强调要改善出口商品结构，但主要目的是提高出口换汇能力。

1995年3月，第八届全国人大第三次会议的《政府工作报告》明确强调要大力发展资本密集型产品的出口。该报告表示要努力保持对外贸易的稳定，改善出口商品结构，提高出口商品的质量和档次，大力促进机械电子产品和成套设备的出口，鼓励工技贸结合，提高服务质量，拓展海外市场。1996年3月，第八届全国人大第四次会议也强调要发展资本密集型产品的出口，并指出实施市场多元化战略对于发展资本密集型产品的重要性。它表示要继续坚持以质取胜和市场多元化战略，进一步优化进出口商品结构。1999年外经贸部提出的“科技兴贸”战略是对前一阶段政府外贸工作的一个总结。其核心是通过对科技的应用，以改进进出口结构，提高出口质量，增强中国出口商品的竞争力和抗风险能力。该战略不仅是优化贸易结构的需要，而且是落实“科技兴国”战略的重要措施，是从贸易大国走向贸易强国的必由之路，是提高中国出口商品竞争力的首要途径。

1997年以后，中国又提出了加强对国内加工贸易的监管和发展境外加工贸易的方针。国务院颁发的35号文件中，提出：对加工贸易实行分类管理，鼓励企业使用国产原料和设备；鼓励国内有条件的企业开展境外加工贸易，扩大加工装配规模，鼓励与国外企业合作开发中国有需求的资源性、战略性项目。上述这些措施明确地反映出政府优化贸易结构、培育本国产品国际竞争力的愿望。

3. 外汇政策

为了适应国内市场日趋开放的需要，外汇管理体制的全方位改革被提上日程。1993年11月14日，中国共产党第十四届三中全会通过的《中共中央关于建立社会主义市场经济体制若干问题的决定》中明确要求“改革外汇管理体制，建立以市场供求为基础的、有管理的浮动汇率制度和统一规范的外汇市场，逐步使人民币成为可兑换货币”，为外汇管理体制的进一步改革明确了方向。

1994 年 1 月 1 日，人民币官方汇率与市场汇率并轨，实行以市场供求为基础的、单一的、有管理的浮动汇率制度。并轨时的人民币汇率为 1 美元合 8.70 元人民币。人民币汇率由市场供求形成，中国人民银行公布每日汇率，外汇买卖时允许在一定幅度内浮动。人民币汇率基本稳定，略有上升。此外，从 1994 年 1 月 1 日起，国家还取消各类外汇留成、上缴和额度管理制度，对境内机构经常项目下的外汇收支实行银行结汇和售汇制度，并建立起统一的、规范化的、有效率的外汇市场。

汇率的并轨消除了人民币高估的现象，致使出口成本大幅度下降，出口贸易开始急速增长。作为外贸体制改革的一部分，与汇率并轨相配套的一系列外汇管理体制改革充分体现了外贸体制市场化改革的取向。

4. 外资政策

这一时期中国引进外资主要以促进国内产业结构的调整为主，开始了“以市场换技术”的引资战略阶段，鼓励外资更多地投入有市场前景的产业。

1992 年，在党的十四大报告中，中央提出要按照产业政策积极吸引外商直接投资。引导外资主要投向基础设施、基础产业和企业的技术改造，投向资金、技术密集型产业，适当投向金融、商业、旅游、房地产等领域。同年 12 月 24 日，李岚清副总理在全国对外经济贸易工作会议的讲话中，也强调要鼓励符合中国产业政策的国外资本密集型高技术项目面向中国市场。这样不但有利于吸引国际上的跨国公司来中国投资合作，提高中国高附加值和高新技术含量商品的竞争力，而且这些企业经过一个成熟的过程，大多数也必然会逐步发展成中国的出口企业。

1995 年，第八届全国人大第三次会议通过的《政府工作报告》也表示，要把引进外资同调整产业结构和产品结构、提高技术水平和管理水平更好地结合起来，提高使用效益。1997 年底召开的全国外资工作会议也提出，应结合中国国民经济的战略调整，逐步改善和优化利用外资结构。要加大吸引欧美跨国公司来华投资的力度，积极引导外资投向高新技术产业、基础产业和基础设施建设，鼓励外商投资更多地进入中西部地区，有步骤地推进服务业的对外开放，搞好内贸、外贸、旅游等服务业的对外开放试点，抓紧扩大建筑业和会计、法律等服务领域的对外开放，审慎、稳妥地推进金融业的对外开放。

此外，在 1998 年召开的中央经济工作会议上，主要由外资进行的加工贸易监管方案首次被写入文件，再次体现了国家对外资引进的有效引导和希望其带动国内相关产业发展的政策取向。

三、融入全球贸易的战略（2002 年至今）

（一）战略实施背景

1998 年亚洲金融危机的爆发，使许多国家开始重新审视出口导向战略，从先前的绝对奉行变为后来的选择性调整。从贸易政策的导向性这一角度考虑，中国这一阶段实施的是融入全球贸易的战略，与上一阶段相比，这一阶段的贸易发展战略在内涵和特征上出现了新的调整，主要表现在：（1）在出口产品的结构方面，提倡“科教兴贸”战略，加大了对技术密集型产品的出口鼓励，在加入 WTO 以后，中国高新技术机电产品的出口明显上升。（2）在出口市场的结构方面，积极推行市场多元化战略，以期降低对美国等主要出口市场的依赖程度，削弱外来风险对中国经济的冲击。（3）顺应了国际分工在经济全球化下的新变化，加入了全球产品制造的生产链环节，参与国际贸易的方式从先前的成品出口转向现在的零部件出口，中国日益成为世界工厂。

在这一贸易战略指引下，这一阶段中国的对外贸易表现出以下特征。

（1）对外贸易额大幅度上升（见表 6–4），自 2009 年以来，中国成为全球第一大贸易出口国，随后又在 2013 年首次超越美国，跃居世界第一大货物贸易国。不过，WTO 的数据显示，持续三年世界第一之后，2016 年全年，中国的进出口贸易额被美国反超。2016 年，中国服务贸易保持了较好的发展势头，全年进出口贸易额 5.4 万亿元人民币，较 2015 年增长 14.2%，首次突破 5 万亿元大关，世界排名继续保持第二位，仅次于美国。

表 6–4　　2002—2017 年 3 月中国进出口金额总体情况　　单位：亿美元，%

年份	进出口		出口		进口		进出口差额
	总额	增速	总额	增速	总额	增速	
2002	6 209.4	38.5	3 256.2	33.5	2 953.3	37.2	302.9
2003	8 515.7	37.1	4 384.7	34.6	4 131.0	39.9	253.7
2004	11 544.7	35.6	5 936.5	35.3	5 608.2	35.8	328.4
2005	14 229.5	23.3	7 623.3	28.4	6 606.2	17.8	1 017.1
2006	17 611.3	23.8	9 693.3	27.1	7 918.0	19.9	1 775.4
2007	21 745.9	23.5	12 186.4	25.7	9 559.5	20.7	2 626.9
2008	25 632.6	17.8	14 306.9	17.3	11 325.7	18.5	2 981.3
2009	22 075.4	–13.9	12 016.1	–16.0	10 059.2	–11.2	1 956.9
2010	29 740.0	34.7	15 777.5	31.3	13 962.5	38.8	1 815.1
2011	36 418.6	22.5	18 983.8	20.3	17 434.8	24.9	1 549.0
2012	38 671.2	6.2	20 487.1	7.9	18 184.1	4.3	2 303.1
2013	41 589.9	7.5	22 090.0	7.8	19 499.9	7.2	2 590.1
2014	43 030.4	3.4	23 427.5	6.1	19 602.9	0.4	3 824.6
2015	39 569.0	–8.0	22 749.5	–2.9	16 819.5	–14.2	5 930.0
2016	36 855.7	–6.8	20 981.5	–7.7	15 874.2	–5.5	5 107.3
2017 年 1—3 月	8 999.4	15.0	4 827.6	8.2	4 171.8	24.0	655.8

数据来源：根据商务部历年统计数据整理。

（2）外资企业是中国对外贸易的主要拉动力量。外资企业的出口额和进口额占中国出口总额和进口总额的比重不断上升，2005 年其出口额和进口额占比分别为 58.3%和 58.7%。2015 年，外资企业的进出口总额达到了 18 334.6 亿美元，其中出口额为 10 046.1 亿美元，进口额为 8 288.6 亿美元，占中国出口总额和进口总额的比重分别达到 44.2%和 49.3%。[①]

（3）出口产品以劳动密集型产品为主，并向技术密集型产品过渡。产品主要集中在机电、纺织、服装等行业。

从表 6–5 和表 6–6 可以看出，受制于世界经济复苏缓慢，国际市场需求萎靡不振，对外贸易增速明显放缓是中国对外贸易的基本情况；与此同时，中国出口产品的结构仍然欠优，还是依赖于劳动密集型、技术含量低以及品牌附加值不高的加工组装环节。从整体上来说，中国的出口产品显示中国的自主创新能力和核心竞争力仍然处于弱势地位；从进口的商品来看，2015 年中国进口大量减少，这说明国内经济发展速度在下降。

表 6–5　　2015 年中国主要出口商品数量、金额及增速

商品名称	计量单位	数量	同比增长/%	金额/亿美元	同比增长/%
纺织纱线、织物及制品	—	—	—	1 095.0	–2.3
服装及衣着附件	—	—	—	1 742.8	–6.4
鞋类	万吨	447	–8.4	535.3	–4.8
家具及其零件	—	—	—	528.0	1.5
自动数据处理设备及其部件	万台	171 508	–10.6	1 523.1	–16.2
手持或车载无线电话机	万台	134 342	2.4	1 237.3	7.3
集装箱	万个	272	–10.1	76.7	–14.7
液晶显示板	百万个	2 293.4	–6.4	309.7	–2.6
汽车及汽车底盘	万辆	72	–19.4	112.3	–10.3
机电产品	—	—	—	13 107.2	0.0
高新技术产品	—	—	—	6 552.1	–0.8

注：“机电产品”和“高新技术产品”包括部分相互重合的商品。

数据来源：商务部综合司商务报告《2015 年中国对外贸易发展情况》，http://zhs.mofcom. gov.cn/article/Nocategory/201605/20160501314688.shtml。

① 数据来源：国家统计局历年统计数据。

表 6-6　　2015 年中国主要进口商品数量、金额及增速

商品名称	计量单位	数量	同比增长/%	金额/亿美元	同比增长/%
大豆	万吨	8 169	14.4	347.7	−13.6
食用植物油	万吨	676	4.1	50.1	−15.5
铁矿砂及其精矿	万吨	95 272	2.2	576.2	−38.3
原油	万吨	33 550	8.8	1 344.5	−41.1
成品油	万吨	2 990	−0.3	143.0	−39
初级形状的塑料	万吨	2 610	2.9	450.2	−12.7
钢材	万吨	1 278	−11.4	143.3	−20
未锻轧铜及铜材	万吨	481	−0.3	290.3	−18.4
汽车及汽车底盘	万辆	110	−22.9	446.7	−26.3
机电产品	—	—	—	8 061.4	−5.6
高新技术产品	—	—	—	5 480.6	−0.6

注：“机电产品”和“高新技术产品”包括部分相互重合的商品。

数据来源：商务部综合司商务报告《2015 年中国对外贸易发展情况》，http://zhs.mofcom.gov.cn/article/Nocategory/201605/20160501314688.shtml。

（4）进口贸易以技术密集型产品和原料能源等初级产品为主。对于汽车等高档奢侈品，仍采取限制进口的政策。

（5）加工贸易仍是中国对外贸易的主要形式。中国进出口活动的很大一部分是外资公司的内部循环，如 2002 年中国进口的 51%是为了再出口。

（6）持续的贸易顺差。尤其是对美国的高额顺差，中美双边贸易中，1993 年以来，中国开始保持对美货物贸易顺差。2005 年以来，中国对美货物贸易顺差额一直维持在千亿美元量级的水平。2016 年，中国对美顺差额 2 530 亿美元。这一金额是中国顺差总额的 44.23%，是美国逆差总额的 31.63%。

（二）战略具体措施

1. 进口政策

这一阶段中国的进口政策基本继承了 1992—2001 年期间进口政策的总体思想，即继续将进口重点放在引进先进技术设备上。虽然这种政策取向曾经在 1992—2001 年为贸易的可持续发展和国内经济的增长做出了一定的贡献，然而随着贸易粗放型增长弊端的日渐显露，其不适应经济发展的一面也日益突出。贸易的粗放型增长不利于贸易结构和产业结构的优化升级，违背了贸易战略原本追求动态贸易利益的意愿。鉴于中国人口、资源和环境的紧张关系，为实现贸易的协调和可持续发展，必须从长计议，谋划和构建中国的基础原材料、基础能源等资源品的境外合作开发与进口储备战略。

2. 出口政策

“十五”计划期间，中国的出口仍是以高能耗、低技术含量的工业品为主，服务贸易、技术贸易、高技术产品在出口中的比重很低。为了切实加强高技术产品在出口中的比重，在2004年召开的全国科技兴贸工作会议上，商务部副部长于广州明确表示，全面提升出口商品的技术含量和附加值、不断优化出口商品结构是保持外贸持续发展的重要保证。根据中国高技术产业的发展现状和国际市场的需求变化，国家将重点支持信息技术（IT）产品、中医药、软件等12类高新技术产品的出口。为此，《中国高新技术产品出口目录》将做如下调整：以五个国家级软件出口基地为先导，出台适合中国软件产业特点的软件出口管理办法；逐步认定四家中药出口基地，利用双边混委会机制，推动中医药产业的国际合作，规范和扩大东南亚中医药市场，推动中国的青蒿素等中医药对非洲出口实现大的突破；对现代农业、生物医药、新材料、新能源、环境保护等高新技术领域积极予以扶持。技术改造贴息和研发资金要重点用于支持有自主知识产权的高新技术产品出口，培育高新技术产品出口的新增长点。

3. 外汇政策

长期以来，中国实施的是经常项下可兑换和资本项下部分可兑换的结售汇管理制度，其实施运行的结果是“外汇重集中储备，轻分流使用”。这种制度实际上是贸易上“奖出限入”、资金上“宽进严出”思想观念的具体化。在加入世界贸易组织后的初期，中国仍然沿用这种外汇制度，致使国际收支中的经常项目和资本项目长时期保持“双顺差”，人民币的升值压力巨大。为了促进国际收支的基本平衡，进一步培育外汇市场，支持贸易投资的便利化，中国人民银行于2005年频繁推出外汇管理政策，从改变汇率的形成机制入手，继而推出远期外汇交易和掉期交易、放松居民和企业持汇限制、调整银行头寸管理、实施人民币兑外币的做市商制度等，基本搭建起了外汇市场发展的大体框架。

此后，2006年4月13日，中国人民银行发布公告调整了六项外汇管理政策，包括：提高企业经常项目外汇账户限额；简化境内居民个人购汇手续，提高购汇限额；简化服务贸易售付汇凭证并放宽审核权限；拓展境内银行代客外汇境外理财业务；允许符合条件的基金管理公司等证券经营机构在一定额度内集合境内机构和个人自有外汇，用于在境外进行的包含股票在内的组合证券投资；拓展保险机构境外证券投资业务，允许符合条件的保险机构购汇投资于境外固定收益类产品及货币市场工具等。这些调整一方面反映出政府的“宽进严出”思想发生了变化，调整政策中对境内机构的境外投资政策的完善、放松限制，大力支持有条件的企业“走出去”已表明其向“宽出”方面转化；另一方面，也反映了中国外汇市场改革的方向，即活跃外汇市场，包括扩大外汇市场交易主体、丰富交易品种等方面。调整政策中，鼓励非银行金融机构、大型企业、其他公司等进入市场参与外汇业务表明了其试图扩大外汇市场交易主体的意向；其鼓励对境外货币市场工具的投资表明了其试图丰富交易品种的意向。

4. 外资政策

这一阶段的外资政策主要围绕两个方面展开：一是政策的制定力求符合世界贸易组织的要求，二是对外商投资的开放程度明显加大。

为了适应加入世界贸易组织的新形势，中国全面充实、调整、完善了现行的外商投资法律、法规和规章，其中最主要的法律修改是外商投资的基本法律法规，即《中华人民共和国中外合资经营企业法》（1979年颁布，2001年修订）、《中华人民共和国中外合作经营企业法》（1988年颁布，2000年修订）、《中华人民共和国外资企业法》（1986年颁布，2000年修订）及其实施细则（或实施条例）的修订。按照世界贸易组织的规则和中国在“入世”谈判中做出的承诺，世界贸易组织中涉及投资的最重要的协定《与贸易有关的投资措施协议》规定不得对外国投资者设立的企业有当地成分含量要求、外汇平衡要求，而中国外商投资“三法”在修改之前，在这方面都有十分明确的规定。经过修改，这些不符合世界贸易组织要求的条款都已经被取消。

此外，为了适应国民经济结构战略性调整的要求，2002年3月11日，经国务院批准，国家计委、经贸委、外经贸部联合颁布了新的《外商投资产业指导目录》。新《目录》共分为鼓励、允许、限制、禁止四类，明显加大了对外商投资的开放程度：一是鼓励类由186条增加到262条，限制类由112条减少到75条；二是放宽外商投资的股比限制，如取消港口共用码头的中方控股要求；三是开放新投资领域，将原禁止外商投资的电信和燃气、热力、供排水等城市管网首次列为对外开放领域；四是进一步开放银行、保险、商业、外贸、旅游、电信、运输、会计、审计、法律等服务贸易领域；五是鼓励外商投资西部地区，放宽外商投资西部地区的股比和行业限制；六是发挥市场竞争机制作用，将一般工业产品划入允许类，通过竞争促进产业结构升级。

2001年中国加入世界贸易组织后，对外贸易战略在继承上一阶段贸易战略总体发展方向的基础上进一步减少了政府干预，贸易体制基本与国际贸易体制接轨。这段时期，中国积极参与经济全球化进程，抓住国际产业转移的历史机遇，成功应对各种挑战，对外贸易赢得了历史上最快最好的发展时期。

第三节 改革开放后中国对外贸易的次级战略

对外贸易的次级战略是指专门针对对外贸易的某一个层面、某一部分所做出的战略性计划。次级战略是当时整体战略大环境下的产物，是具有侧重的更具体地来指导中国对外贸易的某一个方面。改革开放以来中国对外贸易的次级战略包括出口替代战略、出口导向战略、科技兴贸战略、出口市场多元化战略、大经贸战略、“引进来”与“走出去”并重和有管理的贸易自由化战略等。

一、进口替代战略

进口替代战略是指一国采取各种措施，限制某些外国工业品进口，促进本国有关工业品的生产，逐渐在本国市场上以本国产品替代进口品，为本国工业发展创造有利条件，实现工业化。

中国改革开放前的对外贸易战略是一种极端的进口替代战略。在这一阶段，中国开展对外贸易的目的是“互通有无，调剂余缺”。举国强调自力更生，只有自己不能生产的才进口，而不是根据国际分工的比较优势原则参与国际分工、发展对外贸易。这主要是由中国当时的国内外环境、经济建设的指导思想和经济体制等主客观因素决定的。当时新中国刚成立不久，国内的工业经历了多年战争的摧残，百废待兴，而国际上资本主义和社会主义两大阵营的对立，造成西方资本主义国家对中国实行经济封锁。面对国内外如此严峻的形势，中国不得不采取独立自主、自力更生的发展战略，建立和发展自己的工业体系，恢复国民经济发展。另外，中国当时的经济体制是对苏联的模仿，实行的是高度集中的计划经济体制。在这种体制下，为了保护国内幼稚产业的发展，防止西方资本主义经济的冲击，维护社会主义制度，以及避免国际收支逆差和对外举债，中国基本上采取闭关锁国的做法。中国在经济建设方面，特别是在对外经济发展方面采取了极端排斥的态度，实行的是一种在几乎封闭状态下的进口替代战略。

在当时的历史条件下，改革开放前的进口替代战略对中国的贸易和经济发展发挥了积极的作用。1952—1978 年，中国的对外贸易额增长了近 5.5 倍，其中出口额增长了约 6.2 倍，进口额也增长了 6 倍。经济增长率在 1949—1978 年达到了平均 7.3%的水平，工业产值的平均增长率在 1953—1978 年也达到了 11.3%的水平。[①]此外，中国还初步建立起比较完整的民族工业体系，实现了出口产品以农产品为主到以轻工业产品为主的过渡。中国在劳动力资源充裕的基础上，形成了劳动密集型的轻工业产品略占优势的出口商品结构，在国际竞争中获得了一定的比较优势。

但是，长期实行进口替代战略也给中国经济发展带来了不利的影响。由于进口替代战略从本质上在排斥进口的同时也造成了对出口的歧视，而且它不是以比较优势为原则发展对外贸易，加上中国采取的是一种较为极端的进口替代战略，因此中国不能获得国际贸易的各种静态利益和动态利益。对国内产业的高度保护导致了资源配置的低效率，高度集中的计划经济体制使得企业缺乏竞争意识和效率观念。不仅如此，因为优先发展工业，中国人民的生活水平长期受到影响，农业由于受到歧视而发展滞后、结构失衡，影响了中国经济的进一步发展。改革开放后，中国逐渐完善出口导向战略并向出口商品战略转变。

二、出口导向战略

出口导向战略是一国依据本国在一定时期内比较优势与竞争优势的状况和国际市场的供求状况，对出口商品构成做出战略性安排，鼓励加工业产品出口，改善产业结构，增加外汇收入，从而推动国内经济发展的战略。制定科学、切合实际的出口导向战略并采取相应的战略措施，对于增强出口商品的国际竞争力、扩大出口创汇能力、提高出口经济效益，是十分重要的。

改革开放以来，中国长期采用的是以出口激励为核心的出口导向型外贸发展战略。它在经济起飞阶段是行之有效的，取得了外汇储备增加、经济高速增长和就业稳定等一

① 数据来源于历年《中国经济统计年鉴》。

系列成果。在不同的历史时期，中国制定了不同的出口导向战略。

（一）“六五”计划时期的出口商品战略（1981—1985年）

“六五”计划时期，根据中国刚刚改革开放，产业结构和生产技术落后的情况，中国制定的出口商品战略是：发挥中国资源丰富的优势，增加矿产品和农副土特产出口；发挥中国传统技艺精湛的优势，发展工艺品和传统的轻纺产品出口；发挥中国劳动力众多的优势，发展进料加工；发挥中国现有工业基础的作用，发展各种机电产品和多种有色金属、稀有金属加工品的出口。根据该战略，“六五”计划期间，中国优先发展了石油、煤炭等矿产品和农副土特产品的出口，重点发展了轻纺产品的出口，逐步发展了机电产品及有色金属、稀有金属加工品的出口。

（二）“七五”计划时期的出口商品战略（1986—1990年）

20世纪80年代以来，国际市场初级产品价格大幅下跌，初级产品贸易趋于萎缩，初级产品在世界贸易中的比重由1980年的43%下降到1989年的27%，制成品贸易增长加速，市场份额提高。中国出口商品构成经过“六五”计划时期的努力，初级产品比重有所下降，制成品比重有所上升，但初级产品仍占较大比重。在工业制成品中，精加工产品很少。针对这种情况，中国在“七五”计划中提出了以实现“两个转变”为核心内容的出口商品战略，即中国出口商品构成要逐步实现由主要出口初级产品向主要出口工业制成品的转变，由主要出口粗加工制成品向主要出口精加工制成品的转变。在此期间，中国减少了一些大宗原料性产品如石油、棉花、粮食及某些矿产品的出口，轻纺产品出口得到较快发展，纺织品成为中国出口的最大宗商品，同时机电产品及某些高科技产品出口也有了一定的发展，到“七五”计划末，中国实现了第一个结构转变目标，即由主要出口初级产品向主要出口工业制成品的转变，出口产品中，工业制成品的比重已经大大超过初级产品，约占2/3。

（三）“八五”计划时期的出口商品战略（1991—1995年）

进入“八五”计划时期，从国际市场变化看，在各类商品中机电产品贸易增长最快，并成为贸易额最大的一类商品。从国内经济发展看，随着改革开放的不断深入，一大批利用外资和引进技术的项目建成投产并开始创造效益。据此，“八五”计划期间中国制定的出口商品战略是，逐步实现出口商品结构的第二个转变，即由粗加工制成品出口为主向精加工制成品出口为主的转变，努力增加附加价值高的机电产品、轻纺产品和高技术产品的出口，鼓励那些在国际市场上有发展前景，竞争力强的拳头产品的出口。根据这一战略方针，“八五”计划期间，中国确立了以机电产品为主导，以轻纺产品为骨干，以高新技术产品为发展方向，同时继续保持某些矿产品和农副产品出口结构的目标。经过“八五”计划期间的努力，中国出口商品结构进一步优化，到“八五”计划末，机电产品已取代轻纺产品，成为中国出口的最大宗商品，轻纺产品及农副产品、资源性产品在出口中的比重虽然下降，但绝对额仍呈现持续增长态势。

（四）“九五”计划时期的出口商品战略（1996—2000年）

进入“九五”计划时期，国际贸易中机电产品仍在迅速增长，其中尤其是高技术含量、高附加值的高新技术产品增长更快。从国内因素分析，中国出口商品结构虽然不断优化，但仍以粗加工、低附加值、低技术含量的劳动密集型产品为主，出口商品的总体竞争力较弱。因此，根据国家“九五”计划中提出的要实现经济增长方式由粗放型向集约型转变的方针，中国在这一时期制定了“以质取胜”为核心的出口商品战略，努力实现外贸出口增长由主要依靠数量和速度转向依靠质量和效益。

优化出口商品结构是贯彻“以质取胜”战略、转换外贸增长方式的关键，是实现外贸质量、效益型增长的根本途径。为此，1996 年 3 月，全国人民代表大会通过的《中华人民共和国关于国民经济和社会发展“九五”计划和 2010 年远景目标纲要》指出：“进一步优化出口商品结构。着重提高轻纺产品的质量、档次，加快产品升级换代，扩大花色品种，创立名牌，提高产品附加值。进一步扩大机电产品出口，特别是成套设备出口。发展附加值高和综合利用农业资源的创汇农业。”通过这一战略措施的贯彻执行，在“九五”计划时期，中国各类出口商品的内部结构都有显著改善：在机电产品中，高新技术产品出口增长迅速；轻纺产品出口结构有明显的升级，附加值有较大提高；在农副产品中，粮食作物的出口减少，创汇农产品的出口增加。

（五）“十五”计划时期的出口商品战略（2001—2005 年）

21 世纪是知识经济时代，以信息技术为核心的科学技术的发展，推动着技术密集型高科技产业和产品进一步快速发展。与此相适应，在国际贸易中，高附加值、高技术含量的产品增长更加强劲，所占比重进一步提高。据统计，20 世纪 90 年代，世界高技术产业出口年增长率为 14%以上，比中低技术产业出口年增长速度高 5～6 个百分点。世界制造业出口结构由此产生重大变化：高技术产业在制造业出口总额中的份额呈加速增长趋势，到 2002 年已占制造业出口总额的 1/4；而中低技术产业的份额则呈下降趋势，从 1985 年的 58%降至 2002 年的 47%。经过改革开放后 20 多年的经济发展，中国的产业结构和出口商品结构都有较大的提升，特别是高科技产业发展迅速、产品出口快速增长，但是中国出口商品结构总体上尚未实现第二个转变，即由粗加工制成品出口为主向精加工制成品出口为主的转变，出口产品中低技术、低附加价值产品仍占主导地位。因此，中国“十五”计划提出要继续贯彻以质取胜战略，重视科技兴贸，优化出口商品结构。贯彻“十五”计划的精神，中国应加快推进外经贸领域的两个根本性转变，基本实现外经贸发展从主要依靠规模扩张和数量增长向主要依靠质量和效益提高的根本性转变，增强中国外经贸的国际竞争力，努力保持对外经济贸易的可持续发展。实施以质取胜战略和科技兴贸战略是实现上述目标的必要保证措施。通过全面贯彻以质取胜战略和科技兴贸战略，力争到 2005 年，机电产品出口额达到 1 800 亿美元，在出口中的比重占到 50%左右，高科技产品出口额达到 600 亿美元，在出口中的比重将提高到 20%左右，传统出口商品的技术含量和附加值明显提高。

中国出口导向战略的初步试水可以追溯到 1978 年中国共产党第十一届三中全会，其终结大约可以划定到 2010 年前后。“十五”计划期间，中国出口总额从 2005 年的 7 619 亿美元增长到 2010 年的 15 779 亿美元，累计出口 71 614 亿美元。值得注意的是，同时期进口平均增速超过出口，贸易顺差额在 2008 年达到峰值 2 954 亿美元之后开始回落。“十二五”规划时期，是中国由贸易大国向贸易强国转变的关键时期，出口导向战略退出历史舞台已是不争的事实。

2006年，中国首次针对高污染、高耗能和资源型产品的出口进行调整，比如，取消了锡、锌、煤炭等资源类产品的出口退税，目的就是限制“两高一资”产品的出口。2007年，在继续限制部分产品出口退税的同时，中国增设了加工贸易限制类和禁止类商品种类，释放出收紧加工贸易的信号。同年，中国正式将广交会由“中国出口商品交易会”更名为“中国进出口商品交易会”，体现出中国外贸政策不再单一追求“扩大出口”。2007年，党的十七大首次提出了“加快转变经济发展方式”的概念，中国的经济发展方式开始从高度依赖外需向内需与外需协调发展转变，相对应的贸易政策取向从扩大出口创汇向进出口并重转变。经过2008年和2009年应对国际金融危机冲击的考验，2010年制定的“十二五”规划中“扩大内需”首次成为独立章节。这在一定程度上表明中国出口导向战略的终结。同时，这也反映了中国开始反思外向型的经济发展战略。

出口导向战略作为赶超型国家或地区发展经济的重要手段，在经济起飞阶段是行之有效的。但其具有一定的时代性和阶段性。当经济发展到一定阶段后，这种战略也逐步显现出因政策性扭曲而产生的一些问题，例如粗放式增长模式延续、内外部经济失衡和财政负担加剧等。出口导向战略的实施是特定形势下的一个必然结果。随着国内外环境的变化，这种模式的弊端逐渐超过其合理性。为了保持今后较长一个时期内中国经济的持续发展，必须摈弃这种经济发展战略并解决其“余波”影响，通过有效增加国内消费，均衡发展进口与出口和适度引进外资，以实现中国经济发展方式的转变。

三、科技兴贸战略

自党的十五大把科教兴国作为中国的一项基本国策以来，科学技术在中国社会经济发展中的地位日益突出。这符合历史的发展潮流，尤其是在经济全球化和知识信息经济不断发展的环境当中。1999年初，外经贸部为在对外贸易领域贯彻落实科教兴国这一基本国策，提出了科技兴贸战略。这一战略是科教兴国基本国策在对外贸易方面的具体体现，尤其是在世纪交替的重要阶段，科技兴贸战略对中国新世纪的对外贸易有着重大的影响与指导作用。

（一）科技兴贸战略的概念和内涵

1. 科技兴贸战略的概念

科技兴贸以提高中国出口产业和产品的竞争力、加强体制创新和技术创新、提高中国高新技术产业国际化水平为基本指导思想。科技兴贸的发展思路是“有限目标、突出重点、面向市场、发挥优势”，从而进一步转变政府职能，通过面向国际市场的科研开发、技术改造、市场开拓、社会化服务等部署，提高企业出口竞争力和自主创新能力，加快出口商品结构的战略性调整，实现中国由贸易大国向贸易强国的跨越。

科技兴贸的基本原则包括：以市场为导向，以企业为主体，以创新为动力。政府需要做的就是要建立完善的政策、法律法规、知识产权保护、出口促进服务体系，为高新技术产品和传统出口产品的优势领域形成高新技术研究、开发与应用的有力支撑，提高高新技术产品出口持续发展能力以及传统出口产品的技术含量和附加值，从而争取取得全球市场的战略性突破。

2. 科技兴贸战略的内涵

科技兴贸战略的内涵主要包括两个方面：一方面是大力推动高新技术产品出口，在中国优势领域发展一批国际竞争力强、附加值高、出口规模较大的高新技术出口产品和企业；另一方面是运用高新技术成果重塑传统出口产业，提高传统出口产品的技术含量和附加值，选择出口额最大的机电产品和纺织品作为高新技术重塑传统产业重点，初步完成中国出口商品结构由低附加值、低技术含量产品为主向高新技术产品为主的转变。

（二）实施科技兴贸战略的主要措施

1. 促进高新技术产品出口机制创新

（1）促进高新技术产品产业发展和产品出口的体制创新

研究在有基础、有条件、有优势的国家高新技术产业开发区中建立高新技术出口创业园试点。采取“境内关外”的封闭管理模式，在投融资、海关监管、外汇管理、税收管理、进出口管理、人员进出管理等方面进行探索，在促进中国高新技术产业发展和产品出口方面进行符合国际通行规则的体制创新。适应加入 WTO 的需要，充分发挥国家高新技术产业开发区的作用，特别是进一步加强高新技术产品出口基地的建设，通过制度创新，大力吸引国内外资金和创业人才，提高高新技术成果转化能力和持续开发能力，提高中国高新技术产业的国际竞争能力，培育一批国际化、具有较强技术开发能力、拥有自主知识产权的高新技术产品出口企业在短期内形成较大的出口规模，成为推动高新技术产品出口快速增长的主要力量。

（2）促进高新技术产业发展和产品出口的资金投入机制创新

加强科技、产业部门对高新技术产业和产品出口的资金支持，加强中央外贸发展基金对外开拓高新技术产品国际市场的技术力度，建立以政府投资为引导、企业投资为主体、金融保险系统和社会风险投资共同支持的多渠道高新技术产品出口投入体系，大力吸引境外的风险投资、社会投资，建立多渠道的高新技术产品出口促进基金，主要支持出口规模大、市场前景好的高新技术产品出口企业与研究院所的技术开发、技术引进、技术改造、跨国经营和开拓国际市场。

2. 发展重点产业和技术领域的产品出口

（1）促进高新技术产业的国际化

在中国优势技术领域培育一批在国际市场有较大份额的、有自主知识产权的出口产品，集中有限资源，创造有利条件，发挥聚焦效应，使电子信息产品、生物医药、新材料等竞争力强、出口市场前景良好的高新技术产品较快形成较大的出口规模，成为推动高新技术产品出口增长的主导产品。培育一批具有国际竞争意识、熟悉和遵守国际贸易规则、善于开拓国际市场的高新技术产品出口企业和跨国公司，通过示范作用，带动中国高新技术产品出口企业国际贸易水平的整体提高。

鼓励企业在国外设立技术研究开发中心，促进中国高新技术产业研究与开发的国际化。形成和不断提高高新技术出口产品的持续开发能力，通过高新技术产品的产业化和国际化，在更高水平上促进科技成果的转化。

加强自有品牌产品的对外宣传，开拓国际市场，创造“走出去”的政策环境，从科技计划和科研院所中选择有国际市场、有竞争力的项目和产品予以支持；通过举办境内外国际展览会和交易会、网络交易市场等形式，拓宽对外宣传的信息渠道。

（2）促进有自主知识产权的关键技术的开发和产业化

根据技术预测和国际市场需求预测，选择若干技术领域和国际目标市场，针对提高出口产品竞争力的要求，组织重点出口产品关键技术开发，力争在软件、生物医药、通信产品等中国已有一定优势的技术领域取得技术突破，提高高新技术产品和传统出口产品的国际竞争能力和持续出口能力。优选和重点支持一批有出口优势和潜力的高新技术企业和科研院所，使之成为中国具有自主知识产权的高新技术产品出口骨干力量。国家和地方政府对重点出口企业和科研院所重大技术开发项目给予前期资助。在中国优势技术领域培育一批高新技术企业，使之成为在该技术领域具有较强技术开发能力、拥有自主知识产权的出口企业中坚力量。

3. 加强对出口产品的高新技术支持

（1）提高传统出口产品的技术含量和附加值

加强技术创新，促进中国传统产业的优化升级。用高新技术改造一批机电行业和纺织行业的重点出口企业，加快利用高新技术开发新产品、新材料，实现行业技术改造跨越式升级。引导现代科技向农业及相关产业渗透，在形成高效农业和环保农业的基础上扩大农产品出口。加强品牌意识，培育一批高质量、高附加值的国际知名品牌，巩固和扩大传统出口产品的市场份额。

（2）提高技术引进、消化、吸收、创新水平

初步建立技术引进、消化、吸收、创新的良性循环机制。按照中国产业结构调整和技术升级的需要，通过政策引导，提高引进技术中专有技术、技术咨询、技术服务等软技术的比例，引导和组织企业与研究机构加强对高技术含量、高附加值产品关键技术的消化与吸收，促进引进技术消化吸收再创新后形成竞争能力，参与国际竞争。鼓励跨国公司在中国设立研发中心，通过提高外商投资质量，促进中国引进技术和开发创新技术。

自实施科技兴贸战略以来，中国的出口商品结构有明显改善，高质量、高技术含量的商品比例逐步提高，高新技术产品出口的比例已经达到30%左右。[①] 这有助于打破国际贸易保护主义利用高科技所设置的贸易壁垒，使中国在国际市场竞争中占领制高点。

四、出口市场多元化战略

出口市场多元化战略是指根据国际政治经济条件的变化，有重点、有计划地调整出口市场结构，在巩固原有市场的基础上努力开拓新市场，改变出口市场过于集中的状况，逐步建立起出口市场多元化的总体格局。

扩大出口规模，优化出口结构，必须有市场拓展做保证。任何市场的容量都是有限的，市场的分散和多元化成为市场扩展的主要方面。根据中国出口市场分布的现状，从

---

① 舒玉敏. 中国对外贸易. 北京：对外经济贸易大学出版社，2005.

总体上看，中国对发达国家市场的开拓要以商品结构的优化为重点，对新兴市场的开拓要适应不同的消费层次，针对不同国家和地区制定相应的出口政策，逐步实现以新兴市场为重点、以周边国家贸易为支撑、发达国家和发展中国家市场合理分布的市场结构。

（一）中国出口市场格局的演变

中国改革开放后，对外贸易获得了巨大的发展，但对外贸易市场也呈现出集中的趋势。由于改革开放以后，中国出口结构与劳动力比较优势吻合度提高，出口结构中劳动密集型产品比重迅速提高，而发达国家由于劳动力成本高昂，正是劳动密集型产品的主要消费市场。因此，与改革开放前相比，中国对发达国家的市场依赖程度显著提高。

到20世纪80年代末“七五”计划完成时，中国港澳地区以及日本、美国和欧盟四大出口市场占中国出口总额的74.8%；90年代中期“八五”计划完成时，对这些国家和地区的出口仍占中国出口总额比重的74.2%，与前期基本持平；“九五”计划时期，情况略有改观，但2000年“九五”计划完成时，以上四个主要出口市场所占比重仍高达71%。可见，从整体来看，中国出口市场格局变化不大，仍主要集中于发达国家和中国港澳地区。

（二）实施出口市场多元化战略的必要性

中国出口市场高度集中的分布态势对出口贸易的强劲增长形成了约束，而且也将出口贸易置于更加不稳定的市场环境中。从战略高度上把握出口市场格局的变化趋势，已成为中国外贸发展的焦点之一。中国在“七五”计划期间提出实施出口市场多元化战略，并于“八五”计划时期正式启动出口市场多元化战略。出口市场多元化战略是根据国际政治经济条件的变化，有重点、有计划地调整出口市场结构，在巩固传统市场的基础上努力开拓新市场，改变出口市场过于集中的状况，逐步建立起出口市场多元化的总体格局。

实施出口市场多元化战略的必要性，体现在以下几个方面。

1. 有利于减少贸易摩擦，规避市场风险

在世界向多极化发展，国际经济区域化、集团化加速发展的背景下，实施市场多元化战略，有助于分散市场风险，减少贸易摩擦，提高外贸整体经济效益。尤其是在新贸易保护主义盛行、某些发达国家与中国贸易摩擦屡屡发生、与其他发展中国家之间的竞争日趋激烈的形势下，实施市场多元化，有利于中国摆脱对某些市场的过分依赖。

2. 有利于出口贸易持续、健康、稳定发展

市场多元化有利于扩大中国传统商品的出口规模。中国的传统出口商品，如轻纺产品等，主要出口到发达国家市场，其中有不少商品受到数量限制，并不断招致进口国的反倾销指控。开辟新市场可分流一部分产品，突破传统出口市场的限制，扩大出口规模，保持外贸出口的持续增长。

3. 有利于在国际贸易中争取有利的贸易条件

面对竞争激烈的国际市场，如果中国的出口贸易过于依靠少数几个国家和地区市场，容易使对方形成买方垄断，造成对中国出口商品市场和价格的控制，甚至附加一些不合理的要求。因此，只有实现市场多元化，才能有效地争取对等和公平的竞争条件，

保证中国在国际交换和国际竞争中处于积极主动的竞争地位。

4. 有利于全面参与国际分工，提高在国际分工中的地位

出口市场高度集中于少数市场，易受制于固定的国际分工模式，不利于提升中国在国际分工中的地位。例如，中国与发达国家的国际分工类型主要是垂直型的国际分工，中国的专业化处于低层次的劳动密集型产品和生产环节中。如果中国出口市场仍高度向这些市场倾斜，不能有效实现拓展，则有被固化在国际分工低层次的危险。出口市场的分散、多元化，有助于中国与不同经济发展水平、具有不同比较优势的贸易伙伴开展不同类型的国际分工，提升在国际分工中的地位。

（三）实施出口市场多元化战略的主要措施

中国在“九五”和“十五”计划中都进一步强调了“八五”计划制定和实施的出口市场多元化战略。“十五”计划提出：“积极参与和维护全球多边贸易体系，发展双边和多边贸易，相互促进，实现市场多元化。在巩固提高传统市场占有率的基础上，大力开拓新市场，拓展出口渠道。”

具体来讲，市场多元化战略的重点是，向纵深拓展欧洲、北美市场，恢复和稳定亚洲市场，积极开发非洲、拉丁美洲市场，稳步扩大独联体和东欧市场。

1. 深度开发发达国家传统出口市场

发达国家市场是中国传统出口市场，这类国家具有较高的经济发展水平和消费水平，市场容量大，购买力强，因而是中国产品的主销市场。长期的贸易往来使中国在这些市场建立了较完整的经销网络。同时，这些传统市场也是中国所需资金、技术及重要物资的主要来源，中国应保持对这些国家的出口规模，否则进口难以为继。因此，中国必须继续巩固和发展传统市场，对其进行深度开发。

首先，深度开发要以商品结构的优化为重点，在维持传统商品出口的同时，要提高出口产品的技术含量，增加技术、知识密集型产品的出口，逐步扩大参与水平分工的比重，获取更多的比较利益。其次，要进一步了解和研究发达国家和地区的贸易法规和惯例，充分运用其先进的贸易基础设施和经销网络，特别是要进入这些国家市场深层次的销售系统，如利用国外超市、连锁企业直接进入其销售网络。最后，要改善售后服务，稳定和提高中国出口商品的市场占有率。中国在深度开发和巩固传统市场时，还应根据各个市场的不同特点，制定相应的开拓策略。美国是世界上最大的进口国，市场容量大，进口范围广，商品需求层次多，各类商品都有市场。而中国对美国出口的商品种类只占美国进口商品种类的一小部分，大部分仍是空白。应重点突破美国轻工业品、机电产品市场。日本经济与中国经济互补性很强，在日本产业结构向技术密集型转化的过程中，中国对日本的出口商品结构在保持传统出口商品稳定增长的同时，应积极扩大工业制成品，特别是机电产品对日本的出口。欧盟国家工业发达，经济实力雄厚，具有极强的购买力。中国对欧盟出口的发展，主要是依靠低价格、大幅度增加出口量实现的，由此招致其对中国出口商品频频实行反倾销等限制手段。因此，应通过提高出口商品质量，增加花色品种，增强商品的适销性，来巩固和发展欧盟市场。

2. 稳定和扩大亚洲市场

亚洲尤其是东南亚市场在中国出口贸易中占据举足轻重的地位，中国香港、台湾地区以及东盟、韩国等是中国重要的贸易伙伴，香港还是内地最重要的转口市场。亚洲金融危机曾使这一重要出口市场一度萎缩。东南亚地区是世界经济中最为活跃的区域之一，作为区域经济的重要一员，中国应加强与其他成员的经济合作，在竞争与合作中实现双赢、共赢。

作为国际贸易和国际金融中心，应继续发挥香港作为内地出口商品中转站的作用，推动内地与香港的经济合作向更高层次发展。同时，要加强对港澳地区出口的管理和协调工作，维护对港澳地区出口的良好秩序，保证对港澳地区出口的稳定增长。中国对东盟、韩国以及中国台湾地区的贸易都呈逆差态势，应一方面调整商品结构，适应对方市场需求，另一方面加强双边磋商，按国际贸易规则，要求对方消除贸易壁垒，增加中国产品进入市场的机会。

3. 开拓非洲、拉丁美洲发展中国家市场

虽然发展中国家和地区进出口总额占世界贸易总额的比重较小，但其地域辽阔，资源丰富，人口众多，整体上是一个很有潜力的大市场。一些发展中国家经过经济改革，在本国经济发展和参与国际经济合作方面取得了长足的进步，进口市场迅速扩大。中国实施出口市场多元化战略，必须加强同发展中国家和地区的经济贸易关系，推动中国产品更多地进入这一市场。中国扩大对发展中国家市场出口具有一定优势，因为中国出口商品结构、档次很适合发展中国家的消费水平。如中国出口的轻纺产品以中低档为主，价格低廉，非常适合这些国家的进口需求。特别是中国的普通机电产品，操作技术要求不高，价格合理，与发展中国家的产业结构、生产力水平相配套，具有广阔的市场。同时，中国开拓这一市场也存在一些障碍和问题，如许多国家经济发展水平低，贸易规模不大，外汇短缺，有些市场交通运输不便、气候恶劣等，都会制约中国对这一市场出口的扩大。因此，中国应做好市场调研，针对市场需要，组织适销对路产品的出口。同时中国应根据不同情况，采取灵活的贸易做法，将出口、援外、对外投资、承包工程和劳务合作等多种经济交往形式结合起来，对发展中国家和地区市场进行综合性开拓，以扩大对其出口。此外，中国还应在政策上对发展中国家的出口有所倾斜，如提供优惠贷款、出口风险担保和运输担保等。

自从实施出口市场多元化战略以来，中国的出口市场就不再单单集中在西方发达国家，而是面向全球，形成了纵深拓展欧洲、北美市场，恢复和稳定亚洲市场，积极开发非洲、拉丁美洲市场的市场多元化局面。这有助于中国与不同经济发展水平、具有不同比较优势的贸易伙伴开展不同类型的国际分工，促进中国对外贸易全面发展。

五、大经贸战略

（一）大经贸战略的提出和内涵

邓小平的南方谈话和党的十四大对市场经济地位的确定，标志着中国改革开放进入了全面开放时期。随着中国改革开放的深入和对外贸易规模的不断扩大，对外贸易战略在国民经济发展中的地位越来越突出，制定一个符合实际的对外贸易战略显得越来越重要。在 1994 年春举办的“90 年代中国外经贸战略国际研讨会”上，对外贸易经济合作部（简称外经贸部）正式提出了“大经贸”的战略构想。

所谓大经贸战略，就是指实行以进出口贸易为基础，商品、资金、技术三者相互渗透和协调发展，外经贸部门与生产企业、科技和金融等部门共同参与的对外贸易战略。该战略要求全面开拓国际市场，在稳定传统市场，如美国市场、欧盟市场、中国香港市场的同时，还应该积极开拓拉美市场、东南亚市场和俄罗斯市场，并对非洲市场和东欧市场也做一些尝试，体现的是大经贸战略中市场范围大的特点。

大经贸战略强调企业作为国际竞争的主体，自负盈亏、自担风险，并直接享有经济利益；要求国家政府主要运用汇率、税收、关税、价格、信贷等多种经济杠杆间接地调控企业的行为和经济的发展，对企业可以进行计划指导，但是尽可能减少指令安排。此外，大经贸战略还要求中国融入世界双边和多边的贸易体制，加速构建适应经济一体化发展的体制和政策。大经贸战略的实施对中国经济贸易的发展起到了重要作用。

大经贸战略的核心内容是强调外经贸全局一体化发展，其整体战略目标和要求主要包括如下几方面。

1. 大开放

要通过进一步拓展外经贸的深度和广度，形成对内对外全方位、多领域、多渠道的开放型经济格局；并要进一步深化经济体制特别是外贸管理体制改革，加快转换企业经营机制，加快国内经济与国际经济的接轨，最大限度地获取参与国际分工的利益。

2. 大转变

加快中国外经贸向集约化发展和以质取胜方向转变，尽快实现出口贸易商品结构两个方面的重大转变。由此要求外经贸的功能也必须发生重大转变，打破原来只为出口创汇而发展对外贸易的做法，要求对外贸易促进产业结构升级和技术进步，发挥对国民经济的全面导向功能及综合服务功能。

3. 大融合

要加快实现外经贸各项业务主要是对外贸易、利用外资、对外投资和其他对外经济技术合作业务的大融合，努力实现多边经贸合作、区域（次区域）经贸合作和双边经贸合作的有机结合，协力推进贸易、生产、科技、金融等部门的密切结合，还要促进外经贸的宏观调控与国民经济的宏观调控的更有效结合。

（二）新时期实施大经贸战略的意义

新时期是指进入 21 世纪后，中国对外经贸发展的外部环境和自身条件发生了新的重大变化。从世界范围来看，近年来经济全球化大潮汹涌澎湃，在许多方面推动着各国经济对外开放的不断扩大和深化。

1. 以信息技术为核心的新技术革命浪潮日益高涨，促进各国经济和对外开放的基础和条件发生重大变革和进步

随着全球信息技术和信息产业快速发展，信息高速公路的建设不断加快，知识、信息和技术的力量和作用日益强化，正成为社会经济发展最重要的资源。知识经济的迅猛

发展和信息技术的广泛运用，正在促进许多国家经济结构的重大调整和变革，这为全面加强国际经济联系和合作开辟了新的途径，提供了更有效的手段。

2. 全球市场经济的大发展，推动着世界各国经济的大开放和大融合

经济全球化的本质就是市场经济的全球扩展。一方面，世界市场的规模和容量日益扩大，其领域和范围不断拓展；另一方面，不同社会制度和经济发展水平国家的经济管理体制和运行机制日益趋同，开始形成了真正意义上的全球统一大市场。

3. 全球多边贸易体系的日益加强，推动了全球贸易自由化步伐的不断加快

世界贸易组织成立以来，多边贸易体系的功能不断加强，管辖范围大大扩展，并推动了全球贸易谈判不断取得新的进展，由此加速了世界贸易自由化的进程，扩展了世界贸易自由化的领域。随着资本全球化运动的加速和扩大，世界跨国生产经营体系日益成熟。一方面，全球金融市场日趋高度一体化，货币资本流动规模急剧膨胀，资本流动自由化程度不断提高；另一方面，各国对外直接投资在资本流动中的比重不断提高，跨国生产经营正在成为最重要的国际经济合作形式。跨国公司作为对外直接投资的主体，在全球不断扩大其生产和销售网络，已成为世界经济增长的主体和引擎，也促使各国更为深入地参与国际分工体系。

自从 20 世纪 90 年代开始实施大经贸战略以来，中国的对外贸易取得了快速的发展，大经贸战略的三个基本内容——扩大开放、加快融合、转变功能取得了很好的效果，进入新时代中国特色社会主义阶段，中国仍需坚持大经贸战略。

（三）新时期实施大经贸战略的重点

根据国际环境的新变化和中国对外开放的新要求，新时期中国进一步实施大经贸战略，需要明确和抓好以下几个方面的重点。

1. 强化科技兴贸是进一步发展大经贸战略的根本动力

进一步扩大各行各业的对外开放，必然面对更加激烈的国际竞争，要在国际竞争中立于不败之地，就必须强化科技兴贸。一方面，要加快技术进步，提高自主创新能力；另一方面，作为发展中国家，要继续加快技术的引进、消化、吸收和再创新，尽快缩小同发达国家的差距。鉴于目前中国出口产品的结构还明显存在不足，只有不断扩大“双高”产品出口，才能重塑中国出口产业和产品的动态比较优势，增强中国外贸出口发展后劲，逐步实现向贸易强国跨越的目标。可以说，没有“高”就谈不上真正意义上的“大”，科技兴贸是中国进一步发展大经贸的根本推动力。

2. 加快结构调整是进一步发展大经贸战略的重要基础

为进一步推动中国对外经贸活动的全面发展，必须加快中国产业和产品结构的全局性和战略性调整。首先，要不断优化中国的出口产业结构。努力提高出口产品的加工程度、技术含量、档次和质量，重点扶持目前发展迅猛的资金技术密集型行业如机械、电子、化工等新的出口产业主导群，大力培育一批高新技术产业和产品如生物工程、遗传工程、计算机软件、微电子、激光应用、机电一体化和新型材料的成长，使之成为中国未来的出口战略产业。其次，要合理调整中国外经贸生产力的地区布局，促进中国中西部地区外经贸各项活动的发展，不断提高中国农村、边远和经济落后地区参与国际分工

的程度和水平。再次，要抓住“入世”后外资加快进入的机遇，在继续扩大利用外资规模的同时，全面拓展利用外资的部门和领域，重点引导外资投向基础设施、支柱产业、高新技术产业、开发性农业和服务业的一些重点发展部门，以推动更多部门走向世界，努力拓展国外市场，为进一步发展大经贸奠定更坚实的基础。

3. 加快“走出去”是进一步发展大经贸战略的龙头

中国对外开放一直是既进又出的双向开放，在过去一个时期的重点是“引进来”，而在新时期进一步扩大对外开放，应当加大力度“走出去”，这是中国积极参与经济全球化并努力掌握主动权的必然要求，而中国加入多边贸易体系也为之提供了更有利的条件和机遇。“走出去”应当成为中国进一步发展大经贸的龙头，因为只有推动更多的部门行业奋力拓展国际市场，才能更好地促进外经贸各个领域各项活动的相互协作和配合，更全面地实现大经贸的战略目标。实施“走出去”的开放战略，一方面要加快对外投资步伐，拓展企业跨国生产经营活动。另一方面还需要力争全方位地“走出去”，从产品、技术和设备，到资金、人员和服务等，都要积极地走出去；从出口贸易、对外投资和技术转让，到对外援助、对外承包工程、劳务合作和提供各种专业服务等，都是“走出去”的重要方式。

4. 扩大对外服务贸易是进一步发展大经贸战略新的增长点

国际服务贸易已经成为当今全球经济及竞争新的热点。在多边贸易体系推动下，全球服务贸易自由化步伐正在加快，21 世纪国际服务贸易将有更快更大的发展。随着中国服务市场的加快开放，进一步扩大对外经济技术合作领域和范围，全面拓展对外服务贸易各项活动，应当进一步发展大经贸新的增长点。努力扩大中国的对外服务贸易，一方面要扩大国内服务市场的开放，这需要在国家的统一部署下，根据中国服务业发展的实际水平和需要，以及在“入世”谈判中所做出的承诺，积极稳妥地推进。另一方面，国内各服务行业大力拓展国外市场，采取多方面有效的对策措施来促进服务出口的扩大。首先，必须加快发展和壮大中国的服务业，并要优化服务业的内部结构，努力培育服务市场体系，强化服务业的市场机制和竞争机制，提高其产业化、专业化和社会化的水平。其次，各个服务行业要抓住契机，加快利用外资、引进先进技术和管理经验的步伐；同时要深化企业改革，加快建立健全现代企业制度，更新企业技术设施与装备，加快服务企业的兼并和重组，促进中国服务企业整体竞争力的提高。再次，要实现多层次和多元化开拓。既要充分挖掘和进一步发挥原有的传统优势，又要不断推动服务出口向高层次、宽领域和纵深化方向发展，努力提高服务出口的档次和水平，不断开拓服务出口的新领域。要不断开拓各地区各类国家的服务市场，并注意采用灵活多样的服务输出方式和手段。最后，整个服务行业要进一步强化大经贸战略观念，充分发挥各自特长和优势，实行资源的优化配置，努力发挥综合优势，将各种服务出口项目活动有机结合起来，并注重服务贸易与其他对外经贸活动的密切配合和相互促进。

大经贸战略是一种体制转轨、企业转型，与国际规则对接的全方位、立体化的对外经济战略，具有市场性、改革性和不可替代性，科技兴贸战略和市场多元化战略，必须在大经贸战略的照应之下，才能形成并发挥作用，单纯强调某一战略难以产生积极效果。

实施大经贸战略以来，中国经济和对外开放的基础和条件发生重大变革和进步，自主创新能力不断提高，推动了中国外经贸的全面发展，尤其是大力促进了服务贸易的发展，国际服务贸易的异军突起和各国对国际服务市场的激烈争夺，正成为当今全球经济及竞争的新热点。

六、“引进来”与“走出去”并重的战略

“引进来”战略是指一国根据自身发展情况，积极吸引国外企业来本国投资建厂。“走出去”战略是指一国鼓励本国企业积极走出国门，到其他国家进行投资发展。“引进来”战略和“走出去”战略不是对立存在的，而是相辅相成的，正是有了前期的“引进来”，本国企业才有能力有资金到其他国家进行投资。

（一）战略提出背景

改革开放以来，中国吸引外资战略获得了极大的成功。中国有效地利用了大量的国际资金，弥补了工业化过程中资金的巨大缺口，并为加快后工业化进程准备了先进的技术条件。21 世纪，经济全球化已成为不可逆转的发展趋势。加入世界贸易组织后，中国将面临更广泛的国际竞争，同时，在经济全球化大趋势下，中国对外开放已进入一个新阶段，中国国内生产总值、外汇储备、进出口总量已经达到一定的规模，中国企业在与外国跨国公司的合作与竞争中逐步具备国际化经营经验和对外投资能力。推动有比较优势的国内产业开拓国际市场，扩大利用国外资源，成为中国参与经济全球化的必然选择。

（二）“引进来”与“走出去”并重战略的意义

1. 有利于提高对外开放水平，是充分利用国内外两个市场的需要

开放型经济本身就包括“引进来”和“走出去”两个重要方面，且是相辅相成，相互促进的。没有一些国家、地区、企业的“走出去”，就没有另一些国家、地区、企业的“引进来”，但具体到每一个国家，由于其发展阶段不同，经济结构不同，开放程度不同，“引进来”与“走出去”的构成也就不同。一般来说，发达国家在“走出去”方面占有先机，且与“引进来”相配合，形成了良性循环，而发展中国家在对外开放的一定阶段，主要侧重于“引进来”。由此可见，实施“走出去”战略是对外开放向更高层次发展的必然选择。

一个健全的开放经济应该建立一个双向循环机制，既要“引进来”，也要“走出去”。否则，如果长期偏重引进外资，忽视外向投资，势必会造成资金和技术的单向流动，久而久之就会产生资金技术的严重依赖，进而导致国际收支严重失衡，甚至引发债务危机。面对当前国际市场上贸易保护主义不断抬头的趋势，只有加快跨国投资的步伐，以对外投资带动商品出口和利用外资，充分利用国内国外两个市场、两种资源，才能在参与国际分工和竞争中取得应有的份额。从“引进来”到“走出去”是对外开放实现“从市场换技术、换资金”到“市场换市场”的战略转折点。

2. 有利于缓解国内竞争压力，是开拓经济发展空间的需要

目前，中国经济已进入了高速发展但内需相对不足的阶段。短缺经济的结束引发传

统产业出现了普遍过剩，开拓国内外市场，调整经济结构，培育新的经济增长点，提高国民经济整体素质成为中国经济发展的关键。随着经济全球化进程的加快，国界对国际竞争的屏蔽作用越来越小。中国经济还没有真正走向世界，世界经济已经登陆中国；中国的产品还没有占领世界，世界的产品都把中国当成了最大最具诱惑力的市场。由此来看，国内企业不仅面临着发展空间受到挤压的危险，还面临着丧失本土生存空间的可能。同时，就业的压力、资源保障以及生态环境的制约比以往更为严重地影响着中国经济的发展。因此，中国一方面要振兴民族工业，在国内市场上与外商竞争；另一方面要以积极的姿态大步"走出去"，在国际市场上和国际大公司进行较量。

（三）"引进来"与"走出去"并重战略的可行性

中国对外开放是从"引进来"起步的，并在相当长的时间内是以"引进来"为主，这是完全必要的。不先把国外的资金、技术、管理、人才等引进来，我们的经济技术水平和实力就难以提高和增强。经过这些年的发展，中国的经济技术水平比过去显著提高，在技术、生产、管理、人才等各方面已形成了一定的比较优势，已具备了"走出去"的基本条件。

1."引进来"增强综合国力，为"走出去"奠定了物质基础

2016 年，中国实际使用外资 1 260.02 亿美元，首次超越美国，成为世界第一外国直接投资接受国。中国已经成为全球瞩目的外商投资首选地之一。截至 2015 年 12 月底，全国累计批准设立外商投资企业 48 179 个，合同外资金额 2 668.1 亿美元，实际使用外资金额 1 058.09 亿美元。全世界最大的 500 家跨国公司中已有 400 多家在中国设立了企业。外资为中国的经济腾飞做出了巨大贡献。①

经过改革开放 30 多年的积累，中国的综合实力大为增强，国内生产总值年均递增超过 9%。2016 年中国经济增长速度也达到 6.5%左右，国内生产总值超过 70 万亿元人民币，中国进出口总额突破 36 855.57 亿美元，国家外汇储备超过 3 000 亿美元，中国的经济规模居世界第 2 位，对外贸易居世界第 1 位，外汇储备居世界第 1 位。② 中国创下了贸易增长速度的世界之最、外汇储备增长速度世界之最、吸引外资世界之最、重要产品产量世界之最。综合实力的增强，开放型经济的迅速发展，使中国经济与全球经济更加紧密地融合在一起，为"走出去"奠定了物质基础。

2."引进来"带来技术、管理、设备，培养人才，提高中国企业"走出去"的国际竞争力

改革开放特别是中国共产党第十三届四中全会以来，中国坚持利用外资不动摇，取得了举世瞩目的成就。以吸收外资为纽带，中国与世界的联系日益紧密，交流日益频繁。实践证明，吸收外资不仅弥补了国内建设资金的不足，而且引进了一大批国外先进适用技术、设备和管理经验，增加了税收和外汇收入，扩大了就业，培养了人才。外商投资企业成为经济体系中具有亮点的重要组成部分，对于调整经济结构、提升产业水平、加

---

① 数据来源于中国国家统计局官网。

② 数据来源于《中国经济统计年鉴》。

速技术创新，以及促进国民经济持续健康快速发展做出了重要贡献，推进了社会主义市场经济体制的建立与完善。

中国企业在同外商投资企业的学习、合作与竞争中，逐渐壮大成长，国际竞争力日益提高。目前，中国已经拥有一批极具实力的大型生产性企业集团，如联想集团、中信集团、一汽集团等，均具有一定的国内经营与跨国经营的基础，将成为中国企业跨国投资的基础。一些有眼光的企业更是主动走向国外，如中国石油天然气集团公司、中国石油化工集团公司、海尔集团、康佳集团、中国华源集团有限公司、中国建筑工程总公司、春兰（集团）公司等，已形成全球生产销售网络。

3.“引进来”带动中国产业结构调整、提升和对外转移

在发达国家产业结构调整和升级的背景下，跨国公司通过提供各种有形和无形的资产，将已失去或即将失去优势的行业与产品的生产活动转移到中国。客观上为中国引进了适合当时水平的生产线，帮助中国建立新的产业并使原有产业得到升级和改造，加快了中国工业化的进程和产业结构的调整，形成成熟技术体系的制造业，生产出具有国际竞争的产品，为相对过剩产业对外转移创造了条件。

4.“引进来”促进中国市场为导向的改革，减少“走出去”的体制障碍

20 世纪 80 年代后兴起的经济全球化浪潮的一个显著特点是经济全球化伴随着全球市场化而不断推进。原来实行计划体制的国家先后执行了市场化改革，推进了全球市场经济体制的形成，使世界经济运行有了共同规则、共同规范和共同语言。如果一个国家不实行市场体制，在这一轮经济全球化过程中，就可能因为竞赛规则的不同，或者被排斥在外，或者受到不公正待遇。

对外开放的重要载体是外资的流入，外资是中国从计划经济走向市场经济的催化剂，是中国走向世界的桥梁。跨国公司把中国纳入全球生产体系，促进了中国自 1992 年邓小平同志南方谈话后社会主义市场经济体制的建设，加快了中国市场取向的改革。中国的社会主义市场经济体制就是在对外开放中，在外资和外商投资企业的典范示范作用的推动下逐步形成和确立起来的。目前国际社会普遍认为，中国经济的市场化程度在 50%至 60%之间。这一改革进程与全球性的市场经济体制形成过程相一致，与世界经济运行的规则相统一，这就从体制上扫清了“走出去”的障碍，使中国企业得以参与全球竞争，获得更大收益。

中国积极实施“引进来”与“走出去”战略后，迅速成为全球瞩目的外商投资首选地之一。2002 年，全世界最大的 500 家跨国公司中已有近 400 家在中国设立了企业。外资为中国的经济腾飞做出巨大贡献。同时，一些有眼光的企业主动走向国外，并初具跨国公司雏形。

七、有管理的贸易自由化战略

（一）战略实施背景

中国实施的有管理的贸易自由化战略就是在政府指导管理下实施贸易自由化战略。加入 WTO 后，中国的关税和非关税贸易壁垒大幅度削减，出口鼓励手段也被严格地限

定在极小的范围内使用。然而，不保护进口也不鼓励出口、政府严守中立立场的贸易自由化战略难以满足中国经济结构战略性调整的目标，工业化进程也将推迟。因此，从获得动态比较优势的目的出发、在 WTO 规则有限的情况下实行有管理的贸易自由化战略是中国的现实选择。

（二）实施有管理的贸易自由化战略的重点

有管理的贸易自由化战略的核心在于低保护和温和的出口鼓励政策相结合，强调政府对结构转变的积极干预，强调进出口政策作用力的相互抵消，使总体的贸易奖励制度中性化。低保护政策指运用关税、保障、反倾销、反补贴、反垄断、政府采购等措施对国内少数产业实行动态的以扩张出口为目标的保护，温和的出口鼓励政策指运用低估汇率、出口退税和补贴（可申诉补贴和不可申诉补贴）鼓励企业参与国际竞争。

1. 在新一轮多边谈判中，坚持不断升级的关税结构，以维持或提高中高技术密集型产业较高的实际保护率

中国在“入世”后的新一轮关税减让谈判中，可在重化工业的中间投入品上做较大的关税减让，以换取对汽车、化学品、机械、电子通信设备等最终产品较小的名义关税减让和维持相对较高的实际保护率。

2. 根据 WTO 规则实行主动的灵活的进口保护

就总体的保护方法而言，加入 WTO 前中国对国内产业的保护策略是以守为攻，重在高筑壁垒，而加入 WTO 后则要变为以攻为守，重在主动出击来化解竞争压力。尽管乌拉圭回合对进口保护的限制十分广泛，但并不是完全无计可施。重要的是政府要调整对贸易保护的管理方式，发挥主观能动性，有理有据有节地针对规则的“弹性部分”实行灵活的进口保护。具体措施主要有：

（1）加强反损害、反倾销、反补贴的组织保障及其调查能力与实施能力。根据《保障措施协议》，只要某种产品进口量绝对增加或相对增加，对生产相同或直接竞争产品的国内产业造成严重损害或严重威胁，我们就可对进口产品采取不超过 10 年的增加关税、或数量限制、或配额的保障措施；根据《关于执行 1994 年关税与贸易总协定第六条的协定》，只要调查确认某种产品的进口价格低于正常价值销售或低于成本销售，并对中国生产类似产品的工业存在实质损害，或者存在实质性损害威胁，或者实质上已经阻碍了中国建立该类工业，中国政府就可以对该种进口品征收反倾销税；根据《补贴与反补贴协议》，只要调查确认某种进口产品含有禁止性补贴，并对国内相关产业造成实质性损害，在履行正常的补救措施后，就可以对该种产品征收反补贴税。

（2）运用国内法来保障国内产业。美国是自由贸易的积极倡导者，同时也是最善于用国内法来保障国内产业的国家。中国“入世”后最迫切的任务之一是尽快形成完备、周详、严密的法律体系，以形成国内产业发展的柔性保护体系。例如，现有的 WTO 文本中尚没有关于国际反垄断的协议，中国现有的 2008 年 8 月 1 日起施行的反垄断法大多只是原则性的模糊界定，虽具有一定的指导性意义，但缺乏实际的可操作性，执法过程中常常出现“无法可依”的现象。因此，中国急需制定一部较严厉的反垄断法，以限制来自某家国外公司的进口品垄断国内市场，或者来自几个国家的少数国外公司的累积进

口量垄断国内市场。

（3）有效地利用 WTO 规定关于发展中国家差别待遇的条款。例如，根据《贸易技术壁垒协议》，中国作为一个发展中的成员方，可以在一些产品上不采用国际标准，并依托于庞大内需制定出符合中国特殊民族文化的技术标准。以这些贴近民族习惯的技术标准开发出来的产品必然对进口品形成销售替代。

3. 鼓励出口，把参与国际竞争作为检验经济效率的标尺

有管理的贸易自由化战略与目前实行的温和进口替代战略的本质区别是，对与进口相竞争的产业的保护目标不是替代进口，而是逐渐扩大出口，检验保护效率的标尺不是国产化率而是出口密集度，即出口占产出的比重，这就是说，只要是可贸易品都必须接受国际市场的竞争考验。鼓励出口的政策措施主要有：

（1）继续实行有管理的浮动汇率制，适度低估人民币汇率，以鼓励外销。

（2）对国内产业和企业实行可申诉补贴和不可申诉补贴。有操作性的可申诉补贴有：政府对某项产品实行不超过从价总额 5%的补贴；对某项产业实行小额补贴以弥补经营性亏损；为解决某个大企业长期发展、避免产生严重社会问题而提供一次性补贴；对一些规模有限、影响相对较小的企业直接免除政府债务，或授予补贴以抵消应付债款。用足用好不可申诉补贴，这包括：为鼓励某个产业的企业进行研发投资、开展技术创新，可以对研发投资占销售额比重设立一个标准，对超过标准的企业实行非专向性补贴；大规模增加对企业、高校、研究机构的科研补贴，只要这种补贴不超过基础工业研究费用的 50%或应用研究费用的 25%；增加西部大开发的基础设施建设、工业结构调整、教育科研的补贴；对环保性的技术改造项目给予一次性补贴，只要这种补贴不超过改造工程费用的 20%。

（3）发挥出口退税激励效应。根据 1994 年《关税与贸易总协定》附件九的规定，“退还与所缴数量相当的关税或内地税，不能视为一种补贴”。应利用这一规定及时、足额地退还对出口产品征收的间接税（主要是增值税）。

（4）加强对出口市场企业补贴的调查。如果出口对象国有企业或竞争对手国有企业获得了禁止性补贴或可申诉补贴，并且可申诉补贴已对中国出口产品造成利益损害或利益严重妨碍，那么中国政府就可以实施补救措施，直至采取报复性的反补贴税。

4. 实施新的幼稚产业扶持政策

中国是以发展中国家身份加入 WTO 的，而根据《1994 年关税与贸易总协定》及乌拉圭回合最终协议文件，中国可以享受针对发展中国家成员的优惠待遇，包括对幼稚产业的保护和扶持。《1994 年关税与贸易总协定》第十八条规定，经济处于发展中的成员征得全体成员批准后，可以为加速某些特定工业的建立而采取提高关税、实行许可证、临时征收附加费等限制进口措施。鉴于过去保护幼稚产业最终演变为保护落后产业的失败经验，新的保护与扶持政策必须体现六个原则：一是扶持的范围必须很小，只有有限的几个行业；二是扶持的时间必须明确，给企业和行业可预期的“毕业”时间；三是所选定的产业必须有利于国民经济结构的动态变化，存在着显著的关联效应、学习效应和动态外部效应（学习效应有利于迅速降低成本，动态外部效应有利于学习经验迅速地在其他

产业扩散）；四是扶持目标定位于使这些产业成为国际市场最主要的竞争者；五是扶持方式体现于整合后几家大企业间高强度的竞争，以竞争促发展；六是政策手段不强调贸易保护，而主要是通过国内财政政策、金融政策、产业组织政策等加以规范、诱导和扶持。根据这样的原则，可以考虑把汽车、半导体、化学和航空航天工业列为加入 WTO 的幼稚产业，扶持时间定为“入世”后的 20 年，并分四个“五年计划”对扶持目标和任务进行详细分解。

实施有管理的贸易自由化战略以来，中国的对外贸易环境更加优化，贸易壁垒减少，使得中国更好地融入全球贸易体系之中。

第四节 中国对外贸易战略的效应

改革开放以后的 40 年里，不同阶段外贸战略的实施，对推动中国对外贸易和经济的增长起到了积极作用，人民生活水平逐步提高，科技不断进步，中国的综合国力日益增强。

一、推动中国贸易和经济增长

中国实施的对外贸易战略，推动了中国对外贸易和经济的快速增长，加快了中国的工业化进程。在过去的 40 年里，世界经济逐步趋于开放，在这样的状态中，劳动力成本相对低下的国家在劳动密集型产品上具有比较优势，同时国际资本为了追求更高的回报，开始从发达国家流向发展中国家。中国正是利用了本国的劳动力比较优势和国外资本投机的历史机遇，大力发展制成品尤其是劳动密集型产品的出口。对这些劳动密集产业给予了优惠的鼓励出口政策，通过大量引入外资，结合本国的劳动力资源，中国的劳动密集产业得以快速发展。1980 年以来，出口贸易大幅度上升（见表 6–7），基于乘数效应，带动了中国经济的高速增长。从表 6–7 可以看出，1978—2016 年，中国的 GDP 年均增长率达到 14.61%。

表 6–7　　1978—2016 年中国 GDP 增长率

年份	GDP/百万元人民币	增长率/%
1978	364 522	11.67
1979	406 258	7.60
1980	454 562	7.81
1981	489 156	5.17
1982	532 335	8.93
1983	596 265	10.84
1984	720 805	15.14

续表

年份	GDP/百万元人民币	增长率/%
1985	901 604	13.44
1986	1 027 518	8.94
1987	1 205 862	11.69
1988	1 504 280	11.23
1989	1 699 232	4.19
1990	1 866 782	3.91
1991	2 178 150	9.29
1992	2 692 348	14.22
1993	3 533 392	13.87
1994	4 819 786	13.05
1995	6 079 370	10.95
1996	7 117 660	9.93
1997	7 897 300	9.23
1998	8 440 230	7.84
1999	8 967 705	7.67
2000	9 921 455	8.49
2001	10 965 517	8.34
2002	12 033 269	9.13
2003	13 582 276	10.04
2004	15 987 834	10.11
2005	18 493 737	11.40
2006	21 631 443	12.72
2007	26 581 031	14.23
2008	31 404 543	9.65
2009	34 090 281	9.40
2010	39 798 315	10.64
2011	47 310 400	9.54
2012	51 932 200	7.86
2013	56 884 500	7.76
2014	63 646 300	7.30
2015	68 905 200	6.90
2016	74 412 700	6.70

注：GDP 指标为现价。

数据来源：历年中国统计年鉴。

中国对外贸易战略对进出口贸易和经济发展的贡献主要体现在如下几个方面。

第一，带动了中国经济的高速增长，从而创造出更多的就业机会。据国家统计局有关资料预测，平均每 1 亿美元出口可创造 14 860 个就业岗位，平均每吸收 1 亿美元外资可创造 2 900 个就业岗位。1978—2000 年，中国的进出口贸易额年均增速达到 15.31%，不仅在大多数年份高于同期 GDP 的增长速度，而且比世界贸易平均增速高出近 8 个百分点。中国的贸易依存度（进出口占 GDP 比重）也从 1978 年的 9.8%上升为 2016 年的 32.68%。贸易依存度的大幅度提高表明国际贸易对中国经济增长及劳动就业的影响程度呈现出很强的上升趋势。表 6–8 列出了中国 1978—2001 年经济增长率和就业增长率的变化，在此期间，中国年均增长 9.65%，就业年均增长 2.2%。

表 6–8　　1978—2001 年中国的经济增长与就业增长　　单位：%

年份	GDP 增长率	就业增长率	年份	GDP 增长率	就业增长率
1978	11.7	2.0	1990	3.8	2.6
1979	7.6	2.2	1991	9.2	2.0
1980	7.8	3.3	1992	14.2	1.8
1981	5.2	3.2	1993	14.0	2.6
1982	9.1	3.6	1994	13.1	1.3
1983	10.9	2.5	1995	10.5	1.1
1984	15.2	3.8	1996	9.6	1.3
1985	13.5	3.5	1997	8.8	1.1
1986	8.8	2.8	1998	7.8	0.5
1987	11.6	2.9	1999	7.6	0.9
1988	11.3	2.9	2000	8.4	0.8
1989	4.1	1.8	2001	8.3	1.32

数据来源：历年中国统计年鉴。

在对外贸易与经济增长的低谷时期，对外贸易战略也能进行及时调整。2008—2009 年全球性金融危机和经济危机的爆发使中国对外贸易额大幅下滑，贸易额负增长达 13.9%，许多出口企业破产或倒闭，2010 年的外贸形势是中国进入 21 世纪以来最困难的一年。中国把这一年的重点定为转变增长方式，在对外贸易战略中加快推进对外经济发展方式转变，坚持对外开放的基本国策，坚持互利共赢的开放战略，统筹好国内发展和对外开放，加快调整出口贸易结构和进口贸易结构，加快提高利用外资质量和水平，加快实施“走出去”战略，不断提高开放型经济水平。

第二，促进了中国工业化的进程，制造业和服务业得以较快发展，从而吸纳了大量从农业转移出来的人口。农业人口在中国占据相当大的比例，随着中国从农业国向工业国的转型，农村剩余劳动力的就业问题成为中国的一个重大难题。在过去的 30 多年里，通过鼓励出口的外贸政策和积极的引资政策，外商对中国的投资不断上升，利用外商的投资和国内的廉价劳动力资源，中国的制造业得以较快发展，机电、纺织等劳动密集型行业成为中国主要的出口行业，中国逐渐成为世界的加工工厂，其吸纳的就业人数也不断上升，1978—2002 年，制造业吸纳的就业人员净增 2 975 万人，制造业的就业人数占到全国总就业人口的 11%以上。

二、推动贸易结构优化

在对劳动密集产业实施积极的鼓励出口政策的同时，对于国内市场，中国也采取了适当的保护政策。限制进口和加工贸易的体外循环方式，使得在扩大出口的同时，中国的国内市场与国际市场有一定的隔离，避免了国际市场的冲击，中国的国内产业得到发展的时间和空间。同时，外贸出口换取的大量外汇，使得中国有能力进口建立国内工业必需的机械设备、原材料等硬件设备和引进所需的技术。这些保护措施和资金保障，使得中国的工业化进程取得了显著的成效，产业结构得以优化和升级。中国已经由传统的农业国转变为门类齐全、初步实现工业化的发展中国家。1949 年，中国农业产值在社会总产值中的比重高达 58.5%，在工农业总产值中，工业仅占 30%，表现出明显的农业国特征。改革开放以来，随着中国对外贸易战略的实施，中国进出口贸易结构得到优化，现代冶金、采矿、电力等设备制造业，大型及精密机床制造业，石油化学工业，大规模集成电路、电子计算机等众多工业行业从无到有逐步发展壮大起来，中国已能够依靠自己的力量装备大型矿山、电站、冶金、石油、化工、汽车、造船等重要工业领域，由此也带动了相关行业出口产品的发展。从表 6–9 可以看出，2016 年中国的出口产品中，初级产品比重为 5%，工业制成品比重为约 95%。根据商务部发布的《中国对外贸易形势报告（2017 年春季）》，2016 年，中国机电产品出口 8.0 万亿元，占出口总值的 57.7%。其中，航空航天器、光通信设备出口增长率超过 10%，医疗仪器及器械和大型成套设备出口增长超过 5%。工程机械、汽车、家电、机床、发电机出口均实现正增长。七大类劳动密集型产品出口 2.9 万亿元，下降 1.7%，占出口总值的 20.8%。与制造业相比，中国服务贸易保持了较好发展势头，2016 年全年进出口 5.4 万亿元人民币，较 2015 年增长 14.2%，首次突破 5 万亿元大关，世界排名继续保持第二位，仅次于美国。服务进出口占中国对外贸易总额比重达到 18%，较 2015 年提高 2.6 个百分点。

表 6–9　　2008—2017 年 3 月中国出口产品金额　　单位：亿美元

	2008 年	2009 年	2010 年	2011 年	2012 年	2013 年	2014 年	2015 年	2016 年	2017 年 1—3 月
总值	28 571.1	24 032.3	31 555.2	37 967.7	40 974.3	44 200.4	46 854.9	45 498.9	41 963	9 655.3
初级产品	778.5	631.1	816.9	1 005.5	1 005.6	1 072.8	1 127.1	1 039.8	1 050.7	259.3
食品及活动物	327.6	326.3	411.5	504.9	520.7	557.3	589.2	581.6	610.5	137.0

续表

	2008 年	2009 年	2010 年	2011 年	2012 年	2013 年	2014 年	2015 年	2016 年	2017 年 1—3 月
饮料及烟类	15.3	16.4	19.1	22.8	25.9	26.1	28.8	33.1	35.4	6.2
非食用原料	113.5	81.5	116.0	149.8	143.4	145.7	158.3	139.2	130.8	33.1
矿物燃料、润滑油及有关原料	316.4	203.7	266.7	322.7	310.1	337.9	344.5	279.4	268.4	81.6
动、植物油脂及蜡	5.7	3.2	3.6	5.3	5.4	5.8	6.2	6.4	5.6	1.5
工业制成品	13 507.0	11 385.0	14 960.7	17 978.4	19 481.6	21 027.4	22 300.4	21 709.7	19 930.8	4 568.3
化学品及有关产品	793.1	620.2	875.7	1 147.9	1 135.7	1 196.6	1 345.9	1 296.0	1 218.9	309.4
按原料分类的制成品	2 617.4	1 848.2	2 491.1	3 195.6	3 341.5	3 606.5	4 003.8	3 913.1	3 512.0	806.7
机械及运输设备	6 733.3	5 902.7	7 802.7	9 017.7	9 643.6	10 392.5	10 706.3	10 594.5	9 845.1	2 303.0
杂项制品	3 346.1	2 997.5	3 776.5	4 593.7	5 346.6	5 814.5	6 221.7	5 881.5	5 296.2	1 134.3
未分类的其他商品	17.2	16.5	14.7	23.4	14.2	17.3	22.7	24.6	58.6	14.9

数据来源：商务部《中国对外贸易形势报告（2017 年春季）》。

三、推动市场经济体制改革深化发展

过去的 30 多年也是中国实施经济体制改革，从计划经济向市场经济转轨的时期。中国对外贸易战略作为一种外向型经济战略，在参与国际分工，与其他国家和地区的竞争中，除了包括直接的出口产品的竞争，也包括制度的竞争。这主要是由于经济的发展和经济体制的改革是一个互动的过程，适宜的经济体制会促进经济的快速发展，而经济发展的要求也会推动经济体制的改革。

自 1978 年改革开放以来，中国开始探索经济体制的改革，先后提出了“计划经济为主，商品经济为辅”“有计划的商品经济”等发展目标，对部分商品的价格开始放开，但这一时期的改革还不算市场化改革。在 20 世纪 90 年代初，随着经济全球化的到来，各国的经济竞争和制度竞争加剧，市场经济制度相对于计划经济体制显示出巨大的效率优势，这使得中国必须对本国的制度安排做出抉择，改革再也不能仅仅在计划经济体制的框架内原地转圈了。中国提出了建设“社会主义市场经济体制”的发展目标，中国的经济体制改革进入实质性阶段。

在这一时期，中国的对外贸易战略主要从以下两方面推动了中国市场经济体制的改革。第一，扩大中国的对外贸易额需要更为经济和有效的体制保障，比如中国的对外贸易很大程度上依赖于外资的投入，而各国争夺外资的竞争在20世纪90年代后更多地表现为制度的竞争。第二，世界贸易组织是以市场经济体制为基础的经济组织，中国为了加入世界贸易组织，必须在经济体制上做出调整，进行市场化改革。

四、促进区域贸易一体化

对外贸易战略与时俱进的调整，积极促进了区域贸易一体化的发展，以“引进来”和“走出去”贸易战略为例，随着“走出去”对外贸易战略的实施，中国对外贸易发展的制度环境不断优化。中国始终高度重视对外贸易发展，近年来出台了一系列促进对外贸易的稳增长调结构政策，有力地提振了进出口企业的信心，降低了企业成本。2017年，中国继续推进落实国务院出台的一系列对外贸易政策，会同有关部门确定重点政策清单，落实加工贸易梯度转移差异化政策，深入推进新业态试点，继续加强财税和金融支持，着力提高贸易便利化水平，进一步扩大与“一带一路”沿线国家的贸易合作，实行积极有效的进口政策，营造良好营商环境，切实为企业减负助力。同时，加大自由贸易协定的宣传力度，帮助企业了解掌握已签署实施的16个自由贸易协定，用好用足优惠政策，开拓国际市场。

作为区域贸易一体化的表现形式之一，中国积极参与“一带一路”倡议，2016年对“一带一路”沿线的53个国家直接投资145.3亿美元，占同期对外直接投资总额的8.5%。与“一带一路”沿线国家新签服务外包合同额261亿元，执行额163亿元，分别增长33.9%和18%，其中执行额占离岸服务外包的17.6%，成为中国服务外包增长的新动力。除了“走出去”，中国也积极“引进来”，2016年全年实际使用外资8 132亿元人民币，增长4.1%，其中，4个自贸试验区全年实际吸收外资达879.6亿元，增长81.3%。

总体上讲，中国对外贸易发展战略使得中国企业在参与国际区域贸易一体化的过程中，贸易主体更加多元化，贸易手段更加现代化，贸易方式更加多样化，贸易地理方向呈现出多极化。

五、促进中国积极参与世界贸易分工

中国对外贸易战略鼓励发展高层次的产业内贸易，提高对外贸易竞争力。随着国际经济贸易的发展，产业内贸易在给各贸易国带来贸易利益的同时，还加快了科学技术管理经验、企业家精神在不同国家同一行业内的传播和扩散，给同类产品生产档次提高提供信息，并通过规模经济，实现不同国家在产品层次上的分工，实现产品生产的国际化，从而促进一国主导产业和支柱产业的发展，进而推动一国的技术进步和产业升级。

中国参与国际贸易活动不仅仅着眼于通过国际分工和交换获取静态贸易利益，提高消费水平和增进国民福利，更重要的是通过贸易发展促进信息、物质和思想的交流。

中国根据参与国际分工和国际贸易的实际情况，特别是长期以来所面临的贸易市场份额缩小、创汇能力下降、贸易条件恶化等不利影响，在一定时期、一定行业范围和适当程度上采取多样化贸易措施，引导已具有一定竞争实力的汽车、机械、化工、电子、冶金等行业的生产规模相对集中，以进一步扩大这类行业的生产规模，提高产品生产差异化水平，促进这类资本和技术密集型产品的大型企业和集团形成较强的规模经济优势，并鼓励其积极参与国际水平分工，从而培育和促进中长期具有规模经济优势的主导产业和相关产业的发展。

中国对外贸易的新战略越来越倾向于创新竞争优势战略，即以竞争优势为导向，以创新为动力，以发展高科技产业为手段，以追求可持续发展为目的的贸易战略。积极促进制度创新、科技创新和经营策略创新，形成中国的竞争优势，是未来几年中国对外贸易战略的重点之一。中国要想提高国际竞争力，获得更多的贸易利益，必须对制度、科技和经营管理等进行全面创新。同时大力发展高新技术产业，形成高技术出口产品的竞争优势，提高产业内贸易指数。发展高技术产业要有选择、有重点地加快电子信息、生物工程、新材料和航空航天等高新技术产业的发展。

中国坚持“引进来”和“走出去”相结合，由贸易大国迈向贸易强国，必然要依据国际竞争优势理论，坚持以质取胜的战略，提高出口商品和服务的竞争力。一方面吸引外商直接投资，另一方面鼓励和支持有创新能力的企业对外投资，实施“走出去”战略，充分利用国内外两种资源和两个市场，优化资源配置。此外，实施市场多元化战略，开拓新兴市场，努力扩大出口。

六、彻底扭转外汇储备短缺的局面

由于实行了积极的外向型政策，拉动了中国的贸易与投资，中国的外汇储备连年攀升（见表 6–10），从 1979 年的 8.4 亿美元，发展到 1990 年的 110.93 亿美元，再到 1999 年的 1 546.75 亿美元，中国已经告别了外汇短缺的时代。自 2000 年起，中国的外汇储备更是大幅度上升，2005 年的外汇储备高达 8 188.72 亿美元，比上一年增长了 2 089.4 亿美元，居全球第二位，仅次于日本。截至 2006 年 2 月，中国外汇储备已达到 8 536.72 亿美元[①]，首次超过日本，成为全球外汇储备最大持有国。截至 2016 年底，中国外汇储备规模已达 30 105.17 亿美元，稳居全球第一位。外汇储备的高速增长，主要是源于贸易顺差继续扩大、吸收以及热钱的流入这三大主要因素。从表 6–11 可以看出，连年较高的贸易顺差额是中国外汇储备增加的主要原因，2013 年末中国贸易顺差额高达 2 590.1 亿美元，占到外汇储备增量的 50.81%。

① 国家外汇管理局网站，国家外汇储备规模，网址为 http://www.safe.gov.cn/wps/portal/sy/tjsj_lnwhcb_query#.

表 6-10 1979—2016 年中国的外汇储备变化 单位：亿美元

年度	金额	年度	金额
1979	8.40	1998	1 449.59
1980	−12.96	1999	1 546.75
1981	27.08	2000	1 655.74
1982	69.86	2001	2 121.65
1983	89.01	2002	2 864.07
1984	82.20	2003	4 032.51
1985	26.44	2004	6 099.32
1986	20.72	2005	8 188.72
1987	29.23	2006	10 663.44
1988	33.72	2007	15 282.49
1989	55.50	2008	19 460.30
1990	110.93	2009	23 991.52
1991	217.12	2010	28 473.38
1992	194.43	2011	31 811.48
1993	211.99	2012	33 115.89
1994	516.20	2013	38 213.15
1995	735.97	2014	38 430.18
1996	1 050.29	2015	33 303.62
1997	1 398.90	2016	30 105.17

表 6-11 1995—2016 年中国的贸易差额与外汇储备的增减额 单位：亿美元，%

年份	贸易差额	外汇储备增减额	贸易顺差/外汇储备
1995	166.9	219.77	75.94
1996	122.4	314.32	38.94
1997	403.4	348.61	115.72
1998	436.0	50.69	860.13
1999	291.6	97.16	300.12
2000	241.1	108.99	221.21
2001	225.5	465.91	48.40
2002	302.9	742.42	40.80
2003	253.7	1 168.44	21.71
2004	328.4	2 066.81	15.89
2005	1 017.1	2 089.40	48.68
2006	1 775.4	2 474.72	71.74
2007	2 626.9	4 619.05	56.87

续表

年份	贸易差额	外汇储备增减额	贸易顺差/外汇储备
2008	2 981.3	4 177.81	71.36
2009	1 956.9	4 531.22	43.19
2010	1 815.1	4 481.86	40.50
2011	1 549.0	3 338.10	46.40
2012	2 303.1	1 304.41	176.56
2013	2 590.1	5 097.26	50.81
2014	3 824.6	217.03	1 762.24
2015	5 930.0	−5 126.56	—
2016	5 107.3	−3 198.45	—

数据来源：根据中华人民共和国海关统计数据计算。

七、基于比较优势的出口面临严峻挑战

中国最大的比较优势就是拥有丰富的廉价劳动力资源。中国的对外贸易一直以来充分利用了这一比较优势，出口产品以劳动密集型为主。但是近几年劳动密集型产品的出口已经面临诸多困难，具体表现在：

第一，劳动密集型产品国际市场的变化。从需求来看，以前中国发展劳动密集型产品没有太多考虑出口市场的容量问题，经过 20 多年的发展，如今在发达国家，劳动密集型产品市场基本趋于饱和，已经由原来的卖方市场进入买方市场。从供给来看，国际上劳动密集型产品的出口竞争日益激烈。这主要是发展中国家的出口结构基本类似，大都以劳动密集型产品为主，出现结构性相对过剩，这势必造成这些产品的激烈竞争。

第二，劳动密集型产品的贸易条件趋于不利。贸易条件是一个国家以出口交换进口的条件，即两国进行贸易时的交换比例。通常用出口产品价格指数与进口产品价格指数之比亦即贸易条件指数来表示贸易条件。中国的出口产品以劳动密集型产品为主，即使是机电产品，其生产大部分也只不过是一种加工装配业务，仍然只占据劳动密集的加工环节。由于劳动密集型产业存在关联度低、增值有限、需求弹性小的特点，单纯重量不重质的扩张必然导致价格的进一步下降，使中国在对外贸易中利益减少。彭红斌（2005）[①] 从供给、需求和市场结构三个方面分析了中国劳动密集型产品的出口贸易条件在长期内呈现恶化的趋势。

八、对进口的战略作用重视不够

中国现行贸易战略过于强调出口对经济的带动作用，相比而言，对进口的战略重要性却认识不足。

① 彭红斌. 论中国对外贸易的可持续发展. 北京：北京大学出版社，2005.

首先，进口是一国引进先进经济结构、先进技术和管理经验的重要渠道。经济全球化的不断深入，给中国的贸易战略也提出了极大的挑战。中国要想参与到这一进程中去，参与国际分工，就必须降低贸易保护，中国在努力占领其他国家市场的同时也不得不开放国内市场，从而使中国的保护政策不断减少和取消。在加入 WTO 后过渡期，中国遵照“入世”承诺，国内市场将进一步放开，这势必引发国外跨国公司对中国市场的激烈争夺。中国要想减少跨国公司对中国产业的冲击，就必须提升产业竞争力。因此，相比而言，在未来深入参与国际分工、提升国际竞争力方面，进口战略对中国更具重要意义。

其次，出口贸易的增长离不开进口贸易的增长。改革开放以来，中国的出口贸易在不断增长的同时，也伴随着进口贸易的不断增长。虽然进口贸易额也取得了较快的增长，但是这种进口主要以中间品和能源为主，促进技术进步的进口相对较少。究其原因，主要有两方面：第一，大量的进口只是为了加工再出口，这与中国加工贸易占主导方式有着密切的关系。第二，出口贸易的增加，带动对能源、原材料等需求的上升，尤其是近几年来重化工业的发展，大多为高能耗产业，使得中国必须从国外进口大量的能源和原材料，对国外的依存度上升。能源进口的大幅上升，也关系到中国的经济安全问题，必须给予高度重视。因此，进口商品结构有待调整。

九、贸易增长与外部关系的矛盾日益突出

在经济全球化背景下，各国、各地区之间的经济相关性日益密切。各国之间的贸易竞争就是贸易利益在各国的重新分配。随着中国对外贸易的不断增长，中国与欧盟、美国以及一些发展中国家的贸易争端、摩擦纠纷越来越多。尤其是从 2001 年中国“入世”以后，随着中国贸易额的大幅度攀升，这种冲突和矛盾更为凸显，主要表现为针对中国产品的反倾销、反补贴、保障措施等案例的大幅增加。

值得指出的是，中国贸易摩擦除了数量、涉案金额逐年增高以外，还有一个明显变化就是，过去贸易摩擦个案中针对产品的多，而现在则是针对政策、制度的日趋增多，贸易摩擦已上升到更宽、更高的层面上。

中国与外国贸易摩擦的升温，究其原因，主要有以下几个方面：第一，“入世”以来，中国经济和贸易快速增长，占世界市场的份额也不断上升。第二，中国的出口产品以机电、纺织等劳动密集型产品为主，国际市场供给过剩，中国主要靠价格竞争来获取更多国际市场，加之出口又主要集中在美国和欧盟国家，这对这些国家的劳动密集型市场产生较大冲击，为了保护本国的就业等因素，这些国家针对中国出口产品的反倾销调查不断增多。第三，在世界贸易组织框架内，随着关税、配额等传统贸易保护手段的下调和取消，各国对贸易保护的手段更多转向非关税壁垒，如技术性壁垒、绿色壁垒等，这些措施一般争议较大，而中国的相关标准与国际标准有着比较大的差距，这也客观上造成了中国出口产品不符合国外相关标准的要求，从而引发贸易摩擦。

中国贸易增长与外部关系的矛盾问题，关系到中国经济发展能否有一个长期良好的国际环境，关系到中国是否能够实现和平崛起。因此，在中国加入 WTO 过渡期结束以后，中国的外贸战略必须考虑到贸易增长与外部关系的协调问题。

第七章
改革开放后中国对外贸易体制的改革

体制是管理机构和管理规范的结合体或统一体，不同的管理机构和不同的管理规范相结合就形成了不同的体制。对外贸易体制是指一个国家制定并执行对外贸易决策的各种管理机构和各种管理规范的总和。中国的对外贸易体制分为管理体制和经营体制。管理体制包括宏观管理体制、出口管理体制和进口管理体制。经营体制包括外贸经营权和外贸企业自身的运营。

第一节 中国对外贸易体制改革的历程

改革开放前，由于国内外各种环境和条件的限制，中国实施计划经济体制。在计划经济体制下，对外贸易领域实施保护贸易政策，对外贸易体制的特点是高度集中和以行政管理为主。在当时西方国家经济封锁和国内经济一穷二白的条件下，这种对外贸易体制可以集中有限的资源，统一对外，有利于国民经济的恢复和发展。但随着中国国民经济的发展和国内外环境的变化，这种对外贸易体制的弊端逐渐显露出来。如外贸经营权的高度集中限制了各地方和各部门的积极性和主动性，统负盈亏制约了企业提高经济效益。20 世纪 70 年代末，在中国改革开放的背景下，对外贸易领域也逐渐由保护贸易走向自由贸易。在对外贸易逐渐自由化的过程中，对外贸易体制也必须进行相应的改革，以满足对外贸易的发展。

改革开放以来，为了适应国民经济和对外贸易的发展，对外贸易体制经过了一系列的改革，这些改革具有明显的阶段性。

一、初步改革阶段（1979—1993 年）

改革开放前，中国一直采取进口替代的贸易战略，国家采用行政手段直接干预对外贸易，所有的进出口贸易都由国有外贸公司控制。在这种背景下，对外贸易体制采取“渐进性”和“试验性”的改革，减少国家对外贸的直接控制和外贸领域的计划经济成分，并实行了一系列的出口鼓励措施。

（一）目标

中央文件中关于这一时期对外贸易体制改革的目标没有明确表述，但 1993 年世界银行的经济学家认为中国对外贸易体制改革的目标是：（1）促进国民经济发展和出口增长；（2）通过价格刺激和外国投资，促进技术的提高和新产业的发展；（3）保持并发展一些在中国目前发展阶段可能存在不了的特定的产业部门；（4）通过隔断“人民生活必需的”商品价格和世界价格的联系来再分配收入；（5）通过限制某些特定商品的出口来改善中国的贸易条件；（6）实施《多种纤维协定》等国际协定。综合已有文献来看，这一时期中国对外贸易体制改革的目标是通过尝试性地减少对外贸的直接控制和放宽外贸经营权，调动各地方和各部门的积极性，增强出口创汇能力，促进经济发展。

（二）内容

在这一时期，对外贸易体制改革随着改革开放的进程而不断推进，改革的内容也在不同的时间段侧重点不同。

1. 1979—1987 年的对外贸易体制改革

（1）减少国家对外贸的直接控制。

① 改革开放前，中国的对外贸易由专业外贸公司独家经营。在这一阶段，对外贸易经营权由中央向地方、由外贸部门向其他部门、由政府向企业下放。国家允许国务院的其他部委成立各自领域的进出口公司，允许广东、福建、北京、天津、上海和辽宁等

省市成立外贸总公司，进行进出口贸易活动；同时，开始尝试工贸结合、技贸结合，便于生产企业直接面对国际市场，按照国际市场的需求进行生产，从而提高企业的经济效益。② 缩小进出口商品指令性计划的管理范围，实行指令性计划、指导性计划与市场调节相结合，取消外贸出口收购和调拨计划。③ 加强宏观调控手段的运用。在对外贸易体制的改革过程中，由于计划管理手段的减少，国家开始运用关税、进出口许可证和配额等手段，并且加强了关税管理。

（2）实行一系列的鼓励出口措施。为了促进出口的增长，以推动经济增长和工业进程，国家实施了一系列鼓励出口的措施，如外汇留成、出口补贴和出口退税等。

经过这些改革，虽然进口贸易仍然受到严格限制，但是限制的手段开始由计划手段转变为国际通行的商业手段，使得贸易保护由隐性转变为显性。同时，通过促进出口贸易的发展，发挥了中国的比较优势，有利于中国商品进入世界市场。虽然这一阶段的外贸体制改革取得了一定的成绩，但是对外贸企业还没有形成有效的激励机制，外贸企业仍然处于统负盈亏的状态。另外，出口鼓励的范围较窄，只是对某些地区（广东、福建等沿海地区）和某些企业（国有外贸公司）进行出口鼓励，因此出口鼓励的效果有限。

2. 1988—1990 年的对外贸易体制改革

（1）实行中央补贴基础上的外贸承包。外贸“大锅饭”体制多年来一直制约着外贸事业的发展，经过调查研究，国务院决定从 1988 年起全面推行对外贸易承包经营责任制，解决了中国经营体制上长期存在的政企不分问题，让企业逐步走向自主经营的道路。具体做法是由各省、自治区、直辖市、计划单列市政府向国家承包出口收汇基数、上缴外汇额度基数及出口收汇基数内人民币经济效益基数。超出口收汇基数的外汇收入实行分成。少数产品由国家外贸和工贸进出口公司承包并统一经营。绝大部分产品下放给地方外贸、工贸进出口公司和具有对外贸易经营权的企业承包经营。

（2）进一步加强出口鼓励措施。为了进一步鼓励出口，国家在 1988 年实施了全面的出口退税政策；出台了一系列的政策鼓励来料加工和进料加工贸易，大力发展出口商品基地建设；还通过扩大出口信贷来发展出口贸易。

这一阶段的外贸体制改革通过承包试点和加强出口鼓励措施，促进了出口贸易的发展，但由于当时本币高估仍然使得出口贸易受到限制。

3. 1991—1993 年的对外贸易体制改革

（1）实行自负盈亏的外贸承包制。前期的外贸承包试点在一定程度上促进了中国对外贸易的发展，虽然外贸承包制具有诱发企业进行短期行为的缺点，但在当时中国的外贸形势下，外贸承包仍然是一个短期内能促进外贸发展的政策，所以从 1991 年开始，中国开展了新一轮的外贸承包。在这轮外贸承包中，国家取消了对外贸企业的出口补贴，实行了全行业的自负盈亏。同时，汇率进行贬值，外汇留成也由按地区实施改为按大类商品实行统一比例留成。

（2）改革进口体制。为了促进进口贸易的发展，国家降低关税水平，取消进口调节税，削减进口配额和进口许可证管理的范围，缩减计划管理范围，取消进口替代清单并承诺不再制定类似的措施等。

这一阶段的外贸体制改革使中国的对外贸易政策开始向自由贸易的方向发展，但这一阶段的进口保护水平仍然很高。1986—1991 年，进口关税税率还进行了上调，直到 1992 年加权关税率才恢复到 1987 年的水平。此外，进口领域中受非关税壁垒限制的商品比例仍高达 51.4%。

二、深化改革阶段（1994—2001 年）

1979 年以来，外贸体制改革主要是从计划手段向国际通用的商业手段调整，通过减少计划体制的约束和实施一系列促进贸易发展的措施，取得了一定的成效，使中国的劳动密集型商品的比较优势得到了发挥，并调动了外贸部门和企业经营的积极性。但这些外贸体制改革仍是在计划经济体制框架下进行的局部改革，中国进口替代的贸易保护战略没有根本性改变，政府对进口贸易的干预依然较多。1992 年底，党的十四大明确提出中国要建立“社会主义市场经济体制”，对外贸易改革的目标为“深化外贸体制改革，尽快建立适应社会主义市场经济发展的、符合国际贸易规范的新型外贸体制”。1994 年 1 月 11 日，国务院做出《关于进一步深化对外贸易体制改革的决定》，提出中国对外贸易体制改革的目标是：统一政策、放开经营、平等竞争、自负盈亏、工贸结合、推行代理制，建立适应国际经济通行规则的运行机制。因此，这一时期外贸体制改革主要是从贸易保护体制向贸易自由化体制转变，从商业控制手段向市场化手段转变。

（一）关税和非关税壁垒大幅削减

1994 年以后，为加快社会主义市场经济体制的建立和与国际贸易规则相适应，中国连续对关税和非关税壁垒措施进行大幅度削减。1996 年 4 月 1 日，中国对 4 000 多种商品进口关税进行大幅度削减，关税总水平降至 23%。[①]另外，实施非关税措施的商品范围也大幅度降低，如有关部门废除了许多对进口商品进行管制的红头文件，凡是不公开的就不实行，凡是要实行的就必须公开。此外，减少了许可证管理的商品范围并简化了申领手续，取消了许多商品的国家指令性计划，提高了贸易政策的透明度。

（二）外汇管理逐步市场化

外汇管理对一个国家的进出口贸易有非常重要的影响。由于各种条件的限制，1994 年中国实行严格的外汇管制。严格的外汇管制虽然能为国家集中有限的外汇进行必要的进口，扶持新兴产业的发展，但容易造成对出口的歧视，降低出口创汇能力。1994 年 1 月 1 日，中国人民币官方汇率与外汇调剂价格正式并轨，开始实行以市场供求为基础的、单一的、有管理的浮动汇率制。1996 年 12 月 1 日，中国宣布接受国际货币基金组织第八条规定的义务，实现人民币经常项目下可兑换。1996 年 12 月 2 日，中国人民银行颁布《银行间外汇市场管理暂行规定》，就银行间外汇市场组织结构、会员管理和交易行为等做出规定。从 1997 年起实行远期银行结售汇试点，为企业提供规避汇率风险、降低交易成本的保值手段，允许符合一定条件的中资企业开立外汇账户，保留一定限额经常项

① 孙玉琴. 中国对外开放史. 北京：对外经济贸易大学出版社，2012.

目外汇收入。1998 年 12 月 1 日，国家外汇管理局取消外汇调剂业务，并相应关闭各地外汇调剂中心，包括外商投资企业的外汇买卖在内的全部境内机构的外汇买卖均纳入银行结汇体系中。

1996 年 12 月 2 日，中国允许符合条件的外资金融机构在上海浦东试点经营人民币业务，并颁布《上海浦东外资金融机构经营人民币业务暂行管理办法》；1998 年 8 月 12 日，又允许深圳开展此项业务；1999 年 7 月 17 日，扩大沪深两地的外资银行经营的业务，增加了外资银行人民币同业借款业务，放宽人民币同业拆借限制和人民币业务规模。上海的此项业务的地域范围扩大到江苏、浙江，深圳的此项业务的地域范围扩大到广东、广西、湖南。

1994 年以来，外贸体制改革以汇率并轨为核心，将改革外汇管理体制作为创造外贸平等竞争环境，深化外贸体制改革的重要措施，实行外汇收入结汇制，取消各类外汇留成、上缴和额度管理制度。汇率改革后，汇率开始发挥对国际贸易和国际收支的调节功能。

（三）对外贸易经营权的下放

1994 年 5 月 5 日，第八届全国人大常委会第七次会议审议通过《中华人民共和国对外贸易法（草案）》，对外贸企业进出口总额、出口收汇、出口退税制度等一系列问题及法规做出统一政策性规定，以保证中国对外贸易按客观经济规律运行；1994 年 5 月 12 日，通过《中华人民共和国对外贸易法》（简称《对外贸易法》），并于同年 7 月 1 日起施行。在计划经济体制下，只有少数专业外贸公司能够开展进出口贸易，广大的生产经营企业和科研院所被排除在外，导致生产企业和科研院所与国际市场脱离联系，生产的产品无法满足国际市场的需要，国际竞争力较差。因此，外贸经营权的放开势在必行。20 世纪 90 年代以后，随着外资企业的大量进入，外资企业获得了外贸经营权。另外，中国加快赋予生产企业和科研院所自营进出口权，给予商业流通企业、物资企业及民营企业进出口经营权，并在深圳等经济特区实行对外贸易经营权自动登记制度。对于外贸企业，1994 年 1 月 11 日国务院做出《关于进一步深化对外贸易体制改革的决定》，要求加快转换经营机制，实行一业为主，走实业化、集团化、国际化经营的发展道路；积极推行进出口代理制，转变经营作风，搞好代理服务。具备条件的专业外贸企业经批准可以改组为规范化的有限责任公司或股份有限公司。

（四）取消外贸承包制

实践证明，外贸承包制自推行以来，虽然在一定程度上调动了外贸部门和企业的积极性，但也存在着妨碍改革进一步推行的消极后果，如强化了地方政府对外贸企业的直接干预和承包指标一刀切导致的不公平竞争等。中国共产党第十四届三中全会提出国有企业改革的目标是“产权清晰、权责明确、政企分开、管理科学”。因此，按照现代企业制度改革国有外贸企业势在必行。这一时期，对国有外贸企业进行股份制试点，发展一批国际化、实业化、集团化的综合贸易公司，在国有外贸企业中设立董事会、监事会。此外，整合外贸资源，探索贸工、贸农、贸商相结合和外贸、外资、外经相结合的“大经贸”之路。

三、全面放开阶段（2002 年至今）

2001 年 12 月 11 日，中国正式加入世界贸易组织。“入世”前，中国的外贸宏观管理体系不健全，外贸企业制度改革迫在眉睫，外贸经营制度不完善，外贸法律制度不透明。“入世”后，中国按照社会主义市场经济体制的要求、世界贸易组织规则和“入世”承诺重新调整建立新的外贸体制。

为了履行“入世”的各项承诺，顺应世界贸易体制对中国外贸体制改革的要求，中国在“入世”前后，按照世界贸易组织的规则，进一步深化外贸体制改革，主要是全面清理外贸法规（其中包括国务院清理出的 2 300 件，对外经济贸易部清理出的 1 413 件，以及大量地方性法规），建立新的外贸法规体系，同时，调整外贸的经济调控体系和行政手段，外贸体制的总体架构有了新的发展。

（一）修订《中华人民共和国对外贸易法》

加入世界贸易组织以来，中国对外贸易格局变化很大，对外贸易在国民经济中的地位和作用发生了根本性转变，成为国民经济持续发展的重要推动力。与此相对应，原《对外贸易法》在对外贸易管理、对外贸易促进、对外贸易救济等诸多方面已不能完全适应对外贸易快速发展的需要。

为了履行加入世界贸易组织的有关承诺，适应外贸发展新形势的需要，充分运用世界贸易组织规则，促进对外贸易持续健康协调发展，根据立法规划，商务部经过一年多的努力，于 2003 年 6 月完成了修订草案的起草工作，并上报国务院。国务院法制办按照有关立法程序，及时完成对修订草案的审议工作。2003 年 11 月 26 日，国务院总理温家宝主持召开国务院常务会议，审议并原则通过《中华人民共和国对外贸易法（修订草案）》。国务院于 2003 年 12 月 13 日向第十届全国人大常委会第六次会议初次提请审议该修订草案。2004 年 2 月 28 日，第十届全国人大常委会第七次会议再次审议修订草案。2004 年 4 月 2 日，第十届全国人大常委会第八次会议对草案进行了第三次审议，并于 4 月 6 日顺利通过。

新《对外贸易法》共 11 章 70 个条款，与原《对外贸易法》相比，新增了 3 章内容和 26 个条款。修订后的《对外贸易法》的主要变化有：（1）允许自然人从事对外贸易经营活动；（2）取消对货物和技术进出口经营权的审批，实行备案登记；（3）国家可以对部分货物的进出口实行国营贸易管理；（4）对部分自由进出口的货物实行进出口自动许可管理；（5）对外贸易有关的知识产权保护。

（二）修订《中华人民共和国海关法》

随着国内外政治经济形势发生很大的变化，1987 年通过的《中华人民共和国海关法》（简称《海关法》）已经不能完全适应“入世”以来海关工作的需要了。

新《海关法》共做出 71 项修改，修订后的《海关法》条文从原来的 61 条增加到 102 条，在对原有条文做修改的基础上，也增加了一些全新的条文。

《海关法》的修订主要可以归结为以下几个方面：（1）强化对海关人员执法权力的监督制约；（2）确立了海关缉私的新体制，充实了海关的缉私权力；（3）确立了海关业务改革后产生的新的管理方式和手段；（4）加强税收征收力度，规范出口加工贸易及保税区；（5）在国民待遇原则、原产地要求、知识产权保护、完税价格规定调整等方面，调整国内立法与世界贸易组织等组织的国际规范相一致。

新《海关法》更多地贯彻了国际上通行的做法，有利于提高通关效率，保证执法的统一性。它是中国履行“入世”承诺的直接体现。新《海关法》满足了当前和今后一个时期中国对外经济贸易管理、进出口税收征管、打击走私违法等海关执法和企业守法的需求，对更好地贯彻党的改革开放政策、促进对外经济贸易的发展具有重大意义。

（三）修订《中华人民共和国进出口商品检验法》

“入世”后的中国检验机构对进口商品的检验、管理必须向国际标准看齐，从检验方法、操作程序到对进口商品的监督管理都应符合国际通用做法。原《中华人民共和国商品检验法》（简称《商检法》）中商品检验目的、检验范围、检验依据以及检验程序等方面的规定已难以适应加入世界贸易组织带来的新形势、新要求，尤其是与世界贸易组织《技术性贸易壁垒协议》还有一些差距，中国必须通过修订《商检法》使中国的商检工作更好地适应“入世”的形势和要求，从而符合世界贸易组织的相关规则。2002 年 4 月 28 日，第九届全国人大常委会第二十七次会议通过了《关于修改〈中华人民共和国进出口商品检验法〉的决定》，新法从 2002 年 10 月 1 日起正式施行。这是中国加入世界贸易组织后全国人大常委会审议通过的第一部法律修正案。

新《商检法》共 6 章 41 条，与 1989 年《商检法》相比，增加了 9 条，修改了 32 处。修订的重要内容有：改变原有的质量（安全）许可制度，实施进出口商品统一认证制度；明确规定商检工作人员泄露商业秘密将受惩罚；明确进出口假冒伪劣商品将受惩罚。

新《商检法》是中国加入世界贸易组织履行对外承诺修改的一部重要法律，适应了中国进一步扩大对外开放的需要，其公布施行标志着中国进出口商品检验工作进入了一个新的发展阶段。

（四）修订外商投资法规

为了适应“入世”的新局面，中国对《中华人民共和国中外合资经营企业法》（简称《中外合资经营企业法》）、《中华人民共和国外资企业法》（简称《外资企业法》）等重要外资法律法规进行了修订。

（五）汇率制度市场化

中国加入世界贸易组织以来，随着贸易自由化和经济一体化的发展，人民币汇率市场化日益成为中国经济进一步开放进程中备受关注的话题。根据市场准入和国民待遇的基本要求以及《服务贸易总协定》和《金融服务协议》关于对成员金融服务贸易自由化的规定，中国的汇率制度必须有更深层次的改革。

1. 放松境外投资的外汇管理

从 2002 年下半年开始，国家放松境外直接投资的外汇管制政策。首先松动的是境外投资外汇资金来源管制政策，允许部分地区企业购汇进行境外投资。2002 年 10 月 1 日至 2003 年 10 月 15 日，浙江、广东、上海、江苏、山东、福建、北京、天津、四川、黑龙江、重庆、广西、湖北、海南 14 个省（市）成为境外投资外汇管理改革试点。

2. 积极推进人民币国际化

2003 年 3 月 3 日，国家外汇管理局发布《关于境内机构对外贸易中以人民币作为计价货币有关问题的通知》，明确规定境内机构在签订进出口合同时可采用人民币作为计价货币，向人民币国际化迈出了重要一步。

3. 放宽因私出境用汇限制，提高兑付上限

2003 年 5 月 12 日，国家外汇管理局发布《国家外汇管理局关于银行外币卡管理有关问题的通知》，其中第三条允许用人民币资金购汇偿还在境外消费透支而形成的外汇垫款，实际上变相提高了境外旅游个人用汇兑付上限。从 2003 年 9 月 1 日起，外汇管理部门又将居民个人可以携带出境的外汇上限从原来的 2 000 美元提高到 5 000 美元。

4. 拓宽境内外汇投资渠道

准许符合一定条件的企业用购汇、发行境内外币债券等方式筹资提前偿还国内外汇贷款、外债转贷款及偿还外债，重组外债结构，并面向居民开发新的外汇投资工具。在这一背景下，2003 年 7 月 22 日，国家开发银行宣布将面向国内银行间债券市场的金融机构发行内地第一只美元债券。

5. 进一步放松企业非贸易售付汇限制

2003 年 8 月初，国家外汇管理局正式发布《关于跨国公司非贸易售付汇管理的通知（试行）》，决定在北京、上海、深圳三个城市对符合规定条件的跨国公司（包括外资跨国公司和中资集团公司）以及经过国家外汇管理局北京外汇管理部、上海市分局、深圳市分局核准的外商投资企业和中资企业试行放松非贸易售付汇管理。该通知重点扶持的是开展国际化经营的大型内资企业集团以及在华投资的跨国公司。

6. 改革人民币汇率机制

经国务院批准，中国人民银行自 2005 年 7 月 21 日起，开始实行以市场供求为基础、参考一篮子货币进行调节、有管理的浮动汇率制度。人民币不再钉住单一美元，形成更富弹性的人民币汇率机制。2005 年 7 月 21 日 19 时，美元对人民币交易价格调整为 1 美元兑换 8.11 元人民币。

中国的汇率制度想要实现真正的市场化是不可能一蹴而就的。同时，中国目前还处在调整经济结构、完善金融监管体系的阶段。因此，人民币汇率制度的市场化改革也不能急于求成，应在汇率市场化、利率市场化的过程中稳步推进。

（六）税率及税制的调整

1. 关税调整

（1）降低关税税率。按照《中国加入世界贸易组织议定书》中所做的承诺，中国将分步降低关税税率，如表 7–1 所示。到 2008 年过渡期结束时，关税总水平将降到 10.17%，而且主要的关税减让要在 2005 年前完成。

表 7–1　　中国关税减让承诺的总水平　　单位：%

年份	关税总水平	工业品平均	农业品平均
2000	15.6	14.7	21.3
2001	14.0	13.0	19.9
2002	12.7	11.7	18.5
2003	11.5	10.6	17.4
2004	10.6	9.8	15.8

数据来源：《中国加入世界贸易组织法律文件》。

2001 年 1 月 1 日，中国降低了 3 642 个税目的进口关税，降税幅度为 6.6%，算术平均水平降为 15.3%；2002 年 1 月 1 日，中国降低了 5 332 个税目的进口关税，降税幅度为 22%，算术平均水平降为 12%；2003 年 1 月 1 日，中国平均关税水平进一步下降到 11%，其中工业品平均关税水平由“入世”前的 14.7%降为 10.3%，已经达到发展中国家的平均水平；2004 年，中国关税总水平已降至 10.4%；2005 年进一步降至 9.9%。至此中国已完全履行了加入世界贸易组织的关税减让承诺。

（2）实施世界贸易组织的《海关估价协议》。中国加入世界贸易组织后，为了防止价格欺瞒等恶性行为，不断改善海关的执法环境，增强企业守法意识，同时以世界贸易组织的《海关估价协议》为基础征收关税。

（3）按照非歧视原则在全关境内实行公平统一的关税制度。在税率逐步降低的基础上，中国分阶段地调整和清理了减免税政策，促进关税征收工作的规范公正、透明高效。同时清理和修改了不符合世界贸易组织规则的涉外法律法规，在海关执法中维护国家法律和贸易政策的一致性。另外，进一步完善了关税体系及税目、税率结构和关税配额管理办法。

2. 出口退税调整

（1）适当降低出口退税率。2003 年 10 月，财政部、国家税务总局印发了《关于调整出口货物退税率的通知》。通知本着“适度、稳妥、可行”的原则，区别不同产品调整退税率：对国家鼓励出口的产品不降或少降，对一般性出口产品适当降低，对国家限制的出口产品和一些资源性产品多降或取消退税。调整后的出口退税率为 17%、13%、11%、8%、5%五档，自 2004 年 1 月 1 日起实行。按现行出口结构，出口退税率的平均水平降低了 3 个百分点左右。

（2）对部分产品取消出口退税。面对资源短缺的问题，中国必须取消对原油、成品油、原木、铜精矿等商品的出口退税。此外，对于严重污染环境的商品，如焦炭，或是产自中国，具有相当竞争力的资源性商品，如山羊绒、稀土等也取消出口退税。

（3）建立中央和地方共同负担出口退税的新机制。中国增值税收入实行中央与地方分享制，但出口退税完全由中央政府支付。因此，随着近年来出口高速增长，中央财政的压力越来越大。从 2004 年起，以 2003 年出口退税实退指标为基数，对超基数部分的应退税额，由中央和地方按 75:25 的比例共同负担。2004 年 8 月 5 日，商务部转发国务院通知，将中央与地方退税分担比例调整为 92.5:7.5，调整后的出口退税机制自 2005 年 1 月 1 日起执行，以此解决中央与地方政府增值税收入与出口退税的权责不一致、地方负担过重的问题。

（4）累计欠退税由中央财政负担。对截至 2003 年底累计欠企业的出口退税款和按增值税分享体制影响地方的财政收入，全部由中央财政负担。其中，对欠企业的出口退税款，中央财政从 2004 年起采取全额贴息等办法予以解决。

3. 外贸企业所得税调整

自 2001 年 1 月 1 日起，对财政部《关于中央外贸企业所得税返还实施办法》中，关于中央外贸企业按实际缴纳企业所得税的 70%先征后返还的政策，停止执行。

4. 对税率调整的评估

（1）从各个方面对税率进行调整，并取得一定成效。“入世”以后，中国政府对关税、出口退税等与国际贸易密切相关的税种进行了较大的调整。以关税为例，从 2001 年到 2005 年，关税平均总水平由 15.3%下降到 9.9%，已经达到了发展中国家的平均水平，基本上实现了《中国加入世界贸易组织议定书》中的承诺。对于出口退税率的调整，从长期来看，将体现国家的产业结构的调整政策，对于结构升级有积极意义，且出口退税机制改革后，退税进程加快，可以提高企业资金运转效率，对宏观经济的良性发展起到了积极的促进作用。

（2）与世界贸易组织的要求仍有部分不符，需要进一步改进。根据世界贸易组织的国民待遇原则，出口退税的征收应统一。但是中国目前的出口退税制度却不然，即使对同一法定征税率的商品，其退税率也是有所不同的。根据世界贸易组织的公平竞争原则，出口货物应以不含税价格进入国际市场参与国际竞争，因此出口退税率应与法定税率持平，即 17%，但是中国的出口退税率平均低于这个水平。同时，频繁调整出口退税率与世界贸易组织的透明度原则也不相符。因此，中国目前的税率制度与世界贸易组织的要求仍有部分不符，仍需进一步改进。

第二节　对外贸易宏观管理体制改革

对外贸易宏观管理体制是指对外贸易的组织形式、机构设置管理权限、经营分工和利益分配等方面的制度。改革开放前，外贸管理体制的特点是单一的公有制、实行对外贸易统制、统负盈亏的财务管理和实行贸易保护政策。随着改革开放的基本国策逐步实施，为了更好地适应国民经济发展和对外贸易发展的需要，外贸宏观管理体制进行了一系列的改革，主要体现为外贸管理权的分散和外贸计划管理体制的变革。

一、外贸管理权的分散

改革开放前，中国实行对外贸易的统制，外贸行政管理权和经营管理权高度集中。改革开放以来，为了更好地促进对外贸易的发展，对外贸易领域的行政管理权逐渐下放，经营管理权也日趋分散。

（一）外贸行政管理权的下放

改革开放前，中国的外贸行政管理权集中在对外贸易部，外贸计划和有关的法规制度也由其起草制定。在对外贸易部的管理下，国有外贸专业总公司负责执行外贸计划，省市外贸厅（局）在中央和地方政府的双重领导下，进行具体的进出口贸易活动。此时，外贸行政管理权集中在中央，地方无权自主安排对外贸易。

改革开放以来，随着计划经济体制的打破和社会主义市场经济体制的建立，外贸行政管理权逐渐下放。最初在广东和福建两省进行试点，扩大两省的对外贸易权限，由两省自主安排和经营对外贸易，并且实行财政大包干。1981 年，外贸行政管理权下放范围进一步扩大，下放到北京、上海和天津三个直辖市和山东、辽宁、广西等沿海省份。此后，为了配合外贸承包经营责任制和沿海地区经济发展战略的实施，中央又相继下放了相关的外贸行政管理权。1990 年后，随着市场经济体制逐渐代替计划经济体制，无论是中央还是地方对对外贸易的行政管理都逐步弱化，特别是政企分离实施后，各级政府不再承担微观的管理职能，转向宏观管理对外贸易，与市场经济相适应的经济手段、法律手段在对外贸易管理中开始发挥主要作用。

（二）外贸经营管理权的分散

对外贸易经营权的分散方向分为横向和纵向。横向上，允许中央其他部委成立本系统的专业进出口工贸总公司，如机械部成立中国机械设备进出口总公司、航空部成立了中国航空技术进出口公司等；此外，科技、教育、文化、卫生、体育等部门及有关的学会、协会等也成立了经营某些类别商品的进出口公司。这样一部分商品的经营权即由对外经济贸易部所属专业进出口公司分散到有关的其他部委所属进出口公司。与此同时，在纵向上，各省、自治区、直辖市及计划单列市及经济特区也纷纷开辟外贸口岸，按批准的权限经营外贸业务。此外，一些具备条件的大中型生产企业也获得了自营进出口权。三资企业自动获得本企业产品的出口权和所需设备、中间产品及原材料的进口经营权。

20 世纪 90 年代以后，更多生产企业获得外贸经营权的同时，一批符合条件的科研院所及民营企业也纷纷取得外贸经营权。对外贸易的经营管理权全部集中于对外贸易经济合作部的局面就随之改变，地方政府、其他部委也都介入到对外贸易管理中。为规范外贸主体分散后出现的无序竞争状况，避免因管理交叉混乱出现的相关问题，1988 年，中国设立了按行业划分的进出口商会。

2001 年“入世”之后，中国承诺外贸经营权全面放开。中国自 2004 年 7 月 1 日起废止外贸经营权的审批制度。新修订的《对外贸易法》，明确将外贸经营权的获得由许可改为登记制，并删除了关于经营资格条件的要求。这种登记是一种自动登记的方式，不对外贸经营者取得经营权的获得构成任何障碍，只为政府的监管提供一定的信息基础。

按照《对外贸易经营者备案登记办法》，企业只需填一张简单的登记表格，提供工商营业执照（如果是外商投资企业还需提供批准证书等文件），到备案登记机关即可在 5 个工作日内办妥登记手续。这种登记是一种自动的、为收集信息目的而进行的手续，不再是行政审批。

（三）对外贸易管理权限分散的效应

对外贸易行政管理权及经营权的分散顺应了中国对外贸易体制改革的市场化趋势，有利于打破对外贸易的高度集中与垄断形式，有助于形成多元化的利益主体。除传统的中央外贸专业总公司外，还有新增设的工贸总公司、地方外贸公司、生产企业及三资企业等各类经营实体。

1980 年至 1990 年，除三资企业外，中央外贸专业总公司、工贸总公司、地方外贸公司、生产企业等大都还不是独立的经营主体，而是属于中央某个部委或地方政府，随着垄断局面不断被打破，竞争也随之而来。随着竞争的开展，外贸企业可以获得竞争效益。在市场经济制度下，若某行业存在垄断，由于缺乏竞争，生产者可以通过制定垄断性高价而无须通过提高生产效率就可以获取高额利润。消费者由于商品价格偏高会减少消费，由于需求不足，垄断行业的产出明显低于充分竞争条件下的产出，即会导致价格扭曲、消费扭曲及生产扭曲，资源无法得到最优配置，社会经济活动呈现出低效率的特征。在中国从计划经济逐渐转向市场经济的过程中，随着对外贸易领域权利的分散，出现了更多的利益主体，构成了市场经济条件下的微观基础。利益主体的分散是市场化改革的产物，为市场化改革的深入创造了条件。最直接的效应就是调动了各部门、各地方发展对外贸易的积极性，促进了对外贸易的快速发展。

但是，外贸权利的分散和下放不是一步到位的，是分阶段、分区域逐步推进的，具有明显的区域偏向性。从理论上说，多种因素的制约使得各地区开展对外贸易的条件存在显著差异，渐进式的改革不可能在一个时点上在全国范围内采取统一的政策。若在地区政策推进的先后顺序上选择不当、速度不适宜，就会产生一系列的负面效应：一是造成区域经济发展的差距逐渐拉大。中国对外开放、先期获得对外贸易自主权的都是东部地区，这也造就了东部地区相对发达的经济发展水平和良好的对外贸易发展基础，但在东部地区获得先发优势，充分享受到开放利益的同时，中西部地区未能获得相应的补偿，对外开放政策也未能及时扩大到西部地区。无疑，这种政策的偏向性是导致东西部经济发展水平至今仍差距过大的一个重要原因。二是导致了地区间的经济封锁和市场分割。为维护各自利益，各地对本地区的资源、市场进行程度不同的封锁，一定程度上破坏了全国统一大市场的形成，降低了资源的配置效率。三是出现了激烈的寻租行为。实行地区差别政策，获得优惠政策的地区就意味着获得了政策“租”，地方政府成为利益主体，为尽可能多地、快地获得外经贸优惠政策，向中央政府部门寻租，一定程度上造成政府机构的腐败。此外，经济体制改革作为一项巨大的社会系统工程，外贸体制作为其中的一个子系统，其运行的内在机制要求二者的变动应具有同步性，要相互配合。20 世纪 80 年代外贸经营权的放开，是在对外贸易宏观管理尚未走向市场化、对外贸易秩序没有相应的法律手段调控的前提下进行的，造成了对外贸易经营秩序混乱，国家整体利益受到严重损害。

综上所述，在中国对外贸易体制改革的较长时期里，对外贸易经营权的分散，更多的是在各级各类政府部门间的转移，而非转移给真正的市场竞争主体——企业，虽然企业也获得了一系列经营自主权，但政府对企业的各种形式的干预依然普遍存在。

二、计划管理体制的变革

（一）计划手段到商业手段、市场手段的变迁

中国由计划经济向市场经济的转轨是一个循序渐进的过程，对外贸易走向市场化和自由化同样是渐进式的贸易体制改革。

1978 年以前，全国实行单一的直接计划管理体制，国家计委同对外贸易部共同编制中国的进出口计划，包括进出口商品品种、数量、规模、出口商品收购、进口商品的调拨等。对外贸易专业总公司严格按照国家计划开展进出口业务活动。计划是指令性的，不得随意更改。通过垄断经营和进出口计划，对外贸易在国家的控制之下。因而国家对外贸易计划即实际中调控对外贸易活动的唯一杠杆，构成了改革开放前中国最坚固的贸易壁垒。

改革开放后，中国开始逐步承认并致力于发挥市场经济的作用，经济体制先由单一的计划经济转变为计划经济为主、市场调节为辅，进而发展到有计划的商品经济，再到社会主义市场经济。与之相适应，对外贸易的宏观管理体制改革逐步相应缩减计划管理的范围，并将对外贸易计划分为指令性计划和指导性计划。前者涉及对外贸易的各环节、属于行政命令，具有强制性。后者仅规定贸易总量，政府主要运用经济手段进行引导，不具有强制性。从 20 世纪 80 年代中期开始，政府大幅度减少指令性计划，实施指导性计划。到 1985 年，实施指令性计划管理的出口商品名录减少至 100 种左右，指导性计划管理的出口商品也大体在 100 种。其余商品可由企业根据国内外市场状况自主经营。对外经济贸易部不再编制出口收购和进口调拨计划。根据世界银行统计，截止到 1986 年，中国出口贸易的 60%受指令性计划控制，20%受指导性计划控制；进口贸易的 40%由指令性计划控制，30%受外汇分配机制的调控。[①]1987 年国家对进出口商品实行分类管理，其中出口商品中的第一类为少数关系国计民生的、大宗的、资源性商品，由国家指定公司经营，实行指令性计划；第二类是少数在国际市场上容量有限、国外有配额限制、市场竞争比较激烈的重要出口商品，实行指导性计划，由有该类商品经营权的公司经营；其他绝大多数商品放开经营。进口商品的分类管理和经营与出口商品类似：第一类是少数大宗的、关系国计民生的、敏感的重要商品由指定公司统一经营；第二类为少数国际市场集中、价格敏感的大宗商品，由有该类商品经营权的公司联合经营；其他绝大多数商品属于第三类商品，实行放开经营。到 1988 年，计划管理的商品范围进一步缩小，出口商品中指令性计划的商品降为 21 种，指导性计划的商品降至 91 种。到 1991 年新一轮的外贸体制改革中，计划管理控制的进出口商品范围进一步缩小。据世界银行统计，截

① World Bank. World Development Report 1987.

止到 1992 年，受指令性计划控制的进口商品占进口总额的比重降至 18.5%。[①] 到 1994 年，所有的指令性计划全部取消，国家只对外贸企业的进出口总额、出口收汇和进口用汇下达指导性计划。

随着计划控制程度的降低，中国转而采用国际上通用的商业政策手段，如采用较高的名义关税制度。但由于计划的严格控制，关税在调控对外贸易活动中并不发挥预期的实际功能。直到 20 世纪 80 年代前期，中国依然沿用着 1951 年颁布的《中华人民共和国海关进出口税暂行实施条例》规定的关税税则。随着对外贸易计划控制的松弛，关税的对外贸易调节、保护作用开始得到发挥，如 1982 年为控制电视机、录像机、电子计算机、汽车等耐用消费品进口，相应地提高了有关商品的关税，使未加权的平均关税税率由 52.9%提高到 55.61%。中华人民共和国成立伊始，曾使用进出口许可证制度管理对外贸易。此后，随着计划经济体制全面覆盖格局的形成，到 1958 年，进出口许可证全部被进出口贸易计划取代。20 世纪 80 年代初期，为填补计划管理减少后造成的贸易保护真空，进出口许可证制度得到恢复，配额等数量限制手段开始实施，并在之后的十年间呈逐渐强化之势。

20 世纪 90 年代后，随着市场经济体制目标的确立，中国取消了全部指令性计划，仅对进出口总额、出口收汇、进口用汇等制订指导性计划。与此同时，关税及数量性限制手段也开始减少，关税水平的连续下降，非关税壁垒中的受配额、许可证管理的商品范围逐渐缩减，中国贸易体制日益趋向自由化。

（二）从计划手段到商业手段、市场手段变革的意义

按照次优理论，如果一个市场存在扭曲，最优的政策是纠正这一扭曲。但若由于某些原因一时无法直接纠正这一市场扭曲，则可以采用另一种扭曲来抵消初始的扭曲。当中国计划经济体制开始被打破时，市场经济体制未能随即建立，政府的计划控制虽然开始减少，但市场化的宏观环境及微观基础均尚未形成，所以必须由其他手段来替代原来的计划控制手段，以保护竞争力软弱的国内企业和国内市场。因而以商业手段代替计划手段有其历史的必要性。

对自由贸易而言，关税及数量控制是对市场的一种扭曲政策，但与计划控制相比，则有其进步意义。

第一，保护力度有所降低。计划时期贸易保护处于隐性状态，因而保护程度无法度量，随着计划控制的减少，关税及数量控制开始实施并逐步增加，二者的保护程度孰高孰低，理论上存在争论，但从中国贸易体制改革后进出口贸易的增长状况看，改革后的贸易保护水平不会比改革前更高。

第二，保护成本下降。关税及非关税壁垒等商业手段与等效的计划手段相比，通常认为计划成本（计划的制订、实施及其不准确造成的浪费）比非计划的商业手段的成本要高。因而市场机制下的商业手段代替计划手段一定程度上降低了保护成本，促进了经济效率的提高。

---

① World Bank. World Development Report 1993.

第三，有利于市场机制的形成。关税及非关税壁垒等商业手段导致的保护水平可以度量，并且其对进出口贸易的调节是通过价格机制发挥作用，因而它适应了国内整体经济体制中价格改革的需要，有利于促进市场机制的形成。

第四，有利于市场扭曲程度的降低。无论是计划控制还是商业控制手段都会不同程度地导致市场扭曲。计划控制实施的保护具有刚性，企业作为计划实施的载体，只能执行国家制定的计划。商业手段的保护具有一定弹性，供应商为了获得配额、许可证或逃避高关税可以进行寻租活动。诚然，寻租会造成社会资源的浪费，导致经营成本上升，但同时寻租或非生产性寻利活动在一定程度上也有着突破贸易保护的藩篱、降低市场的扭曲程度的效应。

开放条件下的数量限制手段的利用空间是狭小的，它受到国际贸易双边及多边协定的约束。随着中国与世界经济的融合、中国市场化进程的推进，对外贸易的数量手段逐步被市场经济下的经济手段、法律手段取代。20 世纪 90 年代以后，关税及非关税壁垒大大降低，对外贸易的宏观管理的法律体系也逐步确立，如 1994 年颁布实施的《中华人民共和国对外贸易法》及一些相应的实施细则、加入了诸多的国际多边公约和多、双边协定。随着经济手段、法律手段对计划手段、行政手段的替代，中国对外贸易市场化程度不断提高。

改革开放的主旨在于实现中国经济形态由封闭型向开放型的转变，它要求中国经济体制实现实质性市场化。在渐进式改革进程中，传统高度集中的、以行政管理为主的外贸体制实行了放权分散、弱化行政管理的改革，并实施了逐步推进的战略。首先将权利由中央分散到地方、由专业外贸企业分散到其他国有企业，然后再由国有企业向其他所有制企业分散。随着利益主体多元化，传统的对外贸易垄断局面被打破，各地方、部门发展对外贸易的潜力被激活，改革的竞争效应得以显现。

同时由于各地区所获得的外贸权利的不统一导致了对外开放利益分配的巨大差距，与放权分散、数量限制的外贸体制改革相应的宏观配套措施未能跟上，引发了对外贸易领域的恶性竞争、导致了对外贸易经营效益低下、对外贸易中的寻租现象严重等一系列问题，造成了资源配置效率的低下。

对外贸易管理体制从计划管理到国际通用的商业管理的改革是以一种扭曲替代另一种扭曲，但它毕竟提高了中国贸易自由化、市场化程度，为随后的市场化手段的实施奠定了基础。

第三节　出口管理体制改革

中国对外贸易体制改革最初的直接动机即在于扩大出口贸易，赚取外汇，以满足国民经济建设所需的原材料及关键设备的进口需求。其内在逻辑是：国民经济要实现高速增长，必须进口大量的国内短缺的生产资料，而进口增长的源泉是出口创汇，因而相当长时期内推动出口增长具有一定的强制性。贸易战略的选择决定着对外贸易体制改革的基本方向。1978 年以来，中国的外贸体制改革是在对外贸易战略转变的基础上进行的。在官方的文件中，中国并未明确提出实施出口导向战略，而是强调实施进口替代与出口导向相结合的战略，进而推动“中性化”的贸易体制的形成。但在实践上，在不同的地区则偏重于不同的战略，其中在经济特区、东南沿海地区是以出口导向战略为主。作为中国对外开放的前沿、中国对外经贸的重心，东南沿海地区的发展实际上左右了中国对外贸易及经济发展的趋向。

为推动出口贸易的发展，出口管理体制也发生了前所未有的变化，体制的变迁对出口贸易的发展产生了巨大而深远的影响。

一、外汇制度改革

外汇制度并不仅仅包括汇率制度，而是指包括汇率制度和外汇管理体制在内的一系列规则和设计，其主要功能在于维护外汇交易公平、合理配置外汇资源并且最终促进一国内外经济的均衡发展。一般来说，汇率制度即指一国货币当局对本国货币汇率变动的基本方式所做的规定和安排，而外汇管理则是指一国政府对外汇收支、买卖、借贷、转移以及国际间的结算和外汇市场等实行的管理措施。就二者的联系而言，一方面，汇率制度的优化选择必须有相应完善的外汇管理体制与之相配合；另一方面，汇率制度本身也基本上是通过合理完备的外汇管理体制来实现的。

（一）外汇制度改革的历程

改革开放以前，中国的外汇制度是统一计划、高度集中的外汇制度，这一时期的外汇制度与指令性计划经济体制相适应，汇率制度安排则由政府决定，完全忽视市场机制的作用。改革开放以后，随着计划经济体制向社会主义市场经济体制的转轨，中国外汇制度也开始逐渐向市场化方向转变。1994 年人民币汇率并轨以后，中国虽然实行了单一的有管理浮动汇率制，但是在相当长的时间内维持了汇率的稳定，这在有效促进了外贸发展的同时也逐渐积累了日益加深的内外经济发展矛盾。2005 年的新汇改标志着人民币汇率形成机制向市场化方向迈出了实质性的一步，外汇管理体制方面也进一步放宽了资本项目的限制，扩展了外汇市场，促进了国内外经济的均衡发展。

1. 自由浮动汇率制（1948—1953 年）

改革开放以前，中国实行的是高度集中、统一计划管理的外汇制度。从 1948 年中国人民银行成立到 1953 年全面推行计划经济体制，中国实行了短暂的自由市场汇率制度。这一时期的汇率安排在一定程度上起到了扶持出口、奖励侨汇的作用，但是随着 1953 年计划经济体制的全面实行，这样的汇率安排显然与计划经济体制不符，于是，从 1953 年开始，中国开始实行高度集中的固定汇率制。这一时期的人民币汇率成为一种计划核算的会计工具，因此要求稳定，人民币汇率安排按照换汇成本进行定价。在当时计划经济指导思想下，国家认为通过计划管理就可以实现收支平衡，因此汇率调节的基本功能被完全忽视掉了。

2. 高度集中的固定汇率制度（1954—1978 年）

从 1953 年起，人民币与英镑挂钩，汇价为 1 英镑兑 6.893 元人民币，人民币对美元的内部汇价则基本稳定在 1 美元兑 2.461 8 元人民币。在 1973 年以前，世界各国货币由于处于布雷顿森林体系之下而相对稳定，人民币汇率因此也保持了相当一段时间的稳定。1973 年 3 月以后，世界各国纷纷采取了浮动汇率制，此时美元汇率波动十分剧烈，为了保持人民币汇率的基本稳定，中国采取了钉住一篮子货币的汇率制度，其实行的基本原则包括：坚持人民币汇率水平的稳定；坚持对外经济往来平等互利同时有利于对外贸易和经济往来的发展；选择国际货币市场上具有代表性的坚挺的货币作为人民币汇率制度的参考。

3. 经济转型时期的外汇制度（1979—1993 年）

从 1979 年到 1993 年，中国外汇体制中市场化因素的影响逐渐增强，国家根据当时经济形势的需要确定了贸易内部结算价和对外公布汇率的“双重汇率制”。首先，由于汇率高估不利于出口，国家在 1981 年确定了一个对外贸易外汇结算的内部汇价，即 1 美元兑 2.8 元人民币。[①] 同时，人民币对外公布的汇率为 1 美元兑 1.5 元人民币，仍然按照原来的一篮子货币计算方式来确定。双重汇率制的推行在鼓励出口和增加非贸易往来利益上起到了一定的积极作用，但是其带来的问题却十分突出。首先，双重汇率制度在使用上容易出现混乱，使得外汇核算复杂化，不利于国家的外汇管理；其次，双重汇率制度不利于企业之间的公平竞争和企业经营机制的转换。因此，到 1984 年底，中国逐步下调了人民币官方汇率，最终使公布的官方汇率与内部结算价保持了一致，即 1 美元兑 2.8 元人民币。在随后的几年中，中国根据国内物价水平的上升以及出口换汇成本的上升逐步对人民币汇率进行了贬值调整，由 1985 年初的 1 美元兑 2.8 元人民币最终贬值为 1990 年末的 1 美元兑 5.22 元人民币。在此期间，虽然之前的“双重汇率制”已经逐步合并，但是为了配合对外贸易以及取消财政补贴，1988 年中国各地纷纷设立了外汇调剂中心，于是人民币汇率又形成了统一的官方牌价与千差万别的市场调剂价并存的新双轨制。这种官方汇率与市场汇率并存的多重汇率制一直延续到 1993 年，外汇调剂市场的汇率形成机制也由最先的人为定价逐步发展到市场供求决定汇价。

1979 年至 1993 年，中国的汇率制度先后经历了贸易外汇结算价与官方汇价并存的“双重汇率制”和市场调剂价与官方汇价并存的“多重汇率制”，汇率调整方式也先后经历了钉住一篮子货币小幅调整到一次性大幅调整，最终过渡到了有管理的浮动调整。在此期间，人民币汇率水平随着中国国内物价水平的上升而逐渐贬值，市场汇率对中国经济的调节作用也越来越明显。这一时期的人民币汇率制度有两个主要的特征：第一，改革开放初期中国外汇严重短缺，创汇任务紧迫，因此人民币汇率政策的制定以服务外贸、鼓励出口为主导思想。第二，汇率管理以行政管理为主要特点。这一时期人民币汇率政策的制定和执行、汇率水平的调整都是由国家外汇管理局根据国家的外贸政策进行安排的，其中，对外经贸部门对汇率政策的制定起到了重要的作用。[②]

---

① 计算的方法是按照当时中国出口商品换汇成本加 10%的利润。

② 沈晓晖. 发展中国家汇率制度选择——基于国际货币体系不对称性的视角. 北京：中国金融出版社，2008.

4. 全面建设市场经济时期的外汇制度（1994—2005 年）

1993 年 11 月 11 日，中国共产党第十四届三中全会通过了《中共中央关于建立社会主义市场经济体制若干问题的决定》。该决定中要求：改革外汇管理体制，建立以市场供求为基础的、有管理的浮动汇率制度和统一规范的外汇市场，逐步使人民币成为可兑换货币。根据该决定的要求，从 1994 年 1 月 1 日起人民币汇率并轨开始实行，中国开始实行单一汇率，人民币对美元的官方汇率定为 1 美元兑 8.70 元人民币，人民币汇率制度自此开始实行以市场供求为基础，单一的、有管理的浮动汇率制度。

改革以后的人民币汇率制度是一种有管理的浮动汇率制，这主要体现在浮动和管理两个方面。在“浮动”方面，外汇指定银行间的外汇买卖价格可以在中国人民银行公布的人民币基准汇率上下 0.3%的范围内浮动，1996 年 7 月 1 日以后，人民币对港元和日元的银行间交易价扩大到可以在基准汇率上下 1%的范围内浮动；在“管理”方面，中国人民银行规定了外汇指定银行的周转头寸限额，外汇指定银行超买、超卖的外汇必须进行抛补。中国人民银行也运用公开市场操作等手段在外汇市场上调节外汇供求，以稳定汇率。

在这一时期，中国虽然实行了有管理的浮动汇率制，但是从 1994 年到 1997 年人民币升值了 4.8%以后，人民币汇率便开始稳定在 1 美元兑 8.27 元人民币，直至 2005 年 7 月 21 日的新汇改后才继续升值。因此，这一时期，特别是 1997 年到 2005 年这一时期，中国实际上实行的是传统的钉住汇率制。在中国全面建设市场经济时期，这一钉住汇率安排为中国对外贸易的发展起到了很好的促进作用，但是随着中国国际收支顺差的日益扩大，人民币升值的压力也日益凸显出来。

5. 外汇制度的新发展（2006 年至今）

进入 21 世纪以后，随着中国经济的迅速发展以及人民币在国际货币体系中地位的迅速提升，人民币升值的压力也开始骤然增加。在坚持主动性、可控性和渐进性原则的前提下，中国政府于 2005 年 7 月 21 日正式公布了全新的人民币汇率制度改革措施，主要包括两方面的内容：第一，人民币汇率制度开始采用以市场供求为基础的、参考一篮子货币进行调节的有管理的浮动汇率制度。在具体的运行方式上，银行间外汇市场当日的美元对人民币汇率在中间价上下 0.3%的范围内浮动，中间价则由前一日银行间外汇市场的收盘价来确定。[①]第二，人民币汇率一次性升值 2.1%，由原来的 1 美元兑 8.27 元人民币升值为 1 美元兑 8.11 元人民币。应该说，人民币汇率由实际上的钉住汇率制向真正意义上的有管理浮动汇率制转变对于缓解人民币升值压力、促进中国国际收支平衡以及维护中国货币政策的独立性具有重要的意义，是当前人民币汇率制度的最优选择。

外汇管理体制方面新的进展主要包括资本项目的进一步开放和外汇市场的不断完善。在人民币资本项目的开放上，中国继实行合格境外投资者（QFII）制度之后又开始

---

① 在 2006 年 1 月和 2007 年 5 月，中国政府分别对这一运作方式进行了调整，中间价改为当日银行间外汇市场开盘前做市商的平均报价，美元对人民币汇率围绕中间价上下浮动区间也扩大到 0.5%。

设计和实施合格境内机构投资者制度（QDII）[①]。QDII 制度是指允许本国居民通过合格的境内机构向海外进行证券投资的机制，是在人民币资本项目尚未完全开放情况下加速金融开放的又一种创新。在外汇市场的发展方面，2007 年 8 月，国家外汇管理局发布《关于境内机构自行保留经常项目外汇收入的通知》，取消了经常项目外汇账户限额管理，允许境内机构根据自身需要自行保留经常项目外汇收入，从而标志着中国自 1994 年开始实施的强制结售汇制度正式退出历史舞台，被意愿结售汇制度所取代[②]。此外，外汇交易主体和交易种类不断增加，包括允许非银行金融机构和非金融企业按实需原则进入银行间外汇市场，允许符合条件的参与主体开展银行间远期外汇交易以及即期对远期、远期对远期的人民币对外币掉期交易。

（二）外汇管理制度改革的效应

改革开放前，外汇统收统支制度及高估的固定汇率是计划经济下贸易保护体制的产物。由于汇率高估，使本国出口商品的国内相对价格人为提高，使具有较强比较优势的出口商品竞争力降低，使具有较弱比较优势的出口商品丧失国际竞争力，这样从总体上削弱了一国的国际竞争力，势必造成对出口的抑制从而使外汇收入难以增长，国家长期面临外汇短缺的约束，进而导致更加严格的外汇管制。

外汇留成制度的实施不仅使出口企业可以通过将留成外汇以高于官方汇率的价格出售从而获取较高的利益，激发其更高的出口积极性，而且将原来全部由国家控制的一部分外汇留给企业，意味着外汇行政管理的放松和企业自主权的增加，有利于外贸企业的市场化改革。

双重汇率或多重汇率则是对计划经济体制的突破，通过双重汇率的实施使中国实际有效汇率逐步贬值。一方面，一定程度上抵消了进口保护体制对出口的歧视，有利于刺激出口贸易的发展；另一方面，使原来高估的汇率逐步趋近均衡汇率，降低进出口商品国内价格、可贸易品与不可贸易品价格间的扭曲程度，有利于优化资源配置，提高经济效率。而通过汇率的调整，汇率渐趋合理化，为规范化的外汇市场的建立、1994 年汇率的成功并轨奠定了基础，从而成为中国外贸体制走向自由化的重要步骤。

外汇留成及双重汇率制度是中国由计划经济条件下的外贸体制向与市场经济相适应的外贸体制改革中的过渡性措施。在推动中国出口贸易发展、推动外贸体制朝着市场化方向的改革方面发挥积极作用的同时，其本身具有的弊端，也对对外贸易发展产生了消极影响。从上述外汇留成制度的演变不难看出，这一制度具有明显的歧视性，在留成比例上，或者是行业倾斜、地区倾斜、向某些企业倾斜，造成了极大的不公平，引发了不平等竞争，造成市场分割，各地调剂汇率不统一，不利于资源合理配置。特别是其引发的寻租行为泛滥，造成了国家外汇管理的困难。外汇资源的非市场化配置降低了外贸企业应对国内外市场变化的能力。

1994 年 1 月 1 日，人民币汇率实现了官方法定汇价与外汇调剂价格的并轨，外汇留成制度随之终结，中国外汇市场的运行机制发生了根本性的变革，市场机制取代了计划

---

① “QDII”即“Qualified Domestic Institutional Investor”的首字母缩写。

② 常思. 外汇账户结售汇实现真正意愿化. 中国外汇，2007（12）.

管理机制，成为人民币汇率形成和外汇资源配置的主导力量，与中国市场经济体制以市场为资源配置的基础性手段的要求相适应，有利于统一政策，形成平等竞争的外部环境，推动了外向型经济的发展。同时，它也更加符合了国际贸易规范，促进了中国经济与国际经济的接轨。

二、出口补贴政策改革

补贴是国际经济贸易中的一个重要政策，是随着商品交易的国际化即国际贸易的发展而产生和发展的。在世界贸易组织的倡导下，关税水平逐渐降低，非关税壁垒大量取消，而出口补贴问题逐步成为各国政府关注的焦点。所谓出口补贴通常意义上是指一国政府根据产业发展目标，给予出口厂商和潜在的出口厂商以现金支付或者财政上的优惠待遇。出口补贴可分为直接补贴和间接补贴两种方式。直接补贴是商品出口时政府支付给出口厂商的现金补贴；间接补贴是商品出口时给予出口厂商以财政上的优惠，如减免或返还出口商品所交纳的国内税、减免制造出口商品所进口的原料和中间品的关税、提供出口信贷或低息贷款等。

在中国，由于外贸体制处于双重转轨中，改革开放以来的出口补贴政策更为复杂，既有国际通行的为鼓励出口实施的各种补贴，也有为维持外贸企业运转的亏损补贴。

（一）出口补贴政策的演变

中国补贴政策的基本特点是维持时间长、名目种类多、覆盖范围广。在改革开放前，补贴政策主要源于体制因素，源于体制的本质要求和内在惯性。在社会主义公有制和计划经济条件下，国有经济由宪法赋予特殊地位，并且国有企业直接由政府经营和管理，政府理所当然给予国营企业倾斜政策。对国有企业长期实行补贴政策是中国政府扶持国有企业发展的一项重要战略。

改革开放以来，中国政府根据国际经济环境和本国国情，选择了外向型经济发展战略。随着中国企业更深地融入世界经济和更多地参与国际经济竞争，补贴效应越来越明显，中央政府和地方政府越来越依靠补贴政策（主要是税收优惠和减免）吸引外资，推动宏观经济发展。

1994 年，国家计委为了促进中国汽车出口国外市场，制定了《根据出口业绩向企业提供获得贷款和外汇的优先权》出口鼓励政策。同时，为推动中国汽车制造业的国产化进程，国家计委制定了《根据汽车的国产化率提供优惠关税税率》的相关措施。该政策规定，对含进口技术的客车、货车和摩托车达到一定国产化比例的生产企业提供优惠关税税率。1997 年 4 月 1 日采取新税制后，规定对小汽车零部件关税和进口环节税的减免应视其国产化率而定。中国政府承诺在 2000 年前逐步取消这些补贴。此外，国家政策性银行提供的直接出口信贷和出口信贷担保有可能构成出口补贴。例如，1991 年以来，中国进出口银行累计提供出口信贷 210 亿元，这些补贴因授予企业“一项利益”而具有较明显的出口补贴性质。

目前，世界各国的出口补贴绝大部分都是应用在农业领域。中国农业的补贴始于 20 世纪 50 年代末，最早以国营拖拉机站的“机耕定额亏损补贴”形式出现，之后逐渐扩展到农用生产资料的价格补贴、农业生产用电补贴、贷款贴息补贴等方面。如 1979—1980 年间财政用于农用塑料薄膜的补贴就达 16 亿多元，对当时农业的增产增收起到重要的作用。与其他国家和地区相比，中国财政对农业的补贴的特点是：（1）补贴范围比较普遍；（2）以价格补贴为主，贴息贷款为辅；（3）补贴方式比较隐蔽。

20 世纪 90 年代中后期，中国对粮棉等农产品实行较大力度的价格和流通干预政策，政府收购价显著高于市场均衡价，迫于库存压力出口时，整体收购和经营成本又显著高于国际市场价，因而这类流通干预政策确定在一定程度上具有保护性补贴效果。近年来，粮棉国有部门亏损挂账高达数千亿元，实际补贴规模在中国是史无前例的。从以上中国农业补贴的演变情况看，中国农业补贴的现状用一句话来表述，那就是：补贴范围广、补贴效率低，以“黄箱”补贴为主，“绿箱”补贴为辅。正是这种现状，使外国对中国的农业补贴问题存在误解，中国有不少具有比较优势的农产品，改革开放以来出口增长较快。有的外国人不理解其真实经济原因，捕风捉影地认为中国政府补贴在起作用，甚至经常以反倾销起诉手段来压制。中国蜂蜜、大蒜等农产品出口近年受到不公正对待就是这类事例。

综观中国补贴政策的发展演变轨迹，不难看出其既有体制原因也有战略性贸易政策因素，其发展趋势呈现体制因素逐渐减少而战略性贸易因素逐渐增加的规律性。

（二）出口补贴效应分析

1. 出口补贴对贸易条件的影响

商品贸易条件=进口品价格指数/出口品价格指数

假设一国同时生产棉布和粮食，现在本国向所有出口棉布的生产者提供相当于产品价值 20%的补贴，在世界价格给定时，这项补贴会使本国国内棉布对粮食的相对价格上升 20%。棉布相对价格的上升会使本国的生产者生产更多的棉布，同时减少粮食生产。而本国的消费者会增加粮食消费而减少棉布消费。如图 7–1 所示，出口补贴会使棉布的世界相对供给增加（从 RS^1 到 RS^2），棉布的世界相对需求减少（从 RD^1 到 DR^2），世界均衡点从点 1 移到点 2。本国的出口补贴使本国的贸易条件恶化，外国的贸易条件改善。

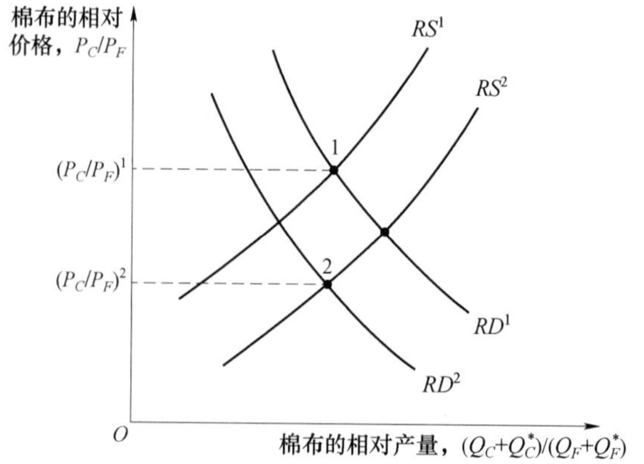

图 7–1 出口补贴对贸易条件的影响

出口补贴使棉布的相对供给增加，相对需求减少，棉布相对价格从（PC/PF）^{1} 跌到（PC/PF）^{2}。本国的贸易条件恶化。可见，在其他条件不变的情况下，出口补贴降低了出口国出口产品的价格，从而使位于公式上方分子的值变小了。这意味着出口国为换取既定量的进口商品（或外汇），必须付出更多的出口商品，或既定量的出口商品只能换回较少的进口商品（或外汇）。

但是，出口国贸易条件的恶化并不一定意味着该国没有在贸易中获得比较利益。然而，不管对出口实行补贴以后出口国是否能获得比较利益，该国为促进出口而支付的出口补贴都会由国内转移到国外。如果进口国不对出口国的出口补贴政策采取报复行动，如课征抵消关税，而听任出口国的出口品在进口国内以低廉的价格出售，出口国的出口补贴实际上补贴了进口国消费者的消费。如果进口国对出口国的出口品课征抵消关税，例如课征到使补贴失去作用的程度，即进口国抵消关税税率等于出口国对相应出口产品的补贴率，出口国的出口补贴就会转化为进口国的财政收入。无论怎样，出口国的一部分国民收入都会转变为进口国的国民收入，这一部分国民收入损失是贸易条件恶化的结果。

2. 出口补贴对本国汇率水平的影响

汇率对一国的进出口会产生很重要的影响。当其他条件相同时，一国的货币相对于外国货币的贬值（外国货币的本国货币价格的上升），使本国出口的商品更加便宜，进口的商品更加昂贵。一国货币的升值（外国货币的本国货币价格的下降），使本国出口的商品更加昂贵，进口的商品更加便宜。因此，过高的汇率不利于出口和改善国际收支。然而，出口补贴却能在一定程度上起到使本币汇率贬值的作用。这是由于出口商在国内市场收购出口产品所支付的市场价格是同一的，但补贴后出口单位产品可换回的外汇收入却少于补贴前。也就是说，相对于外币而言，补贴后本币的购买力降低了，即所谓本币贬值。

直接降低汇率来促进出口容易引起别国的报复，用出口补贴来降低汇率则比较隐蔽，这就是发达国家大量使用出口补贴的重要原因之一了。就发展中国家而言，由于普遍存在的本币高估，出口补贴在很大程度上起到校正被人为扭曲的汇率的作用，从而在保持高汇率以降低进口成本和降低汇率以促进出口创汇之间找到了一个合适的平衡器。

3. 出口补贴对进口国经济的影响

对进口国而言，从静态效应的角度，出口补贴会带来进口规模的扩大、贸易条件的改善、汇率水平的提高（进口成本降低）、消费者福利的增加以及由于国内生产萎缩而引起的要素转移等。但是，从动态效应看，要使进口国的这种福利改善长期化，则有赖于国内经济结构的有效调整，而结构调整从来都不是瞬时的和零成本的，因此，出口补贴对进口国经济的长期影响就很难做出“损”或“益”的简单回答。

对于发达国家而言，进口补贴产品虽能改善消费者福利，但在国内经济本身需求和就业不足的态势下，扩大国外廉价补贴品的进口，显然会使国内同类产业遭受严重打击，并相应恶化本国国际收支状况，由此而引起的社会、经济代价将是极其高昂的。因此，发达国家往往在隐蔽地进行出口补贴的同时，对贸易伙伴的出口补贴实施严厉的贸易报复。对于发展中国家而言，如果扩大进口的补贴品正是其国内尚未成长壮大的工业制成（部门），则国内的幼稚工业会遭受毁灭性打击。相反，如果扩大进口的补贴品正是内急需的技术、设备等投资品，则短期的国际收支恶化及生产萎缩，将通过国内经济技的进步和产业结构升级转型所形成的长期效益来弥补。

三、出口退税制改革

出口退税是各国普遍实施的一项有关出口贸易的政策。按照世界贸易组织的定义，出口退税是一个国家或地区对已报关离境的出口货物，由税务机关根据本国税法规定，将其已经缴纳的国内增值税或消费税等间接税款，退还给出口企业的一项税收制度。实行出口退税制度的目的在于：（1）符合间接税属地主义原则，避免国际交易中对货物的重复征税，以保护进口国消费者利益；（2）由于各国税制差异极大，通过实施出口退税实现出口商品的零税率，以确保国际间的公平竞争；（3）通过出口退税实现零税率出口以避免一国内部对出口生产部门的歧视，有利于资源合理配置。综上，出口退税是一项非歧视性的税收制度，是中性的贸易政策工具。在中国，出口退税制度在理论上存在明显误区，不少人将其看作出口贸易的鼓励政策。

（一）出口退税政策的演进轨迹

1. 1985 年前的出口退税制度

出口退税制度，在中国最早可以追溯到中华人民共和国成立之初。这一时期国家零星出台了一些关于出口退税的政策，缺乏连续性和稳定性，变动较大。经历了 1950 年开始实行，1957 年废止，1966 年又实行，1973 年又停止执行的过程。当时只是对部分产品实行出口退税，虽然实行出口退税的出口产品的基数非常小，退税额也不多，出口退税的出口激励作用也不是很明显，但出口退税政策的实施，在一定程度上缓解了中国当时外贸收入非常小的问题，促进了外汇收入的增长。1984 年 10 月，中国在施行第二步利改税和工商税制时，国务院颁布了《产品税条例（草案）》和《增值税条例（草案）》，规定了在中国范围内全面对进口产品征税、出口产品退（免）税。

2. 1985—1993 年的出口退税制度

1985 年 3 月，国务院正式发布《关于批转财政部〈关于对进出口产品征、退产品税或增值税的规定〉的通知》，决定从 1985 年 4 月 1 日起实行对进口产品征税，对出口产品退、免税办法。这标志着中国现行出口退税制度的正式建立。1988 年以前，中国只退还生产环节的增值税和最后环节的产品税。1988 年以后实行彻底的退税政策，对实行产品税的出口产品核定综合退税率，根据产品所含税款情况，退还以前所有环节的流转税。1992 年、1993 年改为中央外贸企业的出口退税由中央承担，地方外贸企业的出口退税中央负担 80%，地方负担 20%，1993 年 12 月 13 日，中国颁布《中华人民共和国增值税暂行条例》和《中华人民共和国消费税暂行条例》，全国实行新税制。

3. 1994—2002 年的出口退税制度

中国的出口退税制度以 1994 年税制改革为分水岭。随着出口的持续高速增长，扩大出口以促进经济发展与出口退税带来的财政压力之间的矛盾日益凸显，同时强化退税管理，简化退税手续，建立适应社会主义市场经济发展的、科学的、稳定的出口退税制度迫在眉睫，出口退税成为亟待破解的难题。1994 年 2 月，国家税务总局制定了《出口货物退（免）税管理办法》，具体规定了出口货物退（免）税的范围、出口货物退税率、出口退（免）税额计算方法、出口退（免）税办理程序及对出口退（免）税的审核和管理。在出口退税负担机制上，除 1993 年地方已经负担的 20%部分列入地方上缴中央基数外，以后发生的出口退税全部由中央财政负担。1995 年，国务院对出口退税政策进行了较大的调整。1995 年、1996 年，国务院先后两次调低出口退税率，平均税率降至 8.29%。1997 年，由于受到亚洲金融风暴的冲击及出口退税率下调的影响，中国的出口形势非常严峻，国务院出台了一系列提高出口退税的政策，直到 2001 年还在调整个别产品的出口退税率。经过分次、分批的调整之后，中国出口产品可以享受的综合出口退税率大约是 15.11%。2002 年，中国开始对生产型企业的自营和委托出口货物以及没有进出口经营权的生产企业委托出口的货物实行“免、抵、退”税管理办法。

4. 2003 年以来的出口退税制度

从 2001 年开始，中国出现大面积欠退税，面对越来越多的出口退税欠税额，出口退税制度进行了重大结构性调整。2003 年 10 月 13 日，国务院颁布了《关于改革现行出口退税机制的决定》，自 2004 年 1 月 1 日起，按照“新账不欠、老账要还、完善机制、共同负担、推动改革、促进发展”的原则，对历史上欠退税款由中央财政负责偿还，确保改革后不再发生新欠，同时建立中央、地方共同负担的出口退税新机制，推动外贸体制深化改革，优化出口产品结构，提高出口效益，促进外贸和经济持续健康发展。以 2003 年出口退税实退指标为基数，对超基数部分的应退税额，由中央与地方按 75:25 的比例分别负担。同时普遍调低了出口退税率。本着“适度、稳妥、可行”原则，区别不同产品调整退税率，对国家鼓励出口的产品退税率不降或少降，对一般性出口产品退税率适当降低，对国家限制出口的产品和一些资源性产品多降或取消退税。调整后的出口退税率为 17%、13%、11%、8%、5%五档，出口退税率的平均水平将降低 3 个百分点左右。2005 年，针对 2004 年出口退税政策调整出现的一些新情况和新问题，主要是地区负担不均衡，部分地区负担较重，个别地方甚至限制外购产品出口、限制引进出口型外资项目等。国务院决定，在坚持中央与地方共同负担出口退税的前提下完善现有机制，重新确定了中央和地方财政负担出口退税资金的比例，调整为超基数部分中央与地方按照 92.5:7.5 的比例共同负担；先后取消了钢坯等多种资源类产品的出口退税，调整了煤炭等部分产品的退税率。2006 年，为了进一步优化产业结构，促进外贸增长方式转变，推动进出口贸易均衡发展，大范围的调整了煤炭等部分高污染、高能耗和资源性行业产品的出口退税，同时提高了高新技术、机电产品和农产品的退税率，并明确将以前已经取消出口退税以及这次取消出口退税的商品列入加工贸易禁止类目录。对列入加工贸易禁止类目录的商品进口一律征收进口关税和进口环节税。2007 年，为进一步控制外贸出口的过快增长，缓解中国外贸顺差过大带来的突出矛盾，优化出口商品结构，抑制“高耗能、高污染、资源性”产品的出口，促进外贸增长方式的转变和进出口贸易的平衡，减少贸易摩擦，促进经济发展方式转变和经济社会可持续发展，自 2007 年 7 月 1 日起，调整部分商品的出口退税税率。这次政策调整共涉及 2 831 项商品，约占海关税则中全部商品总数的 37%。2008 年，受国际经济形势的影响，保证中国出口产品的国际竞争力，国家 4 次密集调整出口退税率，调整范围广，涉及产品种类多，主要包括服装、轻纺、机电等产品。2009 年，中国 3 次上调出口退税率。这三次调整主要涉及中国优势产品、劳动密集型产品、高技术含量产品和深加工在内的产品。这样自应对国际金融危机以来国家连续 7 次上调了出口退税率。自 2008 年以来连续 7 次提高出口退税率，涉及的出口商品税号超过 8 000 个（次）。至此，机电、高新技术行业等 1 971 个税号商品实现全额退税。

经过近几年的调整，目前出口退税率结构由原 17%、13%、11%、8%和 5%五档调整为 17%、16%、15%、13%、9%和 5%六档。在新的出口退税政策下，中国出口商品退税率的结构发生了很大的变化。同时，从上述出口退税制度调整中我们也可以看到出口退税作为一项政策，其作用内涵已发生重要变化，已从原来的单纯的鼓励出口转变为有限制有鼓励的弹性政策，并在企业提高产品结构、增加效益等方面做出政策性的引导。

（二）现行出口退税制存在的问题

1. 中国现行的出口货物退税率与法定征税率不一致，没有真正实现出口“零税率”

2008 年以来，国家连续多次调高出口退税率，目前出口货物的平均退税率已达 13%左右，大部分商品的出口退税率未达到法定征税率。这意味着中国大部分出口商品不能以真正的不含税价格进入国际市场。在国际市场竞争日益激烈的今天，无疑不利于中国出口商品竞争力的增强，而且这种做法本身不符合 WTO 规则和国际惯例许可的全额退税原则。更为重要的是，如果企业出口商品不能以不含税价格进入国际市场参与竞争，就会在国际竞争中处于不利地位，这样会挫伤企业的出口积极性，从长期来看也不利于中国的外贸出口。

2. 中国现行出口退税的产品范围不合理

从调整出口产品结构和产业结构的角度来看，对于大部分出口产品而言，从长远看，影响出口的主要因素不是出口退税，因此应逐步缩小出口退税的产品范围，适当降低出口退税率。然而，根据国家税务总局编制的《2014A 版出口商品退税率文库》，中国对大部分出口产品适用 5%～17%的退税率，实行出口退税的产品范围过广。

3. 征退利益脱节，中央财政退税负担过大，不利于调动地方限制资源性产品出口的积极性

在中国，出口退税的主要税种是增值税，而增值税属于共享税，由中央和地方按照 75:25 的比例分成；同时，现行的出口退税负担机制以 2003 年国务院批准核定的出口退税实退指标为基数，基数内的应退税额由中央财政负担，超过基数的应退税额由中央与地方按照 92.5:7.5 的比例共同负担。显然，中央财政出口退税负担过大，征退利益脱节。

这在造成中央财政压力过大的同时，会助长地方保护主义，不利于调动地方调整出口产品结构，限制高耗能、高污染的资源性产品出口的积极性。因为，中央财政负担绝大部分出口退税额，其实质是中央财政隐性地对出口企业所在地进行转移支付，结果出口越多的地方得到的隐性转移支付也越多。从这个意义上讲，地方也是一些“两高一资”

产品非法生产和出口的既得利益者，其自然缺乏禁止非法生产和出口的主动性和积极性。

4. 出口退税制度法制化水平低，变动频繁，透明度差

目前，中国尚没有专门规范出口退税的法律和行政法规，有关出口退税的具体规则散见于部门规章中，出口退税制度的法制化水平低。这导致各部门在制定具体规则时以部门利益为导向，忽视了与 WTO 义务的一致性。同时，国家根据外贸出口的形势与财力状况不断改变出口退税政策，调整出口退税率，大幅度、高频率的调整出口退税政策，这会产生一定的负面影响，频繁地出台补充和修改性法规使企业无所适从，不利于企业生产经营的长期规划，同时对税务部门出口退税工作也产生不利影响。出口退税政策不确定性使出口退税企业的出口退税权变成政策性优惠，而非法定性的权利，国家可以随意授予也可以随意剥夺，并且没有任何救济。

退税制度的频繁变动，一方面说明我们尚未掌握出口退税的依据和规律，也未找准出口退税的定位；另一方面在客观上造成出口退税制度的复杂性，降低了制度的透明度，而透明度原则是 WTO 体制的基本原则之一。

5. 出口退税管理方法落后，效率低下，退税时滞过长

比如，中国对退税用的增值税专用发票实行一一对应的交叉稽核办法，该方法效率低，可操作性差。又如，在计算机和互联网已经极大地改变了人们的生活和生产方式的今天，中国出口退税管理的电子化、网络化水平依然较低。再如，为防止骗取出口退税，人为增加退税单证。凡此种种，造成出口退税手续繁杂、管理效率低下、退税时滞过长。据调查，外贸企业的出口退税平均时滞 5～6 个月，由此导致企业资金周转困难、资产负债率提高、利息损失巨大，制度的公正性难以保证。

四、出口信贷制度改革

随着贸易自由化的启动与推进，中国于 1991 年取消了对外贸出口的财政补贴、1994 年取消了外汇留成制度，此后出口鼓励政策主要是信贷政策和税收政策。信贷政策包括设立外贸发展基金、出口信贷、出口信用保险等。受统计资料的限制，本书主要对出口信贷政策的效应进行定性分析。

（一）出口信贷政策的演变

改革开放后，随着计划经济体制的打破，信贷等经济调节手段在中国对外贸易活动中日益受到重视，并发挥着越来越重要的作用。

1. 改革开放初期的出口信贷政策

1978 年开始改革开放后，为推动对外贸易的发展，国家通过贷款投资来弥补出口生产资金和外贸企业流动资金的不足。其主要形式有：出口商品生产专项贷款；为生产出口商品而引进技术的短期外汇贷款；“三来一补”项目中的国内配套资金贷款；出口产品的生产性投资及扶持出口商品生产的周转资金；等等。工商银行和农业银行主要为出口企业获得国内投入品提供本币贷款，中国银行主要为出口企业获得进口投入品提供外汇贷款。外贸企业计划内贷款享有优惠利率，同时在预算软约束下，外贸贷款规模庞大，其占总出口的比重极高。据世界银行估计，1988—1989 年，90%的新增外贸贷款被用于

支持出口，出口贷款额相当于同期出口贸易总额的 150%。[①] 这些措施还明显带有计划经济的色彩，大多以行政方式进行安排。

2. 出口信贷政策的规范化

20 世纪 90 年代以后，随着建立市场经济体制目标的明确，中国加速了对国外制度的学习。按照国际惯例实施出口信贷政策（出口卖方信贷始于 1978 年），1992 年中国银行开始向国外进口商及进口方银行提供买方信贷。1994 年，中国进出口银行成立，作为中国外贸、经济体制改革的一项重要举措，迎合了社会主义市场经济体制发展的趋势。进出口银行的建立，为中国出口信贷体制注入了新鲜血液，在从中国银行接过出口信贷业务的同时，又被赋予了办理出口信用保险的职能，并且获得国家财政支持，如果开办出口信贷业务过程中发生亏损，政府将通过财政拨付直接补贴。在国家政府的资金支持下，利率优惠成为中国进出口银行的最大优势。以卖方信贷为例，根据 1998 年中国出台的政策，将出口卖方信贷利率恢复为优惠贷款利率，改变了过去出口卖方信贷与中长期贷款利率挂钩的方式，由中国人民银行确定基准利率，并随着国家利率的调整而调整。[②]设立中国进出口银行，主导中国出口信贷发展，为中国银行顺利转化为商业性银行提供了条件，而对出口信贷体制实施的相应改革措施，也为调整中国对外贸易结构奠定了经济基础，这之后将有更多的资金倒向成套设备、机电产品等资本性货物的出口贸易，中国出口信贷迎来了良好的发展势头。

为使中国对外贸易体制符合国际贸易惯例，尤其是使中国外贸企业摆脱对国家优惠政策的依赖，通过内部挖潜提高经营效率，1995 年国家取消了外贸计划内贷款。此后，国家对出口贸易的金融支持不再是普遍的，而是与国家产业政策相结合，突出对某些特定产业、特定地区的扶持。如为促进出口商品结构及经济结构的优化，国家对高技术、高附加值的机电产品、成套设备及高新技术产品的出口提供政策性金融支持。据统计，截止到 2000 年，成立仅 6 年的中国进出口银行为机电产品、成套设备和高新技术产品出口提供直接和间接的信贷支持累计额达 500 亿美元，其中，成套设备、船舶、飞机、计算机、通信设备及卫星发射服务等高附加值、高新技术产品占五成之多。

中国“入世”后，出口贸易面临良好发展机遇的同时也面临更多压力和挑战，因此更要依靠出口信贷来扩大出口，维持国际收支平衡，在认清 WTO 规则的前提下，更好地发展中国的出口信贷业务。

综上所述，中国出口信贷政策与对外贸易体制改革的方向和路径一致。20 世纪 80 年代以来，随着中国出口促进战略的实施，支持出口贸易发展的信贷手段不断加强。此后，由于一些方式与国际贸易惯例相背离，在中国对外贸易体制趋向自由化的进程中出口信贷手段不断规范化。

（二）出口信贷政策的效应

改革开放初期（20 世纪 90 年代前），出口信贷政策的不断强化是与这一时期中国对

---

① World Development Report 1994，World Bank.

② 聂红柳，张晓甦. 中外出口信贷补贴的比较研究. 经济研究导刊，2009（28）.

外贸易发展环境相适应的。由于中国此前贸易体制实行高度计划管理，外贸财务上统收统支，外贸企业必须按照国家计划开展进出口贸易活动，无法形成自身的资金积累，因而其流动资金只能依靠银行贷款。出口信贷为中国扩大出口贸易提供了资金保障，是改革开放后中国出口贸易快速发展的动因之一。同时，作为一项出口鼓励的政策，对于中国传统贸易体制中“反出口”的倾向起了一定的抵消作用。

但中国在20世纪80年代实施的出口信贷政策也带来了一系列负面效应：（1）不利于外贸企业转变为自主经营、自负盈亏的独立法人实体和市场竞争的主体。基于外汇短缺的现状，千方百计扩大出口成为中国对外贸易发展的重中之重。因而，外贸企业获得出口贷款相对较容易，且条件优惠。同时，由于政企尚未分开，外贸企业贷款的偿还约束性不强。由此导致外贸企业资金利用效率低，造成资源的浪费。更为严重的是，导致外贸企业对政府的依赖思想，不利于其成为自主经营、自负盈亏的独立法人实体和市场竞争的主体。（2）导致寻租行为。与国内价格双轨制相一致，出口信贷被分为计划内贷款和计划外贷款，前者成为各类外贸企业竞相追逐的目标，结果一方面难以形成对资金的合理分配，另一方面则引发了大量的寻租行为，造成资源的进一步浪费。

五、出口配额与许可证制度改革

中华人民共和国在成立后初期，没有真正意义上市场化的进出口，进出口许可证的出现是参照各国已有的进出口管理措施设立的。由于进出口全部依照指令和计划并通过许可证来实现，所以，许可证实质上只是国家间贸易的一种表现形式而已。直到改革开放后，随着进出口的放开，进出口许可证才真正开始发挥在对外贸易中的重要作用。作为主要贸易管理手段，进出口许可证管理制度的改革总伴随着中国外贸体制的改革而发生，配额许可证管理是1980年以后逐渐建立起来的，并随着改革开放的深化，不断调整，以适应社会主义市场经济的要求。

（一）出口配额与许可证制度的演变

回顾许可证制度建设以来的变革，许可证管理和商品目录制度的建立，充分发挥了国家宏观调控作用。进出口配额与许可证管理改革分3个阶段。

1. 恢复—重建阶段（1980—1993年）

从1980年到1993年为许可证管理恢复重建阶段。1984年，对外经济贸易部实施简政放权的一系列改革措施，高度集权的外贸总公司垄断全国外贸的局面已被打破，各中央直属公司及下属外贸子公司开始成为外贸活动的主力军。经过简政放权，扩大到了省一级外贸自主权，外贸公司的数量有所增加，配额许可证开始由中央直属企业垄断下放到各地方的外贸公司。1985年，先后放开国有大型生产企业的进出口经营权。1991年，放开工贸、地贸企业进出口权，增加了对外贸易的主体数量，充实了对外贸易大军，通过出口配额招标等方式，很多生产企业也逐渐步入了进出口许可证企业行业中。1993年底，国内有进出口权的企业达8 000多家（不含8万多家外商投资企业），原有的外贸管理模式已明显不适应外贸发展的需要。其间，国家相继出台实施了《关于出口许可证制度的暂行办法》（1980年）、《出口商品管理暂行规定》（1992年），对出口配额分为计划配额、主动配额和被动配额管理。其中，计划配额是指关系国计民生的大宗资源型商品及占重要地位的大宗传统商品出口实行的配额管理；主动配额是指中国在国际市场或某一市场占主导地位的重要商品或者外国要求中国主动限制数量的出口商品实行自主配额管理；被动配额是指国外对中国有配额数量限制的商品出口实行的配额管理。进出口许可证管理制度对当时低价倾销、外贸市场秩序混乱等现象进行了有效遏制。1992 年，国家出口配额管理商品 227 种，出口发证金额 412 亿美元，占当年全国出口总金额的 48%。

2. 汇率并轨改革阶段（1994—2001 年）

从 1994 年到 2001 年，伴随外汇管理体制改革，许可证管理也进入一个新的改革阶段。1986 年，中国正式提出恢复关贸总协定缔约方的申请。1993 年，进入谈判最艰巨的时刻，为了使经济政策同国际接轨，进一步加大了外贸体制改革的力度，加大了对进出口许可证管理制度的改革，重新修订了《中华人民共和国货物进出口管理条例》（2001 年），制定和颁布一系列的进出口商品管理办法。

1996 年，将进口关税配额制度引进到农产品进口贸易的管理中，颁布了《农产品进口关税配额管理暂行办法》，规定对小麦、玉米、棉花，食糖、植物油、羊毛、毛条等重要农产品和化肥实行进口关税配额管理。关税配额对货物进口实行两种税率。配额内的进口关税比较低；配额外没有数量限制，但进口关税较高。以关税手段代替计划手段使得对外贸易的保护由隐性转为显性，有利于市场机制的形成。1999 年，国家放开对民营企业进入国际市场的限制，允许民营生产企业申请进出口权，同时降低了国有企业申请进出口权的准入门槛，各种类型的企业都能平等地参与到国际竞争中。这一阶段国内外贸队伍激增，进出口配额的分配、招标，许可证的申领也逐渐深入到各个领域，进出口许可证管理日趋完善，申领过程也逐渐公开、透明。

3. “入世”后的改进阶段（2002 年至今）

2001 年底，中国加入世界贸易组织，外贸管理发生了根本性改革。按照“入世”承诺三年放开进出口权的协议，2004 年 7 月 1 日，国家出台了新的《对外贸易法》，提前半年将进出口权由审批制变更为备案制，彻底放开了外贸企业从业资质的要求。为配合世界贸易组织要求，在《对外贸易法》和《中华人民共和国进出口管理条例》基本法的基础上，相继出台了《货物进口许可证管理办法》《货物出口许可证管理办法》《货物自动进口许可管理办法》，进一步改革完善许可证管理制度，按照世界贸易组织要求合并发证目录，颁布了《自动进口许可证管理办法》，按照企业的业绩和经营能力，动态调整、择优选择经营企业，逐步放开进口数量限制，打破核定公司终身制的做法，将配额的分配使用同企业的经营业绩相挂钩，制定了更加完善的企业进入、退出配额商品的经营机制。这些推动了进出口许可证体制的改革进程，调动了企业的积极性。以《对外贸易法》为基础的一整套的进出口许可证管理的法律体系，在规范许可证管理、维护货物贸易进出口秩序、营造公平的贸易环境、履行中国承诺的国际公约和条约、促进对外贸易健康发展起到了积极的推动作用。

2001 年以后，政府严格按照世界贸易组织规则进行进出口许可管理商品，特别是在进口方面，除了大幅度减少许可证管理商品外，使许可证管理商品占进出口总额的比例逐年缩小，还在世界贸易组织规则的范围内对部分进口货物实行自动进口许可的规定，强化了进出口许可证对货物进口的监督、统计功能。

（二）出口配额与许可证制度实施的效应

中国实施出口配额许可证管理的目的在于：（1）保护国内经济。防止那些国内价格大大低于国际价格的原材料、矿产品过度出口，损害国内生产加工企业的利益。（2）稳定国内外市场。一些在国际市场占主导地位的商品，如出口到中国香港和澳门市场的大宗鲜活商品，若过度出口势必造成贸易条件的恶化，降低经济效益。（3）遵守与有关国家的贸易协定，提高配额的使用效率。出口配额许可证制的实施一定程度上有助于中国贸易条件的改善，如在 1992 年由于中国对钨实行出口关税及许可证制度，使其国际价格高于国内价格 60%，有利于贸易条件的改善，增加贸易利得。但出口配额许可证管理作为行政性管理手段，人为地限制出口商品的种类及数量，制约了市场的功能，造成价格扭曲，进而造成生产及消费的扭曲，其结果导致了资源配置的低效率。同时，一些原材料及中间产品出口受到限制，造成国内相关企业对这些受限商品的买方垄断。如煤炭出口由于受到数量限制，其国内价格大大低于国际市场价格，导致对煤炭大量低效率的利用，并造成严重的环境污染等问题。此外，出口限制措施还导致了国内利益分配的不合理。受到限制的出口商品大多是具有资源优势的原材料或具有劳动力成本优势的农副产品，这些商品绝大多数又是产于相对贫困落后的中西部及广大农村，出口限制造成了其利益损失。这些产品的下游加工企业基本上位于经济发达的东部地区，它们则从这种贸易限制中获益。而与此同时，国家并未出台相应的利益补偿机制，造成收入分配的不合理。

配额许可证的分配还导致了严重的寻租问题。1995 年以后，一部分出口配额分配实行招标制，对此问题的解决起到了一定的作用，但招标制本身也存在着诸多缺陷，引发了许多问题。

改革开放后，出口贸易体制改革表明，中国对外贸易战略经历了阶段性变化。首先，逐步由强烈的反出口倾向转向了出口鼓励，进而又由强烈的出口促进（大量行政性手段）逐步转向中性的出口鼓励，出口体制改革同样遵循了渐进性原则。从总体而言，出口贸易体制改革促进了出口贸易的高速发展。但由于中国处于由计划经济向市场经济转轨的过程中，新旧体制转换过程中不可避免地存在体制性、政策性的矛盾，在出口贸易体制改革之中，一系列过渡性措施，如外汇留成、外汇调剂、出口补贴及配额许可证等制度，均产生了两方面的作用。一方面，作为对旧体制的替代，企业获得了一定的出口激励，使中国对外贸易焕发出勃勃生机与活力，出口贸易获得高速增长，为使出口贸易体制向市场经济演进创造了条件。另一方面，由于体制改革中诸多措施的过渡性特征，并在较长时期内与旧体制下的相应制度并存，故而与市场经济体制的要求有着较大的差距，甚至不少与国际贸易惯例相背离，存在着反市场化的倾向，导致出口贸易发展存在着不计成本、不讲效益的严重偏差，长期追求数量性扩张，而忽视了质量、效益的提高，一定程度上出现了出口贫困化增长，不但降低了对外贸易利益，而且恶化了中国的对外贸易环境，对中国出口贸易长期持续稳定增长造成了不利影响。

此外，由于中国实施的是渐进式改革模式，因而在出口贸易体制变革中政策的变动极其频繁（如外汇留成制度、出口退税率的变动），这种所谓的小幅度高频率改革固然减少了改革造成的剧痛，维持了社会的稳定，为进一步改革创造了条件，但毋庸讳言，政策的多变也造成了改革中摩擦成本的增加，给企业对未来市场环境的预期造成较大的不确定性，引致了大量的短期行为。如在出口退税率下调前追逐政策加紧出口，其结果进一步造成贸易条件的恶化，国民福利水平的下降。

为增强中国创汇能力，中国的出口体制改革不但在传统体制内渐进式进行，同时积极培育体制外新生力量，从而使乡镇企业和外商投资企业成为出口贸易扩张的生力军，并对国有外贸企业的出口贸易造成一定压力。

第四节 进口管理体制改革

改革开放前，中国通过计划手段对进口贸易实施严格的控制，以保证进口替代发展战略的贯彻。改革开放后，随着中国经济发展战略的变化，进口管理体制改革也渐次展开：在以市场为取向的改革进程中、在由计划经济向市场经济体制的转轨中，中国的进口体制经历了由严格的计划控制到以关税、非关税为主要壁垒的变迁、再到逐步削弱进口壁垒向贸易自由化的推进。进口体制改革对中国的进口贸易及宏观经济产生了重要影响。

一、关税制度改革

（一）关税制度改革的历程

中国关税制度改革是为了适应不同时期经济发展的需要而逐步进行的。下面从三个方面对不同时期的关税制度进行回顾：一是关税政策。它是一国政府在一定时期内为运用关税达到其特定经济、政治目的而采用的行为准则，是国家经济政策、政治政策及社会政策在对外贸易活动中的具体体现。二是关税职能。关税的主要职能有财政职能、保护民族工业职能、调节贸易和生产职能、调节国际收支职能、调节国际资源配置职能、调节国际经贸关系职能等。三是关税税率和结构。它是关税政策的具体体现以及关税职能发挥作用的形式，关税税率的制定和调整，体现了一国的经济政策、产业政策和贸易政策，也是关税制度改革的重要内容。

1. 第一个时期：1949—1978 年

1950 年 1 月，中国政府第十七次政务会议通过了《关于关税政策和海关工作的决定》，这标志着新中国的关税政策正式确立。其中强调海关税则必须保护国家生产，必须保护国内生产品与外国商品的竞争，此外还规定了制定关税税率的原则是：凡国内能够大量生产或者暂时还不能大量生产但将来有发展可能的工业品及半制品，在进口同样的这些商品时，海关税率应规定高于该商品的成本与中国同样货品的成本间之差额，以保护国家民族工业。因此，可以说中华人民共和国成立后至改革开放前的中国关税政策是种内向型的保护关税政策，其具有内向性和高保护性的特征。前者是与中国那时所面临的国内外环境相适应的；后者则是以保护饱受战争破坏的民族工业为目标。从中华人民共和国成立到改革开放初期的三十多年时间里，中国一直实行着这项保护关税政策，帮助国内产业抵御国外同类产业强有力的竞争，为中国民族工业的成长和壮大起了重要作用。当时，在这种内向型保护关税政策的指导下，中国政府颁布实施了第一部《海关进出口税则》。按照税则的规定，全国算术平均关税水平为52.9%，其中，农产品的算术平均关税水平为 92.3%，工业品的算术平均关税为 47.7%。随后随着经济的发展，税率也进行了些调整，到 1985 年实行新关税税则前共对税率进行了 23 次局部修改，不过修改的范围很小，税率调整的幅度也不大。这一时期的关税税率尽管存在着税率过高、结构不合理、不适应进出口商品结构的变化、对某些产业保护相对不足等缺陷，但是实践证明其对中国民族工业的成长和壮大还是起了重要的作用。该阶段关税的职能也表现出如下两个特点：一是税收的财政职能意义较小；二是关税经济调节职能的发挥受到了限制。

2. 第二个时期：1979—1991 年

1978 年，中国共产党第十一届三中全会的召开标志着改革开放作为基本国策被正式确立，为了适应对外开放和经济的发展，有必要对关税制度进行相应的改革。此时，随着国内工业的壮大和对外贸易额的扩大，中国对关税保护政策有了新的认识：长时间的高关税保护会使企业没有先进参照系数和国际竞争压力，导致企业效率偏低和产业的国际竞争力减弱，所以需要适当地开放市场引入国际竞争。此时的关税制度在政策目标上追求促进对外开放和发展民族工业之间的平衡，注重发挥关税调节进出口的经济职能作用。在这一思想的指导下，1984 年国务院税则领导小组正式提出了改革开放时期中国的关税政策，即“贯彻国家的对外开放政策；体现鼓励出口和扩大必需品的进口；保护和促进国民经济的发展；保证国家的关税收入”。这标志着中国的关税政策已由中华人民共和国成立初期的内向型保护政策调整为相对开放的保护政策。至此，中国关税制度改革进入了第二个历史时期。1985 年通过对第一部关税税则进行修改产生了第二部关税税则，这部关税税则采用了当时国际上通用的《海关合作理事会商品分类目录》，并在此基础上较大幅度地调整了进口税率和税率结构。总体来说，新税则降低了 1 512 个税目的进口税率，调整后的进口关税平均水平为 38 %，其中农产品为 43.6%，工业品为 36.9%。在此之后又进行局部调整，分别调低 83 种和调高 140 种商品进口税率，使 1992 年之前关税的算术平均水平为 47. 2%。税率结构也得到调整，调低了国内短缺或不能生产的原材料、新技术产品以及机电产品零部件的税率，总的来说具有进口税率随生产各阶段或从必需品到非必需品逐级上升的特点。而关税职能则主要体现在以下两个方面：一是税率在调节经济发展和产业结构方面开始发挥作用，关税税率按照经济发展和产业结构调整的需要不断进行变化；二是中国关税的财政职能作用得到了加强，关税收入不断增加，并成为政府的重要财源。财政职能与经济调节职能相比还是更加强调后者的作用。

3. 第三个时期：1992 年至今

1992 年 10 月，党的十四大把建设社会主义市场经济作为经济体制改革的总目标，中国进入了全面实行社会主义市场经济时期。随之而来的经济体制转变和“复世—入关”

进程，使人们意识到须根据本国的实际情况通过关税政策平衡适度保护和贸易自由化之间的关系，并利用关税政策的调节作用来提高本国产品的国际竞争力。因此，这一阶段关税政策要求：体现国家产业政策；有利于国家对国民经济的宏观调控，保持合理的税率结构，有利于对民族工业的有效保护；符合国民经济发展战略的长远要求，有利于提高国民经济运行的整体素质，既要有利于对民族工业的有效保护，又要平衡国内需求，维持正常进口。此外，还要考虑国家财政收入的需要，有利于开拓税源、扩大税基。在这一政策的指导下，中国政府决定自 1992 年 1 月 1 日起降低 225 种商品的税率，从而拉开了中国大幅度自主降低关税的序幕，并由此形成了中国第三部关税税则。这部税则采用了新的《商品分类及编码协调制度》税则目录。而关税税率和结构的调整则体现了在促进对外开放的大局下进行有效保护的思想，具体措施主要表现在以下三方面。

第一，多次降低关税税率（见表 7–2）。1992—1995 年关税平均税率降至 35.6%，并注意与进口管理体制相配合，例如为配合取消对“三资”企业进口汽车免税优惠，降低了进口轿车的税率。1996 年后又进行了两次大规模自主降税，涉及 4 900 多个税目，关税平均水平降至 23%。从表 7–2 可见，1992 年以来中国关税削减频率较高，总体削减幅度达 64.5%。第二，逐步优化关税结构。进口税率从原料到成品逐步升级形成合理的梯形结构，提高成品的有效保护率。这一方面提高了某些下游产业产品的有效保护程度，另一方面适度降低了对某些制成品的过度保护。第三，改革关税减免制度。这一时期关税的职能向多元化发展，并且各项职能都得到了有效的发挥。具体表现为：中国关税的经济调节职能得到了真正有效的发挥；关税的财政职能日益显著，关税成为中央财政收入的重要来源。

表 7–2　　1992—2001 年关税税率调整　　单位：%，个

年份	调整前税率	调整后税率	削减幅度	涉及税目数
1992	43.1	39.9	−7.4	3 371
1993	39.9	36.4	−8.8	2 898
1994	36.4	35.9	−1.4	小汽车
1995	35.9	35.3	−1.7	烟酒、中型客车等
1996	35.3	23	−25	4 971
1997	23	17	−26	4 874
1999	17	16.8	−1.2	1 014
2001	16.8	15.3	−8.9	3 462

数据来源：历年《中国海关统计年鉴》。

（二）关税制度改革的效果

一般而言，进行关税税率调整的关税制度改革会对该国的生产、消费及财政收入产生重要影响。中国进口的主导商品主要是资本性货物，该类商品的国际贸易主要是发达

国家间的产业内贸易，因而中国在该类商品上处于贸易小国地位。通过关税改革减少关税减免范围及降低鼓励走私的禁止性高关税都有利于提高财政收入。从静态上看，关税削减使本国消费者获益，政府财政收入减少，使生产者利益受损，同时使资源从效率低的部门转移到效率高的部门，带来资源配置的合理化，提高了经济的效率，从而提高了整体福利。

中国进口管理体制改革的第一步是以不断递升的关税手段取代计划控制，同时又实施了大量的关税减免政策，使关税在调节对外贸易中的作用日益增强，从而对进出口贸易及国民经济产生了重要影响。

第一，以关税手段代替计划手段使对外贸易保护由隐性转为显性。进口计划控制是一种隐性保护，保护程度难以估计。实施关税保护透明度则较高，其所造成的市场扭曲较容易被识别，从而为扭曲的减少和消除提供了可行性。

第二，贸易保护手段规范化，有利于市场机制的形成。关税对贸易的调节主要是对价格发生作用，进而通过价格调节机制对市场起作用。关税控制的透明度较高，有利于国内外厂商核算成本，提高效率。对于中国这样的转型经济国家而言，关税在对外贸易中作用的强化，意味着以市场手段调控经济的作用加强，从而有利于推动市场体制的形成。

第三，与国内经济体制改革相配合，促进了中国具有潜在比较优势产业的发展。如20 世纪 80 年代初，为控制电子类耐用消费品的进口，中国实施了高关税政策，其中电视机名义进口税达 80%，进口调节税为 70%（1985 年开始），累计关税达 150%。在高关税限制下，电视机进口受到抑制。与此同时，随着国内宏观经济体制改革的推进，投资主体日益多元化，国内各类企业（既有国有企业，也有乡镇集体企业及中外合资企业）通过技术合作、引进国外生产线纷纷投资电视机行业，这些企业间展开了激烈的竞争，优胜劣汰，最终使中国电视机产业迅速发展起来。到 20 世纪 90 年代，中国电视机国际竞争力显著增强，并逐渐成为世界电视机出口大国。

第四，伴有大量关税减免的高关税政策，形成了一种“有保护的促进”，使贸易体制趋于“中性化”。一方面，在名义关税较高的情况下，对符合国家产业政策的技术密集型产品及出口产品生产所需的原材料、中间产品及生产设备的进口减免关税，使实际贸易保护水平降低，从而起到鼓励出口的作用。正是在关税减免政策下，加工贸易得到迅猛发展，成为中国出口贸易的主要方式之一，充分发挥了中国劳动力资源丰富的优势。

第五，造成名义关税率与实际关税率的巨大偏差（见表 7–3）。

表 7–3　　1991—2001 年中国名义关税率与实际关税率

年份	进口总额/亿美元	关税收入/亿元人民币	名义关税率/%	实际关税率/%
1991	637.9	187.3	47.2	5.5
1992	805.9	212.8	39.9	4.8

续表

年份	进口总额/亿美元	关税收入/亿元人民币	名义关税率/%	实际关税率/%
1993	1 039.5	256.5	36.6	4.3
1994	1 157	272.7	35.9	2.7
1995	1 320.8	291.8	35.3	2.6
1996	1 388.3	301.84	23	2.6
1997	1 423.7	319.49	17.05	2.7
1998	1 402.4	313.04	17.05	2.7
1999	1 657	562.2	16.73	4.1
2000	2 250.9	750.5	16.41	4
2001	2 436.1	840.6	15.3	4.2

数据来源：海关总署统计数据。

据世界银行统计，20 世纪 90 年代中国实征税率大大低于发展中国家水平，与发达国家水平接近。

导致中国名义关税率高而实际关税率低的主要原因在于：

（1）中国实施的关税优惠政策过多、过滥。中国关税减免政策包括法定减免、特定减免、政策减免及临时减免等多种名目。一些减免涉及的进口规模相当庞大。据海关统计，20 世纪 90 年代以来，中国实行进口不征税、出口不退税政策的加工贸易额占中国进口总额的 50%～60%。此外，享受各种减免关税政策的进口商品占进口总额的 40%。享受减免关税政策的进口商品主要是三类商品：一是三资企业投资设备；二是技术改造和重大项目的设备进口；三是以特区为代表的地区性减免税。1995 年，三类商品进口关税减免分别占减免关税进口量的 44%、22%和 18%。但当年中国的全部进口商品中只有约 15%缴纳了相对较高的正常关税，另外的绝大部分进口商品则享受了减免关税待遇。虽然中国政府已于 1996 年取消了若干关税优惠政策，但基于各种原因，此后两年又恢复了其中的部分优惠政策和措施。

（2）中国海关对进口商品税率的制定不尽合理，抬高了名义关税率。一方面，海关税则对于一些中国很少进口或即使进口也不会对国内同类产品构成较大威胁的进口商品设置了较高的关税率，这些无效的高关税率使名义税率居高不下。另一方面，海关税则对于中国在国际市场上具有较强竞争力的产品设置了较高的关税。如中国在国际市场上具有明显竞争优势的纺织品、鞋帽、皮革箱包等劳动密集型商品，海关仍然对该类商品的进口制定了较高的关税率。如 1997 年 10 月 1 日调整后的中国平均名义关税率为 17%，其中，皮革箱包的平均关税率为 26%，鞋类的平均关税率为 25%，纺织品的平均关税率为 32%。纺织品中的几十种细类商品的进口关税是中国平均关税率的两倍以上，如化纤制男式羽绒服的进口关税率为 36%，丝制裙子及裙裤为 35%，丝制女式上衣为 36%。甚至有些中国具有绝对的竞争优势、大量出口而极少进口的产品，海关仍然对其设置了较高的进口关税率，如一次性打火机的进口关税率为25%，桑蚕丝机织物的进口关税率为27%。

由于上述关税的不合理设置，对很多种本不应征收高关税的商品设置了较高的关税率，成为中国名义关税率偏高的重要原因之一。

名义关税率高而实际关税率低对中国对外贸易及国民经济产生了诸多的负面影响。

第一，迟滞了中国加入世界贸易组织的进程。中国自 1986 年递交申请书提出恢复中国在关贸总协定缔约国地位以来（1995 年以后改为加入世界贸易组织），谈判持续了 15 年之久，直到 2001 年底才成为世界贸易组织的正式成员。中国“入世”谈判之所以持续十多年，其中原因固然是多方面的，但名义关税率过高，无疑影响了中国对外开放的形象，使中国市场准入门槛表面上过高。降低贸易壁垒成为中国与有关缔约国进行双边或多边经贸谈判中长期争论的重要问题。

第二，导致中国与有关国家的贸易摩擦加剧。中国对美国等国家长期保持贸易顺差，引起对方的不满，他们认为中国的外贸顺差产生的重要原因之一是由于设置了高关税。

第三，诱发严重的走私问题。走私是指逃避海关监管、为牟取暴利，进行的非法进出境的犯罪活动。一般而言，走私是与关税制度相伴生的，关税税率越高，走私越有利可图，走私活动越猖獗。当然，走私的猖獗程度也与一国打击走私的力度密切相关。走私者的主要目的之一是逃避关税，从中牟取高额利润。走私行为损害国家利益，冲击民族工业，同时产生政治腐败等社会问题。为此，中国政府不断加大打击力度，而打击走私同样需要耗费高昂的成本。高关税不但未能起到预期的贸易保护目的，而且浪费了贸易政策的监管成本。

第四，造成不平等竞争。从上面的分析不难看出，中国实际关税率过低，主要是由于中国对某些企业、某些行业及某些地区实行了特殊的关税减免政策。为扶持某些重要行业的发展，为加速经济特区及沿海外向型经济的发展、吸引外商来华投资，中国实施了一系列优惠性的税收政策。这一做法当然有其合理性，但造成了大量扭曲，因而这些政策实施的时间不宜过长，否则由此带来的长期不公平竞争，必然恶化市场环境，对经济的长远发展不利。如对外商投资企业给予过多的关税减免，使其享有了“超国民待遇”，从而对国内企业构成了歧视。再如享受关税减免待遇的各种类型国内企业主要集中在经济特区和沿海城市。虽然这些企业对推动当地经济发展起到了积极作用，但其增长却在很大程度上是受益于政府的优惠政策。这种情况在特定背景下尽管有其存在的必要性，但却不符合市场经济规律本身所要求的公平竞争原则，对其他地区和企业构成歧视，对整体经济的长远发展具有一定的负面影响。

第五，造成税制紊乱，降低了中国的实际保护率，不利于中国产业政策的贯彻。由于各种名目的减免税的存在，刺激了有关部门、厂商的寻租行为，产生了各种超范围、超权限的关税减免，使中国旨在利用高关税保护相关产业的目标难以实现，也降低了关税作为贸易调节杠杆的功能，造成了进出口贸易秩序的混乱。如中国的汽车产业，一方面，中国海关对进口汽车长期实施较高的关税保护，使国内汽车产业较少接触激烈的国际市场竞争，在温暖的保护网中，产生了安于现状、不思进取，发展缓慢的结果，这是有悖于政府保护政策初衷的；另一方面，三资企业和很多特区企业及重点建设项目中的工作用车却可免税进口，由此造成的各种漏洞和空子使大量外国汽车非正常进口，导致汽车的实际关税率大幅下降，从而冲击了中国汽车工业的正常发展。

综上所述，以高关税和大量的关税减免取代计划控制无疑促进了中国价格机制的形成，有助于中国外贸体制改革向市场化方向推进，减少了计划手段造成的体制性扭曲，推动了中国对外贸易的发展。当然，高关税作为中国外贸体制改革中的过渡性措施，本身也存在着诸多问题，其所造成的政策性扭曲成为下一阶段改革的重点。

如上所述，中国关税税率的削减是渐进式进行的，且行业间削减比例也不相同。但综合来看，阶梯式的关税结构并没有明显的变动，关税从高到低始终依次为消费品、资本品、中间产品、基础原材料。

从理论上讲，落差过大的关税结构会导致贸易及生产的双重扭曲。麦金农认为，在社会主义国家传统的体制中存在着过度扭曲的相对价格机制（压低投入品的价格而抬高最终产品的价格），故而形成对物质投入品的过度使用以及“质次产品综合征”，使国内产品以国际价格表示时为负的增加值。在这种关税结构下，最终产品的生产在高保护下会过度发展，而使原材料及中间产品行业处于负保护状态，形成对这些行业事实上的歧视，抑制其发展。

中国这种关税结构导致的结果，一是原材料等基础工业发展滞后，长期成为国民经济发展的瓶颈；二是中间产品发展缓慢，形成对国外市场的过度依赖。最典型的如汽车行业，对零部件的关税率远低于整车 16%。结果一方面是各地竞相投资汽车生产，造成汽车工业的过度分散，不能形成规模经济，致使中国汽车工业生产效率低下，资源浪费严重；另一方面，汽车部件的国产化率低，形成对国外技术的依赖。这种关税结构总体上制约了汽车工业的发展。

二、非关税制度改革的效应

所谓非关税壁垒是指除关税以外所有限制进口的政策措施。在国际贸易中非关税壁垒的措施多种多样。据估计，目前世界上大约有 1 000 种非关税壁垒措施。其中，较为常用的重要措施有进口配额、许可证、自动出口限制、反倾销、技术标准、环保标准和卫生检疫标准、歧视性公共采购等。中国改革开放以来利用的非关税壁垒措施主要有进口配额及许可证制度、进口计划控制、外汇控制及外贸经营权控制等。非关税措施与关税措施共同构成中国进口贸易的壁垒，控制着中国进口贸易的规模和构成。

（一）进口配额、许可证制度的演变及成效

1. 进口配额、许可证制度的演变

进口配额、许可证制度是中国非关税壁垒中最核心的内容。改革开放后，随着计划控制的松弛及外贸经营权的分散，国家重新启用了进口许可证及配额制度。与其他的贸易保护手段一样，进口许可证及配额制度也经历了一个倒“U”型的演变过程。20 世纪 80 年代，作为计划控制手段的替代，进口许可证及配额制度不断强化。20 世纪 90 年代以后，随着中国加速由计划经济向市场经济体制的转变及加入世界贸易组织进程的推进，进口许可证及配额制度开始进行改革。20 世纪 80 年代初，实施进口许可证制度的商品

有 24 种。此后不断增加，到 20 世纪 80 年代末达到 53 种、743 个税号，占进口总额的比重达 46%。根据对外经济贸易部统计的数据，20 世纪 90 年代以后进口配额许可证管理的商品范围逐渐缩减，到 1992 年受进口许可证管理的商品占总进口比重降至 25%；到 1997 年，实行进口配额许可证制度管理的商品税号降至 384 个，占进口总税目的 5% 左右；到 2001 年，受许可证控制的进口商品减少到 18 种，其中主要是大宗的有关国计民生的原材料及机电产品。同时，中国对配额及许可证管理更加透明公开，如将需要许可证的商品种类及申领许可证的程序通过媒体公开、与许可证有关的国家主管部门间实现电脑联网来对配额及许可证进行管理，这些做法使配额和许可证的分配更加规范化，减少了有关权力部门和厂商创租、寻租的机会，减少了社会资源的浪费。

为适应加入世界贸易组织的要求，中国将关税配额制度引入到农产品进口贸易的管理之中，颁布了《农产品进口关税配额管理暂行办法》，规定对小麦、玉米、棉花、食糖、豆油、棕榈油、菜籽油、羊毛、毛条等重要农产品和化肥等农用品实施关税配额管理。关税配额对货物进口的绝对数量不加限制，仅限制关税缴纳的水平。对在一定时期内在规定的关税配额内进口的货物，按照配额内税率缴纳，配额外进口的商品则按配额外关税率缴纳。关税配额管理遵循“统一、公正、公平、透明、可预见、非歧视”的原则，如国家根据中国“入世”货物贸易减让表所承诺的配额量，确定年度进口关税配额管理的农产品的市场准入量及关税率。

2. 配额、许可证制度演变的经济效应

国际经济学对进口许可证及配额制度的研究均是在市场经济框架内，分析其与关税限制的经济效应的差异。中国的进口许可证及配额制度的实施首先是基于计划控制的松弛，是对计划手段的替代。鉴于这一替代大体完成于 20 世纪 90 年代初，因而对进口许可证及配额制度实施效果的评价也应分阶段进行，90 年代以前主要应与计划手段比较，90 年代以后则主要应与市场化手段比较。

以进口许可证及配额制度替代计划控制是中国对外贸易政策趋于规范化的重要一环。由于数量控制比计划控制的透明度高，它不是通过行政命令，而是通过对不同商品价格发生作用来引导一国的生产和消费，外贸企业也不再是单纯执行国家计划、完全不顾及企业的利润，而是在价格信号的引导下开始以利润的增加作为经营目标的。由此必然会带来企业经营效率的提高，从而有助于国民福利水平的改善。另外，进口许可证及配额制度造成的扭曲便于观察，从而为纠正扭曲、减少贸易壁垒，向贸易自由化方向发展提供了可能。因而无论从资源配置的角度看，还是从贸易体制自由化角度看，数量控制均优于计划控制。

在计划经济体制逐渐解体、市场经济体制尚未全面建立的状况下，为对宏观经济进行有效的引导，在没有相应的可资利用的经济参数下，数量控制应是次优选择。与关税相比，配额许可证制度具有简捷易行、市场保护效果较确定的特点。

在中国计划经济体制以市场为取向的改革初期，国家有关管理部门对市场经济的手段不熟悉，数量控制手段较之关税易于操作。一方面，政府对市场条件下国有企业的生产成本、竞争能力等信息掌握不完全，在特定的关税水平下，通过价格机制将导致怎样的市场冲击无从知晓。因而在计划经济向市场经济转型的初期，关税等经济手段尚不能作为调控对外贸易活动的唯一有效工具，配额、许可证等数量限制手段的实施就显得十分必要。研究发现，中国实施进口许可证的目的主要有三个：一是为了平衡进出口贸易。在传统贸易体制下，为了实现进口替代，在外汇短缺的约束下，进口被压缩到尽可能低的水平。当外贸管制放松以后，在汇率高估条件下，势必引发进口的高涨，通过许可证制度可以控制过度进口。二是为了保护特定的产业。如20世纪80年代中期为保护国内耐用消费品产业，国家通过对电视机、电冰箱、洗衣机、收录音机、空调机、摩托车及轻型机动车的装配线实施许可证控制，使国内相关产业得到了保护。三是为了保证充分有效地利用进口资源。随着经济体制改革的推进，经营效率高的企业受到鼓励，通过许可证制度可将进口资源分配给那些进口资源利用好的企业，而不是过去根据计划可以优先得到而不能有效利用的企业。

在市场保护效果上，配额优于关税。进口配额具有较大的确定性，而进口关税的效果则不确定。当一国试图以征收关税对本国某些产业进行保护时，国外进口商可通过提高生产率、改进商品质量及承担部分关税的形式渗透到进口国市场，从而导致关税保护的无效性。配额则以数量上的确定性完全排除了市场渗透的可能性。

在市场经济体制下，关税控制自然优于许可证配额等数量控制。因为与等效的关税相比，配额控制会产生更大的弊端。国际经济学理论认为，在完全竞争的市场条件下，进口配额与等效的关税的经济效应相似。但在不完全的市场竞争条件下（是现实中各国市场结构的常态，中国的市场结构更为明显）配额可能为市场垄断创造机会。当一国实施关税控制手段，进口竞争性厂商所面临的是世界价格加关税的有弹性的竞争性供给，厂商虽受到一定程度的保护，但仍是价格的接受者，不能从关税中获得垄断利润。而实行进口配额，由于进口数量绝对固定，所以国内占据优势地位的厂商便有机会控制市场，通过提价和减产攫取垄断利润。另外从收入效应来看，关税收入为进口国政府所得；配额造成的“租”决定于分配方式，具有不确定性。

与基于价格机制发挥作用的关税不同，进口配额及许可证制度是基于行政性力量控制进口的规模与数量，然后再作用于价格，影响国内市场。同时，由于配额许可证的发放主要是一种行政性分配，因而配额许可证制度比等效的进口关税造成的资源配置及国民福利损失更大。进口配额许可证制度作为一种数量控制手段，与关税相比，它与市场的偏离度更高。因而，在国际贸易自由化浪潮的冲击下，数量限制手段的实施空间受到越来越严格的制约。在世界贸易组织规则中，关税被作为唯一合法的贸易保护手段。其他非关税壁垒大多被要求要严格规范。

随着市场经济体制的形成，配额和许可证制度导致的价格扭曲和资源配置的低效率问题更为突出。一方面，它助长了一些非生产性利润的寻租现象。比如为获得许可证这一稀缺资源，不少进口厂商动用大量资源向有关部门和个人游说、行贿，同时一些通过各种渠道获得许可证的人从事倒卖许可证的非法活动，甚至伪造许可证的现象也屡见不鲜，从而造成社会资源的无效耗费。另一方面，配额许可证加上关税的双重限制严重阻碍了一些产业的技术进步和结构升级。如中国对汽车、计算机等技术密集型产业的保护缺乏动态性，保护期过长，导致这些产业的发展形成政策依赖，技术进步缓慢，生产效率低下。

由于民族国家的存在，各国无不追求本国利益的最大化，可以肯定的是，配额许可证制度作为最为便捷直接的贸易保护手段短期内不会取消，关键是如何规范这些手段，将其负面效应尽可能降低到最小。

（二）非关税壁垒的其他措施

除配额许可证制度外，中国的非关税壁垒还包括外汇控制、计划控制、行政控制等。

1. 外汇控制

由于中国与其他的发展中国家一样，长期面临外汇短缺压力，因而为充分发挥有限外汇的最大效应，国家对外汇的使用严格予以控制，从而构成中国重要的进口壁垒之一。

在计划经济体制下，所有的进口用汇都由国家计划统一安排，国家通过进口指标和外汇使用额度来控制进口规模。因而汇率仅仅是进口核算的工具，对进口流量不具有调节作用，中国的企业也没有利用高估汇率增加进口的利益驱动。

改革开放后，国家对外汇统收统支的原则长期维持不变。但在对外汇管制的具体措施上有所放松，其中影响较大的制度安排主要有两项：一是 20 世纪 80 年代的外汇留成制度；二是 20 世纪 90 年代中后期的汇率并轨及人民币经常项目下的可兑换。

20 世纪 80 年代，随着外汇留成制度的出台，为鼓励企业出口创汇，国家允许企业超额创汇的留成部分可转让给经批准的进口用汇企业。1986 年，外汇调剂中心的建立便利了外汇在企业间的调剂，使那些有进口计划指标而缺乏外汇的企业得以实现其进口计划。1988 年，国家对外汇留成及外汇调剂制度进行改革，企业外汇留成权力扩大、外汇调剂中心的数目大大增加、国有企业和集体企业被允许进入外汇调剂中心进行外汇交易，打破了外资企业和内资企业间外汇交易的壁垒、企业可以自由使用留成外汇等，到 20 世纪 80 年代末，中国的外汇管制明显松动。

1994 年，中国对外汇体制进行了重大改革，在实现汇率并轨的同时取消了外汇留成和企业外汇上缴制度，实行结售汇制度。企业用汇只要凭相应的进口合同和有关的证明文件即可从指定的银行购买外汇。到 1996 年，中国终于实现了经常项目下人民币的自由兑换。

2000 年以来，中国外汇管理体制经历了从严格限制到逐步放松、最终走向经常项目下的人民币自由兑换。这一变革的意义在于：一方面，增强了汇率在调节进口贸易方面的作用；另一方面，大大提高了进口的自由度，推进了中国外贸体制的自由化进程。

2. 进口计划与指定经营

改革开放前，中国几乎所有的进口都由国家通过指令性计划进行控制，进口计划是中国最坚固的贸易壁垒。改革开放后，中国开始认识并注意到发挥市场对经济的调控功能，逐步放松计划控制，计划管理的方式也发生了变化。

20 世纪 80 年代，在单一的计划经济体制走向有计划的商品经济、计划经济为主市场调节为辅的体制下，对外贸易与国内其他经济领域的改革一样，由单一的指令性计划改为指令性计划与指导性计划相结合，指导性计划的作用不断扩大。为控制某些商品的进口，国家将全部进口商品分为三类：第一类是有关国计民生的大宗的、敏感性的重要商品；第二类是国际市场供求量有限、有配额限制、价格敏感的商品；第三类是除第一类、第二类以外的其他的进口商品。

进口计划管理与指定经营密切相关，如三类商品中第一类、第二类是受指令性计划和指导性计划控制的商品，由指定的贸易公司经营。第三类为放开经营商品，有进出口权的各类外贸公司或企业都可经营。据世界银行统计，到 1992 年中国受非关税壁垒限制的商品占进口总额的 51.4%，其中约有 32%是受指定经营的进口商品。到 1996 年国家垄断经营和专营的进口商品仍占进口总额的 18.3%。1996 年中国主要进口商品的非关税壁垒统计如表 7–4 所示。

表 7–4　　中国主要进口商品的非关税壁垒统计（1996 年）　　单位：%

商品	国家垄断经营	专营	伦敦化学公约	许可证	配额	价格招标	全部
稻米	100	0	0	100	0	0	100
小麦	100	0	0	100	0	0	100
粗粮	0	0	0	0	0	0	0
非粮食作物	50	22.9	0	72.9	72.9	0	0
牲畜	0	72.7	0	72.7	72.7	0	72.7
肉和牛奶	0	0	0	0	0	0	0
其他食用产品	37.2	0	0	32.9	31.7	0	38.4
自然资源	46.6	12.8	0	0	0	0	59.5
纺织品	0.3	5.7	0	12.7	12.7	0	12.7
服装	0	0	0	0	0	0	0
轻工业制品	0	9.3	0	0	0	0	9.3
交通设备	0	0	0	35.8	35.8	6.6	42.4
机械设备	0	0	0	9.2	9.2	20.4	26.4
基本重工业制品	18.7	16.2	0.3	23.5	22.7	0	37.7
服务	0	0	0	0	0	0	0
总计	11	7.3	7.3	18.5	16.3	7.4	32.5

数据来源：世界银行. 中国的参与：与全球经济的一体化. 北京：中国财政金融出版社，1998。

进口商品在计划控制下的分类经营是与当时的市场环境相适应的。改革开放初期，由于价格机制尚未形成，国内价格扭曲现象严重，不少商品国内外差价巨大，如粮食、棉花等农产品价格大大低于国际市场价格。其中，不少商品又是国内短缺需要进口的，从事这类商品进口的企业必然出现亏损，因而国家必须控制这些商品的进口及相应的补贴。20 世纪 90 年代以后，随着价格机制的形成，分类经营及指定经营的商品范围也就大大缩小了。

3. 对外贸易行政控制与进口自动登记制

改革开放初期，为实现进口替代的目标，中国对机电产品进口实行严格控制，除配额、许可证及高关税外，还专门设立了机电产品进口办公室负责控制机电产品进口的种类及规模。此外还制定有“进口替代商品清单”及一些所谓的内部规定，管理手段复杂，透明度不高，不符合国际贸易惯例。20 世纪 90 年代以后，中国对进口行政控制手段进行改革。改革内容主要涉及四个方面：一是清理公布全部内部文件，公开废止 744 种，规定对外贸易管理依据公布的法律、规定、规则和条例，所有的对外经贸管理法规在“对外贸易经济合作部文告”上刊登；二是于 1992 年取消了全部进口替代商品清单，并承诺以后不再制定类似清单；三是于 1995 年底取消了 176 个税目商品的进口控制措施；四是于 1994 年颁布了《特定商品自动登记管理暂行办法》以及《机电产品进口管理暂行办法》，对规定的特定一般商品及机电商品实行进口自动登记制。

进口自动登记制作为一种对外贸易的行政控制，是否构成一国的贸易壁垒目前存在较大分歧。中国于 1994 年开始实施进口自动登记制，明确宣布其目的为加强国家对重要商品进口的宏观监测，及时了解和掌握少数大宗原材料、敏感商品和机电产品的进口情况。世界银行则认为，尽管进口自动登记制度并非旨在设置非关税壁垒，但有时候它起到了这种作用，因为它的启动取决于市场的需要。即该制度的“有选择性”，因为并非所有进口都可获得自动登记。根据《特定商品进口自动登记管理暂行办法》，进口登记商品的企业，在委托有该项商品进口经营权的外贸企业签订进口合同前，按管理渠道向登记机关提出登记申请。那些与国家宏观经济政策、产业政策导向相左的进口登记申请则会遭到拒绝，因而本书倾向于认为该制度是一种较为隐蔽的进口壁垒措施。

实行进口自动登记制的商品主要分为一般商品和机电商品两大类。前者涉及石油、钢材及废钢、铜、羊毛、烟草、塑料原料、纸张、水果和化妆品等商品；后者几乎涉及了所有的进口机电产品。其中，400 种商品为原来实行配额管理的商品，占被取消配额管理商品种类的 50%左右。这样，这些商品的进口就由原来受配额限制转由进口登记制控制了。例如，钢材进口配额及许可证于 1993 年根据中美贸易协议取消，当年中国钢材进口急剧增加，严重冲击了国内钢材市场，导致供求失衡，国有钢铁企业经济效益下滑。为规范市场经济秩序，1994 年国家启动进口自动登记制对钢材进口进行控制，如表 7–5 所示。

表 7–5　　对钢材进口贸易控制手段的变化

HS 分类	税目总数/个	关税率/%		进口许可证/%		进口登记/%	专营/%	
		1993 年	1994 年	1994 年以前	1994 年 1 月	1994 年 4 月	1992 年	1994 年
72 钢铁	199	13.8	13.2	85	0	85	100	79
73 钢铁	146	32.4	32.2	17	0	11	54	25

续表

HS 分类	税目总数/个	关税率/%		进口许可证/%		进口登记/%	专营/%	
		1993 年	1994 年	1994 年以前	1994 年 1 月	1994 年 4 月	1992 年	1994 年
72+73 产品分类	345	21.6	21.2	57	0	54	81	56
铁屑	9	3	2.2	56	0	56	100	0
铁合金	16	6.1	6.1	0	0	0	100	0
生铁	7	6.3	6.3	0	0	0	100	0
半加工钢铁	10	5.4	5.4	80	0	80	100	0
铁制品	191	15.3	14.6	94	0	90	97	100
其他	112	38.5	38.5	3	0	1	46	2

数据来源：盛斌. 中国对外贸易政策的政治经济学分析. 上海：上海三联书店，上海人民出版社，2002。

从表 7–5 可见，随着中美贸易备忘录的签署，钢材进口壁垒的变化主要体现在以进口自动登记制代替了许可证控制。相应的钢材进口额的变动情况如图 7–2 所示。

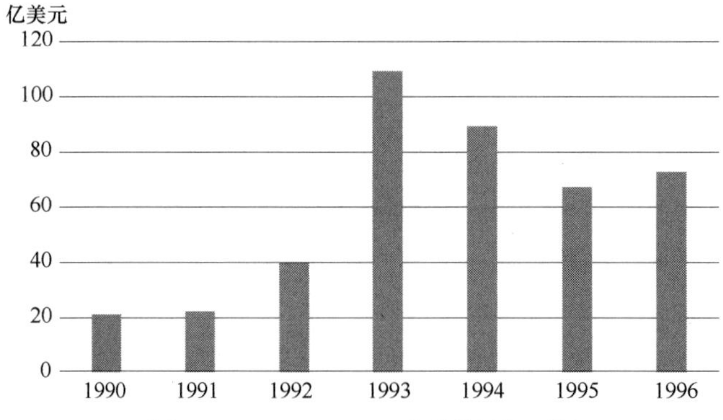

图 7–2　1990—1996 年钢材进口额

数据来源：历年《中国对外经济贸易年鉴》。

从图 7–2 可见，钢材进口配额及许可证取消的 1993 年进口增幅高达 186.9%，高出这一时期平均增幅约 150 个百分点。1994 年启动进口自动登记制后，钢材的进口得到了控制，连续两年出现下跌，1996 年恢复增长，增幅也仅为 6.5%。钢材进口的大起大落虽然受国内外市场供求状况影响，但其中主要的是进口控制力度的强弱。

第五节 对外贸易经营体制改革

改革开放前，在计划经济体制下，中国对外贸易经营体制实行高度集中的垄断经营。一方面，经营权高度集中，所有的对外贸易活动只由国家所属的十几家专业外贸总公司经营；另一方面，政企不分，责、权、利不明。所有的外贸企业都是国家所有或全民所有，实际没有明晰的产权界定，从而使外贸企业缺乏应有的激励机制以及硬预算约束，造成经营积极性不高，效益低下，从而成为改革开放前中国对外贸易低速增长的重要原因之一。改革开放后，中国在渐进式改革思路下，对外贸经营体制进行了一系列改革。一方面是对外贸经营权的分散改革，从而培育了传统体制外新的外贸经营主体；另一方面则是对国有外贸企业本身的改革，将其逐步由实施国家计划的载体变为自主经营、自负盈亏的市场经济的微观主体。

国有外贸企业是传统体制的微观基础，也是改革的难点之所在。按照趋易避难的原则，外贸体制改革先从体制外开始，即通过外贸经营权制度改革在国有企业之外培育新的经营主体。

一、外贸经营权制度改革的基本轨迹

外贸经营权是中国外贸经营体制的核心。改革开放后，中国对外贸易经营权制度改革同时从宏观和微观两个层面渐次展开。宏观层面上主要是将外贸经营管理权和行政审批权下放、分散。微观层面上则主要是赋予各类企业外贸经营权。在计划经济体制下，国家仅授权少数专业外贸公司垄断进出口贸易，将广大的生产经营企业排除在外，人为地割断了生产企业与国际市场之间的直接联系，导致了外贸发展与国内经济运行脱节，出口商品结构滞后，国际竞争能力严重低下。改革开放后，中国打破对外贸易垄断经营，逐步放开对外贸易经营权，首先通过对外贸易企业审批制，对符合条件的企业赋予外贸经营权。从发展过程看，对外贸易经营权审批的尺度不断放宽。改革开放以来，外贸经营权首先在行政级别及行业部门方面实现突破，以后又在所有制方面逐步实现突破。

改革开放初期，外贸经营权首先由中央外贸专业总公司扩大到地方分支公司、通过工贸结合扩大到生产部门。1983 年，国家开始赋予部分国有大中型企业自营进出口经营权，这是外贸体制改革的一次重大突破，使外贸企业开始走上实业化的道路，符合当代国际贸易发展的趋势。1988 年，外贸专业总公司和工贸公司与其地方分支公司脱钩；同年，国家决定赋予国有生产企业自营进出口权，但由于“一放就乱”，次年又暂停审批并进行清理。直到 1992 年，国家才又正式开始赋予生产企业自营进出口权。1993 年，国家赋予一批科研院所自营进出口权，并在商业、粮食、物资和供销等内贸企业中实行赋予外贸经营权的试点。1996 年，国家开始允许设立中外合资对外贸易公司。1997 年，国家经济贸易委员会和对外贸易经济合作部联合发出《关于进一步推动生产企业自营进出口工作有关问题的通知》，据此加快了对生产企业进出口权的审批进度。到 1998 年底，自营进出口的生产企业已达 1 万多家，占中国外贸出口总额 20%以上，成为中国外贸出口的一支生力军。1998 年，国家开始赋予私营生产企业和科研院所自营进出口权，成为中国外贸体制改革的又一次重大突破，私营企业获得进出口经营权标志着对外贸易的国家垄断制的废除，由此开始形成了中国对外贸易领域多种所有制共同发展的局面。同年，对国家确定的 1 000 家重点企业实行进出口经营权登记备案制。1999 年，国家将登记备案制扩展到 6 800 多家大型工业企业。2001 年 7 月 10 日，《关于进出口经营资格管理的有关规定》颁布，外贸经营权制度由审批制改为登记核准制。

根据 2004 年修订的《对外贸易法》规定，对外贸易经营者是指依法办理工商登记或者其他执业手续，依照修订后的《对外贸易法》和其他有关法律、行政法规的规定从事对外贸易经营活动的法人、其他组织或者个人。据此，从 2004 年 7 月 1 日起，中国境内的所有企业和个人都将具有从事外贸经营的权力，由此对外贸易经营权全面放开。

由此可见，市场取向的改革从扩大外贸经营权起步，逐步突破中央与地方之间、部门之间、行业之间乃至所有制之间的界线，一步步地从根本上重塑了中国对外贸易的微观基础，最终导致了放开经营、平等竞争的新型外贸经营权制度的确立。

二、外贸经营权制度改革的绩效

（一）经营主体多元化格局的形成

随着对外贸易经营权制度的改革，中国对外贸易经营主体多元化的格局逐渐形成。其标志一是国有外贸企业构成的变化；二是所有制形态的多元化。

改革开放前，中国对外贸易领域中仅有 10 余家中央所属的外贸专业总公司及少量口岸分公司。改革开放后，随着外贸体制改革的深入，专业外贸公司一统天下的格局被打破，一大批地方及部门所属的外贸公司、工贸公司陆续建立。到 1991 年，国有外贸企业增加到 3 000 余家。20 世纪 90 年代以后，随着大中型国有生产企业、商业企业、具备条件的科研院所逐步获得自营进出口权，国有外贸企业数量迅速增加。到 2001 年底，中国有各类国有和国有控股的外贸及自营进出口生产企业大约 16 000 家。至此，在中国国有外贸经营主体内部出现了外贸专业总公司（包括工贸总公司）、地方外贸公司、有进出口经营权的内贸企业及自营进出口生产企业等各种形式的从事外贸活动的企业。

改革开放前在计划经济体制下，对外贸易实行国家统制，外贸经营主体仅有单一全民所有制的国营企业。改革开放后，随着以市场为取向的改革的深入，特别是从计划经济体制向市场经济体制转轨，对外贸易全民所有制的单一格局逐渐被打破，除国有企业外，还出现了集体企业、私营企业、股份制企业、中外合营企业及外商独资企业等。随着外贸经营权由审批制向登记制的逐步过渡，获得外贸经营权的企业数量急剧增长。到 2002 年底，全国共有 68 000 家内资企业获得了进出口经营权，外资企业达到 42 万余家。

（二）各类企业在中国进出口贸易中地位的变化及原因分析

由于中国实行的是局部的渐进式的改革，故在很长时期内对各地区、各类所有制企业实行差别性政策。随着改革的推进这些政策又处于动态调整之中，政策环境的不断变化对各类外贸经营主体的竞争力造成相应的影响。随着市场体制的逐步建立，各类企业市场竞争能力的强弱决定着其在中国对外贸易中的绩效，进而导致其在全国对外贸易中地位的升降。大体而言，在国有企业内部出现了外贸总公司地位持续下降、地方外贸公司先升后降、自营进出口生产企业逐步上升的趋势；从所有制形态上则出现了国有企业份额不断下跌、外商投资企业快速上升、集体私营企业迅猛增长的态势。

1. 国有企业内部各类企业在进出口贸易中地位的变化

改革开放后，随着外贸经营权的分散，外贸专业公司一统天下的格局被打破，其在全国对外贸易中所占份额不断下跌。不过，在改革开放初期，由于中国对进出口商品实行分类管理，几乎所有大宗、重要的商品经营权都掌握在外贸专业公司手中，因而直到20世纪90年代初，国有专业外贸公司占全国进出口总额的比重仍高达60%左右的份额。1988年，中央所属总公司与其地方分支公司脱钩。随着沿海地区外向型经济的快速发展以及中央对沿海省份实行的地区倾斜政策，加之国有企业在信贷、进出口许可证、配额等方面享有特殊待遇，使得地方特别是沿海地区外贸公司显示出了强劲的活力，得以快速发展，到90年代中期其在全国外贸中所占的地位明显上升。此后，由于中国市场化进程加速，各种优惠政策的弱化，沿海与中西部地区的外贸公司的发展差距明显拉大。一方面，一批沿海企业在市场环境中经受了考验，市场竞争能力明显提高。另一方面，内地省市的外贸公司失去政策保护后，固有的资金匮乏、人才短缺、经营渠道不畅等劣势迅速显现，同时由于生产企业逐渐获得自营进出口权，生产企业直接进入对外贸易领域，外贸公司的代理业务相应萎缩，其所经营的对外贸易规模显著下降。与此同时，自营生产企业由于能够将生产与国际市场直接联系，通过对外贸易、国际合作开展国际化经营，从而加速推进了企业技术进步，提高了产品的国际竞争力。因而，自营生产企业对外贸易规模稳步上升。据统计，1996—2000年，国有外贸公司年均出口增长不足4%，生产自营企业出口则以年均24%的速度增长。到2000年，外贸总公司、地方外贸公司和自营进出口生产企业在全国进出口总额中所占比重大体均为15%。

2. 各种所有制外贸企业在进出口贸易中地位的变化

20世纪90年代以前，受中国对外开放水平、市场化改革进程的制约，国有经济始终占据着绝对主导地位。1991年，国有外贸企业占出口比重高达83%，其他企业所占比重微乎其微。此后，随着中国由计划经济向市场经济的转轨，开始鼓励多种所有制经济共同发展。同时对外开放水平进一步提高，外商直接投资规模迅速扩大，使90年代后期以来国有企业在全国对外贸易中的份额逐年下降，其他所有制企业的所占比重则持续上升。各类企业在进出口贸易中所占比重如表7–6所示。

表7–6　各类企业在中国进出口贸易中所占比重　　单位：%

年份	国有企业		集体私营企业		三资企业	
	出口	进口	出口	进口	出口	进口
1997	56.21	42.83	2.53	1.62	54.6	42.8
1998	52.69	42.76	3.02	1.84	44.1	54.7
1999	50.53	44.76	3.81	2.72	45.5	51.8

续表

年份	国有企业		集体私营企业		三资企业	
	出口	进口	出口	进口	出口	进口
2000	45.4	43.9	4.24	2.75	47.9	52.1
2001	46.58	42.5	6.83	4.68	50.06	51.67
2002	37.74	38.78	10.03	6.45	52.2	54.29
2003	31.49	34.51	13.66	9.16	54.83	56.17
平均	45.8	41.4	6.3	4.17	49.88	51.9

数据来源：历年《中国海关统计年鉴》《中国对外经济贸易年鉴》。

从表 7–6 中可见，在绝对份额上，外商投资企业具有领先优势，其次为国有及国有控股企业，集体和私营企业所占比重微弱。这表明外商投资企业和国有企业是中国对外贸易的主导力量，集体私营企业尚是新生力量。从增长变动趋势看，国有及国有控股企业所占份额持续下降；外商投资企业及集体私营企业所占份额稳步上升。

改革开放初期，国有外贸企业主要依靠国家特殊政策在对外贸易中拥有垄断优势。随着改革的推进，国有企业从产权制度、经营机制等方面也进行了多种形式的改革，企业活力有所增强。但由于国有外贸企业长期生存在国家保护性政策之下，因而改革动力不足，改革总体成效不显著，大量历史遗留问题远未解决。

产权制度改革进展迟缓，不但与整个对外开放的进程不相适应，甚至落后于其他类型的国有企业。与其他所有制企业相比，缺乏核心竞争力。20 世纪 90 年代中后期以来，由于各种保护性政策的弱化，国有企业的优势不断减弱。尽管目前其在全国对外贸易中所占的比重与外资企业大体相当，但基本呈递减态势。随着中国“入世”，国家对国有外贸企业的保护将进一步减少，必然导致其在对外贸易中所占份额进一步降低。

外商投资企业，特别是欧美跨国公司在华投资的企业，一方面拥有规模经济效益、完善的国际营销渠道、世界著名品牌、充裕的人才、先进的技术等固有优势；另一方面，中国为吸引外资、发展外向型经济实施了一系列有利于外资企业进出口贸易发展的政策措施，如各种税收减免政策等，进一步增强了外商投资企业的竞争优势，推动了其在中国对外贸易中地位的迅速上升，进而成为中国对外贸易发展的主导力量。随着中国“入世”，履行加入 WTO 的各项承诺，贸易保护的关税及非关税壁垒的降低，中国市场将进一步放开，旨在绕开贸易壁垒进入中国市场的外商投资势必会有所降低。同时由于国民待遇的实施，原来的诸如外汇自行平衡、产品外销比例的规定相继取消，外商投资企业的产品将更多地转向内销，这些因素将可能导致其在全国进出口贸易中份额不断上升的势头减弱。

集体私营企业作为中国对外贸易的新生力量，于 20 世纪 90 年代末开始崭露头角。目前在中国对外贸易中所占份额尚少，其主要原因在于：

（1）获得进出口经营权的时间尚短。如上所述，在 1998 年对外贸易经济合作部颁布《关于赋予私营生产企业和科研院所自营进出口权的暂行规定》以前，私营企业大多是以乡镇企业、挂靠国有企业等形式存在，此后虽然私营企业获得合法地位，但由于经营对外贸易时间短，经营规模较小，实力较弱，在人才、经营渠道、技术水平等多方面存在国际化经营的制约因素，导致其在竞争中处于明显劣势。

（2）受到政策性歧视。1998 年以后，私营企业虽然可以经批准获得外贸经营权，但准入门槛较高，限制了私营企业数量。《关于赋予私营生产企业和科研院所自营进出口权的暂行规定》中规定私营科研院所获得进出口权的条件是：① 已经在科研院所所在地工商行政管理机关登记注册、领取营业执照、注册资本和净资产值在 850 万元人民币以上。② 科研院所年销售收入在 300 万元人民币以上，经过省级以上科技主管部门认定的高新技术企业年销售收入在 3 000 万元人民币（开发型高新技术企业年销售收入在 1 000 万元人民币）以上；具有自营进出口业务所必需的专业人员。此外，在配额、许可证商品经营上也受到歧视，如 1995 年出口配额招标中规定：国有外贸企业可以直接获得占总额 70%的“协议招标配额”，剩余的配额才由有自营出口权的企业进行竞争性投标。1996 年的配额招标中，国有外贸企业获得的“协议招标”的配额所占的份额虽有所下降（占 35%），但允许他们同时参加剩余配额的投标。另外外商投资企业也可以直接获得一部分配额（约 10%）。

（3）政府支持力度不够。大多数集体私营企业属于中小型企业，普遍存在融资难等经营障碍，同时应对国际冲击能力较弱。在这方面，政府相关部门长期未能制定行之有效的措施，特别是缺乏税收和信贷方面的必要保障和支持。不少私营企业只能通过各种非正常手段获得高利贷款，由此自然加大了出口成本，削弱了其国际竞争力。其结果导致集体私营企业发展对外贸易的能力受到制约。但与此同时，私营企业作为市场化改革的产物，经过市场竞争的洗礼，适应市场能力较强。与国有企业相比，没有沉重的历史包袱、受相关行政部门干预少、经营机制灵活；与外商投资企业相比，具有本土化优势，企业具有更强的凝聚力。因而尽管其在全国对外贸易中所占份额很少，但增速十分迅猛，如表 7–7 所示。

表 7–7　　各类企业进出口贸易同比增幅　　单位：%

年份	国有企业		三资企业		集体企业		私营企业	
	进口	出口	进口	出口	进口	出口	进口	出口
1999	23.7	1.8	11.9	9.5	66.0	25.8	251.7	337.1
2000	33.3	18.2	36.6	34.8	51.5	55.3	223.5	275.5
2001	4.6	–2.7	7.3	11.5	29.4	34.5	149.6	122.7
2002	10.6	8.5	27.4	27.6	18.5	32.6	180.9	159.5
2003	24.5	12.4	44.7	41.4	39.7	33.3	157.0	152.2

数据来源：历年《中国海关统计年鉴》。

近年来，私营企业对外贸易份额的高速增长并不完全是其外贸经营能力增强的反映，其中相当一部分是由过去的隐性存在变为显性存在的结果。随着中国市场化进程的加速及公平竞争的新型外贸经营权制度的确立，私营企业经营对外贸易的政策环境将明显改善，由此必将推动其在全国对外贸易中地位的上升。

综上所述，随着外贸经营权制度改革，外贸经营主体多元化格局业已形成，改革开放以来新出现的外贸主体对中国对外贸易增长的贡献份额不断扩大。随着多元主体的形成，中国对外贸易由垄断性行业过渡为竞争性行业。在市场竞争作用下，外商投资企业显示了明显的竞争优势，并已成为对外贸易发展的主导力量。而国有企业竞争力不足，在全国对外贸易中所占的比重持续下降。集体私营企业作为中国对外贸易的新生力量，目前其在全国外贸中所占份额虽然很小，但其增势强劲，显示了其发展进出口贸易的巨大潜力。

中国在“依法登记，公平竞争”的新型外贸经营权制度下，应采取统一性和适用性相结合的措施，最大限度地发挥各类外贸企业发展对外贸易的潜力，积极培育中国对外贸易的核心竞争力。

一是要加速取消超国民待遇的实施。为吸引外资，中国长期以来给予外商投资企业一系列超国民待遇，从而构成对内资企业的歧视。同时国有企业也在信贷、配额、商品经营范围上享有优惠待遇，对其他所有制企业特别是私营企业同样构成歧视，不利于公平竞争。因而国家应在企业技术改造、原材料、能源供应、税收等方面实施统一的、平等的、非歧视性的政策，为各类企业营造良好的宏观政策环境。

二是要加强对私营企业的扶持。作为新生的同时又是极富活力的私营进出口企业，应对国际市场竞争能力相对较弱，需要政府有关部门制定切实可行的措施给予必要的扶持和引导。其中，特别是要给私营企业提供必要的信贷支持，以提高私营企业应对国际市场冲击的能力。

三是要加强监督管理。随着外贸经营权的全面放开，参与对外贸易活动的企业势必会大规模激增，由此可能导致恶性竞争问题的突出，因而应积极发挥各类商会、协会及政府部门的协调监督作用，规范企业行为和市场经济秩序，保证中国对外贸易健康稳定发展。

四是要加速建立健全国有外贸企业资本退出机制。随着外贸经营权的全面放开，国有外贸企业将面临更大冲击，针对目前不少国有外贸企业严重亏损、资不抵债的状况，国家应在切实解决社会基本保障的前提下，真正贯彻实施《中华人民共和国破产法》和《中华人民共和国公司法》，逐步形成以市场为导向的灵活的国有企业资本退出机制。

综上所述，1978 年改革开放以来，中国外贸经营权从独家垄断到通过政府审批制逐步扩大对外贸易经营主体的数量和类型，最终实现了外贸经营权的完全放开，完善了中国外贸经营权制度从计划经济到市场经济的转轨。

（三）外贸经营权制度演进中产生的问题

外贸经营权审批制度是中国从垄断经营制向放开经营制转轨过程中的产物。其实施的初衷在于：维护对外贸易制度的统一性、保障对外贸易经营秩序，保证对外贸易效益的提高。这一制度是从对外贸易垄断经营到放开经营这一制度变迁中的过渡性措施，与中国对外贸易体制渐进式改革的特征相吻合。它通过对不同行业、不同地区及不同所有制企业的差别规定，贯彻国家的宏观调控政策，有助于其政策目标的实现。在对外贸易垄断经营已被打破，而相应的市场环境尚未形成的条件下，外贸企业缺乏自我约束的机制，其过度膨胀必然引发对外贸易经营秩序的混乱，损害国家利益，因而以适当的制度限制其过多过快发展有着现实的必要性和历史的合理性。

然而，由于外贸经营权审批制度使外贸经营权成为稀缺的资源，产生了经济租，同时又因为这一制度缺乏透明度，进而成为寻租的温床，导致了腐败行为及资源的浪费。许多生产性企业由于不能直接从事对外贸易，从而难以通过国际交换获得“干中学”效应，对于资源利用效率和生产率的提高造成不利影响。随着中国市场经济体制的逐步形成及加入世界贸易组织进程的加速，外贸经营权审批制度的弊端日益突出，它也有悖于世界贸易组织的相关规则。在市场经济条件下，外贸经营权是企业的“天赋权利”，是各类企业平等竞争的基础，也是自由贸易的原则。而外贸经营权的限制是人为限制企业的经营范围，造成了对不具有外贸经营权的企业和地区的歧视，它们与拥有外贸经营权的企业不能进行平等竞争。它们当然也就不能够及时根据国际国内市场的变化调整其经营策略，以实现其利润最大化的目标，而被迫通过有进出口经营权企业代理的进出口自然存在增加经营成本、信息反馈迟缓等问题，因而对外贸经营权的限制不利于公平竞争的市场环境的形成。与此同时，外贸经营权审批制度还存在着使政府可以通过对外贸企业数量的限制控制对外贸易流量及商品结构的作用，因而它也就构成了中国重要的贸易壁垒，从而成为中国与有关贸易伙伴间贸易摩擦发生的重要原因之一。美国国家经济研究局（USTR）的研究认为，中国贸易权的行政性分配制度使许多企业不能直接与国外厂商进行贸易，从而制约了企业贸易机会的利用，成为国外厂商与中国进行贸易的最严重的障碍之一。

总体而言，外贸经营权制度改革使中国对外贸易经营的垄断格局被打，外贸经营主体多元化的形成带来了竞争效应。非国有外贸企业获得快速发展，进而为国有外贸企业改革创造了条件。

三、国有外贸企业改革历程及成效

传统外贸经营体制的核心是国有外贸企业制度，本节将从国有外贸企业制度改革的演进轨迹出发，考察其改革的成效。

如上所述，改革开放前中国对外贸易体制实行集中统一的计划管理，外贸企业产权结构单一，全部为国有外贸企业。国有外贸企业改革深层次的问题是产权制度，其实质是所有制结构重组，然而其涉及重大的政治问题——中国的社会性质和党的领导地位。传统的社会主义理论认为全民所有制（即公有制或国有制）是社会主义政治制度存在的基础。动摇了这一所有制基础也就意味着中国共产党政治核心地位即社会主义政治制度的基础丧失，因而产权制度是不能触及的，由此国有外贸企业的改革，其中特别是产权制度改革也就成为中国对外贸易体制改革的核心问题。

（一）从“放权让利”到承包制

中国共产党第十一届三中全会后，中国对包括对外贸易领域在内的国有企业的初步改革采取了“放权让利”的形式，即在维持计划经济的资源配置方式的前提下，调整国家与企业的关系，给予企业一部分经营自主权和利润留成，提高奖金，以加强对经营者的激励，调动企业经营的积极性。但是由于缺乏有效的产权约束和价格体系的引导，企业提高资源利用效率的内在动力不足。1984 年开始的新一轮外贸体制改革中，明确提出在对外贸易部门实行政企分开。其主旨在于：使外贸企业转变为自主经营的独立经济实体，调动其经营积极性。此后实施的工贸结合、进口代理制、计划管理的简化、外汇留成等制度均程度不同地使对外贸易企业获得一定的经营自主权，但是由于财政、金融等其他相关领域改革滞后，使外贸体制中一些带根本性的问题难以解决，如统收统支的财务体制基本没有触动，尤其是企业经营权依然受到多方面制约，因而外贸领域的政企分开未能实现，对外贸易经营依然受政府的直接干预和控制，国有外贸公司尚未实现企业化经营。

中国共产党第十二届三中全会通过的《中共中央关于经济体制改革的决定》中提出国有企业所有权与经营权适当分离的原则。1987 年，党的十三大报告中明确提出对外贸易体制改革的目标是：自负盈亏、放开经营、工贸结合、推行代理制，在农村取得巨大成功的承包经营责任制被引入到城市，中国对外贸易领也开始了全面的承包制改革。1987 年，外贸企业推行全行业的承包经营责任制，由各专业总公司向对外贸易部承包出口总额、出口商品换汇成本和出口盈亏总额。各专业总公司将承包任务逐级分解到各地方的分支公司。但这种条条承包制与财政的块块承包制存在着矛盾。1988 年，在总结经验的基础上，国务院发出了《关于加快和深化对外贸易体制改革的若干问题的规定》，其中心内容即全面推行外贸承包经营责任制。从 1988 年至 1990 年各省、自治区、直辖市、计划单列市各级政府和各外贸专业总公司、各工贸总公司分别向中央承包出口收汇、上缴外汇和进出口盈亏总额指标。并在轻工、工艺、服装三个行业进行自负盈亏的试点改革。为配合外贸承包制，国家规定超过承包指标的外汇收入，一般商品大部分留给地方和企业，小部分上缴；机电产品实行全额留成；同时放松外汇管制。外贸企业获得了较大经营自主权。

1991—1993 年，中国实施了第二轮外贸承包制改革。各省、自治区、直辖市、计划单列市人民政府和各外贸专业总公司、各工贸总公司分别向中央承包出口总额、出口收汇和上缴中央外汇总额指标。此次改革的显著特征是取消了国家对外贸企业的出口补贴，旨在将外贸企业推向自主经营、自负盈亏、自我发展、自我约束的轨道。

（二）产权制度改革——现代企业制度的建立

由于中国国有外贸企业产权的单一化，外贸企业长期作为政府的附属物，市场主体缺失。改革开放后，为提高经济效率，加速对外贸易的发展，政府明确提出实现政企分离，力主将独立的经营权复归企业。但在企业所有权国有的前提下，企业拥有的经营权必然是不完全的，由此导致了企业行为的大量扭曲。党的十四大确立了社会主义市场经济是中国经济体制改革的目标。传统的社会主义理论出现了突破，举国经济体制加速由计划经济向市场体制转轨，国有企业改革也终于跳出了“放权让利”的思路，开始以产权制度的改革为主要内容。1993年底，中国共产党第十四届三中全会通过的《关于建立社会主义市场经济若干问题的决定》中明确提出建立现代企业制度是国有企业改革的方向。建立现代企业制度的目标在于使国有企业真正成为自主经营、自负盈亏、自我发展、自我约束的法人实体和市场竞争的主体。该决定将现代企业制度界定为：适应市场经济和社会化大生产要求的产权明晰、权责明确、政企分开、管理科学的公司制度。其明确要求“要进一步改革对外经济贸易体制，建立适应国际经济通行规则的运行机制。坚持统一政策、放开经营、平等竞争、自负盈亏、工贸结合、推行代理制的改革方向。加速转换各类企业的对外营机制，按照现代企业制度改组国有对外经贸企业，赋予具备条件的生产和科技企业对外经营权，发展一批国际化、实业化、集团化的综合贸易公司。

该决定将有关国有企业产权改革的内容第一次写进了党的纲领性文件，使中国国有企业股份制改革和股票市场的发展实现了一定的突破。此后，中央和地方都选择了一批企业进行试点改革，对外贸易领域中的国有外贸企业改革也开始由“放权让利”发展到建立现代企业制度的制度创新改革阶段。

国有外贸企业的企业制度改革与其他行业的国有企业一起，被纳入整个国有企业改革进程同步发展，如中国五金矿产进出口总公司和中国化工进出口总公司被列入国家55家大型企业集团试点行列；中国粮油进出口总公司、中国成套设备进出口总公司被列入国务院百家现代企业制度试点单位。1997年，党的十五大报告进一步明确指出，一切反映社会化生产规律的经营方式和组织形式都可以大胆利用。要努力寻找能够极大促进生产力发展的公有制实现形式。股份制是现代企业的一种资本组织形式，有利于所有权和经营权的分离，有利于提高企业和资本的运作效率，资本主义可以用，社会主义也可以用。此后，国有企业改革加速进行，许多地方和部门所属的外贸企业也开始了现代企业制度改革的试点。国有外贸企业开始了产权结构的重组，一些企业进行了股份制改造，有些还成为上市股份有限公司。截止到 1997 年上半年，全国外经贸股份制企业达 526家，总股本为1 852 411万元，如表7–8所示。

表7–8　　外经贸企业股份制改革试点（截至1997年6月30日）

股份制类型	企业个数	所占比例/%	股本额/万元	股本比重/%
股份制企业	526	100	1 852 411	100
国有独资公司	17	3	822 283.5	44
股份有限公司	88	17	837 582	45
其中上市公司	16	3	236 466	13
未上市公司	72	14	601 116	32
股份合作制企业	36	7	13 799.48	1
有限责任公司	385	73	178 746	10

数据来源：杨圣明. 经济全球化与外贸体制建设. 南京：江苏人民出版社，2000。

通过股份制试点改革，推进了外贸企业经营机制的转换，在相应的配套措施之下，国有外贸企业逐步由注重数量转向注重效益的发展、从商品经营转向资本经营、由出口创汇最大化转向效益最大化的目标，企业开始真正成为自主经营的市场主体，按照市场经济模式运行，从总体上提高了国有外贸企业在国际市场上的竞争力。

改革开放以来，中国对外贸易经营体制的改革沿着两条路径进行。

第一，体制外改革，即在国有外贸企业之外，逐渐允许并鼓励非国有外贸企业，如外向型的乡镇企业、三资企业等的发展。这些企业不受传统体制的束缚，按不断成长的市场机制运作，具有较强的生机和活力。它们不仅支撑了中国对外贸易的快速增长，同时它们的成长又推动了市场机制的形成，提高了对外贸易经营体制的市场化程度，为国有外贸企业的改革创造了外部环境。具体表现在：一是非国有外贸企业的发展，无论是从市场竞争还是人才竞争方面，均对国有企业形成了巨大压力；二是非国有外贸企业的发展，其与国有外贸企业发展绩效的对比，为国有企业的改革提供了某种示范，使政府增强了改革国有企业的决心和力度；三是非国有外贸企业的发展增强了外贸体制改革的微观基础，提高了中国对外贸易承受改革冲击的能力。竞争的加剧使国有外贸企业危机感增强，由此降低了国有外贸企业改革的难度，推动了对外贸易体制改革的深入进行。

第二，国有外贸企业自身的改革。国有外贸企业的改革与其他行业的国有企业改革一样，由于受意识形态的、理论的制约，改革的进展迟缓，从放权让利到产权制度改革经历了漫长曲折的过程。产权制度改革、经营机制转换使一批国有外贸企业的国际竞争能力明显提高。但与此同时，由于国有外贸企业设立的初始环境与市场经济环境的巨大差异，因而一些深层次的问题依然未得到有效的解决，其改革的成效也就较为微弱，进而导致国有企业在中国对外贸易中的地位持续下降。

总之，随着对外贸易主体多元化及国有企业现代企业制度改革的进行，中国对外贸易的经营体制逐步由计划经济模式转向了市场经济模式，并取得了显著的成效。但与中国市场经济发展的要求、与国际贸易惯例尚存在明显的差距。其中，较为突出的：一是非国有经济仍然受到一定限制；二是国有外贸企业改革滞后，导致其经济效益普遍低下。

第六节　中国外贸体制改革的经验

1979 年以来，中国外贸体制改革所取得的经验主要体现在三个方面：坚持外贸体制改革理论创新；坚持层层推进的外贸体制改革战略；坚持市场化的外贸体制改革方向。

一、坚持外贸体制改革理论创新

“创新”一词是约瑟夫·熊彼特在《经济发展理论》一书中阐释资本主义发生、发展和趋于灭亡的过程时提出的。熊彼特去世之后，创新理论形成两个分支：技术创新理论和制度创新理论。然而从历史的角度来看，仅有这两个创新的分支是不够的。结合中国经济思想发展史的演变和中国经济体制改革的历程可以得出的结论是：理论创新同样在推动社会经济发展方面有着重要的作用。近代以来，中国的经济发展理论存在三个里程碑：孙中山的民生主义经济理论、毛泽东经济思想和邓小平建设有中国特色的社会主义理论。这三个经济发展理论的产生都有不同的社会背景，但是都推动中国经济社会进步，而且在实践中不断得到发展和完善。

理论创新在产生于经济发展实践的同时，又对经济发展起着推动作用。邓小平建设中国特色社会主义理论是伴随着中国改革开放的伟大实践发展起来的经济理论。这项理论的作用主要体现在对中国经济体制改革的制度方面的影响，从所有制改革到财税体制改革，从价格体制改革到金融体制改革，中国经济体制改革迈出的每一个步伐都要在经过理论的论证，而经济体制改革中存在的一些难点问题，很大部分是由于理论创新的缺乏。外贸体制改革是经济体制改革的一部分，同样的，外贸体制改革理论也是经济体制改革理论的一部分。中国的外贸体制改革结合中国的国情探索中国的模式，没有照搬别国模式或者现成的理论。市场经济发达的国家的经济发展经验给中国的改革提供了借鉴的经验，但是中国在改革的过程中没有照抄照搬。中国对外贸易体制改革的路径与次序很大程度上区别于传统国际贸易理论所涵盖的方式。从昔日区域开放到今天全方位开放格局的形成，从财税体制改革到金融外汇体制改革的外贸改革重点的转移，中国的外贸体制改革理论随着实践逐步深化。改革的目的是通过调整生产关系来解放和发展生产力。纵观中国外贸体制改革的历程，我们可以发现，改革开放以来，中国外贸体制改革理论不断有着新的突破，中国的对外贸易有了突飞猛进的增长，实现了解放生产力和发展生产力的目的。从这一点上就能说明，中国的外贸体制改革理论本身是正确的。

从经济发展的全局来看，虽然中国的外贸体制改革推动了经济的增长，但是随着中国经济增长对对外贸易的依赖逐步增大，在一定程度上也增加了中国经济的不稳定性。这个不稳定性的危险程度受到了中国对外贸易高速增长的积极方面的掩盖，长期以来没有引起足够的重视。2008 年全球性金融危机爆发后，随着外需的紧缩，中国经济增长面临着很大的压力。这种压力一方面来自国内社会稳定方面，如就业困难，另一方面则来自国际上兴起的新的贸易保护主义。中国经济有了经济增长发展方式转型的迫切需要，即由原来主要依靠外需来动经济增长到由内需拉动经济增长。在这个过程中，对外贸易可能会退居次要的地位，如何利用现有的优势，实现这个转变，同样需要外贸经济体制理论创新。因此，外贸体制改革理论的创新要紧密结合中国经济发展的实际情况。中国的社会主义现代化建设，必须从中国的实际出发。无论是革命还是建设，都要注意学习和借鉴外国经验。但是照抄照搬别国经验、别国模式，从来不能得到成功。这方面中国有过不少教训。把马克思主义的普遍真理同中国的具体实际结合起来，走自己的路，建设有中国特色的社会主义，这就是我们总结长期历史经验得出的基本经验。

经济体制理论创新的主体是指导思想的创新：在现代中国的体制下，对于经济的发展来说，经济工作的指导思想是第一重要的。中国经济结构变动的主要原因来自中国政府的经济政策，随着经济增长方式的改变，中国政府的经济政策必须在实现这个转变的初期做好调控工作，这是成功实现这个转变的保证。

二、坚持层层推进的外贸体制改革战略

层层推进的改革战略主要体现在两点上：一是对外开放格局上的层层推进；二是先试点再推广的改革思路。中国选择的是渐进式的改革模式，直观地说，就是从边缘改革开始，逐步向中心、向全方位推进。

中国对外开放格局经历了“经济特区—沿海开放城市—沿海开放经济区—内地”的过程。这种局面的形成虽然没有直接外贸体制改革本身，却对外贸体制改革产生了重大的作用。东部沿海省市具有开放的历史传统，又有相对较强的产业、技术和人才基础及较完善的基础设施，可为全国范围的改革开放探索道路，积累经验。中国的改革开放由基础相对较好的东部沿海省市开始，逐渐加大全国整体改革开放力度，构筑同国际接轨的市场经济体制框架。1978 年，中国政府在决定对经济体制进行改革的同时，便开始有计划、有步骤地实行对外开放政策。1980 年，中国政府宣布建立深圳、珠海、汕头、厦门 4 个经济特区。1984 年进一步开放了大连、秦皇岛、天津、烟台、青岛、连云港、南通、上海、宁波、温州、福州、广州、湛江、北海 14 个沿海城市。1985 年后，中国又陆续将长江三角洲、珠江三角洲、闽南三角地区、山东半岛、辽东半岛、河北、广西辟为经济开放区，从而形成了沿海经济开放带。1988 年 4 月 13 日，第七届全国人大第一次会议通过关于建立海南经济特区的决议，划海南岛为海南经济特区，实行比其他经济特区更加开放、灵活的体制和政策。1990 年，中国政府开放了上海浦东新区，并进一步开放一批长江沿岸城市，形成了以浦东为龙头的长江开放带。1992 年之后，中国政府陆续开放了一批边疆城市和进一步开放内陆所有省会、自治区首府城市。此外，还在一些大中城市建立了 15 个保税区、47 个国家级经济技术开发区和 53 个高新技术产业开发区。对不同的地区实行不同的政策，取得一定效果后将其影响推向纵深发展。在对外开放地区实行的特殊政策和优惠政策通过大量吸引外资，提升外资经济的比重，创造了与其他地区不同的体制与政策环境，改变了原有的商品流通计划体制全面覆盖的局面，在这些地区，市场机制在流通领域逐渐占据主导地位，计划体制退居次要地位，形成了区域性的市场流通体制。

为了保证区域性体制创新的实现，当时在特区和内地之间还设立了“二道关”，把其他地区的商品流通和特区的商品流通分开，反映了当时区域性流通新体制的示范和影响是难以阻止的，而且特区的“二道关”毕竟不是主权经济体的海关，许多商品流通通过正常与不正常的渠道在不同体制区域间仍然进行，并随着改革的不断扩大，不仅在观念上、政策上影响了未开放地区，而且在经济循环上也促进了流通体制的改革和变化。

中国体制改革一直保持着先行示范，然后逐步推广的改革模式。在外贸企业改革方面，选择部分较有代表性的企业进行试点，然后推广到其他行业。关于对外贸易体制改革的顺序，一般认为首先应将配额、外汇管制的非税收手段关税化，然后再将关税水平降低，逐步实现贸易自由化。然而与一般发展中国家对外贸易体制改革不同，中国对外贸易体制基础是改革开放的初始经济体制从计划体制向市场经济体制的转变过程中完成的，从而中国对外贸易体制改革不是一个单纯贸易自由化的问题，而是必须顺应总体经

济体制改革的次序和步骤。在中国向市场化转轨过程中，就贸易措施而言，先逐步放松对外贸易计划，代之以许可证、配额及其他行政控制手段；随着市场化改革的深入，市场扭曲的程度逐渐减少，对外贸易数量控制也随之减少，直至最后取消数量控制的措施。就改革目标而言，是要通过体制改革，释放比较优势，扩大出口贸易以缓解经济发展中的外汇需求压力；通过贸易保护，发展新兴产业和特定产业，从而促进经济发展。中国对外贸易体制改革的措施组合是一方面继续维持对国内产业的有选择保护，另一方面采取出口补贴、外汇留成、出口退税等鼓励措施，抵消保护政策造成的扭曲，优化资源配置，使一部分产业和产品的比较优势得以发挥，扩大出口规模。运用扭曲理论进行分析，中国消除贸易扭曲不是从扭曲根源上消除，即不是通过消除贸易保护来消除对出口的歧视，而是运用其他的出口激励扭曲抵消保护扭曲，进而实行贸易自由化，达到消除贸易保护的最终效果。

三、坚持市场化的外贸体制改革方向

市场化是指从指令经济（或习俗经济）到市场经济的过程。市场化和工业化是经济现代化的两个层次。对外贸易在国民生产总值中所占的比重也成了衡量中国市场化程度的重要标志。在外贸体制改革伊始，中国并没有明确的目标和方向，一直处于“摸着石头过河”的状态。1992 年，党的十四大召开之后，中国才明确了建设社会主义市场经济体制的方向，坚持经济体制改革主线，就要坚持市场化的改革方向。社会主义市场经济是一个完整的概念，包括外贸体制改革在内的所有领域必须坚持市场化的改革方向。

从外贸市场的主体独立与自由的程度来看，改革开放之前，中国实行的是高度集中的计划经济体制。在这种体制下，基本上不存在以市场为导向的对外贸易。所有的对外贸易活动全部根据国家需要，根据国家的计划指令来安排。在这种体制下，对外贸易被长期压制，对外贸易对中国经济增长的拉动有限。从改革开放到加入世界贸易组织之前，中国的对外贸易体制向着适应社会主义市场经济的方向发展。外贸市场交易主体中，开始逐步出现从事对外贸易的民营企业和外资企业。

加入世界贸易组织之后，中国的外贸环境更加开放，市场主体享有了更多的交易自由。

市场化要求在外贸体制改革过程中，逐步减少政府对于外贸经济活动的干预。中国的外贸商品的生产经历了由国家指令下达到按照国际市场需求生产的转变。改革开放之后，在外贸体制改革中，中国政府逐步将政府对经济活动的干预让位于市场经济的调节为主的转变。在一些中国存在比较优势的行业，民营企业和外资企业得到了充分的发展，活跃了市场经济，推动了中国对外贸易尤其是出口贸易的增长。随着后来加入世界贸易组织的临近，中国按照建立社会主义市场经济的要求逐步完善各项外贸法律法规。

加入世界贸易组织之后，按照“入世”前的承诺，中国进一步改革了贸易制度。在货物贸易领域，中国对粮、棉、油、糖、羊毛、化肥等大宗商品的进口建立了完整、公开、透明的关税配额管理体制。随着 2004 年 7 月 1 日修订后的《对外贸易法》的颁布，中国全面放开了外贸权，开始实行外贸经营权登记制。在服务贸易领域，中国扩大了金融业的开放，允许符合条件的外资银行对中国公民开展人民币业务等；在分销领域，中国打破了国家统一配置原油资源和中石油、中石化两大集团集中批发成品油的格局，构建统一、开放、竞争、有序的石油市场体系，中国石油市场将逐步形成大型石油公司、跨国石油公司、社会经营单位共同参与竞争的格局；在服务贸易领域，中国认真落实对外开放的承诺，在包括银行、保险、证券、电信、建筑、分销、法律、旅游、交通等在内的众多服务部门，修订和新制定了一系列进一步对外开放的法规和规章，在世界贸易组织分类的 160 多个服务贸易部门中，中国已经开放了 100 个，占 62.5%，接近发达成员的平均水平。

第八章 改革开放后利用外资的发展

中国共产党第十一届三中全会开启了改革开放历史新时期。1979 年 7 月 15 日，中央正式批准广东、福建两省在对外经济活动中实行特殊政策、灵活措施，迈开了改革开放的历史性脚步[①]，对外开放成为中国的一项基本国策。中国对外开放政策的宗旨是：积极发展对外经济技术合作、交流和贸易往来，吸收利用外国资金和先进技术，发展生产力，加速中国社会主义现代化建设进程。可见，吸收和利用外商投资成为中国对外开放政策的重要组成部分。

① 习仲勋. 如何带领广东改革开放“先走一步”？中国共产党新闻网，引用日期：2017-07-29.

第一节　改革开放后利用外资的社会经济环境及变化

改革开放后，中国利用外资政策的出台和不断调整，主要是根据不同时期中国所处的国际、国内经济环境的变化决定的。

一、酝酿起步阶段（1978—1985 年）

（一）对利用外资发展观念的转变

改革开放后，中国利用外资的观念经历了一系列的转变。改革开放的酝酿和起步阶段，国家领导人敏锐捕捉、正确判断当时世界和平与发展的总趋势，得出“现代的世界是开放的世界，中国的发展离不开世界”的重要结论。一方面，中央深刻反思改革开放前的“左”倾思想，及时纠正“左”倾思想以及受“左”倾思想影响的片面强调自力更生、关起门搞建设的错误做法，让全社会认识到引进外资、合资经营等国际经济技术交流与合作并不是“崇洋媚外”，而是尽快参与国际分工与合作、发展中国经济的必然选择。另一方面，为了实现全社会，尤其是领导干部对利用外资思想观念的转变，党和国家领导人高频次出国访问，访问遍及亚洲、非洲、欧洲、拉丁美洲等国家。“仅 1978 年一年，我国就有 13 位副总理和副委员长以上的领导人，先后 21 次访问了 51 个国家。”①同时，全国掀起了出国考察热潮，“仅 1978 年 1 月至 11 月底，经香港出国和去香港考察的人员就达 529 批，共 3 213 人。”②高密度、高频次的出国考察和对外交流成果显著，中央整理出涉及苏联、日本、法国、新加坡、罗马尼亚、南斯拉夫以及中国香港、台湾地区等发展经济的材料，并在 1978 年 11 月 10 日至 12 月 15 日召开的中央工作会议上印发。③随着对外交流步伐的加快，“文革”前利用外资方面的思想禁区被逐渐打破，党中央领导层对利用外资的认识和看法实现了思想上的重大转变。这一点充分体现在中国共产党第十一届三中全会讨论并通过的《一九七九、一九八〇两年经济计划的安排（草案）》中提出的三个转变中的第三个转变，即从那种不同资本主义国家进行经济技术交流的闭关自守或半闭关自守状态，转到积极地引进国外先进技术，利用国外资金，大胆地进入国际市场上来。

（二）国内经济基础薄弱

改革开放初期，中国国内生产总值低下。1978 年、1980 年、1984 年中国国内生产总值分别为 1 495.41 亿美元、1 911.5 亿美元和 2 599.46 亿美元，分别是美国国内生产总

① 孙大力. 70 年代后期的国际形势与我国改革开放的决策. 当代中国史研究，1995（3）.

② 曹普. 谷牧与 1978—1988 年的中国对外开放. 百年潮，2001（11）.

③ 中国共产党历史纪实编撰委员会. 中国共产党历史纪实（1976—1992）（第 9 部）：上卷. 北京：人民出版社，2003.

值的 6.34%、6.68%和 6.43%，世界占比分别为 1.75%、1.71%和 2.16%。1978 年、1980 年和 1984 年，中国人均国民收入分别为 312.70 元、373.64 元和 540.65 元，中国国民收入只有发达国家的百分之几，几亿农民的生活水平徘徊在贫困线上。

改革开放初期，中国国民经济比例严重失调。1957 年，国民生产总值中，农业、轻工业、重工业占比分别为 43.3%、31.2%和 25.5%，1978 年分别为 27.8%、31.3%和 41.1%。具体如表 8–1 所示。

表 8–1　　1952—1984 年中国国民经济主要指标　　单位：亿元，%

年份	1952	1957	1978	1980	1984
中国社会总产值	1 015	1 606	6 846	8 531	13 004
工农业总产值中农轻重比例					
农业	56.9	43.3	27.8	30.8	34.8
轻工业	27.8	31.2	31.1	32.6	30.9
重工业	15.3	25.5	41.1	36.6	34.3
工业总产值中轻重工业比例					
轻工业	64.5	55.0	43.1	47.2	47.4
重工业	35.5	45.0	56.9	52.8	52.6
工业总产值中农林牧副渔比例					
农业	83.1	80.6	67.8	63.7	58.1
林业	0.7	1.7	3.0	4.2	4.1
牧业	11.5	12.9	13.2	15.3	14.2
副业	4.4	4.3	14.6	15.1	21.9
渔业	0.3	0.5	1.4	1.7	1.7

注：表中工业总产值中农林牧副渔比例，1952 年、1957 年数据按 1957 年不变价格计算、1978 年按 1970 年不变价格计算，1980 年、1984 年按 1980 年不变价格计算。

数据来源：1985 年《中国统计年鉴》。

改革开放的酝酿和起步阶段，资金严重短缺成为制约中国经济发展的一个突出问题。尽可能利用外资和国外技术满足中国经济建设的需要，以弥补中国经济发展的资金缺口成为必然选择。

（三）创造初步的投资法律环境

改革开放的酝酿和起步阶段，中国已制定的经济法律（包括行政法规和规章）300 多个，其中涉外经济方面的约占二分之一，[①] 初步构筑了外商投资法令的基本框架，创

① 中国对外经济贸易年鉴编辑委员会. 中国对外经济贸易年鉴. 北京：中国展望出版社，1986.

造了基本的投资法律环境。

1979 年 7 月 8 日，中国公布实施了第一部规范的涉外经济法——《中华人民共和国中外合资经营企业法》，标志着中国外资立法的开端。该法第四条规定，在合营企业的注册资本中，外国合营者的投资比例一般不低于 25%，对上线则未予规定。1980 年，中国先后出台了配套的法律法规，包括《中华人民共和国中外合资经营企业所得税法》、《中华人民共和国个人所得税法》、《中华人民共和国外汇管理暂行条例》、《中华人民共和国中外合资经营企业登记管理办法》和《中华人民共和国中外合资经营企业劳动管理规定》等。1982 年 4 月，第五届全国人大常委会第五次会议正式通过全面修改后的中国新宪法《中华人民共和国宪法》。该法成为中国其他所有有关外资立法的最高法律依据。该法第十八条规定，中华人民共和国允许外国的企业和其他经济组织或者个人依照中华人民共和国法律的规定在中国投资，同中国企业或者其他组织进行各种形式的经济合作。在中国境内的外国企业和其他外国经济组织以及中外合资经营的企业，都必须遵守中华人民共和国的法律。它们的合法的权利和利益受中华人民共和国法律的保护。这就从根本上确立了外商投资企业在中国的法律地位。1983 年 9 月 20 日，国务院发布了《中华人民共和国中外合资经营企业法实施条例》，对中外合资企业的申请设立、经营管理、清算季争端解决等做了细化规定。1984 年，中国颁布了《中华人民共和国专利法》；中国与法国、比利时、卢森堡、芬兰、挪威等国签订了投资保护协定；中国与美国、法国、英国等国家签订了避免双重征税协定。1985 年，财政部发布了《中外合资经营企业会计制度》。一系列法律法规的颁布，为这一时期中国利用外资营造了一个良好的法律环境，调动了外商投资的热情和积极性。

（四）国际形势发生了深刻的变化

20 世纪 70 年代后期，国际形势发生了深刻的变化，主要体现在国际分工协作日益加深、国际经贸交往与合作日益扩大、新一轮国际产业结构调整以及主要资本主义国家经历经济危机四个方面。这些变化都为中国利用外资提供了良好的外部条件。

首先，和平与发展成为时代主题，国际分工合作关系日益加强。第三次技术革命导致了一系列新兴工业部门的诞生，如高分子合成工业、原子能工业、电子工业、宇航工业等，国际分工的形式和趋向发生了很大的变化，使国际分工的形式从过去的部门间专业分工向部门内专业化分工方向迅速发展。主要表现在：不同型号规格的产品专业化；零配件和部件的专业化；工艺过程的专业化。任何一个专业发达技术进步的国家也不可能生产出自己所需的全部工业产品。少数经济发达国家成为资本（技术）密集型产业国，广大发展中国家成为劳动密集型产业国，它们各自内部以及相互之间又形成更细致的分工。这是资本主义国际分工的进一步发展阶段，使各国经济联系更加紧密，合作日益深化和加强。

其次，国际经贸交往与合作日益扩大，体现在“二战”后国际贸易规模的快速发展和经济联系的多样化。据世界银行统计，全世界的贸易额 1960 年为 1 574.18 亿美元，

1970 年为 3 836.23 亿美元，1978 年为 15 100 亿美元，1980 年为 23 020 亿美元。[①] 同时，这一时期的国际经济合作方式已经从一般的商品交换，发展到包括国际工程承包、技术与劳务合作、国际信托与租赁等等形式，涵盖了生产、流通、资本、金融、技术、信息以及经济协调等领域。

再次，新一轮国际产业转移引起国际经济格局的新变化和生产要素在世界范围内的重新配置。20 世纪七八十年代，第三次国际产业转移中，美国、日本把纺织、服装等劳动密集型产业和部分高耗能、污染大的重化工业转移到韩国、新加坡、中国台湾、中国香港等东亚国家或地区，本国则重点发展钢铁、化工、汽车和机械等出口导向型资本密集型工业以及电子、航天等部分高附加值技术、资本密集型进口替代工业。此次产业转移促成了亚洲“四小龙”的诞生，使这四个国家或地区实现了进口替代型产业向出口加工型产业的过渡，成为新型工业化国家或地区。

最后，世界政治格局变化，主要资本主义国家经历了经济危机，与中国交流的意愿加强。1973—1975 年，美国等资本主义国家经历了“二战”后最严重的经济危机，遭受了沉重的打击。1974 年和 1975 年，美国、日本、联邦德国、意大利等国内生产总值都出现了负增长。同时，美苏力量对比出现变化为中美关系走向缓和与发展创造了前提。1979 年 1 月 1 日，中美两国正式建立外交关系。中美关系的突破性发展为双方发展经贸关系提供了机遇。

二、初步发展阶段（1986—1991 年）

（一）“洋浦风波”引发认识冲突

1988 年 6 月，海南省政府与熊谷组（香港）有限公司达成初步协议：海南在洋浦半岛上划出 30 平方千米的土地作为开发区，土地使用权一次性出让给熊谷组（香港）有限公司，期限 70 年；区内一切基础设施建设及招商全部由外商负责。这种由外国大财团承包开发大面积土地、实行封闭式管理、近似国际自由港的“洋浦模式”一经公布，就直接引发了广泛的公开指责。“洋浦风波”引发和反映了公众对利用外资认识的冲突。最终，邓小平南方谈话才打破僵局，1992 年 3 月 9 日，国务院才正式批准设立了“洋浦经济开发区”。

（二）中国经济过热与紧缩政策

1984 年下半年开始，中国经济开始出现过热迹象。第一，经济增速过快。1985 年，中国工农业生产总值增长率高达 16.4%。第二，国家信贷失控。中国各项贷款由 1983 年的 3 431.05 亿元、1984 年的 4 419.57 亿元，快速增加到 1985 年的 5 905.51 亿元、1986 年的 7 590.40 亿元。第三，基本建设规模急剧膨胀。1984 年，中国基本建设投资 743.15 亿元，1985 年急剧上升为 1 074.37 亿元，1986 年为 1 176.11 亿元。第四，外汇储备大幅下降。中国外汇储备由 1983 年的 143.42 亿美元、1984 年的 144.20 亿美元下降到 1985

① 数据来源：世界银行网站，数据口径为现价美元。

年的 119.13 亿美元、1986 年的 105.14 亿美元。[①] 第五，物价增长过快。1985 年，中国零售物价总指数、职工生活费用价格总指数和农副产品收购价格总指数分别比 1984 年上涨了 8.8%、11.9%和 8.6%。因此，1986 年起，中国宏观经济政策的重点由扩张政策转为紧缩政策，经济增长率目标下调至 8%，并明确把 1986—1987 年作为经济结构调整期。1988 年 9 月 15 日至 21 日的中央工作会议指出，1989 年和 1990 年要把改革和建设的重点放到治理经济环境、整顿经济秩序上来，扭转物价上涨幅度过大的态势，创造理顺价格的条件，使经济建设持续、稳步、健康地发展。

（三）法律环境逐步完善

在利用外资的初步发展阶段，中国出台了一系列法律、法规、规章，初步形成了一个配套的利用外资的法律体系。1986 年 4 月 12 日，第六届全国人民代表大会第四次会议讨论通过了《中华人民共和国外资企业法》。1986 年，国务院发布《国务院关于中外合资企业外汇收支平衡问题的规定》。1986 年 10 月，国务院颁布了《关于鼓励外商投资的规定》及若干实施办法，即“二十二条”。1987 年，国家工商管理局发布了《关于中外合资经营企业注册资本与投资总额比例的暂行规定》。1987 年，国家有关部门制定了《指导吸收外资投资方向暂行规定》。1988 年 3 月 18 日，国务院发出《关于进一步扩大沿海经济开放区范围的通知》。1988 年 4 月 13 日，第七届全国人大第一次会议讨论通过了《中华人民共和国中外合作经营企业法》。该法与《中华人民共和国中外合资经营企业法》《中华人民共和国外资企业法》并称为“外资三法”。1988 年 5 月，国务院发布《关于鼓励投资开发海南岛的决定》。1988 年 7 月，国务院发布《关于鼓励台湾同胞投资的规定》。1988 年，国务院办公厅还转发了《关于进一步落实外商投资企业用人自主权意见的通知》。1989 年 3 月，《国务院关于当前产业政策要点的决定》出台。1990 年 4 月，第七届全国人大第三次会议修改了《中华人民共和国中外合资经营企业法》的部分条款。1990 年 9 月，国务院颁布了《中华人民共和国著作权法》。1991 年 4 月 9 日，第七届全国人民代表大会第四次会议通过《中华人民共和国外商投资企业和外国企业所得税法》。一系列法律、法规、规章使外商投资的合法权益及经营自主权有了法律保障，为外商投资营造了良好的法律环境。

（四）国际环境的恶化与改善

在利用外资的初步发展阶段，国际环境并不稳定，曾一度恶化，但很快得到改善。

各国及各国际组织对中国的投资态度波动很大，中国的利用外资环境曾一度恶化。1989 年 6 月 5 日，美国总统布什宣布了对华三项所谓制裁措施：（1）暂停中美间一切军售和商业性武器出口；（2）暂停中美两国间军事领导人的互访；（3）同意重新研究中国留美学生要求延长逗留时间的请求。6 月 20 日，美国政府宣布了新的所谓制裁措施，包括：（1）暂停同中国一切高层（助理国务卿以上）互访；（2）中止海外私人投资公司对在中国经营实业的公司的帮助；（3）反对世界银行和亚洲发展银行新的 10 亿美元对华贷款事宜。在美国的带动下，西方其他一些国家步美国后尘，纷纷制裁中国。日本政

① 《中国统计年鉴》（1987），第 639 页。

府停止了对华官方开发援助（ODA，Official Development Assistance）。西欧国家也提出对华制裁。中国利用外资的外部环境一度严重恶化。

海湾战争爆发后，中国利用外资的国际环境开始改善，西方国家纷纷撤销对华制裁。日本第一个结束对华制裁，于1990年7月恢复了中断的总额为8 100亿日元的贷款，11月，正式决定对华提供第三次日元贷款。1991年3月，美国负责东亚事务的助理国务卿所罗门访华，表示希望在随后的六个月里中美关系能达到更高水平。德国、法国先后宣布取消对华制裁，积极发展对华关系。1991年，英国首相梅杰和意大利总理安德烈奥蒂先后访华，表示支持中国改革开放和现代化建设。同时，世界银行和亚洲开发银行等国际金融机构也恢复了对华贷款和援助。至此，中国利用外资的外部环境得到了缓和和改善。

这一时期，部分新兴工业化国家和地区的产业结构开始由劳动密集型向资本技术密集型转化，发达资本主义国家转移出钢铁、化工、造船、服装、皮革等“夕阳产业”。这就给中国承接部分知识和技术密集型产业中具有劳动密集型特点的零部件和元器件的生产或装配环节带来了机遇。例如，中国台湾在20世纪80年代中期因为新台币升值，岛内劳动力成本上升，中国台湾劳动密集型中小企业积极转移到大陆投资。中国台湾1989年底掀起“大陆投资热”，1990年1—6月就有134家企业向大陆投资1.2亿美元。[①]

三、快速发展阶段（1992年—20世纪末）

（一）扫清利用外资的六个思想障碍

在利用外资快速发展阶段，存在六个认识思想误区和障碍，分别是：利用外资姓“社”姓“资”？特区还要不要“特”下去？以市场能否换来资金和技术？引资如何保护本土品牌？外资是否会挤垮民族工业？利用外资规模是否过大？围绕着这六个问题，官、产、学展开了激烈争论。

关于利用外资姓“社”姓“资”问题的争论主要在1992年邓小平南方谈话前。领导层中一些人错误地认为，搞“三资”企业是发展资本主义。邓小平给出了“三个有利于”作为判断标准，即是否有利于发展社会主义社会的生产力，是否有利于增强社会主义国家的综合国力，是否有利于提高人民的生活水平。

关于特区还要不要“特”下去问题的争论主要在1995年，经过16年的发展，特区的多项优惠政策将全部到期。有很多人认为，特区的地位和作用可以削弱甚至逐步消失，主张淡化甚至取消特区，实现国内市场公平竞争。对此，江泽民总书记1994年视察特区时提出“三不变”和“五个重要意见”。中央对发展经济特区的决心不变；中央对经济特区的基本政策不变；经济特区在全国改革开放和现代化建设中的历史地位和作用不变。要把发展经济特区贯穿于社会主义现代化建设的整个过程，基本实现国家的现代化要搞多久，经济特区就要搞多久。这一点不能有任何动摇。

以市场能否换来资金和技术？引资如何保护本土品牌？外资是否会挤垮民族工

---

① 尹永纯. 改革开放以来中国利用外资的历史考察：1978—2005. 北京：中共中央党校，2006.

业？利用外资规模是否过大？这些问题的争论主要发生在1996—1997年。一部分专家学者[①]认为吸引外资并没有换来技术，相反，还丢掉了国内很大一部分市场，合资过程中导致大量本土品牌消失，担心外资会挤垮民族工业，而且认为利用外资规模过大。另一部分专家学者[②]则认为，外资不仅弥补了中国资金不足，还加快了中国技术进步和对企业的改造；在合资中失去本土品牌是正常现象；民族工业的提法是否科学值得怀疑，幼稚工业的提法可能更合适；外商直接投资占中国全社会固定资产投资的比重未超过20%，在存量资产中的比重更低，只是对中国投资的一种有益补充。

（二）国内经济环境的变化

邓小平南方谈话后的1992年中国迎来了利用外资的又一个热潮。1992年全年共批准外商投资项目48 764个，协议外资金额581亿美元，比1991年增长近4倍；外商实际投入金额110亿美元，比1991年增长了152%。1993—1996年，中国商品零售价格指数较上年增加13.2%、21.7%、14.8%和6.1%；居民消费价格指数较上年增加14.7%、24.1%、17.1%和8.3%。1994年1月1日，人民币官方汇率与外汇调剂价格正式并轨，中国开始实行以市场供求为基础的、单一的、有管理的浮动汇率制。受东亚金融危机影响，1997年以后，中国国内经济环境发生了根本性变化。市场由供不应求转变为结构性供给过剩；出口由大幅增长回落到中速增长；内需受阻，1998年和1999年又小幅通货紧缩。财政政策由危机前的紧缩性财政政策转变为危机后的积极性财政政策，中国主动收窄了人民币汇率浮动区间宏观经济增速明显受到结构性调整的影响，中国经济体制改革进入以结构调整和优化升级为主线，以国有企业产权制度改革为核心阶段。同时，国家实施西部大开发战略，加大对西部内陆地区的经济扶持和政策倾斜。

（三）亚洲金融危机的冲击

1997年爆发的亚洲金融危机使泰国、马来西亚、新加坡、韩国、印度尼西亚、日本等亚洲国家货币贬值、股市下跌、局势动荡，日本一些银行和证券公司也相继破产。东南亚各国纷纷向国际货币基金组织申请援助。这些国家和地区的很多公司陷入严重的财务困境。亚洲各国一直是中国外资的主要来源地。这势必影响中国利用外资规模。香港恒生指数暴跌至6 600多点，金融管理局动用外汇基金进入股市和期货市场，吸纳国际炒家抛售的港币，将汇市稳定在7.75港元兑换1美元的水平上，国际炒家损失惨重。中国继续通过香港股市筹集资金遇到了一定困难。

（四）为加入WTO加紧与国际接轨

1996年12月1日起，中国接受国际货币基金组织协定第八条的义务，人民币实现经常项目下可自由兑换，为外商投资和贸易活动创造了宽松的环境和有利条件。随着中

---

① 周光春. 新自由主义经济学在我国的实际影响. 真理的追求，1996（2）；罗元铮. 善于利用外资，经济日报，1997年3月4日；关其学.《中国对外贸易的理论与实践》序. 南方经济，1996（11）；等等。

② 厉以宁. 发展资本市场能促进现代企业制度的建立. 经济研究参考，1996（1）；龚雯. 洋潮 怎样认识你？——对当前利用外资若干争议的思考（上篇、下篇）.广东大经贸，1996（11、12）；张上塘. 对外商投资几个重大问题的思考. 中国经济问题，1995（2）；季崇威. 中国利用外资的历程. 北京：中国经济出版社，1999；王志乐. 跨国公司对中国经济的积极影响. 世界经济，1996（8）；等等。

国加入 WTO 进程的加快，客观上要求中国继续完善外资政策，逐步与国际利用外资政策接轨：减少限制外商投资领域和规定，加紧修订法律法规以解决外资企业的超国民待遇问题。

国民待遇方面，1992 年 9 月通过的《中华人民共和国税收征收管理法》公布基本实现内外税统一。市场准入方面，1994 年，《关于外商投资民用航空业有关政策的通知》和《关于设立外商投资广告企业的若干规定》发布；1995 年，《关于在计算机软件业设立外商投资企业执行外商企业产业指导目录的通知》、《关于外国船公司在华设立独资船务公司有关问题的通知》《外商投资产业指导目录》及《指导外商投资方向暂行规定》先后颁布；1997 年对《外商投资产业指导目录》进行了修改。

这一时期，中国开始了持续大幅降低关税水平，为“入世”做准备。1992 年，中国政府已承诺此后 3～5 年，总体关税减让 50%，并已付诸实施。1995 年 12 月 28 日，国务院就改革和调整中国进口税收政策发出通知，决定自 1996 年 4 月 1 日起，将进口关税总水平降至 23%。

四、稳步发展阶段（21 世纪以来）

（一）国内经济进入新常态

进入 21 世纪以来，中国经济增长平稳，增速放缓。“十五”时期、“十一五”时期和“十二五”时期，中国实际 GDP 年均增长率分别为 9.8%、11.2%和 7.9%。2007 年实际 GDP 增速达到 14.2%，2009 年提前实现了人均 GDP 比 2000 年翻一番的目标，2010 年中国 GDP 超越日本，成为世界第二大经济体。2012 年以后，中国经济增速放缓，降到 8%以下，2015 年的 GDP 实际增速为 6.9%。2000 年以来，中国居民价格指数保持平稳，除 2008 年和 2011 年较上年增长 5.9%和 5.2%外，其余年份较上年增幅均小于 5%。生产者价格指数 2003—2011 年持续增长（2009 年除外），2016 年较 2015 年持续下降。城镇登记失业率始终保持在 4%左右。对外贸易进出口额从 2000 年的 6 207.7 亿美元增加到 2015 年的 39 530.3 亿美元，贸易顺差由 2000 年的 304.3 亿美元增加到 5 939.0 亿美元。

21 世纪以来，在经济总量稳步增长的背景下，中国开始了经济结构调整。2001 年 3 月，第九届全国人大第四次会议通过了《国民经济和社会发展第十个五年规划纲要》。按照发展社会主义市场经济的需要，确立以经济结构的战略性调整作为主线。生态建设、环保、经济与社会的可持续发展得到了加倍的重视。更多关注教育、文化、医疗卫生、体育等各项社会事业，更加注重经济与社会的协调发展，以更好地满足广大人民群众发展的需要、享受的需要。2006 年 3 月，第十届全国人大第四次会议通过《国民经济和社会发展第十一个五年计划纲要》，全面贯彻落实科学发展观。坚持“六个必须”原则：必须保持经济平稳较快发展，必须加快转变经济增长方式，必须提高自主创新能力，必须促进城乡区域协调发展，必须加强和谐社会建设，必须不断深化改革开放。2011 年 3 月，第十一届全国人大第四次会议通过《国民经济和社会发展第十二个五年规划纲要》，坚持科学发展，转变经济发展方式为主题和主线，更加注重以人为本、注重全面协调可持续发展、注重统筹兼顾、注重保障和改善民生、促进社会公平正义。

当前，中国经济发展进入新常态：增长速度由高速向中高速转换、发展方式由规模速度型粗放增长向质量效率型集约增长转变、产业结构由中低端向中高端转换、增长动力由要素驱动向创新驱动转换、资源配置由市场起基础性作用向起决定性作用转换，经济福祉由非均衡型向包容共享型转换。2016 年 3 月，第十二届全国人大第四次会议通过《国民经济和社会发展第十三个五年规划纲要》，提出提质增效、转型升级的要求更加紧迫。

配合创新和转型升级的需要，国家制定了《国家中长期科学和技术发展规划纲要（2006—2020 年）》，充分发挥科技对经济社会发展的支撑引领作用；制定了《国家重大科技基础设施建设中长期规划（2012—2030 年）》，以能源、生命、地球系统与环境、材料、粒子物理和核物理、空间和天文、工程技术 7 个科学领域为重点，从预研、新建、推进和提升 4 个层面逐步完善重大科技基础设施体系。

（二）法律环境继续完善

“入世”以来，中国不断履行“入世”承诺，全面调整、完善现行的外商投资法律、法规，初步建立起符合世界贸易组织规则要求，符合中国社会主义市场经济需要的，统一、完备、透明的涉外经济贸易法律体系。

2001 年中国加入世界贸易组织后，对《中华人民共和国中外合作经营企业法》、《中华人民共和国中外合资经营企业法》和《中华人民共和国外资企业法》等与外资相关的法律法规进行了修订调整，出口业绩要求、优先本地采购等与世界贸易组织规则不符的内容被删除。中国初步形成了较为完整的涉外法律体系，为外商投资提供了符合国际规范的法律环境和制度保障。

2015 年初，根据《第十二届全国人民代表大会常委会立法规划》和《国务院 2014 年立法工作计划》，商务部再次启动了《中外合资经营企业法》《外资企业法》《中外合作经营企业法》修改工作，解决“外资三法”中关于企业组织形式、经营活动等规定和《公司法》等有关法律存在重复甚至冲突；有关外资并购、国家安全审查等重要制度也需要纳入外国投资的基础性法律并进一步完善的问题，形成了《中华人民共和国外国投资法（草案征求意见稿）》并向社会公众公开征求意见。全面修改“外资三法”、制定统一的《外国投资法》，其最核心的内容是将法律规范的对象由“外商投资企业”调整为“外国投资者在中国境内的投资行为”，从而实现从外商投资企业法到外国投资管理法的转变。

2016 年 9 月 3 日，第十二届全国人大常委会第二十二次会议通过了《全国人民代表大会常务委员会关于修改〈中华人民共和国外资企业法〉等四部法律①的决定》，将不涉及国家规定实施准入特别管理措施的外商投资企业设立及变更事项，由审批改为备案管理，为深化外资审批管理体制改革奠定了基础。修订这些法律对于打造外资企业和内资企业公平竞争的法律环境、优化升级中国的营商环境、增强吸引外资能力具有重大的现实意义。

随着中国市场准入范围不断扩大和跨国并购投资逐步增加，外商投资独资化、大型

① “外资三法”及《中华人民共和国台湾同胞投资保护法》。

化和部分行业的集中度明显提高，国内市场受到跨国公司垄断的风险程度不断上升。2006年8月，国家发展和改革委员会（简称国家发改委）等部门联合发布了《外国投资者并购境内企业的规定》，对外国投资者并购境内企业应当承担的义务和行为准则做出了规定，并建立了针对跨国并购的反垄断审查机制。2008年8月1日起，中国第一部反垄断法正式实施，进一步明确了有关跨国公司并购国内企业反垄断审查的法律依据和操作程序。通过上述立法过程，建立完善的投资竞争政策体系和产业与市场监管体系，规范和约束跨国公司对境内企业的并购行为与外商投资企业的市场竞争行为，对于防止任何形式的垄断和不正当竞争危害国内市场的公平竞争环境、有效维护正常的市场秩序和产业安全具有十分重要的作用。

2011年，国务院办公厅发布《关于建立外国投资者并购境内企业安全审查制度的通知》，正式建立了外资并购国家安全审查制度，对于外资并购境内涉及军工企业、国防企业以及通过并购实际控制关系国家安全的重要农产品、能源和资源、基础设施、运输服务、关键技术、重大装备制造等企业，进行国家安全审查。

为逐步完善知识产权保护环境，2008年6月，中国发布《国家知识产权战略纲要》。2012年，国家知识产权局公布《专利实施强制许可办法》、《发明专利申请有限审查管理办法》和《国家知识产权局行政复议规程》，推进国家知识产权战略实施，保护公民、法人和其他组织的合法权益，促进产业结构优化升级，加快建设创新型国家。2000年和2008年对《中华人民共和国专利法》进行了第二次和第三次修订；2001年和2013年对《中华人民共和国商标法》进行了第三次、第四次修订，2001年和2010年对《中华人民共和国著作权法》等进行修订，不断完善外商投资的知识产权保护环境。

（三）中国积极参与国际经济合作

“入世”以来，中国积极参与国际经济合作与区域经济一体化，主要体现在：

1. 发展多边双边投资合作

截至2016年底，中国对外签订双边投资协定104个。其中，进入21世纪后与瑞典、德国、法国、比利时等国家签订了33个双边投资协定，促进了双向投资。多边投资协定方面，中国2012年5月，中日韩签署《中华人民共和国政府、日本国政府及大韩民国政府关于促进、便利和保护投资的协定》；2012年11月，中国与日本、韩国、澳大利亚、新西兰、印度及东盟十国共同发布《启动〈区域全面经济伙伴关系协定〉谈判的联合声明》，该协定第一轮谈判于2013年5月日在文莱举行。

2. 建设自由贸易区

进入21世纪，中国再继续稳步推进双边自由贸易区谈判的同时，也积极推进包括16个国家和地区的区域全面伙伴关系等区域一体化谈判。

2003年6月，中央政府与香港特区政府签署《内地与香港关于建立更紧密经贸关系的安排》；10月，中央政府与澳门特区政府签署《内地与澳门关于建立更紧密经贸关系的安排》。2005年11月18日，中国与智利签署自由贸易协定。2006年11月24日，中国与巴基斯坦签署自由贸易协定。2008年4月7日，中国与新西兰签署自由贸易协定，是中国与发达国家签署的第一个自由贸易协定。2008年10月23日，中国与新加坡签署自由贸易协定。2008 年 11 月 19 日，中国与秘鲁签署自由贸易协定。2010 年 1 月，两岸领导签订《海峡两岸经济合作框架协议》（Economic Cooperation Framework Agreement，ECFA）。2013 年 4 月 15 日，中国与冰岛正式签署《中华人民共和国政府和冰岛政府自由贸易协定》。这是中国与欧洲国家签署的第一个自由贸易协定。2013 年 7 月 6 日中国和瑞士签署中瑞自由贸易协定。2015 年 6 月 1 日，中国与韩国签署了中韩自贸协定。2015 年 6 月 17 日，中国与澳大利亚签署自由贸易协定。2015 年 11 月 30 日，韩国会表决通过中韩自贸协定，成为迄今中国和外国达成的最大规模 FTA。2015 年 12 月 20 日，中韩、中澳自由贸易协定正式生效并实施第一次降税；2016 年 1 月 1 日起，中韩、中澳自由贸易协定实施第二次降税，涉及的产品范围更广，企业受惠更多。

3. 签署双边多边税收协定

截至 2016 年底，中国已经与日本、美国、法国等 102 个国家以及内地与香港、澳门和海峡两岸签订了避免双重征税协定；并于 2013 年 8 月、2015 年 12 月和 2017 年 1 月年分别签订了《多边税收征管互助公约》、《金融账户涉税信息自动交换多边主管当局间协议》和《实施税收协定相关措施以防止税基侵蚀和利润转移的多边公约》。

（四）国际产业转移呈现新特征

进入 21 世纪，随着科学技术的飞速发展和经济全球化的持续深入，产品内分工逐步取代产业间和产业内分工，主导了当今垂直专业化的国际分工格局。在新的全球分工体系下，跨国公司开始按照产品工序价值创造能力的大小安排生产，形成了以全球价值链为基础的生产组织形式。全球价值链的持续深化主导了本轮国际产业转移，国际产业转移呈现出了与以往时期不同的特征。①

第一，随着部分转型期和发展中经济体产业转移条件趋于成熟，它们开始成为国际产业转移重要主体。据联合国贸发会议统计，2008 年，来自发展中和转型经济体的跨国公司占全球跨国公司总数的 28%；2010 年，全球 20 大投资经济体中有 6 个是发展中和转型经济体。近年来发展中和转型期经济体 FDI 流出量稳步增长，2010 年达 3 890 亿美元，占当年全球 FDI 流出量的 29.4%②。

第二，进入 21 世纪以来，世界范围内劳动、资本密集型产业转移持续纵深推进的同时，转移对象的技术密集特征日益突出，高新技术产业逐步成为部分转型期和发展中经济体承接世界产业转移的重要领域。

第三，服务业成为国际产业转移的重点领域。服务贸易和投资是服务业国际转移的主要载体，2005 年服务业跨国投资总额占全球跨国投资总额的 75%，服务业跨国并购占全球跨国并购份额的 60%③。近年来，以金融、物流、计算机应用、营销为代表的现代服务业逐步成为服务业产业转移的重要领域。

第四，非股权方式成为国际产业转移的重要途径。价值链主导者跨国公司根据产品

① 傅强，魏琪. 全球价值链视角下新一轮国际产业转移的动因、特征与启示. 经济问题探索，2013（10）.

②《世界投资报告》，2011 年。

③《世界投资发展报告》，2005—2008 年。

价值增值特性选择最佳的生产组织方式，从而使国际产业转移打破了直接投资、股权控制等全球生产扩张传统形式，积极寻求诸如合约制造、订单生产、许可经营等非股权方式以优化配置全球资源，降低生产成本，扩大利润空间。项目外包、贴牌生产等合约关系模式已成为跨国公司进行全球生产布局、提升国际竞争能力的重要手段。据联合国贸发会议估计，2010 年跨境非股权经营产生的销售额逾 2 万亿美元，而与此相对比，跨国公司外国子公司当年的出口额约为 6 万亿美元。特别是在电子、玩具、制鞋、服装领域，合约制造占其全球贸易的 50% 以上。

第五，产业联系紧密、互动互补能力强的企业进行组团式整体迁徙的特征日益突出，以产业链整体迁移和集群转移的方式进行国际产业转移的趋势愈加明显。

在新一轮国际产业转移中，中国应沿着全球价值链阶梯进行产业升级和结构优化，采取灵活多样的产业转移方式和价值链治理模式。

第二节　改革开放后利用外资政策的演变

1979 年起，中国政府逐步建立和完善利用外资法律体系，制定了以产业政策、地区政策、税收政策、金融政策等为主体的外商投资政策体系。改革开放至今，中国利用外资各项政策不断调整，主要经历了酝酿起步阶段、初步发展阶段、快速发展阶段和稳步发展阶段四个阶段。

一、酝酿起步阶段（1978—1985 年）

1978—1985 年，中国利用外资处于酝酿起步阶段。这一阶段，中国仍然实行计划经济体制。中国政府 1978 年 7 月颁布的《中华人民共和国中外合资经营企业法》和 1983 年颁布的《中华人民共和国中外合资经营企业法实施条例》是这一阶段利用中国外资政策的主要政策依据。这一时期的利用外资政策以提供 “超国民待遇” 的优惠政策为主，且优惠水平比较高。

（一）利用外资方式

改革开放起步阶段，中国利用外资的形式以借款为主。中国开始利用外国借款，打破了原来不向西方国家借款的禁区。1979—1983 年，中国签订的对外借款协议 79 个，合同协议金额 140.350 6 亿美元，实际借款 119.381 6 亿美元。在对外借款中，中国倾向利用外国政府和国际金融组织的中低利率、中长期贷款，以利于一些重点项目和基础设施建设。如 1979 年至 1981 年底，日本输出入银行的能源贷款 9 亿美元，用于石油和煤矿建设；日本海外协力基金的约 4.4 亿美元的贷款，用于建设秦皇岛、石臼所两个港口和北京至秦皇岛、兖州至石臼所两条铁路，缓解了当时中国铁路运输能力和港口吞吐能力的不足等。[①]

---

① 季崇威. 中国利用外资的历程. 北京：中国经济出版社，1999.

（二）产业政策

1979 年 7 月 8 日，第五届全国人大第二次会议通过并正式公布实施的《中外合资经营企业法》没有产业政策方面的导向性、选择性的条文规定。1983 年公布的《中华人民共和国中外合资经营企业法实施条例》第三条规定，外资可以进入以下行业：（1）能源开发、建筑材料、化学工业、冶金工业；（2）机械制造工业、仪器仪表工业、海上石油开采设备的制造；（3）电子工业、计算机工业、通信设备的制造业；（4）轻工业、纺织业、食品工业、医疗和医疗器械工业、包装工业；（5）农业、牧业、养殖业；（6）旅游和服务业。该条例提出审批外资的标准是经济效益的大小，虽然在第五条中提出不符合中国国民经济发展要求的、造成环境污染的合营企业不予批准，但没有具体限定，事实上允许设立合资经营企业的行业十分广泛。针对当时外资主要流向盈利较高的部门、旅游宾馆业等第三产业和简易加工装配业的情况，1985 年 9 月 23 日通过的《中共中央关于制定国民经济和社会发展第七个五年计划的建议》中指出，要加强利用外资的综合平衡，正确引导外资的使用方向，大力提高经济效益。国外的优惠贷款，重点要用于能源、交通、通信等基础设施的建设。经济比较发达地区和经济效益好、创汇能力强或产品能替代进口的项目，应当多利用一些国外商业贷款。继续根据平等互利的原则，欢迎国外厂商来中国举办合资企业、合作企业和独资企业，特别是举办那些技术密集型企业和出口创汇型企业。[①]

（二）地区政策

1980 年 8 月，第五届全国人大第十五次会议批准了《中华人民共和国广东省经济特区条例》，进一步明确了经济特区发展要采取市场经济、利用外资为主的方针，并为特区吸引外资实行 7 个方面的优惠政策，主要包括：（1）特区的土地为中华人民共和国所有。客商用地，按实际需要提供，其使用年限、使用费数额和缴纳办法，根据不同行业和用途，给予优惠。（2）特区企业进口生产所必需的机器设备、零配件、原材料、运输工具和其他生产资料，免征进口税；对必需的生活用品、可以根据具体情况、分别征税或者减免进口税。（3）特区企业所得税税率为 50%。对在本条例公布后两年内投资兴办的企业，或者投资额达 500 万美元以上的企业，或者技术性较高、资金周转期较长的企业，给予特别优惠待遇。（4）客商在缴纳企业所得税后所得的合法利润，特区企业的外籍职工、华侨职工、港澳职工在缴纳个人所得税后的工资和其他正当收入，可以按照特区外汇管理办法的规定，通过特区内的中国银行或者其他银行汇出。（5）客商将所得利润用于在特区内进行再投资为期五年以上者，可申请减免用于再投资部分的所得税。（6）鼓励特区企业采用中国生产的机器设备、原材料和其他物资，其价格可按中国当时同类商品的出口价格给予优惠，以外汇结算。这些产品和物资，可凭售货单位的销售凭证直接运往特区。（7）凡来往特区的外籍人员、华侨和港澳同胞，出入境均简化手续，给予方便。1980 年，第五届全国人大常委会批准设立深圳、珠海、汕头和厦门 4 个经济特区后，1984 年，中国又相继开放了上海、大连、天津、秦皇岛、天津、青岛、烟台、连云港、

① 中共中央文献研究室. 十二大以来重要文献选编：中. 北京：人民出版社，1986.

南通、宁波、温州、福州、广州、湛江、北海 14 个沿海港口城市及沿海经济开放区。1984 年 3 月 26 日至 4 月 6 日，中共中央国务院在北京召开的沿海部分城市座谈会通过了《沿海部分城市座谈会纪要》。厦门特区扩大到全岛。

（四）税收政策

改革开放起步阶段，中国在税收方面实行了一系列优惠减免政策，鼓励外商投资。1979 年颁布的《中华人民共和国中外合资经营企业法》第七条规定，合营企业依照国家有关税收的法律和行政法规的规定，可以享受减税、免税的优惠待遇。外国合营者将分得的净利润用于在中国境内再投资时，可申请退还已缴纳的部分所得税。1983 年颁布的《中华人民共和国中外合资经营企业法实施条例》第六十九条至七十二条关于税收的规定：（1）合营企业应按照中华人民共和国有关法律的规定，缴纳各种税款。（2）合营企业的职工应根据《中华人民共和国个人所得税法》缴纳个人所得税。（3）合营企业进口四类物资免征关税和工商统一税，但上述免税进口物资，经批准在中国国内转卖或转用于在中国国内销售的产品，应照章纳税或补税。（4）合营企业生产的出口产品，除国家限制出口的以外，经中华人民共和国财政部批准，可免征工商统一税。（5）合营企业生产的内销产品，在开办初期纳税有困难的，可以申请在一定期限内减征或免征工商统一税。1983 年开始，中央政府在外资企业所得税、工商税和进口投资品关税等征收方面实行了一系列减免优惠政策。1983 年 9 月 3 日，中共中央、国务院发出了《关于加强利用外资工作的指示》，放宽了中国对外商投资企业的税收政策。对中外合资经营企业，合营期在十年以上的，从开始获利的年度起，头两年免征所得税，从第三年起减半征收所得税三年。对农业、林业等利润较低的中外合资经营企业和在经济不发达的边远地区开办的中外合资经营企业，在头五年减免所得税期满以后，还可以在以后的十年内继续减征所得税的 15%～30%。凡是对于中外合资经营企业征收的工商统一税高于国内企业工商统一税的，都可以按照国内企业工商税税率征收。合资企业进口机器设备一律免征关税和进口环节的工商统一税。除了国家明令限制出口的商品外，合资企业对外出口产品均免征工商统一税和关税。

《沿海部分城市座谈会纪要》从税收优惠方面积极支持利用外资、引进先进技术改造老企业。具体支持有：（1）进口国内一时不能生产或不能保证供应的关键设备、仪器仪表和技术改造必需的其他器材，不论外汇来源，1990 年以前免征关税和进口工商统一税；（2）因技术改造新增的利润，先还账后缴利，利改税的企业先还账再缴企业所得税；（3）对主要是提高产品质量而生产能力不增加或增加不多的项目，经济效益虽好但缺乏创汇能力的项目，社会经济效益好而企业收益不明显的项目，各市可以在保证完成财政、外汇上缴任务的前提下，在该行业或地方财政收入中统筹还账；（4）对技术改造期间要影响原有生产能力和经济收益的项目，各市在不影响全市上缴任务的前提下，可以相应调整该企业的生产计划和利税上缴任务。

《沿海部分城市座谈会纪要》对中外合资、合作经营企业及外商独资企业，给以若干优惠待遇。（1）对那些确实能够引进先进技术，推动全行业技术改造，产品能开拓外销市场和替代进口，以及投资较大的开发项目，积极兴办中外合资、合作经营企业，允许外商办独资企业。这类生产企业，凡属技术密集、知识密集型的项目，或者外商投资在 3 000 万美元以上、回收投资时间长的项目，报经财政部批准，企业所得税也可以减按 15%的税率征收。但是，中外合资、合作经营企业的中方税后利润，仍应按规定上缴中央财政和地方财政。（2）中外合资、合作经营企业，外商独资企业，作为投资进口的生产和管理设备、建筑器材；为生产出口产品而进口的原材料、元器件、零部件、包装物料等；进口自用的交通工具、办公用品；投资的外商和国外技职人员进口安家物品和自用的交通工具（限合理数量），均免征关税和进口工商统一税。这类企业的产品出口（不含国家限制出口产品），免征出口关税和工业环节的工商统一税。但是，用免税进口的原材料生产的产品，内销时应照章补税。

（五）土地使用政策

1979 年颁布的《中华人民共和国中外合资经营企业法》第五条规定，中国合营者的投资可包括合营企业经营期间提供的场地使用权。如果场地使用权未作为中国合营者投资的一部分，合营企业应向中国政府缴纳使用费。1983 年公布的《中华人民共和国中外合资经营企业法实施条例》第四十七条至第五十三条为关于土地使用的规定。主要内容包括：（1）合营企业所需的场地应由合营企业向所在地的市（县）级土地主管部门提出申请，经审查批准后，通过签订合同取得场地使用权。同时规定了合同应包括的具体事项。（2）合营企业所需场地的使用权，如已为中国合营者拥有，则中国合营者可将其作为对合营企业的出资，其作价金额应与取得同类场地使用权所应缴纳的使用费相同。（3）场地使用费标准应根据该场地的用途、地理环境条件、征地拆迁安置费用和合营企业对基础设施的要求等因素，由所在地的省、自治区、直辖市人民政府规定，并向对外经济贸易部和国家土地主管部门备案。（4）从事农业、畜牧业的合营企业，经所在地的省、自治区、直辖市人民政府同意，可按合营企业营业收入的百分比向所在地的土地主管部门缴纳场地使用费。在经济不发达地区从事开发性的项目，场地使用费经所在地人民政府同意，可以给予特别优惠。（5）场地使用费在开始用地的五年内不调整。以后随着经济的发展、供需情况的变化和地理环境条件的变化需要调整时，调整的间隔期应不少于三年。场地使用费作为中国合营者投资的，在该合同期限内不得调整。（6）合营企业向所在地的市（县）级土地主管部门提出申请，经审查批准后，通过签订合同取得的场地使用权，其场地使用费应按合同规定的用地时间从开始时起按年缴纳，第一日历年用地时间超过半年的按半年计算；不足半年的免缴。在合同期内，场地使用费如有调整，应自调整的年度起按新的费用标准缴纳。（7）合营企业对于准予使用的场地，只有使用权，没有所有权，其使用权不得转让。

（六）金融与外汇管理政策

1979 年颁布的《中华人民共和国中外合资经营企业法》第十条规定，外国合营者在履行法律和协议、合同规定的义务后分得的净利润，在合营企业期满或者中止时所分得的资金以及其他资金，可按合营企业合同规定的货币，按外汇管理条例汇往国外。鼓励外国合营者将可汇出的外汇存入中国银行。该法第十一条规定，合营企业的外籍职工的工资收入和其他正当收入，按中华人民共和国税法缴纳个人所得税后，可按外汇管理条例汇往国外。

1983年颁布的《中华人民共和国中外合资经营企业法实施条例》第七十三条至七十九条关于外汇的规定主要包括：（1）合营企业的一切外汇事宜，按《中华人民共和国外汇管理暂行条例》和有关管理办法的规定办理。（2）合营企业凭中华人民共和国国家工商行政管理局发给的营业执照，在中国银行或指定的其他银行开立外币存款账户和人民币存款账户，由开户银行监督收付。合营企业的一切外汇收入，都必须存入其开户银行的外汇存款账户；一切外汇支出，从其外汇存款账户中支付。存款利率按中国银行公布的利率执行。（3）合营企业的外汇收支一般应保持平衡。根据批准的合营企业的可行性研究报告、合同，产品以内销为主而外汇不能平衡的，由有关省、自治区、直辖市人民政府或国务院主管部门在留成外汇中调剂解决，不能解决的，由对外经济贸易部会同中华人民共和国国家计划委员会审批后纳入计划解决。（4）合营企业在国外或者港澳地区的银行开立外汇存款账户，应经国家外汇管理局或者其分局批准，并向国家外汇管理局或其分局报告收付情况和提供银行对账单。（5）合营企业在国外或者港澳地区设立的分支机构，凡当地有中国银行的，应在中国银行开立账户。其年度资产负债表和年度利润表，应通过合营企业报送国家外汇管理局或其分局。（6）合营企业根据经营业务的需要，可以按《中国银行办理中外合资经营企业贷款暂行规定》向中国银行申请外汇贷款和人民币贷款。对合营企业的贷款利率按中国银行公布的利率执行。合营企业也可以从国外或者港澳地区的银行借入外汇资金，但必须向国家外汇管理局或其分局备案。（7）合营企业的外籍职工和港澳职工的工资和其他正当收益，依法纳税后，减去在中国境内使用的花费，其剩余部分可以向中国银行申请全部汇出。

1984年的《沿海部分城市座谈会纪要》增加了外汇使用额度和外汇贷款。外汇使用额度，在之后几年内天津定为每年二亿美元，上海为三亿美元；大连增至一亿美元，其他几个市也要增加一定额度；有的还要适当增加些中国银行外汇贷款。由各市按照国家有关规定，用以引进先进技术，进口必需的关键设备、仪器仪表。使用中国银行的外汇资金及国际信托投资公司的外汇资金，其政策待遇与利用外资“一视同仁”。中国银行，要改进服务，扩大业务，并应联合外资银行组成投资财团，支持沿海港口城市的经济建设。

（七）人员招聘、职工工资、保险福利等

1979年颁布的《中华人民共和国中外合资经营企业法》第六条规定，合营企业的董事会设董事长一人，由中国合营者担任；副董事长一人或二人，由外国合营者担任。正副总经理（或正副厂长）由合营各方分别担任。合营企业职工的雇用、解雇，依法由合营各方的协议、合同规定。1983年颁布的《中华人民共和国中外合资经营企业法实施条例》规定，合营企业职工的招收、招聘、辞退、辞职、工资、福利、劳动保险、劳动保护、劳动纪律等事宜，按照《中华人民共和国中外合资经营企业劳动管理规定》办理。合营企业应加强对职工的业务、技术培训，建立严格的考核制度，使他们在生产、管理技能方面能够适应现代化企业的要求。合营企业的工资、奖励制度必须符合按劳分配、多劳多得的原则。正副总经理、正副总工程师、正副总会计师、审计师等高级管理人员的工资待遇，由董事会决定。

（八）审批权限政策

1979 年颁布的《中华人民共和国中外合资经营企业法》第三条规定，合营各方签订的合营协议、合同、章程，应报国家队外经济贸易主管部门（以下称审查批准机关）审查批准。审查批准机关应在三个月内决定批准或不批准。合营企业经批准后，向国家工商行政管理部门登记，领取营业执照，开始营业。1983 年颁布的《中华人民共和国中外合资经营企业法实施条例》第八条规定，对外经济贸易部的委托有关的省、自治区、直辖市人民政府或国务院有关部、局（以下简称受托机构）审批：投资总额在国务院规定的金额内，中国合营者的资金来源已落实的；不需要国家增拨原材料，不影响燃料、动力、交通运输、外贸出口配额等的全国平衡的。受托机构批准设立合营企业后，应报对外经济贸易部备案，并由对外经济贸易部发给批准证书。

1983 年开始，中央政府多次放宽地方政府的外资项目审批权限。《沿海部分城市座谈会纪要》提出了扩大地方审批权限的政策措施：在生产性项目方面，利用外资进行老企业技术改造和建设新厂，凡属建设和生产条件不需要国家综合平衡，产品不需要国家包销，出口不设计配额，又能自己偿还的，天津市、上海市对每个项目总投资的审批权限放宽到三千万美元以下；大连市放宽到一千万美元以下，其他进一步开放的沿海港口城市的审批权限放宽到五百万美元以下。非常生产性项目方面，凡主要靠利用外资、自筹和进口器材建设，不需要国家综合平衡的，不论其投资额多少，均由各市自行审批。凡按照上述规定权限，由这几个城市自行审批的利用外交项目，与其有关的设备进口、组团出国考察、对外洽谈成交等，均自行审批办理，但应按规定上报备案。

二、初步发展阶段（1986—1991 年）

1986—1991 年，中国利用外资处于初步发展阶段。这一阶段，中国开始实行社会主义有计划的商品经济体制。1986 年 10 月，国务院发布了《关于鼓励外商投资的规定》，标志着中国利用外资政策从此进入了根据工业化和经济发展的总体战略，有计划、有重点地吸收外资，合理引导外资流向，积极调整外资结构的初步发展阶段。

（一）产业政策

1987 年 12 月，国务院办公厅转发《国家计委关于指导吸收外商投资方向暂行规定》的通知，明确规定了中外合资经营项目和中外合作经营项目，并将中国对外商投资项目分为鼓励、允许、限制和禁止四类。

（1）鼓励外商投资的项目包括：能生产适应国内外市场需要的新设备、新材料，而国内不能生产的；能适应国外市场需求，提高产品档次，开辟新市场，扩大外销，增加出口创汇的；能改进产品性能，降低消耗，增加生产能力和提高技术经济效益，国内急需、技术先进的；为能源、交通运输和原材料工业建设所急需的。

（2）限制外商投资的项目包括：国内已开发生产或已引进先进技术，生产能力已能满足国内市场需要的；产品缺乏竞争力，大部分不能出口的；纯属盈利，没有提供先进技术，以及外汇不能自身平衡的；单纯引进装配生产线、进口散件组装产品内销，赚取国内外差价的；生产或加工中国的特种工艺美术产品、传统土特产品和传统出口产品的；国家规定限制的其他项目。

（3）禁止外商投资的项目包括：涉及国家安全或有害于国民经济、社会发展的；污染自然环境、破坏自然资源和损害人体健康超过国家规定标准的；国家规定禁止的其他项目。

（4）不属于上述鼓励、限制和禁止外商投资范围的，允许外商投资。或者虽属限制外商投资行业，在某些产品能出口70%以上，并能保证外汇自身平衡的，也可放宽范围，列为允许外商投资类。

四类外商投资项目的提出为1986年国务院《关于鼓励外商投资的规定》（共22条）提出的重点鼓励产品主要用于出口型和提供先进技术型的两类投资的原则有了实际的产业和项目依托。

1989年11月，中国共产党第十三届五中全会通过的《中共中央关于进一步治理整顿和深化改革的决定》指出，要更加积极地吸收符合中国产业政策的外商直接投资。1991年3月，国务院总理《关于国民经济和社会发展十年规划和第八个五年计划纲要的报告》指出，要把吸收外商直接投资与加快企业技术改造结合起来，推进中国传统产业的技术进步和产品的升级换代。

（二）地区政策

1988年3月18日，国务院发布《关于进一步扩大沿海经济开发区范围的通知》，决定新划入沿海经济开发区的包括杭州、南京、沈阳等省会城市在内的140个市、县，人口增加到1.6亿。1988年4月，国家把沿海开放区扩大到广东、福建全省及辽东半岛和山东半岛。同时，国务院发布了《关于投资开发海南岛的规定》，设立海南岛经济特区。1988年7月，国务院发布《关于鼓励台湾同胞投资的规定》，批准在福建省马尾、杏林、集美、海沧设立台商投资区。1990年，国务院又做出了开发和开放上海浦东新区的决定，中国经济开发区的范围得到进一步扩大。

（三）税收政策

国务院《关于鼓励外商投资的规定》第八条至第十一条规定：

产品出口企业按照国家规定减免企业所得税期满后，凡当年企业出口产品产值达到当年企业产品值70%以上的，可以按照现行税率减半缴纳企业所得税。经济特区和经济技术开发区的以及其他已经按15%的税率缴纳企业所得税的产品出口企业，符合前款条件的，减按10%的税率缴纳企业所得税。

先进技术企业按照国家规定减免企业所得税期满后，可以延长三年减半缴纳企业所得税。

外国投资者将其从企业分得的利润，在中国境内再投资举办、扩建产品出口企业或者先进技术企业，经营期不少于五年的，经申请税务机关核准，全部退还其再投资部分已缴纳的企业所得税税款。经营期不足五年撤出该项投资的，应当缴回已退的企业所得税税款。

对外商投资企业的出口产品，除原油、成品油和国家另有规定的产品外，免征工商统一税。

（四）金融与外汇管理政策

1986 年颁布的《关于鼓励外商投资的规定》第六条规定，产品出口企业和先进技术企业在生产和流通过程中需要借贷的短期周转资金，以及其他必需的信贷资金，经中国银行审核后，优先贷放。第七条规定，产品出口企业和先进技术企业的外国投资者，将其从企业分得的利润汇出境外时，免缴汇出额的所得税。第十四条规定，外商投资企业之间，在外汇管理部门监管下，可以相互调剂外汇余缺。中国银行以及经中国人民银行指定的其他银行，可以对外商投资企业开办现汇抵押业务，贷放人民币资金。

1986 年 2 月，《关于中外合资经营企业外汇收支平衡问题的规定》提出了很多有利于外商投资企业外汇使用的政策，主要有：

（1）依法批准兴办的中外合资经营企业，其外汇收支需要调剂的，应按照审批权限，分级管理解决。

（2）对于外国合营者提供先进技术、关键技术生产的尖端产品，或在国际上有竞争能力的优质产品，可在内销比例和内销期限上给予优惠。

（3）中外合资经营企业生产国内需要长期进口或急需进口的产品，获准实行进口替代的，可给予用汇支持。

（4）中外合资经营企业销售给经济特区和沿海开放城市的经济技术开发区以外的其他地区有外汇支付能力的企业的产品，经国家外汇管理部门批准，允许以外币计价结算。

（5）同一外国合营者在中国境内（包括不同地方、不同部门）兴办两个或两个以上的中外合资经营企业，其合法所得的外汇份额有的有余、有的不足时，经国家外汇管理部门批准，可在其所办的各个企业之间调剂解决。前款调剂，应取得合营各方同意。

（6）外汇收支不能平衡的中外合资经营企业的外国合营者，可将其从中外合资经营企业分得的人民币利润，按《中华人民共和国中外合资经营企业法》第七条的规定再投资于国内能够新创外汇或新增加外汇收入的企业，除依法享受退还已缴纳的部分所得税的优惠外，还可从接受该项投资企业新增加的外汇收入中获得外汇，以汇出其合法利润。政策出台后，上海、厦门、深圳等地相继成立了 90 多个外汇调剂中心，并允许外商投资企业进入外汇调剂中心同其他中国的国营企业相互调剂外汇余缺。

（五）土地使用政策

1986 年颁布的《关于鼓励外商投资的规定》第四条规定，产品出口企业和先进技术企业的场地使用费，除大城市市区繁华地段外，按下列标准计收：（1）开发费和使用费综合计收的地区，为每年每平方米五元至二十元；（2）开发费一次性计收或者上述企业自行开发场地的地区，使用费最高为每年每平方米三元。前款规定的费用，地方人民政府可以酌情在一定期限内免收。同时，推广了土地连片开发的新形式，即通过招标把土地租给外国投资者，让其自主开发使用的新形式。

（六）人员招聘、职工工资、保险福利等

1986 年颁布的《关于鼓励外商投资的规定》第十五条规定，外商投资企业有权自行确定工资标准、工资形式和奖励、津贴制度。外商投资企业可以根据生产经营需要，自行确定其机构设置和人员编制，聘用或者辞退高级经营管理人员，增加或者辞退职工；可以在当地招聘和招收技术人员、管理人员和工人，被录用人员所在单位应当给予支持，允许流动；对违反规章制度，造成一定后果的职工，可以根据情节轻重，给予不同处分，直至开除。外商投资企业招聘、招收、辞退或者开除职工，应当向当地劳动人事部门备案。第三条规定，产品出口企业和先进技术企业，除按照国家规定支付或者提取中方职工劳动保险、福利费用和住房补助基金外，免缴国家对职工的各项补贴。

1988 年，国务院办公厅转发了《关于进一步落实外商投资企业用人自主权意见的通知》。主要政策有：

（1）外商投资企业需要的工人、专业技术人员和经营管理人员（包括高级管理人员），由企业面向社会公开招聘，也可以从中方合营者推荐的人员中选聘，在本地区招聘职工不能满足需要时，可以跨地区招聘，跨省、自治区、直辖市招聘职工，不再报省级劳动、人事部门批准，有关地区的劳动、人事部门要做好组织、协调和服务工作。

（2）外商投资企业从在职职工中招聘所需人员时，有关部门和单位应当积极支持，允许流动，不得采用不合理收费、收回住房等手段加以限制。

（3）外商投资企业按照合同和有关规定辞退职工，任何部门、单位或个人不得干预。对被辞退的职工，原属借调、借聘的，由原单位接收；属于应聘的，到应聘前所在地区的劳动服务公司或人才交流服务机构进行待业登记，可以由有关部门介绍就业、自愿组织起来就业，也可以自谋职业。

（4）对在中外合资经营、合作经营企业担任董事长、董事的中方人员，在任期内不得擅自调动他们的工作，如需调动时，委派单位应征求该企业的审批机构和合营他方的意见。外商投资企业聘用的中方高级管理人员，在其聘用合同期内，未经企业董事会和总经理同意，任何部门和单位无权调动他们的工作。

1990 年 4 月，第七届全国人大第三次会议对《中华人民共和国中外合资经营企业法》进行了修改，取消了企业董事长必须由中国投资者委派的决定。

（七）投资便利化政策

在利用外资的初步发展阶段，针对大多数外商投资企业特别是工业企业，在固定资产投资、流动资金、外汇平衡、原材料供应、进出口许可证、企业依法行使自主权等方面不同程度地存在困难，致使有些合同难以履行，使中国对外信誉受到影响。1986 年 10 月颁布的《关于鼓励外商投资的规定》的核心内容之一：实现吸引外资由单纯提供租税减免优惠转变为从政治、经济、社会各个方面全面地改善投资环境。以此为标志，中国开启了吸引利用外资的软环境建设。1986 年，国务院向各地政府发出了《关于进一步改善外商投资企业生产经营条件的通知》，要求各级政府在改进管理、简化手续、提高效率等方面下功夫，进一步改善企业生产经营条件。如要妥善安排举办外商投资企业所需的资金；在自己主管的范围内调剂解决外商投资企业外汇收支不平衡问题；要鼓励产品多出口，简化进出口审批手续，为外商投资企业的产品外销创造方便条件；要改进外商投资企业的生产物资供应；等等。各地对外资的审批和行政管理有了很大的改进。1988 年 6 月，上海率先实行“一站式”服务，审批时间由原来的最少 3 个月缩短为最多不能超过 45 天。天津、青岛和厦门等也开始实行“一站式”服务。1987 年 11 月，中国外商投资企业协会成立。到 1990 年，该协会在全国 36 个省、自治区、直辖市和计划单列市成立了分会。

三、快速发展阶段（1992 年—20 世纪末）

1992 年—20 世纪末，中国利用外资进入快速发展阶段。1992 年，邓小平南方谈话为中国的改革开放开启了新的发展历程，加快了改革开放的步伐，中国开始进入社会主义市场经济时代。这一阶段，中国利用外资政策调整的主要方向是逐渐取消外商投资企业所享有的“超国民待遇”，降低对外资的绝对优惠水平，逐步取消一些“普适性”的优惠政策，最终实现外商投资企业的国民待遇。同时，以 1997 年制定的《外商投资产业指导目录》为依据，明确外商投资的领域，加强以产业、技术引进和地区为导向的“差别性”优惠政策，将利用外资从单纯引进资金向技术引进和促进产业结构调整以及产业升级的方向倾斜。

（一）产业政策

1994 年 3 月 25 日，国务院举行第 16 次常务会议，通过了《九十年代国家产业政策纲要》，提出积极引导外资投向基础设施建设和基础工业，提出了产业组织政策目标、产业技术政策重点以及产业布局政策主要原则。1995 年，《外商投资产业指导目录》及《指导外商投资方向暂行规定》重新规划了对外商投资实施鼓励、允许、限制和禁止政策的产业范围。1997 年，国家计委、国家经济贸易委员会和对外贸易经济合作部修订了《外商投资产业指导目录》，1998 年 1 月 1 日开始实施。《外商投资产业指导目录》的宗旨是重点鼓励外资投向基础设施、基础产业、高新技术产业和老企业的技术改造；发展符合产业政策的劳动密集型项目和以出口为导向的加工贸易项目；严禁危害国家安全或损害社会公众利益、污染环境、破坏生态平衡的项目。1997 年，国家计委建立了定期信息发布制度，决定每月公布国家的有关产业政策和产业投资指导意见。这项制度为外商投资产业选择与调整提供了重要决策依据。

（二）地区政策

1992 年，国务院批准长江沿岸、沿边和各省省会等共 36 个城市对外开放，实施沿海开放城市同样的对外政策，并增加了 34 个开放口岸。在全国范围内初步形成了经济特区—沿海开放城市—沿海经济开发区—内地这样一个全方位、多层次、多渠道、具有不同开放功能的利用外资梯度推进格局。外商投资在地区结构上呈现“北上西进”的趋势。1995 年以后，中国利用外资政策着重提高东部地区利用外资的质量和水平，积极引导和鼓励外资投向中西部。

1998 年 4 月，《关于进一步扩大对外开放，提高利用外资水平的若干意见》指出，要努力完善外商投资的地区布局。一方面，继续发挥东部地区对外开放、利用外资的优势，支持东部地区积极发展资金、技术密集型产业和出口型产业。继续办好经济特区、上海浦东新区、苏州工业园区以及各类国家级经济和技术开发区。这些地区要在提高利用外资质量和水平上进行新的探索，以进一步起到示范、辐射、带动作用。另一方面，积极引导和鼓励外资投向中西部地区。第一，中西部的省、自治区、直辖市可选择确有优势的产业和项目，经国家批准后，享受《外商投资产业指导目录》中鼓励类项目政策。对限制类和限定外商股权比例项目的设立条件和市场开放程度，可比东部地区适当放宽。第二，国家要优先安排一批农业、水利、交通、能源、原材料和环保项目在中西部地区吸引外资，并加大对项目配套资金及相关措施的支持。鼓励“三线”军转民企业和国有大型企业利用外资进行技术改造。第三，鼓励东部地区的外商投资企业到中西部地区再投资，外商投资比例超过25%的项目，视同外商投资企业，享受相应待遇。该意见还提出，要进一步提高中西部地区利用中长期国外贷款、国际金融组织和外国政府优惠贷款的比重。

为体现国家对西部地区的重点支持，1999年11月，《海关总署关于进一步鼓励外商投资有关进口税收政策的通知》对符合中西部省利用外资优势产业和优势项目目录的项目，在投资总额内进口国内不能生产或性能不能满足需要的自用设备及其配套的技术、配件、备件，除《外商投资项目不予免税的进口商品目录》外，免征进口关税和进口环节税；在投资总额外利用自有资金进口部分商品享受税收优惠政策及免税。

（三）税收政策

1. 统一内外资企业税率

进入20世纪90年代后，中国政府逐步确立了对外商投资企业实行国民待遇的政策目标。1992年9月4日通过、1993年1月1日施行的《中华人民共和国税收征收管理法》规定，逐步实现内外税法的统一，分阶段取消外商投资企业的税收减免政策。1994年，中国实行了全面税制改革，使内资企业和涉外企业使用统一的增值税、消费税和营业税条例。

第一，间接税增值税改革。1994年以前，对内资企业和外资企业征收的间接税，无论是税种还是税率，都存在不统一的问题。原有的外资企业施行工商统一税税率从1.5%～69%有40档；对内资企业的增值税从8%～45%有13档；产品税税率从3%～60%有21档；营业税税率从3%～15%有4档。1994年，对内资和外资企业都采用国际通行的做法，以生产和流通环节的新增或附件价值为征收对象征收增值税，仅设17%一档基础税率和13%的优惠税率。①

外资企业自1994年1月1日起适用国务院发布的增值税、消费税和营业税的暂行条例。1958年的《中华人民共和国工商统一税条例（草案）》废止。为保持对外开放、吸引外资政策的连续性，同时又规定1993年12月13日前批准设立的三资企业，因改征增值税、消费税、营业税而增加税负的，由企业申请，经税务机关批准，在批准的经营期限内（最长不超过5年），采取年终一次或按年分次退税返还的办法，退还其因税负增加而多缴纳的税款。

第二，直接税所得税改革。以前中国企业所得税有多种，国有大中型企业实行55%的比例税率，部分企业加征调节税，国有小型企业、集体所有制企业实行8级超额累进

① 杨子江. 1994年开始的税制改革的主要内容. 经济学动态，1994（8）.

税率，最高税率为55%；私营企业实行35%的比例税率；外商投资企业所得税税率为30%，外加3%的地方附加税；经济特区和经济技术开发区的企业所得税税率为15%，沿海开放城市老市区的生产性企业的税率为24%，也有3%的地方附加税等。1994年，税制改革统一了内资企业所得税，规定所有企业的名义所得税税率均为33%，并规范了税前扣除项目和列支标准，以保证税基不被侵蚀。

2. 进口关税及进口环节税

1996年4月1日之后新批准设立的外商投资企业进口的设备和原材料，一律按法定税率征收关税和进口环节的增值税和消费税。1996年4月起，在较大幅度降低进口关税的同时，取消外商投资企业进口设备免征关税的政策。1996年4月1日之前批准的外商投资企业，将根据不同情况给予一定的宽限期。为了消除亚洲金融危机的冲击，鼓励外商来华投资，1997年12月29日，国务院决定，自1998年1月1日起，恢复外商投资企业设备进口关税和进口环节增值税减免政策。

3. 鼓励技术研发与创新税收优惠政策

自1998年起，中国对外商投资设立的研究开发中心，自用设备及配套的技术、配件和备件，免征关税和进口环节税；外国企业向中国境内转让技术的，可免征营业税和企业所得税；外商投资企业技术开发费比上年增长10%以上的，允许再按技术开发费实际发生额的50%抵扣当年的应纳所得税额；对符合条件的已设立的国家鼓励类投资企业进行技术改造，进口技术、设备及配件，免征进口关税和进口环节税；采购国产设备可全额退还国产设备增值税，并按有关规定抵免企业所得税。

（四）金融与外汇管理政策

1. 金融政策

1999年8月，国家各部委联合发布《关于当前进一步鼓励外商投资的意见》，对加大对外商投资企业的金融支持力度做出了详细规定。规定包括：

外商投资企业境内融资时，允许中资商业银行接受外方股东担保。允许外商投资企业以外汇质押方式向境内中资外汇指定银行申请人民币贷款。外商投资企业所有外汇资金均可作质押；对外汇担保项下人民币贷款可由境外金融机构或境内外资金融机构提供信用保证；取消外汇质押、外汇担保项下的登记手续和对提供外汇担保的外资银行信用等级的特别限制。外方股东担保和外汇担保人民币贷款应符合产业政策，可用于满足固定资产投资和流动资金需求，但不得用于购汇。

设立专项产业投资基金缓解现有外商投资企业增资时中方股本金不足问题，同时允许境内中资商业银行在中外合资、合作企业外方股东应增加的股本金同步到位的前提下，对中方股东发放不超过50%的股本贷款，期限不超过10年，具体比例由各商业银行根据信贷原则自主决定。

允许境内外商投资企业以其外方投资者海外资产向境内中资银行的海外分行提供抵押，由中资商业银行的海外分行或国内分行向其发放贷款。

符合条件的外商投资企业可申请发行A股或B股。

按照积极稳妥的原则，向在国家重点鼓励的能源、交通等领域投资的外国投资者提供政治风险保险、履约保险、保证保险等保险服务。

2. 外汇管理政策

为实现人民币经常项目下可兑换创造条件，改变以往外资企业必须得到批准后到外汇调剂中心的规定，改善外商投资企业的经营环境，1996 年 7 月 1 日起，对外资企业实行银行结售汇制度。该制度主要包括以下三点：（1）外商投资企业外汇买卖纳入银行结售汇体系。外商投资企业通过申报和区分外汇账户后，可在外汇指定银行办理接回和购汇，也可以继续通过外汇调剂中心买卖外汇。（2）外商投资企业可以根据需要在经营外汇业务的银行开立用于经常项目外汇收支的外汇结算账户和用于资本项目外汇收支的外汇专用账户。（3）外资银行可以为外商投资企业办理结汇、售汇及付汇业务，成为外汇指定银行。

（五）市场准入政策

利用外资快速发展阶段，中国进一步扩大外资进入领域，进一步开放竞争性产业，积极扩大石油化工、建筑业等主要产业利用外资的规模。有区别、有重点地吸收外资开发利用矿产资源；有步骤地推进服务贸易对外开放；积极进行旅游资源开发、水上运输等领域利用外资的试点；扩大国内商业、外贸、旅行社开放的试点范围；扩大会计、法律咨询服务业和航空运输、代理业务等领域的开放；分阶段进行金融、通信等领域的对外开放试点。①

这一时期颁布了一系列相关的市场准入规定，如 1994 年 5 月颁布的《关于外商投资民用航空业有关政策的通知》、1994 年 11 月颁布的《关于设立外商投资广告企业的若干规定》、1995 年 2 月颁布的《外商投资国际货物运输代理企业的审批规定》、1995 年 12 月颁布的《关于在计算机软件业设立外商投资企业执行〈外商投资产业指导目录〉的通知》和《关于外国船公司在华设立独资船务公司有关问题的通知》、1996 年底中国人民银行发布的《上海浦东外资金融机构经营人民币业务试点暂行管理办法》等。这些规定有力地促进了外商投资企业在商业、外贸、运输、医疗、教育、金融、保险、电信及中介机构等领域的投资。

（六）审批权限政策

1992 年初，国务院做出了《关于较快改革、扩大开放、力争经济更好更快地上一个新台阶的意见》决定，适当扩大内地省、自治区和计划单列市及国务院有关部门的吸引外商直接投资的项目审批权限。1996 年 8 月，国务院发布了《关于扩大内地省、自治区和计划单列市和国务院有关部门吸引外商直接投资项目审批权限的通知》。该通知指出，凡符合国家《指导外商投资方向暂行规定》和《外商投资产业指导目录》的中方投资和建设、生产经营条件以及外汇需求可自行平衡解决的吸收外商直接投资的生产性项目，上述有关地方、部门及单位的审批权限，由现行项目总投资额 1 000 万美元以下提高到 3 000 万美元以下；项目批准后，需根据项目建设性质分别报国家计划委员会、国家经

① 赵晋平. 利用外资与中国经济增长. 北京：人民出版社，2001.

济贸易委员会备案，企业合同、章程报外经贸部备案。[①]

1995 年颁布的《指导外商投资方向暂行规定》第十条规定，鼓励类、允许类外商投资项目，按照现行规定的程序和办法审批、备案。限制类（甲）外商投资项目，按照现行规定的程序和办法审批、备案。其中，属于国务院规定的审批限额以下的限制类（甲）外商投资项目，按照项目建设性质，分别由省、自治区、直辖市以及计划单列市的计划部门或者主管企业技术改造的部门审批。此类项目的审批权不得下放。限制类（乙）外商投资项目，属于国务院规定的审批限额以下的，项目建议书由国务院行业归口管理部门审批；项目可行性研究报告按照项目建设性质，分别由省、自治区、直辖市以及计划单列市的计划部门或者主管企业技术改造的部门审批，并报国家计委或者国家经济贸易委员会备案。此类项目的审批权不得下放。属于国务院规定的审批限额以上的，按照现行规定的程序和办法审批。

四、稳步发展阶段（21 世纪以来）

进入 21 世纪以来，中国利用外资进入稳步发展阶段。“入世”以来，中国要全面实施 WTO 关于非歧视原则和国民待遇原则。因此，这一阶段中国对待外资的态度实现了由盲目引进向理性引进转变，利用外资战略也逐步实现了三个转变：由政策优惠的吸引转变为竞争秩序和投资环境的吸引、由“超国民待遇”和“非国民待遇”转变为“国民待遇”，以及由注重吸引资金转变为注重引进技术。

这个阶段，中国先后修改了《中华人民共和国外资企业法》《中华人民共和国中外合作经营企业法》《中华人民共和国中外合资经营企业法》《外商投资电信企业管理规定》《企业所得税法》，旨在取消对外商投资企业的限制，对外商投资企业实行“国民待遇”；多次修改《外商投资产业指导目录》，进一步加强对外资产业流向的指导；先后制定了《外商投资商业领域管理办法》《外商投资项目核准暂行管理办法》《外商投资广告企业管理规定》等一系列法规，对外商投资的具体领域进行规范和管理，利用外资政策的指导性和可操作性进一步加强，利用外资的政策逐步成熟和完善。[②]

在逐步取消外资的超国民待遇后，新一轮外资政策将按照“中性”的原则来构建制度框架，核心是国民待遇、公平的政策环境和竞争机会、规范的市场监管体系。

（一）产业政策

这一时期，中国利用外资政策遵循继续开放重点领域、突出负面清单特点、继续鼓励外商投资符合中国产业结构调整优化方向的领域的原则，支持外资广泛参与“中国制造 2025”战略和创新驱动发展战略，促进引资引技引智相结合，更好发挥外商投资企业对促进实体经济发展的重要作用。

1. 延续四类项目分类

《指导外商投资方向规定》历经 2002 年、2004 年两次修订，具体体现了中国对外商

---

① 正保法律教育网，http：//www.chinalawedu.com.

② 吴彦艳，赵国杰，丁志卿. 改革开放以来我国利用外资政策的回顾与展望. 经济体制改革，2008（6）.

投资的产业政策，将外商投资分为鼓励、允许、限制和禁止四类。鼓励类、限制类和禁止类的外商投资项目，列入《外商投资产业指导目录》。其余为允许类投资项目。对符合《外商投资产业指导目录》鼓励类和限制类并转让技术的外商投资项目，在投资总额内进口的自用设备，除《外商投资项目不予免税的进口商品目录》所列商品外，免征关税和进口环节增值税。鼓励类外商投资项目，除依照有关法律、行政法规的规定享受优惠待遇外，从事投资额大、回收期长的能源、交通、城市基础设施（煤炭、石油、天然气、电力、铁路、公路、港口、机场、城市道路、污水处理、垃圾处理等）的建设、经营的，经批准，可以扩大其相关的经营范围。

鼓励类外商投资项目包括：农业新技术、农业综合开发和能源、交通、重要原材料工业的；高新技术，先进适用技术，能够改进产品性能、提高企业技术经济效益或生产国内生产能力不足的新设备、新材料的；适应市场需求，能够提高产品档次、开拓新兴市场或者增加产品国际竞争能力的；新技术，新设备，能够节约能源和原材料、综合利用资源和再生资源以及防治环境污染的；能够发挥中西部地区的人力和资源优势，并符合国家产业政策的；产品全部直接出口的允许类外商投资项目。

限制类外商投资项目包括：技术水准落后的；不利于节约资源和改善生态环境的；从事国家规定实行保护性开采的特定矿种勘探、开采的；属于国家逐步开放的产业的。

禁止类外商投资项目包括：危害国家安全或者损害社会公共利益的；对环境造成污染损害，破坏自然资源或者损害人体健康的；占用大量耕地，不利于保护、开发土地资源的；危害军事设施安全和使用效能的；运用中国特有工艺或者技术生产产品的。

允许类外商投资项目包括：上述三种项目之外的其他项目；经省、自治区、直辖市及计划单列市人民政府或者国务院主管部门批准的产品出口销售额占其产品销售总额70%以上的限制类外商投资项目。

2. 进一步扩大准入领域

“入世”后，中国对外资放开的领域不断扩大。2001 年 12 月颁布的《外商投资电信企业管理规定》明确了外商投资设立电信企业的条件和程序，并在 2002 年 4 月修订的《外商投资产业指导目录》禁止类中取消了外商投资于电信运营业。2002 年 2 月 1 日起，《外资保险公司管理条例》开始实施。2006 年 11 月，国务院公布的《中华人民共和国外资银行管理条例》规定，监管当局按照中国的“入世”承诺，取消外资行人民币业务的地域和客户限制，鼓励外资银行设立或者将现在的分行转制为在中国当地注册的法人银行。此后，金融、保险、证券、电信、流通、专业技术等服务领域都按照中国服务贸易具体减让承诺表逐步实施。

2017 年 1 月 17 日，国务院发布了《关于扩大对外开放积极利用外资若干措施的通知》（下称《若干措施》）[①]，出台了 20 条具体措施，支持外资参与创新驱动发展战略实施、制造业转型升级和海外人才在华创业发展。《若干措施》围绕放宽准入，提出以

① 中华人民共和国中央人民政府，http：//www.gov.cn/zhengce/content/2017-01/17/content_5160624.htm.

下措施。

（1）放宽服务业、制造业、采矿业领域多个行业的外资准入限制，服务业放宽银行类金融机构、证券、期货、保险等机构的准入限制，放开会计审计、建筑设计、评级服务等领域外资准入限制，推进电信、互联网、文化、教育、交通运输等领域有序开放。

（2）制造业重点取消轨道交通设备制造、摩托车制造、油脂加工等领域外资准入限制；采矿业将放宽油页岩、油砂、页岩气等非常规油气以及矿产资源领域外资准入限制；石油、天然气领域对外合作项目由审批制改为备案制。

（3）外商投资企业和内资企业同等适用"中国制造 2025"战略政策措施。鼓励外商投资高端制造、智能制造、绿色制造等，以及工业设计和创意、工程咨询、现代物流、检验检测认证等生产性服务业，改造提升传统产业。

（4）支持外资依法依规以特许经营方式参与基础设施建设，包括能源、交通、水利、环保、市政公用工程等。相关支持政策同等适用于外资特许经营项目建设运营。

（5）持内外资企业、科研机构开展研发合作。支持外商投资企业建设研发中心、企业技术中心，申报设立博士后科研工作站。根据对等原则，允许外商投资企业参与承担国家科技计划项目。外商投资企业同等适用研发费用加计扣除、高新技术企业、研发中心等优惠政策。

2017 年 6 月，国家发改委、商务部联合发布新的《外商投资产业指导目录》（下称《目录》）。这是继 1997 年、2002 年、2004 年、2007 年、2011 年、2015 年修订后的第 7 次修订。

从条目看，2017 年版《目录》进一步减少了限制性措施。在 2015 年版《目录》减少约一半限制性措施基础上，本次修订再次推进大幅放宽外资准入。2017 年版《目录》限制性措施共 63 条（包括限制类条目 35 条、禁止类条目 28 条），比 2015 年版的 93 条限制性措施（包括鼓励类有股比要求条目 19 条、限制类条目 38 条、禁止类条目 36 条）减少了 30 条。与此同时，鼓励类条目数量基本不变，继续鼓励外资投向先进制造、高新技术、节能环保、现代服务业等领域。

从行业看，2017 年版《目录》进一步提高了服务业、制造业、采矿业等领域开放水平。服务业重点取消了公路旅客运输、外轮理货、资信调查与评级服务、会计审计、农产品批发市场等领域准入限制，制造业重点取消了轨道交通设备、汽车电子、新能源汽车电池、摩托车、食用油脂、燃料乙醇等领域准入限制，放宽了纯电动汽车等领域准入限制，采矿业重点取消了非常规油气、贵金属、锂矿等领域准入限制。同时，鼓励类增加了特殊医学用途配方食品、虚拟现实（Virtual Reality，VR）/增强现实（Augmented Reality，AR）设备、3D 打印设备关键零部件、城市停车设施等符合产业结构调整优化方向的项目。

3. 提出外商投资准入负面清单

为切实提高投资便利化程度，经全国人大常委会授权，国务院自 2013 年 10 月起，先后在上海、广东、天津、福建 4 个自贸试验区进行外商投资审批体制改革试点，探索以"准入前国民待遇加负面清单管理模式"取代传统的"逐案审批模式"。其中，规定将

“外资企业经营期限”“中外合作经营企业协议、合同、章程重大变更”等11项原需行政审批的事项改为备案管理。

2013年，上海市在自贸试验区扩展前区域内配套出台了《中国（上海）自由贸易试验区外商投资准入特别管理措施（负面清单）（2013年）》和《中国（上海）自由贸易试验区外商投资企业备案管理办法》。负面清单含有190项特别管理措施，并在2014年减少至139项。结合自贸试验区试点范围的扩大，经党中央、国务院批准，2015年，国务院办公厅印发《自由贸易试验区外商投资准入特别管理措施（负面清单）》和《自由贸易试验区外商投资国家安全审查试行办法》，将外商投资特别管理措施减少为122项，将自贸试验区内安全审查范围由外资并购扩展至新设企业、协议控制、再投资等方式，将可能影响国家安全的文化产品、网络信息产品纳入审查范围，在进一步扩大开放的同时，构建全面的风险防控体系。

2016年9月30日，上海、广东、天津、福建4个自贸试验区进行外商投资审批体制改革试点，探索以“准入前国民待遇加负面清单管理模式”取代传统的“逐案审批模式”的授权于到期。

2016年9月，全国人大常委会审议通过的《中外合资经营企业法》等四部法律修正案提出，举办外商投资企业不涉及准入特别管理措施的，适用备案管理。2016年10月，国家发改委、商务部发布公告，提出外商投资准入特别管理措施范围按2015年版《外商投资产业指导目录》限制类、禁止类以及鼓励类中有股比要求的规定执行。按照负面清单模式改革要求，2017年，《外商投资产业指导目录》作了第7次修订，更进一步，将部分原鼓励类有股比要求的条目，以及限制类、禁止类整合为外商投资准入负面清单，作为对外商投资实行准入前国民待遇加负面清单管理模式的基本依据。负面清单之外的领域，原则上不得实行对外资准入的限制性措施，外商投资项目和企业设立实行备案管理。

按照外商投资准入负面清单模式特点，2017年版《外商投资产业指导目录》删除了2015年版《目录》中内外资一致的限制性措施。原限制类和禁止类中的11个条目按内外资一致原则管理。如大型主题公园建设等内外资均须履行项目核准程序，高尔夫球场、别墅等内外资均禁止新建，以及博彩业、色情业等内外资均禁止投资等[①]。

2017年6月5日，国务院办公厅发布《关于印发自由贸易试验区外商投资准入特别管理措施（负面清单）（2017年版）的通知》，进一步放宽外商投资准入，与2015版《自由贸易试验区外商投资准入特别管理措施（负面清单）》相比，2017版负面清单共减少了10个条目、27项措施。其中，减少的条目包括轨道交通设备制造、医药制造、道路运输、保险业务、会计审计、其他商务服务共6个，同时整合减少了4个。

---

① 国家发改委有关负责人就《外商投资产业指导目录（2017年修订）》答问. 中华人民共和国中央人民政府网站，http://www.gov.cn/zhengce/2017-06/28/content_5206418.htm.

4. 备案管理

2015 年，商务部发布《自由贸易试验区外商投资备案管理办法（试行）》，明确了在 4 个自贸试验区适用备案管理的外商投资企业设立及变更事项办理程序等，并规定了相应的监督检查、年度报告、诚信档案等事中事后监管制度。经过自贸试验区的成功实践，2016 年《全国人民代表大会常务委员会关于修改〈中华人民共和国外资企业法〉等四部法律的决定》主要明确了两个重要的内容，一个是将不涉及国家规定的准入特别管理措施的企业设立及变更，由逐案审批改为备案管理；另一个是国家规定的准入特别管理措施，由国务院发布或者批准发布。2016 年 10 月 8 日，商务部出台《外商投资企业设立及变更备案管理暂行办法》，作为在全国范围内复制推广自贸试验区经验的重要配套措施。

（二）地区政策

1. 经济型特殊区域政策

截至 2017 年 4 月底，中国已形成 11 个自贸区[①]、7 个经济特区[②]、19 个国家级新区[③]，国务院以及文化部、交通部、证监会、银监会等相关部门相继出台促进自贸区发展的政策，国家及省市为经济特区给予资金、税收方面的政策倾斜，国家在政策、资金等方面往往也给予国家级新区较大力度的支持。

截至 2017 年 8 月底，中国共有 219 个国际家经济技术开发区、16 个边境合作区、145 个高新技术开发区，分布于各省、直辖市、自治区。2005 年 3 月国务院《关于促进国家级经济技术开发区进一步提高发展水平的若干意见》[④]、2010 年 3 月财政部《中西部等地区国家级经济技术开发区基础设施项目贷款财政贴息资金管理办法》[⑤]等相关政策从土地规划、基础设施、项目审批、金融政策、人才引进等方面进行支持。

2. 促进中西部大开发政策

为贯彻落实“西部大开发”战略和“中部崛起”战略，引导外商投资中西部地区，2000 年 6 月，国家经济贸易委员会、国家改革和发展委员会和对外贸易经济合作部在《外商投资产业指导目录》的基础上，联合制定了《中西部地区外商投资优势产业目录》，外商投资该目录中的领域，都可以享受鼓励类的优惠政策。2004 年、2008 年、2013 年、2017 年，国家根据中西部开放动态需要四次调整了《中西部地区外商投资优势产业目录》。鼓励外商投资于西部地区农业、生态、交通、能源、市政、环保、矿产、旅游等基础设施建设和资源开发，以及建立技术研究开发中心。对外商投资西部地区基础设施和

---

① 上海自贸区、天津自贸区、广东自贸区、福建自贸区、辽宁自贸区、湖北自贸区、重庆自贸区、陕西自贸区、四川自贸区、浙江自贸区、河南自贸区。

② 深圳、珠海、厦门、汕头、海南岛、喀什、霍尔果斯。

③ 上海浦东新区（1992）、重庆两江新区（2010）、贵安新区（2014）、滇中新区（2015）、舟山群岛新区（2011）、赣江新区（2016）、广州南沙新区（2012）、福州新区（2015）、湘江新区（2015）、江北新区（2015）、雄安新区（2017）、西咸新区（2014）、滨海新区（2006）、金普新区（2014）、长春新区（2016）、兰州新区（2012）、哈尔滨新区（2015）、天府新区（2015）、西海岸新区（2014）。

④ 中华人民共和国中央人民政府网站，http：//www.gov.cn/zwgk/2005-08/15/content_21694.htm.

⑤ 中华人民共和国中央人民政府网站，http：//www.gov.cn/gongbao/content/2010/content_1694227.htm.

优势产业项目，适当放宽外商投资的股比限制。

2000 年 10 月，国务院发布《关于西部大开发若干政策措施的通知》。2001 年 1 月 1 日，财政部、国家税务总局、海关总署联合发布了《关于西部大开发税收优惠政策问题的通知》[①]，给予中西部地区外商投资企业倾斜政策，包括：第一，对设在西部地区国家鼓励类产业的内资企业和外商投资企业，从 2001 年至 2010 年，减按 15%的税率征收企业所得税。鼓励类企业其主营业务收入应占企业总收入 70%以上。第二，经省级人民政府批准，民族自治地方的内资企业可以定期减征或免征企业所得税，外商投资企业可以减征或免征地方所得税。第三，对在西部地区新办交通、电力、水利、邮政、广播电视企业，上述项目业务收入占企业总收入 70%以上的，可以享受企业所得税如下优惠政策：内资企业自开始生产经营之日起，第 1 年至第 2 年免征企业所得税，第 3 年至第 5 年减半征收企业所得税；外商投资企业经营期在 10 年以上的，自获利年度起，第 1 年至第 2 年免征企业所得税，第 3 年至第 5 年减半征收企业所得税。第四，对为保护生态环境，退耕还林（生态林应在 80%以上）、还草产出的农业特产收入，自取得收入年份起 10 年内免征农业特产税。

2012 年 4 月，国家税务总局发布《关于深入实施西部大开发战略有关企业所得税问题的公告》。该公告规定，自 2011 年 1 月 1 日至 2020 年 12 月 31 日，对设在西部地区以《西部地区鼓励类产业目录》中规定的产业项目为主营业务，且其当年度主营业务收入占企业收入总额 70%以上的企业，经企业申请，主管税务机关审核确认后，可减按 15%税率缴纳企业所得税。[②]

扩大西部地区服务贸易领域的开放：将外商银行的试点扩大到直辖市、省会和自治区首府城市；允许西部地区外资银行逐步经营人民币业务；允许外商在西部地区依照有关规定投资电信、保险、旅游业，兴办中外合资会计师事务所、律师事务所、市政公用企业和其他已承诺开放领域的企业；对一些领域的对外开放，允许在西部地区先行试点。

拓宽外资通道：允许外商在西部地区进行建设—经营—移交（BOT）、移交—运营—移交（TOT）方式试点；允许外商投资项目开展包括人民币在内的项目融资；支援符合条件的西部地区外商投资企业在境内外股票市场上市；支援西部地区属于国家鼓励和允许产业的企业通过转让经营权、出让股权、兼并重组等方式吸引外商投资；积极探索以中外合资产业基金、风险投资基金方式引入外资。

已设立的外商投资企业到西部再投资项目外资比例超过 25%的，享受外商投资待遇。[③]

（三）适应世界贸易组织基本原则

1. 定期发布信息，增加政策透明度

“入世”后，中国政府为增加政策透明度采取了一些有效举措。首先，对外经济贸

① 汇法网，https：//www.lawxp.com/statute/s1383515.html.

② 国家税务总局，http：//www.chinatax.gov.cn/n810341/n810755/c1143249/content.html.

③ 中国投资指南，2015 年 2 月 17 日发布，http：//www.fdi.gov.cn/1800000121_71_477_0_7.html.

易部改变以往以《中华人民共和国对外贸易经济合作部文告》形式对外统一公布有关法律、法规和规章，不再另行发文的做法，以增刊形式发布中国根据 WTO 规则制定的，重新修改的以及予以废止的有关外经贸法律、法规及规定。2003 年 9 月，中国对外正式发布《中国外商投资报告 2003》，并且之后每年都编撰和对外发布《中国外商投资报告》。该报告详细介绍中国外商投资发展情况、外资政策和投资环境，标志着中国外资政策透明度有了较大的增加。

2. 公正对待外资，消除“非国民待遇”

2017 年国务院发布的《关于促进外资增长若干措施的通知》提出了公正对待外资企业的措施，消除“非国民待遇”。

（1）促进内外资企业公平参与中国标准化工作。进一步深化标准化工作改革，提高标准制修订的透明度和开放度。推进标准制修订全过程信息公开，强化标准制修订过程中的信息共享和社会监督。

（2）除法律法规有明确规定或确需境外投资者提供信息外，有关部门要按照内外资企业统一标准、统一时限的原则，审核外商投资企业业务牌照和资质申请，促进内外资企业一视同仁、公平竞争。

（3）深化政府采购改革，坚持公开透明、公平竞争原则，依法依规对外商投资企业在中国境内生产的产品一视同仁、平等对待，促进内外资企业公平参与政府采购招投标。

（4）依法依规严格保护外商投资企业知识产权。健全知识产权执法机制，加强知识产权执法、维权援助和仲裁调解工作。加强知识产权对外合作机制建设，推动相关国际组织在中国设立知识产权仲裁和调解分中心。

（5）支持外商投资企业拓宽融资渠道。外商投资企业可以依法依规在主板、中小企业板、创业板上市，在新三板挂牌，以及发行企业债券、公司债券、可转换债券和运用非金融企业债务融资工具进行融资。

（6）深化外商投资企业注册资本制度改革。除法律、行政法规另有规定外，取消外商投资公司的最低注册资本要求，落实内外资企业统一的注册资本制度。

（四）税收优惠政策

2008 年 1 月 1 日起，中国开始实行新的《中华人民共和国企业所得税法》①，统一了税收优惠政策，实行“产业优惠为主、区域优惠为辅”的新税收优惠体系。

对从事高新技术、基础设施、农林牧渔、环境保护和安全生产等的企业实行税收优惠，包括：高新技术企业享受 15%的优惠税率；小型微利企业享受 20%的优惠税率、西部地区国家鼓励类企业享受 15%优惠税率。从事国家重点扶持的公共基础设施项目的投资经营所得，自取的第一笔生产经营收入所属纳税年度起，享受企业所得税“三免两减”，从事农林牧渔的企业可享受减征或者免征企业所得税；企业在环境保护、节能节水和安全生产等方面的设备采购和投资可从应纳税所得额中抵扣；企业研发支出在按照规定据实扣除的基础上，按照研发费用的 50%加计扣除，形成无形资产的，按无形资产成本的

① 中华人民共和国中央人民政府，http://www.gov.cn/flfg/2007-03/19/content_554243.htm.

150%摊销；企业在一个纳税年度内技术转让所得不超过500万元的部分，免征企业所得税，超过500万元的部分，减半征税；五个经济特区和上海浦东新区设立的高新技术企业，自取得第一笔生产经营收入所属纳税年度起，享受企业所得税“两免三减”；创业投资企业从事创业投资，可按投资额的一定比例抵扣应缴税所得额。新税法公布前已批准设立的享受低税率优惠的企业，可在税法施行后5年内，逐步过渡到法定税率；享受定减免税优惠税的，可在新税法施行后继续享受到期满为止。

2013年，国务院发布的中国（上海）自由贸易试验区总体方案规定：（1）实施促进投资的税收政策。注册在试验区内的企业或个人股东，因非货币性资产对外投资等资产重组行为而产生的资产评估增值部分，可在不超过5年期限内，分批缴纳所得税。对试验区内企业以股份或出资比例等股权形式给予企业高端人才和紧缺人才的奖励，实行已在中关村等地区试点的股权激励个人所得税纳税政策。（2）实施促进贸易的税收政策。将试验区注册的融资租赁企业或金融租赁公司在试验区内设立的项目子公司纳入融资租赁出口退税试点范围。对试验区内注册的国内租赁公司或租赁公司设立的项目子公司，经国家有关部门批准从境外购买空载重量在25吨以上并租赁给国内航空公司使用的飞机，享受相关进口环节增值税优惠政策。对设在试验区内的企业生产、加工并经“二线”销往内地的货物照章征收进口环节增值税、消费税。根据企业申请，实行对该内销货物按其对应进口料件或按实际报验状态征收关税的政策。在现行政策框架下，对试验区内生产企业和生产性服务企业进口所需的机器、设备等货物予以免税，但生活性服务业等企业进口的货物以及法律、行政法规和相关规定明确不予免税的货物除外。完善启运港退税试点政策，适时研究扩大启运地、承运企业和运输工具等试点范围。

（五）金融与外汇管理政策

21世纪以来，中国逐步改变了对外商投资企业外汇收支平衡的管理原则，逐步深化外汇管理体制改革，更好地满足和便利外商投资企业经营与资金运作需要，在前期部分地区试点经验的基础上，在全国范围内实施外商投资企业外汇资本金结汇管理方式改革。

2015年3月，国家外汇管理局发布《关于改革外商投资企业外汇资本结汇管理方式的通知》[①]规定：（1）外商投资企业外汇资本金实行意愿结汇，外商投资企业资本金账户中经外汇局办理货币出资权益确认（或经银行办理货币出资入账登记）的外汇资本金可根据企业的实际经营需要在银行办理结汇。外商投资企业外汇资本金意愿结汇比例暂定为100%。（2）外商投资企业外汇资本金意愿结汇所得人民币资金纳入结汇待支付账户管理。外商投资企业原则上应在银行开立对应的资本项目－结汇待支付账户，用于存放意愿结汇所得人民币资金，并通过该账户办理各类支付手续。规定了外商投资企业资本金账户的收入范围和支出范围；结汇待支付账户的收入范围和支出范围。（3）外商投资企业资本金的使用应在企业经营范围内遵循真实、自用原则。（4）便利外商投资企业

① 废止了2008年的《国家外汇管理局综合司关于完善外商投资企业外汇资本金支付结汇管理有关业务操作问题的通知》、2011年的《国家外汇管理局综合司关于完善外商投资企业外汇资本金支付管理业务操作问题的补充通知》和2014年的《国家外汇管理局关于在部分地区开展外商投资企业外汇资本金结汇管理方式改革试点有关问题的通知》。

以结汇资金开展境内股权投资。

“入世”以来，国家外汇管理局不断简化行政审批程序，深化简政放权的外汇管理体制改革，促进投资贸易便利化。2012 年 11 月，国家外汇管理局下发了《关于进一步改进和调整直接投资外汇管理政策的通知》。为了促进和便利企业跨境投资资金运作，在总结前期部分地区试点经验的基础上，2015 年 2 月，国家外汇管理局下发了《关于进一步简化和改进直接投资外汇管理政策的通知》，在全国范围内进一步简化和改进直接投资外汇管理政策。（1）取消境内直接投资项下外汇登记核准和境外直接投资项下外汇登记核准两项行政审批事项。（2）简化部分直接投资外汇业务办理手续，包括境内直接投资项下外国投资者出资确认登记管理；取消境外再投资外汇备案；取消直接投资外汇年检，改为实行存量权益登记。（3）银行应提高办理直接投资外汇登记的合规意识，制定直接投资外汇登记业务的内部管理规章制度，包括直接投资外汇登记业务操作规程、直接投资外汇登记业务风险管理制度、直接投资外汇登记业务统计报告制度，并留存备查。银行自行对已经取得外汇局金融机构标识码的分支机构开展直接投资外汇登记进行业务准入管理，并要认真履行真实性审核义务。

2017 年 1 月，国务院颁布的《关于扩大对外开放积极利用外资若干措施的通知》规定：（1）支持外商投资企业拓宽融资渠道。外商投资企业可以依法依规在主板、中小企业板、创业板上市，在新三板挂牌，以及发行企业债券、公司债券、可转换债券和运用非金融企业债务融资工具进行融资。（2）推进外资跨国公司本外币资金集中运营管理改革。积极吸引跨国公司在中国设立地区总部和采购中心、结算中心等功能性机构，允许外资跨国公司开展本外币资金集中运营，促进资金双向流动，提高资金使用效率和投资便利化水平。（3）完善外商投资企业外债管理制度。统一内外资企业外债管理，改进企业外汇管理，提高外商投资企业境外融资能力和便利度。

（六）土地使用政策

外商投资企业可以通过有价和有期限使用方式获得土地使用权。土地使用权有价出让可以采取协议、招标和拍卖三种方式。外商投资企业也可以依法通过转让、租赁等方式取得土地使用权。

2017 年 1 月，国务院颁布的《关于扩大对外开放积极利用外资若干措施的通知》第十七条规定，支持外商投资项目用地。外商投资企业与内资企业同等适用相关用地政策。继续对集约用地的鼓励类外商投资工业项目优先供应土地，在确定土地出让底价时可按不低于所在地土地等别相对应全国工业用地出让最低价标准的 70%执行。

综上所述，改革开放以来，随着中国由计划经济体制向有计划的商品经济体制，进而向市场经济体制转变，通过先后出台和多次修改法律、实施条例、规定、管理办法、指导目录等方式，从产业政策、土地政策、地区政策、税收政策、金融与外汇管理政策等方面入手，中国利用外资政策主要沿着四个路径演进，逐步成熟和完善。（1）逐步实现了由“超国民待遇”高水平优惠政策向降低对外资的绝对优惠水平，逐步取消一些“普适性”的优惠政策，最终实现外商投资企业的“国民待遇”政策的转变；（2）有计划、有重点地吸收外资，合理引导外资流向，积极调整外资结构，加强以产业、技术引进和地区为导向的“差别性”优惠政策，利用外资政策从注重单纯引进资金向引进技术和促进产业结构调整以及产业升级的方向倾斜；（3）营造公平的政策环境和竞争机会，由政策优惠的吸引转变为竞争秩序和投资环境的吸引；（4）逐步建立和规范的市场监管体系，对外商投资的具体领域进行规范和管理，使利用外资政策的指导性和可操作性逐步加强。

第三节　改革开放后利用外资的状况

改革开放后，中国利用外资取得了很大的发展，主要体现在利用外资的规模得到很大增长，利用外资方式渐趋多样化，利用外资产业和行业分布更广，利用外资区域分布渐趋合理以及利用外资的国别（地区）分布更加多样化等主要方面。

一、利用外资规模及增速

改革开放 30 多年来，中国利用外资规模从最初的 1979—1983 年年均实际利用外资金额仅 28.876 亿美元，增加到 2015 年的 1 262.67 亿美元；中国利用外资的增速波动较大，最低年增速为–16.3%，最高年增速为 102.9%；中国利用外资出现了三次热潮。

（一）酝酿起步阶段：规模小

1979 年，第一家中外合资企业——北京航空食品有限公司的诞生开辟了中国利用外资的新纪元。1979—1985 年，中国利用外资规模小，累计利用外资 216.05 亿美元，其中，1984 年和 1985 年利用外资分别为 27.05 亿美元和 44.62 亿美元（见图 8–1）。这一阶段，与利用外资规模小并存的是利用外资项目数量多。1984 年，中国利用外资批准的项目数是 1983 年的 4 倍，协议投资额比 1983 年增加一倍以上，出现了“第一次投资热潮”。

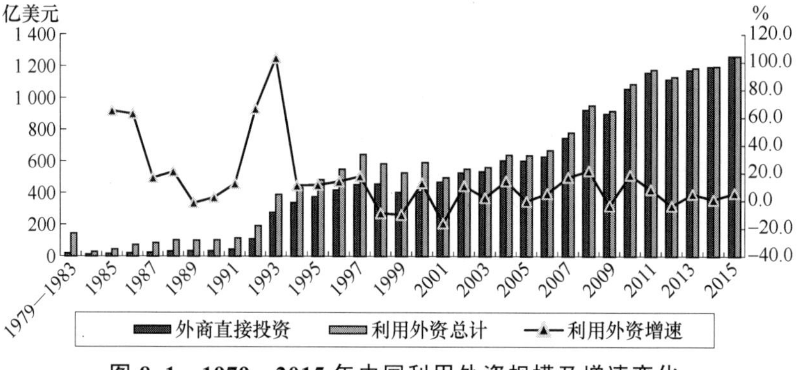

图 8–1　1979—2015 年中国利用外资规模及增速变化

注：2000 年及以前，实际利用外资金额含对外借款。

数据来源：1999 年、2002 年、2016 年《中国统计年鉴》。

（二）初步发展阶段：规模增加，增速波动大

1986—1991 年，中国年利用外资规模增加较平稳，增速波动较大。这一阶段，中国

利用外资规模从1986年的72.58亿美元逐步增加到1991年的115.54亿美元，增速由1986年的62.7%急剧下降到1987年的16.5%直至1989年度的–1.6%，随后小幅回升至1991年的12.3%。值得一提的是，1988年中国利用外资规模首次突破了100亿美元，并于1987—1989年出现“第二次投资热潮”。这三年批准的外商投资项目分别为2 233个、5 945个和5 779个，协议投资额分别为37.88亿美元、52.97亿美元和56.00亿美元，实际使用金额分别为23.14亿美元、31.93亿美元和33.93亿美元。

（三）快速发展阶段：规模持续增大，增速波动大

1992年—20世纪末，中国利用外资规模持续增大，增速波动大。中国利用外资的规模从1992年的192.02亿美元增加到1999年的526.59亿美元，其中，1996年首次突破了500亿美元。这一阶段，中国利用外资增速较高的年份为1992年、1993年，增速分别为66.2%和102.9%；增速为负的年份为1998年和1999年，增速分别为–9.1%和–10.1%。1992—1996年，中国利用外资出现“第三次投资热潮”，这四年中国成为发展中国家吸收外资最多的国家，全球第二大外资流入国，仅次于美国。

（四）稳步发展阶段：规模稳步增加，增速小幅波动

进入21世纪以来，中国利用外资规模稳步增加，从2000年的593.56亿美元逐步增加到2015年的1 262.67亿美元，其中，2010年突破了1 000亿美元。中国利用外资的增速仍有起伏，但波动幅度变小。最高增速为2008年的21.6%，最低增速为2012年的–3.7%。

随着中国低廉且供给充足的劳动力、土地、自然资源等吸收外资的传统比较优势的消减以及全球产业链的深刻变革，中国吸引外资在经历30多年的高速发展后出现放缓迹象，据商务部数据，2016年，中国实际使用外资金额8 132.2亿元人民币，同比增长了4.1%[①]，增速相较往年有所下降。

二、利用外资的投资方式

（一）以对外借款为主阶段

1979—1991年，利用外资的酝酿起步阶段和初步发展阶段，中国利用外资的主要方式是对外借款，占总利用外资的比重超过50%（见表8–2）。

表8–2　　1979—2015年中国利用外资的投资方式　　单位：亿美元，%

年份	外资企业个数	利用外资总计	对外借款		外商直接投资		外商其他投资
			金额	占利用外资比重	金额	占利用外资比重	
1979—1983	1 558	144.38	117.55	81.4	18.02	12.5	8.81
1984	2 166	27.05	12.86	47.5	12.58	46.5	1.61

① 夏旭田. 中国放宽多领域外资市场准入 新一轮开放更重国民待遇. 21世纪经济报道，2017-01-19. http://www.sohu.com/a/124681294_115443.

续表

年份	外资企业个数	利用外资总计	对外借款		外商直接投资		外商其他投资
			金额	占利用外资比重	金额	占利用外资比重	
1985	3 073	44.62	25.06	56.2	16.58	37.2	2.98
1986	1 498	72.58	50.14	69.1	18.74	25.8	3.70
1987	2 233	84.52	58.05	68.7	23.14	27.4	3.33
1988	5 945	102.26	64.87	63.4	31.94	31.2	5.45
1989	5 779	100.59	62.86	62.5	33.92	33.7	3.81
1990	7 273	102.89	65.34	63.5	34.87	33.9	2.68
1991	12 978	115.54	68.88	59.6	43.66	37.8	3.00
1992	48 764	192.02	79.11	41.2	110.07	57.3	2.84
1993	83 437	389.60	111.89	28.7	275.15	70.6	2.56
1994	47 549	432.13	92.67	21.4	337.67	78.1	1.79
1995	37 011	481.33	103.27	21.5	375.21	78.0	2.85
1996	24 556	548.04	126.69	23.1	417.25	76.1	4.10
1997	21 001	644.08	120.21	18.7	452.57	70.3	71.30
1998	19 799	585.57	110.00	18.8	454.63	77.6	20.94
1999	16 918	526.59	102.12	19.4	403.19	76.6	21.28
2000	22 347	593.56	100.00	16.8	407.15	68.6	86.41
2001	26 140	496.72	—	—	468.78	94.4	27.94
2002	34 171	550.11	—	—	527.43	95.9	22.68
2003	41 081	561.40	—	—	535.05	95.3	26.35
2004	43 664	640.72	—	—	606.30	94.6	34.42
2005	44 001	638.05	—	—	603.21	94.5	40.55
2006	41 473	670.76	—	—	630.21	94.0	40.55
2007	37 871	783.39	—	—	747.68	95.4	35.72
2008	27 514	952.53	—	—	923.95	97.0	28.58
2009	23 435	918.04	—	—	900.33	98.1	17.71
2010	27 406	1 088.21	—	—	1 057.35	97.2	30.86
2011	27 712	1 176.98	—	—	1 160.11	98.6	16.87
2012	24 925	1 132.94	—	—	1 117.16	98.6	15.78

续表

年份	外资企业个数	利用外资总计	对外借款		外商直接投资		外商其他投资
			金额	占利用外资比重	金额	占利用外资比重	
2013	22 773	1 187.21	—	—	1 175.86	99.0	11.34
2014	23 778	1 197.05	—	—	1 195.62	99.9	1.44
2015	26 575	1 262.67	—	—	1 262.67	100.0	—

注：（1）2000 年及以前，实际利用外资金额含对外借款。（2）不包括银行、保险、证券领域数据。

数据来源：1999 年、2002 年、2016 年《中国统计年鉴》。

1985 年，合资经营企业协议利用外资额分别为 20.297 亿美元，占当年外商直接投资合同协议金额的比重为 34.2%，1988 年上升到 59.2%，1990 年急剧下降到 21.4%，1991 年回升到 46.2%。1985 年，合作经营企业协议利用外资额为 34.961 5 亿美元，占当年外商直接投资合同协议金额的比重为 58.9%，随后这一比重逐年下降到 1990 年的 9.9%，1991 年回升到 16.2%。外资企业合同协议金额占比由 1985 年的 0.8%快速上升到 1991 年的 27.8%（见图 8–2）。

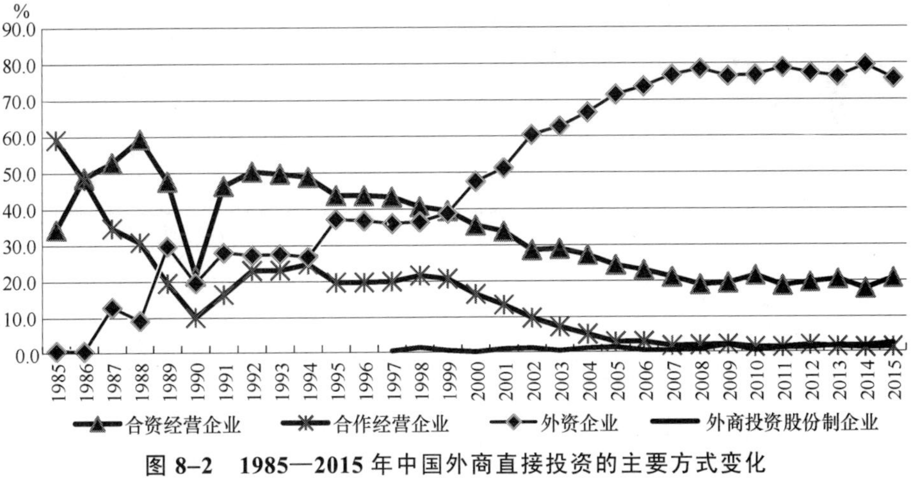

图 8–2 1985—2015 年中国外商直接投资的主要方式变化

注：（1）1985—1996 年数据为合同协议金额比重，1997—2015 年数据为实际使用金额比重。（2）《中国统计年鉴》最早从 1985 年开始统计外商直接投资主要方式数据。

数据来源：根据 1986—2016 年《中国统计年鉴》数据整理。

（二）以外商直接投资为主、探索海外直接融资阶段

1992 年，实际利用外商直接投资金额首次超过对外借款实际使用外资额。1992 年—20 世纪末，中国利用外资进入以外商直接投资为主、探索海外直接融资阶段。中国外商直接投资方式占中国实际利用外资额的比重由 1992 年的 57.3%，逐步增加为 2000 年的 68.6%。目前，外商直接投资仍是中国利用外资的最主要方式。2015 年，该比重达到

100%（见表 8–3）。

外资企业成为外商直接投资企业最主要形式，其合同协议投资额比重由 1992 年的 27%快速增加到 2015 年实际使用金额的 75.5%；合资经营企业使用外资金额占比逐渐变为第二位，由 1992 年的 50.1%下降到 2015 年的 20.5%；合作经营企业使用外资金额占比仍为第三位，由 1992 年的 22.8%下降到 2015 年的 0.03%。外商投资股份制企业占比[①]一直在 1%左右徘徊，由 1997 年的 0.6%小幅上升至 2015 年的 2.6%。

1998 年 4 月，《关于进一步扩大对外开放，提高利用外资水平的若干意见》[②]提出，稳步地利用国际证券市场引进外资。按照国家产业政策和利用外资政策，选择质量好的国有大中型企业到国际证券市场上市。在进一步做好香港上市的同时，稳妥地开辟其他国际证券市场。继续做好境内上市外资股企业的试点，改进和完善发行与交易。积极探索可转换公司债券等融资形式。进一步加强国际间证券监管合作与交流。截至 1998 年底，国家已经完成了 5 批海外上市候选公司的选择。积极进行外商投资股份有限公司、外商投资特许权项目以及利用项目运营权或收益权对外引资的试点，在中西部地区进行以 BOT 和 TOT 方式利用外资的试点。

（三）以外商直接投资为主、跨国并购凸显阶段

进入 21 世纪，仍以外商直接投资为主，外商直接投资占外资比重始终保持在 94.4%以上。同时，跨国并购在中国利用外资中的比重逐渐增加，并呈快速增长态势。2004 年在华跨国并购交易 482 件，占外资总项目数的 1.1%，并购金额 3.3 亿美元，占中国吸引外资总额的 0.5%。2015 年，跨国并购交易 1 466 件，占外资项目总数的 5.5%；交易金额 177.7 亿美元，占中国实际吸收外资总额的 14.1%（见表 8–3）。

表 8–3　2004—2015 年外国投资者在中国跨国并购交易情况

单位：亿美元，%

年份	并购交易件数	占比	并购额	占比
2004	482	1.1	3.3	0.5
2005	1 009	2.3	9.4	1.6
2006	1 272	3.1	14.2	2.2
2007	1 264	3.3	20.8	2.8
2008	847	3.1	20.8	2.3
2009	863	3.7	21.6	2.4
2010	1 134	4.1	32.5	3.1
2011	1 340	4.8	49.0	4.2
2012	1 213	4.9	45.6	4.1
2013	1 254	5.5	62.0	5.3

① 《中国统计年鉴》1997 年才有外商投资股份制企业的统计数据。

② 汇法网，https：//www.lawxp.com/statute/s558738.html.

续表

年份	并购交易件数	占比	并购额	占比
2014	1 281	5.4	75.0	6.3
2015	1 466	5.5	177.7	14.1

数据来源：《中国外商投资报告 2016》。

跨国并购交易的主要方式是股权并购和资产并购，其中以对非国有企业的股权并购为主。并购交易的主要形式是采用中外合资企业和外资企业。并购交易无论从数量还是金额看均主要集中在东部地区。跨国并购交易主要发生在第三产业，且呈现快速增长的势头。2004 年对第三产业的并购交易 105 件，2015 年增加到 1 035 件，大大超过对第二产业并购交易的 412 件。批发零售业是外资并购的重点行业，也是并购交易快速增长的行业。

三、利用外资产业和行业分布

改革开放以来，中国第二产业利用外资最多，截至 2015 年底，累计吸引 530 400 个项目，利用外资金额 6 947.67 亿美元，占全部利用外资的 53.69%。中国第三产业利用外资逐渐增加，截至 2015 年底累计吸引 281 910 个项目，利用外资金额 5 794.64 亿美元，占比 44.78%。中国第一产业利用外资占比始终较低，截至 2015 年累计占比 1.53%（见表 8–4）。

表 8–4　　截至 2015 年底中国吸引外资情况（按产业化分） 单位：亿美元，%

产业名称	项目个数	比重	实际使用外资金额	比重
第一产业	24 094	2.88	197.42	1.53
第二产业	530 400	63.41	6 947.67	53.69
第三产业	281 910	33.71	5 794.64	44.78
总计	836 404	100.00	12 939.73	100.00

数据来源：《中国外资投资报告 2016》。

改革开放以来，中国利用外资的行业分布发生了较大的变化，制造业和房地产业始终是中国利用外资最多的两个行业。在不同阶段，中国利用外资的行业呈现出不同的特点。

（一）1993—1999 年：制造业利用外资第一个波动周期

中国利用外资最多的行业是制造业（工业）[①]，1993 年工业利用外商直接投资额和占比分别为 511.736 8 亿美元和 45.9%；1996 年达到峰值，分别为 504.858 8 亿美元和 68.9%；随后下降，1999 年达到谷底，分别为 226.033 4 亿美元和 56.1%，完成第一轮波动（见图 8–3）。

① 1992 年以前，中国利用外资有按照部门的统计数据；1993 年以后，统计口径调整为按行业统计。

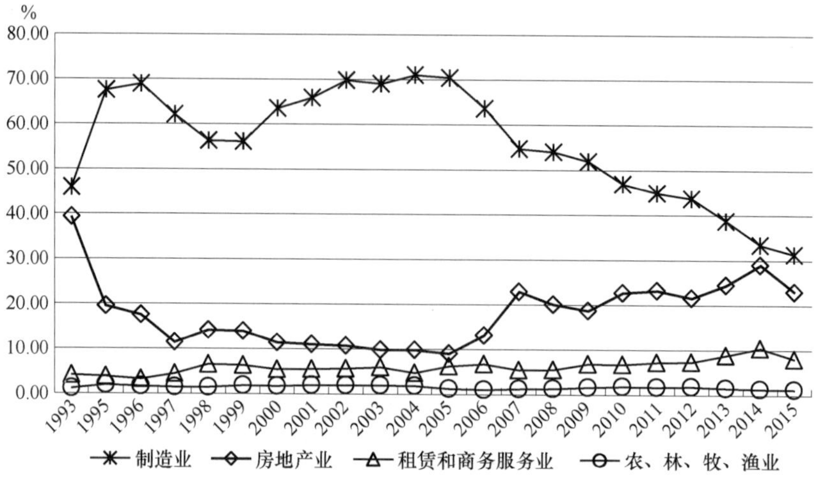

图 8-3　1993—2015 年中国利用外商直接投资主要行业及占比变化

注：图中 1993—1996 年的房地产业数据包括公共事业和服务业，1993—1996 年的租赁和商务服务业数据口径是商业、饮食、物资供销业，1997—2003 年该数据口径是社会服务业。

数据来源：1995—2016 年《中国统计年鉴》。

1997 年，中国调整了外商直接投资的分行业数据统计口径。1993－1996 年，中国外商直接投资的行业是按照表 8-5中的 10 个行业统计的，各行业利用外商直接投资金额及占比见表 8-5。调整之后，1997－2003 年，中国外商直接投资的行业是按照 15 个行业统计的，各行业利用外商直接投资金额见表 8-6。

表 8-5　　1993—1996 年中国外商直接投资行业分布　　单位：万美元，%

	1993 年		1995 年		1996 年	
	金额	占比	金额	占比	金额	占比
全国总计	11 143 566	100	9 128 153	100	7 327 642	100
工业	5 117 368	45.9	6 164 763	67.5	5 048 588	68.9
房地产业、公用事业、服务业	4 377 115	39.3	1 783 542	19.5	1 285 050	17.5
商业、饮食、物资供销业	460 647	4.1	342 665	3.8	234 674	3.2
建筑业	387 837	3.5	191 836	2.1	200 059	2.7
交通运输、邮电业	148 991	1.3	169 698	1.9	159 916	2.2
农、林、牧、渔业	119 147	1.1	173 578	1.9	113 931	1.6
卫生体育和社会福利业	47 748	0.4	83 741	0.9	35 441	0.5
教育、文化艺术业	45 173	0.4	34 496	0.4	17 062	0.2
科学研究和综合技术服务业	58 775	0.5	27 775	0.3	17 494	0.2
其他行业	380 765	3.5	156 059	1.7	215 427	3.0

数据来源：根据 1995—1997 年《中国统计年鉴》数据计算整理得到。

表 8-6　　1997—2003 年中国外商直接投资行业分布　　单位：万美元

	1997	1998	1999	2000	2001	2002	2003
实际利用外商直接投资总额	4 525 704	4 546 275	4 031 871	4 071 481	4 687 759	5 274 286	5 350 467
农、林、牧、渔业	62 763	62 375	71 015	67 594	89 873	102 764	100 084
采掘业	94 033	57 809	55 714	58 328	81 102	58 106	33 635
制造业	2 811 983	2 558 238	2 260 334	2 584 417	3 090 747	3 679 998	3 693 570
电力、煤气及水的生产和供应业	207 191	310 279	370 274	224 212	227 276	137 508	129 538
建筑业	143 782	206 423	91 658	90 542	80 670	70 877	61 176
地质勘查业、水利管理业	—	—	452	481	1 049	696	1 777
交通运输、仓储及邮电通信业	165 513	164 513	155 114	101 188	90 890	91 346	86 737
批发和零售贸易餐饮业	140 187	118 149	96 513	85 781	116 877	93 264	111 604
金融、保险业	—	—	9 767	7 629	3 527	10 665	23 199
房地产业	516 901	641 006	558 831	465 751	513 655	566 277	523 560
社会服务业	198 802	296 315	255 066	218 544	259 483	294 345	316 095
卫生体育和社会福利业	19 535	9 724	14 769	10 588	11 864	12 807	12 737
教育、文化艺术和广播电影电视业	7 403	6 830	6 072	5 446	3 596	3 779	5 782
科学研究和综合技术服务业	—	—	11 013	5 703	12 044	19 752	25 871
其他行业	157 611	114 614	96 511	145 277	105 106	132 102	225 102

数据来源：根据 1998—2004 年《中国统计年鉴》数据整理得到。

（二）21 世纪以来：制造业利用外资第二个波动周期

2000 年，中国制造业利用外资占比为 63.5%，也是从 2000 年开始，中国制造业利用外资占比开始新一轮上升，2004 年为 71.0%，达到峰值；随后逐步下降，2015 年该比重为 31.3%。

2004 年，中国又一次调整了外商直接投资的行业统计口径，开始按照 19 个行业统计。这 19 个行业分别是农、林、牧、渔业，采矿业，制造业，电力、燃气及水的生产和供应业，建筑业，交通运输、仓储和邮政业，信息传输、计算机服务和软件业，批发和零售业，住宿和餐饮业，金融业，房地产业，租赁和商务服务业，科学研究、技术服务和地质勘查业，水利、环境和公共设施管理业，居民服务和其他服务业，教育，卫生、社会保障和社会福利业，文化、体育和娱乐业以及公共管理和社会组织。2004—2015 年，中国各主要行业利用外商直接投资金额及占比如表 8-7 所示。

此外，房地产业是中国利用外资占比排名第二的行业。1993 年，房地产、公共事业及服务业利用外商直接投资 437.711 5 亿美元，占比 39.3%。1996 年，该比重下降为 17.5%。1997 年，由于统计口径的调整，房地产业利用外商直接投资 51.690 1 亿美元，占比 11.4%。此后，该比重一直下降至 2005 年的 9.0%。2006 年起，该比重逐渐上升到 20%左右。2015 年，该比重为 23.0%。

表 8–7　　2004—2015 年中国外商直接投资主要行业分布　　单位：%

年份	2004	2005	2006	2007	2008	2009	2010	2011	2012	2013	2014	2015
农、林、牧、渔业	1.8	1.2	1.0	1.2	1.3	1.6	1.8	1.7	1.8	1.5	1.3	1.2
制造业	71.0	70.4	63.6	54.7	54.0	51.9	46.9	44.9	43.7	38.7	33.4	31.3
电力、燃气及水的生产和供应业	1.9	2.3	2.0	1.4	1.8	2.3	2.0	1.8	1.5	2.1	1.8	1.8
交通运输、仓储和邮政业	2.1	3.0	3.1	2.7	3.1	2.8	2.1	2.8	3.1	3.6	3.7	3.3
信息传输、计算机服务和软件业	1.5	1.7	1.7	2.0	3.0	2.5	2.4	2.3	3.0	2.4	2.3	3.0
房地产业	9.8	9.0	13.1	22.9	20.1	18.7	22.7	23.2	21.6	24.5	29.0	23.0
租赁和商务服务业	4.7	6.2	6.7	5.4	5.5	6.8	6.7	7.2	7.3	8.8	10.4	8.0

数据来源：根据 2005—2016 年《中国统计年鉴》数据计算得到。

农、林、牧、渔业利用外商直接投资的比重一直很低，1993—2015 年，该比重始终不超过 2%，1993 年为 1.1%，1995 年、2002 年和 2003 年，该比重达到 1.9%。

四、利用外资区域分布

改革开放以来，中国利用外资一直呈现出区域不平衡的状态（见图 8–4），总的来说，东部利用外资一直占据绝对优势，中部次之，西部最少。中国东部地区利用外资从 1986 年的 23.828 8 亿美元，逐渐增加到 2015 年的 36 693 亿美元；除 1997 年的 76.59%外，中国东部地区利用外资占全国比重均在 80.48%～87.41%。中国中部地区利用外资从 1986 年的 1.906 3 亿美元，逐渐增加到 2015 年的 4 877 亿美元；占全国利用外资比重为 5.75%～11.20%，近 5 年稳定在 10%左右。中国西部地区利用外资从 1986 年的 1.978 亿美元，逐渐增加到 2015 年的 3 818 亿美元；占全国利用外资比重为 4.44%～8.52%，近 5 年稳定在 8%左右。

在中国利用外资的不同阶段，外资区域占比呈现出不同特点。改革开放后至 20 世纪末，虽然东部地区利用外资占比始终保持在 76.59%～87.41%，但其规模仍非常小，1986 年仅为 23.828 8 亿美元，1999 年缓慢增加至 358.561 9 亿美元。进入 21 世纪，东部地区利用外资不但占比始终保持在 80%以上，而且其规模仍快速增加，从 2000 年的 6 817.220 5 亿美元快速增加到 2015 年 36 693 亿美元。

五、利用外资国别（地区）分布

改革开放以来，中国利用外资遍布七大洲和各大国际组织机构。1986—2015 年，亚洲是最主要的对华投资来源地，累计投资金额 12 374.746 3 亿美元，累计占比 69.54%（见图 8–5）。拉丁美洲为第二大对华投资来源地，累计对华投资占比约 10.69%。欧洲和北美洲分列第三、第四，累计对华投资分别约为 1 287.928 7 亿美元和 993.238 2 亿美元，累计占比分别约为 7.24%和 5.58%。

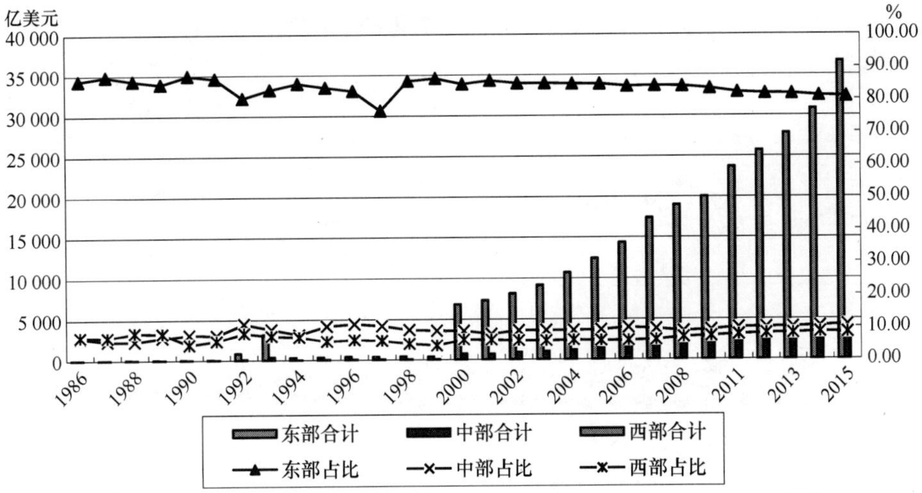

图 8–4　1986—2015 年中国东、中、西部利用投资总额及占比变化

注：（1）东部地区：北京、天津、河北、辽宁、上海、江苏、浙江、福建、山东、广东、海南。

中部地区：山西、吉林、黑龙江、安徽、江西、河南、湖北、湖南。

西部地区：内蒙古、广西、四川、重庆、贵州、云南、陕西、甘肃、青海、宁夏、新疆、西藏。

（2）图中数据为历年外商投资总额，包括外商直接投资、对外借款和外商其他投资。

数据来源：1987—2016 年《中国统计年鉴》。

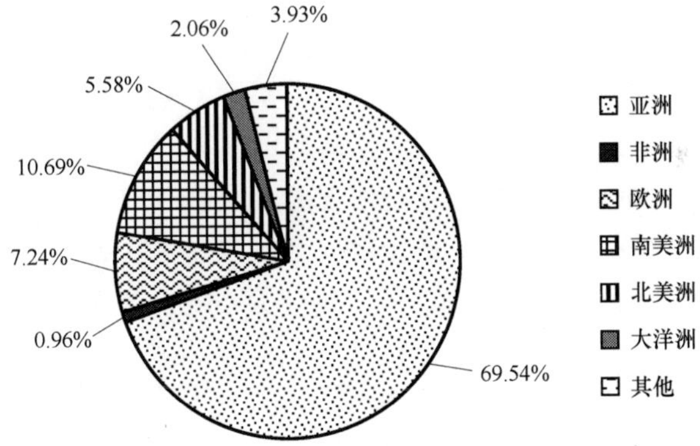

图 8–5　1986—2015 年各大洲对华累计投资比重

数据来源：根据 1987—2016 年《中国统计年鉴》计算整理得到。

改革开放以来，各大洲对华投资金额和占比也在不断发生变化（见图 8–6）。亚洲始终高居榜首，亚洲对华投资金额从 1986 年的 45.860 2 亿美元增加到 2015 年的 1 041.594 6 亿美元，占比从 1986 年的 63.2%，逐步增加到 2015 年的 82.5%。

在中国利用外资的不同阶段，亚洲对华投资比重呈现不同的走势。在中国利用外资的初步发展阶段，亚洲对华投资比重下降。1986—1991 年，亚洲对华投资比重逐步下降，从 1986 年的 63.2%上升到 1988 年的 64.9%后，逐步下降到 1991 年的 47.0%。在中国利用外资的快速发展阶段，亚洲对华投资比重快速增加然后下降；在中国利用外资的稳步发展阶段，亚洲对华投资比重两轮上升。

南美洲从 1986 年的对华零投资、1987 年开始对华投资 0.347 2 亿美元发展到跃居为 2015 年的第二大对华投资来源地。1986—2015 年，南美洲对华投资累计约 1 902.796 8

亿美元；占比从 1987 年的 0.4%一度上升至 2007 年的 25.7%，近几年占比回落至个位数。近三年，该比重稳定在 7%左右。

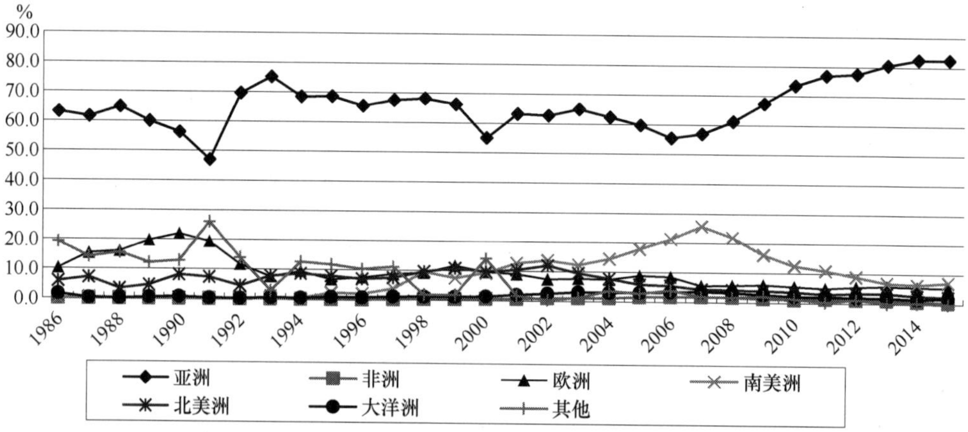

图 8-6　1986—2015 年中国利用外资七大洲来源地分布变化

数据来源：1987—2016 年《中国统计年鉴》计算整理得到。

欧洲是对华累计投资第三大来源地，其对华投资占当年中国全部利用外资额的比重从 1986 年的 10.2%一度上升至 1989—1991 年的 20%左右。此后，该比重总体呈下降趋势。近三年，该比重稳定在 5%～6%。北美洲对华投资只有 1999 年、2001 年和 2002 年这三年占当年中国全部利用外资额的比重超过了 10%，其余年份都在个位数。近三年，该比重稳定在 3%左右。

从中国利用外资的国别（地区）分布情况看（见表 8-8），截至 2015 年，中国利用外资最大的来源地区是中国香港，累计对内地投资 8 333.25 亿美元，占中国累计吸引外资总额的 50.74%；位列第二位的是英属维尔京群岛，累计对华投资 1 491.74 亿美元，占 9.08%；日本、新加坡、美国分列第三位、第四位、第五位，分别累计对华投资 1 018.25 亿美元、792.21 亿美元、774.70 亿美元，占比分别为 6.20%、4.82%、4.72%。上述前 5 位国家（地区）合计占比达 75.56%，反映出中国利用外资来源国家（地区）较为集中。

表 8-8　　截至 2015 年对华投资前 15 位国家（地区）情况　单位：亿美元，%

国家（地区）	项目个数	比重	实际使用外资金额	比重
中国香港	386 213	46.18	8 333.25	50.74
英属维尔京群岛	23 583	2.82	1 491.74	9.08
日本	49 840	5.96	1 018.25	6.20
新加坡	22 481	2.69	792.21	4.82
美国	65 847	7.87	774.70	4.72
韩国	59 740	7.14	639.46	3.89

续表

国家（地区）	项目个数	比重	实际使用外资金额	比重
中国台湾	95 298	11.39	626.89	3.82
开曼群岛	3 168	0.38	301.73	1.84
德国	9 002	1.08	254.67	1.55
萨摩亚	8 120	0.97	253.41	1.54
英国	8 106	0.97	196.99	1.20
荷兰	3 078	0.37	154.87	0.94
法国	4 997	0.60	148.59	0.90
毛里求斯	2 421	0.29	133.15	0.81
中国澳门	14 398	1.72	127.85	0.78

数据来源：《中国外资投资报告 2016》。

中国利用外资的国别（地区）分布不断变化。

在利用外资的初步发展阶段（1986—1991 年），中国利用外资前 5 位国家（地区）或国际组织分别为世界银行等国际组织、日本、中国香港和澳门地区、法国和美国，占比分别为 29.65%、29.44%、26.01%、5.37%和 4.61%。这一阶段，世界银行、国际货币基金组织、农业发展基金和亚洲开发银行等国际组织、日本和中国香港和澳门地区是中国利用外资的主要来源地，充分反映出这个阶段开放程度较低。

在利用外资的快速发展阶段（1992—1999 年），中国利用外资前 5 位国家（地区）分别为中国香港和澳门地区、日本、美国、中国台湾和新加坡，占比分别为 42.87%、10.21%、7.22%、4.98%和 4.18%。这一阶段，中国香港和澳门地区成为内地最主要的外资来源地，并且，中国台湾也成为大陆主要的外资来源地。

在利用外资的稳步发展阶段（21 世纪以来），中国利用外资前 5 位国家（地区）分别为中国香港和澳门地区、维尔京群岛、日本、美国和新加坡，占比分别为 60.85%、9.86%、4.97%、4.43%和 4.18%（见表 8–9）。这一阶段，中国香港和澳门地区外资一枝独秀，占比 60.85%，英属维尔京群岛也异军突起，成为第二位的外资来源地。

表 8–9　　1986—2015 年中国前五位外资来源国家（地区）　单位：百万美元，%

排名	1986—1991 年			1992—1999 年			2000—2015 年		
	国家（地区）	利用外资	占比	国家（地区）	利用外资	占比	国家（地区）	利用外资	占比
1	国际组织	1 714 896	29.65	中国香港和澳门	15 288 426	42.87	中国香港和澳门	81 248 790	60.85
2	日本	1 702 936	29.44	日本	3 640 992	10.21	维尔京群岛	13 160 902	9.86

续表

排名	1986—1991 年			1992—1999 年			2000—2015 年		
	国家（地区）	利用外资	占比	国家（地区）	利用外资	占比	国家（地区）	利用外资	占比
3	中国香港和澳门	1 504 295	26.01	美国	2 575 465	7.22	日本	6 638 325	4.97
4	法国	310 646	5.37	中国台湾	1 774 455	4.98	美国	5 910 948	4.43
5	美国	266 575	4.61	新加坡	1 492 017	4.18	新加坡	5 584 851	4.18

注：表中的国际组织包括世界银行、国际货币基金组织、农业发展基金和亚洲开发银行。

数据来源：1987—2016 年《中国统计年鉴》。

第四节　改革开放后利用外资对中国经济发展的作用

一、利用外资促进了中国国内经济的发展

（一）为中国带来了生产要素补充

改革开放后，利用外资对中国国内经济发展带来了所需的资金、人才、技术和先进的管理经验等生产要素。

首先，利用外资为中国改革开放后，尤其是 20 世纪八九十年代的经济发展带来了必要的、有益的资金补充。1979—2015 年，中国累计实际利用外商直接投资达 16 423.2 亿美元，位居发展中国家之首。外商直接投资占中国固定资产投资的比重，从 1985 年的 2.26%上升到 1995 年的 15.65%，随后逐渐下降到 2015 年的 1.40%。同时，改革开放后，中国利用的国外商业机构、国际组织、各国政府的贷款也为国内重大基础设施项目的建设起到了加大的推动作用。

其次，利用外资为中国带来和培养了更多人才。外资的进入本身会带来一些外籍人才的流入。进入 21 世纪以来，由于中国市场竞争加剧，外商投资企业越来越重视研发活动在技术创新中的作用。因此，加强对本地雇员的培训，在研发活动中投入的资金和人力资源所占比例更大，客观上培养了更多的技术人才。外商投资企业给本地从业人员带来的经验和技能的获得是人才形成的必要过程。通过人才市场、内资企业和外商投资企业之间的人才流动，可以逐步形成具备较高能力的人才。以 2013 年为例，30 912 家外资企业[①]中，有 6 153 家企业拥有研发人员 352 698 人，新产品数量 306 968 508 个，远

① 不计港澳台投资企业。

远超过其他性质企业[1]。

再次，利用外资为中国经济建设引进了技术并促进了技术创新。改革开放后，“以市场换技术”，通过引进外商直接投资的方式来引进技术是技术引进的显著特征。2001年，中国共签订技术引进合同 3 900 份，合同总金额 90.9 亿美元，其中技术费 43.95 亿美元，占合同总金额的 48.3%。2013 年，中国签订技术引进合同数达到 12 448 项，合同总金额达到 433.6 亿美元，几乎是 2001 年的 10 倍。其中，技术费 410.9 亿美元，占合同总金额的 94.8%。此外，外商投资企业的研发活动对于技术引进和技术创新有显著的正向影响。外商投资企业对本地雇员的培训已经成为技术溢出的重要基础，而人才在外商投资企业和内资企业之间的流动是外商投资企业技术溢出的重要途径。外商投资企业通过设备和技术进口、直接在华设立研发中心、产品链条的技术延伸、面向协作企业的技术援助、人员培训等方式创造了技术溢出效应，对中国的技术进步发挥了重要促进作用。

最后，利用外资为中国经济发展带来了先进的管理经验。外商投资企业促使内资企业转变经营管理观念的转变，改变过去单纯考核利润、产值的经营观，重视品牌建设和声誉建设，建立现代化的企业经营管理制度，加强对科研投入、市场调查、营销策略等的重视，使企业逐渐向外资企业的管理水平靠拢。

（二）促进经济总量增长和产业结构调整

外商投资经济在中国市场经济中占据了重要地位。利用外资不仅体现在对中国经济发展带来的生产要素方面的重要补充，还体现在外资企业促进了中国税收收入、经济总量增长以及产业结构的调整和升级。

首先，外商投资企业为中国税收做出重要贡献。2002 年，现存注册运营的约 22 万家外商投资企业（工业企业约 16 万家），缴纳税收 3 475.33 亿元人民币，同比增长 21.9%，占全国税收总额的比重达 20.44%。从外商投资企业本年应做增值税指标来看，2002 年外商投资企业增值税达 2 219 亿元，同比增长 20.79%，高于全国增幅 5.98 个百分点，占全国增值税总额的比重从 2001 年的 25.91%升至 27.26%，提高了 1.35 个百分点。该比重在 2005 年为 13.69%，逐步上升至 2009 年为 15.46%，此后逐年递减，基本稳定在 14%左右。外商投资企业已成为中国不可缺少的税收来源之一。

其次，外商投资企业占中国国民经济的比重不容小觑。外商投资企业工业产值占全国工业总产值（可比价）的比重从 1990 年 2.28%上升到 1994 年 11.25%，1998 年 24.34%，2000 年的 31.29%，2003 年达到峰值 35.87%，随后逐渐减至 2010 年的 27.10%。[2]2002 年现存注册运营的约 22 万家外商投资企业（工业企业约 16 万家），实现工业增加值 8 091 亿元人民币，同比增长 13.3%。占全国工业增加值的比重达 25.70%。2006 年开始，FDI 企业工业销售产值占全国比重从 20.98%逐步下降到 2014 年的 14.28%。

最后，外商投资企业促进中国产业结构调整。利用外资推动了中国产业结构调整和

---

① 数据来源：《中国科技统计年鉴 2014》。

② 数据来源：2011 年《中国外资统计》。

优化升级。改革开放以来，中国外商投资企业主要集中在制造业、交通运输、仓储和邮政业，租赁与商务服务业等行业，客观上促进了中国第二产业和第三产业规模的扩大和产业结构的调整和优化。

二、利用外资带动了中国对外贸易的发展

改革开放以来，利用外资极大促进了中国对外贸易规模、贸易结构、贸易方式的发展和完善。

（一）促进对外贸易规模增长

外商投资企业进出口是中国对外贸易增长的重要带动因素。1985 年，外商投资企业进出口额只有 29.9 亿美元，占中国当年贸易总额的比重为 4.05%；2006 年，增加到 10 364.51 亿美元，比重上升到 58.87%，占据将近六成的进出口份额，达到顶峰。此后外资企业货物进出口绝对值仍然逐年上升，但占全国进出口比重开始下降。近几年，外商投资企业进出口占全国的比重稳定在 46%左右，仍然占据近半份额。

（二）促进中国高新技术产品出口

外商投资企业是中国高新技术产品出口的主力军，极大地促进了中国出口产品结构和产品升级。2004 年，中国高新技术产品出口中，仅中外合资和外商独资企业出口就占全国高新技术产品出口的 85.6%；2013 年该比重小幅降至 72.1%，仍占半数以上。

（三）带动加工贸易发展

外商投资带动了“三来一补”为特征的加工贸易的迅速发展。发展和扩大加工贸易复出口是中国 20 世纪 80 年代以来利用外资的最初形式。外资集中进入中国的制造业，如汽车、机器制造、计算机电信设备制造和电器等产业，在投资最初阶段需要大量进口供组装的零部件和机器设备，经过组装后对外出口，形成“两头在外，中间在内”的加工贸易模式。

三、利用外资解决了中国部分就业问题

改革开放以来，随着利用外资规模的不断扩大，外商投资企业吸收的劳动力数量逐年增加。国家统计局数据显示，外商投资企业（不包括港澳台商投资企业）吸纳的就业人数由 1985 年的 6 万人增加到 2014 年的 1 562 万人，年均递增 54 万人，外商投资企业对同期全国城镇就业新增数的贡献率达到 4%。据估算，全部外商投资企业吸纳的直接就业人数超过 4 500 万，占中国城镇就业人口的比重超过 10%。此外，外商投资企业还间接创造了与其相关的配套加工、服务等活动的相关就业机会。

四、利用外资加剧了中国环境污染

必须指出，改革开放以来，中国利用外资与污染物排放之间存在着显著的正相关关系。虽然利用外资对中国可持续发展起了很大的促进作用，如外商投资企业带来了先进的环境污染防治技术、环境管理思想和方法，并通过 ISO14001 认证等方式在环境

保护方面起到模范带头作用，但是，外商直接投资在某些方面对中国环境造成了一定的负面影响[①]。中国利用外资的来源地主要以港、澳、台为主，其投资目标是利用中国较低的环境标准进行成本最小化生产，其最终生产目的是为了满足海外市场的需求。这种投资的进入对中国的环境造成污染。研究表明，外商直接投资流入增加一个百分点，环境污染的程度就增加 0.035%；同时，外商直接投资对中国各区域环境的负面影响程度与其在中国的分布情况完全一致，都呈现出“东高西低”的梯度特征[②]。也就是说，引进外商直接投资较多的地区，其对环境的负面效应也较大，外商直接投资“污染避难所”假说成立。

---

① 杨海生，贾佳，周永章，等. 贸易、外商直接投资、经济增长与环境污染. 中国人口·资源与环境，2005，15（3）.

② 苏振东，周玮庆. 外商直接投资对中国环境的影响与区域差异——基于省际面板数据和动态面板数据模型的异质性分析. 世界经济研究，2010（6）.

第九章 改革开放后对外投资的发展

1979 年 8 月 13 日，国务院颁布了 15 项经济改革措施，其中第 13 项规定“允许出国办企业”，对外投资首次作为一项政策被提出来。2001 年 3 月 5 日，第九届全国人大第四次会议《关于国民经济和社会发展第十个五年计划纲要的报告》中明确指出，要实施“走出去”战略，标志着我国对外开放战略的重大转变。2013 年，习近平总书记提出的“一带一路”倡议为我国对外投资开启了全新阶段。

第一节　改革开放后对外投资的社会经济环境及变化

一、国内社会经济环境

改革开放后，中国社会环境、经济体制和经济结构等都经历了深刻的变化，对外投资所处的国际经济环境也发生了较大的变化。

（一）对外贸易进出口增速放缓

改革开放后，中国外贸进出口增速经历了由低向高，又由高向低的变化。“六五”“七五”“八五”“九五”“十五”“十一五”期间，中国进出口额平均增速分别为42.24%、21.89%、33.41%、10.82%、24.38%和11.52%；出口额平均增速分别为37%、29.85%、33.06%、10.63%、24.87%和11.30%；进口额平均增速分别为46.34%、15.4%、33.82%、11.03%、23.83%和11.78%。

进入“十二五”建设时期，中国对外贸易进出口增速大幅降低，中国外贸进出口平均增速、出口平均增速和进口平均增速分别下降为4.01%、5.69%和1.96%。出口增长乏力。

未来中国外贸出口受国际贸易保护主义和国内劳动力成本上涨因素的影响，增长速度和发展规模都将受约束。

（二）国内经济结构需持续调整

随着中国改革开放的深入，1992年，中国确立了建设社会主义市场经济体制，经济发展急需更好地利用国内国外两个市场、两种资源。

“十五”、“十一五”和“十二五”期间，中国着力加快转变经济发展方式，推动产业结构优化升级，实施创新驱动发展战略，继续推进经济结构战略性调整。以改善需求结构、优化产业结构、促进区域协调发展、推进城镇化为重点，着力解决制约经济持续健康发展的重大结构性问题。进入“十三五”期间，党的十九大报告提出，深化供给侧结构性改革，坚持去产能、去库存、去杠杆、降成本、补短板，扩大优质增量供给，提高供给体系质量等发展理念。积极扩大对外投资，是推进结构调整和产业升级的有力杠杆，也是结构调整和产业升级要达到的重要目标。生产能力过剩、现有生产能力不能充分发挥作用，不及时调整，既会降低中国现有资产存量的收益，导致呆账坏账，又会影响产业结构的调整和升级。通过对外投资，在全球范围内重新配置这些生产能力，国内过剩产能将适用技术和成熟产业转移到市场潜力较大的中东、东欧、亚洲、非洲和拉美部分国家，都将极大促进对外贸易的发展，稳定市场占有率。

（三）资金、技术具备一定优势

自改革开放以来，中国经济高速增长，资本存量不断增加，目前GDP总量已居全球第二，人均 GDP 已超过 3 000 美元，进入邓宁“投资发展周期理论”中对外投资开始加速的阶段。同时，伴随多年的贸易顺差，中国外汇储备迅猛增长，2012 年以后，中国已成为全球外汇储备最多的国家，为对外投资提供了良好的资金条件。

经过多年技术引进与创新，中国企业在劳动密集型行业的技术选择与经营管理上积累了丰富的经验。正如英国经济学家拉奥“技术地方化理论”所说，即使发展中国家跨国企业的规模小，使用标准化技术，但其技术的形成却包含着内在的创新活动，更易于与东道国要素条件吻合，使其生产的产品能满足发展中国家的需要，从而具有了竞争优势。同时，在高技术行业，中国企业通过引进、吸收、创新及自身的研发，在很多行业已经拥有了较为先进的技术，如中国的高铁技术，为其在国际项目竞争中取胜创造了机会。①

（四）人均自然资源相对紧缺，无法保证战略资源的安全供应

中国虽然地大物博，但人口众多，按人均计是一个自然资源相对紧缺的国家。石油、森林、橡胶、铁矿、铜矿等重要资源的人均拥有量远远低于世界平均水平，相对价格水平高，不少资源需要长期大量进口，② 无法保证中国经济发展对战略资源需求的安全供应。通过一般贸易进口自然资源不仅价格波动较大，而且国际市场供给不稳定，不能保障中国经济发展对石油、天然气、矿产和森林等资源需求的有效、稳定补充。因此，积极促进对外投资、开发资源则成为中国必然的选择。

二、国际社会经济环境

（一）经济全球化和区域化趋势并存

改革开放以来，全球国际分工合作不断深化，各国之间的经贸联系更趋频繁，呈现经济全球化趋势。多边贸易体制的形成和发展，进一步加剧经济全球化发展趋势，投资和贸易自由化成为 21 世纪不可阻挡的趋势。当前，世界正发生复杂深刻的变化，国际金融危机深层次影响继续显现，世界经济缓慢复苏、发展分化，国际投资贸易格局和多边投资贸易规则酝酿深刻调整，各国面临的发展问题依然严峻。

在经济全球化的背景下，促进区域内经济要素有序自由流动、资源高效配置和市场深度融合，维护全球自由贸易体系和开放型世界经济，是各国秉持的开方合作精神。各国利用对外投资，可增强与区域和世界经济的融合；各国努力实现经济政策协调，开展更大范围、更高水平、更深层次的区域合作，共同打造开放、包容、均衡、普惠的区域经济合作架构，符合国际社会的根本利益，彰显人类社会共同理想和美好追求，是国际合作以及全球治理新模式的积极探索。

（二）国际贸易保护主义抬头

改革开放后，尤其是“入世”以来，与中国对外贸易进出口高速增长相伴的是国际贸易保护主义抬头，贸易摩擦持续增加。2002—2005 年，针对中国发起的贸易救济案件

---

① 孙玉琴. 我国对外投资的比较优势、问题及策略选择. 中国科技投资，2011（1）.

② 江小涓. 我国对外投资的战略意义与政策建议. 中国外汇管理，2000（11）.

一直维持在 50 多起相对平稳的水平上。2006 年增加到 74 起。2007—2009 年一直处于较高的绝对水平上。2009 年，中国共遭受国外启动的 116 起贸易救济案件，其中，反倾销 73 起，反补贴 13 起，涉华保障措施 23 起，特别保障措施 7 起。2010 年下降至 50 起。2011 年共有 58 起。2013 年，有 19 个国家（地区）对中国发起贸易救济调查案件 89 起，涉案金额 36.19 亿美元。2016 年，中国遭遇来自 27 个国家（地区）发起的 119 起贸易救济调查案件，其中，反倾销 91 起，反补贴 19 起，保障措施 9 起，涉案金额 143.4 亿美元，案件数量和涉案金额同比分别上升 36.8%、76%。

国外针对中国采取的贸易救济始终处于一个很高的水平。根据 WTO 官网统计，1995 年至 2012 年 3 月 6 日，全球共发起 4 125 起反倾销案，仅针对中国发起的就达 884 起，占比 21.43%。其间个别年份，针对中国发起的贸易救济案件数量超过 30%，如 2006 年占比 32.9%、2007 年占比 38%、2008 年及 2009 年占比维持在 35%左右、2011 年占比 30.4%。①

（三）多边双边投资保护协定体系形成

截至 2016 年底，中国对外签订双边投资协定 104 个。进入 21 世纪，中国继续稳步推进双边自由贸易区谈判，如内地与香港、澳门建立更紧密经贸关系的安排，中国与智利、巴基斯坦、新西兰、新加坡、秘鲁、冰岛、瑞士、韩国、澳大利亚等国家签署自由贸易协定。同时，中国也积极推进包括 16 个国家和地区的区域全面伙伴关系等区域一体化谈判。

截至 2016 年底，中国已经与日本、美国、法国等 102 个国家及内地和香港、澳门及海峡两岸签订了避免双重征税协定；并于 2013 年 8 月、2015 年 12 月和 2017 年 1 月分别签订了《多边税收征管互助公约》、《金融账户涉税信息自动交换多边主管当局间协议》和《实施税收协定相关措施以防止税基侵蚀和利润转移的多边公约》。

为打消中国企业境外投资决策中的顾虑，落实投资保护制度，中国在与 115 个国家签订投资保护协定的基础上，积极设立海外投资保险，充分发挥保驾护航作用，为中国企业对外投资营造了良好的外部环境。

第二节　改革开放后对外投资政策的演变

一、对外投资政策体系初步形成阶段（1979—1990 年）

在中国利用外资的探索起步阶段，国家初步建立起对外直接投资的法律、制度及政策体系，鼓励对外投资。

1979 年 8 月 13 日，国务院颁布了 15 项经济改革措施，其中第 13 项规定“允许出国办企业”。这是改革开放后，而且是中华人民共和国成立后，中国第一次将对外投资作

① 杜慧超，王乐，孙伟. 中国遭受贸易救济措施的现状及其原因分析. 北方经济，2013（4）.

为一项政策提出来。这项规定成为当时进行对外直接投资审批的依据。当时，每一宗对外直接投资项目须由国务院审批。

1983 年，国务院授权对外经济贸易部为在国外开设合资经营企业的审批和管理的归口部门。

1984 年 5 月，对外经济贸易部出台了《关于在境外开办非贸易性合资经营企业的审批程序权限和原则的通知》。

1985 年 7 月，对外经济贸易部颁布了《关于在境外开办非贸易性企业的审批程序和管理办法的试行规定》，扩大了投资主体范围，简化了审批程序，从而使中国企业在境外的投资活动有章可循。该管理办法规定，只要是经济实体，有资金来源，具有一定技术水平和业务专长，有合作对象，均可申请到国外开设合资经营企业。该项规定在很大程度上扩大了对外直接投资的主体范围，使国内许多有资金、有技术的企业获得了对外投资的机会，对中国的对外直接投资起到了极大的推动作用。同时，该管理办法进一步明确了到国外开办合资经营企业及独资企业的审批部门：中方投资在 100 万（含 100 万）美元以上的项目，由主办单位的上级部门（省、市、自治区人民政府、国务院各部委）向对外经济贸易部申报，由对外经济贸易部征求中国驻外使（领）馆和有关部门意见后审批。由于中国当时技术水平较低，外汇储备有限，部分原材料紧缺，许多产品长期依赖国外进口，该管理办法规定，必须符合 5 个条件之一才可进行对外直接投资，如通过合资经营企业，可以引进一般渠道难以得到的先进技术和设备；能为国家提供长期稳定、质量符合要求、价格有竞争性、国内需要较长时期进口的原材料或产品；能为国家增加外汇收入；能扩大对外承包工程和劳务合作，或带动设备材料等出口；能为当地提供市场需要的产品，对中国确有收益。同时，该管理办法规定，中方应争取以实物，技术入股，尽量少拿现金。[①]

1989 年 3 月 6 日，国家外汇管理局发布了《境外投资外汇管理办法》[②]，明确规定境内投资者在向国家主管部门办理境外投资审批事项前，应当由外汇管理部门负责审查境外投资外汇风险和外汇资金来源，规定了严格的“汇出外汇金数额 5%缴存汇回利润”的保证金制度；审查需提交的材料；规定境外投资企业所得利润管理办法、会计报表报送办法、企业资本变更、转让股份、停业或解散等相关办法。

1990 年 6 月 26 日，国家外汇管理局颁布了《境外投资外汇管理办法实施细则》，明确了境外投资外汇风险和外汇资金来源审查的部门是国家外汇管理局及其各省、自治区、直辖市、计划单列市和经济特区分局，详细规定了应提交的申请材料，规定用于境外投资的外汇资金限于境内投资者的自有外汇，未经国家外汇管理局批准，不得使用其他外汇资金。通过上述一系列法规的制定，基本明确了中国对外直接投资的审批部门、审批权限、审批内容、审批程序、审批条件，中国对外直接投资审批法律制度、政策体系初具雏形。

---

① 屈文英. 我国对外直接投资审批与核准制度研究. 上海：华东政法大学，2008.

② 该管理办法于 2011 年作废。

二、对外投资政策收紧阶段（1991—1998 年）

以 1991 年 3 月 5 日国家计划委员会发布并执行的《关于加强海外投资项目管理的意见》为标志和转折，中国对外投资的管理得到加强，单一部门的审批和管理发展为各部门在审批、管理和监督等方面的全面分工，管理程序走向规范，分工趋于明确，体制逐步完善，政策开始配套。

1991 年《关于加强海外投资项目管理的意见》的出台是由于当时有些项目因对国际市场和外国法律不熟悉以及缺乏经验等原因，预期效果不明显，甚至出现企业亏损，不仅给国家造成经济上的损失，也在政治上带来不良影响。该意见指出，中国尚不具备大规模到海外投资的条件，企业的海外投资应该侧重于利用国外的技术、资源和市场以补充国内不足；有条件的地区、部门和企业可到海外从事一些有利于输出产品、技术、设备、劳务，并有明显经济效益的项目。其前提条件为：合作条件要相宜；有合理的经济效益；中方投资及其他条件要落实；必须经有关部门和专家论证，认真进行可行性研究。这项工作要在国家宏观管理下有目的、有计划地进行，必须严格按规定的审批程序办理。该意见提出的审批权限规定，凡需向国家申请资金或境外借款需国内担保或产品返销国内需国家综合平衡以及中方投资额在 100 万美元以上（含 100 万美元）的项目，其项目建议书和可行性研究报告由国家计委同有关部门审批；合同、章程由对外经济贸易部审批并颁发批准证书。中方投资额在 3 000 万美元以上（含 3 000 万美元）的项目，其项目建议书和可行性研究报告由国家计委同有关部门初审后报国务院审批。中方投资额在 100 万美元以下符合当前到海外投资的方针，资金、市场等不需要国家综合平衡解决的，其项目建议书、可行性研究报告以及合同和章程，可比照限额以上项目的审批办法，分别由国务院各部门和省、自治区、直辖市及计划单列市人民政府指定的综合部门审批。项目建议书和可行性研究报告要报国家计委备案，合同、章程要报对外经济贸易部备案，并由经贸部审核颁发批准证书。在此后 10 多年的时间内成为限制和影响中国企业对外投资最大的政策法规。①

1992 年 3 月 23 日，对外经济贸易部颁布了《关于在境外举办非贸易性企业的审批和管理规定（试行）》，根据《关于加强海外投资项目管理的意见》规定了境外企业的审批与管理办法。该审批与管理规定将中方投资额在 100 万美元以上（含 100 万美元）、3 000 万美元以下（不含 3 000 万美元）的项目审批权交由国家计委同有关部门审批，项目建议书和可行性研究报告报国家计委备案，合同章程报对外经济贸易部备案，并由对外经济贸易部审核颁发批准证书。中方投资额在 100 万美元以下、符合当时到境外投资的方针，资金、市场等不需要国家综合平衡解决的项目，由国务院各部门和省、自治区、直辖市及计划单列市人民政府指定的综合部门审批。项目建议书和可行性研究报告报国家计委备案，合同章程报对外经济贸易部备案，并由对外经济贸易部审核颁发批准证书。但涉及重大政治、外交问题的项目，尚未与中国建交或敏感的国家或地区投资项目，不

---

① 李保民．中国对外投资的政策形成与展望．对外经贸实务，2008（4）．

论投资大小，一律报对外经济贸易部审批。境外企业如在经营范围、投资金额、投资比例或股份转让、合作对象、合作方式等发生变化，在所在国（地区）或到第三国（地区）设立子公司、分公司，须由该境外企业的国内主办单位报请原审批部门审批，并由原审批部门报对外经济贸易部备案。此外，还规定了项目审批的步骤、申报立项和申报可行性研究报告时须报送的材料。

1993 年，鉴于海外投资持续增长的需要，对外贸易经济合作部开始起草《中国境外企业管理规定》，借此提高海外投资的管理状况。根据该规定，对外贸易经济合作部作为国务院授权的境外投资企业审批和归口管理部门，负责对境外投资方针政策的制定和统一管理；国家计委负责审批项目建议书和可行性研究报告；其他部委及省一级外经贸厅（委）为其境外企业主办单位的政府主管部门；对外贸易经济合作部授权驻外使（领）馆经商处（室）对中方在其所在国开办的各类企业实行统一协调管理，这种管理办法一直沿用到现在。

1994 年，中国成立了国家出口信用机构——中国进出口银行。该行除了办理出口信贷业务外，还相继开办了对外优惠贷款、境外投资贷款、对外工程承包贷款和项目融资贷款，形成了多品种的政策性信贷体系。

1996 年 9 月 6 日，财政部印发《境外投资财务管理暂行办法》，规定了主管财务机关和投资单位对境外投资财务管理应履行的职责，对投资单位的境外投资收益分配和上缴办法。如实行独立经济核算的国有企业，其境外投资收益按企业所得税征收的有关规定进行纳税调整，税后所得额的 10%（或 5%）由投资单位汇总上交主管财政机关；不缴纳企业所得税的政府机构、部门或社会团体、事业单位等其他组织，其境外投资收益的 20%直接汇缴主管财政机关，等等。

1997 年，对外贸易经济合作部颁布了《关于设立境外贸易公司和代表处暂行规定》，进一步明确了各有关部门的分工及相关配套政策措施，构成了中国对外直接投资管理体制较为完整的基本内容，它有力地促进了这一时期中国各种类型对外直接投资的迅速发展。

三、对外投资政策体系逐渐完备阶段（1999—2012 年）

（一）鼓励发展境外加工贸易政策

1999 年 2 月，国务院办公厅转发了对外贸易经济合作部、国家经济贸易委员会、财政部《关于鼓励企业开展境外带料加工装配业务的意见》。以此为标志，预示着随后中国“走出去”开放战略的前兆。该意见从指导思想和基本原则、工作重点、有关鼓励政策、项目审批程序、组织实施五个方面提出了支持中国企业以境外加工贸易方式“走出去”的具体政策措施。该意见实现了一个重大调整，即境外加工贸易项目投资项目建议书和可行性报告由以往的国家计委负责审批调整为由国家经济贸易委员会负责审批。极大地促进了中国对外直接投资管理体制的改进和发展。随后，国务院各有关部门又分别制定了具体的资金鼓励政策、外汇管理政策、出口退税政策、金融服务和政策性保险鼓励政策以及人员管理等方面的配套政策。

1. 资金鼓励政策

1999 年，中国人民银行、对外贸易经济合作部下发《关于支持境外加工贸易的信贷指导意见》规定，凡符合规定贷款条件的企业，有关银行对其开展境外加工贸易项目优先提供人民币中长期贷款和短期贷款。贷款以人民币为主，对项目确有需要的，银行可发放短期外汇贷款。银行可在对企业统一授信的基础上，根据企业日常流动资金的需求状况、出口规模以及预计境外带料加工项目的能力等，核定企业境外加工贸易业务的信贷额度。对资信状况和经营状况良好的企业，其境外带料加工项目效益明显，还本付息有保证的，贷款利率可在国家规定的范围内适当下浮。

1999 年，对外贸易经济合作部《关于申报中央外贸发展基金扶持境外加工贸易有偿使用项目的通知》规定，国家从中央外贸发展基金中安排专项资金用于扶持境外加工贸易项目，项目由中国进出口银行评估、放款和回收。

1999 年，对外贸易经济合作部《关于贯彻落实国务院关于鼓励企业利用援外优惠贷款和援外合资合作项目基金开展境外带料加工装配业务意见的通知》要求，到境外开展加工贸易业务的企业可从援外优惠贷款、合资合作项目基金中得到资金支持。

1999 年，对外贸易经济合作部、财政部《关于境外带料加工装配企业有关财务问题的通知》规定，为鼓励企业扩大生产规模，允许境外加工贸易企业将获利起 5 年内所获利润充实到资本金。对已经国家批准举办的具有境外加工贸易性质的境外企业也可在获利起 5 年内将所获利润充实到资本金，免交其应上缴财政的投资收益。

1999 年，对外贸易经济合作部、财政部、国家经济贸易委员会、中国人民银行、国家外汇管理局《关于印发〈境外加工贸易企业周转外汇贷款贴息管理办法〉的通知》[①]规定，从事境外加工贸易项目企业申请批准的周转外汇贷款，银行按正常的贷款利率执行，国家由中央外贸发展基金对出口企业贴息 2 个百分点。

1999 年，对外贸易经济合作部、财政部、国家经济贸易委员会、中国人民银行《关于印发〈境外加工贸易人民币中长期贷款贴息管理办法〉的通知》规定，从事境外加工贸易项目企业申请批准的人民币中长期贷款，银行按正常的贷款利率执行，国家由中央外贸发展基金对出口企业贴息利息总额的 50%。

2. 外汇管理政策

为了鼓励境外加工贸易发展，国家外汇管理局出台了配套优惠政策。1999 年，对外贸易经济合作部、国家外汇管理局《关于简化境外带料加工装配业务外汇管理的通知》规定，境外加工贸易项目免交汇回利润保证金。

境外加工贸易项目只有涉及购汇或汇出外汇的，才需事先进行外汇风险审查，待办完国内各项审批手续后到外汇管理部门办理汇出核准手续；不设计购汇或汇出外汇的，企业凭对外贸易经济合作部批准证书到投资主体所在地外汇管理部门办理登记备案手续。

境外加工贸易项目涉及外汇收、付的，应按外汇管理规定办理。对作为先期投资的设备、技术、零部件、原材料的出口，企业应凭对外贸易经济合作部批准证书、海关报

---

① 中华人民共和国商务部，http://www.mofcom.gov.cn/article/b/e/200207/20020700032501.shtml.

关单到外汇管理部门办理登记备案及出口收汇核销手续。如属正常出口收汇的，企业应凭对外贸易经济合作部批准证书、出口合同等材料，到外汇管理部门办理登记备案手续，可适当延长境外加工贸易项目设备、技术、零部件、原材料的出口收汇核销期限。

3. 出口退税政策

为配合鼓励境外加工贸易发展，国家税务总局联合对外贸易经济合作部也出台了关于境外带料加工问题的配套优惠措施。1999 年 5 月 1 日起，依照国家税务总局、对外贸易经济合作部《关于境外带料加工装配业务有关出口退税问题的通知》要求，执行对境外带料加工装配业务所使用（含实物性投资）的出境设备、原材料和散件，实行出口退税。开展境外加工贸易的企业在获得对外贸易经济合作部批准证书后，到当地税务机关办理出口退税登记，退税率按国家的统一规定执行。实践中，根据苏州国税局提交的《关于境外加工贸易业务退税问题的请示》，国家税务总局做出了《关于境外带料加工装配业务有关出口退税问题的批复》规定，对企业以境外带料加工装配业务方式出口的非自产二手设备，可凭普通发票等有关凭证申报办理退税，按普通发票上注明的金额计算退税。对有进出口经营权的生产企业以境外带料加工装配业务方式出口的货物，仍应实行“先征后退”或“免、抵、退”税的管理办法。

4. 金融服务和政策性保险鼓励政策

各级商业银行要积极利用本系统在海外设立的分支机构或代理机构的优势，为全省境外加工贸易企业提供清算、咨询等金融服务。

发挥出口信用保险作用，为境外加工贸易等国家鼓励出口的项目、产品提供政治风险（包括战争、动乱、政府征用）及非商业性风险保障。对境外加工贸易项目出口的设备、技术、零配件、原材料等，可比照中长期出口信用保险的条件提供保险。适当提高对拉美、非洲等高风险地区的出口信用保险国家限额。

5. 其他政策

为解决境外加工贸易人员出入境障碍问题，对外贸易经济合作部、外交部《关于简化境外带料加工装配企业经营管理人员外派审批手续的通知》简化了对境外加工贸易企业经营管理人员的外派审批手续。

为更好地引导和鼓励境外加工贸易的方向，1999 年，对外贸易经济合作部发出《国家鼓励开展境外带料加工装配产品目录（第一批）的通知》①，给出机械、电子、轻工、纺织和烟草 5 类鼓励开展境外带料加工装配的产品目录。

为使从事境外带料加工贸易业务的企业真正享受扶持政策，1999 年，对外贸易经济合作部出台《关于对从事境外带料加工装配业务企业进行确认和补办手续的通知》规定，加工已在境外投资，从事境外加工贸易业务且带料出口成绩较好的企业，可向对外贸易经济合作部申请确认或补办手续，经确认或补办手续的企业，可享受有关境外加工贸易业务方面的扶持政策。同年，对外贸易经济合作部《关于对开展境外带料加工装配项目

① 中华人民共和国商务部，http://www.mofcom.gov.cn/article/b/e/200207/20020700032502.shtml.

的企业赋予自营进出口权有关问题的通知》[①]规定，已获准开展境外加工贸易项目的生产企业，如尚未获得自营进出口权，可向省外经贸厅提出申请，按申报程序办理自营进出口权。

（二）确立“走出去”战略

1992 年 10 月 12 日，江泽民在党的十四大报告中第一次明确提出了“积极扩大中国企业的对外投资和跨国经营”战略性构想。中国共产党第十四届五中全会肯定了跨国经营是实现经济发展的重要方式。党的十五大报告明确指出：“鼓励能够发挥我国比较优势的对外投资，更好地利用国内国外两个市场、两种资源。”

1997 年 12 月 24 日，江泽民主席在接见全国外资工作会议代表时以及 2000 年 3 月召开的第九届全国人大第三次会议上指出，随着中国经济的不断发展，必须不失时机地实施“走出去”战略，把“引进来”和“走出去”紧密结合起来，更好地利用国内、国外两种资源、两个市场。[②]

2001 年 3 月 5 日，朱镕基总理在第九届全国人大第四次会议上所做的《关于国民经济和社会发展第十个五年计划纲要的报告》中指出，要实施“走出去”战略，鼓励有比较优势的企业到境外投资，开展加工贸易，合作开发资源，发展国际工程承包，扩大劳务出口等。建立和完善政策支持体系，为企业到境外投资兴业创造条件。同时要加强监管，防止国有资产流失。

2002 年，党的十六大报告指出，坚持“引进来”和“走出去”相结合，全面提高对外开放水平。适应经济全球化和加入世界贸易组织的新形势，在更大范围、更广领域和更高层次上参与国际经济技术合作和竞争，充分利用国际国内两个市场，优化资源配置，拓宽发展空间，以开放促改革促发展。实施“走出去”战略是对外开放新阶段的重大举措。鼓励和支持有比较优势的各种所有制企业对外投资，带动商品和劳务出口，形成一批有实力的跨国企业和著名品牌。

至此，“走出去”战略与对外贸易、利用外资并列为中国“十五”时期开放型经济发展的三大支柱战略，标志着中国对外开放战略的重大转变，也标志着中国对外投资即将进入一个快速发展的全新阶段。

（三）对外投资政策体系逐步完善

这一阶段，中国出台、完善对外直接投资政策，逐步形成了直接投资核准制度、对外直接投资鼓励政策、对外直接投资监督与服务政策三大政策体系。

1. 改革投资管理体制

2004 年 7 月 16 日，国务院下发《关于投资体制改革的决定》，开始实行中国投资管理体制由“审批核准制度”向“审批为主＋备案为辅”制度的改革。《关于投资体制改革的决定》提出了四个重大改革：（1）改革项目审批制度，落实企业投资自主权。彻底改革现行不分投资主体、不分资金来源、不分项目性质，一律按投资规模大小分别由各级

---

① 中华人民共和国商务部，http://www.mofcom.gov.cn/article/b/e/200207/20020700032506.shtml.

② 中共中央文献研究室. 十五大以来重要文献选编：中. 北京：人民出版社，2001.

政府及有关部门审批的企业投资管理办法。（2）规范政府核准制。要严格限定实行政府核准制的范围，并根据变化的情况适时调整。《政府核准的投资项目目录》（以下简称《目录》）由国务院投资主管部门会同有关部门研究提出，报国务院批准后实施。未经国务院批准，各地区、各部门不得擅自增减《目录》规定的范围。（3）健全备案制。对于《目录》以外的企业投资项目，实行备案制，除国家另有规定外，由企业按照属地原则向地方政府投资主管部门备案。（4）加强和改善投资的宏观调控，调整了政府的角色。

2009 年 3 月 16 日，商务部发布《境外投资管理办法》，5 月 1 日开始执行。①《境外投资管理办法》明确规定，商务部和省级商务主管部门对企业境外投资实行核准。商务部建立“境外投资管理系统”。对予以核准的企业，颁发《企业境外投资证书》。该证书由商务部统一印制，实行统一编码管理。《境外投资管理办法》规定了不同对外投资项目的核准负责部门。以下 4 类项目应由中央企业向商务部提出申请，地方企业通过所在地省级商务主管部门向商务部提出申请：在与中国未建交国家的境外投资；在商务部会同外交部等有关部门确定的特定国家或地区的境外投资；中方投资额 1 亿美元及以上的境外投资；涉及多国（地区）利益的境外投资；设立境外特殊目的公司。以下 3 类项目向省级商务主管部门提出申请：中方投资额 1 000 万美元及以上、1 亿美元以下的境外投资；能源、矿产类境外投资；需在国内招商的境外投资。同时，《境外投资管理办法》规定，对于危害中国国家主权、安全和社会公共利益，或违反中国法律法规；损害中国与有关国家（地区）关系；可能违反中国对外缔结的国际条约；涉及中国禁止出口的技术和货物等项目的对外投资，商务部不予核准。最后，境外投资经济技术可行性由企业自行负责。

2010 年 11 月 9 日，《关于印发〈大陆企业赴台湾地区投资管理办法〉的通知》②规定了负责核准赴台湾地区投资项目和设立企业或非企业法人的部门及核准依据。各级发改委负责核准大陆企业赴台湾地区投资项目；商务部及各级商务主管部门负责核准大陆企业赴台湾地区投资设立企业或非企业法人。国家发改委按照《境外投资项目核准暂行管理办法》对赴台投资项目进行核准，并在审核时征求国务院台办的意见，国家发改委的核准文件抄送商务部、国务院台办等有关部门。商务部收到大陆企业赴台湾地区投资设立企业或非企业法人申请后，征求国务院台办意见。在征得国务院台办同意后，商务部按照《境外投资管理办法》进行核准，并颁发《企业境外投资证书》或《企业境外机构证书》。对获得核准的赴台湾地区投资，大陆企业可凭核准文件和《企业境外投资证书》或《企业境外机构证书》享受国家有关政策支持。

---

① 2004 年 10 月 1 日商务部制定下发的《关于境外投资开办企业核准事项的规定》（商务部［2004］16 号令）和《商务部、国务院港澳办关于印发〈关于内地企业赴香港、澳门特别行政区投资开办企业核准事项的规定〉的通知》（商合发［2004］452 号）同时废止。“走出去”公共服务平台，http://fec.mofcom.gov.cn/article/ywzn/dwtz/zcfg/201512/20151201202226.shtml。

② 国家发改委和国务院台办发布的《关于大陆企业赴台湾地区投资项目管理有关规定的通知》（发改外资［2008］3503 号）、商务部和国务院台办发布的《关于大陆企业赴台湾地区投资或设立非企业法人有关事项的通知》（商合发［2009］219 号）同时废止。

2. 对外直接投资鼓励与管理政策

这一时期，国家继续出台扩大对外投资主体的鼓励政策和各种税收、金融、外汇等方面的优惠政策。

2006 年 10 月 25 日，国务院通过《关于鼓励和规范我国企业对外投资合作的意见》。为充分发挥非公有制企业在实施“走出去”战略中的作用，2007 年 5 月 10 日，商务部、财政部、中国人民银行、全国工商联发布《关于鼓励支持和引导非公有制企业对外投资合作的若干意见》，要求深化行政审批制度改革，建立以促进、服务和保障为主的管理模式。减少审批环节，提高审批效率，大力推进非公有制企业“走出去”便利化；要求进一步完善各部门现行支持政策，确保非公有制企业在“走出去”的过程中，在财税、融资、外汇、保险等各项政策方面可以享受到与其他所有制企业同等待遇。

为优化外汇资源配置，便利和支持跨国公司外汇资金运用和经营行为，2004 年 10 月，国家外汇管理局发布了《跨国公司外汇资金内部运营管理有关问题的通知》，就基本定义与管理原则、跨国公司外汇资金内部运营的资格条件、申请、操作、监督管理等做出了具体规定。2005 年 5 月，国家外汇管理局发布《关于扩大境外投资外汇管理政策试点有关问题的通知》，将此项业务试点范围扩展到全国所有省份。2005 年 8 月，国家外汇管理局出台的《关于调整境内银行为境外投资企业提供融资性对外担保管理方式的通知》规定，国家外汇管理局对银行为境外投资企业提供融资性对外担保实行余额管理，并依据银行的外汇实收资本或营运资金、上年度对外担保及履约状况等指标按年度为银行核定余额指标。银行可在该指标范围内，自行为境外投资企业提供融资性对外担保，无须逐笔向国家外汇管理局及其分支局报批。银行在余额指标项下提供的融资性对外担保应符合《境内机构对外担保管理办法》的相关规定，其对外担保余额、境内外汇担保余额及外汇债务余额之和不得超过其自有外汇资金的 20 倍；为一家企业法人的外汇放款余额、外汇担保余额（按 50%计算）及外汇投资（参股）之和不得超过其自有外汇资金的 30%。此外，该通知还规定了境外投资企业从银行取得融资性对外担保应具备的条件，等等。

2009 年 12 月 31 日，《财政部国家税务总局关于企业境外所得税收抵免有关问题的通知》[①]就企业取得境外所得计征企业所得税时抵免境外已纳或负担所得税额的有关问题做了详细规定。

2008 年，商务部、外交部、国务院国有资产监督管理委员会《关于进一步规范我国企业对外投资合作的通知》指出，为了避免劳务群体性事件频发，涉及当地雇员的纠纷增多，环境保护问题，以及一些工程项目出现拖期，质量、安全事件呈上升趋势等，各地区有关部门、各企业必须高度重视，充分认识规范企业对外投资合作的重要性，牢固树立“互利共赢、共同发展”的经营理念，认真落实责任制，切实发挥中央企业的表率作用，加大对违规违法的惩处力度，把规范对外投资合作工作抓紧抓好。

2011 年 6 月，国有资产监督管理委员会（简称国资委）颁布了《中央企业境外国有

---

① “走出去”公共服务平台，http://fec.mofcom.gov.cn/article/ywzn/dwtz/zcfg/201512/20151201202238.shtml.

资产监督管理暂行办法》，对境外出资管理、境外企业管理、境外企业重大事项管理、境外国有资产管理及法律责任做了详细规定。2011 年 6 月，国资委颁布了《中央企业境外国有产权管理暂行办法》，对中央企业及其各级子企业向境外企业注资或者转让境外国有产权或者以其拥有的境外国有产权向境内企业注资或者转让等方面的细化规定。

3. 服务政策

商务部建立对外投资与合作信息服务系统，为企业开展境外投资提供统计、投资机会、投资障碍、预警等信息服务。

自 2009 年以来，商务部每年都组织中国驻外使馆、商务部投资促进局和商务部研究院共同编写发布《对外投资合作国别（地区）指南》，贯彻实施“走出去”战略，帮助企业了解国际投资合作市场环境，有效规避风险，提高对外投资合作的经济和社会效益。

2011 年 9 月 1 日，商务部、国家发改委和外交部联合发布《对外投资国别产业指引（2011 版）》的通知，主要介绍 115 个国家的产业投资环境、优先引资领域、主要产业发展目标、重点发展区域及相关产业等，引导企业有序开展对外投资合作。

为全面、准确、及时地反映中国对外直接投资的全貌，为国家分析境外投资发展趋势，检测宏观运行，制定促进导向政策和实施监督管理，以及建立中国资本项目预警机制提供依据，2002 年，对外贸易经济合作部、国家统计局共同印发了《对外直接投资统计制度》。该制度的实施促进了对外直接投资统计工作的顺利开展。2004 年，中国对外贸易投资洽谈会期间商务部、国家统计局共同发布了《2003 年对外直接投资统计公报》（非金融部分）。此后，商务部、国家统计局每年都发布《对外投资统计公报》。2004 年，在借鉴国际组织和有关国家（地区）对外直接投资理论、方法的基础上，结合对外直接投资统计工作中的实际情况，商务部和国家统计局分别于 2004 年、2006 年和 2012 年修订了《对外直接统计制度》，分别发布了《商务部、国家统计局关于印发〈对外直接投资统计制度〉的通知》，商务部、国家统计局印发的《对外直接投资统计制度》的通知，商务部、国家统计局、国家外汇管理局关于印发《对外直接投资统计制度》的通知。

2011 年《商务部外交部国资委全国工商联关于印发〈境外中资企业（机构）员工管理指引〉的通知》，是相关部门加强对企业“走出去”宏观指导和服务的又一举措，内容涉及国内人员选派和培训、境外员工雇用、境外劳资纠纷处理等。该指引虽不具有强制性，但对我国企业在境外做好员工管理、构建和谐劳资关系具有指导意义，有助于营造“走出去”良好外部环境，实现对外投资合作业务可持续发展，也有利于中国企业更好更快融入当地社会，实现互利共赢、共同发展。

此外，为解决希望“走出去”的企业有效信息不足问题，商务部组织了十多期境外加上贸易培训班及专题座谈会，就中国“走出去”战略及政策措施，目标市场（东道国）的法律、法规、政策措施，进出口体制，投资政策，税收、会计制度等各个方面进行宣传、普及并就具体项目进行专门指导，取得了一定效果。

在国际性政策法规方面，中国政府与外国政府缔结的一系列双边投资保护协定、税收协定等双边条约以及中国加入和缔造的国际公约，协助企业解决困难和问题。

四、“一带一路”倡议阶段（2013 年至今）

2013 年 9 月和 10 月，习近平总书记在访问中亚四国和东盟期间，先后提出了共同建设“丝绸之路经济带”和“21 世纪海上丝绸之路”的战略构想。2013 年 12 月，中国共产党第十八届三中全会通过的《中共中央关于全面深化改革若干重大问题的决定》关于“构建开放型经济新体制”中进一步明确提出，加快同周边国家和区域基础设施互联互通建设，推进丝绸之路经济带、海上丝绸之路建设，形成全方位开放新格局。2014 年，“一带一路”建设被写入《政府工作报告》，成为国家动应对全球形势深刻变化、统筹国际国内两个大局的重要发展战略。“一带一路”倡议也为中国对外投资开启了新阶段。

（一）国务院的指导思想与文件

2015 年 3 月 28 日，国家发改委、外交部、商务部联合发布《推动共建丝绸之路经济带和 21 世纪海上丝绸之路的愿景与行动》，就时代背景、共建原则、框架思路、合作重点、合作机制、中国各地方开放态势、中国积极行动和共创美好未来八个问题提出了愿景和行动纲领。

2015 年 5 月，中共中央、国务院发布《关于构建开放型经济新体制的若干意见》，明确提出建立促进“走出去”战略的新体制，其中涉及对外投资合作的内容主要包括：在推进境外投资便利化方面，研究制定境外投资法规；简化境外投资管理，除少数有特殊规定外，境外投资项目一律实行备案制；加快建立合格境内个人投资者制度；加强境外投资合作信息平台建设。在对外投资合作方式创新方面、在加快实施“一带一路”方面、在拓展国际经济合作新空间方面，以及在构建开放安全的金融体系等四个方面，提出若干意见。

2015 年 5 月，国务院发布《关于推进国际产能和装备制造合作的指导意见》，提出对外投资合作的重点行业，包括钢铁、建材、铁路、电力、化工、轻纺、汽车、通信、工程机械、航空航天、船舶和海洋工程等。在对外合作方式方面、在具体运作模式方面、在支持方式方面都给出了指导意见。

2015 年 7 月，国务院发布《国务院关于积极推进“互联网+”行动的指导意见》，明确提出加快推动互联网与各领域深入融合和创新发展。在拓展海外合作方面，结合国家重大战略，支持和鼓励具有竞争优势的互联网企业联合制造、金融、信息通信等领域企业率先“走出去”；鼓励“互联网+”企业整合国内外资源，面向全球提供工业云、供应链管理、大数据分析等网络服务，培育具有全球影响力的“互联网+”应用平台；充分发挥政府、产业联盟、行业协会及相关中介机构作用，形成支持“互联网+”企业“走出去”的合力。

2015 年 8 月，中共中央、国务院出台《关于深化国有企业改革的指导意见》，对深化国有企业改革做出重大部署。在完善国有资产管理体制方面，提出支持国有企业开展国际化经营，鼓励国有企业之间以及与其他所有制企业以资本为纽带，强强联合、优势互补，加快培育一批具有世界一流水平的跨国公司。

（二）对外直接投资管理简政放权政策

商务部于 2014 年 9 月出台了新的《境外投资管理办法》，实行“备案为主、核准为辅”的管理模式，并引入了负面清单的管理理念，除在敏感国家和地区、敏感行业的投资实行核准管理外，其余均实行备案。实施新的《境外投资管理办法》后，商务部减少了约 98.5%的核准事项，有利于提高企业经营决策效率和政府的管理效率，充分体现了完善社会主义市场经济体系的改革精神和法制精神。2015 年 5 月，商务部办公厅印发《关于境外投资备案实行无纸化管理和简化境外投资注销手续的通知》，对企业境外投资备案实行无纸化管理，并简化了境外投资注销手续。

国家发改委 2014 年 4 月印发《境外投资项目核准和备案管理办法》，大幅下放境外投资项目管理权限。2014 年 5 月，国家发改委发布《关于实施〈境外投资项目核准和备案管理办法〉有关事项的通知》，明确关于境外投资项目核准、备案和信息报告申请文件及附件的要求，提高境外投资项目管理的便利化和透明度。2014 年 12 月，印发《国家发展和改革委员会关于修改〈境外投资项目核准和备案管理办法〉和〈外商投资项目核准和备案管理办法〉有关条款的决定》，进一步下放境外投资项目管理权限。除涉及敏感国家和地区、敏感行业的项目外，境外投资项目不分限额，一律实行备案管理。同时，简化程序，明确时限，提升境外投资项目核准和备案规范化、便利化水平，不再要求地方企业按照县、市、省层层申报。2014 年 6 月，国家发改委办公厅印发《关于启用全国境外投资项目备案管理网络系统的通知》，启动运行“全国境外投资项目备案管理网络系统”，实行备案管理的境外投资项目均通过该网络系统进行申报。

《国家税务总局关于企业境外所得适用简易征收和饶让抵免的核准事项取消后有关后续管理问题的公告》指出，简化税务行政审批，将原税务审批规定调整为事后备案管理，符合条件的企业可在年度汇算清缴期内，向主管税务机关报送备案资料。

（三）财税金融政策

银监会推动银行业在商业可持续和风险可控的前提下，自主决策、自担风险，支持国家“一带一路”建设。银监会办公厅于 2014 年 3 月印发《关于支持产业结构调整和化解产能过剩的指导意见》，明确要求银行业金融机构通过积极发展内保外贷、外汇及人民币贷款、贸易融资、国际保理等综合金融服务，支持符合条件的企业对外承包工程，扩大对外投资合作，带动国内技术、装备、产品、标准和服务等出口。引导银行业金融机构加强组织领导，建立完善机制，加强协调和处置。

保监会 2015 年 3 月出台《关于调整保险资金境外投资有关政策的通知》，拓展保险资金境外投资范围，为保险机构在全球范围内实施资产多元化配置创造有利环境。在风险管控方面，调整境外投资专业人员资质要求，规定保险机构实施境外投资风险责任人制度，至少配备 2 名境外投资风险责任人，落实境外投资业务风险责任。适当拓宽境外投资范围，给予保险机构更多的自主配置空间。拓展保险资产管理机构受托投资范围，将其受托集团内保险资金投资境外的市场扩展至 45 个国家或地区金融市场；扩大境外债券投资范围，将债券等固定收益类产品应具备的信用评级由发行人和债项均获得 BBB 级以上的评级调整为债项获得 BBB–级以上的评级，以符合国际投资惯例；增加香港创业板股票投资，给予保险机构更多的自主选择空间，优化境外股票资产配置。

国家外汇管理局 2014 年出台《关于进一步改进和调整资本项目外汇管理政策的通知》，在放宽境外直接投资前期费用管理方面，境外直接投资前期费用累计汇出额不超过 300 万美元的，在注册地外汇局办理前期费用登记手续后，即可到银行办理购付汇手续；自 2015 年 6 月 1 日起，相关境外直接投资前期费用登记可由银行按照外汇管理有关规定直接审核办理，境内机构境外直接投资的便利化程度进一步提高。在放宽境内企业境外放款管理方面，允许境内企业向境外与其有股权关联关系的企业放款，取消放款额度 2 年有效期限制，允许境内企业使用自有外汇、境内外汇贷款和人民币购汇等多种资金进行境外放款；对于确有客观原因无法收回本息的境外放款，允许境内企业向所在地外汇局申请办理注销登记手续。2014 年 5 月出台的《关于发布〈跨境担保外汇管理规定〉的通知》，取消所有与跨境担保相关的事前审批，取消担保履约事前核准以及大部分业务资格条件限制，取消不同担保方式、不同金融机构之间管理政策的差别，实现中外资企业统一待遇。2015 年 2 月印发的《关于进一步简化和改进直接投资外汇管理政策的通知》，简化和改进直接投资外汇管理政策，规定自 2015 年 6 月 1 日起取消境外直接投资项下外汇登记核准，境外投资企业的境内投资主体可直接到银行办理境外直接投资项下相关外汇登记；取消境外再投资外汇备案；取消境外直接投资外汇年检，改为实行境外直接投资存量权益登记，并放宽登记时间、简化登记内容，允许企业通过多种渠道报送相关数据，不断完善事中事后监管。

中国金融支撑机制开始发挥作用。亚洲基础设施投资银行 2016 年初开业运营。丝路基金首批投资项目正式启动。沿线国家积极探讨建立或扩充各类双边、多边合作基金，金融合作正在迅速展开，为重点项目建设提供了强有力支持。中国金融机构积极拓展金融合作空间。开发银行、进出口银行在“一带一路”沿线国家发放贷款超过 1 100 亿美元，出口信用保险公司承保“一带一路”沿线国家出口和投资超过 3 200 亿美元，丝路基金对外投资超过 60 亿美元。中国与“一带一路”沿线 22 个国家和地区签署了本币互换协议，总额近一万亿元人民币。①

（四）配套管理与服务政策

1. 配套管理政策

2013 年 3 月，商务部印发《规范对外投资合作领域竞争行为的规定》，作为《反不正当竞争法》配套的部门规章，该文件系统阐释了对外投资合作企业不正当竞争行为的表现及处罚措施。

2013 年 7 月，商务部会同财政部出台《境外经济贸易合作区确认考核和年度考核管理办法》，进一步创新境外合作区发展模式，积极稳妥地推动企业自主建设合作区。

2013 年 7 月，商务部会同外交部、公安部等 9 部门联合印发《对外投资合作和对外贸易领域不良信用记录试行办法》。

---

① 中国推进一带一路金融创新，防止非理性对外投资及恶性竞争. 路透社中文网，2017-08-21. http://fec.mofcom.gov.cn/article/fwydyl/zgzx/201708/20170802629737.shtml.

2013 年 10 月，商务部发布《关于加强对外投资合作在外人员分类管理工作的通知》，将从事对外投资合作的人员分为劳务人员、对外承包工程外派人员和对外投资外派人员三类，明确了各类劳务人员的管理范围、管理职责和违规处罚措施。该管理政策有助于依法保障外派劳务的合法权益，促进对外投资合作健康发展。

2. 进一步完善统计制度

2014 年，商务部、国家统计局、外汇管理局修订对外直接投资统计制度，结合近两年对外投资的实际及特点，并按照经济合作与发展组织（OECD）《关于外国直接投资基准定义》（第四版）的相关要求，对 2012 年 12 月印发的《对外直接投资统计制度》进行了修订和补充。

商务部从 2013 年开始每年编撰并发布《中国对外投资合作发展报告》。从 2015 年开始，中国出口信用保险公司资信评估中心每年撰写并发布《国别投资便利化状况报告》。商务部“走出去”公共服务平台发布国别（地区）指南，为中国企业对外投资提供国别环境信息服务。

3. 配套服务政策

海关总署加强跨部门、跨地区和国际合作，出台《落实〈丝绸之路经济带和 21 世纪海上丝绸之路建设战略规划〉实施方案》和《2015 年海关推进“一带一路”建设重点工作》，从畅顺大通道、提升大经贸、深化大合作三个方面推出 16 条措施，全面推进“一带一路”建设；举办海关高层论坛，加强国际海关合作；推进丝绸之路经济带海关区域通关一体化；支持“一带一路”沿线国家中欧货运班列建设，加强与相关部门的合作。

国家税务总局印发《关于落实“一带一路”发展战略要求做好税收服务与管理工作的通知》，从谈签协定维权益、改善服务促发展、加强合作谋共赢三个方面服务“一带一路”：建立“一带一路”税收服务网页；加大税收协定宣传力度；设立 12366 纳税服务热线专席解答政策咨询，回应服务诉求；引导注册会计师事务所、注册税务师事务所等中介机构“走出去”，为企业提供专业服务；针对“走出去”企业政策诉求，开展面对面宣传活动。

《国家税务总局关于开具〈中国税收居民身份证明〉有关事项的公告》提出简化办理流程，明确办理时限和资料要求，便利企业和个人开具“中国税收居民身份证明”、享受税收协定优惠待遇。

4. 国际合作协议

截至 2017 年 8 月，与中国签署共建“一带一路”合作协议的国家和国际组织已达 69 个，一系列部门间合作协议覆盖“五通”各个领域。[①] 例如，2014 年 3 月，《关于深化互利共赢的中欧全面战略伙伴关系的联合声明》指出，中欧加强交通运输关系潜力巨大，双方决定共同挖掘中国丝绸之路经济带倡议与欧盟政策的契合点，探讨在丝绸之路

① 中国已与 69 个国家和国际组织签署“一带一路”合作协议. 中国驻菲律宾大使馆经商参处，2017–08–24. http://fec.mofcom.gov.cn/article/fwydyl/zgzx/201708/20170802632214.shtml.

经济带沿线开展合作的共同倡议。[①]

首先，不断提升中国国际税收协定覆盖面。经过 30 多年的努力，中国的税收协定网络已经延伸到六大洲，覆盖了中国主要的投资来源地和对外投资目的地，有力配合了中国“走出去”战略的实施，有效保护了中国对外投资者的利益。“一带一路”建设实施以来，中国与俄罗斯、印度尼西亚、爱沙尼亚、罗马尼亚、巴林等国对已有协定完成了全面或部分修订，并签署了税收协定或议定书；与柬埔寨签署了税收协定；与波兰签署了互免国际运输增值税的协议。

其次，2010 年，中国加入国际联合反避税信息中心（Joint International Tax Shelter Information Center，JITSIC），该中心由美、英、澳、加四国事务局长于 2004 年发起成立，加强了与成员国之间的实时信息交换，案件调查和信息共享，有效地识别和打击恶意税收筹划行为，对维护税收国家主权和促进国际税收新秩序的形成都有着积极的影响。

最后，中国建立了 20 个境外经贸合作区。境外经济贸易合作区是指在中华人民共和国境内（不含香港、澳门和台湾地区）注册、具有独立法人资格的中资控股企业，通过在境外设立的中资控股的独立法人机构，投资建设的基础设施完备、主导产业明确、公共服务功能健全、具有集聚和辐射效应的产业园区。目前，中国已有 20 家具有法人资格的企业在柬埔寨、泰国、越南、巴基斯坦、赞比亚、埃及、尼日利亚、俄罗斯、埃塞俄比亚、吉尔吉斯斯坦、老挝、乌兹别克斯坦、匈牙利、印度尼西亚等国家建立了 20 个对外经贸合作区。[②]

第三节　改革开放后对外投资的状况

一、对外投资规模及增速

1979 年 11 月，北京市友谊商业服务总公司与日本东京丸一商事株式会社在东京合资开办的“京和股份有限公司”，以此为标志，开启了改革开放以来中国对外投资[③]的大幕。改革开放后，中国对外投资各个阶段的投资规模和增速呈现不同的特征。

（一）规模小增速不稳定阶段

改革开放后到 1999 年是中国对外投资政策体系初步形成阶段和政策收紧阶段，中国对外投资规模小，对外直接投资规模年均在 50 亿美元以下，投资带有一定随机性和盲目性。例如，1990 年和 1991 年，中国对外直接投资净额分别为 9 亿美元和 19 亿美元。1999 年以前，除了 1992 年和 1993 年对外投资净额分别达到了 40 亿美元和 43 亿美元外，

---

① 关于深化互利共赢的中欧全面战略伙伴关系的联合声明. 人民日报，2014-04-01.

② “走出去”公共服务平台，http://fec.mofcom.gov.cn/article/jwjmhzq/article01.shtml.

③ 对外投资是指在中华人民共和国境内依法设立的企业通过新设、并购及其他方式在境外拥有企业或取得既有企业所有权、控制权、经营管理权及其他权益的行为。商务部“走出去”公共服务平台，http://fec.mofcom.gov.cn/article/ywzn/dwtz/.

其余年份的对外投资净额都没有超过 28 亿美元。

20 世纪 90 年代，中国对外直接投资增速也不够稳定。1992 年和 1997 年增速分别为 300%和 23.8%，1994 年和 1999 年不增反降，降幅分别为 53.5%和 29.6%，其余年份多数增幅在 0～11%，如图 9–1 所示。

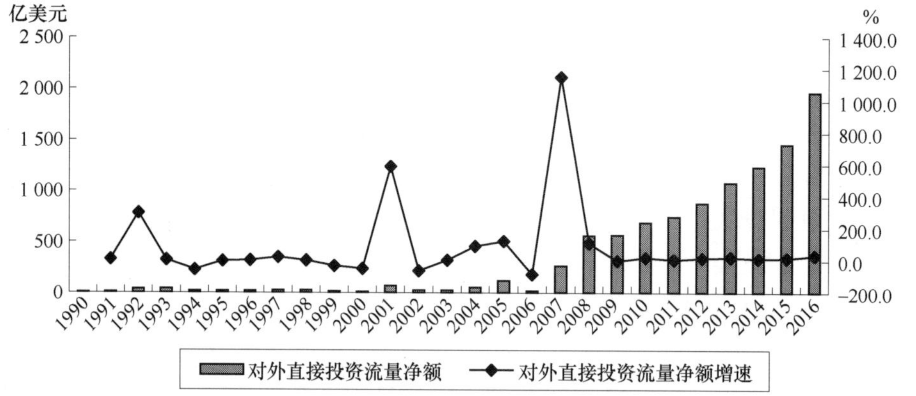

图 9–1 1990—2016 年中国对外直接投资流量净额及增速

数据来源：2002 年后的对外直接投资流量净额数据来自 2004—2017 年《中国统计年鉴》，1990—2001 年数据来自《2006 年度中国对外直接投资统计公报》。

（二）规模快速增长波动幅度加大阶段

在中国对外投资政策体系逐渐完备阶段（1999—2012 年），对外投资规模快速增长，中国对外直接投资流量净额从 2001 年的 69 亿美元快速增加到 2005 年的 122.611 7 亿美元、2007 年的 265.060 9 亿美元、2008 年的 559.07 亿美元，实现年均对外直接投资净额突破 500 亿美元大关。2012 年，中国对外直接投资流量净额为 878.035 3 亿美元。改革开放以来，中国对外直接投资存量规模较小。进入 21 世纪，中国对外直接投资存量有了较快增长（见图 9–2）。对外直接投资存量从 2003 年 332 亿美元增长到 2007 年 1 179 亿美元，突破千亿美元关口，增长到 2012 年的 5 319.405 8 亿美元，突破五千亿美元关口。

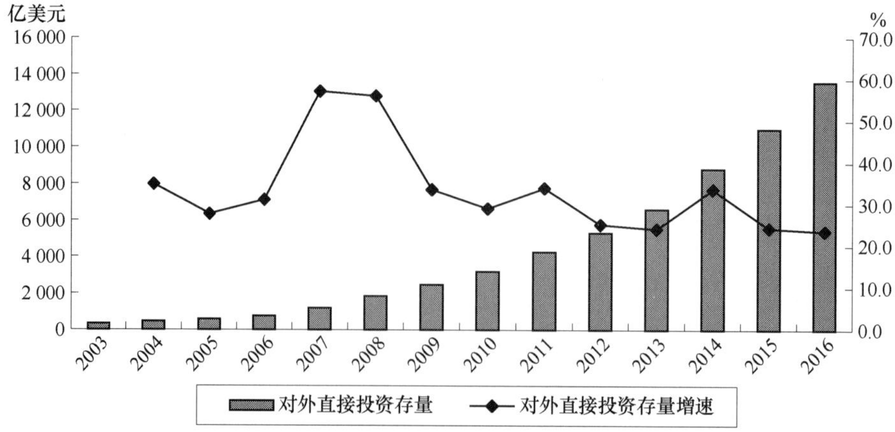

图 9–2 2003—2016 年中国对外直接投资存量及增速

数据来源：2004—2017 年《中国统计年鉴》，《2016 年度中国对外直接投资统计公报》。

在中国对外投资政策体系逐渐完备阶段（1999—2012 年），中国对外直接投资增速波动加剧，波动幅度加大。2000 年，中国对外直接投资流量增速为–47.4%，2001 年和 2007 年，该增速分别高达 590%和 1 152%，与此相反，2002 年、2006 年中国对外直接投资流量降幅分别为 60.8%和 82.7%。2009 年，受全球金融危机影响，中国对外直接投资流量增速放缓至 1.1%。中国对外直接投资存量增速始终保持在 24%以上，2007 年和 2008 年的增速高达 57.2%和 56%。

（三）规模持续增加增速稳定阶段

“一带一路”倡议阶段（2013 年至今），中国对外直接投资流量持续增加，2013 年增至 1 078.44 亿美元，突破千亿美元；2016 年再增加至 1 961.5 亿美元。2015 年，中国对外投资流量首超吸引外资，中国开始步入资本净输出阶段。2015 年末，中国对外直接投资流量占全球对外直接投资流量的比重为 9.9%，流量首次位列按全球国家（地区）排名的第 2 位。2016 年，流量仍排名第 2 位，占全球对外直接投资流量的比重上升至 13.5%。①中国对外直接投资存量也不断增加。2015 年末，中国对外直接投资存量为 10 978.6 亿美元，突破了万亿关口，2016 年末继续增加到 13 573.9 亿美元。2016 年，中国对外直接投资占全球对外直接投资存量的比重达到 5.2%，存量首次位列按全球国家（地区）排名的第 6 位。②

“一带一路”倡议阶段（2013 年至今），中国对外直接投资进入稳定增长阶段，对外直接投资流量增速基本稳定在 20%～35%；对外直接投资存量增速基本稳定在 24%～34%。

二、对外投资产业与行业分布

经过改革开放后近 40 年的发展，到 2016 年末，中国对外直接投资存量的 76.3%分布在第三产业，金额为 10 360.4 亿美元，主要分布在租赁和商务服务业，金融业，批发和零售业，信息传输、软件和信息技术服务业，房地产业，交通运输、仓储和邮政业等领域。第二产业 3 083 亿美元，占中国对外直接投资存量的 22.7%，主要分布在制造业，建筑业，电力、热力、燃气及水的生产和供应业。第一产业 130.5 亿美元，占中国对外直接投资存量的 1%。

2016 年末，中国对外直接投资存量规模上千亿美元的行业有 5 个。其中，租赁和商务服务业以 4 739.9 亿美元高居榜首，占中国对外直接投资存量的 34.9%；金融业 1 773.4 亿美元，占 13.1%；批发和零售业 1 691.7 亿美元，占 12.5%；采矿业 1 523.7 亿美元，占 11.2%；制造业 1 081.1 亿美元，占比 8%。以上行业累计存量为 10 809.8 亿美元，占中国对外直接投资存量的 79.6%。2016 年末，其他行业中国对外直接投资存量金额及比重（见图 9–3）。

改革开放以来，中国对外直接投资行业分布也在不断变化，总的趋势是覆盖的行业越来越多，各行业对外直接投资的比重也在不断变化。

---

① 联合国贸发会议（UNCTAD）《2016 世界投资报告》。

② 联合国贸发会议（UNCTAD）《2016 世界投资报告》。

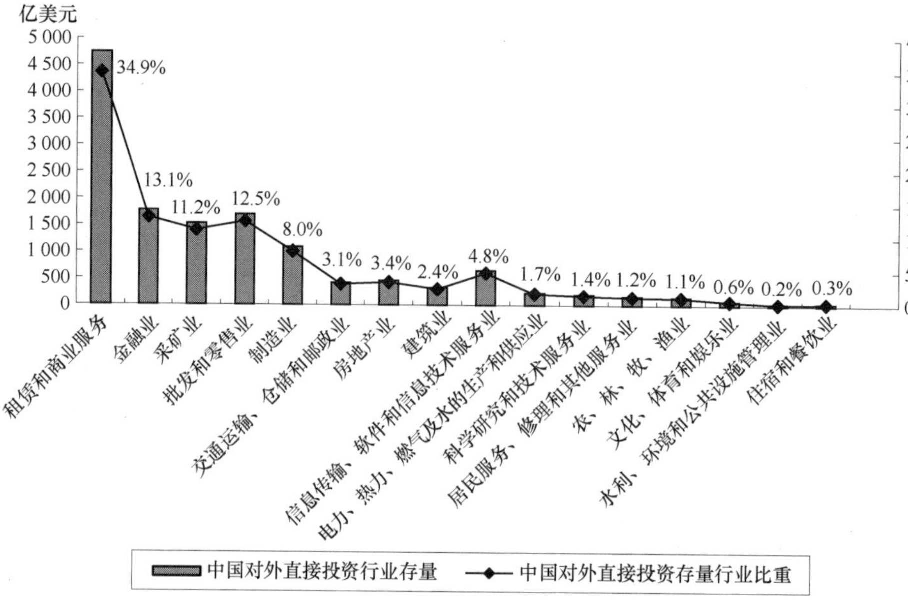

图 9–3　2016 年末中国对外直接投资行业存量及行业比重

数据来源：《2016 年度中国对外直接投资统计公报》。

（一）改革开放后到 20 世纪末

自 1979 年至 1997 年底，对外经济贸易主管部门批准或在对外经济贸易主管部门备案的中国境外投资企业（不含金融企业）达 5 356 家，主要分布在资源开发、工农业生产、建筑业、交通运输和旅游服务业等多个领域。由于这一阶段中国对外直接投资整体规模很小，关于对外直接投资行业分布的统计数据不全。

（二）21 世纪以来：中国对外直接投资覆盖全行业

进入 21 世纪，中国对外直接投资行业不断扩大，覆盖了国民经济所有行业类别，并主要分布在租赁和商务服务业、金融业、采矿业、批发和零售业、制造业以及交通运输、仓储和邮政业等行业。

2003 年以来，中国对外直接投资流量规模的行业比重也在不断变化（见图 9–4）。对租赁和商务服务业对外直接投资流量比重从 2005 年的 40.3%波动下降到 2015 年的 24.90%，2016 年该比重上升为 33.50%；对金融业对外直接投资流量从 2006 年开始异军突起，占到 16.7%，2008 年达到 25.1%，2015 年为 16.6%，2016 年下降为 7.60%；对采矿业的对外直接投资流量比重波动较大，2003 年和 2016 年分别低至 4%和 1%，2006 年高至 40.4%；除 2006 年和 2010 年外，对批发零售业对外直接投资流量比重保持在 10%～19%；对制造业对外直接投资流量的比重从 2003 年的 27%下降到 2008 年的 3.2%，然后逐步上升到 2016 年的 14.80%。2016 年，中国对外直接投资装备制造业的流量达到 142.5 亿美元，占当年制造业对外直接投资流量的 49.1%。

2016 年，中国信息传输、软件和信息技术服务业对外直接投资流量迅速增加，占对外直接投资总流量的 9.5%。

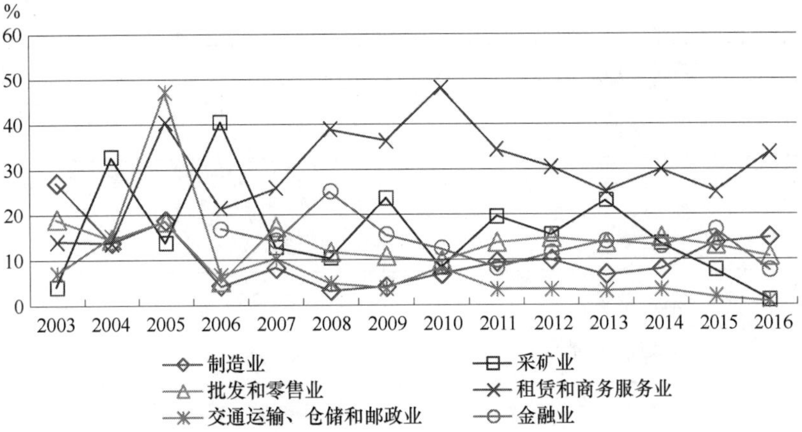

图 9–4　2003—2016 年中国对外直接投资流量行业比重变动趋势

注：2003—2004 年，商务服务业不包含租赁业。2006 年以前交通运输、仓储业数据中不包含邮政业。

数据来源：2003—2016 年度《中国对外直接投资统计公报》。

三、对外投资国别（地区）分布

改革开放后，经过近 40 年的发展，到 2016 年末，中国对外直接投资存量分布在全球的 190 个国家和地区，占全球国家和地区总数的 81.2%。

中国对外直接投资存量的七成分布在亚洲。2016 年末，中国在亚洲的投资存量为 9 094.5 亿美元，占 67%；中国香港占亚洲存量的 85.8%。拉丁美洲 2 071.5 亿美元，占 15.3%；欧洲 872 亿美元，占 6.4%；北美洲 754.7 亿美元，占 5.6%；非洲 398.8 亿美元，占 2.9%；大洋洲 382.4 亿美元，占 2.8%。

中国对外直接投资存量的八成分布在发展中经济体。2016 年末，中国在发展中经济体的投资存量为 11 426.18 亿美元，占 84.2%；在发达经济体投资存量 1 913.97 亿美元，占 14.1%；在转型经济体的直接投资存量 233.75 亿美元，占存量总额的 1.7%。

2016 年末，中国对外直接投资存量前 20 位国家（地区）累计达到 12 288.77 亿美元，占中国对外直接投资存量的 90.5%，如表 9–1 所示。

表 9–1　　2016 年末中国对外直接投资存量前 20 位国家（地区）

单位：亿美元，%

序号	国家（地区）	存量	比重
1	中国香港	7 807.45	57.5
2	开曼群岛	1 042.09	7.7
3	英属维尔京群岛	887.66	6.5
4	美国	605.80	4.4
5	新加坡	334.46	2.5
6	澳大利亚	333.51	2.5

续表

序号	国家（地区）	存量	比重
7	荷兰	205.88	1.5
8	英国	176.12	1.3
9	俄罗斯	129.80	1.0
10	加拿大	127.26	0.9
11	印度尼西亚	95.46	0.7
12	卢森堡	87.77	0.6
13	德国	78.42	0.6
14	中国澳门	67.83	0.5
15	南非	60.01	0.4
16	老挝	55.00	0.4
17	哈萨克斯坦	50.95	0.4
18	法国	51.16	0.4
19	越南	49.84	0.4
20	阿联酋	48.88	0.3
合计		12 288.77	90.5

数据来源：《2016 年度中国对外直接投资统计公报》。

2016 年末，中国对“一带一路”相关国家的直接投资存量为 1 294.1 亿美元，占中国对外直接投资存量的 9.5%。存量位列前 10 的国家是：新加坡、俄罗斯、印度尼西亚、老挝、哈萨克斯坦、越南、阿联酋、巴基斯坦、缅甸、泰国。

改革开放以来，尤其是进入 21 世纪以来，中国对外直接投资的地域分布不断变化。2007 年以前，拉丁美洲和亚洲交替成为中国对外直接投资最大的目的洲。2007—2016 年，亚洲始终是中国对外直接投资最大洲，拉丁美洲成为第二大洲，如图 9–5 所示。

改革开放以来，尤其是进入 21 世纪以来，中国对外直接投资的国家（地区）分布不断变化。2005 年和 2006 年，开曼群岛是中国对外直接投资最多地区，占比分别为 42.1% 和 44.4%。其他年份，中国香港始终稳居中国对外直接投资第一位地区，占比在 27.9～69.1%。2003—2016 年，开曼群岛、英属维尔京群岛、美国、英国、新加坡、澳大利亚等国交替成为中国对外直接投资前 5 位国家（地区），如表 9–2 所示。

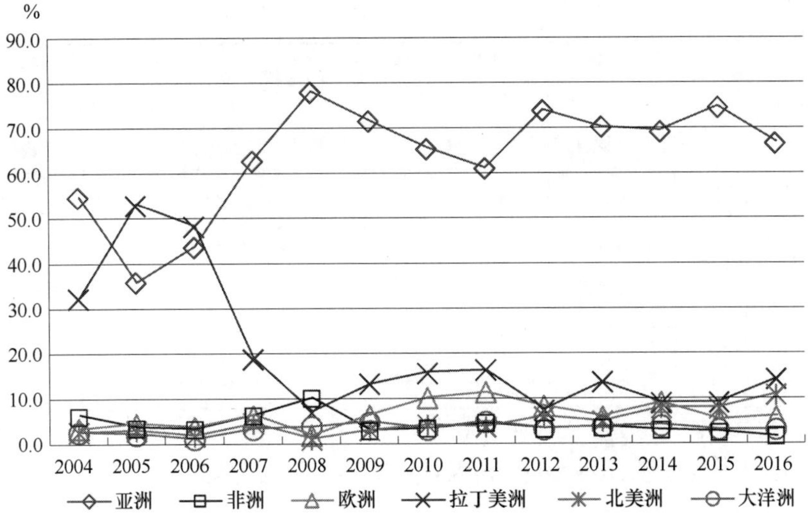

图 9-5　2004—2016 年中国对外投资净额地区分布

表 9-2　2003—2016 年中国对外直接投资前 5 位国家（地区）　单位：%

年份	第一名		第二名		第三名		第四名		第五名	
	国家（地区）	占比	国家（地区）	占比	国家（地区）	占比	国家（地区）	占比	国家（地区）	占比
2003	中国香港	11.5	开曼群岛	8.07	维尔京群岛	2.10	韩国	1.54	丹麦	0.74
2004	中国香港	47.8	开曼群岛	23.4	维尔京群岛	7.0	苏丹	2.7	美国	2.2
2005	开曼群岛	42.1	中国香港	27.9	维尔京群岛	10.0	韩国	4.8	美国	1.9
2006	开曼群岛	44.4	中国香港	39.3	俄罗斯	2.6	维尔京群岛	3.1	美国	1.1
2007	中国香港	51.8	开曼群岛	9.8	维尔京群岛	7.1	加拿大	3.9	英国	2.1
2008	中国香港	69.1	南非	8.6	维尔京群岛	3.8	澳大利亚	3.4	新加坡	2.8
2009	中国香港	63.0	开曼群岛	9.5	澳大利亚	4.3	维尔京群岛	2.9	美国	1.6
2010	中国香港	56.0	维尔京群岛	8.9	开曼群岛	5.1	澳大利亚	2.5	美国	1.9
2011	中国香港	47.8	维尔京群岛	8.3	开曼群岛	6.6	新加坡	4.4	澳大利亚	4.2
2012	中国香港	58.4	美国	4.6	英国	3.2	维尔京群岛	2.6	澳大利亚	2.5
2013	中国香港	58.3	开曼群岛	8.6	美国	3.6	澳大利亚	3.2	维尔京群岛	3.0

续表

年份	第一名		第二名		第三名		第四名		第五名	
	国家（地区）	占比	国家（地区）	占比	国家（地区）	占比	国家（地区）	占比	国家（地区）	占比
2014	中国香港	57.6	美国	6.2	维尔京群岛	3.7	开曼群岛	3.4	澳大利亚	3.3
2015	中国香港	61.6	新加坡	7.2	开曼群岛	7.0	美国	5.5	澳大利亚	2.3
2016	中国香港	58.2	美国	8.7	开曼群岛	6.9	维尔京群岛	6.3	澳大利亚	2.1

注：表中维尔京群岛为英属维尔京群岛。

数据来源：根据 2003—2016 年度《中国对外直接投资统计公报》整理。

四、对外投资主体省际分布

经过改革开放后近 40 年的发展，中国对外直接投资主体的省际分布从存量和流量两个方面看，都呈现不同的特点。

（一）中国对外直接投资存量主体分布

从对外直接投资存量境内主体登记注册类型结构看，到 2016 年末，中国对外直接投资本土企业数达到 2.44 万家。从对外投资主体的登记注册类型看，占比最大、最为活跃的群体是有限责任公司，占 43.2%；位列第二的是私营企业占 26.2%；股份有限公司占 10.1%；国有企业占 5.2%；外商投资企业占 4.8%，股份合作企业占 2.3%；港、澳、台商投资企业占 3.2%；个体经营占 2.4%，集体企业占 0.5%，其他占 2.4%。2016 年末，在对外非金融类直接投资 11 800.5 亿美元存量中，国有企业占 54.3%；非国有企业占 45.7%，其中有限责任公司占 17.8%，私营企业占 8.7%，股份有限公司占 8.6%，外商投资企业占 3.5%，港、澳、台商投资企业占 3.5%，股份合作企业占 0.7%，集体企业占 0.3%，其他占 2.6%。

从对外投资境内主体所在行业结构看，截至 2016 年，制造业、批发和零售业、租赁和商务服务业对外投资企业分列前三位，分别为 7 616 家、7 012 家和 2 110 家，占比分别为 31.2%、28.7%和 8.7%（见表 9–3）。其他行业对外投资数量及占比如表 9–3 所示。

表 9–3　2016 年末中国对外投资主体行业构成情况　单位：家，%

行　业	数量	比重
批发和零售业	7 012	28.7
制造业	7 616	31.2
租赁和商务服务业	2 110	8.7
农、林、牧、渔业	985	4.0

续表

行　　业	数量	比重
住宿和餐饮业	467	1.9
信息传输、软件和信息技术服务业	1 276	5.2
建筑业	806	3.3
采矿业	569	2.3
科学研究和技术服务业	671	2.8
房地产业	601	2.5
交通运输、仓储和邮政业	513	2.1
居民服务、修理和其他服务业	458	1.9
文化、体育和娱乐业	307	1.3
电力、热力、燃气及水的生产和供应业	175	0.7
其他	836	3.4
合计	24 402	100.0

数据来源：《2016 年度中国对外直接投资统计公报》。

从境外直接投资主体的省际分布看，2016 年末，地方企业对外非金融类直接投资存量达到 5 240.5 亿美元，占全国非金融类存量的 44.4%，较上年增加 7.7 个百分点。其中，东部地区 4 232.9 亿美元，占 80.7%；西部地区 428.1 亿美元，占 8.2%；中部地区 356 亿美元，占 6.8%；东北三省 223.5 亿美元，占 4.3%。2016 年中国对外直接投资存量最大的前十个省份如表 9–4 所示。

2016 年末，中国共在全球 190 个国家（地区）设立对外直接投资企业（简称境外企业）3.72 万家。从境外非金融类企业的隶属情况看，地方企业占 88%，中央企业和单位仅占 12%。广东、浙江、江苏、上海、北京、山东、辽宁、福建、湖南、天津位列地方境外企业数量前 10 位，合计占境外企业总数的 70.2%。广东省是中国拥有境外企业数量最多的省份，占境外企业总数的 18%；其次为浙江省，占 11.2%；江苏省位列第三，占 8.9%。

表 9–4　　2016 年末中国对外直接投资前十位的省、市、区

单位：亿美元，家

按对外直接投资存量金额			按境外企业数量		
排序	省、市、区名称	存量金额	排序	省、市、区名称	境外企业数量
1	广东省	1 250.4	1	广东省	6 592
2	上海市	840.5	2	浙江省	4 111
3	北京市	543.8	3	江苏省	3 281
4	山东省	411.9	4	上海市	2 883

续表

按对外直接投资存量金额			按境外企业数量		
排序	省、市、区名称	存量金额	排序	省、市、区名称	境外企业数量
5	江苏省	349.5	5	北京市	2 677
6	浙江省	326.8	6	山东省	2 448
7	天津市	262.3	7	辽宁省	1 210
8	辽宁省	132.2	8	福建省	1 139
9	福建省	111.3	9	湖南省	748
10	湖南省	101.7	10	天津市	669
合计（占地方存量 82.6%）		4 330.4	合计（占地方企业总数 70.2%）		25 758

数据来源：根据《2016 年度中国对外直接投资统计公报》中数据整理。

（二）中国对外直接投资流量主体分布

从企业登记注册类型看，中国对外直接投资主体结构不断变化。2003 年和 2004 年，国有企业对外直接投资占比第一。但 2005 年后，该比重快速下降，2016 年，该比重为 5.25%。2005 年开始，有限责任公司对外直接投资占比快速增加，始终占比第一，2015 年达到 67.4%的峰值，2016 年该比重下降为 43.2%。2016 年，私营企业对外直接投资占比急剧增加到 26.2%，成为中国对外直接投资一股新的力量。2003—2016 年中国对外直接投资主体企业登记注册类型分布情况如图 9–6 所示。

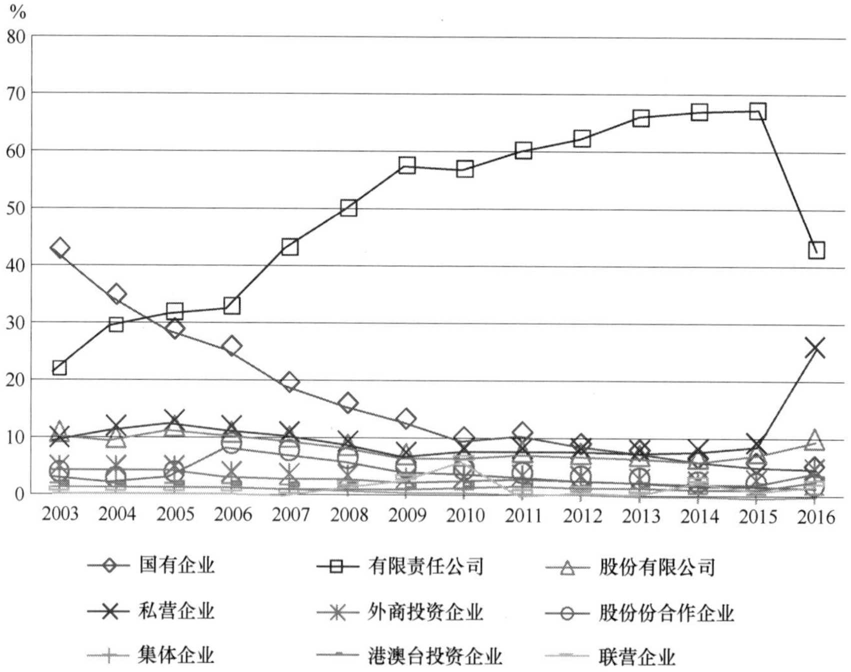

图 9–6 2003—2016 年中国对外直接投资主体企业登记注册类型分布

数据来源：2003—2016 年度《中国对外直接投资统计公报》。

五、对外投资模式

中国对外直接投资中，各种投资方式的比重不断变化。

（一）改革开放之初

改革开放之初，中国政府更多地鼓励利用设备、技术和商标等从事投资，或鼓励海外子公司利用对方信誉通过国际资本市场向国际金融机构或非金融贷款机构等筹集资金，缓解国内资金短缺的矛盾。[①]

（二）21 世纪以来

进入 21 世纪，并购在中国企业对外直接投资中比重逐渐增加，从 2004 年的 30 亿美元增加到 2015 年的 544.4 亿美元及 2016 年的 1 353.3 亿美元，占中国对外直接投资的比重由 2004 年的 54.5%逐步下降到 2015 年的 25.6%，但上升到 2016 年的 44.1%。具体数据如表 9–5 所示。

表 9–5　　2004—2016 年中国对外直接投资并购情况　　单位：亿美元，%

年份	并购金额	同比	比重
2004	30.0	—	54.5
2005	65.0	116.7	53.0
2006	82.5	26.9	39.0
2007	63.0	–23.6	23.8
2008	302.0	379.4	54.0
2009	192.0	–36.4	34.0
2010	297.0	54.7	43.2
2011	272.0	–8.4	36.4
2012	434.0	—	31.4
2013	529.0	21.9	31.3
2014	569.0	7.6	26.4
2015	544.4	–4.3	25.6
2016	1 353.3	148.6	44.1

注：2012—2016 年并购金额包括境外融资部分，比重为直接投资占当年流量的比重。

数据来源：根据《2016 年度中国对外直接投资统计公报》资料整理。

新增股权投资额从 2006 年的 51.7 亿美元增加到 2016 年的 1 141.3 亿美元，占当年中国对外直接投资额的比重也从 2006 年的 24.4%上升到 2015 年的 58.2%。债务工具投资额从 2006 年的 93.4 亿美元增加到 2016 年的 513.6 亿美元，但其占中国对外直接投资

① 杨青. 现代经济发展过程中的对外直接投资. 北京：中国财政经济出版社，2001.

额的比重波动很大，从 2006 年的 44.2%下降到 2015 年的 26.2%。当期收益再投资额从 2006 年的 66.5 亿美元增加到 2016 年的 306.6 亿美元，占中国对外直接投资额的比重从 2006 年的 31.4%波动下降到 2016 年的 15.6%。具体数据见表 9–6。

表 9–6　　2006—2016 年中国对外直接投资流量构成表　　单位：亿美元，%

年份	流量	新增股权		当期收益再投资		债务工具投资	
		金额	比重	金额	比重	金额	比重
2006	211.6	51.7	24.4	66.5	31.4	93.4	44.2
2007	265.1	86.9	32.8	97.9	36.9	80.3	30.3
2008	559.1	283.6	50.7	98.9	17.7	176.6	31.6
2009	565.3	172.5	30.5	161.3	28.5	231.5	41.0
2010	688.1	206.4	30.0	240.1	34.9	241.6	35.1
2011	746.5	313.8	42.0	244.6	32.8	188.1	25.2
2012	878.0	311.4	35.5	224.7	25.6	341.9	38.9
2013	1 078.4	307.3	28.5	383.2	35.5	387.9	36.0
2014	1 231.2	557.3	45.3	444.0	36.1	229.9	18.6
2015	1 456.7	967.1	66.4	379.1	26.0	110.5	7.6
2016	1 961.5	1 141.3	58.2	306.6	15.6	513.6	26.2

数据来源：根据《2016 年度中国对外直接投资统计公报》资料整理。

六、“一带一路”沿线国家投资情况

随着“一带一路”建设持续推进，中国对“一带一路”沿线国家的直接投资流量快速增加，投资行业日趋多元化。

（一）投资规模快速增长

2013—2016 年，中国企业对“一带一路”沿线国家的投资流量分别为 131.7 亿美元、144.6 亿美元、189.3 亿美元和 153.396 8 亿美元，分别占当年流量总额的 12.2%、11.7%、13%和 7.8%。截至 2016 年，中国对“一带一路” 沿线国家的直接投资存量为 1 294.139 亿美元，分别占中国对外直接投资存量的 9.5%。①

（二）国别（地区）分布全覆盖，重点国家占比较高

2016 年，中国企业对“一带一路”沿线的 53 个国家进行了直接投资。从投资流量看，2016 年排名前 5 位的国家是新加坡、以色列、马来西亚、印度尼西亚、俄罗斯；从投资存量看，2016 年排名前 5 位的国家是新加坡、俄罗斯、印度尼西亚、老挝、哈萨克斯坦，对以上五国投资存量总额占对“一带一路”沿线国家投资存量的 51.70%。其中，对新加坡投资流量和存量都位居第一，分别占“一带一路”沿线国家的 20.68%和 25.84%；

① “走出去”公共服务平台，http://fec.mofcom.gov.cn/article/fwydyl/tjsj/201701/20170102504239.shtm.

其次是俄罗斯，2016 年中国对俄罗斯直接投资快速增长，流量 12.930 7 亿美元，占对“一带一路”沿线国家投资流量的 8.43%。

（三）投资行业日趋多元化

中国对“一带一路”沿线国家和地区投资的行业日趋多元化，投资存量分布在多个行业领域，包括租赁和商务服务业、制造业、能源、批发和零售业、采矿业、金融业、建筑业等。从 2016 年中国对东盟投资存量的行业分布情况看，制造业 131.5 亿美元，占中国对东盟投资存量的 18.4%，是中国对东盟投资存量最大的行业；租赁和商务服务业 112.2 亿美元，占中国对东盟投资存量的 15.7%；采矿业 101.7 亿美元，占 14.2%；批发和零售业 96.9 亿美元，占 13.5%；电力、热力、燃气及水的生产和供应业 91.2 亿美元，占 12.7%；金融业 45.7 亿美元，占 6.4%；建筑业 45.1 亿美元，占 6.4%；农、林、牧、渔业 31.4 亿美元，占 4.4%；房地产业 19.9 亿美元，占 2.8%。此外，交通运输、仓储和邮政业，科学研究和技术服务业，信息传输、软件和信息服务业，居民服务和其他服务业，住宿和餐饮业，分别占中国对东盟投资存量的 2.5%、1%、0.8%、0.8%和 0.2%。

第四节　改革开放后对外投资对经济发展的作用

一、对东道国经济发展的作用

改革开放以来，尤其是 21 世纪以来，中国对外直接投资为东道国经济发展和基础设施建设提供了所需的资金、技术和人才，促进了东道国经济结构调整和转型，为东道国基础设施建设、商业发展等做出了很大的贡献。同时，中国对外直接投资促进了东道国文化、医疗、卫生事业的发展。

（一）促进东道国融入全球经济体系

改革开放后，尤其是“一带一路”倡议提出以来，中国对外直接投资与“一带一路”沿线国家合作，着力进行政策沟通、设施联通、贸易畅通、资金融通、民心相通（简称“五通”）。“五通”合作可以极大促进东道国的基础设施建设，融入区域经济发展，区域内国家间政策协调，促进区域内资金融通，为融入全球经济体系减少障碍。

（二）补充东道国经济发展所需生产要素

中国对外直接投资进入自然资源和人力资源富裕而资本稀缺的国家，弥补东道国基础设施建设、商业发展等的资金缺口；同时，中国对外直接投资带来研发、生产技术、营销经验和人员交流，形成技术外溢效应，促进东道国技术水平的提高，从而促进东道国经济发展。通过生产要素的跨国流动，可以使东道国也获得比较利益。截至 2016 年，中国对外直接投资已进入 190 个国家，为这些国家的经济发展提供了资金、技术和人才等生产要素支持。

（三）提升东道国竞争优势

改革开放以来，中国对外直接投资主要集中在亚洲和拉丁美洲，且主要集中在发展中经济体。中国企业的对外直接投资与集聚有利于东道国创新机制的培育和形成，包括高等教育、知识产权法、用于研究的公共基金、风险资本结构等，从而形成一个具有吸引力的区位环境。中国企业对外直接投资在初期更多地利用本国母公司的知识和技术存量，2013 年以后，研究开发进行对外直接投资快速增加。这在增加中国母公司知识和技术存量的同时，还增加了知识和技术在东道国外溢，从而提高了东道国的竞争优势。

（四）增加东道国就业机会

截至 2016 年，中国对外直接投资存量 1 294.139 亿美元。如此大规模的对外直接投资增加了东道国劳动力的各种工作机会，增加了就业数量。同时，通过中资企业的技术培训，许多初级劳动力逐步成为熟练技术工人，从而提高其就业机会和就业质量。

二、对世界经济发展的作用

改革开放以来，中国对外直接投资成为世界经济发展所需资金的主要来源之一，促进世界范围内的资源配置，促进世界经济结构调整，并极大地促进了发展中经济体的经济发展。

（一）成为世界经济发展所需资金的主要来源之一

2015 年，中国对外直接投资流量首次超过利用外资量，成为资本净输出国。截至 2016 年末，中国对外直接投资流量全球第二，占全球对外直接投资流量的比重上升至 13.5%；对外直接投资存量世界第六，中国对外直接投资占全球对外直接投资存量的比重达到 5.2%。中国已经成为世界各国经济发展所需资金的主要提供国之一。

（二）促进资源全球配置

由于各国的生产要素禀赋不同，通过资本跨国流动，可以平衡各国各类资源的不匹配和失衡问题。通过对外直接投资，中国越来越多的产业和企业实现全球生产和运营，使越来越多的发展中国家和地区融入全球产业链，越来越多的资本和劳动力等生产要素实现了全球配置。中国对外直接投资已经成为经济全球化的重要推动力量，它不仅推动了全球经济要素优化配置而实现的高速增长，而且深刻地改变了全球经济格局。

（三）促进世界经济结构调整和产业升级

在经济全球化背景下，中国对外直接投资推动世界范围内新型产业群体的发展，将带来世界各国大规模的结构调整和产业升级换代，包括发展中国家的工业化和发达国家的再工业化。中国对外直接投资的三大主要行业是租赁、商业服务业及制造业和批发零售业。同时，软件和信息技术服务业、科学研究和技术服务业、地质勘查业及信息传输业对外直接投资流量也快速增加，2016 年所占中国对外直接投资总流量的比重分别升至 9.5%和 2.30%。中国在这些行业的对外直接投资都极大地促进了世界经济结构调整和产业升级。

（四）促进发展中经济体的经济发展

中国对外直接投资极大促进了发展中经济体的经济发展，对消除发展中经济体与发达经济体之间的差距、进而提高世界整体经济发展水平做出很大贡献。数据显示，中国对外直接投资主要流向发展中经济体，流向主要分布在亚洲和拉丁美洲。中国对外直接投资存量的八成分布在发展中经济体。2016 年末，中国在发展中经济体的投资存量为 11 426.18 亿美元，占中国对外投资存量的 84.2%；在发达经济体的投资存量为 1 913.97 亿美元，占中国对外投资存量的 14.1%。2004—2016 年，除 2011 年和 2014 年外[①]，中国对外直接投资有八成以上流向亚洲和拉丁美洲。在经济全球化背景下，中国对外直接投资加强了与亚非拉国家经贸合作、增进战略互信、建立战略同盟，同时又推动与欧美发达国家经贸合作、构建新型大国关系。

三、对中国经济发展的作用

改革开放以来，中国对外直接投资对国内经济发展发挥了积极的作用。

（一）促进中国国内经济结构调整并带动出口

中国有些行业生产能力大大超过国内需求，相当比例的设备闲置，造成很大浪费，企业也陷入困境。利用这些企业的设备进行境外投资，既可以解决国内生产能力闲置问题，又能带动零部件出口。这一效应在中国加工装配行业对外直接投资中表现最为明显。海外建立的跨国子公司从母公司购买资本设备、原材料等及子公司在国外经营过程初期需要内从母国进口中间产品和零部件，对出口形成持续性的带动作用。

以开辟海外市场和出口服务为目的的市场导向型对外直接投资，可以通过在东道国建立贸易服务机构，建立国际销售网络等促使中国的出口贸易增加。中国资源导向型对外直接投资、资源的开采带动了本国相关开采设备和技术的出口，中国的中间产品需求增大，出口随之增加。技术导向型对外直接投资，利用他国先进的技术提高本国产品的技术含量和质量，降低生产成本，有利于提高本国产品在国际市场上的竞争力，增加出口。

（二）便于中国利用国外自然资源与科技资源

矿产等自然资源的进口经常面临进口价格波动和供给不稳定的不足，对外投资矿产资源等自然资源，在境外建立一批战略性资源开发生产供应基地，不求近利而求战略性拥有，有利于应对中国自然资源相对紧缺的困境。

中国有实力的企业“走出去”，到科技资源密集的地方设立研发机构或高技术企业，开发生产具有自主知识产权的新技术新产品，是利用国外科技资源的一种有效形式，可以弥补中国某些行业技术开发人才不足，以及以往引进的技术没有知识产权、有时不完全适应中国市场和产业需求的不足。

（三）利于占据全球分工格局中有利地位

一般而言，在对外投资发展过程中，发达国家致力于发展边际收益高的高技术产业和高增值部分的加工制造环节，发展中国家主要从事中低技术含量、劳动密集的加工制造环节。中国制造业企业通过“走出去”，实现对外产业转移、逐步实现国际分工地位自

---

① 2011 年和 2014 年，中国对外直接投资流向拉丁美洲和亚洲的比重分别为 76.9%和 77.6%。

主性提升。

实施“走出去”战略，中国部分产业初步形成海内外产业联动发展势态。目前，中国加工制造业向外转移已不仅仅是制造业产能的转移，还包含了产业上下游、产业价值链相关环节以及相关配套服务的集群式或关联产业的协同转移。例如，一些钢铁企业积极拓展海外市场，通过加快布局海外钢材加工配送中心，深化海外供应链体系，努力实现由制造商向材料服务商的转变。再如，上海宝钢股份下属企业在韩国京畿道投资新建一家钢材加工配送中心。[①]

（四）改善国际收支

对外投资不仅有利于解决中国贸易顺差不断增加所带来的国际收支不平衡问题，而且还有利于减少与欧美国家的贸易摩擦。2005 年，中国国际收支继续保持“双顺差”。其中，经常项目顺差 1 608 亿美元，资本和金融项目顺差 630 亿美元。2005 年末，中国外汇储备余额为 8 189 亿美元。随着中国企业“走出去”的推进，2010—2016 年，中国国际收支经常账户差额波动较大，低谷时，2011 年为 1 361 亿美元；高峰时，2015 年为 3 042 亿美元，2016 年为 1 964 亿美元。非储备性质的金融账户差额则快速下降，从 2010 年的 2 822 亿美元下降到 2016 年的–4 170 亿美元，外汇储备下降到 4 487 亿美元。国际收支不平衡状况的改善，一定程度上有利于减少与欧美国家的贸易摩擦。

（五）助力中国跨国公司成长

中国企业通过对外直接投资拓展自身空间，增强发展动力。处于国际化发展初级阶段的中国企业充分把握市场机遇，强化自身优势，业务不断增加，盈利能力相对较强。2012 年，中国大陆仅有中信集团和中远集团两家企业进入联合国贸发会议（UNCTAD）发布的《世界投资报告》评选出的全球 100 家发展中国家非金融类跨国公司榜。2013 年，中国大陆及港、澳、台地区共有 18 家企业入选该榜。2014 财年[②]，入选该榜的中国大陆企业增加到 16 家，其海外资产合计为 3 264 亿美元，占前 100 强企业海外总资产的 19%，海外资产平均值为 204 亿美元，比前 100 强企业海外资产均值高出 18%。

对外投资有助于中国企业形成世界级品牌。品牌是一个国家在国际经济舞台上物化了的重要形象。世界级品牌的形成和发展，与世界级跨国公司的发展密不可分。在中国企业对外投资的过程中，与中国跨国公司成长相伴的是中国高铁、海尔、长虹、华为、中兴等更多品牌，它们已成为世界级著名品牌。

---

① 李志鹏. 中国产业对外转移特征、趋势及对策——基于制造业企业对外投资的视角. 国际经济合作，2013（11）.

② 2014 年 4 月 1 日至 2015 年 3 月 31 日。

第十章
改革开放后对外贸易与中国的经济发展

中国实施对外开放政策以来，中国经济对外开放水平不断上升，对外贸易规模持续扩大，贸易结构逐步完善，对外贸易在国民经济构成中所占份额明显上升，成为拉动经济增长的重要力量。

第一节　改革开放后中国对外贸易的发展

改革开放政策显著推动了中国对外贸易的发展，对外贸易总额显著增长，进出口商品结构逐步优化，中国在全球贸易中的地位不断上升。

一、改革开放后中国对外贸易增长状况

随着改革开放政策的实施，中国对外贸易体制改革不断深入，对外贸易规模不断扩大，在国际贸易中的地位也显著提高，如图 10–1 所示。

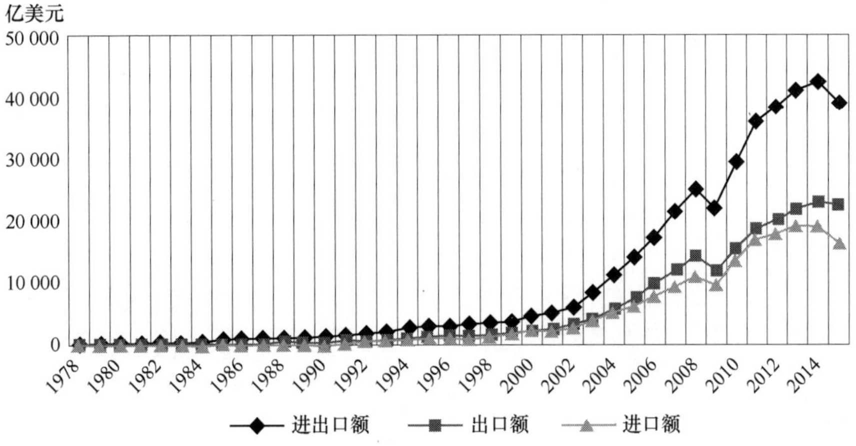

图 10–1　1978—2015 年中国对外贸易进出口额增长情况

注：1978 年为外贸业务统计数，1980 年起为海关进出口统计数。

数据来源：《中国统计年鉴》。

从图 10–1 可以看出，中国对外贸易额呈现快速增长态势，1978 年进出口额仅为 206.4 亿美元，2015 年则达了到了 39 530.3 亿美元，38 年间增长了 192.4 倍，年均增长 16.6%，大大高于改革开放前 29 年的增幅，高于同期国民经济的增长速度；出口贸易年均增长 16.89%；进口贸易年均增长 16.67%。中国对外贸易的依存度及其在世界贸易中的占比和地位不断上升。具体数据如表 10–1 所示。

表 10–1　中国对外贸易依存度[①]　单位：%

年份	对外贸易依存度	进口依存度	出口依存度	年份	对外贸易依存度	进口依存度	出口依存度
1978	9.7	5.1	4.6	1997	33.8	14.8	19.0
1979	11.1	5.9	5.2	1998	31.5	13.6	17.9
1980	12.4	6.5	5.9	1999	33.0	15.2	17.8
1981	14.9	7.4	7.4	2000	39.2	18.6	20.6
1982	14.4	6.7	7.7	2001	38.1	18.2	19.9
1983	14.3	7.0	7.3	2002	42.2	20.1	22.1
1984	16.5	8.5	8.0	2003	51.3	24.9	26.4
1985	22.7	13.8	8.9	2004	59.0	28.7	30.3
1986	24.9	14.4	10.4	2005	62.4	29.0	33.4
1987	25.3	13.3	12.1	2006	64.2	28.9	35.4
1988	25.2	13.5	11.6	2007	61.7	27.1	34.6
1989	24.2	12.8	11.4	2008	56.3	24.9	31.4
1990	29.5	13.6	15.8	2009	43.2	19.7	23.5
1991	32.8	15.4	17.4	2010	48.8	22.9	25.9
1992	33.5	16.3	17.2	2011	48.3	23.1	25.2
1993	31.6	16.8	14.8	2012	45.2	21.2	23.9
1994	41.9	20.5	21.4	2013	43.4	20.3	23.0
1995	38.3	18.0	20.3	2014	41.0	18.7	22.3
1996	33.6	16.1	17.5	2015	35.6	15.1	20.5

数据来源：根据《中国统计年鉴》计算。

从表 10–1 可以看出，除 1997 年亚洲金融危机和 2008 年由美国次贷危机引发的全球经济危机这两个时期以外，改革开放后中国对外贸易依存度呈稳步上升趋势，这表明对外贸易增长速度快于中国 GDP 的增速，同时，中国对外贸易的增速也快于全球国际贸易增长速度，中国在国际贸易中的地位显著提高。具体数据如表 10–2 所示。

① 对外贸易依存度指进出口贸易额占 GDP 的百分比，出口依存度及进口依存度则分别指出口和进口占 GDP 的百分比。

表 10-2 中国占世界出口贸易的比重及位次 单位：%

年份	比重	位次	年份	比重	位次
1978	0.75	32	1997	3.3	10
1979	—	—	1998	3.3	9
1980	0.9	26	1999	3.4	9
1981	1.1	19	2000	3.9	7
1982	1.2	17	2001	4.3	6
1983	1.2	17	2002	5.0	5
1984	1.3	18	2003	5.8	4
1985	1.4	17	2004	6.4	3
1986	1.4	16	2005	7.3	3
1987	1.6	16	2006	8.0	3
1988	1.7	16	2007	8.7	2
1989	1.7	14	2008	8.9	2
1990	1.8	15	2009	9.6	1
1991	2.0	13	2010	10.3	1
1992	2.3	11	2011	10.4	1
1993	2.4	11	2012	11.1	1
1994	2.8	11	2013	11.7	1
1995	2.9	11	2014	12.7	1
1996	2.8	11	2015	13.8	1

数据来源：1978—2013 年数据来自历年《中国贸易外经统计年鉴》，2014 年、2015 年数据来自国家统计局网站。

从表 10-2 的统计数据可以看出，改革开放以后，中国对外贸易发展呈现出以下显著特点。

1. 具有高速增长的态势

如上所述，1978 年以后，中国对外贸易增长不仅高于同期 GDP 的增长速度，也高于国际贸易的增长速度，从而显著提高了中国对外贸易依存度及其在国际贸易中的地位。

2. 进出口贸易的发展具有明显的阶段性

进出口贸易增长大致可以分为五个阶段。第一阶段（1978—1981 年）即改革开放初期，进出口贸易均出现了高速增长。其中，进口和出口年均增长分别高达 33.05%和 30.7%。这一阶段的高增长可以说是原有集聚能量的释放，国内企业特别表现出对长期抑制的进口消费品的强烈需求，使进口增长显著超过了出口增长，以致出现了连续 4 年的贸易逆差。第二阶段（1982—1986 年），中国在强劲的进口需求下，出现了外汇储备的危机，努力增加出口成为官方的强烈诉求。1984 年，中国经济体制改革的全面启动，使经济开始趋向市场化，地方企业外贸自主权的增加使政府实现既定目标的难度加大。同时，开放前积聚的进出口能量也基本释放完毕，结果出现了进出口贸易增长双下降且波动均极其剧烈的现象。其中，出口增幅最高达 17.4%，最低降至–0.4%，年均增长仅为 7.26%；进口波动更为剧烈，增幅最高年份（1985 年）达 54.1%，最低年份跌至–12.4%，年均增长 16.44%。第三阶段（1987—1993 年），中国外贸体制改革以承包制为主的阶段。承包制所形成的激励机制，特别是以出口为经营绩效的考核指标，推动了出口贸易的快速增长，出口贸易年均增长达 16.96%，进口贸易年均增幅为 14.39%，出口贸易增长超过进口贸易 2.57 个百分点。第四阶段（1994—2001 年），中国外贸体制朝着适应社会主义市场经济体制和国际贸易规范方向加速演进，同时该阶段后期又遭遇了亚洲金融危机，进出口贸易增长有所回落且波动均较为剧烈，该阶段进口、出口年均增幅分别为 11.71%和 14.83%。加入世界贸易组织以后（2002—2015 年），对外贸易进出口总额年均增长 16.81%。“入世”后，中国改革开放进入一个新的阶段，对外开放作为一种制度被确立，按照 WTO 规则，由单边自主开放转向多边框架下的相互开放，由政策开放转向体制开放，对外贸易继续迅猛增长，但 2008 年金融危机对中国产品出口产生一些不利影响。加入 WTO 以后，中国出口商品结构进一步优化，工业品出口额占出口总额的比重由 2001 年的 91.2%上升为 2015 年的 97.5%。

这种阶段性增加也反映于中国在国际贸易中所处的位置上。从表 10–2 可以看出，随着对外贸易规模的扩大，中国在国际贸易中的地位不断上升。改革开放初期的 1978—1981 年，短短 4 年间中国出口贸易在世界出口贸易中的位次由第 32 位跃升至第 19 位；1982—1988 年基本在第 17 位左右徘徊；1989—1991 年有所上升，达到第 13—14 位的水平；1992—1996 年则始终保持在第 11 位；此后直线上升，1997 年跻身国际贸易前 10 位行列，到 2001 年则升至国际贸易第 6 位，2015 年中国对外贸易出口额居全球首位。

3. 进出口贸易总体上增速均衡。

总体而言，1978—2015 年中国进出口总额年均增长 16.62%，其中，出口贸易年均增长 16.89%，进口贸易年均增长 16.67%，进出口贸易总体增速较为均衡。38 年累计出口额达 214 307.2 亿美元，进口额为 183 467.2 亿美元，总体上出口总额大于进口总额，在不同阶段，贸易的不平衡性表现出不同的特征。20 世纪 80 年代，中国对外贸易呈现总体逆差，逆差累计额达到 381 亿美元；20 世纪 90 年代（除 1993 年外）基本为顺差，顺差额为 486.5 亿美元。进入新世纪，贸易顺差进一步拉大，截至 2015 年底，贸易顺差累计达到 29 750.3 亿美元。

二、对外贸易商品结构

一国进出口商品结构，特别是出口商品结构的变化反映了该国比较优势的变化，而比较优势的变化又反映了其竞争力的变化，进而反映了一国对外贸易增长的质量。

（一）中国出口商品结构变动的轨迹

改革开放以来，随着对外开放政策的实施，中国逐步由封闭型经济转变为开放型经济，中国对外贸易的“质”和“量”有了显著提高。对外贸易“量”增加主要体现在对外贸易在国民经济构成中所占份额显著上升，成为推动中国经济增长的重要力量。对外开放政策促进对外贸易“质”的提高主要体现在中国出口商品结构的优化上，工业制成品在出口商品构成中的比重迅速上升，初级产品所占比重则大幅度下降，加工程度深、技术含量较高的机电产品及高新技术产品的出口规模不断扩大，中国出口商品结构日益优化。具体如图 10–2 所示。

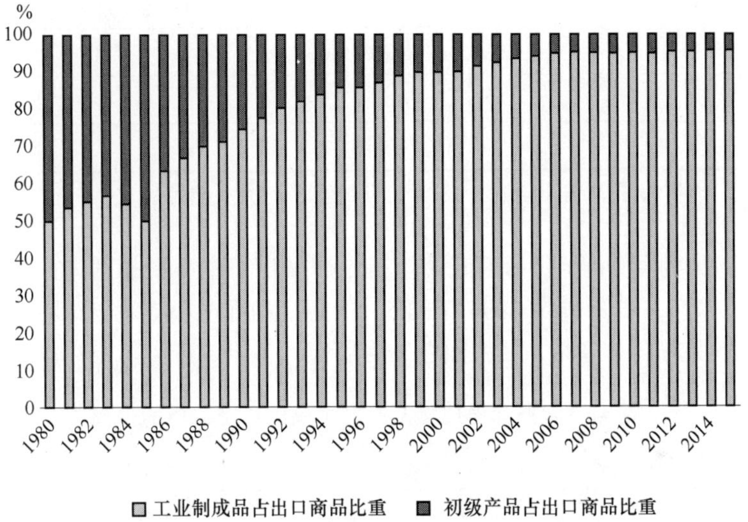

图 10–2　1980—2015 年中国出口商品构成

数据来源：根据历年《中国统计年鉴》计算整理。

改革开放初期（1981—1985 年），中国出口商品中初级产品增长（年均增长幅度为 9.27%）依然略高于工业制成品（年均增长幅度为 9.12%）。国家在“七五”计划（1986—1990 年）中明确提出，要实现从主要出口初级产品到主要出口工业制成品的转变。此后，中国出口商品结构发生了巨大变化，中国终于实现了从主要出口初级产品到主要出口工业制成品的转变，使工业制成品成为主导产品。此后，中国工业制成品出口的增长始终远高于初级产品增长，“入世”以来，中国出口的工业制成品占出口产品总额的比重平均达到 93.96%，同时中国出口工业制成品增长（年均增长幅度为 17.35%）显著高于出口初级产品（年均增长幅度为 10.65%）。中国工业制成品成为支撑中国出口贸易高速增长的主力军。

20 世纪 90 年代以来，在工业制成品内部附加值高的机电产品逐渐取代附加值低的轻纺产品，到 1995 年，机电产品终于成为中国第一大类出口商品，此后持续增加，2006 年至 2015 年，中国机电产品出口额占中国出口总额比重年均达到 57.58%，2015 年机电产品出口额是 1985 年出口额的 780 倍。中国出口商品结构进一步优化。具体如表 10–3 所示。

表 10–3　　机电产品出口额及其在中国出口贸易中的份额　　单位：亿美元，%

年份	出口额	占出口总额比重
1985	16.8	6.10
1990	110.8	17.90
1995	439.6	29.50
2000	1 050.0	42.00
2005	4 267.5	56.01
2010	9 334.3	59.16
2013	12 646.6	57.25
2014	13 107.6	55.96
2015	13 107.2	57.65

数据来源：历年《中国统计年鉴》及《中国对外经济贸易年鉴》。

此外，自 20 世纪 90 年代后期开始，机电产品出口中高新技术产品增长迅速，2015 年中国高新技术产品出口额是 1996 年的 51.75 倍，高新技术产品出口占中国出口总额的比重也从 8.4%上升到 28.8%。具体如表 10–4 所示。

表 10–4　　高新技术产品出口额及其在中国出口贸易中的份额

单位：亿美元，%

年份	出口额	占出口总额比重
1996	126.6	8.4
2000	370.4	14.9
2005	2 182.5	28.6
2010	4 924.1	31.2
2011	5 487.9	28.9
2012	6 011.6	29.3
2013	6 600.8	29.9
2014	6 604.9	28.2
2015	6 552.1	28.8

数据来源：历年《中国统计年鉴》及《中国对外经济贸易年鉴》。

（二）中国进口商品结构变动的轨迹

改革开放以来，从大类商品来看，中国进口商品结构未发生明显变化，工业制成品进口始终在中国对外贸易出口中处于主导地位，但近年占比下降明显，初级产品进口占比呈上升趋势，具体如图 10–3 所示。

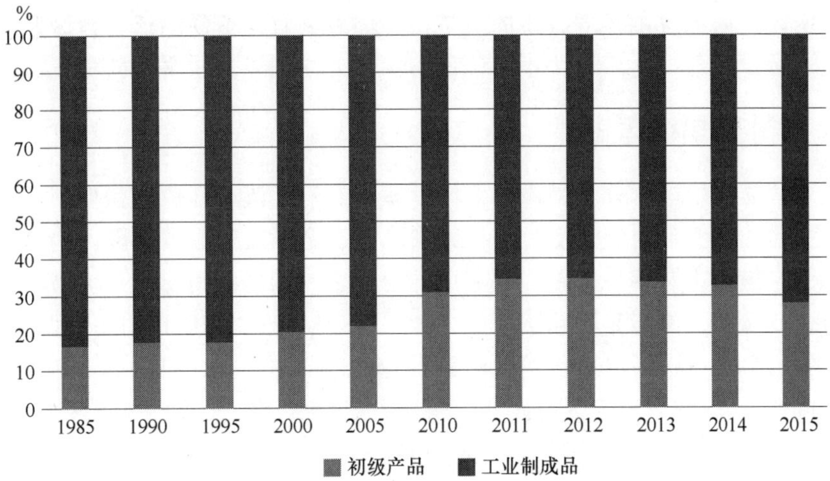

图 10-3　1985—2015 年中国出口商品构成

数据来源：根据历年《中国统计年鉴》计算整理。

伴随着经济快速发展，国内能源、非食用原材料、资源消耗水平不断提高，大宗能源、原材料和机械及运输设备的进口增加，食品、一般制造业产品进口比重下降。具体如表 10-5 所示。这种变化趋势反映了在对外开放条件下，中国工业化进程进入新阶段，中国经济发展水平显著提高，产业结构和工业结构全面升级，因此进口总量和进口商品结构也有了明显增加和转变。

表 10-5　部分商品在进口贸易中的构成　单位：%

年份	食品饮料	非食用原料	矿物燃料、润滑油及有关原料	化学品	轻纺、橡胶、矿冶制品	机械及运输设备
1980	14.80	17.75	1.01	14.53	20.75	25.57
1985	4.16	7.66	0.41	10.58	28.16	38.43
1990	6.55	7.70	2.38	12.46	16.70	31.58
1995	4.94	7.69	3.88	13.10	21.78	39.85
2000	2.28	8.89	9.17	13.42	18.57	40.84
2005	1.54	10.64	9.69	11.78	12.30	44.01
2010	1.72	15.19	13.54	10.72	9.40	39.35
2011	1.86	16.34	15.82	10.39	8.62	36.17
2012	2.18	14.83	17.22	9.86	8.03	35.91
2013	2.37	14.69	16.16	9.76	7.58	36.42
2014	2.66	13.76	16.17	9.86	8.80	36.96
2015	3.35	12.49	11.82	10.20	7.92	40.63

数据来源：根据历年《中国统计年鉴》计算整理。

综上所述，通过改革开放政策的实施，中国发展对外贸易的活力被激发，对外贸易规模迅速扩大，进出口商品结构不断优化，中国外向型经济水平不断提高。

三、对外贸易经营主体

改革开放前，中国对外贸易主要为国家垄断经营，改革开放后初期，国有企业仍是中国对外贸易的主要参与者，截止到1994年，国有企业出口额占中国出口总额的比重仍在70%以上，随着中国逐步改革高度集中的对外贸易管理体制，对外贸易不断发展，越来越多的企业和个人参与到国际贸易之中，对外贸易经营主体结构也不断发生变化。1995年国有企业出口额占中国出口总额的比重为66.71%，出口占比首次低于70%，此后国企出口占比持续下降，2015年国有企业出口额占出口总额的比重已经下降为10.66%。与此同时，民营企业异军突起，20世纪80年代初，民营企业出口在中国出口总额中的占比几乎可以忽略不计，从20世纪90年代开始，民营企业出口增速明显加快，1995年其出口占比仅为1.55%，2006年出口占比首次超过国有企业，到2015年，民营企业出口占比已经达到42.78%。图10-4为1995—2015年中国各类性质企业出口占比的变化情况。

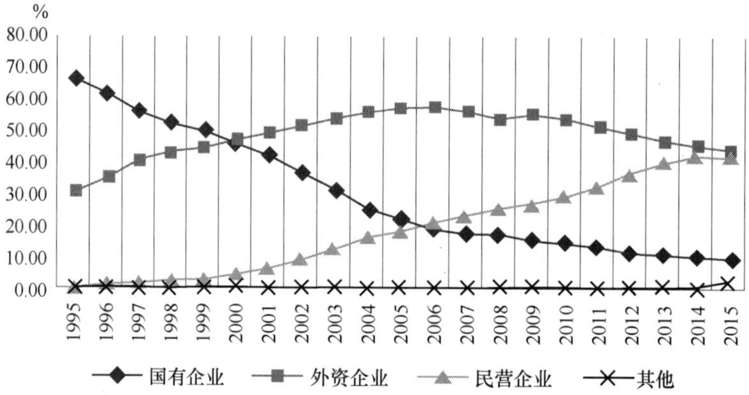

图10-4 1995—2015年中国进出口贸易企业性质构成

数据来源：历年《中国海关统计年鉴》。

从上图中可以看出，国有企业出口占比呈明显下降趋势，民营企业则显著上升，外资企业出口占比相对平稳，图中所列年份中，平均占比为49.47%，2000年外资企业出口占比首次超过国有企业，此后其出口占比一直居于首位，2005年出口占比最高，达到58.30%。

四、对外贸易地域（国内）分布

改革开放是中国的基本国策，改革开放之初，邓小平同志提出让一部分人先富起来，先富带动后富，最终实现共同富裕的发展目标，根据这一发展目标，国家制订了一整套的对外开放策略，从试点到逐步推广，从沿海地区到内地、从东部向中西部，形成了“经济特区—沿海城市—经济开发区—中西部地区”逐步开放的模式。改革开放极大地推动了中国对外贸易的发展，除了各区域资源禀赋差异及原有经济基础存在差距等因素外，逐步开放的模式也在一定程度上造成中国对外贸易在国内区域分布上的不平衡。

中国对外贸易内部区域分布不平衡首先表现为东、中、西部贸易发展的不平衡。如表 10–6 所示，中国东部对外贸易出口总额占比远远高于中西部地区，东部地区对外贸易总额占中国对外贸易出口总额的比重年均达到 80.0%，随着改革开放的深入，对外贸易出口区域结构不平衡加剧，但从 2011 年起，中国东、中、西部对外贸易不平衡的局面有所改善，东部地区占比有所下降，中部和西部在中国对外贸易中的占比呈明显上升趋势，中国正逐步改善贸易不平衡的问题，这主要是中国产业结构调整，一些劳动力密集型产业逐渐内迁导致的。

表 10–6　　中国东、中、西部对外贸易出口总额占比情况[①]　　单位：%

年份	东部	中部	西部	年份	东部	中部	西部
1985	82.15	11.94	5.91	2005	92.29	4.33	3.38
1990	80.01	12.03	7.96	2006	91.92	4.56	3.52
1995	87.33	6.79	5.87	2007	91.21	4.92	3.86
1996	89.19	6.13	4.68	2008	89.79	5.64	4.57
1997	89.21	5.84	4.95	2009	91.08	4.59	4.33
1998	90.53	5.02	4.44	2010	90.10	5.34	4.56
1999	91.26	4.78	3.96	2011	88.22	6.10	5.69
2000	91.04	4.98	3.98	2012	85.86	6.88	7.26
2001	91.67	4.93	3.40	2013	84.66	7.29	8.05
2002	91.79	4.59	3.62	2014	82.97	7.75	9.28
2003	91.80	4.49	3.71	2015	83.74	7.82	8.43
2004	92.14	4.39	3.47	—	—	—	—

数据来源：历年《中国统计年鉴》。

中国对外贸易内部区域结构的不平衡还表现在对外贸易进出口总额集中在某几个省（或直辖市），但是近年来这种对外贸易省际结构不平衡的局面有所改善，图 10–5 是“入世”以来，中国对外贸易进出口总额中占比最高的 8 个省（或者直辖市），这 8 个省（或者市）均来自东部地区，其中广东省占比最高，平均占比达到 28.81%，其次是江苏，平均占比为 14.22%，上海位列第三，对外贸易额年均占比为 12.23%。2001 年至 2015 年，图中所列的 8 个省对外贸易进出口总额占中国进出口总额的比重平均达到 86.34%，贸易省际结构依然不平衡，但是同时我们还应该看到，近年来其他各省（或者市）对外贸易总额占比有了显著上升，其占比从 2001 年的 13.12%，上升到 2015 年的 18.89%，

① 东部地区包括北京、上海、天津、河北、山东、辽宁、江苏、浙江、福建、广东和海南；中部地区包括安徽、山西、江西、河南、湖南、湖北、吉林、黑龙江；西部地区包括重庆、四川、贵州、云南、陕西、甘肃、青海、西藏自治区、宁夏回族自治区、新疆维吾尔族自治区、广西壮族自治区、内蒙古自治区。

对外贸易进出口总额在各省的分布结构逐步开始改善，西部和中部省份进出口总额占比开始提升。

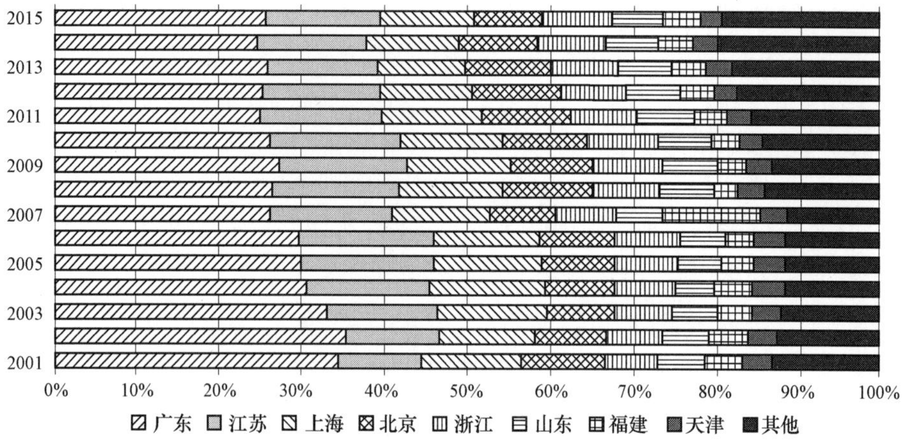

图 10-5 2001—2015 年中国对外贸易主要省市占比情况

数据来源：历年《中国统计年鉴》。

综上所述，中国各区域对外贸易规模存在显著差距，中国进出口总额目前主要集中在东部地区的广东、江苏、上海、北京等省市。随着改革开放的不断深入，以及国家的政策扶持，尤其是近年“一带一路”倡议的提出，中西部对外贸易总额显著增长，中国内部贸易区域结构不平衡的局面正逐步改善。

五、对外贸易的地理方向

一国对外贸易伙伴区域分布结构均衡，有利于充分发挥贸易创造效应，降低该国对个别市场的过度依赖，从而减少贸易失衡引起的贸易摩擦。改革开放以来，中国在巩固和发展传统外贸市场的同时，大力开拓新市场，特别是广大发展中国家和地区的市场，使得外贸市场逐渐扩大，目前，中国的贸易对象已达 230 多个，几乎涵盖了世界所有国家和地区，中国对外贸易在各大洲之间以及国家之间的分布结构也有了明显的变化。

对外贸易的区域分布结构一般采用该国或地区进出口额占该国或地区进出口总额的比重来衡量。从中国对外贸易洲际分布结构来看，从 1985 年至 2016 年，亚洲、欧洲和北美洲是与中国贸易往来规模均处于前三位，亚洲无论是对华进口额还是出口额，与其他洲相比均处于首位。自 1985 年以来，中国与亚洲贸易总额占中国与世界贸易总额的比重均在 50%以上，随着中国与欧洲和北美贸易总额的上升，中国与亚洲总体贸易额占中国对外贸易总额的比重呈下降趋势，占比从 1985 年的 65.90%下降为 2016 年的 52.83%。中国与欧洲贸易总额平均占比在各大洲中排名第二，占比相对平稳，1985 年占比为 19.21%，2016 年则为 18.37%。中国与北美洲贸易总额占比呈上升趋势，1985 年北美洲占比为 9.7%，2016 年则为 15.34%。在此期间，中国与拉丁美洲、非洲、大洋洲贸易额占中国进出口贸易总额的比重均呈现上升趋势，这三大洲占比分别从 1985 年的 2.47%、0.92%、1.8%上升为 2016 年的 5.87%、4.12%、3.47%。图 10-6 为 2016 年中国与各大洲贸易额占中国对外贸易总额的比重情况。

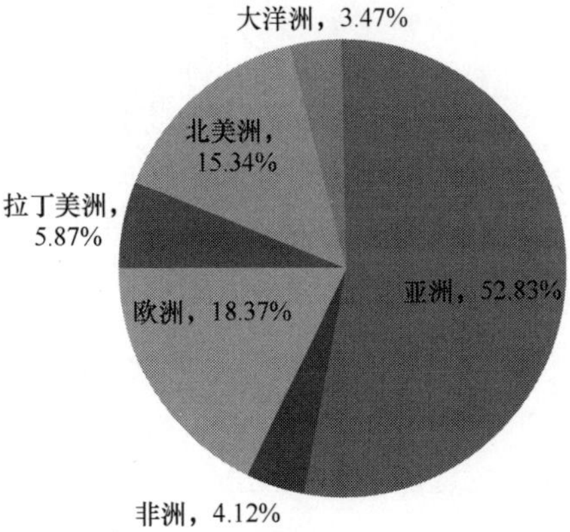

图 10-6 2016 年中国对外贸易总额分布结构

数据来源：根据国家统计局网站数据整理所得。

从中国对外贸易国别（地区）结构来看，1985 年日本、中国香港、欧盟、美国和东盟是中国前五大贸易伙伴，中国与日本的进出口贸易额占中国贸易进出口总额的 30%以上，前五大贸易伙伴中，东盟占比最低，约为 6%，中国香港占比约为 17%，欧盟与美国占比均约为 10%。在接下来的十几年间，内地对香港的进出口贸易总额占比波动较大，其在 1992 年占比最高达到 52.70%，一度成为内地第一大贸易伙伴，但随后几年内地与香港贸易占比急剧下降，1999 年占比仅为 12.13%，香港成为内地第四大贸易伙伴，前三大贸易伙伴分别为日本、美国和欧盟，东盟仍是中国第五大贸易伙伴。进入新世纪，欧盟、美国、日本、东盟和中国香港仍是中国前五大贸易伙伴，从 2000 年至 2016 年，欧盟年均占比达到 15.14%，其余四国（地区）年均占比分别为美国 14.18%、日本 11.85%、东盟 9.65%、中国香港 9.41%。其中，2000—2003 年，日本是中国最大的贸易伙伴，占比分别达到 17.53%、17.21%和 16.42%，从 2004 年起，欧盟取代日本，成为中国的最大的贸易伙伴。表 10-7 为 2007—2016 年中国与主要贸易伙伴进出口总额占中国进出口总额的比重情况。

表 10-7 2007—2016 年中国主要贸易伙伴国（地区）占比情况 单位：%

年份	2007	2008	2009	2010	2011	2012	2013	2014	2015	2016
欧盟	16.38	16.68	16.54	16.17	15.62	14.16	13.44	14.30	14.27	14.84
美国	13.90	13.02	13.51	12.96	12.26	12.53	12.53	12.90	14.11	14.09
日本	10.87	10.41	10.36	10.01	9.41	8.52	7.52	7.26	7.04	7.46
东盟	9.32	9.02	9.65	9.85	9.97	10.35	10.67	11.16	11.93	12.27
中国香港	9.07	7.95	7.92	7.75	7.78	8.83	9.64	8.74	8.68	8.26
其他	40.46	42.92	42.01	43.26	44.95	45.62	46.21	45.65	43.96	43.07

数据来源：中国商务部网站。

从上述分析可以看出，对外贸易额相对集中在几个主要的国家和地区，但近年来中国主要贸易合作伙伴比重有所下降，如欧盟、日本和中国香港比重呈明显下降趋势，其他国家和地区贸易比重呈上升趋势，中国对外贸易市场逐步走向多元化。

第二节　对外贸易与中国的经济增长

改革开放以来，中国的经济增长与对外贸易都得到迅速发展。经济增长总额方面，自 1978 年后，中国 GDP 逐年上升，由 1978 年的 3 678.7 亿元上升到 2016 年的 744 127 亿元，增长了 201.3 倍。对外贸易进出口总额则从 1978 年的 355 亿元增长到 2016 年的 24.33 万亿元，增长了 685.4 倍。从对外贸易与经济增长发展趋势来看，二者基本保持一致，对外贸易对中国经济增长的贡献不断增强，是中国经济发展的重要动力。

一、对外贸易与中国经济增长的关系

在经济理论的研究中，关于对外贸易是否促进经济增长以及如何促进经济增长的问题，一直是一个引起广泛关注的问题。古典经济增长和发展理论的开拓者和奠基人亚当・斯密 1776 年在《国富论》一书中就从劳动和资本角度阐述了贸易对财富增长的作用。他认为，不同的贸易形式由于对劳动和资本的需求不同，因而对财富增长的作用也不同。20 世纪 30 年代，经济学家罗伯特逊将对外贸易比作“经济增长的发动机”。20 世纪 50 年代，经济学家诺克斯深入分析了 19 世纪国际贸易对英国等新移民地区国家经济增长的促进作用[①]。诺克斯认为，国际贸易除了使各国按比较利益的规律进行分工，促进国际间的资源有效配置，从而获得静态的经济利益以外，更重要的是国际贸易使发达国家对农产品及原材料的迅速增长的需求传递到发展中国家，使这些国家的出口产业获得迅速增长，这种增长又以“乘数效应”传递到其他非出口产业中，从而推动了整个国民经济的迅速发展，进一步肯定了对外贸易对经济增长的巨大推动作用。20 世纪 50 年代至 70 年代，自由贸易盛行，发达国家对初级产品和原材料的需求极大地促进了发展中国家的出口贸易，经济学家对发展中国家经济增长率与对外贸易增长率之间的关系进行了研究，发现两者之间有较强的相关性，对外贸易增长越快的国家，其经济增速也较快。此外，还有经济学家认为，出口贸易扩大有利于促进国内新技术和新管理方法的采用，从而出口产品质量提升，出口贸易总额扩大，最终带动本国经济增长。

20 年代 90 年代后期，大批经济学家开始研究中国对外贸易与经济增长的关系，大部分学者的研究表明，对外贸易有效地提高社会劳动生产率、在国际范围内配置资源，促进生产要素的合理利用、带动相关经济部门的发展、有助于维持和扩大就业、增加国家财政收入和外汇收入为国家建设积累资金，对外贸易是中国经济增长的重要驱动力。

总体而言，在一定的条件下，对外贸易是一国经济增长的推动器。首先，国际贸易

① 黄蓉. 中国对外贸易结构与产业结构的互动关系研究. 上海：上海社会科学院，2014.

使社会分工在全球范围内展开，各国可以按照本国的比较优势加入产品生产，实现资源在国际间的有效配置，提高效率，提升产出水平，这种分工带来的贸易利益会随着贸易开放程度的提升而提升。其次，贸易可以使本国的闲置资源得以利用，从而使产出增加。而要使贸易起到利用闲置资源的作用，同样需要一个开放、自由的外部市场环境。再次，贸易可以通过外部市场扩大产量，获得规模经济效益。这种机制更适用于一些国内市场较小的小国和一些最佳产出规模相对于市场而言较大的产业。对于像中国这样工业化程度还不高的发展中的大国来说，几乎所有产业都可以通过本国市场实现最佳规模，在实现最佳规模以前进入国际市场，实际上要比开拓国内市场的难度更大，成本更高。最后，对外贸易可以刺激技术进步，由于国际市场上的激烈竞争，参与国际贸易的企业必然会增加研发投入，采用新技术和新管理，最终增强企业竞争力，促进经济增长。经济全球化是必然趋势，因此只有尽快地适应世界市场的规律，积极参与国际市场竞争，提升本国对外贸易水平，才能使一个国家的经济得到真正的飞速发展。

二、对外贸易推动中国经济快速增长

改革开放以来，对外贸易在中国国民经济中的地位不断提高，对外贸易通过多种途径推动中国经济的增长，进出口贸易与 GDP 增长之间存在长期稳定性关系。

（一）进出口贸易规模与经济增长的相关性分析

对外贸易是中国国民经济最重要的驱动力之一，改革开放以来，对外贸易快速增长，为中国 GDP 增长做出了重要的贡献。

从图 10–7 可以看出，中国贸易和 GDP 增长趋势具有较强的一致性。贸易高速增长的同时，GDP 也保持快速增长，且贸易增长率变化幅度大于 GDP 增长率变化幅度。改革开放前的 1952—1978 年，进出口总额、出口及进口年均增长率分别为 11.2%、11.3% 和 11.6%，同期 GDP 年均增长为 7%；改革开放以后的 1979—2016 年，中国进出口总额、出口及进口年均增长率分别为 15.6%、16.1%和 15.3%。同期 GDP 年均增长率则为 15.2%。

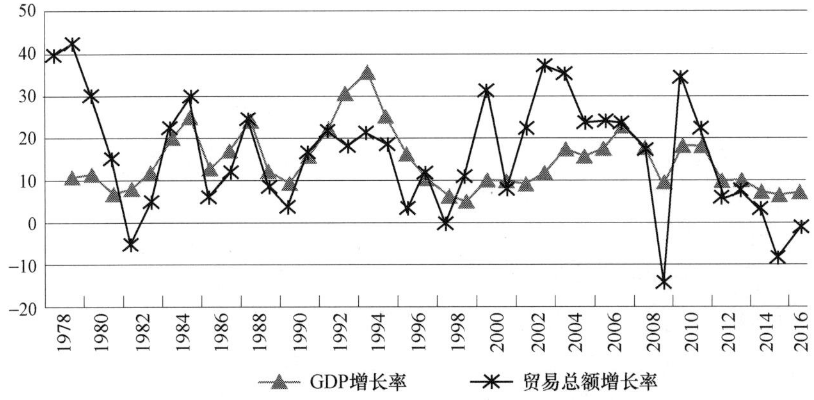

图 10–7　1978—2016 年中国 GDP 与对外贸易增长情况

数据来源：历年《中国统计年鉴》。

（二）对外贸易总额、出口额、进口额与中国经济增长的实证分析

本书利用 stata 软件实证分析进出口贸易额与中国经济增长的关系，数据来源于历年《中国统计年鉴》，时间跨度为 1978—2016 年。为了消除数据中可能存在的异方差和避免数据变化带来的剧烈波动，对 GDP、进出口总额、进口额、出口额取自然对数，用 lngdp、lnT、lnex 和 lnim 表示。

1. 单位根检验

GDP、进出口总额、进口额、出口额均是连续时间序列，因此采用 ADF 单位法来检验数据的平稳性，分别对 lngdp、lnT、lnex、lnim 以及这些变量的一阶差分进行平稳性检验，检验结果如表 10–8 所示。

表 10–8　　平稳性检验结果

变量	ADF 值	5%临界值	检验结果
lngdp	−0.859	−3.564	不平稳
Δlngdp	−3.961	−3.564	平稳
lnT	−2.072	−3.552	不平稳
ΔlnT	−4.739	−3.552	平稳
lnex	−2.807	−3.560	不平稳
Δlnex	−4.879	−3.552	平稳
lnim	−3.120	−3.580	不平稳
Δlnim	−4.926	−3.556	平稳

注：表中数据由 stata 软件计算得出，选取的临界值为 5%的显著水平下的临界值。

由表 10–8 的 ADF 单根检验结果可知，所有变量的 ADF 值均大于在 5%的显著水平下的临界值，均为非平稳时间序列，而一阶差分序列的 ADF 值均小于在 5%的显著水平下的临界值，因此它们的一阶差分序列是平稳的。

2. 模型建立

协整检验可考察非平稳时序变量之间是否存在长期均衡关系，其使用前提条件是所有待检验的变量均为同阶单整，从单根检验结果可以看出，lngdp、lnT、lnex 和 lnim 为一阶单整，因此可以利用最小二乘法对其进行协整分析，将 lngdp 作为自变量，lnT、lnex 和 lnim 作为应变量进行回归，并检验其残差序列的平稳性。三个模型回归结果如下。

lngdp=2.741 355+1.004 344lnT　　R^2 =0.982　　（1）

（0.022）　（0.187）

lngdp= 3.635 747+0.974 416 5lnex　　R^2 =0.984　　（2）

（0.020）　（0.158）

lngdp= 3.251 918+ 1.033 809lnim　　R^2 =0.977　　（3）

（0.199）　（0.026）

三个模型的回归结果均通过了统计检验，且拟合优度 R^2 也很显著，由此也可以说明进出口总额、出口额和进口增长与 GDP 的相关度较高。模型（1）反映进出口总额每增加 1，GDP 增长 1.004 3。模型（2）反映出口每增长 1，GDP 增长 0.974 416 5。模型（3）反映出口每增长 1，GDP 增长 1.033 809。这一实证结果与大多数学者得出的结论一致，进口贸易对经济增长的促进作用大于出口贸易，中国推行的自由贸易政策促进了进口的增加，通过扩大中间产品、原材料以及资本性货物等的进口量，在提高中国企业生产能力的同时提升了相关产业的技术水平，最终拉动 GDP 增长。

由协整检验原理可知，若将两个变量经过 EG 协整检验后得到的残差项为平稳序列，则认为两变量存在长期均衡关系。从表 10–9 中检验结果可以看出，lngdp 与 lnT、lngdp 与 lnex、lngdp 与 lnim 间存在长期均衡关系，即国内生产总值与进出口总额、进口额、出口额间分别存在长时期的均衡关系。

表 10–9　　残差项平稳性检验结果

变量	ADF	5%临界值	检验结果
ET	–3.038	–2.986	平稳
Ex	–3.103	–2.986	平稳
Eim	–2.997	–2.986	平稳

注：ET、Ex、Eim 分别是对上述方程（1）、（2）、（3）回归得到的残差项。

3. 格兰杰因果关系检验

通过协整检验可以衡量变量间是否存在长期的均衡关系，但变量间是否存在因果关系还需要进一步验证。最终通过 stata 软件得出，GDP 与贸易总额、GDP 与贸易出口额之间互为因果关系，进口是 GDP 增长的格兰杰原因，但 GDP 增长不是进口增长的格兰杰原因。具体如表 10–10 所示。

表 10–10　　格兰杰因果检验结果

变量	F 统计量	检验结果
lngdp 不是 lnT 的格兰杰原因	2.945	拒绝
lnT 不是 lngdp 的格兰杰原因	2.783	拒绝
lnex 不是 lngdp 的格兰杰原因	2.946	拒绝
lngdp 不是 lnex 的格兰杰原因	3.725	拒绝
lnim 不是 lngdp 的格兰杰原因	2.766	拒绝
lngdp 不是 lnim 的格兰杰原因	1.090	接受

综上所述，中国经济增长、出口增长和进口增长之间存在唯一长期稳定的动态均衡关系。

在长期过程中，中国出口贸易增长是推动中国经济增长的重要动力，随着中国对外开放水平的不断提高，经济实力逐步增长，进口增长对 GDP 的增长将发挥更加重要的作用。

第三节　对外贸易与中国产业结构转变

国民经济总量增长与结构变迁是密切相关的，近现代世界经济发展史表明，产业结构的优化是启动和维持一国经济增长的重要前提。在当今国际竞争日趋激烈的背景下，一国能否实施各种有效的政策促进产业结构的动态优化，决定着其国际竞争力的提高及国民经济的持续发展。中国对外开放的动机之一即在于通过贸易发展推动产业结构的升级与优化，从而推动中国的工业化进程。改革开放以来，进出口贸易的活跃激发了厂商参与全球价值链分工的创新积极性，促进了各种资源利用效率和人力资本水平的提高，中国整体产业结构得到优化提升。

一、对外贸易与中国产业结构的关系

（一）对外贸易与产业结构优化的理论机制

产业结构优化主要是指通过产业结构调整，使各产业协调发展，并满足社会不断增长的需求过程。通过产业结构的调整，使产业结构水平和效率不断提高，实现产业结构与资源供给结构、技术结构、需求结构相适应的状态。关于贸易对产业结构优化的影响，不少经济学家有过详细研究。古典经济学家亚当·斯密和大卫·李嘉图创立的绝对成本和相对成本理论均指出，一国通过开展对外贸易，可以使生产资源流从绝对劣势或者相对劣势的部门流向本国具有绝对优势和相对优势的部门，这一过程将引起本国产业结构调整。新古典经济学家赫克歇尔和俄林的要素禀赋论提出了基于要素禀赋不同引起的贸易也同样会导致一国产业结构的变动，从而改进资源配置效率。关于发展中国家的对外贸易与产业结构的关系，早在 1960 年，赤松要提出的“雁行模型”，就主要研究了发展中国家如何利用国际化，参与多层次的国际分工，学习发达国家的技术，扩大出口，提升竞争力，从而促进产业结构优化的过程。

尽量当代新国际贸易理论已经论证了对外贸易的起因并不限于比较优势，不少是基于差异化产品和规模经济基础上的产业内贸易，然而发展中国家受其经济发展水平制约，对外贸易的基础还主要是比较优势。

从封闭走向开放的发展中国家根据比较优势的原则开展对外贸易，必然引起生产资源的重新配置。但这种调整并不意味着它必然促进发展中国家的经济发展，特别是长期增长。一般而言，发展中国家具有的比较优势集中于劳动密集型或者资源密集型产品上。一种具有比较优势的商品要转化为竞争优势的商品，即在国际市场上该商品具有绝对价格优势，这就首先要求其价格机制、汇率机制能使商品的价格真实地反映其价值，发展中国家大多存在着要素和产品市场的扭曲，导致不少本身具有潜在比较优势的商品无法

显示其现实的比较优势，甚至可能显示出比较劣势。当发展中国家参与国际市场竞争之后，随着商品价格形成机制的市场化，潜在的比较优势通常较易于转化为显示性比较优势，若国内经济运行机制较为顺畅，这种现实性比较优势就能够对产业结构发挥重要影响，使商品结构的优化能发挥对产业结构优化的作用，从而不仅获得贸易上的比较利益，而且获得显著的结构调整利益。然而这种利益仅仅是静态利益，一国经济要获得持续发展，必须争取动态的长远利益，既要形成比较优势不断升级的动态过程，又要实现产业结构的不断高级化，而其关键在于，一国能否将静态的比较利益通过有效的传导和扩散转化为资本的增值和技术的快速进步。

（二）对外贸易结构促进产业结构升级的路径分析

一般而言，对外贸易结构主要包括贸易的商品结构、方式结构、区域结构以及模式结构，对外贸易对产业结构的影响主要是通过对外贸易结构起作用的。

通过贸易商品结构影响产业结构的过程是，技术水平较高的发达国家率先生产工业品，这一阶段发展中国家主要出口农产品等初级产品，进口工业品。在贸易过程中，发展中国家开始进口国外先进设备，模仿和生产工业品，通过工业制成品贸易，进一步进行资本积累，发展中国家开始培养自身的创新能力，信息技术等服务业得到发展，产业结构实现高级化；贸易方式结构主要通过加工贸易和一般贸易的比重变化来影响一国的产业结构。如果一国劳动力成本较低，则该国一般在加工贸易上具有比较优势，则加工贸易成为该国的主要贸易方式，随着一国生产力水平的提升，劳动力成本必将上涨，此时一般贸易方式的比重将会上升，由于一般贸易方式的产业链基本在国内，需要进口国外先进的技术设备，且这些出口行业与国内相关产业联系也比较紧密，技术引进能很好地发挥溢出效应，促进相关产业全要素生产率的提高和整体产业结构的优化升级，同时一般贸易方式企业需要独立参与国际竞争，有利于培养企业的竞争意识以及独立组织研发生产的能力，最终推动产业结构的升级；贸易区域结构对产业升级也有较大的影响，一国拥有多元化的贸易区域结构，即贸易往来不集中于某一个国家，而是与不同类型的国家进行贸易，这有利于提升产业结构的稳定性和抗冲击能力，与多个地区进行贸易往来，有利于多层次地引进技术，对于发展中国家而言，既可以从发达国家和地区引进高新技术，又可以从新兴工业化国家和地区输入适用技术，使国内引进的技术多层次化，从而实现国内产业结构的逐步调整升级；产业内贸易与产业间贸易对产业结构影响存在较大差异，这是贸易模式结构对产业结构造成影响的主要原因。随着生产力水平的发展，贸易模式逐渐从产业间贸易转向产业内贸易，产业内资易有利于商品生产的专业化，产品生产分工细化且差异化明显，企业也更易实现规模经济，随之而来的是企业竞争力的增强，也会促使企业为巩固自身的竞争力而不断进行产业结构的调整与优化。此外，产业内贸易的发展有利于产业集聚，这使企业更易获得完善配套的基础设施，从而降低成本，产业内贸易带来的产业集聚还会导致各产业知识外溢和技术外溢效应，从而有利于各产业的技术进步，甚至给产业的迅速延伸提供新的发展契机，最终推动一国整体产业结构升级。

二、对外贸易推动中国产业结构的转变

20 世纪 70 年代，随着中国工业化的推进，第二产业即成为中国的主导产业，但第一产业所占比重还较高。改革开放后，资源密集型的第一产业在 GDP 中所占份额持续减少，工业制造业和第三产业在国民经济中的比重明显上升。

随着改革开放的进行，产业结构开始由原来的“二一三”结构逐渐向“二三一”结构过渡。资源密集型的第一产业在 GDP 中所占份额持续减少，第二产业占比相对稳定，第三产业在国民经济中的比重明显上升，如图 10–8 所示。

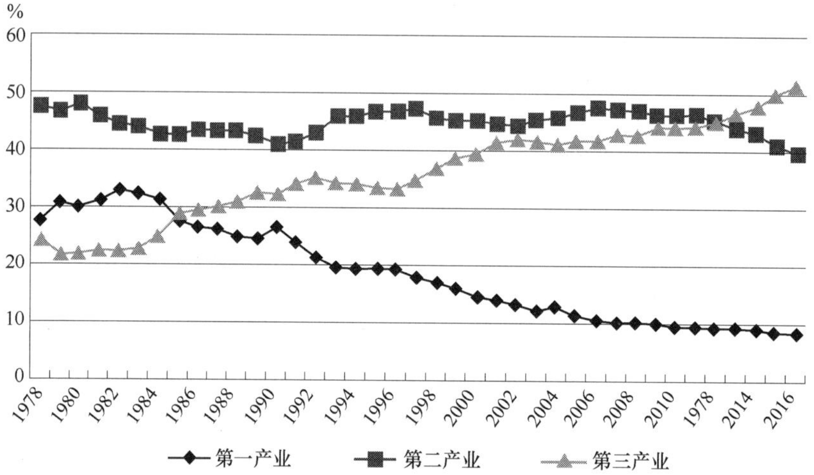

图 10–8　1978—2016 年中国三大产业占比

数据来源：历年《中国统计年鉴》。

第一产业在国民经济中的占比由 1978 年的 27.7%逐步下降到 2016 年的 8.8%，第二产业在国民经济中平均占比为 45.08%，占比总体保持稳定，第三产业在国民经济中所占比重呈明显上升趋势，1978 年第三产业占比为 24.6%，2016 年这一比重则达到 50.2%。而中国的第二、三产业均是以劳动密集型为主，这种产业结构的变化反映了中国丰裕要素对稀缺要素的替代，三大产业比例关系趋于协调。

与此同时，中国三大产业内部结构也发生了显著变化，特别是第二产业，对外开放、资本积累加速及技术水平的提高使资本密集型及技术密集型产业所占份额不断提高，产业结构日趋高级化。

产业结构的优化是中国在开放经济条件下和市场化进程中多种力量交互作用的结果。其中，对外开放作用下的进出口商品结构对产业结构的作用如何以及作用发挥的政策约束条件有哪些，直接反映着对外开放对产业结构优化的效应。

改革开放前，中国无论是汇率还是进出口商品的国内价格均是按照国家计划制定的，因而无法反映商品的价值，自然也无法反映出中国的比较优势，进出口商品构成成为国家计划的产物。改革开放后，随着以市场经济为取向的改革推进，外汇体制、价格形成机制趋向市场化，行政干预的弱化及进口壁垒的削弱，使要素市场、产品市场的扭

曲状况逐步好转，中国潜在的比较优势较为快速地转化为竞争优势，使进出口商品结构对产业结构的优化直接得益于对外贸易商品价格的市场化。

根据对外贸易结构及产业结构的度量公式①，可以对中国贸易结构与产业结构间关系进行定量研究，其中，计算期部门增长率下贸易结构变化的公式为

$$X_1=\sum(k_t^i-k_{t-1}^i)\frac{\Delta y^i}{y^i} \tag{1}$$

式（1）中 k_t^i 表示第 t 年第 i 中产品的出口额占总出口额的比例，$\frac{\Delta y^i}{y^i}$ 为第 i 种产品年出口份额的变化率。为便于计算，可将出口商品分为初级产品和制成品两大类。

计算期部门增长率下产业结构变化的公式为

$$X_2=\sum(k_t^I-k_{t-1}^I)\frac{\Delta y^I}{y^I} \tag{2}$$

式中 k_t^I 表示第 t 年第 I 产业占 GDP 的比例，$\frac{\Delta y^I}{y^I}$ 为第 I 产业占 GDP 的变化率。I=1、2、3，即第一产业、第二产业和第三产业。根据式（1）和式（2）计算出的出口贸易结构和产业结构变化值如表 10–11 所示。

表 10–11 中国出口贸易和产业结构变化值

年份	1989	1990	1991	1992	1993	1994	1995	1996	1997	1998
X_1	0.002	0.001	0.002	0.003	0.003	0.004	0.001	0.000 4	–0.002	–0.003
X_2	0.001	0.000 9	0.001	0.001 2	0.002	0.002 5	0.001	0.001	0.000 8	0.000 6

数据来源：历年《中国统计年鉴》。

出口结构指数与产业结构指数关系如图 10–9 所示。

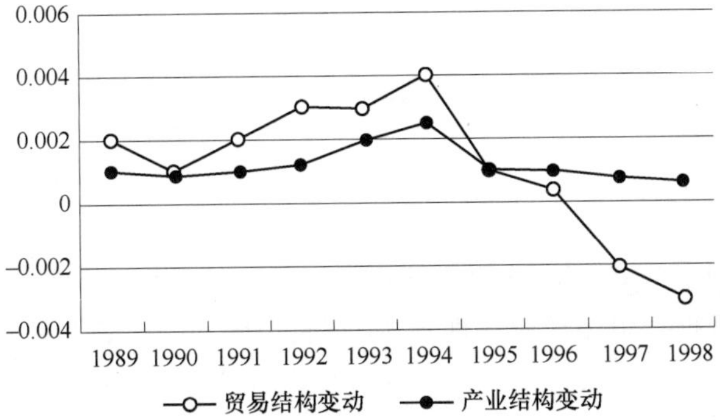

图 10–9 1989—1998 年出口货物贸易结构与产业结构关系图

① 李荣林，张岩贵. 我国对外贸易与经济增长转型的理论与实证研究. 北京：中国经济出版社，2001.

从图 10–9 可以看出，出口商品结构在 1989—1996 年为正值，其对产业结构优化具有明显正向作用；1997 年和 1998 年为负值的主要原因是受到亚洲金融危机的影响；但从 1994 年之后，出口商品结构改善的程度呈现下降之势，其对产业结构的促进作用开始减弱。

参考钱纳里的半对数回归模型，研究不同要素密集度贸易产品对产业结构变化的影响，本书参照陈万灵和杨永聪的方法，将贸易产品按照要素密集度分为技术和资本密集型产品、资源密集型产品、劳动密集型产品①，实证分析不同要素密集度贸易产品对产业结构的影响，建立以下模型：

$$\ln(\text{indus\_s}) = \beta_1 + \beta_2 \ln y + \beta_3 \ln N + \beta_3 ex_i$$

其中 indus_s 表示第三产业占国内生产总值的比重，y 表示中国人均国内生产总值，N 表示常住人口，在 ex_i（i=1，2，3）中，ex_1 表示劳动密集型产品的出口，ex_2 表示资本和技术密集型产品的出口，ex_3 表示资源密集型产品的出口。数据来源于联合国商品贸易统计数据库以及历年《中国统计年鉴》，样本时间跨度为 1992—2015 年，采用最小二乘法对模型进行回归分析，结果如表 10–12 所示。

表 10–12　　　　产业结构与商品贸易出口额关系实证检验

自变量	第三产业占 GDP 的比重		
	模型 1	模型 2	模型 3
资源密集型产品	—	—	5.76e–12***
劳动密集型产品	2.57e–11***	—	—
资本和技术密集型产品	—	9.05e–12***	—
常住人口	248.783 5***	247.19***	199.033***
人均国内生产总值	–13.427 33***	–13.16***	–8.246***
常数	–2 765.385***	–2 747.91***	–2 226.282***
Adj R–squared	0.965	0.952	0.928
F 统计量	214.96	152.50	99.08
Prob＞F	0.000	0.000	0.000

注：*表示 10%的显著性水平，**表示 5%的显著性水平，***代表 1%的显著性水平。

从以上分析可以看出，技术和资本密集型产品、劳动密集型产品、资源密集型产品的出口贸易均能显著推动中国产业结构升级，但资源密集型产品贸易对产业结构的推动作用小于劳动密集型、技术和资本密集型产品贸易，劳动与技术密集型产品出口占比提升，

① 陈万灵，杨永聪．区域金融发展与 FDI 流入规模的实证研究——基于省际面板数据的分析．国际经贸探索，2013（4）．

这说明中国对外贸易增长对中国产业结构的升级存在正效应。

上述的考察仅限于出口，考察对外开放对产业结构的作用要综合考虑进出口商品结构变动的全面影响，而且不但要看其直接作用，还要看其间接作用，因为对外贸易活动对经济结构的影响是要通过一系列的传导机制实现的。由于中国进口商品构成以资本性货物为主，直接地推动了产业结构优化。钱纳里认为，经济落后的国家在其工业化过程中，进口起着巨大作用，它通过进口国外先进的技术设备及中间投入品，促进国内产业结构的升级，而这些进口是国内生产难以得到的，甚至是不可能得到的。[①]中国产业结构优化是符合钱纳里理论的，比如，通过进口贸易引进国外技术改造提升中国传统的纺织、轻工业等行业，使这些行业的技术水平、产品质量和档次都发生了根本的变化。与此同时，出口贸易对产业结构优化则产生了间接的促进作用。中国贸易体制改革最明显的特征是由出口歧视到出口鼓励的政策变化，一系列出口鼓励政策的实施大大推动了出口贸易增长，使外汇收入大幅度增加，中国也由一个外汇短缺的国家发展为外汇储备充足的国家，从而为扩大资本性货物和其他生产投入品的进口提供可能，进而推动中国资本、技术密集型产业的发展，使产业结构逐步实现高级化。此外，出口贸易的发展为中国企业、产业进行结构调整和优化提供了更广阔的空间。

如上所述，在渐进式的对外开放中，中国的对外贸易体制进行了渐进式改革。大体而言，20 世纪 90 年代中期以前，中国以“出口促进下的进口保护”为特征的对外贸易体制改革对产业结构的优化升级作用明显。一方面，中国通过出口补贴、外汇留成、下放对外贸易经营权等手段大大扭转了改革前反出口的政策取向，尽管尚未形成市场化的价格机制，但一系列带有扭曲性的鼓励出口政策成为对原有扭曲的一种纠正，使中国具有比较优势的劳动密集型产品较快地显示出竞争优势，成为中国出口贸易的主导产品。与此同时，则通过高关税、进口配额、许可证、外汇控制等手段对进口贸易实行严格限制。与产业政策相配合，对鼓励发展的产业通过减免税等政策放宽其原材料、中间产品、生产设备的进口。在这种有选择的进口保护下，生产要素由上游产业流向下游产业迅速发展，一些原本缺失的或者落后的产业得以发展，甚至成为具有国际竞争力的产业。如家电业，改革开放初期，中国家电产业发展落后，面临外国产品的严峻挑战。国家对此实施了严格的贸易保护，限制家电产品进口，为本国产品保留了一个巨大的市场。随着国民收入水平的提高，家电产品的国内需求十分旺盛，利润可观。由于进口限制主要是保护最终产品，而对生产设备进口则实施优惠政策，因而 20 世纪 80 年代中期各地竞相引进电视机、洗衣机、电冰箱等生产装配线，出现了重复引进的现象。这种过度的重复引进无疑浪费了国家宝贵的外汇资源，但也同时造成了家电产业从发展伊始即出现了激烈竞争的环境，有利于企业优胜劣汰，使效率高的企业快速成长起来。到 20 世纪 90 年代后期，中国的家电行业已经在激烈的竞争中形成了相当完备的生产和技术体系，在产品的工艺和质量上和国外品牌已经相差无几。海尔、长虹等一大批国内大型家电企业首先在国内市场上占据了显著的优势位置，然后依靠强大的内需，在取得一定规模效应的

---

① 钱纳里，鲁宾逊，赛尔奎因. 工业化和经济增长的比较研究. 上海：上海人民出版社，上海三联书店，1995.

基础上提高国际竞争力，进军海外市场。自20世纪90年代以来，全球产业格局发生了急速变化，欧美发达国家的家电生产规模开始萎缩，日本在亚洲金融危机的冲击下也不十分景气，并逐渐放弃整机的制造，把关键技术和零部件的研发作为本国发展的重点。世界家电跨国巨头大举来华投资，中国家电企业一方面利用跨国公司的营销网络为其从事一些高端产品的贴牌生产，另一方面则依靠自身优势大力发展中低端自主品牌产品的出口，在发挥比较优势的同时，不断提高竞争优势。最终，中国家电产业由比较劣势产业成长为比较优势产业，产品不断满足国内消费者需求，而且远销世界各地，中国也成为世界家电产业生产和出口大国。但同时，也有不少产业以保护失败告终，如汽车工业，长期在高关税保护之下发展迟缓，产品长期质次价高，不但与汽车工业发达国家水平差距不断拉大，甚至不及一些后起的国家，以致成了“长胡子的幼稚产业”。

因此在有选择的进口保护下，大量生产要素由上游产业向下游产业的流动，使上游产业的生产相对不足，成为经济增长的瓶颈。20世纪90年代中后期以来，随着中国对外贸易体制改革进入以“贸易自由化”为特征的阶段，在贸易体制改革推动下所形成的进出口商品结构、进出口贸易模式对产业结构的优化作用趋于弱化。从国际经验来看，日本及亚洲“四小龙”的出口商品结构从劳动密集型为主转型为资本、技术密集型为主花了大约20年的时间。中国自20世纪80年代后形成劳动密集型产品为主的商品结构，到20世纪90年代后期为止已经十余年的时间了，这种粗加工、低附加值为主的商品结构没有明显变化。这种状况固然与中国要素禀赋结构密切相关，但更为重要的是体制使然。在贸易自由化改革的驱动下，中国投资自由化程度也明显提高。随着中国与世界经济通行规则的接轨，吸引的外商投资大规模增加，在一般贸易进口仍面临进口壁垒的情况下，“大进大出”的加工贸易得到迅速发展。20世纪90年代末，加工贸易增长大大超过一般贸易。而加工贸易“两头在外”的发展模式是一种“体制外”循环，其与国内产业的关联度低，外溢效应微弱，因而出口规模的扩大尽管伴随着出口商品结构的优化，但是对国内产业结构升级作用趋弱，表现出出口商品结构与产业结构的变动相背离的趋势。中国出口商品构成中劳动密集型产品所占比重大幅上升，资源、资本密集型产品所占份额下降，反映出这一商品结构与中国的要素禀赋状况的一致性。

与此同时，旨在优化出口商品结构的鼓励性政策或缺失，或实施的力度不够，或极不稳定。如出口退税作为一项符合国际惯例的出口鼓励政策，自20世纪90年代以来变动剧烈，且调整主要着眼于财政，而非出口商品结构的优化。退税率的几次下调，对很多商品的出口形成限制，许多企业转向加工贸易，即利用加工贸易对进口商品的保税政策，将以前在国内采购的零配件转为从国外“进口”，即进料加工。其结果使中国加工贸易的国产化率大幅度下降，从而背离了中国此前提出的“利用加工贸易促进国内产业结构升级”的目标，同时也制约了净出口对经济的拉动作用。

外贸经营权的长期限制使大量的生产企业无法直接参与国际市场竞争，使贸易发展与产业发展的关联度降低，抑制了比较优势的升级和产业结构的高度化。

2001年加入世界贸易组织，标志着中国改革开放进入一个新的阶段，新一轮对外开放拉开大幕，对外开放也呈现出新的格局：加入世界贸易组织不仅使中国改革开放的领域扩大和加深，而且使中国从原来的自主单边开放变成中国和世界贸易组织各成员方之间的相互开放，从中国原来按政府政策实行开放进入到按照世界贸易组织的规则开放的阶段。从此，中国可以享受多边谈判的成果；可以通过开放自身市场，扩大吸引外资，并获得进入其他成员方市场的机会；可以通过多边争端解决机制，公正平等地解决贸易争端，特别是可以通过遵守 WTO 的非歧视、透明度、公平竞争、开放市场等原则推动中国经济体制改革。同时中国大幅修订法律法规，清理地方性法规、地方政府规章和其他政策措施，取消和调整行政审批项目；大幅降低关税，关税总水平从 2000 年的 15.8% 下降到 2015 年的 9.8%。各行各业充分利用加入 WTO 带来的机遇，大力推进国内开放和改革的步伐，调整国内产业结构，适应国际市场竞争需求，中国企业特别是出口企业在国际竞争中不断壮大，相关产业结构显著优化。

比如前文提到的汽车行业，在加入 WTO 之前，中国汽车行业长期属于保护行业，“入世”之后，中国逐步取消了对汽车行业的保护，汽车销量呈现井喷式增长。2000 年中国汽车销量为 207.838 万辆，2002 年销量已经上升到 324 万辆，汽车进口量显著增加，汽车进口不仅可以满足国内消费者的需求，同时也制约了国内市场价格上升，促使汽车行业利用国际和国内市场合理配置资源，调整汽车工业产品结构和组织结构，国内汽车零部件成本大幅下降。汽车市场的开放也有利于中国学习汽车服务贸易运作方式和管理经验，同时也促使汽车工业管理方式不断改进。中国汽车行业通过贸易、投资等方式参与国际市场竞争过程中，奇瑞、吉利、江淮等自主品牌开始崛起，来自国际市场的激烈竞争也淘汰了一大批弱小汽车生产企业，形成产业集中，促使汽车行业结构优化。当然“入世”后对外开放扩大，也带来了一些负面影响，如中国对外出口长期集中在低档的劳动密集型产品，竞争力不强，中国的国际分工地位总是处于价值链低端，缺乏主动权等，这些问题的出现，促使中国对对外开放和国际贸易不断反思，寻求“全面提高对外开放水平”的对策。

综上所述，改革开放初期，随着外贸体制改革中“顺出口”政策的实施，出口商品结构由资源型初级产品转向劳动密集型制成品，实现了对比较优势的回归，从而通过一系列传导机制对产业结构的优化发挥了作用。20 世纪 90 年代中后期以来，由于贸易体制在客观上鼓励了加工贸易的迅速发展，而加工贸易的外溢效应较小，因而在制成品内部出口商品结构由低附加值的粗加工品向高附加值的精加工品的缓慢升级，外贸体制改革对产业结构的优化作用趋于弱化。加入世界贸易组织以后，来自国际市场竞争的压力不断促使国内企业提高技术水平，提高产品附加值，中国制造业正逐步由低端向高端制造业升级。

进出口贸易对产业结构的优化与利用外资相辅相成。技术引进是提高中国产业技术水平进而优化产业结构的重要路径，而外商投资企业在中国技术引进中占据重要地位。2000 年，中国引进技术 7 353 项，合同额 181.75 亿美元，其中，外商投资企业引进技术占 40%以上。20 世纪 90 年代以前，外商投资主要集中于劳动密集型的制造业，从而发挥了中国劳动力资源丰富的比较优势，使第二产业在三个产业结构中的比重不断攀升。20 世纪 90 年代以后，外商投资更多集中于基本和技术密集型产业，这使中国在计算机、交通运输及电器、机械等领域的技术发生了飞跃性进步，进而使第二产业中资本和技术密集型产业所占份额上升，产业结构趋于高级化。同时，外商投资企业的外溢效应使整个行业的技术水平得以提高，形成与之配套的新兴产业群、产业链。以信息技术为例，中国通过吸收外商投资迅速引进了先进技术，建立了大规模的生产基地，在短时间内形成新的、具有国际竞争力的产业。“入世”以后，通过国家政策引导，外商投资企业加大对中、西部地区的投资建设，同时东部地区则逐渐发展高端制造业和服务业，各区域产业结构得到提升。

随着中国对外开放进程的逐步深入，服务贸易领域开放步伐不断增快。据统计，1982年中国服务贸易进出口总额只有44亿美元，占世界服务贸易总额的0.6%，占中国贸易总额的6.9%；到2001年，中国服务贸易进出口总额达到719亿美元，占世界服务贸易总额的比重提高到2.4%。2015年，中国服务进出口总额7 130亿美元，同比增长14.6%，中国服务贸易占对外贸易总额（货物和服务进出口之和）的比重达15.3%，服务贸易正在成为中国对外贸易发展的新亮点，并孕育着巨大的增长潜力。服务业，特别是金融、保险、零售、物流等现代服务业发展迅速，在中国国民经济中所占比重逐步提高。

综上所述，通过对外开放基本国策的实施，中国实现了从封闭型经济到开放型经济的转变，对外贸易飞速发展，推动中国产业结构和经济结构不断优化，宏观经济持续快速增长。

参 考 文 献

［1］ 建国以来毛泽东文稿：第 1 册. 北京：中央文献出版社，1987.

［2］ 中国统计年鉴（1981）. 北京：中国统计出版社，1981.

［3］ 中国统计年鉴（1983）. 北京：中国统计出版社，1983.

［4］ 薄一波. 若干重大决策与事件的回顾：上卷. 北京：中共中央党校出版社，1991.

［5］ 陈慧琴. 技术引进与技术进步研究. 北京：经济管理出版社，1997.

［6］ 陈锦华. 国事忆述. 北京：中央党校出版社，2006.

［7］ 陈云文选：第 3 卷. 北京：人民出版社，1995.

［8］ 陈真，等. 中国近代工业史资料：第 4 辑. 北京：三联书店，1961.

［9］ 当代中国丛书编辑委员会. 当代中国对外贸易. 北京：当代中国出版社，1992.

［10］ 邓小平文选：第 2 卷. 2 版. 北京：人民出版社，1994.

［11］ 董志凯，吴江. 新中国工业的奠基石——156 项建设研究（1950—2000）. 广州：广东经济出版社，2004.

［12］ 董志凯. 1949—1952 中国经济分析. 北京：中国社会科学出版社，1996.

［13］ 范守信. 中华人民共和国国民经济恢复史（1949—1952）. 北京：求实出版社，1988.

［14］ 国家计划委员会对外经济贸易司，等. 中华人民共和国技术引进四十年（1950—1990）资料汇编. 北京：文汇出版社，1992.

［15］ 国家统计局. 伟大的十年. 北京：人民出版社，1959.

［16］ 国家统计局. 我国的国民经济建设和人民生活. 北京：统计出版社，1958.

［17］ 何东，等. 中国新民主主义革命时期农民土地问题. 北京：中国人民大学出版社，1983.

［18］ 黄晓玲. 外贸、外资与工业化——理论分析与中国实证研究. 北京：对外经济贸易大学出版社，2002.

［19］ 柳随年，吴群敢. 中国社会主义经济简史（1949—1983）. 哈尔滨：黑龙江人民出版社，1984.

［20］ 毛磊，等. 中西五百年比较. 北京：中国工人出版社，1989.

［21］ 商务部国际贸易经济合作研究院. 中国对外贸易史：下卷. 北京：中国商务出版社，2016.

［22］ 沈觉人. 当代中国对外贸易. 北京：当代中国出版社，1992.

［23］ 沈志华. 中苏关系史纲. 北京：新华出版社，2007.

［24］ 石林. 当代中国的对外经济合作. 北京：中国社会科学出版社，1989.

［25］ 石志夫. 中华人民共和国对外关系史（1949.10—1989.10）. 北京：北京大学出版

社，1994.
［26］孙怀仁. 上海社会主义经济建设发展简史（1949—1985）. 上海：上海人民出版社，1990.
［27］孙健. 中华人民共和国经济史. 北京：中国人民大学出版社，1992.
［28］陶文钊. 美国对华政策文件集（1949—1972）：第 1 卷（上册）. 北京：世界知识出版社，2003.
［29］王瑞璞，等. 对外国在华企业的政策——共和国经济大决策：第一卷. 北京：中国经济出版社，1999.
［30］巫宝三. 中国国民所得：上册. 北京：中华书局，1947.
［31］吴承明，董志凯. 中华人民共和国经济史：第 1 卷. 北京：中国财政经济出版社，2001.
［32］吴承明. 中国资本主义与国内市场. 北京：中国社会科学出版社，1985.
［33］夏英祝. 中国对外贸易. 北京：人民邮电出版社，2014.
［34］许毅. 从百年屈辱到民族复兴——新中国外债与中国特色的社会主义. 北京：经济科学出版社，2005.
［35］严中平，等. 中国近代经济统计资料选辑. 北京：科学出版社，1955.
［36］张寿春，等. 新中国经济建设评析. 南京：东南大学出版社，1996.
［37］中国对外经济贸易年鉴（1984）. 北京：中国对外经济贸易出版社，1985.
［38］中国社会科学院，中央档案馆. 1958—1965 中华人民共和国经济档案资料选编：固定资产投资与建筑业卷. 北京：中国财政经济出版社，2011.
［39］中国社会科学院，中央档案馆. 1953—1957 中华人民共和国经济档案资料选编：综合卷. 北京：中国物价出版社，2000.
［40］中国社会科学院，中央档案馆. 1953—1957 中华人民共和国经济档案资料选编：固定资产投资和建筑业卷. 北京：中国物价出版社，2000.
［41］中国社会科学院，中央档案馆. 1953—1957 中华人民共和国经济档案资料选编：商业卷. 北京：中国物价出版社，2000.
［42］中国社会科学院，中央档案馆. 1949—1952 中华人民共和国经济档案资料选编：对外贸易卷. 北京：经济管理出版社，1994.
［43］中国社会科学院，中央档案馆. 1949—1952 中华人民共和国经济档案资料选编：综合卷. 北京：中国城市经济出版社，1990.
［44］中国社科院经济研究所，中央档案馆. 1949—1952 中华人民共和国经济档案资料选编：工业卷. 北京：中国物资出版社，1996.
［45］中央档案馆. 中共中央文件选集：第 12 集. 北京：中共中央党校出版社，1986.
［46］周恩来经济文选. 北京：中央文献出版社，1993.
［47］周恩来年谱（1949—1976）：下卷. 北京：中央文献出版社，1997.
［48］周弘，等. 外援与中国. 北京：社会科学文献出版社，2007.
［49］朱育和. 封闭与开放. 北京：清华大学出版社，1997.

[50] 房维中. 在风浪中前进：中国发展与改革编年纪事（1977—1989）：1977—1978 年卷，内部资料.
[51] 邓小平文选：第 3 卷. 北京：人民出版社，1993.
[52] 华国锋. 团结起来，为建设社会主义的现代化强国而奋斗. 北京：人民出版社，1978.
[53] 马齐彬，等. 中国共产党执政四十年. 北京：中共党史资料出版社，1989.
[54] 李正华. 1978 年国务院务虚会研究. 当代中国史研究，2010（2）.
[55] 中共中央文献研究室. 十二大以来重要献选编：中册. 北京：人民出版社，1986.
[56] 舒玉敏. 中国对外贸易. 北京：对外经济贸易大学出版社，2005.
[57] 彭红斌. 论中国对外贸易的可持续发展. 北京：北京大学出版社，2005.
[58] 孙玉琴. 中国对外开放史. 北京：对外经济贸易大学出版社，2012.
[59] 沈晓晖. 发展中国家汇率制度选择——基于国际货币体系不对称性的视角. 北京：中国金融出版社，2008.
[60] 常思. 外汇账户结售汇实现真正意愿化. 中国外汇，2007（12）.
[61] 聂红柳，张晓甦. 中外出口信贷补贴的比较研究. 经济研究导刊，2009（28）.
[62] 世界银行. 中国的参与：与全球经济的一体化. 北京：中国财政金融出版社，1998.
[63] 盛斌. 中国对外贸易政策的政治经济学分析. 上海：上海三联书店，上海人民出版社，2002.
[64] 杨圣明. 经济全球化与外贸体制建设. 南京：江苏人民出版社，2000.
[65] 孙健. 中华人民共和国经济史（1949—1990 年代初）. 北京：中国人民大学出版社，1992.
[66] 孙玉琴. 中国对外贸易体制改革的效应. 北京：对外经济贸易大学出版社，2005.
[67] 习仲勋. 如何带领广东改革开放“先走一步”？南方日报，2013-10-16.
[68] 孙大力. 70 年代后期的国际形势与我国改革开放的决策. 当代中国史研究，1995（3）.
[69] 曹普. 谷牧与 1978—1988 年的中国对外开放. 百年潮，2001（11）.
[70] 杨子江. 1994 年开始的税制改革的主要内容. 经济学动态，1994（8）.
[71] 尹永纯. 改革开放以来中国利用外资的历史考察：1978—2005. 北京：中共中央党校，2006.
[72] 周光春. 新自由主义经济学在我国的实际影响. 真理的追求，1996（2）.
[73] 张上塘. 对外商投资几个重大问题的思考. 中国经济问题，1995（2）.
[74] 王志乐. 跨国公司对中国经济的积极影响. 世界经济，1996（8）.
[75] 罗元铮. 善于利用外资. 经济日报，1997-03-04.
[76] 关其学.《中国对外贸易的理论与实践》序. 南方经济，1996（11）.
[77] 厉以宁. 发展资本主义能促进现代企业制度的建立. 经济研究参考，1996（ZM）.
[78] 龚雯. 洋潮，怎样认识你？——对当前利用外资若干争议的思考（上篇）. 广东大经贸，1996（11）.

［79］ 傅强，魏琪，全球价值链视角下新一轮国际产业转移的动因、特征与启示. 经济问题探索，2013（10）.
［80］ 吴彦艳，赵国杰，丁志卿. 改革开放以来我国利用外资政策的回顾与展望. 经济体制改革，2008（6）.
［81］ 杨海生，贾佳，周永章，等. 贸易、外商直接投资、经济增长与环境污染. 中国人口·资源与环境，2005，15（3）.
［82］ 苏振东，周玮庆. 外商直接投资对中国环境的影响与区域差异——基于省际面板数据和动态面板数据模型的异质性分析. 世界经济研究，2010（6）.
［83］ 夏旭田. 中国放宽多领域外资市场准入新一轮开放更重国民待遇. 21 世纪经济报道，2017-01-19.
［84］ 中国共产党历史纪实编撰委员会. 中国共产党历史纪实（1976-1992）（第 9 部）：上卷. 北京：人民出版社，2003.
［85］ 中国对外经济贸易年鉴编辑委员会. 中国对外经济贸易年鉴. 北京：中国展望出版社，1986，1997，1998.
［86］ 联合国贸易与发展组织. 世界投资报告. 2005—2008，2011.
［87］ 季崇威. 中国利用外资的历程. 北京：中国经济出版社，1999.
［88］ 李岚清. 中国利用外资基础知识. 北京：中共中央党校出版社，中国对外经济贸易出版社，1995.
［89］ 赵晋平. 利用外资与中国经济增长. 北京：人民出版社，2001.
［90］ 沈立人. 中国经济重大决策始末. 南京：江苏人民出版社，1999.
［91］ 董辅礽. 中华人民共和国经济史：下. 北京：经济科学出版社，1999.
［92］ 顾龙生. 中国共产党经济思想史（1921-1997）. 太原：山西经济出版社，1999.
［93］ 张卓元. 论争与发展：中国经济理论 50 年. 昆明：云南人民出版社，1999.
［94］ 曾培炎. 新中国经济 50 年. 北京：中国计划出版社，1999.
［95］ 李青. 中国共产党对资本主义和非公有制经济的认识. 北京：中共党史出版社，2004.
［96］ 王瑞璞，等. 共和国经济大决策. 北京：中国经济出版社，1999.
［97］ 汪海波. 新中国工业经济史. 北京：经济管理出版社，1987.
［98］ 张卓元，等. 20 年经济改革回顾与展望. 北京：中国计划出版社，1998.
［99］ 卫兴华，洪银兴. 中国共产党经济思想史论. 南京：江苏人民出版社，1994.
［100］ 薛敬孝，李坤望. 中国引资的实践与效果. 太原：山西经济出版社，1998.
［101］ 吴越涛，张海. 外资能否吞并中国. 北京：企业管理出版社，1997.
［102］ 陈清泰. 利用外资与维护国家经济安全. 北京：中国发展出版社，1999.
［103］ 樊永明. 中国的工业化与外国直接投资. 上海：上海社会科学出版社，1992.
［104］ 陈继勇，等. 国际直接投资的新发展与外商对华直接投资. 北京：人民出版社，2004.
［105］ 中国对外贸易经济合作部经贸企管协会. 中华人民共和国对外经济法律法规汇

编. 北京：中国对外经济贸易出版社，2001.
[106] 国家统计局. 中国科技统计年鉴. 1986—2016.
[107] 国家统计局. 中国统计年鉴. 1986—2016.
[108] 中华人民共和国中央人民政府网站，http://www.gov.cn.
[109] 汇法网，https://www.lawxp.com/statute/s1 383 515.html.
[110] 国家税务总局网站，http://www.chinatax.gov.cn.
[111] 中国投资指南，http://www.fdi.gov.cn.
[112] 正保法律教育网，http://www.chinalawedu.com.
[113] 中华人民共和国中央人民政府网站，http://www.gov.cn.
[114] 孙玉琴. 我国对外投资的比较优势、问题及策略选择. 中国科技投资，2011（1）.
[115] 江小涓. 我国对外投资的战略意义与政策建议. 中国外汇管理，2000（11）.
[116] 杜慧超，王乐，孙伟. 中国遭受贸易救济措施的现状及其原因分析. 北方经济，2013（4）.
[117] 屈文英. 我国对外直接投资审批与核准制度研究. 上海：华东政法大学，2008.
[118] 李保民. 中国对外投资的政策形成与展望. 对外经贸实务，2008（4）.
[119] 杨青. 现代经济发展过程中的对外直接投资. 北京：中国财政经济出版社，2001.
[120] 中共中央文献研究室. 十五大以来重要文献选编：中. 北京：人民出版社，2001.
[121] 李志鹏. 中国产业对外转移特征、趋势及对策——基于制造业企业对外投资的视角. 国际经济合作，2013（11）.
[122] 路透社中文网. 中国推进“一带一路”金融创新，防止非理性对外投资及恶性竞争. 2017-08-21.
[123] 关于深化互利共赢的中欧全面战略伙伴关系的联合声明. 人民日报，2014-04-01.
[124] 联合国贸发会议（UNCTAD）. 2016 世界投资报告. 2016.
[125] 中华人民共和国商务部，http：//www.mofcom.gov.cn.
[126] “走出去”公共服务平台，http：//fec.mofcom.gov.cn.
[127] 黄蓉. 中国对外贸易结构与产业结构的互动关系研究. 上海：上海社会科学院，2014.
[128] 李荣林，张岩贵. 我国对外贸易与经济增长转型的理论与实证研究. 北京：中国经济出版社，2001.
[129] 陈万灵，杨永聪. 区域金融发展与 FDI 流入规模的实证研究——基于省际面板数据的分析. 国际经贸探索，2013（4）.
[130] 钱纳里，鲁宾逊，赛尔奎因. 工业化和经济增长的比较研究. 上海：上海人民出版社，上海三联书店，1995.

附　　录

附录1　中国对外贸易大事记（1949—2018年）

1949年

3月5日　毛泽东主席在中国共产党第七届二中全会上的报告中指出："人民共和国的国民经济的恢复和发展，没有对外贸易的统制政策是不可能的"；"对内的节制资本和对外的统制贸易，是这个国家在经济斗争中的两个基本政策"。

6月15日　毛泽东主席在新政治协商会议筹备会上的讲话中指出："中国人民愿意同世界各国人民实行友好合作，恢复和发展国际间的通商事业，以利发展生产和繁荣经济。"

9月29日　中国人民政治协商会议第一届全体会议通过了《中国人民政治协商会议共同纲领》，其中规定："实行对外贸易的管制，并采用保护贸易的政策"；"中华人民共和国可在平等和互利的基础上，与各外国的政府和人民恢复并发展通商贸易关系"。

10月19日　中央人民政府委员会第三次会议通过成立贸易部。任命叶季壮为贸易部部长，姚依林、沙千里为副部长。在贸易部设国外贸易司，主管对外贸易工作，林海云任司长。

1950年

1月24日至2月3日　中央贸易部召开全国进口会议。

2月14日　中国政府和苏联政府关于苏联贷款给中国的协定在莫斯科签订。周恩来总理和苏联外交部部长安·扬·维辛斯基分别代表本国政府签字。

2月28日　中国贸易部和波兰对外贸易部在北京签订易货协议书。林海云司长和波兰对外贸易部代表、波兰商务代表团团长亚洛斯洛夫·司脱瞻分别代表本国政府签字。

3月10日至30日　贸易部召开第一届全国商品检验会议。会议制订了《商品检验暂行条例（草案）》《商品检验暂行细则》。

3月14日　政务院发布《关于统一全国国营贸易实施办法的决定》。

4月19日　中国和苏联政府间贸易协定在莫斯科签订。叶季壮部长和苏联对外贸易部部长墨·安·孟什可夫分别代表本国政府签字。

6月14日　中国和捷克斯洛伐克政府间贸易协定在北京签订。林海云司长和捷克斯洛伐克商务代表团团长佛兰梯塞克·阿达麦克分别代表本国政府签字。

7月13日至25日　贸易部召开全国出进口贸易会议。

8月18日　中国政府和朝鲜政府间易货协定在北京签订。林海云司长和朝鲜驻华大使馆商务参赞金国辅分别代表本国政府签字。

9月5日　贸易部发布《边缘区小额贸易管理八项原则》。

10月10日　中国政府和民主德国政府关于货物交换及付款协定在北京签订。林海云司长和民主德国商务代表团团长齐勒分别代表本国政府签字。

12月8日　政务院发布《对外贸易管理暂行条例》。

12月22日　贸易部发布《进出口厂商申请营业登记办法》。

12月28日　贸易部发布《对外贸易管理暂行条例实施细则》。

1951年

1月22日　中国政府和匈牙利政府货物交换及付款协定在北京签订。姚依林副部长和匈牙利驻华大使夏法朗柯分别代表本国政府签字。

2月26日　贸易部发布《易货贸易管理暂行办法》。

3月6日　贸易部发布《易货贸易管理暂行办法实施细则》。

4月5日　贸易部、海关总署联合发布《出进口货物转口输出入管理暂行办法》。

4月18日　政务院发布《中华人民共和国暂行海关法》。

5月14日　政务院发布《中华人民共和国海关进出口税则》。

5月22日　中国政府外交部发言人就联合国大会政治委员会及联合国大会于5月17日以及5月18日非法通过对中华人民共和国实行禁运的美国提案发表声明，指出这是联合国大会又一次破坏联合国宪章的非法行动，并揭露了美国提案的实质。

11月22日　政务院财政经济委员会发布《商品检验暂行条例》。

1952年

2月10日　中国政府和朝鲜政府一九五一年及一九五二年贷款和易货议定书在北京签订。叶季壮部长和朝鲜商业相张时雨分别代表本国政府签字。

3月9日　巴基斯坦国际博览会中国馆开幕。

4月3日　国际经济会议在莫斯科举行。中国人民银行行长南汉宸率领中华人民共和国代表团出席了会议并在会上发言。会议决议成立国际贸易促进委员会，中国代表南汉宸、冀朝鼎当选为委员。

4月7日　中国政府和越南政府关于货物交换议定书在北京签订。叶季壮部长和越南国家银行行长阮良朋分别代表本国政府签字。

4月10日至17日　在莫斯科参加国际经济会议的中华人民共和国代表团，在会议期间先后同十一个国家的代表团签订了贸易协议。

5月4日　中国国际贸易促进委员会在北京召开成立大会，大会选举南汉宸为贸促会主席，冀朝鼎为秘书长。

6月1日　第一次中日民间贸易协议在北京签订。中国国际贸易促进委员会主席南汉宸和日本出席国际经济会议代表——国会议员高良富、日本日中贸易促进会代表帆足计、日本国会议员促进日中贸易联盟常任理事宫腰喜助在协议上签字。

7 月 21 日　中国政府和保加利亚政府一九五二年交换货物及付款协定在索非亚签订。中国驻保加利亚大使曹祥仁和保加利亚对外贸易部部长加涅夫分别代表本国政府签字。

7 月 30 日　中国政府和罗马尼亚政府一九五二年交换货物及付款协定在布加勒斯特签订。中国驻罗马尼亚大使馆参赞刘靖宇和罗马尼亚对外贸易部第一副部长马塞尔·包别斯库分别代表本国政府签字。

8 月 7 日　中央人民政府委员会第十七次会议决定成立中央人民政府对外贸易部。任命叶季壮为对外贸易部部长，雷任民、徐雪寒、李强为副部长。9 月 3 日，对外贸易部开始正式办公。

8 月 31 日　保加利亚普罗夫迪夫国际博览会中国馆开幕。

9 月 7 日　民主德国莱比锡国际博览会中国馆开幕。

9 月 21 日　中国政府和苏联政府及芬兰政府间关于在一九五二年内供应货物的协定在莫斯科签订。中国驻苏联大使张闻天、苏联对外贸易部部长库米金、芬兰驻苏联公使桑斯特罗姆分别代表本国政府签字。

10 月 1 日　中国工农业展览会在蒙古人民共和国首都乌兰巴托开幕。

10 月 4 日　中国政府和蒙古人民共和国政府经济及文化合作协定在北京签订。周恩来总理和蒙古人民共和国部长会议主席尤睦佳·泽登巴尔分别代表本国政府签字。

10 月 4 日　中国政府和锡兰（后改名斯里兰卡）政府贸易协定在北京签订。同时还签订了关于中国售予锡兰 8 万吨大米的合同。叶季壮部长和锡兰贸易代表团团长沈纳那亚克分别代表本国政府签字。

10 月 23 日　中国进出口公司和智利中智贸易公司的贸易协议在北京签订。

11 月 17 日至 12 月 5 日　全国对外贸易管理局局长会议召开。

11 月 28 日　中国进出口公司同日本巴商事株式会社签订中日贸易第一笔交易合同。

12 月 12 日至 29 日　全国对外贸易计划会议在北京召开。

12 月 18 日　中国政府和锡兰政府关于橡胶和大米的五年贸易协定在北京签订。雷任民副部长和锡兰贸易代表团团长方席卡分别代表本国政府签字。

1953 年

1 月 14 日　中央人民政府委员会第 21 次会议批准《关于海关与对外贸易管理机构实行合并的决定》。根据决定，海关总署划归对外贸易部领导。

3 月 14 日　中国政府和巴基斯坦政府关于在一九五三年内售予中国政府 1 万吨棉花的协定、关于在一九五三年内售予巴基斯坦政府 20 万吨煤的合同在卡拉奇签订。中国驻巴基斯坦大使馆商务参赞郑为之和巴基斯坦工业部秘书姆·卡拉马杜拉、纳西尔·艾哈迈德分别代表本国政府签字。

3 月 25 日至 4 月 8 日　全国国营对外贸易统计工作会议在北京召开。会议制订了《国家对外贸易机构统计制度》。

4 月 27 日至 5 月 19 日　对外贸易部全国特派员会议在北京召开。

4 月 27 日　民主德国工业展览会在北京开幕。邓小平副总理为展览会剪彩。

5 月 13 日　中国政府和苏联政府关于苏联政府援助中国政府发展经济的协定在莫斯科签订。李富春副总理和苏联部长会议副主席米高扬分别代表本国政府签字。

6 月 5 日　中国政府和芬兰政府贸易协定在北京签订。对外贸易部雷任民副部长和芬兰驻中国公使克诺林分别代表本国政府签字。

6 月 5 日　中国进出口公司和法国工商业贸易代表团关于易货贸易的协定在北京签订。

7 月 1 日　中国进出口公司柏林代表处在东柏林正式成立，开始办理对联邦德国和西欧的贸易业务。

7 月 6 日　中国进出口公司和英国工商界访华团的商业协议在北京签订。

7 月 11 日　中国工农业展览会在莫斯科开幕。

8 月 20 日　中国政府和蒙古人民共和国政府货物周转及付款协定在北京签订。对外贸易部李哲人副部长和蒙古人民共和国驻华大使奥其尔巴特分别代表本国政府签字。

8 月 22 日　瑞典斯德哥尔摩国际博览会中国馆开幕。

8 月 29 日　印度尼西亚雅加达国际博览会中国馆开幕。

9 月 25 日　中华人民共和国工农业展览会在丹麦首都哥本哈根开幕。

9 月 26 日　波兰经济展览会在北京开幕。邓小平副总理为展览会剪彩。

10 月 8 日　中共中央批准了对外贸易部党组《关于对外贸易工作基本总结及今后工作指示》，并对有关方针政策问题作了重要指示。

10 月 29 日　第二次中日民间贸易协议在北京签订。中国国际贸易促进委员会主席南汉宸，副主席雷任民、李烛尘，秘书长冀朝鼎，委员卢绪章和日本国会议员促进日中贸易联盟访华团团长池田正之辅，副团长江藤夏雄、帆足计、中村良一等分别在协议上签字。

11 月 16 日　对外贸易部发布《进出口贸易许可证制度实施办法》。

11 月 23 日　中国政府和朝鲜政府经济和文化合作协定在北京签订。周恩来总理和朝鲜内阁首相金日成分别代表本国政府签字。

11 月 30 日　中国政府和印度尼西亚政府贸易协定在北京签订。雷任民副部长和印度尼西亚经济代表团团长阿斯玛温分别代表本国政府签字。

1954 年

1 月 3 日　政务院发布《输出输入商品检验暂行条例》。

4 月 8 日　对外贸易部发出《关于进口公司试行商品流转责任分工制度的指示》。

4 月 17 日至 30 日　全国对外贸易局长会议在北京召开。

4 月 22 日　中国政府和缅甸政府贸易协定在仰光签订。中国驻缅甸大使姚仲明和缅甸商业与合作事业部部长德钦达钦分别代表本国政府签字。

8 月 25 日　北京对外贸易学院成立（1984 年改为对外经济贸易大学）。

9月17日　叙利亚大马士革国际博览会中国馆开幕。

10月2日　苏联经济文化建设成就展览会在北京开幕。周恩来总理为展览会剪彩。毛泽东主席和中国政府其他领导人参观了展览会。

10月7日至20日　全国商品检验局长会议在北京召开。

10月12日　中国政府和苏联政府科学技术合作协定在北京签订。李富春副总理和苏联部长会议副主席米高扬分别代表本国政府签字。

10月14日　中国政府和印度政府贸易协定在新德里签订。孔原副部长和印度工商部秘书艾扬格分别代表本国政府签字。同时，双方还签订了中印两国政府间关于过境问题的换文和关于日后商谈有关检查、验货、航运、保险及商人来往等问题的换文。

10月22日　对外贸易部召开对港澳地区扩大出口座谈会。

12月2日　中国政府和阿尔巴尼亚政府关于贷款给阿尔巴尼亚政府的协定在地拉那签订。李先念副总理和阿尔巴尼亚部长会议主席穆·谢胡分别代表本国政府签字。

12月2日　中国政府和阿尔巴尼亚政府交换货物和付款协定在地拉那签订。中国驻阿尔巴尼亚大使徐以新和阿尔巴尼亚部长会议副主席图雅可瓦分别代表本国政府签字。

12月13日至24日　全国对外贸易计划、统计、基本建设工作会议在北京召开。

1955年

2月15日至3月4日　全国对外贸易局长会议在北京召开。

4月15日　捷克斯洛伐克社会主义建设成就展览会在北京开幕。周恩来总理、陈云副总理参观了展览会。

4月16日　法国里昂国际博览会中国馆开幕。

5月4日　第三次中日民间贸易协定在日本东京签订。中国访日贸易代表团团长雷任民，副团长李烛尘、卢绪章和日本国际贸易促进协会会长村田省藏、日本国会议员促进日中贸易联盟代表理事池田正之辅等分别在协定上签字。

7月3日　波兰波兹南国际博览会中国馆开幕。

8月22日　中国政府和埃及政府贸易协议在北京签订。叶季壮部长和埃及工商部部长穆罕默德·阿卜·努赛尔分别代表本国政府签字。

10月15日　中国商品展览会在日本东京开幕。

11月30日　中国政府和叙利亚政府贸易协定在大马士革签订。江明副部长和叙利亚政府贸易代表团团长安塔基分别代表本国政府签字。

12月17日　中国对外贸易部部长助理卢绪章和乌拉圭东岸共和国驻香港领事莫里西·内伯格就中乌两国之间的贸易问题签署了联合声明。

12月31日　中国政府和黎巴嫩政府贸易协议在贝鲁特签订。江明副部长和黎巴嫩外交部部长萨利姆·拉霍德分别代表本国政府签字。

1956年

1月5日　叶季壮部长向刘少奇主席汇报外贸工作情况。刘少奇主席对有关外贸的方针政策等问题作了重要指示。

1月20日至27日　全国对外贸易局长、特派员会议在北京召开。

2月17日　中国政府和南斯拉夫政府贸易协定在贝尔格莱德签订。孔原副部长和南斯拉夫政府贸易代表团团长尼科拉·明切夫分别代表本国政府签字。

3月21日　毛泽东主席听取了对外贸易部党组关于对外贸易工作情况的报告，并作了重要指示。

4月1日　中国商品展览会在埃及首都开罗开幕。

4月12日　叶季壮部长率领中国贸易访问团到苏丹共和国进行访问，就发展两国间的经济合作和贸易关系问题同苏丹工商供应部长易卜拉欣·埃尔·穆费蒂交换了函件。

4月16日　对外贸易部发布《关于下达第一个五年对外贸易计划的命令》。

4月24日　中国政府和柬埔寨政府贸易协定在北京签订。叶季壮部长和柬埔寨公共工程和电讯部部长胡森阿分别代表本国政府签字。

4月30日　国务院批转《对外贸易部关于进出口商品在国内实行统一调拨作价的请示报告》。

6月21日　中国政府和柬埔寨政府关于经济援助的协定在北京签订。叶季壮部长和柬埔寨首相府计划部、农业部部长蒲烈芳分别代表本国政府签字。

6月28日　国务院发布《关于我国工业品出口问题的几项决定》。

7月9日　中国国际贸易促进委员会副主席冀朝鼎出席由中国、苏联、英国、法国等十国民间贸易团体在巴黎举行的会议。会议讨论了促进东西方贸易的问题。

8月29日　中国政府和蒙古人民共和国政府关于中国给予蒙古人民共和国经济和技术援助的协定在乌兰巴托签订。卢绪章部长助理和蒙古人民共和国部长会议副主席曾德分别代表本国政府签字。

9月7日　南斯拉夫萨格拉布国际博览会中国馆开幕。

9月9日　奥地利维也纳国际博览会中国馆开幕。

10月3日　中国国际贸易促进委员会和新加坡工商业贸易考察团、马来亚联合邦工商业贸易考察团联合声明在北京签订。中国贸促会副主席李烛尘、新加坡考察团团长高德根、马来亚考察团团长李延年分别在联合声明上签字。

10月6日　日本商品展览会在北京开幕。毛泽东、刘少奇、周恩来、朱德、陈云、邓小平、李先念等党和国家领导人参观了展览。毛泽东主席参观后题了词。

10月7日　中国政府和尼泊尔政府经济援助协定在北京签订。叶季壮部长和尼泊尔驻华大使拉纳分别代表本国政府签字。

10月15日　中日双方贸易促进团体代表在北京联合发表《关于进一步促进中日贸易的共同声明》。

11月10日　中国出口商品展览会在广州开幕。

12月4日　全国各省、市、自治区外贸局长、特派员座谈会在北京召开。

1957 年

3 月 21 日　中国经济建设展览会在仰光开幕。

4 月 19 日至 5 月 13 日　全国对外贸易局长、特派员会议在北京召开。朱德副主席到会作了重要讲话。

4 月 25 日　首届中国出口商品交易会在广州开幕。

5 月 13 日　中国政府和匈牙利政府关于中国贷款给匈牙利的协定在布达佩斯签订。中国驻匈牙利大使郝德青和匈牙利部长会议第一副主席安托尔・奥普罗分别代表本国政府签字。

7 月 28 日　中国政府和阿富汗政府交换货物和支付协定在喀布尔签订。中国驻阿富汗临时代办康矛召和阿富汗商业部代理副大臣阿卜杜・华哈伯・海德分别代表本国政府签字。

9 月 19 日　中国政府和锡兰政府经济援助协定在北京签订。叶季壮部长和锡兰驻华大使威尔莫特・佩雷拉分别代表本国政府签字。

9 月 27 日　中国国际贸易促进委员会和德意志经济东方委员会贸易协定在北京签订。中国国际贸易促进委员会主席南汉宸和德意志东方委员会主席奥托沃夫・冯・阿美隆根分别在协定上签字。

11 月 8 日　中国政府和瑞典政府贸易协定在斯德哥尔摩签订。中国驻瑞典大使韩念龙和瑞典商业大臣厄斯顿・恩顿分别代表本国政府签字。

11 月 15 日　国务院发布《关于改进商业管理体制的规定》。其中对有关对外贸易的外销部分的利润和外汇分成等问题作了规定。

11 月 26 日至 12 月 13 日　全国对外贸易局长会议在北京开幕。朱德副主席、陈毅副总理到会作了重要讲话。

12 月 1 日　中国政府和丹麦政府贸易协定和支付协定在北京签订。卢绪章副部长和丹麦驻华公使克努・温特费尔特分别代表本国政府签字。

1958 年

1 月 12 日　中国政府和也门王国政府商务条约在北京签订。周恩来总理和也门王国巴德尔王太子分别代表本国政府签字。

2 月 3 日至 14 日　全国扩大对资本主义国家出口会议在北京召开。

2 月 26 日　中国矿产公司和中国五金电工进口公司同日本钢铁代表团在北京签订中日长期钢铁易货协议。

3 月 5 日　第四次中日民间贸易协议在北京签订。中国国际贸易促进委员会主席南汉宸，副主席雷任民、李烛尘、冀朝鼎等和日本国会议员促进日中贸易联盟、日本国际贸易促进协会、日中输出入组合三团体组成的通商使节团全体成员在协议上签字。

4 月 21 日　中国政府和匈牙利政府关于 1959 年到 1962 年当代中国对外贸易的长期贸易协定在北京签订。叶季壮部长和匈牙利外贸部长英采・耶诺分别代表本国政府签字。

4月23日　中国政府和苏联政府通商航海条约在北京签订。叶季壮部长和苏联外贸部部长伊凡·格里戈里耶维奇·卡巴诺夫分别代表本国政府签字。

5月2日　日本长崎发生日本暴徒侮辱中国国旗事件，岸信介政府采取敌视新中国的政策。5月4日，中国政府停止签发对日进出口许可证。中日贸易关系陷于中断。

5月24日　对外贸易部发布《关于对资本主义国家出口经营工作的几项措施和暂行办法》。

6月4日　中国政府和挪威政府贸易和支付协定在北京签订。卢绪章副部长和挪威驻华大使克洛格–亨生分别代表本国政府签字。

6月25日至8月15日　全国外贸局长会议在上海举行。7月16日下午，周恩来总理接见出席会议的代表并作了重要指示。

8月11日　毛泽东主席参观天津出口商品陈列馆。

8月　中共中央政治局扩大会议在北戴河召开，会议通过了《中共中央关于对外贸易必须统一对外的决定》《中共中央关于贸易外汇体制的决定》。

9月17日　中国驻锡兰大使张灿明和锡兰总理班达拉奈克分别代表本国政府在科伦坡签署关于中国对锡兰进行水灾善后恢复工作贷款的换文。

9月25日　中国政府和突尼斯政府贸易协定在突尼斯签订。雷任民副部长和突尼斯计划次长阿卜特萨拉姆·克那尼分别代表本国政府签字。

9月27日　中国政府和朝鲜政府关于贷款给朝鲜政府的协定在北京签订。薄一波副总理和朝鲜内阁副首相李周渊分别代表本国政府签字。

10月20日　中华人民共和国建设成就展览会在柬埔寨首都金边开幕。

10月27日　中国政府和摩洛哥政府贸易协定在拉巴特签订。雷任民副部长和摩洛哥政府代表团团长玛麦德·布赛达分别代表本国政府签字。

12月8日　中国国际贸易促进委员会主席南汉宸率领中国代表团出席在开罗举行的亚非经济合作组织第一次会议。

12月15日　中国政府和阿联政府贸易协定在开罗签订。卢绪章副部长和阿联经济部长凯舒尼分别代表本国政府签字。

12月23日　周恩来总理接见对外贸易部召开的口岸外贸局长座谈会代表，就外贸政策性问题作了重要讲话，明确指出，对外贸易要“量力而行，逐步发展”，要“重合同、守信用、重质先于重量”。

12月29日　中国政府和蒙古人民共和国政府关于给予蒙古人民共和国经济技术援助的协定在北京签订。贺龙副总理和蒙古人民共和国部长会议副主席莫洛姆扎木茨分别代表本国政府签字。

1959年

1月3日　中国政府和伊拉克政府贸易和支付协定在巴格达签订。卢绪章副部长和伊拉克经济部长阿卜拉欣·库巴分别代表本国政府签字。

2月12日　国务院发出批转商业部、粮食部、对外贸易部、卫生部、水产部、轻工业部《关于商品分级管理办法的报告》的通知。

2 月 18 日　中国政府和越南政府关于给予越南经济技术援助的协定和关于 1960 年到 1962 年的长期贸易协定在北京签订。叶季壮部长和越南工业部部长黎清毅分别代表本国政府签字。

4 月 10 日至 24 日　全国对外贸易工作会议在北京召开。李先念副总理到会作了重要讲话。

4 月 11 日　中国政府和捷克斯洛伐克政府 1960 年到 1962 年交换货物和付款协定在布拉格签订。李强副部长和捷克斯洛伐克对外贸易部部长弗·克拉伊契尔分别代表本国政府签字。

5 月 8 日　对外贸易部发布《关于加强对出口商品品质管制的指示》。

8 月 3 日　中国国际贸易促进委员会副主席冀朝鼎赴莫斯科参加社会主义国家商会会议。

9 月 16 日　捷克斯洛伐克布尔诺国际博览会中国馆开幕。

9 月 20 日　周恩来总理和日本前首相石桥湛山在北京发表共同声明，提出在中日两国关系中政治和经济不可分的原则。

1960 年

3 月 21 日　中国政府和尼泊尔政府经济援助协定在北京签订。周恩来总理和尼泊尔首相毕·普·柯伊拉腊分别代表本国政府签字。

4 月 4 日　全国外贸局长会议在北京召开，会议讨论了建立出口商品基地问题，制订了基地的发展规划。

5 月 27 日　周恩来总理赴蒙古人民共和国进行访问。5 月 31 日发表了两国联合声明并签订了经济技术援助协定。周恩来总理和蒙古人民共和国部长会议主席泽登巴尔签字。

7 月 16 日　苏联政府照会中国政府，决定自 1960 年 7 月 28 日至 9 月 1 日撤走全部在华苏联专家 1 390 名。同时还片面中止派遣专家 900 多名，撕毁同中国政府签订的 12 个协定和 600 个合同。

7 月 23 日　中国政府和古巴政府贸易和支付协定在哈瓦那签订。卢绪章副部长和古巴国家银行行长格瓦拉分别代表本国政府签字。

8 月 10 日　中共中央发布《关于全党大搞对外贸易收购和出口运动的紧急指示》。

8 月 27 日　周恩来总理接见日中贸易促进会专务理事铃木一雄时提出中日贸易三原则，即：政府协定；民间合同；个别照顾。

9 月 13 日　中国政府和几内亚政府贸易和支付协定在北京签订。叶季壮部长和几内亚国民经济部长贝尔奥吉·路易斯艺萨纳分别代表本国政府在协定上签字。

10 月 13 日　中国政府和朝鲜政府关于中国向朝鲜供应成套设备和提供技术援助的协定在北京签订。李先念副总理和朝鲜内阁副首相李周渊分别代表本国政府签字。

11 月 30 日　李先念副总理和古巴革命政府经济代表团团长埃尔内斯托·切·格瓦

拉在北京签署了联合公报。同时，还签订了中国政府和古巴政府经济合作协定。

12 月 30 日至 1961 年 1 月 25 日　全国对外贸易局长会议在北京召开。

1961 年

1 月 2 日　周恩来总理率中国政府友好代表团到缅甸进行访问。1 月 9 日中缅两国政府发表联合公报并签订了中国政府和缅甸政府经济技术合作协定。周恩来总理和缅甸联邦政府总理吴努分别代表本国政府签字。

1 月 31 日　中国政府和越南政府关于中国给予越南贷款的协定在北京签订。薄一波副总理和越南政府副总理阮维祯分别代表本国政府签字。

2 月 28 日　中国政府和马里政府货物交换和支付协定在巴马科签订。卢绪章副部长和马里工商部部长阿玛西勒・恩杜莱分别代表本国政府签字。

3 月 15 日　中国经济展览会在古巴首都哈瓦那开幕。

4 月 23 日　中国政府和阿尔巴尼亚政府关于中国向阿尔巴尼亚供应成套设备和给予技术援助的议定书在北京签订。李先念副总理和阿尔巴尼亚部长会议副主席阿・凯莱齐分别代表本国政府签字。

4 月 26 日　中国政府和蒙古人民共和国政府通商条约在乌兰巴托签订。叶季壮部长和蒙古人民共和国部长会议第一副主席莫洛姆扎木茨分别代表本国政府签字。

6 月 18 日　叶季壮部长和尼日利亚财政部部长奥科提・埃博赫在北京签署了中国政府经济代表团和尼日利亚经济代表团会谈公报。

8 月 18 日　中国政府和加纳政府贸易和支付协定、经济技术合作协定在北京签订。李先念副总理和加纳运输、交通部部长克罗博・埃杜赛分别代表本国政府签字。

8 月 21 日　中国人民银行和巴西银行支付和贸易协定在北京签订。中国人民银行代表丁冬放和巴西银行代表普罗恩萨・德古维亚分别在协定上签字。

9 月 22 日　中国政府和马里政府经济技术合作协定在北京签订。叶季壮部长和马里政府经济代表团团长马德拉・凯塔分别代表本国政府签字。

10 月 11 日　中国政府和印度尼西亚政府经济技术合作协定在北京签订。雷任民副部长和印度尼西亚驻华大使苏卡尼・卡托迪维约分别代表本国政府签字。

12 月 5 日至 27 日　全国外贸计划会议在北京召开。李先念副总理到会作了重要讲话。周恩来总理于会议召开前夕，接见了参加会议的代表并作了重要指示。

1962 年

1 月 5 日　叶季壮部长率领中国政府贸易代表团抵达朝鲜进行访问。1 月 8 日，金日成首相接见了中国代表团全体成员。同日，中国政府和朝鲜政府 1962 年相互供应货物的议定书在平壤签订。叶季壮部长和朝鲜贸易相李一卿分别代表本国政府签字。

1 月 16 日　叶季壮部长率领中国政府贸易代表团到越南进行访问。20 日，胡志明主席接见了中国代表团。同日，中国政府和越南政府 1962 年度相互供应货物付款的议定书在河内签订。叶季壮部长和越南外贸部长潘英分别代表本国政府签字。

2月28日　全国外贸经营管理会议在北京召开，会议制订了《出口商品经营管理工作守则》。

5月23日　中国政府和苏丹政府贸易协定在北京签订。卢绪章副部长和苏丹工商供应部主任、苏丹贸易和棉花代表团团长赛义德·曼苏尔·马哈古卜分别代表本国政府签字。

6月20日至7月10日　国家计委、国家经委、国务院财贸办公室、外贸部在北京联合召开全国外贸专业会议。陈云、李先念副总理分别到会作了重要讲话。

11月1日至27日　国家计委、国家经委、国务院财贸办公室、外贸部在北京联合召开全国外贸计划会议。李先念副总理到会作了重要讲话。

11月9日　廖承志和高琦达之助在北京签订关于发展中日两国民间贸易的备忘录。

12月5日　中国政府和越南政府通商航海条约在北京签订。叶季壮部长和越南外贸部长潘英分别代表本国政府签字。

12月10日　林海云副部长向全国人大常委会作《关于近三年来的对外贸易工作》的汇报；21日又作了《关于我国对资本主义市场出口贸易的情况》的汇报。叶季壮部长在会上作了补充发言。

12月27日　中国国际贸易促进委员会和日本国际贸易促进协会及日本国际贸易促进协会关西本部三团体签订了中日贸易议定书。

1963年

1月5日　中国政府和巴基斯坦政府贸易协定在卡拉奇签订。林海云副部长和巴基斯坦商业部长瓦希杜查曼分别代表本国政府签字。

2月12日　对外贸易部在北京召开对资本主义国家出口工作会议。

5月15日　中国政府和索马里政府贸易和支付协定在北京签订。叶季壮部长和索马里新闻部部长阿里·穆罕默德·希拉维分别代表本国政府签字。

6月29日　中国技术进口公司和日本仓敷人造丝株式会社在北京签订了维尼龙成套设备合同。

9月5日至27日　国家计委、国家经委、国家财贸办公室、外贸部在北京联合召开全国外贸计划会议。李先念副总理到会作了重要讲话。

12月17日　中国经济贸易展览会在墨西哥首都墨西哥城开幕。

12月28日　中国经济建设成就展览会在马里首都巴马科举行。

1964年

1月13日　朱德委员长在上海听取上海市外贸局领导关于外贸工作情况的汇报，参观了出口商品陈列厅，并作了重要指示。

4月14日　中国经济贸易展览会在日本东京开幕。

4月19日　中日备忘录贸易双方代表在北京签署了关于互派代表并互设联络事务所、互换新闻记者和备忘录贸易的会谈纪要。

5月16日　中国经济贸易展览会在智利首都圣地亚哥开幕。

5 月 19 日　中国政府和尼泊尔政府贸易协定在加德满都签订。中国驻尼泊尔大使张世杰和尼泊尔工业和商业部秘书克・本・马拉分别代表本国政府签字。

6 月 4 日　由英国 48 家集团组织的英国采矿与建筑设备展览会在北京开幕。

7 月 13 日　中国经济建设成就展览会在坦桑尼亚首都达累斯萨拉姆开幕。

7 月 23 日　中国政府和刚果（布拉柴维尔）政府贸易和支付协定在布拉柴维尔签订。中国驻刚果（布）大使周秋野和刚果（布）工商、矿业和民航部长埃穆・玛济卡分别代表本国政府签字。

9 月 5 日　法国技术展览会在北京开幕。陈毅副总理出席了开幕式。

9 月 19 日　中国政府和阿尔及利亚政府贸易协定在北京签订。叶季壮部长和阿尔及利亚国民经济部部长巴希尔・布马扎分别代表本国政府签字。

9 月 29 日　中国政府和中非共和国政府货物交换和支付协定在班吉签订。卢绪章副部长和中非共和国总统戴维・达科分别代表本国政府签字。

10 月 22 日　中国政府和布隆迪政府贸易和支付协定在布琼布拉签订。中国驻布隆迪大使柳雨峰和布隆迪外交、外贸大臣约瑟夫・姆巴祖穆蒂马分别代表本国政府签字。

10 月 30 日　英国贸易大臣道格拉斯・贾埃访问中国。周恩来总理、李先念副总理分别会见了贾埃。

11 月 30 日　关于中国、意大利两国互设民间性商务代表办事处的协议在罗马签订。中国国际贸易促进委员会副主席雷任民和意大利对外贸易协会总经理格罗贾分别在协议上签字。

12 月 18 日　中国政府和肯尼亚政府贸易协定在内罗毕签订。卢绪章副部长和肯尼亚工商部部长杰・吉・基亚诺分别代表本国政府签字。

1965 年

2 月 9 日　周恩来总理和陈毅副总理会见由巴布部长率领的坦桑尼亚政府贸易代表团。

2 月 10 日，中国政府和坦桑尼亚政府贸易协定在北京签订。林海云副部长和坦桑尼亚商业和合作部部长巴布分别代表本国政府签字。

2 月 22 日至 3 月 18 日　全国外贸工作会议在北京召开。李先念副总理到会作了重要讲话。

4 月 21 日　被巴西当局非法监禁一年多的中国贸易、新闻工作者王耀庭、侯法曾等 9 人，从里约热内卢乘飞机回到北京。

5 月 19 日　巴黎国际博览会中国馆开幕。

6 月 8 日　中国政府和阿尔巴尼亚政府关于 1966 年到 1970 年交换货物和付款协定在北京签订。李先念副总理和阿尔巴尼亚部长会议第一副主席斯皮罗・科列加分别代表本国政府签字。

8 月 12 日至 9 月 6 日　全国外贸计划会议在北京开幕。8 月 17 日，毛泽东主席和刘少奇主席等中共中央和国家领导人接见了出席会议人员。8 月 21 日，李先念副总理作重要讲话。

9 月 23 日　中国经济建设展览会在罗马尼亚首都布加勒斯特开幕。

11 月 11 日　国务院发布《关于供应出口商品统一作价办法的暂行规定》。

11 月 22 日　法国工业展览会在北京开幕。李先念副总理出席开幕式并参观了展览。

1966 年

3 月 15 日　中国经济贸易展览会在巴基斯坦首都卡拉奇开幕。

9 月 15 日　芬兰赫尔辛基博览会中国馆开幕。

10 月 1 日　中国经济贸易展览会在日本北九州开幕。

1967 年

1 月 17 日　中国经济贸易展览会在科威特开幕。

1 月 19 日，科威特首相贾比尔·艾哈迈德·贾比尔·萨巴赫接见了中国代表团。

2 月 16 日　中国政府和毛里塔尼亚政府贸易协定在北京签订。陈毅副总理和毛里塔尼亚政府贸易代表团团长比拉尼·马马杜·瓦尼分别代表本国政府签字。

4 月 28 日　中国政府和赞比亚政府贸易协定在北京签订。林海云代部长和赞比亚工商与外贸部部长钦巴分别代表本国政府签字。

6 月 27 日　对外贸易部部长叶季壮因病在北京逝世。中共中央和国家领导人周恩来、李富春、陈毅、李先念、叶剑英参加了追悼会，李先念致悼词。

1968 年

1 月 27 日　国务院、中央军委发出《关于加强对外贸易工作的通知》。

9 月 24 日　中国政府和南也门（后改名也门民主人民共和国）政府贸易协定在北京签订。陈毅副总理兼外交部部长和南也门外交部部长塞弗·艾哈迈德·扎莱分别代表本国政府签字。

12 月 24 日　对外贸易部代部长林海云率领中国政府代表团到巴基斯坦进行访问。12 月 26 日，中巴两国政府间签订经济技术合作协定。

1969 年

2 月 28 日　中国政府向几内亚政府提供商品贷款的协定在北京签订。林海云代部长和几内亚贸易、运输、邮电部长凯塔·恩法玛拉分别代表本国政府签字。

12 月 1 日　中国社会主义建设成就展览会在阿尔巴尼亚首都地拉那开幕。

1970 年

4 月 14 日　周恩来总理会见日本国际贸易促进协会代表团、松村谦三访华团，提出了对日贸易四项条件。

4 月 26 日　周恩来总理审查第 27 届中国出口商品交易会展馆并作了“外贸要促生产，促内贸，促生产、使用、科研相结合”的重要指示。

8 月 2 日　南也门总统委员会主席萨勒姆·鲁巴伊·阿里率领南也门代表团到中国进行访问。8 月 7 日，两国政府经济技术合作协定在北京签订。周恩来总理和南也门总统委员会主席萨勒姆·鲁巴伊·阿里分别代表本国政府签字。

10 月 17 日　中国政府和朝鲜政府关于 1971 年至 1976 年相互供应主要货物协定在北京签订。李先念副总理和朝鲜内阁副首相郑准泽分别代表本国政府签字。

1971 年

1 月 22 日　中国政府和赤道几内亚政府 1971 年贸易协定在北京签订。李先念副总理和赤道几内亚政府代表团团长赫苏斯·阿方索·奥约诺·阿洛戈部长分别代表本国政府签字。

4 月 20 日　中国政府和智利政府贸易协定在圣地亚哥签订。周化民副部长和智利外交部代理部长、经济部长佩德罗·符斯科维奇分别代表本国政府签字。

7 月 29 日　中国政府和塞拉勒窝内（后改名塞拉利昂）政府贸易和支付协定在北京签订。李先念副总理和塞拉勒窝内财政部长克·阿·卡马拉—泰勒分别代表本国政府签字。

10 月 9 日　中国政府和埃塞俄比亚政府贸易协定在北京签订。姬鹏飞外长和埃塞俄比亚外交大臣梅纳西·海尔博士分别代表本国政府签字。

10 月 25 日　第二十六届联合国大会通过恢复中华人民共和国在联合国的合法席位和一切合法权利的决议。联合国各专门机构以及其他国际组织也相继恢复中国的合法权利，中国开始积极参加各种国际经济贸易组织的活动，并建立密切联系。

10 月 29 日　中国政府和意大利政府贸易和支付协定在罗马签订。白相国部长和意大利外贸部部长马里奥·扎加里分别代表本国政府在协定上签字。

11 月 14 日　中国对外贸易部和圭亚那贸易部关于两国进出口商品的协议在北京签订。白相国部长和圭亚那贸易部部长戴维·辛格分别代表本国政府签字。

12 月 10 日至 1972 年 1 月 29 日　全国外贸计划座谈会在北京召开。会议讨论落实完成 1972 年外贸计划的几项具体措施，研究拟订《第四个五年计划期间发展对外贸易出口规划的初步设想》。

1972 年

1 月 6 日　中国政府和布隆迪政府贸易协定在北京签订。姬鹏飞外长和布隆迪外交、合作和计划部长辛巴纳尼耶分别代表本国政府签字。

4 月 13 日　周化民副部长率领中国代表团出席在智利首都圣地亚哥举行的第三届联合国贸易发展会议。周化民在全体会议上宣读了周恩来总理的贺电。

5 月 11 日　对外贸易部发出《关于把好出口商品质量检验关的通知》。

6 月 23 日　中国政府和卢旺达政府贸易协定在北京签订。姬鹏飞外长和卢旺达国际合作部部长奥古斯坦·穆尼亚内扎分别代表本国政府签字。

8 月 9 日　中国政府和秘鲁政府贸易协定在利马签订。白相国部长和秘鲁工商业部部长阿尔贝托·希门尼斯·德卢西奥分别代表本国政府签字。

8月15日　周恩来总理、姬鹏飞外长会见由外交部部长樊尚·埃丰率领的喀麦隆政府代表团。8月17日，中国政府和喀麦隆政府贸易协定在北京签订。姬鹏飞和樊尚·埃丰分别代表本国政府签字。

8月17日　加拿大全国展览会中国馆开幕。

9月25日　中国建设成就展览会在意大利首都罗马开幕。

10月3日　中华人民共和国代表张建华、副代表李志敏参加联合国贸易发展理事会在日内瓦举行的第12届会议。

11月2日　中国政府和奥地利政府贸易和支付协定在北京签订。白相国部长和奥地利工商部部长约瑟夫·施塔里巴赫分别代表本国政府签字。

11月3日　中国政府和尼日利亚政府贸易协定在拉各斯签订。对外经济联络部部长方毅和尼日利亚贸易部部长温·布里格斯分别代表本国政府签字。

11月8日　中国政府和圭亚那政府1973年进出口商品协议在北京签订。白相国部长和圭亚那经济发展部部长肯尼斯·金分别在协议上签字。同日，周恩来总理会见了圭亚那政府经济贸易代表团全体成员。

12月29日　中国政府和达荷美（后改称贝宁）政府贸易和支付协定在北京签订。姬鹏飞外长和达荷美外交部部长米歇尔·阿拉达耶分别代表本国政府签字。

1973年

1月14日　中国政府和扎伊尔政府贸易协定在北京签订。姬鹏飞外长和扎伊尔外交和国际合作事务国务委员恩古扎·卡尔·伊邦德分别代表本国政府签字。

1月17日　经国务院批准，中华人民共和国对外贸易部商品检验局改为中华人民共和国商品检验局。

3月26日　英国工业技术展览会在北京举行。

4月8日　中国政府和伊朗政府贸易协定在北京签订。白相国部长和伊朗经济大臣胡山·安萨里分别代表本国政府签字。

4月22日　中国政府和墨西哥政府贸易协定在北京签订。姬鹏飞外长和墨西哥外交部部长埃米略·奥·拉瓦萨分别代表本国政府签字。

5月22日　中国政府和希腊政府贸易和支付协定在北京签订。李先念副总理和希腊副首相尼古拉斯·马卡雷佐斯分别代表本国政府签字。

7月5日　中国政府和联邦德国政府贸易和支付协定在波恩签订。中国驻联邦德国大使王雨田和联邦德国外交部国务秘书汉斯·乔治·萨克斯分别代表本国政府签字。

7月24日　中国政府和澳大利亚政府贸易协定在堪培拉签订。白相国部长和澳大利亚海外贸易部部长兼二次产品部部长詹姆斯·凯恩斯分别代表本国政府签字。

9月19日　中国政府和塞浦路斯政府贸易和支付协定在北京签订。白相国部长和塞浦路斯工商部部长米切尔·科洛卡西德斯分别代表本国政府签字。

9月20日　中国政府和乍得政府贸易协定、经济技术合作协定在北京签订。对外经济联络部部长方毅和乍得领土整治和住房部长阿卜杜拉耶·乔努马分别代表本国政府签字。

10月9日　中国政府和新西兰政府贸易协定在北京签订。白相国部长和新西兰海外贸易部部长沃尔丁分别代表本国政府签字。

10月13日　中国政府和加拿大政府贸易协定在北京签订。周恩来总理和加拿大总理特鲁多分别代表本国政府签字。

11月6日　塞拉利昂共和国总统西亚卡·史蒂文斯到中国访问。11月10日，中国政府和塞拉利昂政府关于进一步发展两国贸易关系的会谈纪要在北京签字。

11月23日　中国政府和塞内加尔政府贸易协定、经济技术合作协定在北京签订。对外经济联络部部长方毅和塞内加尔计划和合作部部长奥斯曼·塞克分别代表本国政府签字。

12月26日　周恩来总理、李先念副总理等会见由差提猜副外长率领的泰国贸易代表团。

12月27日，中泰两国就柴油交易达成了协议。

1974年

1月5日　毛泽东主席、周恩来总理会见日本外务大臣大平正芳。同日，中国政府和日本政府贸易协定在北京签订。姬鹏飞外长和日本外务大臣大平正芳分别代表本国政府签字。

1月18日　中国政府和马尔加什政府贸易协定在北京签订。姬鹏飞外长和马尔加什外长迪迪埃·拉齐拉卡分别代表本国政府签字。

1月21日　中日备忘录贸易办事处驻东京联络处在东京举行酒会，庆祝中日备忘录贸易胜利完成它的历史任务，宣告驻东京联络处的工作圆满结束。

2月12日　中国政府和牙买加政府经济技术合作协定在金斯敦签订。中国驻牙买加大使李超和牙买加总理迈克尔·曼利分别代表本国政府签字。

5月30日　西班牙巴塞罗那博览会中国馆开幕。

7月13日　中华人民共和国展览会在日本大阪开幕。

7月16日　中国政府和土耳其政府贸易协定在北京签订。李强部长和土耳其外交部部长居内什分别代表本国政府签字。

8月31日　希腊萨洛尼卡博览会中国馆开幕。

9月14日　墨西哥经济贸易展览会在北京开幕。李先念副总理参观了展览会。

9月17日　中国经济贸易展览会在新西兰首都惠灵顿开幕。

9月23日　中国政府和菲律宾政府在北京签署关于进一步发展两国贸易的换文。李强部长和菲律宾工业部长维森特·帕特尔诺分别在换文上签字。

10月4日　加蓬总统邦戈到中国访问。毛泽东、周恩来、邓小平等分别会见了邦戈。10月6日，中国政府和加蓬政府贸易协定在北京签订。姬鹏飞外长与加蓬外交和合作事务部部长奥昆巴·多克瓦策格分别代表本国政府签字。

10月18日　中国经济贸易展览会在澳大利亚首都堪培拉开幕。

12月20日　中国政府和瑞士政府贸易协定在伯尔尼签订。中国驻瑞士大使陈志方和瑞士联邦委员会代表雷蒙·普罗勃斯特分别代表本国政府签字。

1975年

4月10日　中国与比利时、荷兰、卢森堡三国在北京互换照会，确认达成商标注册互惠协议。李强部长代表中国政府，比利时外贸大臣图山代表比利时政府，荷兰驻华大使费渊代表荷兰和卢森堡政府签署了换文。

6月9日　中国政府和菲律宾政府贸易协定在北京签订。李强部长和菲律宾工业部部长维森特·帕特尔诺分别代表本国政府签字。

6月13日　中华人民共和国展览会在联邦德国开幕。

6月18日　谷牧副总理会见新西兰贸易工业部长兼能源部长弗里尔。同日，中国和新西兰两国政府换文确认达成商标注册互惠协议。

7月4日　邓小平副总理和伊拉克副总统马鲁夫举行会谈。

7月6日，在北京签署了关于中、伊两国贸易和经济技术合作会谈纪要。对外经济联络部副部长陈慕华和伊拉克外交部部长穆罕默德·萨布里·哈迪西分别代表本国政府签字。

7月8日　李先念副总理会见由厄瓜多尔工商业一体化部长亚历杭德罗·鲁维奥·乔温率领的厄瓜多尔共和国特派代表团全体成员。

7月10日，中国政府和厄瓜多尔政府贸易协定在北京签订。李强部长和亚历杭德罗·鲁维奥·乔温部长分别代表本国政府签字。

9月5日　德意志联邦共和国技术展览会在北京举行。

10月1日　中华人民共和国展览会在朝鲜首都平壤开幕。

10月14日　联合国贸发会议秘书长柯里亚访问中国，就第四届联合国贸发会议议题交换意见。

11月5日　中国政府和冈比亚政府贸易协定在北京签订。陈洁副部长和冈比亚总统府国务部议会秘书捷莱·荔·布·达夫埃分别代表本国政府签字。

11月18日　日本工业技术展览会在北京开幕。李先念副总理参观了展览会。

12月21日　圣多美和普林西比总统达科斯塔到达北京进行访问。

12月25日　中国政府与圣多美和普林西比政府贸易协定在北京签订。对外经济联络部副部长陈慕华与圣多美和普林西比外交部部长莱昂内尔·马里奥·达尔瓦分别代表本国政府签字。

1976年

3月10日　中国政府和柬埔寨政府关于经济合作的协定在金边签订。李强部长和柬埔寨副总理英萨利分别代表本国政府签字。

3月25日　中华人民共和国展览会在泰国首都曼谷开幕。

4月24日　比利时布鲁塞尔国际博览会中国馆开幕。

6月10日　中国政府和科摩罗政府经济技术合作协定在北京签订。李强部长和科摩罗内政部部长萨利姆·希米迪分别代表本国政府签字。

9月26日　中国政府和牙买加政府贸易协定在北京签订。

10月1日　中国经济贸易展览会在菲律宾首都马尼拉开幕。

11月4日　由法国雇主协会主席弗朗索瓦·塞拉克率领的法国雇主协会代表团访问中国。谷牧副总理、李强部长等分别会见了代表团。

11月16日　中国政府和中非共和国政府贸易协定在北京签订。李先念副总理和中非副总理亨利·迈杜分别在协定上签字。

1977年

1月4日　中国政府和孟加拉国政府贸易协定在北京签订。外交部部长黄华和孟加拉国总统顾问委员会委员阿齐兹·哈克分别代表本国政府签字。

2月2日　中国政府和阿根廷政府贸易协定在布宜诺斯艾利斯签订。中国驻阿根廷大使郑为之和阿根廷外交部部长塞萨尔·奥古斯托·古塞蒂分别代表本国政府签字。

3月30日　日本经济团体联合会会长土光敏夫率领全体副会长访华，李先念副总理会见了代表团全体成员。

5月至9月　中华人民共和国展览会先后在日本名古屋、北海道、北九州举办。

9月29日　中国和日本国商标保护协定在北京签订。李强部长和日本国驻华大使佐藤正二分别代表本国政府签字。

1978年

1月7日　中国政府和巴西政府贸易协定在北京签订。李强部长和巴西驻华大使阿卢伊济奥·纳波莱昂分别代表本国政府签字。

1月21日　李强部长和老挝工商部长梅索·塞宋平分别代表本国政府在北京签署了中国政府和老挝政府关于中老临时易货贸易办法的换文。

2月16日　中日长期贸易协议在北京签订。中国中日长期贸易协议委员会主任刘希文和日本日中长期贸易协议委员会委员长稻山嘉宽分别在协议上签字。李先念副总理会见了稻山嘉宽一行。

3月25日　李强部长到埃及进行访问，并同埃及贸易供应部长陶菲克签订了中国政府和埃及政府1978年贸易议定书。

3月29日　泰国总理江萨到中国访问。3月31日，中国政府和泰国政府贸易协定在北京签订。黄华外长和泰国外长乌巴蒂·巴乍里央恭分别代表本国政府签字。

4月3日　中国和欧洲经济共同体贸易协定在布鲁塞尔签订。李强部长和欧洲经济共同体部长理事会执行主席安诺生、欧洲经济共同体委员会负责对外关系的副主席哈费尔坎普分别在协定上签字。

5月19日　中国政府和罗马尼亚政府经济技术合作协定在北京签订。陈慕华副总理和罗马尼亚副总理科尔内尔·布尔蒂卡分别代表本国政府签字。

6月16日　西班牙胡安·卡洛斯一世和王后索菲亚到中国进行访问。

6月19日　中国政府和西班牙政府贸易协定在北京签订。李强部长和西班牙外交大臣马塞利诺·奥雷哈分别代表本国政府签字。

8月9日　中国政府和利比亚政府贸易协定在北京签订。黄华外长和利比亚外交秘书阿里·阿卜杜勒·萨拉姆·图尔基分别代表本国政府签字。

8月26日　中国政府和南斯拉夫政府长期经济、科学和技术合作协定在贝尔格莱德签订。

8月27日　中国政府和刚果政府贸易协定在布拉柴维尔签订。陈洁副部长和刚果商业部部长雅各布·奥康扎分别代表本国政府签字。

10月20日　北京外国农业机械展览会开幕。

12月4日　中国政府和法国政府关于发展经济关系和合作的长期协定在北京签订。李强部长和法国外贸部部长让·弗朗索瓦·德尼奥分别代表本国政府签字。

12月4日　国务院领导批准对外贸易部和外交部关于在国外设立外贸公司代表处的请示报告。

12月5日　中国政府和瑞典政府关于工业和科学技术合作协定在北京签订。国家经委副主任马仪和瑞典工业大臣埃里克·胡斯分别代表本国政府签字。

12月8日　国务院转发《进口成套设备检验工作的试行规定》。

12月22日　中国共产党第十一届三中全会公报提出，“全党工作的着重点应该从1979年转移到社会主义现代化建设上来”。并且指出，要在自力更生的基础上积极发展同世界各国平等互利的经济合作，努力采用世界先进技术和先进设备。

1979年

1月12日　对外贸易部负责人就中国大陆与台湾地区的贸易问题发表谈话，指出台湾是中华人民共和国的领土，同台湾开展贸易是地区间的物资交流。在目前特殊情况下，外贸部暂时负责这方面的业务。

1月15日　中国经济贸易展览会在孟加拉国首都达卡开幕。

2月21日　谷牧副总理、李强部长分别同来华访问的欧洲经济共同体委员会主席詹金斯举行了会谈。

3月　国务院印发《关于成立进出口领导小组的通知》，国务院颁布《以进养出试行办法》。

4月23日　中国政府和意大利政府经济技术合作协定在罗马签订。李强部长和意大利外贸部部长斯塔马蒂分别代表本国政府签字。

5月　对外贸易部发布《关于开展对台湾贸易的暂行规定》。

5月12日　中国政府和约旦政府贸易协定在北京签订。贾石副部长和约旦驻华大使卡迈勒·哈穆德分别代表本国政府签字。

5月15日　中国政府和瑞典政府贸易协定在斯德哥尔摩签订。耿飚副总理和瑞典首相奥拉·乌尔斯腾分别代表本国政府签字。

5月16日　中国政府和利比里亚政府贸易协定在蒙罗维亚签订。赵长春副部长和利比里亚工商和运输部长约翰·谢尔曼分别代表本国政府签字。

5月29日　中国政府和芬兰政府经济、工业和科技合作协定在赫尔辛基签订。外交部部长助理宋之光和芬兰外交部国务秘书马蒂·托维宁分别代表本国政府签字。

6月29日　中国政府与联合国开发计划署之间的协定在纽约签订。中国代理常驻联合国代表赖亚力大使和联合国开发计划署署长布雷德福·莫尔斯分别在协定上签字。

7月7日　中国政府和美国政府贸易关系协定在北京签订。李强部长和美国驻华大使伍德科克分别代表本国政府签字。

7月8日　中国政府和菲律宾政府长期贸易协定在北京签订。李先念副总理和菲律宾政府代表伊梅尔达·马科斯分别代表本国政府签字。

7月8日　全国人大常委会公布施行《中华人民共和国中外合资经营企业法》。

7月15日　中共中央批转广东省委、福建省委关于对外经济活动实行特殊政策和灵活措施的两个报告。中共中央、国务院决定对粤、闽两省对外经贸实行特殊政策和灵活措施，扩大其外贸经营权和外贸审批权并同意在深圳、珠海、汕头和厦门试办出口特区。中共中央、国务院决定设立国家进出口管理委员会。

7月18日　中国政府代表韩芳宇和欧洲经济共同体委员会代表陈文心在北京签署中国与欧洲共同体纺织品贸易协议。

7月23日　中共中央、国务院决定设立国家进出口管理委员会和国家外国投资管理委员会，任命国务院副总理谷牧兼进出口管理委员会和外国投资管理委员会主任，顾明（兼）、汪道涵、周建南、马宾、甘子玉（兼）、贾石（兼）、卜明（兼）为副主任。

8月　国务院颁发《关于大力发展对外贸易增加外汇收入若干问题的规定》，实行外汇留成制度。

9月3日　国务院颁发《开展对外加工装配和中小型补偿贸易办法》，标志着我国加工贸易进入一个有计划、有规范的阶段。

9月14日　国务院批转国家进出口管理委员会《关于京、津、沪三市出口工作座谈会纪要的报告》。

9月14日　中国政府和丹麦政府经济和技术合作协定在北京签订。李强部长和丹麦外交大臣克里斯托弗森分别代表本国政府签字。

10月　对外贸易部发出《关于执行〈对欧洲共同体出口纺织品管理试行办法〉的通知》。

10月17日　余秋里副总理和法国外贸部长让·弗朗索瓦·德尼奥在巴黎签署《关于中法经济关系的发展》文件。

10月19日　中国政府和加拿大政府经济合作议定书在渥太华签订。李强部长与加拿大经济发展和贸易部长德科特雷分别代表本国政府签字。

10月24日　中国政府和联邦德国政府经济合作协定在波恩签订。黄华外长和联邦德国副总理兼外长汉斯·迪特利希·根舍分别代表本国政府签字。

11 月 20 日至 12 月 18 日　全国进口工作会议在北京召开。谷牧副总理到会作了讲话。

11 月 23 日　中国和比利时—卢森堡经济联盟发展经济、工业、科学和技术合作协定在北京签订。李强部长和比利时副首相兼经济事务大臣克拉斯分别在协定上签字。

12 月 29 日　中国政府和新加坡政府贸易协定在北京签订。李强部长和新加坡财政部部长韩瑞生分别代表本国政府签字。

1980 年

2 月 9 日　国务院发出《关于改革海关管理体制的决定》，并决定成立中华人民共和国海关总署。

2 月 7 日　中国对外贸易部和阿拉伯也门供应贸易部 1980 年至 1984 年贸易议定书在萨那签订。陈洁副部长和也门供应贸易部萨利赫·贾马里分别在议定书上签字。

2 月 29 日　国务院决定成立中华人民共和国进出口商品检验总局，为国务院直属局，由对外贸易部代管。

3 月 1 日　中国政府和孟加拉国政府长期贸易协定在达卡签订。王润生副部长和孟加拉国商业部秘书马提乌·拉赫曼分别代表本国政府签字。

4 月 8 日至 15 日　对外贸易部扶持出口商品生产措施工作座谈会在杭州召开。

4 月 17 日　经国务院批准，长江沿岸开办八个对外贸易运输港口。

5 月　深圳、珠海、汕头和厦门出口特区更名为经济特区。

6 月 3 日　国家进出口管理委员会、对外贸易部发布《关于出口许可证制度的暂行办法》。

6 月 7 日　中国政府和阿根廷政府经济合作协定在北京签订。姬鹏飞副总理和阿根廷外交和宗教事务部长卡洛斯·华盛顿·帕斯托分别代表本国政府签字。

7 月 4 日　中国政府和葡萄牙政府贸易协定在北京签订。李强部长和葡萄牙商业旅游部部长巴西利奥·奥尔塔分别代表本国政府签字。

8 月 10 日　国家进出口管理委员会发出关于《出口工业品专厂试行办法》和《出口农副产品生产基地试行办法》的通知。国家进出口管理委员会、对外贸易部颁布《对外贸易进口管理试行办法》。

8 月 19 日　对外贸易部发布《关于对台湾贸易管理试行办法》。

8 月 26 日　国家进出口管理委员会、对外贸易部发布《对外贸易进口管理试行办法》《对外贸易地方进口管理试行办法》。

9 月 13 日　中华人民共和国经济贸易展览会在美国旧金山市开幕。薄一波副总理主持了开幕式。

9 月 17 日　薄一波副总理和美国总统卡特在华盛顿签订中美两国政府纺织品贸易协议。

9 月 25 日　中国政府和挪威政府经济、工业和技术合作协定在北京签订。

10 月 6 日　中国政府和科威特国政府贸易协定在科威特签订。李强部长和科威特工商大臣阿卜杜勒·瓦哈布·奈菲西分别代表本国政府签字。

10 月 14 日 中国政府和阿曼政府贸易协定在北京签订。李强部长和阿曼工商大臣穆罕默德·祖贝尔分别代表本国政府签字。

10 月 22 日 中国政府和美国政府粮食贸易协议在北京签订。李强部长和美国驻华大使伍德科克分别代表本国政府签字。

10 月 30 日 中国政府和荷兰政府经济技术合作协定在北京签订。黄华副总理兼外长和荷兰外交大臣范德克劳分别代表本国政府签字。

10 月 30 日 国务院发布《关于管理外国企业常驻代表机构的暂行规定》。

11 月 5 日 中国政府和奥地利政府经济、工业和技术合作协定在维也纳签订。李强部长和奥地利工商部长施塔里巴赫分别代表本国政府签字。

11 月 17 日 美国经济贸易展览会在北京开幕。

12 月 12 日至 27 日 全国进出口工作会议在北京召开。谷牧副总理到会作了重要讲话。

12 月 18 日 国务院发布《中华人民共和国外汇管理暂行条例》。

12 月 20 日 中国政府和古巴政府 1981 年至 1985 年贸易协定在北京签订。王润生副部长和古巴外贸部副部长何塞·德拉富恩特分别代表本国政府签字。

1981 年

1 月 国务院发布《技术引进和设备引进工作暂行条例》

12 月 对外贸易部发布对外贸易企业《财务管理办法》和《基本业务统计会计制度》。

1982 年

1 月 国务院在北京召开了沿海九省、市、区对外经济工作座谈会。国务院批转对外贸易部《关于外贸出口商品实行分类经营的规定的请示》。

3 月 国家进出口管理委员会、对外贸易部、对外经济联络部和外国投资管理委员会合并，设立对外经济贸易部。

4 月 国务院批准财政部、海关总署等部门《关于若干商品征收出口关税的请示》。从 1982 年 6 月起，对 34 种出口商品征收出口关税。

9 月 对外经济贸易部召开反倾销会议。

11 月 中国政府代表团首次以观察员身份列席关贸总协定第 36 届缔约国大会。

12 月 第五届全国人民代表大会第五次会议批准了《中华人民共和国国民经济和社会发展第六个五年计划》，提出“六五”计划期间，要大力扩展对外贸易和经济技术交流，积极有效地利用能利用的外国资金，引进适合我国情况的先进技术，以促进国内经济事业的发展。

1983 年

1 月 国务院批准对外经济贸易部等部门《关于参加关税和贸易总协定的请示》。

5 月 中美商务贸易联合委员会成立。

9月　国务院决定实施出口退税政策，对钟表、自行车、缝纫机等17种机电产品及其零部件实行出口退税、进口征税政策。

11月　中欧之间建立了部长级会晤制度，每年就重大国际经济关系、贸易问题、双方各自的经济形式、双边经贸关系及双方感兴趣的其他问题交换意见。

1984年

1月　国务院颁发《中华人民共和国进口货物许可制度暂行条例》。

中国正式参加国际纺织品协定。

国务院发布《中华人民共和国进出口商品检验条例》。

海关总署、财政部、对外经济贸易部联合颁布《关于中外合作经营企业进出口货物的监管和征免税规定》。

对外经济贸易部明确规定了28类限制进口的商品，允许一批机构无须经过对外经济贸易部批准就可进口非限制类商品。

5月　中共中央、国务院发出关于批准《沿海部分城市座谈会纪要》的通知。决定开放大连等沿海14个港口城市和海南岛，实施经济特区的某些特殊政策，扩大吸引外资和发展对外贸易的自主权。

9月　对外经济贸易部发出《关于对沿海开放城市下放进出口等管理审批权的通知》。

国务院批转对外经济贸易部《关于外贸体制改革意见的报告》，明确提出了“政企分开、外贸实行代理制、工贸结合、技贸结合、进出结合”的外贸体制改革基本原则。

10月　中国共产党第十二届三中全会通过《中共中央关于经济体制改革的决定》，要求外贸体制改革既要调动各方面积极性，又要实行统一对外的总的指导原则。

11月　国务院发布《中华人民共和国国务院关于经济特区和沿海十四个港口城市减征、免征所得税和工商统一税的暂行规定》。

12月　对外经济贸易部发出《关于1985年起实行政企分开的通知》，部发布《边境小额贸易暂行管理办法》。

1985年

1月　国家不再缩减下达外贸收购计划和调拨计划，并缩小了指令性计划范围，扩大了指导性计划范围，注意发挥市场调节作用。

2月　中共中央、国务院发布关于批转《长江、珠江三角洲和闽南厦漳泉三角地区座谈会纪要》的通知，决定对外开放长江、珠江三角洲和闽南三角洲地区的50多个县市。

3月　国务院发布新修订的《中华人民共和国进出口关税条例》和《中华人民共和国海关进出口税则》。采用了当时国际上通用的海关合作理事会商品分类目录，同时降低了关税税率，使平均关税水平由52.9%降低到38%。

第六届全国人大常委会第十次会议通过了《中华人民共和国涉外经济合同法》。

国务院批准了《关于对进出口产品征、退产品税或增值税的规定》，这标志着我国现行出口退税制度的建立。

5 月　国务院颁布《中华人民共和国技术引进合同管理条例》。

中国与欧共体在 1978 年双边贸易协定的基础上，签订了《中欧贸易和经济合作协定》。

11 月　国务院批转《关于加强对香港、澳门出口管理若干问题的报告》。

1986 年

3 月　23 个发展中纺织品出口国和地区在北京举行会议，评估世界纺织品和服装贸易的形势，并就多种纤维协定前途问题的谈判协调了立场。

中国和欧洲共同体贸易和经济合作协定混委会第一次会议在北京举行。

7 月　中国常驻联合国代表向关贸总协定提交了中国政府关于恢复中国在关贸总协定缔约国地位的申请。

9 月　中国获得充分参加乌拉圭回合所有议题谈判的资格。

12 月　中国政府批准《联合国国际销售合同公约》。

1987 年

1 月　第六届全国人大常委会第十九次会议通过《中华人民共和国海关法》。标志着我国在对外贸易管理和经济管理上正逐步走向规范化和法制化。

2 月　中国向关贸总协定提交了《中国对外贸易制度备忘录》。

3 月　国务院决定成立关税税则委员会。关税总协定理事会决定成立中国问题工作组。

4 月　国务院农副产品出口生产体系领导小组在北京举行会议。

10 月　中国共产党第十三次全国代表大会召开，大会报告科学阐述了社会主义初级阶段理论，明确指出“社会主义有计划商品经济的体制，应该是计划和市场内在统一的体制”。

12 月　党中央制定了沿海地区经济发展战略。

1988 年

2 月　国务院颁布了《关于加快和深化对外贸易体制改革若干问题的规定》。决定在全国外贸行业全面推行承包经营责任制，主要由各省、自治区、直辖市、计划单列市人民政府（以下简称各地方）向国家承包出口收汇基数、上缴外汇额度基数、出口收汇基数内人民币补贴基数、外汇额度挂账数额，超过出口收汇基数的外汇收入实行分成，自负盈亏；少数商品由外贸和工贸进出口总公司承包并统一经营，不下放的部分工贸总公司仍由其承包经营。进一步改革外贸计划体制、外贸财务体制、出口经营体制、进口经营体制、贸易外汇体制、外贸行政管理体制和外贸机构，进一步鼓励地方和出口经营企业参与国际市场竞争，发展进出口贸易。

3 月　国务院召开沿海地区对外工作会议，研究部署沿海地区对外开放工作，发展外向型经济。实施辽东半岛、山东半岛对外开放政策。

国务院发布《关于进一步扩大沿海经济开放区范围的通知》，140 个市、县新划入沿海开放区，包括杭州、南京、沈阳 3 个省会城市。

4 月　第七届全国人大第一次会议通过《关于建立海南经济特区的决议》。海南省建立，中国最大的经济特区同时诞生。

5 月　对外经济贸易部下放部分外贸企业审批权，并在原有基础上补充制定了外贸企业应具备的条件，对审批企业职权范围和必须注意的问题作了具体规定。

6 月　中国向关贸总协定各缔约国发出关税减让谈判邀请，以关税减让作为中国恢复总协定地位而承担的主要义务。

9 月　食品土畜、纺织丝绸、轻工工艺、五矿化工、机电、医保 6 个行业的进出口商会先后成立，以加强外贸企业间的协调服务工作。

12 月　我国派团参加乌拉圭回合多边贸易谈判部长级中期审评会议，这是我国自 1949 年以来首次正式参加多边贸易谈判。

全年　我国进出口规模首次突破 1 000 亿美元大关，达到 1 027.8 亿美元。

1989 年

2 月　第七届全国人大常委会第六次会议通过《中华人民共和国进出口商品检验法》。提出要依靠提高产品质量，打开出口销路。

11 月　中国共产党第十三届五中全会召开。全会通过了《中共中央关于进一步治理整顿和深化改革的决定》。

1990 年

年初　提出和实施“市场多元化”战略。

4 月　中共中央和国务院宣布，加快上海浦东开发，在浦东实行经济技术开发区和某些经济特区的政策。

8 月　国务院发布《关于鼓励华侨和香港澳门同胞投资的规定》。

对外经济贸易部和农业部联合命名 193 个乡镇企业为第一批“农工贸”联合出口商品基地企业。

12 月　国务院发布《关于进一步改革和完善对外贸易体制若干问题的决定》。提出了自 1991 年起，建立外贸自负盈亏新体制，取消国家对外贸出口的财政补贴，外贸企业自负盈亏；改变按地区实行不同外汇留成比例的办法，实行按不同商品大类全国统一的留成制度。使外贸走上“统一政策，平等竞争，自主经营，自负盈亏，工贸结合，推行代理制，联合统一对外”的轨道。

1991 年

年初　提出和实施“以质取胜”战略。

3 月　国务院发出《关于批准国家高新技术产业开发区和有关政策规定的通知》。决定继 1988 年北京市高新技术产业开发试验区之后，再批准 21 个高新技术产业开发区为国家级高新技术产业开发区。

6月　国务院关税税则委员会召开《税则》审定会议，将1985年版《税则》转换采用《商品名称及编码协调制度》目录。这是我国关税制度一项重大改革。

10月　中美关于市场准入和知识产权问题的谈判在北京举行。

1992年

1月　国务院批准实施新的《海关进出口税则》。

中美签署了《关于知识产权保护的谅解备忘录》。

2月　关贸总协定中国工作组举行第10次会议，基本结束了对中国外贸制度的评价和答疑阶段，进入了中国恢复关贸总协定地位议定书的实质性谈判阶段。

邓小平同志视察了深圳和珠海两个经济特区，并就全国的改革开放和经济发展发表了一系列重要谈话。精辟地分析了当时的国际国内形势，科学地总结了十一届三中全会以来党的基本实践和基本经验，明确地回答了长期困扰和束缚人们思想的许多重大认识问题。

3月　国务院发布《中华人民共和国出口货物原产地规则》。

关税税则委员会决定，从4月起，全部取消1985年设置的进口调节税，同时调整一般摄像机和小汽车的进口关税税率。

5月　国务院批转对外经济贸易部、国务院生产办《关于赋予生产企业进出口经营权有关意见的通知》。

10月　中美签署了《关于市场准入的谅解备忘录》。

中国共产党第十四次全国代表大会在北京举行。会议确定我国经济体制改革的目标是建立社会主义市场经济体制。会议还提出，要扩大对外开放的领域，形成“多层次、多渠道、全方位”的对外开放新格局。

12月　我国调低了3 371个税目商品的进口关税税率，占海关进出口税则税目总数的53.6%，关税总水平从43.2%下降到39.9%。

1993年

1月　出台《出口商品管理临时细则》，出口许可证被逐渐取消。降低了3 371个税目商品的进口关税税率，进口关税平均税率降至40%。

3月　中美关贸总协定双边磋商在北京恢复。对外经济贸易部更名为对外贸易经济合作部。

7月　全国加强边地贸易管理工作会议在北京召开。

8月　对外贸易经济合作部、国家体改委、国家经贸委联合发布《对外经济贸易企业转换经营机制实施办法》，相继对各国有大型专业外贸公司进行改革，外资企业成为自主经营、自负盈亏的法人实体和市场竞争主体。

9月　中国、欧共体经贸工作组第一次会议在北京举行。

10月　国家经贸委、对外贸易经济合作部发布《机电产品进出口管理暂行办法》。

11月　国务院批转国家经贸委、对外贸易经济合作部、国内贸易部《关于赋予商业、物资企业进出口经营权试点意见的通知》。

中国共产党第十四届三中全会通过的《关于建立社会主义市场经济体制若干问题的决定》指出，社会主义市场经济体制是同社会主义基本制度结合在一起的；建立社会主义市场经济体制，就是要使市场在国家宏观调控下对资源配置起基础性作用。

12 月　国务院作出《关于实行分税制财政管理体制的决定》。实行分税制财政管理体制，建立相互独立的中央和地方税收征收体系。

国务院作出《关于金融体制改革的决定》，确立中国人民银行作为独立执行货币政策的中央银行的宏观调控职能，实行政策性银行与商业银行分离的金融组织体系。决定成立中国进出口银行,作为我国外经贸支持体系的主要力量和金融体系的重要组成部分。

1994 年

1 月　对外经济贸易部提出和实施大经贸战略。

我国对税收减免政策进行清理，在此基础上进一步降低关税税率，调整税率结构。此次降低了 2 898 个税目商品的进口关税税率，关税总水平降低至 36.4%。

根据 1993 年 10 月国务院发布《关于进一步改革外汇管理体制的通知》。我国实施人民币汇率并轨，人民币对美元汇率从 5.7 元一次性贬到 8.7 元。建立以市场供求为基础的、单一的、有管理的浮动汇率制，实行统一的银行结售汇制，取消各类外汇留成。

国务院作出《关于进一步深化对外贸易体制改革的决定》，提出我国对外贸易体制改革的目标是：统一政策，开放经营，平等竞争，自负盈亏，工贸结合，推行代理制，建立符合社会主义市场经济要求和适应国际通行规则的运行机制。

2 月　税务总局印发关于《出口货物退（免）税管理办法》的通知。

5 月　第八届全国人大常委会第七次会议通过了《中华人民共和国对外贸易法》。确立了我国统一的外贸管理制度。

12 月　实现人民币在经常项目条件下有条件的可兑换。

1995 年

3 月　中美就知识产权谈判达成协议

7 月　全国乡镇企业出口工作会议召开。

国务院发布《关于调低出口退税率加强出口退税管理的通知》，对外贸易企业实行“先征后返”的出口退税办法。

9 月　中国共产党第十四届五中全会召开，全会通过了《中共中央关于制定国民经济和社会发展“九五”计划和 2010 年远景目标的建议》。《建议》提出，要实行两个根本性转变：一是经济体制从传统的计划经济体制向社会主义市场经济体制转变，二是经济增长方式从粗放型向集约型转变。

世界贸易组织总理事会接纳中国政府为世界贸易组织观察员。

1996 年

3 月　世界贸易组织中国工作组第一次会议在日内瓦举行。

4 月　我国对 4 000 多种商品进口关税进行大幅度削减，关税总水平降至 23%。同时，我国按照海关合作委员会新的商品协调编码进行了重新转版，增加了部分税目的子目。

7 月　国务院决定对加工贸易进口料件实施银行保证金台账制度。

9 月　对外贸易经济合作部发布《关于设立中外合资对外贸易公司试点暂行办法》，我国的外贸经营主体增加了新的成分。

12 月　中国政府决定大幅度下调出口退税率，分别由 11%、13%、17%调整为 3%、6%、9%，平均退税率由 16.63%降至 8.29%。

我国宣布接受国际货币基金组织协议第八条款，实现人民币在经常项目下的可兑换。

年末，我国外汇储备首次超过 1 000 亿美元，达到 1 050.5 亿美元。

1997 年

2 月　国务院颁布了《关于对企业自营出口或委托出口货物实行“免、抵、退”税办法的通知》。

3 月　国务院颁布了《中华人民共和国反倾销和反补贴条例》。标志着中国正式建立起与国际通行规则接轨的反倾销反补贴机制。

9 月　党的十五大将非公有制经济纳入社会主义初级阶段的基本经济框架内。

10 月　我国再次大规模降低关税税率，平均税率由 23%降至 17.3%，共涉及 4 800 多个税号商品，降税面达 73%以上。

12 月　对外贸易经济合作部对中国首例反倾销案件——新闻纸反倾销案正式立案。

1998 年

7 月　财政部和国税总局发布《提高部分产品增值税出口退税率的通知》。

9 月　国务院批准发布《关于赋予私营生产企业和科研院所自营进出口经营权的暂行规定》。凡符合规定的私营生产企业和科研院所可从事进出口贸易，并享受与国有企业和科研院所的同等待遇。

11 月　中共中央、国务院印发《关于中央党政机关与所经办经济实体和管理的直属企业脱钩有关问题的通知》。外贸专业总公司和工贸公司也逐步与主管部门脱钩。

1999 年

1 月　财政部发布《关于提高部分货物出口退税率的通知》。

3 月　国务院发布《关于进一步推进西部大开发的若干意见》。

4 月　对外贸易经济合作部发布《关于公布第一批列为对外贸易经济合作部重点支持和发展的名牌出口商品名单的通知》。

6 月 科技部、对外贸易经济合作部联合发布《关于印发〈科技兴贸行动计划〉的通知》，共同组织实施“科技兴贸”战略。

8 月 财政部发布《关于进一步提高部分货物出口退税率的通知》。为应对亚洲金融危机对我国出口的冲击，1998 年以来，我国多次调整出口退税率，出口商品的综合退税率由调整前的 6%提高到 15%。

2000 年

10 月 中国共产党第十五届五中全会举行。全会通过了《中共中央关于制定国民经济和社会发展第十个五年计划的建议》。全会指出：我国已经胜利实现了现代化建设的前两步战略目标，人民生活总体上达到了小康水平。从新世纪开始，我国将进入全面建设小康社会，加快推进社会主义现代化的新的发展阶段。

中非合作论坛—北京 2000 年部长级会议在北京举行。会议通过《中非合作论坛北京宣言》和《中非经济和社会发展合作纲领》。

国务院发出《关于实施西部大开发若干政策措施的通知》。

2001 年

1 月 我国再一次自主调低关税，关税总水平由 16.4%下降为 15.3%。

6 月 亚太经合组织（APEC）贸易部长级会议在上海召开。

上海合作组织成员国首脑会议在上海召开。中国、俄罗斯、哈萨克斯坦、吉尔吉斯斯坦、塔吉克斯坦、乌兹别克斯坦六国元首共同签署《上海合作组织成立宣言》，宣告上海合作组织诞生。

财政部、国家税务总局联合发布《关于提高棉纱棉布及其制品出口退税率的通知》，此次出口退税率调整后，形成了 17%、15%、13%和 5%的出口退税率体系。

11 月 第五次东盟与中国领导人会议在文莱举行。我国提出建立中国—东盟自由贸易区的主张，得到东盟国家的一致同意。

11 月 10 日，在卡塔尔首都多哈举行的世界贸易组织（WTO）第四届部长级会议以全体协商一致的方式，审议并通过了中国加入 WTO 的决定，标志着中国长达 15 年复关和加入 WTO 进程的结束。

11 月 11 日，中国代表团团长、外经贸部部长石广生向世界贸易组织总干事穆尔递交江泽民主席签署的《中国加入世界贸易组织批准书》，并签署中国加入 WTO 议定书。在中国政府代表签署议定书，递交批准书 30 天之后，中国正式成为 WTO 第 143 个成员。中国加入 WTO 使之向真正成为全球性贸易组织迈出一大步。19 日，龙永图等 6 名中国政府代表首次以正式成员身份出席 WTO 总理事会。

11 月 11 日，根据 1992 年关贸总协定理事会主席声明所确定的原则，世界贸易组织第四届部长级会议 11 月 11 日通过决定，同意台湾以“台湾、澎湖、金门、马祖单独关税区”（简称中国台北）的名义加入世界贸易组织。

12 月 国务院公布《中华人民共和国货物进出口管理条例》，对外贸易经济合作部发布《出口商品配额管理办法》，对部分限制进出口的商品实行配额和许可证管理。

中国出口信用保险公司成立，成为我国支持出口贸易、支持中国企业对外投资的唯一一家政策性保险机构。

全年 我国外贸进出口规模首次超过 5 000 亿美元，达到 5 096.5 亿美元。

2002 年

1 月 根据加入世界贸易组织（WTO）的承诺，我国第一次非自主性减低关税，降低了 5 332 个税目的进口关税，关税总水平由 2001 年的 15.3%降低到 12.7%。

11 月 中国共产党第十六次全国代表大会召开，会议提出全面建设小康社会的奋斗目标。

2003 年

1 月 我国关税总水平降至 11%。

3 月 根据第十届全国人大第一次会议通过的国务院机构改革方案，决定撤销国家经济贸易委员会、对外贸易经济合作部，组建商务部。

6 月 中央政府与香港特别行政区签订《内地与香港关于建立更紧密经贸关系的安排》。

10 月 中共中央、国务院发出《关于实施东北地区等老工业基地振兴战略的若干意见》。

中央政府与澳门特别行政区政府签订《内地与澳门建立更紧密经贸关系的安排》。

2004 年

1 月 我国关税总水平降至 10.4%。

4 月 第十届全国人大常委会第八次会议通过修订后的《中华人民共和国对外贸易法》，标志着我国外经贸法律框架按照世界贸易组织的要求全面建立起来。

新西兰成为第一个承认我国市场经济地位的西方发达国家。

6 月 福建、江西、湖南、广东、广西、海南、四川、贵州、云南等 9 省区人民政府和香港、澳门特别行政区政府共同签署《泛珠三角区域合作框架协议》。

商务部发布《对外贸易经营者备案登记办法》。外贸经营权由审批改为备案登记制，法人、其他组织包括个人履行法定程序后均可经营对外贸易。

11 月 中国与东盟十国签署了中国—东盟自由贸易区（CAFTA）《货物贸易协议》和《争端解决机制协议》，并于 2005 年 7 月开始实施。这是我国与其他国家正式签订的第一个自由贸易协议。

2005 年

1 月 我国关税总水平降低到 9.9%，相当于世界平均水平的 1/4。同时，基本取消了进口配额和许可证等非关税措施，完全履行了加入世界贸易组织的关税减让承诺。

根据《纺织品与服装协议》(ATC 协议)，世界贸易组织成员间取消对纺织品及服装的进口配额限制，实行了半个世纪的纺织品贸易管制跨入了自由贸易时代。

7 月 调整人民币汇率制度，实施以市场供求为基础，参考一揽子货币进行调节，有管理的浮动汇率制度。

11 月 中美签订了《关于纺织品和服装贸易的谅解备忘录》。

中国与智利签署《中国—智利自由贸易协定》，并于 2006 年 10 月开始实施。

2006 年

1 月 全国商务工作会议召开，提出了“十一五”时期商务工作任务和目标：统一开放的国内大市场基本形成，外贸增长方式明显转变，利用外资力量显著提高，“走出去”实施跨越式发展，对外经济关系基本协调，规范、高效的商务工作机制运转顺畅。会议还部署了“科技兴贸”“服务外包”等 13 项商务领域重点工程。

4 月 两岸经贸论坛在北京举行。大陆宣布促进两岸交流合作、惠及台湾同胞的 15 项政策措施。

中共中央、国务院发出《关于促进中部地区崛起的若干意见》。

5 月 国务院发出《关于推进天津滨海新区开发开放有关问题的意见》。

6 月 中央部门与澳门、香港特别行政区政府分别签署了《〈内地与澳门关于建立更紧密经贸关系的安排〉补充协议三》、《〈内地与香港关于建立更紧密经贸关系的安排〉补充协议三》。

7 月 商务部等 8 部委联合出台《关于鼓励技术引进和创新，促进转变外贸增长方式的若干意见》。

财政部等 5 部委联合发出《关于调整部分商品出口退税率和增补加工贸易禁止类商品目录的通知》。此次调整出口退税率涉及 1 576 个税号，其中降低出口退税率的包括钢材、部分有色金属材料、纺织品、家具等产品，涉及 1 130 个税号，取消出口退税的包括各种初级产品，涉及 255 个税号，部分重大技术装备、IT 产品、生物医药产品、部分国家产业鼓励出口的高科技产品，以及部分以农产品为原料的加工品出口退税率上调。

9 月 第一届中部投资贸易博览会在湖南长沙举办。其目的是促进中部地区更好地承接国际产业转移和东部沿海地区产业梯度转移，提高中部地区对内对外开放水平。

10 月 商务部举办了“中国服务外包基础城市”授牌仪式及服务外包基础城市共建协议签字仪式。

第 100 届中国出口商品交易会（广交会）在广州举行。

11 月 中非合作论坛北京峰会暨第三届部长级会议在北京举行。峰会通过了《中非合作论坛北京峰会宣言》和《中非合作论坛—北京行动计划〈2007 年至 2009 年〉》。

中国与巴基斯坦签署《中国—巴基斯坦自由贸易协定》，并于 2007 年 7 月开始实施。

12 月 首次中美战略经济对话在北京举行，成为迄今为止中美间级别最高的磋商机制。

中国“入世”5 周年之际，所有过渡性措施到期，金融、汽车、农业和电信等四大领域进入低关税政策时期，我国市场完全开放，后 WTO 时代拉开序幕。

2006 年，埃及等 14 个国家承认中国完全市场经济地位。至此，共有 66 个国家承认中国完全市场经济地位。

年末，我国外汇储备达到 10 663.4 亿美元，首次超过日本居世界第一位。

2007 年

1 月　我国关税总水平进一步降低到 9.8%。

中国—东盟自由贸易区（CAFTA）《服务贸易协议》签订，并于 7 月开始实施。

3 月　国务院下发了《关于加快发展服务业的若干意见》。提出要加快培育一批具备国际资质的服务外包企业，形成一批外包产业基地。

第十届全国人大第五次会议表决通过了《中华人民共和国企业所得税法》。内资、外资企业开始适用统一的企业所得税税率。

4 月　第 101 届广交会正式由“中国出口商品交易会”更名为“中国进出口商品交易会”。

7 月　我国大幅降低和取消出口退税率，涉及 2 831 项商品，约占海关税则中全部商品总数的 37%。经过这次调整以后，出口退税率变成 5%、9%、11%、13%和 17%五档。此次加工贸易政策调整，旨在优化我国出口商品结构，促进贸易平衡，推进加工贸易转型升级和梯度转移。

8 月　第十届全国人大常委会第二十九次会议通过了《中华人民共和国反垄断法》。

9 月　首届夏季达沃斯论坛在大连举行。

10 月　中国共产党第十七次全国代表大会召开。大会提出要“拓展对外开放广度和深度，提高开放型经济水平”。

11 月　中国服务贸易协会成立。

全年　我国外贸进出口规模首次超过 20 000 亿美元大关，达到 21 740 亿美元，自加入世界贸易组织以来，我国外贸增速连续 6 年保持在 20%以上，进出口规模翻了两番。年末，外汇储备达到 15 282.5 亿美元，居世界首位。

2008 年

4 月　《中华人民共和国政府和新西兰政府自由贸易协定》在北京正式签署，这是我国与发达国家签署的第一个自由贸易协定。

银行间外汇市场人民币对美元汇率中间价首度“破 7”，为 6.992 元人民币兑 1 美元。

首次中欧经贸高层对话在京举行，双方决定，以后对话每年举行一次，在中欧两地轮流举行。

5 月　中韩将全面合作伙伴关系提升为战略合作伙伴关系。

8 月　修订后的《中华人民共和国外汇管理条例》开始施行。新条例取消了对境内机构的强制结汇规定。

2009 年

3 月　商务部发出通报，可口可乐公司收购中国汇源公司案将对竞争产生不利影响，因此依法作出禁止此项收购的决定。

4 月　国务院常务会议决定，将在上海、广州、深圳、珠海、东莞开展跨境贸易人民币结算试点。

7 月　央行会同各部委出台了《跨境贸易人民币结算试点管理办法》，明确跨境贸易人民币结算试点企业、清算行、出口退税等政策细节，同月央行同意上海和广东的 365 家企业试点跨境贸易人民币结算。

9 月　美国对从中国进口的所有小轿车和轻型卡车轮胎征收为期三年的惩罚性关税，中方强烈反对。

商务部和国台办在厦门隆重举办“第四届两岸经贸合作与发展论坛”，邀请两岸学术和产业界知名人士围绕“建立经济合作机制与共同发展”的主题进行了深入研讨。

11 月　第二届中国服务贸易大会在京举行，本届大会通过展览展示相结合，着力探索适合服务贸易特点的促进体系。

12 月　中国汽车产销量双超 1 200 万辆。中国超过美国成为世界第一大汽车生产国和最大的新车消费市场。

2010 年

1 月　1 月 1 日　中国与东盟自由贸易协定正式启动。这是中国对外商谈的第一个自贸区，也是发展中国家间最大的自由贸易区。目前，中国已与巴基斯坦、新西兰、智利、秘鲁、哥斯达黎加、瑞士、冰岛等多个国家以及中国香港、澳门和台湾等地区签署了自贸协议。

从 2010 年 1 月 1 日开始，中国进一步调整进出口关税税则，主要涉及最惠国税率、年度暂定税率、协定税率、特惠税率以及税则税目等方面。调整后，中国关税总水平为 9.8%。其中，农产品平均税率为 15.2%，工业品平均税率为 8.9%。在降低鲜草莓等 6 个税目商品进口关税后，中国加入世界贸易组织的降税承诺全部履行完毕。

3 月　中俄共同签署《中华人民共和国商务部和俄罗斯联邦经济发展部关于建立反倾销、反补贴和保障措施实施和运用领域合作的谅解备忘录》。此外，两国银行、企业签署合作协议 6 个，总金额约 67 亿美元，涉及电信出口、电站改造、矿山开发、银行授信等领域。

6 月　人民币汇改重启，中国人民银行宣布进一步推进人民币汇率形成机制改革，增强人民币汇率弹性。这表明，结束了自 2008 年 9 月雷曼危机以来一直实施的实际上钉住美元的汇率制度。

海峡两岸经济合作框架协议（简称 ECFA）正式签订，达成了一个规模大、覆盖面广的早期收获计划。根据货物贸易早期收获计划，大陆将对 539 项原产于台湾的产品实施降税，包括农产品、化工产品、机械产品、电子产品、汽车零部件、纺织产品、轻工产品、冶金产品、仪器仪表以及医疗产品等 10 类；台湾也将对 267 项原产于大陆的产品实施降税，包括石化产品、机械产品、纺织产品及其他产品等 4 类。

欧委会于 2010 年 6 月 30 日对中国数据卡发起反倾销和保障措施调查，9 月 16 日，又对该种产品进行反补贴立案调查。欧盟对中国数据卡同时进行反倾销、反补贴、保障措施三种调查的做法在世界贸易组织各成员贸易救济实践中极为罕见。该案也是迄今中国遭遇涉案金额最大的贸易救济调查，涉及中国企业出口额约 41 亿美元。

7 月　我国政府宣布将 2010 年下半年的稀土出口减少 72%，这是中国首次大规模减少稀土出口。

2011 年

1 月　国务院关税税则委员会下发通知决定下调部分产品进口关税税率，税率下调幅度高达 50%。

3 月　国务院发文批复《浙江省义乌市国际贸易综合改革试点总体方案》，提升义乌在国际贸易中的战略地位。

5 月　商务部发布 2011 年第 19 号公告，公布对原产于欧盟的进口马铃薯淀粉反补贴调查的初步裁定。18 日，我国商务部网站一天之内刊登了三起欧盟对华发起的贸易救济案件，引发了国内市场的强烈反响。

9 月　计划取消出口收汇核销单。外汇管理局决定改革货物贸易外汇管理制度，优化升级出口收汇与出口退税信息共享机制，并自 2011 年 12 月 1 日起，在江苏、山东、湖北、浙江（不含宁波）、福建（不含厦门）、大连、青岛等省（市）进行试点。

11 月　商务部于 28 日正式发布《服务贸易发展“十二五”规划纲要》，提出至 2015 年，服务贸易进出口总额达到 6 000 亿美元，并确立 30 个重点扶持领域。

美国商务部针对中国光伏产品的“双反”正式进入立案程序。

2012 年

2 月　中美发布《关于加强中美经济关系的联合情况说明》

4 月　商务部印发了《对外贸易发展“十二五”规划纲要》。《规划》提出，“十二五”时期，进出口总额年均增长 10%左右，到 2015 年达到约 4.8 万亿美元。

6 月　银行间外汇市场将完善人民币对日元的交易方式，发展人民币对日元直接交易。这是我国首次开展除美元外人民币与别国货币的直接交易。

8 月　兰州新区获批复成第五个国家级新区。28 日，继上海浦东新区、天津滨海新区、重庆两江新区、浙江舟山群岛新区后，兰州新区获国务院批复成第五个国家级新区。

9 月　促外贸稳增长政策出台。国务院总理温家宝 12 日主持召开国务院常务会议，会议通过了《关于促进外贸稳定增长的若干意见》，确定加快出口退税制度、扩大出口信用保险规模和覆盖面、提高贸易便利化水平，积极扩大进口等八项措施。

2013 年

9 月　国家主席习近平在哈萨克斯坦纳扎尔巴耶夫大学发表重要演讲，倡议用创新合作模式，共同建设“丝绸之路经济带”。

夏季达沃斯论坛在大连举行，国务院总理李克强在会议上表示，在金融、石油、电力、铁路、电信、能源开发、公用事业、服务业等领域放宽市场准入。

9月29日，中国（上海）自由贸易试验区挂牌。国务院印发上海自贸区的总体方案，规定了政府职能转变、金融制度、贸易服务、外商投资和税收政策等多项改革措施。

10月 央行与欧洲央行签署本币互换协议，旨在为双边经贸往来提供支持，维护金融稳定。

12月 财政部正式发布了《2014年关税实施方案》，对767种进口商品实施低于最惠国税率的年度进口暂定税率，暂定税率从0%到20%不等，平均优惠幅度达60%。其中，婴幼儿奶粉继续执行5%的进口商品暂定税率。

据海关总署发布的进出口数据，2013年，中国进出口总值25.83万亿元人民币（折合4.16万亿美元），扣除汇率因素同比增长7.6%。这是中国年度进出口总值首次突破4万亿美元的关口，标志着中国对外贸易的规模上了一个新的台阶，也让中国成为全球货物贸易进出口总值位列第一的国家。

2014年

3月 国务院印发《关于加快发展对外文化贸易的意见》，意见总体要求是加快发展对外文化贸易，在更大范围、更广领域和更高层次上参与国际文化合作和竞争，把更多具有中国特色的优秀文化产品推向世界。

5月 国务院办公厅印发《关于支持外贸稳定增长的若干意见》。《意见》提出了四个方面的政策措施。一是着力优化外贸结构，二是进一步改善贸易环境，三是强化政策保障，四是增强外贸企业竞争力。

7月 首届中国—俄罗斯博览会举办。

《中国—瑞士自由贸易协定》生效，《协定》是近年来中国对外达成的水平最高、最为全面的自贸协定之一，不仅货物贸易零关税比例高，还在钟表等领域为双方合作建立了良好的机制，并涉及环境、知识产权等许多新规则，将进一步提升中瑞双边经贸合作水平，深化中欧经贸合作。

服务贸易快速发展，成为中国外贸新亮点。2014年前5个月服务出口增速近年来首次超过服务进口增速，逆差增幅呈现收窄趋势。

9月 9月29日，中国外汇交易中心宣布，经中国人民银行授权，自9月30日起在银行间外汇市场开展人民币对欧元直接交易。人民币国际化正沿着从贸易货币向金融货币，再向储备货币进阶的路线稳步前行。

11月 APEC会议召开，以“共建面向未来的亚太伙伴关系”为主题的APEC会议，深入探讨了“一带一路”的广阔前景。

2015年

3月 国家发展改革委、外交部、商务部28日联合发布了《推动共建丝绸之路经济带和21世纪海上丝绸之路的愿景与行动》。

4月　广东自由贸易试验区、天津自由贸易试验区、福建自由贸易试验区挂牌。第二批自贸区建设正式启动，标志着我国自贸区建设迎来了“2.0”时代。总体而言，开放度大大提高。

按照国务院印发的四份自贸试验区方案，广东自贸试验区立足推动内地与港澳经济深度合作，并将通过加工贸易转型，带动泛珠三角区域和内地区域的产业升级。天津自贸试验区以制度创新为核心任务，以可复制和推广为基本要求，努力成为京津冀协同发展高水平的对外开放平台。福建自贸试验区将立足两岸、服务全国、面向世界，建设成为制度创新的试验田，深化两岸经济合作的示范区和建设21世纪海上丝绸之路的核心区。

6月　中韩自贸协定于2015年6月1日正式签署，预计在2015年年底前生效。中韩自贸协定生效后，双方超过90%的产品在过渡期后进入零关税时代。

中澳自贸协定签署。中澳自由贸易协定在2015年6月17日正式签署。中澳自贸协定在内容上涵盖货物、服务和投资等十几个领域，实现了“全面、高质量和利益平衡”的目标，是我国与其他国家迄今已签署的贸易投资自由化整体水平最高的自贸协定之一。

中国和俄罗斯8日在莫斯科发表《中华人民共和国和俄罗斯联邦关于深化全面战略协作伙伴关系、倡导合作共赢的联合声明》。

亚投行协定正式签署，亚洲基础设施投资银行的57个意向创始成员国代表在北京出席了《亚洲基础设施投资银行协定》签署仪式，迈出筹建最关键的一步。

7月　国务院开展国际贸易“单一窗口”试点，国务院总理李克强主持召开国务院常务会议，该会议确定，大力提高口岸通关效率，推动全国一体化通关，加快复制推广自贸试验区的贸易便利化措施，在沿海各口岸开展国际贸易“单一窗口”试点，加快出口退税进度。

9月　中国正式接受WTO《贸易便利化协定》，成为第16个接受该协定的成员。根据国际相关测算，有效实施《协定》将使发达国家贸易成本降低10%，发展中国家成本降低13%～15.5%。

11月　国际货币基金组织（IMF）执董会于11月30日批准人民币加入特别提款权（SDR）货币篮子，新的货币篮子将于2016年10月1日正式生效。

2016年

2月　国务院总理李克强主持召开国务院常务会议，决定开展服务贸易创新发展试点，用2年时间，在天津、上海、海南、深圳、杭州、武汉、广州、成都、苏州、威海10个省市和哈尔滨、江北、两江、贵安、西咸5个国家级新区开展服务贸易创新发展试点，重点对服务贸易管理体制、发展模式、便利化等8个方面的制度建设进行探索，有序扩大服务业开放准入。

8月　中国决定在上海、广东、天津、福建自贸试验区建设取得成效的基础上，在辽宁省、浙江省、河南省、湖北省、重庆市、四川省、陕西省新设立7个自贸试验区。

9 月　G20 峰会在杭州举办，此次峰会的主题是“构建创新、活力、联动、包容的世界经济”。2016 年全球经济形势依然严峻，杭州峰会对促进世界经济增长、完善全球经济治理发挥重要作用。

10 月　人民币正式加入 IMF 特别提款权篮子，权重 10.92%，排名第三，权重仅次于美元和欧元。

经国务院批准，商务部发布《服务出口重点领域指导目录》，涉及的服务贸易领域宽广，共有 22 个一级目录、80 个二级目录、178 个三级目录。

商务部发布《外商投资企业设立及变更备案管理暂行办法》。此后，举办外商投资企业，凡不涉及 2015 年版《外商投资产业指导目录》中禁止类、限制类，以及鼓励类中有股权、高管要求的规定等准入特别管理措施的，企业设立及变更一律由审批改为备案，且备案不作为办理工商、外汇登记等手续的前置条件。

12 月　商务部、国家发展改革委、科技部、工信部、人民银行、海关总署、统计局等七部门，联合下发了《关于加强国际合作提高我国产业全球价值链地位的指导意见》，这将有利于提高对参与全球价值链合作重要性的认识。

“一带一路”经贸合作取得积极进展，2016 年成功就“一带一路”倡议同欧盟“容克投资计划”、蒙古国“草原之路”、柬埔寨“四角战略”、老挝“变陆锁国为陆联国”战略等对接达成共识，推动“一带一路”倡议同捷克、波兰、乌兹别克斯坦、文莱等国以及欧亚经济联盟的发展战略对接。

2017 年

1 月　商务部印发《对外贸易发展“十三五”规划》。《规划》明确了“十三五”时期我国外贸发展的总体思路、目标任务和保障措施。《规划》要求，努力推进国际市场布局、国内区域布局、外贸商品结构、经营主体结构和贸易方式“五个优化”。

2 月　世界贸易组织《贸易便利化协定》正式生效，助力全球贸易与经济增长。

3 月　全国两会政府工作报告指出，我国继续积极主动扩大对外开放。扎实推进“一带一路”建设。坚持共商共建共享，加快陆上经济走廊和海上合作支点建设，构建沿线大通关合作机制。促进外贸继续回稳向好。推进国际贸易和投资自由化便利化。

4 月　中共中央、国务院决定设立河北雄安新区。雄安新区承载着“非首都功能疏解”“区域增长新引擎”功能。

5 月　“一带一路”峰会在北京举行，会议围绕“加强国际合作，共建‘一带一路’，实现共赢发展”的主题，就对接发展战略、推动互联互通、促进人文交流等议题交换意见，达成广泛共识，并通过了联合公报。会议达成了 5 点重要共识。

《推进“一带一路”贸易畅通合作倡议》于 2017 年 5 月 14 日在“一带一路”国际合作高峰论坛高级别会议“推进贸易畅通”平行主题会议上正式发布。

11 月　党的十九大报告提出，推动形成全面开放新格局。在众多对外开放举措中，“赋予自由贸易试验区更大改革自主权，探索建设自由贸易港”的提法受到关注。

12 月　财政部宣布，将进一步降低涵盖食品、保健品、药品、日化用品、衣着鞋帽、家用设备、文化娱乐、日杂百货等各类消费品等共 187 个 8 位税号商品的税率，平均税率由 17.3%降至 7.7%。自 2017 年 12 月 1 日起开始实施。

2018 年

1 月　经国务院批准，由财政部、商务部、招商局资本管理有限责任公司共同发起的服务贸易创新发展引导基金正式宣告成立，基金总规模 300 亿元人民币。设立服务贸易基金是贯彻落实党的十九大关于推动形成全面开放新格局，培育贸易新业态新模式，推进贸易强国建设的重要举措。

6 月　上合组织青岛峰会期间，各成员国元首共同发表了《关于贸易便利化的联合声明》，将通过简化海关程序、减少货物进出口手续、提高透明度等方式，推动各成员国之间贸易便利化的进程，促进贸易的增长。

资料来源：

（1）《当代中国》丛书编辑部. 当代中国的对外贸易（下）. 北京：当代中国出版社，1992：305–344.
（2）傅自应. 中国对外贸易三十年. 北京：中国财政经济出版社，2008：366–383.
（3）中华人民共和国商务部网站，http：//www.mofcom.gov.cn/.
（4）中华人民共和国财政部网站，http：//www.mof.gov.cn.
（5）中华人民共和国国家发展和改革委员会网站，http：//www.ndrc.gov.cn/.

附录 2　我国进出口总额

单位：亿美元

年份	进出口总额	出口额	进口额	差额（+顺差，–逆差）
1950	11.3	5.5	5.8	–0.3
1951	19.6	7.6	12.0	–4.4
1952	19.4	8.2	11.2	–3.0
1953	23.7	10.2	13.5	–3.3
1954	24.4	11.5	12.9	–1.4
1955	31.4	14.1	17.3	–3.2
1956	32.1	16.5	15.6	0.9
1957	31.0	16.0	15.0	1.0
1958	38.7	19.8	18.9	0.9
1959	43.8	22.6	21.2	1.4

续表

年份	进出口总额	出口额	进口额	差额（+顺差，–逆差）
1960	38.1	18.6	19.5	–0.9
1961	29.4	14.9	14.5	0.4
1962	26.6	14.9	11.7	3.2
1963	29.2	16.5	12.7	3.8
1964	34.7	19.2	15.5	3.7
1965	42.5	22.3	20.2	2.1
1966	46.2	23.7	22.5	1.2
1967	41.6	21.4	20.2	1.2
1968	40.5	21.0	19.5	1.5
1969	40.3	22.0	18.3	3.7
1970	45.9	22.6	23.3	–0.7
1971	48.4	26.4	22.0	4.4
1972	63.0	34.4	28.6	5.8
1973	109.8	58.2	51.6	6.6
1974	145.7	69.5	76.2	–6.7
1975	147.5	72.6	74.9	–2.3
1976	134.3	68.5	65.8	2.7
1977	148.0	75.9	72.1	3.8
1978	206.4	97.5	108.9	–11.4
1979	293.3	136.6	156.7	–20.1
1980	381.4	181.2	200.2	–19.0
1981	440.3	220.1	220.2	–0.1
1982	416.1	223.2	192.9	30.3
1983	436.2	222.3	213.9	8.4
1984	535.5	261.4	274.1	–12.7
1985	696.0	273.5	422.5	–149.0
1986	738.5	309.4	429.1	–119.7
1987	826.5	394.4	432.1	–37.7
1988	1 027.9	475.2	552.7	–77.5
1989	1 116.8	525.4	591.4	–66.0
1990	1 154.4	620.9	533.5	87.5
1991	1 357.0	719.1	637.9	81.2
1992	1 655.3	849.4	805.9	43.6
1993	1 957.0	917.4	1 039.6	–122.2

续表

年份	进出口总额	出口额	进口额	差额 （+顺差，-逆差）
1994	2 366.2	1 210.1	1 156.1	53.9
1995	2 808.6	1 487.8	1 320.8	167.0
1996	2 898.8	1 510.5	1 388.3	122.2
1997	3 251.6	1 827.9	1 423.7	404.2
1998	3 239.5	1 837.1	1 402.4	434.7
1999	3 606.3	1 949.3	1 657.0	292.3
2000	4 742.9	2 492.0	2 250.9	241.1
2001	5 096.5	2 661.0	2 435.5	225.5
2002	6 207.7	3 256.0	2 951.7	304.3
2003	8 509.9	4 382.3	4 127.6	254.7
2004	11 545.5	5 933.3	5 612.3	321.0
2005	14 219.1	7 619.5	6 599.5	1 020.0
2006	17 604.4	9 689.8	7 914.6	1 775.2
2007	21 765.7	12 204.6	9 561.2	2 643.4
2008	25 632.6	14 306.9	11 325.7	2 981.3
2009	22 075.4	12 016.1	10 059.2	1 956.9
2010	29 740.0	15 777.5	13 962.4	1 815.1
2011	36 418.6	18 983.8	17 434.8	1 549.0
2012	38 671.2	20 487.1	18 184.1	2 303.1
2013	41 590.0	22 090.0	19 499.9	2 590.1
2014	43 015.3	23 422.9	19 592.3	3 830.6
2015	39 530.3	22 734.7	16 795.6	5 939.0
2016	36 855.6	20 976.3	15 879.3	5 097.0
2017	41 045.0	22 635.2	18 409.8	4 225.4

数据来源：《中国统计年鉴》，1979 年为外贸业务统计数，1980 年起为海关进出口统计数。

附录 3　我国进出口总额指数（以 1950 年为 100）

年份	进出口	出口	进口
1950	100	100	100
1951	172.2	137.1	205.5

续表

年份	进出口	出口	进口
1952	171	149.1	191.8
1953	208.6	185.1	230.9
1954	214.4	207.6	220.8
1955	277.1	255.8	297.3
1956	282.6	298	268.1
1957	273.4	289.3	268.3
1958	341.1	358.9	324.2
1959	386	409.6	363.6
1960	335.6	336.2	335
1961	258.7	270.1	247.9
1962	234.6	269.9	201.2
1963	256.8	298.7	217.2
1964	305.1	347.1	265.4
1965	374	403.6	346
1966	406.5	428.6	386.6
1967	366.1	386.8	346.5
1968	356.7	381	333.6
1969	355	399.3	313
1970	404.1	409.4	399
1971	426.5	477.6	378.2
1972	555.2	623.7	490.2
1973	967	1 054.2	884.6
1974	1 283.6	1 258.9	1 306.9
1975	1 299.6	1 315.9	1 284
1976	1 183.5	1 241.8	1 128.3
1977	1 304.3	1 375	1 237.4
1978	1 818.3	1 765.4	1 868.4

数据来源：《中国对外经济贸易年鉴（1984）》，中国对外经济贸易出版社 1985 年版，第 IV-3 页。

附录 4 我国进出口总额增长速度（比上年增长）

单位：%

年份	进出口	进口	出口
1951	72.2	37.1	105.5
1952	−0.7	8.7	−6.7
1953	22.0	24.2	20.4
1954	2.7	12.1	−4.4
1955	29.3	23.2	34.7
1956	2.0	16.5	−9.8
1957	−3.3	−2.9	−3.6
1958	24.8	24.0	25.5
1959	13.2	14.1	12.2
1960	−13.1	−17.9	−7.9
1961	−22.9	−19.7	−26.0
1962	−9.3	−0.1	−18.8
1963	9.5	10.7	7.9
1964	18.8	16.2	22.2
1965	22.6	16.3	30.4
1966	8.7	6.2	11.5
1967	−9.9	−9.8	−10.1
1968	−2.6	−1.5	−3.7
1969	−0.5	4.8	−6.2
1970	13.8	2.5	27.5
1971	5.6	16.6	−5.2
1972	30.2	30.6	29.6
1973	74.2	69.0	80.4
1974	32.7	19.4	47.7
1975	1.2	4.5	−1.7
1976	−8.9	−5.6	−12.1
1977	10.2	10.7	9.7

续表

年份	进出口	进口	出口
1978	39.4	28.4	51.0
1979	42.1	40.1	43.9
1980	30.0	32.6	27.7
1981	15.4	21.5	10.0
1982	–5.5	1.4	–12.4
1983	4.8	–0.4	10.9
1984	22.8	17.6	28.1
1985	30.0	4.6	54.1
1986	6.1	13.1	1.6
1987	11.9	27.5	0.7
1988	24.4	20.5	27.9
1989	8.6	10.6	7.0
1990	3.4	18.2	–9.8
1991	17.6	15.8	19.6
1992	22.0	18.1	26.3
1993	18.2	8.0	29.0
1994	20.9	31.9	11.2
1995	18.7	23.0	14.2
1996	3.2	1.5	5.1
1997	12.2	21.0	2.5
1998	–0.4	0.5	–1.5
1999	11.3	6.1	18.2
2000	31.5	27.8	35.8
2001	7.5	6.8	8.2
2002	21.8	22.4	21.2
2003	37.1	34.6	39.8
2004	35.7	35.4	36.0
2005	23.2	28.4	17.6
2006	23.8	27.2	19.9
2007	23.6	26.0	20.8

续表

年份	进出口	进口	出口
2008	17.8	17.2	18.5
2009	–13.9	–16.0	–11.2
2010	34.7	31.3	38.8
2011	22.5	20.3	24.9
2012	6.2	7.9	4.3
2013	7.5	7.8	7.2
2014	3.4	6.0	0.5
2015	–8.1	–2.9	–14.3
2016	–6.8	–7.7	–5.5
2017	10.21	7.33	13.75

数据来源：《中国对外经济贸易年鉴（1984）》，中国对外经济贸易出版社 1985 年版，第 IV 4 页。1978 年后数据来自历年《中国统计年鉴》，1978 年为外贸业务统计数，1980 年起为海关进出口统计数。

附录 5　我国进出口总额增长速度（按基期每年递增）

单位：%

时　　期	进出口	进口	出口
恢复时期（1950 年为基期）	30.8	22.6	38.5
“一五”时期	9.8	14.2	6.1
“二五”时期	–3	–1.4	–4.9
调整时期	16.8	14.3	19.8
“三五”时期	1.6	0.3	2.9
“四五”时期	26.3	26.3	26.3
“五五”时期	20.7	20.3	21.2

数据来源：《中国对外经济贸易年鉴（1984）》，中国对外经济贸易出版社 1985 年版，第 IV–4 页。

附录 6　中国出口总额占世界出口总额比重

单位：%

年份	中国出口总额占世界出口总额的比重	年份	中国出口总额占世界出口总额的比重
1950	0.9	1984	1.3
1951	0.9	1985	1.4
1952	1.0	1986	1.4
1953	1.2	1987	1.6
1954	1.3	1988	1.7
1955	1.5	1989	1.7
1956	1.6	1990	1.8
1957	1.4	1991	2.0
1958	1.8	1992	2.3
1959	2.0	1993	2.4
1960	1.4	1994	2.8
1961	1.1	1995	2.9
1962	1.1	1996	2.8
1963	1.1	1997	3.3
1964	1.1	1998	3.3
1965	1.2	1999	3.4
1966	1.2	2000	3.9
1967	1.0	2001	4.3
1968	0.9	2002	5.0
1969	0.8	2003	5.8
1970	0.7	2004	6.4
1971	0.8	2005	7.3
1972	0.8	2006	8.0
1973	1.0	2007	8.7
1974	0.8	2008	8.9
1975	0.8	2009	9.6
1976	0.7	2010	10.3
1977	0.7	2011	10.4
1978	0.8	2012	11.1
1979	—	2013	11.7
1980	0.9	2014	12.7
1981	1.1	2015	13.8
1982	1.2	2016	13.0
1983	1.2	2017	13.6

数据来源：《中国对外经济贸易年鉴（1984）》，中国对外经济贸易出版社 1985 年版，第 IV–5 页。1978—2013 年数据来自历年《中国贸易外经统计年鉴》，2014—2017 年数据来自国家统计局网站。

附录 7　我国出口商品构成表一
（按农副产品、农副产品加工品、工矿产品划分）

单位：亿美元，%

年份	出口总额	农副产品		农副产品加工品		工矿产品	
		金额	比重	金额	比重	金额	比重
1950	5.52	3.18	57.5	1.83	33.2	0.51	9.3
1951	7.57	4.13	54.6	2.38	31.4	1.06	14.0
1952	8.23	4.88	59.3	1.88	22.8	1.47	17.9
1953	10.22	5.69	55.7	2.65	25.9	1.88	18.4
1954	11.46	5.53	48.3	3.18	27.7	2.75	24.0
1955	14.12	6.51	46.1	4.01	28.4	3.60	25.5
1956	16.45	7.01	42.6	5.15	31.3	4.29	26.1
1957	15.97	6.40	40.1	5.03	31.5	4.54	28.4
1958	19.81	7.03	35.5	7.33	37.0	5.45	27.5
1959	22.61	8.50	37.6	8.75	38.7	5.36	23.7
1960	18.56	5.75	31.0	7.85	42.3	4.96	26.7
1961	14.91	3.09	20.7	6.84	45.9	4.98	33.4
1962	14.90	2.89	19.4	6.84	45.9	5.17	34.7
1963	16.49	3.99	24.2	7.07	42.9	5.43	32.9
1964	19.16	5.37	28.0	7.49	39.1	6.30	32.9
1965	22.28	7.37	33.1	8.02	36.0	6.89	30.9
1966	23.66	8.50	35.9	8.87	37.5	6.29	26.6
1967	21.35	8.39	39.3	7.75	36.3	5.21	24.4
1968	21.03	8.41	40.0	8.03	38.2	4.59	21.8
1969	22.04	8.24	37.4	8.62	39.1	5.18	23.5
1970	22.60	8.29	36.7	8.52	37.7	5.79	25.6
1971	26.36	9.55	36.2	9.20	34.9	7.61	28.9
1972	34.43	10.77	31.3	14.10	41.0	9.56	27.7
1973	58.19	20.80	35.8	23.00	39.5	14.39	24.7
1974	69.49	25.30	36.4	20.73	29.8	23.46	33.8
1975	72.64	21.50	29.6	22.61	31.1	28.53	39.3

续表

年份	出口总额	农副产品		农副产品加工品		工矿产品	
		金额	比重	金额	比重	金额	比重
1976	68.55	19.46	28.4	22.41	32.7	26.68	38.9
1977	75.90	20.96	27.6	25.74	33.9	29.20	38.5
1978	97.45	26.91	27.6	34.14	35.0	36.40	37.4

数据来源：《中国对外经济贸易年鉴（1984）》，中国对外经济贸易出版社 1985 年版，第 IV–7 页。

附录 8　我国出口商品构成表二
（按农副产品、轻工业产品、重工业产品划分）

单位：亿美元，%

年份	出口总额	一、农副产品		二、轻工业产品		（一）纺织品		（二）轻工业品		三、重工业产品	
		金额	比重	金额	比重	金额	比重	金额	比重	金额	比重
1953	10.22	5.69	55.7	2.75	26.9	0.62	6.1	2.13	20.8	1.78	17.4
1954	11.46	5.53	48.3	3.69	32.2	1.09	9.5	2.60	22.7	2.24	19.5
1955	14.12	6.51	46.1	4.41	31.2	1.66	11.7	2.75	19.5	3.20	22.7
1956	16.45	7.01	42.6	5.81	35.3	2.42	14.7	3.39	20.6	3.63	22.1
1957	15.97	6.40	40.1	5.69	35.6	2.83	17.7	2.86	17.9	3.88	24.3
1958	19.81	7.03	35.5	8.26	41.7	3.53	17.8	4.73	23.9	4.52	22.8
1959	22.61	8.50	37.6	9.47	41.9	5.31	23.5	4.16	18.4	4.64	20.5
1960	18.56	5.75	31.0	8.58	46.2	5.39	29.1	3.19	17.1	4.23	22.8
1961	14.91	3.09	20.7	7.92	53.1	5.25	35.2	2.67	17.9	3.90	26.2
1962	14.9	2.89	19.4	7.95	53.4	5.11	34.3	2.84	19.0	4.06	27.3
1963	16.49	3.99	24.2	8.48	51.4	5.00	30.3	3.48	21.1	4.02	24.4
1964	19.16	5.37	28.0	9.11	47.6	4.76	24.8	4.35	22.8	4.68	24.4
1965	22.28	7.37	33.1	9.69	43.5	4.49	20.1	5.20	23.4	5.22	23.4
1966	23.66	8.50	35.9	9.67	40.9	4.96	21.0	4.71	19.9	5.49	23.2
1967	21.35	8.39	39.3	8.48	39.7	4.49	21.0	3.99	18.7	4.48	21.0
1968	21.03	8.41	40.0	8.46	40.3	4.58	21.8	3.88	18.5	4.16	19.7
1969	22.04	8.24	37.4	9.08	41.2	4.89	22.2	4.19	19.0	4.72	21.4
1970	22.6	8.29	36.7	10.77	47.6	4.83	21.4	5.94	26.2	3.54	15.7

续表

年份	出口总额	一、农副产品		二、轻工业产品		（一）纺织品		（二）轻工业品		三、重工业产品	
		金额	比重	金额	比重	金额	比重	金额	比重	金额	比重
1971	26.36	9.55	36.2	11.86	45.0	5.27	20.0	6.59	25.0	4.95	18.8
1972	34.43	10.77	31.3	17.59	51.1	8.05	23.4	9.54	27.7	6.07	17.6
1973	58.19	20.80	35.7	28.27	48.6	13.26	22.8	15.01	25.8	9.12	15.6
1974	69.49	25.30	36.4	27.97	40.2	11.73	16.9	16.24	23.3	16.22	23.4
1975	72.64	21.50	29.6	30.38	41.8	12.97	17.9	17.41	23.9	20.76	28.6
1976	68.55	19.46	28.4	30.45	44.4	13.81	20.2	16.64	24.2	18.64	27.2
1977	75.90	20.96	27.6	34.92	46.0	15.21	20.0	19.71	26.0	20.02	26.4
1978	97.45	26.91	27.6	45.69	46.9	21.38	21.9	24.31	25.0	24.85	25.5

数据来源：《中国对外经济贸易年鉴（1984）》，中国对外经济贸易出版社 1985 年版，第 IV-8 页

附录 9　我国出口商品构成表三（按《国际贸易标准分类》）

单位：亿美元，%

年份	出口总额	初级产品		工业制成品	
		金额	比重	金额	比重
1953	10.22	8.11	79.4	2.11	20.6
1957	15.97	10.15	63.6	5.82	36.4
1965	22.28	11.41	51.2	10.87	48.8
1966	23.66	14.27	60.3	9.39	39.7
1970	22.60	12.10	53.5	10.50	46.5
1975	72.64	40.98	56.4	31.66	43.6
1976	68.55	37.44	54.6	31.11	45.4
1977	75.90	40.65	53.6	35.25	46.4
1978	97.45	52.16	53.5	45.29	46.5
1980	181.20	91.10	50.3	90.10	49.7
1981	220.10	102.50	46.6	117.60	53.4
1982	223.20	100.50	45.0	122.70	55.0
1983	222.30	96.20	43.3	126.10	56.7

续表

年份	出口总额	初级产品		工业制成品	
		金额	比重	金额	比重
1984	261.40	119.30	45.7	142.10	54.3
1985	273.50	138.30	50.6	135.20	49.4
1986	309.40	112.70	36.4	196.70	63.6
1987	394.40	132.30	33.5	262.10	66.4
1988	475.20	144.10	30.3	331.10	69.7
1989	525.40	150.80	28.7	374.60	71.3
1990	620.90	158.90	25.6	462.10	74.4
1991	718.40	161.50	22.5	557.00	77.5
1992	849.40	170.00	20.0	679.40	80.0
1993	917.40	166.70	18.2	750.80	81.8
1994	1 210.10	197.10	16.3	1 013.00	83.7
1995	1 487.80	214.90	14.4	1 273.00	85.6
1996	1 510.50	219.30	14.5	1 291.20	85.5
1997	1 827.90	239.50	13.1	1 588.40	86.9
1998	1 837.60	206.00	11.2	1 631.60	88.8
1999	1 949.30	199.40	10.2	1 749.90	89.8
2000	2 492.00	254.60	10.2	2 237.40	89.8
2001	2 661.00	263.40	9.9	2 397.60	90.1
2002	3 256.00	285.40	8.8	2 970.60	91.2
2003	4 382.30	348.10	7.9	4 034.20	92.1
2004	5 933.30	405.50	6.8	5 527.80	93.2
2005	7 619.50	490.40	6.4	7 129.20	93.6
2006	9 689.80	529.20	5.5	9 160.20	94.5
2007	12 204.60	615.10	5.0	11 562.70	94.7
2008	14 306.90	779.60	5.4	13 527.40	94.6
2009	12 016.10	631.10	5.3	11 384.80	94.7
2010	15 777.50	816.90	5.2	14 960.70	94.8
2011	18 983.80	1 005.50	5.3	17 978.40	94.7
2012	20 487.10	1 005.60	4.9	19 481.60	95.1
2013	22 090.00	1 072.70	4.9	21 017.40	95.1
2014	23 422.90	1 126.90	4.8	22 296.00	95.2

续表

年份	出口总额	初级产品		工业制成品	
		金额	比重	金额	比重
2015	22 734.70	1 039.30	4.6	21 695.40	95.4
2016	20 976.30	1 051.90	5.0	19 924.44	95.0

数据来源：《中国对外经济贸易年鉴（1984）》，中国对外经济贸易出版社 1985 年版，第 IV–9 页。1980 年之后数据来源于历年《中国统计年鉴》。

附录 10　我国进口商品构成表四（按生产资料、生活资料划分）

单位：亿美元，%

年份	进口总额	一、生产资料		（一）机械设备		（二）生产原料		1. 工业原料		2. 农业生产用物资		二、生活资料	
		金额	比重	金额	比重	金额	比重	金额	比重	金额	比重	金额	比重
1950	5.83	4.86	83.4	1.31	22.5	3.55	60.9	3.45	59.2	0.10	1.7	0.97	16.6
1951	11.98	9.74	81.3	4.21	35.1	5.53	46.2	5.27	44.0	0.26	2.2	2.24	18.7
1952	11.18	9.99	89.4	6.22	55.7	3.77	33.7	3.49	31.2	0.28	2.5	1.19	10.6
1953	13.46	12.40	92.1	7.62	56.6	4.78	35.5	4.53	33.7	0.25	1.8	1.06	7.9
1954	12.87	11.88	92.3	6.97	54.2	4.91	38.1	4.50	35.0	0.41	3.1	0.99	7.7
1955	17.33	16.26	93.8	10.88	62.8	5.38	31.0	4.82	27.8	0.56	3.2	1.07	6.2
1956	15.63	14.32	91.6	8.37	53.6	5.95	38.0	5.07	32.4	0.88	5.6	1.31	8.4
1957	15.06	13.85	92.0	7.90	52.5	5.95	39.5	5.21	34.6	0.74	4.9	1.21	8.0
1958	18.90	17.60	93.1	8.50	45.0	9.10	48.1	7.86	41.6	1.24	6.5	1.30	6.9
1959	21.20	20.30	95.7	11.20	52.8	9.10	42.9	8.10	38.2	1.00	4.7	0.90	4.3
1960	19.53	18.63	95.4	9.70	49.7	8.93	45.7	8.13	41.6	0.80	4.1	0.90	4.6
1961	14.45	8.95	61.9	3.30	22.8	5.65	39.1	4.98	34.5	0.67	4.6	5.50	38.1
1962	11.73	6.48	55.2	1.72	14.6	4.76	40.6	4.12	35.1	0.64	5.5	5.25	44.8
1963	12.66	7.09	56.0	1.22	9.6	5.87	46.4	4.76	37.6	1.11	8.8	5.57	44.0
1964	15.47	8.58	55.5	1.69	10.9	6.89	44.6	5.90	38.2	0.99	6.4	6.89	44.5
1965	20.17	13.42	66.5	3.58	17.6	9.84	48.9	8.08	40.1	1.76	8.8	6.75	33.5
1966	22.48	16.24	72.2	5.02	22.3	11.22	49.9	9.19	40.9	2.03	9.0	6.24	27.8
1967	20.20	15.36	76.0	4.06	20.1	11.30	55.9	9.29	46.0	2.01	9.9	4.84	24.0

续表

年份	进口总额	一、生产资料		(一)机械设备		(二)生产原料		1. 工业原料		2. 农业生产用物资		二、生活资料	
		金额	比重	金额	比重	金额	比重	金额	比重	金额	比重	金额	比重
1968	19.45	15.02	77.2	3.03	15.6	11.99	61.6	9.49	48.8	2.50	12.8	4.43	22.8
1969	18.25	15.04	82.4	2.17	11.9	12.87	70.5	10.43	57.2	2.44	13.3	3.21	17.6
1970	23.26	19.25	82.7	3.69	15.8	15.56	66.9	13.36	57.4	2.20	9.5	4.01	17.3
1971	22.05	18.51	83.9	4.84	21.9	13.67	62.0	11.63	52.8	2.04	9.2	3.54	16.1
1972	28.58	22.70	79.4	5.57	19.5	17.13	59.9	14.62	51.1	2.51	8.8	5.88	20.6
1973	51.57	39.40	76.4	7.88	15.3	31.52	61.1	28.26	54.8	3.26	6.3	12.17	23.6
1974	76.19	57.65	75.7	15.85	20.8	41.80	54.9	37.95	49.8	3.85	5.1	18.54	24.3
1975	74.87	63.93	85.4	24.06	32.1	39.87	53.3	34.17	45.7	5.70	7.6	10.94	14.6
1976	65.78	57.11	86.8	20.37	30.9	36.74	55.9	32.99	50.2	3.75	5.7	8.67	13.2
1977	72.14	54.92	76.1	12.77	17.7	42.15	58.4	37.23	51.6	4.92	6.8	17.22	23.9
1978	108.93	88.64	81.4	19.03	17.5	69.61	63.9	62.72	57.6	6.89	6.3	20.29	18.6
1979	156.75	127.47	81.3	39.57	25.2	87.90	56.1	78.67	50.2	9.23	5.9	29.28	18.7
1980	195.50	154.20	78.9	53.75	27.5	100.45	51.4	86.20	44.1	14.25	7.3	41.30	21.1
1981	194.82	141.83	72.8	51.05	26.2	90.78	46.6	76.69	39.4	14.09	7.2	52.99	27.2
1982	174.78	123.72	70.8	33.94	19.4	89.78	51.4	75.96	43.5	13.82	7.9	51.06	29.2
1983	185.30	145.75	78.7	32.54	17.6	113.21	61.1	95.37	51.5	17.84	9.6	39.55	21.3

数据来源:《中国对外经济贸易年鉴(1984)》,中国对外经济贸易出版社 1985 年版,第 IV–10 页。

附录 11　改革开放以来中国利用外资政策法规

发布时间	政策法规名称	发布部门
1979–07–08	中华人民共和国中外合资经营企业法(全国人大常务委员会委员长令〔1979〕第 7 号)	全国人民代表大会常务委员会
1980–12–08	中华人民共和国工商行政管理总局关于外国企业常驻代表机构办理登记事项的通告	中华人民共和国工商行政管理总局
1981–02–11	中华人民共和国海关对保税货物和保税仓库监管暂行办法	海关总署
1981–08–03	国务院办公厅转发外国投资管理委员会关于执行《中华人民共和国国务院关于管理外国企业常驻代表机构的暂行规定》中若干问题的说明的通知	国务院办公厅

续表

发布时间	政策法规名称	发布部门
1982-01-30	中华人民共和国对外合作开采海洋石油资源条例（国发〔1982〕第 19 号）	国务院
1982-02-02	国家工商行政管理总局关于中外合资经营企业交纳登记费标准的暂行规定	国家工商行政管理总局
1982-09-21	国务院关于对中外合资、合作项目征税问题的通知	国务院
1983-01-07	财政部关于外商从我国所得的利息有关减免所得税的暂行规定（财税字〔1983〕第 348 号）	财政部
1983-02-24	关于中外合资经营企业向国家缴纳税款，同国内各企业或个人之间结算使用货币的规定	对外经济贸易部、财政部、中国人民银行
1983-08-01	对侨资企业、外资企业、中外合资经营企业外汇管理施行细则	国家外汇管理局
1983-10-26	海关对进料加工保税工厂的管理规定	海关总署
1983-12-24	中外合资经营企业劳动管理规定实施办法	劳动人事部
1984-04-27	中华人民共和国海关对中外合作开采海洋石油进出口外国籍船舶、货物和外国来华工作人员行李物品的管理办法	海关总署
1984-10-18	对外加工装配业务和补偿贸易、中外合资、合作以及外国独资经营企业的出口产品普惠制签证规定（试行）	国家进出口商品检验局
1985-06-01	关于外商投资企业中外方所获人民币利润的使用规定（汇管条字〔1985〕第 723 号）	国家外汇管理局
1985-09-04	关于外国企业、外商投资企业名称登记问题的通知（工商〔1985〕第 152 号）	国家工商行政管理局
1986-01-01	关于授权部分省、自治区、计划单列城市工商行政管理局直接核准外商投资企业登记的通知（工商〔1986〕第 165 号）	国家工商行政管理局
1986-03-15	对外经济开放地区环境管理暂行规定	国家环境保护局
1986-04-12	中华人民共和国外资企业法（中华人民共和国主席令〔1986〕第 39 号）	全国人民代表大会
1986-05-19	关于合资企业或合资企业的中外方投资者能否用租赁来的设备作为注册资本投入合资企业问题的通知（外经贸法字〔1986〕第 12 号）	对外经济贸易部
1986-09-29	国务院对财政部关于对外国企业常驻代表机构降低核定利润率征税请示的批复	国务院
1986-11-24	中华人民共和国海关对外商投资企业履行产品出口合同所需进口料件管理办法	海关总署
1987-01-01	关于执行《国务院关于鼓励外商投资的规定》中有关税政问题的批复（财税外字〔1987〕第 118 号）	财政部、国家税务总局

续表

发布时间	政策法规名称	发布部门
1987-01-20	对外经济贸易部关于外商投资企业购买国内产品出口解决外汇收支平衡的办法	对外经济贸易部
1987-01-20	财政部关于对《中外合资经营企业财务管理规定》的补充规定（财工〔1987〕第15号）	财政部
1987-01-23	财政部关于认真执行《贯彻国务院〈关于鼓励外商投资的规定〉中税收优惠条款的实施办法》的通知（财税〔1987〕第8号）	财政部
1987-02-17	国家工商行政管理局关于中外合资经营企业注册资本与投资总额比例的暂行规定（工商企字〔1987〕第38号）	国家工商行政管理局
1987-04-24	中国银行对外商投资企业贷款办法	中国银行
1987-08-11	中外合资、合作经营企业中方职工思想政治工作暂行规定	国家经济委员会、中共中央宣传部、中共中央组织部、中华全国总工会、中国共产主义青年团中央委员会
1987-09-17	关于《国家工商行政管理局关于中外合资经营企业注册资本与投资总额比例的暂行规定》第五条解释的复函（工商企外字〔1987〕第54号）	国家工商行政管理局
1987-10-21	关于“关于中方企业全额投资外商投资企业，中方企业是否保留独立法人的请示”的复函（企外字〔1987〕第60号）	国家工商行政管理局
1987-12-21	国务院关于修订《中华人民共和国中外合资经营企业法实施条例》第八十六条第三款的通知（国发〔1987〕第110号）	国务院
1988-01-01	国务院关于沿海地区发展外向型经济的若干补充规定（国发〔1988〕第22号）	国务院
1988-02-02	卫生部关于国外药品在中国注册及临床试验的规定（卫药字〔1988〕第6号）	卫生部
1988-03-23	中国人民建设银行外币存款办法（试行）（建总外字〔1988〕第29号）	中国人民建设银行
1988-04-01	外商石油勘探费用结转摊销规定	国家税务总局
1988-04-11	关于颁发《中国工商银行外汇贷款暂行办法》的通知（工银发字〔1988〕第51号）	中国工商银行
1988-05-05	关于批转劳动部、人事部关于进一步落实外商投资企业用人自主权意见的通知（国办发〔1988〕第20号）	国务院办公厅
1988-06-15	关于沿海经济开放区鼓励外商投资减征、免征企业所得税和工商统一税的暂行规定（财政部〔1988〕第91号）	财政部

续表

发布时间	政策法规名称	发布部门
1988-09-02	“三资企业”和“三来一补”贸易方式进出口商品检验管理办法（试行）	国家进出口商品检验局
1989-01-07	关于外商投资企业在境内以外币计价结算的管理规定	国家外汇管理局
1989-01-07	中外合资、合作经营企业中方投资者的外汇管理规定	国家外汇管理局
1989-10-23	关于颁发《国外厂商经营管理企业出口机电产品质量许可证、工厂生产条件考核办法》的通知（国检监字〔1989〕第384号）	国家进出口商品检验局
1989-11-10	关于外汇（转）贷款登记管理办法国家外汇管理局	国家外汇管理局
1990-02-13	关于外国企业在华开采陆上石油资源税收问题的通知（国税发〔1990〕第20号）	国家税务总局
1990-02-15	关于授权特派员办事处签发中外合资、合作企业进口汽车许可证以及外资企业进口汽车由海关监管放行等有关问题的通知	对外经济贸易部、海关总署
1990-04-04	中华人民共和国中外合资经营企业法（1990修订）	全国人民代表大会
1990-05-19	外商投资开发经营成片土地暂行管理办法（国务院令〔1990〕第56号）	国务院
1990-05-22	关于对外商投资企业从事土地开发和使用权有偿转让征收工商统一税和企业所得税问题的通知	国家税务总局
1990-10-22	关于发布《中外合资经营企业合营期限暂行规定》的通知（外经贸法字〔1990〕第56号）	对外经济贸易部
1990-12-12	中华人民共和国外资企业法实施细则（对外经济贸易部令〔1990〕第1号）	对外经济贸易部
1990-12-31	国家进出口商品检验局关于外资企业作价出资机器设备商检局检验出证的通知（国检务〔1990〕第467号）	国家进出口商品检验局
1991-01-05	关于执行《国务院关于鼓励台湾同胞投资的规定》和《国务院关于鼓励华侨和香港澳门同胞投资的规定》有关问题的通知	海关总署、对外经济贸易部
1991-06-24	关于实施《中外合资经营企业合营期限暂行规定》有关问题的通知（外经贸资发〔1991〕第454号）	对外经济贸易部
1991-07-19	关于华侨、香港、澳门、台湾同胞投资企业有关出资认定问题的批复（署监一〔1991〕第786号）	海关总署、对外经济贸易部
1991-12-06	关于《中华人民共和国外资企业法实施细则》若干条款的解释（外经贸法发〔1991〕第760号）	对外经济贸易部
1991-12-06	对外贸易经济合作部发布《关于〈中华人民共和国外资企业法实施细则〉若干条款的解释》的通知（外经贸法发〔1991〕第760号）	对外经济贸易部

续表

发布时间	政策法规名称	发布部门
1992–03–12	关于外资金融机构常驻代表机构驻在期限问题的复函	国务院办公厅
1992–04–29	关于其他行业生产性外商投资企业解释认定的通知（国税发〔1992〕第 109 号）	国家税务总局
1992–05–26	关于外国律师事务所在中国境内设立办事处的暂行规定	司法部、国家工商行政管理局
1992–11–03	关于从事租赁业的外商投资企业逾期租金计提坏帐准备金问题的批复（国税函发〔1992〕第 1531 号）	国家税务总局
1993–01–20	关于外资、中外合资金融机构外汇贷款利息收入改按利差征收工商统一税的通知（国税发〔1993〕第 011 号）	国家税务总局
1993–02–22	关于涉外税收滞纳税加收滞纳金问题的通知（国税发〔1993〕第 34 号）	国家税务总局
1993–05–14	关于从事能源、交通建设项目外商投资企业认定问题的批复（国税函发〔1993〕第 713 号）	国家税务总局
1993–06–15	国家税务总局关于外商投资企业清算所得适用定期减免税问题的通知（国税发〔1993〕第 8 号）	国家税务总局
1993–06–15	关于外商投资企业外国投资者再投资退税若干问题的通知（国税发〔1993〕第 9 号）	国家税务总局
1993–07–14	关于外商投资企业来源于中国境外所得适用税率和计算税额扣除问题的通知（国税发〔1993〕第 39 号）	国家税务总局
1993–08–11	关于外商投资企业的财务会计制度与涉外税收法规关系问题的通知（国税发〔1993〕第 62 号）	国家税务总局
1993–10–05	关于外商投资企业合同、章程的审批原则和审查要点	对外经济贸易部
1993–12–23	财政部关于印发《外商投资企业执行新企业财务制度的补充规定》的通知（财工字〔1993〕第 474 号）	财政部
1993–12–29	关于外商投资企业和外国企业适用增值税、消费税、营业税等税收暂行条例的决定（中华人民共和国主席令第 18 号）	全国人民代表大会常务委员会
1994–01–08	关于调整对外轮外航从我国取得运输收入计算征税的通知（国税明电〔1994〕第 009 号）	国家税务总局
1994–01–16	关于以 BOT 方式吸收外商投资有关问题的通知（外经贸法函〔1994〕第 89 号）	对外贸易经济合作部
1994–01–26	财政部关于印发《关于外商投资企业执行新税收条例有关会计处理的规定》的通知（财会字〔1994〕第 2 号）	财政部
1994–02–22	关于外商投资企业和外国企业适用增值税、消费税、营业税等税收暂行条例有关问题的通知（国发〔1994〕第 10 号）	国务院

续表

发布时间	政策法规名称	发布部门
1994-03-24	关于外商投资企业和外国企业出口商品使用发票问题的通知（国税发〔1994〕第 084 号）	国家税务总局
1994-03-29	关于外商投资企业屠宰税下放地方管理问题的通知	国家税务总局
1994-04-07	关于外商投资企业和外国企业征收印花税有关问题的通知（国税发〔1994〕第 95 号）	国家税务总局
1994-04-21	关于外商投资企业外币业务税务处理问题的通知（国税发〔1994〕第 107 号）	国家税务总局
1994-06-27	退还外商投资企业改征增值税、消费税、营业税后多缴税款如何计算征收企业所得税问题的通知（国税发〔1994〕第 145 号）	国家税务总局
1994-07-04	国家税务总局关于医疗、教育行业外商投资企业税务处理问题的通知（国税发〔1994〕第 152 号）	国家税务总局
1994-07-04	关于从事交通运输的外商投资企业界定问题的批复（国税发〔1994〕第 383 号）	国家税务总局
1994-07-26	关于外商投资企业及其雇员提存、支用住房公积金有关税务处理问题的通知（国税发〔1994〕第 165 号）	国家税务总局
1994-09-19	关于外商投资企业兼营生产性和非生产性业务如何享受税收优惠问题的通知（国税发〔1994〕第 209 号）	国家税务总局
1994-10-22	关于加强外商投资企业工会工作几个问题的通知（总工发〔1994〕第 20 号）	中华全国总工会、中共中央组织部、国家经济贸易委员会、对外贸易经济合作部、劳动部、国家工商行政管理总局
1994-11-01	关于外商投资企业出口货物税收问题有关会计处理规定的通知（财会字〔1994〕第 43 号）	财政部
1995-01-26	国家教育委员会关于发布《中外合作办学暂行规定》的通知（教外综〔1995〕第 31 号）	国家教育委员会
1995-02-06	关于严格控制吸收外资兴建殡葬服务设施的通知（民事发〔1995〕第 6 号）	民政部、国家计划委员会、对外贸易经济合作部
1995-03-07	关于外商投资企业发包经营、出租经营有关税收处理问题的通知（国税发〔1995〕第 45 号）	国家税务总局
1995-03-11	关于审批利用外商投资改造现有企业项目的通知（国经贸改〔1995〕第 76 号）	国家经济贸易委员会
1995-03-13	关于加强外商投资企业场地使用费征收管理的通知（财工字〔1995〕第 53 号）	财政部、国家土地管理局

续表

发布时间	政策法规名称	发布部门
1995-04-03	关于设在经济特区之外地区的外资金融机构适用所得税优惠问题的通知（国税函发〔1995〕第 138 号）	国家税务总局
1995-04-12	关于外商投资企业再投资退税有关问题的批复（国税函发〔1995〕第 154 号）	国家税务总局
1995-05-17	关于外商投资广告企业设立分支机构有关问题的通知（工商广字〔1995〕第 28 号）	国家工商行政管理局、对外贸易经济合作部
1995-05-25	关于外商投资企业调整投资总额和注册资本有关规定及程序的通知（外经贸法发〔1995〕第 366 号）	对外贸易经济合作部、国家工商行政管理局
1995-06-09	关于印发《外商投资企业进口管理实施细则》的通知（外经贸资发〔1995〕第 389 号）	对外贸易经济合作部
1995-07-21	关于外商投资企业享受“两个密集型企业”税收优惠有关问题的通知（国税发〔1995〕第 139 号）	国家税务总局
1995-07-24	关于外商投资企业在筹办期内取得的收入计征所得税问题的通知（国税发〔1995〕第 140 号）	国家税务总局
1995-07-28	关于修改《中外合作开采陆上石油资源缴纳矿区使用费暂行规定》的通知（财税字〔1995〕第 63 号）	财政部、国家税务总局
1995-08-04	关于外商投资企业从事港口、码头等特定项目投资经营适用税收优惠问题的通知（国税发〔1995〕第 151 号）	国家税务总局
1995-09-04	中华人民共和国中外合作经营企业法实施细则（中华人民共和国对外贸易经济合作部令第 6 号）	对外贸易经济合作部
1995-09-06	关于外商投资企业在筹办期取得收入计征所得税问题的补充通知（国税函发〔1995〕第 494 号）	国家税务总局
1995-11-07	关于中外合作开采石油资源申报缴纳矿区使用费有关问题的通知（国税发〔1995〕第 202 号）	国家税务总局
1995-12-26	关于外商投资企业投入资本折合有关会计处理补充规定的通知（财会字〔1995〕第 75 号）	财政部
1996-01-22	关于颁发《外国人在中国就业管理规定》的通知（劳部发〔1996〕第 29 号）	劳动部、公安部、外交部、对外贸易经济合作部
1996-01-31	关于外商投资新闻出版企业制定内部财务管理制度的指导（财工字〔1996〕第 25 号）	财政部
1996-03-13	关于审批部直属事业单位下属企业举办外商投资企业有关问题的通知（外经贸资字〔1996〕第 70 号）	对外贸易经济合作部办公厅
1996-03-18	关于外商投资企业的外国投资者再投资退税有关问题的批复（国税函发〔1996〕第 113 号）	国家税务总局

续表

发布时间	政策法规名称	发布部门
1996-03-19	关于外商投资企业资产重估税务处理问题的批复（国税函〔1996〕第124号）	国家税务总局
1996-03-28	关于印发《中外合作会计师事务所管理暂行办法》的通知（财会协字〔1996〕第24号）	财政部
1996-04-19	关于贯彻实施《外国人在中国就业管理规定》有关问题的通知（劳办发〔1996〕第65号）	劳动部办公厅
1996-05-08	财政部关于印发《外商投资企业财政登记管理办法》的通知（财工字〔1996〕第126号）	财政部
1996-05-10	中外合作举办教育考试暂行管理办法	国家教育委员会
1996-06-28	关于下发《外商投资企业实行银行结售汇工作实施方案》等有关文件的通知（汇资函字〔1996〕第190号）	国家外汇管理局
1996-07-05	关于外国石油公司参与煤气层开采所适用税收政策问题的通知（财税字〔1996〕第62号）	财政部、国家税务总局
1996-07-05	关于设立外商投资建筑业企业的若干规定实施意见（建〔1996〕第405号）	建设部
1996-07-29	关于外商投资企业办理财政登记有关问题的通知（财工字〔1996〕第260号）	财政部
1996-07-31	关于对外商投资企业开展加工贸易实行银行保证金台帐进行审核有关问题的通知（外经贸资发〔1996〕第508号）	对外贸易经济合作部
1996-08-22	国务院关于扩大内地省、自治区、计划单列市和国务院有关部门等单位吸收外商直接投资项目审批权限的通知（国发〔1996〕第34号）	国务院
1996-09-01	外商投资企业外国专家管理办法	国家外国专家局
1996-09-09	外商投资国际货物运输代理企业审批规定（外经贸资发〔1996〕第58号）	对外贸易经济合作部
1996-09-25	境内机构对外担保管理办法（中国人民银行令第3号）	中国人民银行
1996-09-30	关于设立中外合资对外贸易公司试点暂行办法	对外贸易经济合作部
1996-10-22	关于发布《关于执行〈中华人民共和国中外合作经营企业法实施细则〉若干条款的说明》的通知（外经贸法发〔1996〕第658号）	对外贸易经济合作部
1996-10-23	关于发布《境内及境外证券经营机构从事外资股业务资格管理暂行规定》的通知（证监〔1996〕第5号）	中国证券监督管理委员会
1996-10-31	关于对外资企业将其财产或者权益对外抵押问题的答复（外经贸法函字〔1996〕第66号）	对外贸易经济合作部

续表

发布时间	政策法规名称	发布部门
1996-11-05	关于印发《部分行业外商投资企业审批原则和审批程序》的通知（外经贸资发〔1996〕第752号）	对外贸易经济合作部
1996-11-29	关于国有大中型企业利用外资进行技术改造划拨土地使用权有关问题的通知（国资办发〔1996〕第58号）	国家国有资产管理局、财政部
1996-12-03	关于修改、印发《关于确认和考核外商投资的产品出口企业和先进技术企业的实施办法》的通知（外经贸资发〔1996〕第822号）	对外贸易经济合作部
1996-12-09	外商直接投资电力项目报批程序暂行规定（电计〔1996〕第732号）	电力工业部
1997-02-14	劳动部关于印发《外商投资企业工资收入管理暂行办法》的通知（劳部发〔1997〕第46号）	劳动部
1997-03-06	关于国务院有关部委等审批的外商投资企业参加联合年检有关问题的通知（外经贸资字〔1997〕第5号）	对外贸易经济合作部办公厅
1997-04-28	关于印发《关于外商投资企业合并、分立、股权重组、资产转让等重组业务所得税处理的暂行规定》的通知（国税发〔1997〕第71号）	国家税务总局
1997-05-13	关于转发《国务院办公厅关于立即停止地方自行审批外商投资商业企业的紧急通知》的通知（外经贸资发〔1997〕第290号）	对外贸易经济合作部
1997-05-28	关于印发《外商投资企业投资者股权变更的若干规定》的通知（外经贸法发〔1997〕第267号）	对外贸易经济合作部、国家工商行政管理局
1997-07-04	关于从事信贷、租赁业务的外商投资企业和外国企业计提坏帐准备金问题的批复（国税函〔1997〕第388号）	国家税务总局
1997-07-25	关于外资金融机构有关税收业务问题的通知（国税发〔1997〕第123号）	国家税务总局
1997-07-30	中国人民银行关于下发《〈外资金融机构中、高级管理人员任职资格暂行规定〉补充规定》的通知（银外资〔1997〕第7号）	中国人民银行
1997-08-05	国务院办公厅关于清理整顿非试点外商投资商业企业有关问题的通知（国办发〔1997〕第26号）	国务院办公厅
1997-09-08	关于印发《关于设立外商投资农作物种子企业审批和登记管理的规定》的通知（农发〔1997〕第9号）	农业部、国家计划委员会、对外贸易经济合作部、国家工商行政管理局
1997-10-07	中国人民银行关于发布《境内外汇账户管理规定》的通知（银发〔1997〕第416号）	中国人民银行
1997-10-08	劳动部办公厅对《关于对外商投资企业使用童工的处罚是否适用〈外商投资企业劳动管理规定〉的请示》的复函（劳办发〔1997〕第96号）	劳动部

续表

发布时间	政策法规名称	发布部门
1997-10-13	关于外商投资企业依据何种标准编制会计报表问题的复函（财会便字〔1997〕第 39 号）	财政部
1997-10-15	关于印发我国政府和新西兰政府关于对所得避免双重征税和防止偷漏税协定的第二个议定书的通知（国税函〔1997〕第 551 号）	国家税务总局
1997-11-04	关于外商投资企业交纳场地使用费有关问题的通知（财工字〔1997〕第 415 号）	财政部
1997-11-28	关于延长外商投资企业免税进口设备和原材料宽限期的通知（外经贸资发〔1997〕第 768 号）	对外贸易经济合作部
1997-12-02	关于外经贸部门对外商投资企业进行联合年检、换发批准证书和实施进出口企业代码有关问题的通知（外经贸资综函字〔1997〕第 640 号）	对外贸易经济合作部
1997-12-17	关于外商投资企业和台港澳侨投资企业领取全国组织机构代码和进出口企业代码有关事宜的通知（对外经贸资发〔1997〕第 813 号）	对外贸易经济合作部、国家技术监督局
1997-12-29	外商投资项目不予免税的进口商品目录（试行）	对外贸易经济合作部
1998-01-22	关于对外商投资企业外国企业和外籍个人征收文化事业建设费问题的通知（财税字〔1998〕第 14 号）	财政部、国家税务总局
1998-01-26	关于发布《中华人民共和国国际货物运输代理业管理规定实施细则》（试行）的通知（外经贸运发〔1998〕第 20 号）	对外贸易经济合作部
1998-02-09	关于对部直属企事业单位举办的涉及进口设备免税的外商投资项目进行确认的有关问题的通知（外经贸资字〔1998〕第 8 号）	对外贸易经济合作部
1998-03-16	关于审批外商投资企业纸制品加工贸易业务有关问题的通知（外经贸资三函字〔1998〕第 125 号）	对外贸易经济合作部
1998-04-20	关于印发《关于解决外商投资企业董事不出席企业董事会会议问题的指导意见》的通知（外经贸法发〔1998〕第 302 号）	对外贸易经济合作部
1998-05-04	铁道部关于发布《铁路系统中外合资合作项目审批管理办法》的通知（铁外〔1998〕第 54 号）	铁道部
1998-05-07	关于加强外商投资企业审批管理工作的通知（外经贸资综函字〔1998〕第 260 号）	对外贸易经济合作部
1998-06-05	关于对来料加工项目外商不作价提供设备进口税收遗留问题的通知（署税〔1998〕第 315 号）	海关总署
1998-06-26	关于外商投资企业和外国企业的雇员的境外保险费有关所得税处理问题的通知（国税发〔1998〕第 101 号）	国家税务总局

续表

发布时间	政策法规名称	发布部门
1998-07-21	关于外资保险分公司营运资金的规定（银发〔1998〕第337号）	中国人民银行
1998-09-14	印发《关于国有企业利用外商投资进行资产重组的暂行规定》的通知（国经贸外经〔1998〕第576号）	国家经济贸易委员会
1998-12-11	关于调整部分国家鼓励发展的内外资项目进口设备海关审批手续的通知（署税〔1998〕第745号）	海关总署
1998-12-18	关于外商投资企业、特区内资企业购买国内油品使用购油凭证有关问题的通知（国经贸厅贸易〔1998〕第346号）	国家经济贸易委员会办公厅、海关总署办公厅
1999-03-01	关于对外商投资企业是否有行政处罚权问题的答复（工商企字〔1999〕第47号）	国家工商行政管理局
1999-06-24	中华人民共和国管辖海域外国人、外国船舶渔业活动管理暂行规定（农业部令〔1999〕第18号）	农业部
1999-07-02	关于扩大外商投资企业从事能源交通基础设施项目税收优惠规定适用范围的通知（国发〔1999〕第13号）	国务院
1999-09-28	关于简化外商投资企业技术引进售付汇管理手续的通知（汇发〔1999〕第319号）	国家外汇管理局
1999-09-28	关于外商投资企业技术引进有关问题的通知（外经贸资发〔1999〕第573号）	对外贸易经济合作部
1999-10-15	关于地方自行审批鼓励类外商投资企业报外经贸部备案有关问题的通知（外经贸资发〔1999〕第615号）	对外贸易经济合作部
1999-10-26	关于双边投资保护协定适用汇率问题的复函（汇函〔1999〕第35号）	国家外汇管理局
1999-11-22	关于进一步鼓励外商投资有关进口税收政策的通知（署税〔1999〕第791号）	海关总署
1999-12-21	关于外商投资企业和外国企业对境外企业支付其雇员的工资薪金代扣代缴个人所得税问题的通知（国税发〔1999〕第241号）	国家税务总局
1999-12-21	关于从事房地产业务的外商投资企业若干税务处理问题的通知（国税发〔1999〕第242号）	国家税务总局
1999-12-28	关于加强和改进外商投资企业提缴使用涉及中方职工权益资金管理的通知（财外字〔1999〕第735号）	财政部、劳动部
2000-01-10	关于外商投资企业合并与分立所涉及海关管理的有关事项的公告	海关总署

续表

发布时间	政策法规名称	发布部门
2000–01–28	外商独资船务公司审批管理暂行办法	交通部、对外贸易经济合作部
2000–03–08	关于外商投资企业征收城市房地产税若干问题的通知（国税发〔2000〕第 44 号）	国家税务总局
2000–04–06	关于外商投资企业进口料件进行管理的通知（署办税〔2000〕第 132 号）	海关总署
2000–04–18	关于外商投资设立研发中心有关问题的通知（外经贸资发〔2000〕第 218 号）	对外贸易经济合作部
2000–04–24	关于外国企业转让无形资产有关营业税问题的通知（国税发〔2000〕第 70 号）	国家税务总局
2000–06–23	关于贯彻实施《中外合资、合作医疗机构管理暂行办法》有关问题的通知（卫医管发〔2000〕第 28 号）	卫生部医政司、对外贸易经济合作部外国投资管理司
2000–07–07	关于外商投资企业进口证明发证规范有关问题的通知（外经贸资统进函字〔2000〕第 498 号）	对外贸易经济合作部
2000–07–17	关于外商投资企业以发展基金和储蓄基金转为注册资本增资的外汇管理的规定（汇复〔2000〕第 203 号）	国家外汇管理局
2000–07–18	关于印发《外商投资企业采购国产设备退税和接受捐赠有关会计处理规定》的通知（财会〔2000〕第 5 号）	财政部
2000–07–21	关于印发《外商投资企业投资自用进口汽车管理办法》的通知（外经贸资发〔2000〕第 376 号）	对外贸易经济合作部、海关总署
2000–07–26	关于外商投资企业进口证明发证规范有关问题的补充通知（外经贸资统进函字〔2000〕第 540 号）	对外贸易经济合作部
2000–08–09	关于外商投资企业进口证明有关问题的反映的答复（外经贸资统进函字〔2000〕第 565 号）	对外贸易经济合作部
2000–08–21	关于不追征外商投资企业外国企业 1997 年度文化事业建设费的通知（国税函〔2000〕第 647 号）	国家税务总局
2000–08–22	关于外国银行从我国取得利息收入征收企业所得税有关问题的批复（国税函〔2000〕第 656 号）	国家税务总局
2000–08–29	外商投资铁路货物运输审批与管理暂行办法（铁道部、对外贸易经济合作部令第 4 号）	铁道部、对外贸易经济合作部令
2000–09–28	关于进一步鼓励外商投资勘查开采非油气矿产资源的若干意见	国土资源部、国家发展计划委员会、国家经济贸易委员会、财政部、对外贸易经济合作部、国家工商行政管理局
2000–10–08	关于明确外国企业和外籍个人技术转让收入免征营业税范围问题的通知（国税发〔2000〕第 166 号）	国家税务总局

续表

发布时间	政策法规名称	发布部门
2000-10-14	关于执行《关于外商投资企业境内投资的暂行规定》有关条款的通知（署税〔2000〕第 642 号）	海关总署
2000-10-25	关于报送 2001 年外商投资企业进出口计划的通知（外经贸资统进函字〔2000〕第 768 号）	对外贸易经济合作部
2000-10-31	关于修改《中华人民共和国外资企业法》的决定	全国人民代表大会常务委员会
2000-10-31	中华人民共和国外资企业法（2000 修正）（中华人民共和国主席令第 41 号）	全国人民代表大会常务委员会
2000-10-31	中华人民共和国中外合作经营企业法（中华人民共和国主席令第 40 号）	全国人民代表大会常务委员会
2000-11-08	关于外商投资企业进口设备有关问题的通知（外经贸资发〔2000〕第 478 号）	对外贸易经济合作部
2000-11-08	对外商投资企业伪造验资报告进行处罚适用法规问题的答复（工商企字〔2000〕第 261 号）	国家工商行政管理局
2000-11-18	关于外国企业来源于我国境内的利息等所得减征所得税问题的通知（国发〔2000〕第 37 号）	国务院
2000-12-01	关于立即停止越权审批和变相设立外商投资商业企业的通知（国经贸外经〔2000〕第 1072 号）	国家经济贸易委员会、对外贸易经济合作部、国家工商行政管理局
2000-12-07	关于做好更换外商投资企业营业执照版式工作的通知（工商企字〔2000〕第 294 号）	国家工商行政管理局
2001-02-19	关于严格执行《外商投资电影院暂行规定》的通知（外经贸资字〔2001〕第 4 号）	国家广播电影电视总局、对外贸易经济合作部、文化部
2001-03-15	关于修改《中华人民共和国中外合资经营企业法》的决定（2001）（中华人民共和国主席令第 48 号）	全国人民代表大会
2001-03-16	关于外国企业和外籍个人转让无形资产营业税若干问题的通知（财税〔2001〕第 36 号）	财政部、国家税务总局
2001-03-30	关于外商投资企业批准证书发放权有关事宜的通知（外经贸资综函〔2001〕第 287 号）	对外贸易经济合作部
2001-04-05	关于统一涉及境内外双重收费标准的通知（计价格〔2001〕第 523 号）	国家发展计划委员会、财政部
2001-04-12	中华人民共和国外资企业法实施细则（2001 修订）（中华人民共和国国务院令第 301 号）	国务院
2001-04-17	关于外商投资企业外方资金未按规定到位有关税务处理问题的批复（国税函〔2001〕第 289 号）	国家税务总局

续表

发布时间	政策法规名称	发布部门
2001-04-25	关于调整外商投资和外国金融企业营业税政策的通知（财税〔2001〕第74号）	财政部、国家税务总局
2001-04-30	关于外商投资企业和外国企业所得税汇算清缴的管理办法及工作规程有关问题的补充通知（国税函〔2001〕第319号）	国家税务总局
2001-05-16	关于省级外经贸部门审批限上鼓励类外商投资企业报外经贸部备案有关问题的补充通知（外经贸资函〔2001〕第426号）	对外贸易经济合作部
2001-07-22	中华人民共和国中外合资经营企业法实施条例（2001修订）	国务院
2001-07-31	关于对外商投资企业申报进口钢坯规定的公告（海关总署公告2001年第10号）	海关总署
2001-08-06	关于进一步做好清理整顿非试点外商投资商业企业工作的通知（国经贸外经〔2001〕第787号）	国家经济贸易委员会、对外贸易经济合作部、国家工商行政管理总局
2001-09-23	中华人民共和国对外合作开采海洋石油资源条例（2001修订）（中华人民共和国国务院令第318号）	国务院
2001-10-09	中外合资中外合作职业介绍机构设立管理暂行规定（劳动和社会保障部、国家工商行政管理总局令第14号）	劳动和社会保障部、国家工商行政管理总局
2001-11-07	关于停止征收外商投资企业中方职工物价补贴的通知（财企〔2001〕第664号）	财政部
2001-11-20	外商投资道路运输业管理规定（交通部、对外贸易经济合作部令第9号）	交通部、对外贸易经济合作部
2001-11-29	关于印发《外商投资企业执行〈企业会计制度〉有关问题的规定》的通知（财会〔2001〕第62号）	财政部
2001-11-30	关于编制2001年度外商投资企业财务报告的通知(财办企〔2001〕第1127号）	财政部办公厅
2001-12-07	关于《进一步明确了外商提供的不作价进口设备的管理规定》的公告（海关总署公告2001年第16号）	海关总署
2001-12-09	关于外资金融机构市场准入有关问题的公告（中国人民银行公告〔2001〕第1号）	中国人民银行
2001-12-11	外商投资电信企业管理规定（中华人民共和国国务院令第333号）	国务院
2001-12-12	中华人民共和国外资保险公司管理条例（中华人民共和国国务院令第336号）	国务院
2001-12-20	关于外商投资房地产开发经营企业所得税管理问题的通知（国税发〔2001〕第142号）	国家税务总局

续表

发布时间	政策法规名称	发布部门
2001-12-25	关于 2002 年外商投资企业联合年检有关工作的通知（外经贸资发〔2001〕第 700 号）	对外贸易经济合作部、国家经济贸易委员会、财政部、海关总署、国家税务总局、国家工商行政管理总局、国家外汇管理局
2002-01-14	关于扩大外商投资企业进出口经营权有关登记管理问题的通知（工商外企字〔2002〕第 7 号）	国家工商行政管理总局
2002-01-14	关于外商投资企业与其他企业合资经营有关问题的答复（工商外企字〔2002〕第 6 号）	国家工商行政管理总局
2002-01-18	关于外商投资企业分支机构经营期限到期后不办理延期手续而开展经营能否处罚问题的答复（工商外企字〔2002〕第 10 号）	国家工商行政管理总局
2002-01-29	设立外商投资印刷企业暂行规定（国家新闻出版总署、对外贸易经济合作部令第 16 号）	国家新闻出版总署、对外贸易经济合作部
2002-03-04	统一境内中、外资金融机构的外币存、贷款利率管理政策（中国人民银行公告〔2002〕第 4 号）	中国人民银行
2002-03-15	关于进一步加强外商投资企业验资工作及健全外资外汇登记制度的通知（财会〔2002〕第 1017 号）	财政部、国家外汇管理局
2002-03-29	国家工商行政管理总局关于对虚假出资、抽逃出资的外商投资企业中方股东能否由县级工商行政管理局处罚问题的答复（工商外企字〔2002〕第 71 号）	国家工商行政管理总局
2002-04-30	关于执行新的外资产业政策有关问题的通知（工商外企字〔2002〕第 101 号）	国家工商行政管理总局
2002-06-13	外资金融机构驻华代表机构管理办法（中国人民银行令第 8 号）	中国人民银行
2002-06-20	关于开展试点设立外商投资物流企业工作有关问题的通知（外经贸资一函〔2002〕第 615 号）	对外贸易经济合作部
2002-06-21	外商投资民用航空业规定（中国民用航空总局、对外贸易经济合作部、国家发展计划委员会令第 110 号）	中国民用航空总局、对外贸易经济合作部、国家发展计划委员会
2002-07-04	司法部关于执行《外国律师事务所驻华代表机构管理条例》的规定（中华人民共和国司法部令第 73 号）	司法部
2002-09-07	中华人民共和国税收征收管理法实施细则（2002）（国务院令〔2002〕第 362 号）	国务院
2002-09-27	外商投资建设工程设计企业管理规定（建设部、对外贸易经济合作部令第 114 号）	建设部、对外贸易经济合作部
2002-09-27	外商投资建筑业企业管理规定（建设部、对外贸易经济合作部令第 113 号）	建设部、对外贸易经济合作部

续表

发布时间	政策法规名称	发布部门
2002-11-18	关于实施《外资参股证券公司设立规则》和《外资参股基金管理公司设立规则》有关问题的通知（证监发〔2002〕第 86 号）	中国证券监督管理委员会、对外贸易经济合作部
2002-11-26	关于加强外商在我国设立感光材料生产企业管理的通知（国经贸厅产业〔2002〕第 165 号）	国家发展计划委员会、国家经济贸易委员会、对外贸易经济合作部
2002-12-06	关于调整外商投资企业外汇年检“外汇内容表”的通知（汇发〔2002〕第 124 号）	国家外汇管理局、财政部
2002-12-10	外商投资企业授权登记管理办法中华人民共和国（国家工商行政管理总局令第 4 号）	国家工商行政管理总局
2002-12-30	关于加强外商投资企业审批、登记、外汇及税收管理有关问题的通知（外经贸法发〔2002〕第 575 号）	对外贸易经济合作部、国家税务总局、国家工商行政管理总局、国家外汇管理局
2003-01-30	外商投资创业投资企业管理规定（对外贸易经济合作部、科学技术部、国家工商行政管理总局、国家税务总局、国家外汇管理局令第 2 号）	对外贸易经济合作部、科学技术部、国家工商行政管理总局、国家税务总局、国家外汇管理局
2003-02-19	关于外商投资企业进口氧化铝有关问题的通知（外贸易资统进函〔2003〕第 132 号）	对外贸易经济合作部
2003-02-24	关于 2003 年外商投资企业联合年检工作的通知（外经贸资发〔2002〕第 591 号）	对外贸易经济合作部、国家经济贸易委员会、财政部、海关总署、国家税务总局、国家工商行政管理总局、国家外汇管理局
2003-05-06	关于 2003 年外商投资企业联合年检有关工作调整情况的通知（商资统进函〔2003〕第 130 号）	商务部
2003-06-02	鼓励外商投资高新技术产品目录（2003）（科学技术部、商务部文件国科发计字〔2003〕第 179 号）	科学技术部、商务部
2003-06-04	关于外商投资创业投资公司缴纳企业所得税有关税收问题的通知（国税发〔2003〕第 61 号）	国家税务总局
2003-07-17	建筑市场管理司关于启用外商投资建筑业企业资质申请表、资质证书的通知（建市国函〔2003〕第 23 号）	建设部
2003-09-28	关于做好在中国境内承包工程的外国企业资质管理有关工作的通知（建市〔2003〕第 193 号）	建设部

续表

发布时间	政策法规名称	发布部门
2003-12-31	关于《外商投资道路运输业管理规定》的补充规定（交通部、商务部令第 12 号）	交通部、商务部
2004-04-06	关于印发《涉外企业联合税务审计暂行办法》的通知（国税发〔2004〕第 38 号）	国家税务总局
2004-05-18	关于废止外商投资企业工资收入管理暂行办法的通知（劳社部发〔2004〕第 16 号）	劳动和社会保障部
2004-07-15	关于外商投资企业在清算过程中终止清算、恢复经营问题答复的函（商法函〔2004〕第 45 号）	商务部
2004-08-03	关于从事出租车等客运业务的外商投资企业适用税收优惠政策问题的批复（国税函〔2004〕第 945 号）	国家税务总局
2004-08-17	关于外商投资企业外贸权备案登记有关问题的通知（商资函〔2004〕第 46 号）	商务部
2004-09-06	关于做好外商投资建筑业企业资质管理工作有关问题的通知（建市〔2004〕第 159 号）	建设部、商务部
2004-09-15	关于印发《外资保险公司与其关联企业从事再保险交易的审批项目实施规程》的通知（保监发〔2004〕第 115 号）	中国保险监督管理委员会
2004-09-21	中外合作制作电视剧管理规定（中华人民共和国国家广播电影电视总局令第 41 号）	国家广播电影电视总局
2004-10-14	关于转发《中西部地区外商投资优势产业目录（2004 年修订）》的通知（署税发〔2004〕第 347 号）	海关总署
2004-11-11	关于外商投资企业申请延期有关问题的意见（商法函〔2004〕第 71 号）	商务部
2004-11-12	关于进一步明确外商投资商业企业申报和审批程序的通知（商资字〔2004〕第 84 号）	商务部办公厅
2005-01-07	商务部关于下达 2005 年外商投资企业工业品出口配额许可证数量的通知（商资函〔2004〕第 202 号）	商务部
2005-01-21	关于依法行政做好外商投资企业审批工作的通知（商资函〔2005〕第 3 号）	商务部
2005-01-24	《外商投资民用航空业规定》的补充规定（中国民用航空总局、商务部、国家发展和改革委员会令第 139 号）	中国民用航空总局、商务部、国家发展和改革委员会
2005-03-18	关于转发国务院法制办公室对于外商投资企业投资者出资及清算具体应用问题的复函的通知（商法字〔2005〕第 32 号）	商务部办公厅
2005-04-02	关于外商投资非商业企业增加分销经营范围有关问题的通知（商资函〔2005〕第 9 号）	商务部

续表

发布时间	政策法规名称	发布部门
2005-04-05	关于上报外商投资焦炭生产企业复核材料的补充通知（商资统进便字〔2005〕第019号）	商务部
2005-04-08	《外商投资电影院暂行规定》的补充规定（中华人民共和国国家广播电影电视总局令第49号）	国家广播电影电视总局
2005-04-29	关于加强外商投资处置不良资产审批管理的通知（商资字〔2005〕第37号）	商务部办公厅
2005-05-11	关于中斯两国政府避免双重征税协定生效执行的通知（国税发〔2005〕第78号）	国家税务总局
2005-05-17	关于做好外商投资企业和外国企业所得税纳税评估工作的通知（国税函〔2005〕第449号）	国家税务总局
2005-06-17	财政部、商务部关于2004年资源类境外投资和对外经济合作项目前期费用扶持有关问题的补充通知（财企〔2005〕第85号）	财政部、商务部
2005-06-23	关于取消税务行政审批后外国企业及外籍个人向中国境内转让技术取得收入免征营业税管理问题的通知（国税函〔2005〕第652号）	国家税务总局
2005-08-05	外商投资商业领域项目申报材料	商务部
2005-08-05	外商投资商业领域项目审批时限	商务部
2005-08-05	外商投资商业领域项目办理程序	商务部
2005-08-19	关于中阿（阿尔巴尼亚）两国政府避免双重征税协定生效执行的通知（国税发〔2005〕第131号）	国家税务总局
2005-08-22	关于补发我国政府与马其顿共和国政府、塞舌尔共和国政府避免双重征税和防止偷漏税协定（国税函〔2005〕第825号）	国家税务总局
2005-09-01	外商投资商业（分销）企业指引手册	商务部
2005-09-02	国关于外商投资企业从事贷款担保业务计提坏帐准备问题的批复（国税函〔2005〕第850号）	国家税务总局
2005-09-12	关于中国卢森堡互免国际航空运输收入税收换函生效的通知（国税发〔2005〕第143号）	国家税务总局
2005-09-13	关于外国人在中国就业持职业资格证书有关问题的函（劳社厅函〔2005〕第323号）	劳动和社会保障部
2005-10-09	关于实行数据联网建立全国外资登记管理数据监测分析系统的通知（工商外企字〔2005〕第146号）	国家工商行政管理总局
2005-11-04	关于中格两国政府避免双重征税协定生效执行的通知（国税发〔2005〕第176号）	国家税务总局
2005-11-14	关于《内地和澳门特别行政区关于对所得避免双重征税和防止偷漏税的安排》有关条文解释和执行问题的通知（国税函〔2005〕第1081号）	国家税务总局

续表

发布时间	政策法规名称	发布部门
2005-11-14	下放外商投资企业备案和批准证书发放管理权限、进一步简化审批程序等有关问题（〔2005〕第 59 号）	商务部
2005-12-01	关于合格境外机构投资者营业税政策的通知（财税〔2005〕第 155 号）	财政部、国家税务总局
2005-12-09	关于委托地方部门审核外商投资商业企业的通知（商资函〔2005〕第 94 号）	商务部
2005-12-21	台资企业国家开发银行贷款暂行办法	国务院台湾事务办公室、国家开发银行
2005-12-28	关于扩大开放、提高吸收外资水平、促进中部崛起的指导意见（商资字〔2005〕第 130 号）	商务部办公厅
2005-12-31	关于废止外商投资转型企业有关规定的公告（商务部、国家工商行政管理总局公告 2005 年第 100 号）	商务部、国家工商行政管理总局
2006-01-12	关于中国与土耳其互免国际运输收入税收的换函生效执行的通知（国税发〔2006〕第 5 号）	国家税务总局
2006-01-18	关于外商投资企业批准证书收费帐户变更的通知（资综便字〔2006〕第 002 号）	商务部
2006-01-18	《外商投资电影院暂行规定》补充规定二（中华人民共和国国家广播电影电视总局令第 51 号）	中华人民共和国国家广播电影电视总局
2006-01-22	关于委托省级商务主管部门审核管理外商投资无船承运企业的通知（商资函〔2005〕第 89 号）	商务部
2006-01-22	关于委托省级商务主管部门审核管理外商投资建设工程设计企业的通知（商资函〔2005〕第 92 号）	商务部
2006-01-22	关于委托省级商务主管部门审核管理部分外商投资道路运输企业的通知（商资函〔2005〕第 93 号）	商务部
2006-01-22	关于委托省级商务主管部门审核管理外商投资建筑业企业的通知（商资函〔2005〕第 90 号）	商务部
2006-01-22	关于委托省级商务主管部门审核管理外商投资印刷企业的通知（商资函〔2005〕第 91 号）	商务部
2006-01-23	关于加强外籍人员个人所得税档案资料管理的通知（国税函〔2006〕第 58 号）	国家税务总局
2006-02-07	关于下达 2006 年度外商投资企业工业品出口配额数量的通知（商资函〔2005〕第 107 号）	商务部
2006-02-08	关于下达 2006 年度外商投资企业农产品出口配额数量的通知（商资函〔2005〕第 106 号）	商务部
2006-02-20	关于中墨两国政府避免双重征税协定生效执行的通知（国税发〔2006〕第 26 号）	国家税务总局
2006-02-21	关于中阿（阿塞拜疆）两国政府避免双重征税协定生效执行的通知（国税发〔2006〕第 27 号）	国家税务总局

续表

发布时间	政策法规名称	发布部门
2006-02-22	关于办理外商投资项目《国家鼓励发展的内外资项目确认书》有关问题的通知（发改外资〔2006〕第316号）	国家发展和改革委员会
2006-02-23	关于批准智利银行股份有限公司设立北京代表处的函	中国银行业监督管理委员会
2006-02-28	关于批准设立高祺金融国际经纪有限公司上海代表处的函	中国银行业监督管理委员会
2006-02-28	关于批准设立昆仑国际（新西兰）有限公司北京代表处的函	中国银行业监督管理委员会
2006-02-28	关于开展2006年外商投资企业联合年检工作的通知（商资函〔2005〕第86号）	商务部、财政部、海关总署、国家税务总局、国家工商行政管理总局、国家外汇管理局
2006-03-01	关于印发《产品全部直接出口的允许类外商投资企业产品出口情况检查暂行办法》的通知（商资发〔2006〕第1号）	商务部、财政部、海关总署、国家税务总局
2006-03-02	关于批准蒙古阿诺德银行有限责任公司设立北京代表处的函	中国银行业监督管理委员会
2006-03-02	关于取消外国会计师事务所在中国境内临时执行审计业务行政许可收费的通知（财会〔2006〕第7号）	财政部
2006-03-03	关于进一步规范涉外企业所得税重点税源管理工作的通知（国税函〔2006〕第244号）	国家税务总局
2006-03-06	关于建立境内外招商引资活动通报制度的通知	商务部办公厅
2006-03-13	关于批准星展银行（香港）有限公司设立苏州分行的函	中国银行业监督管理委员会
2006-03-13	关于批准日本瑞穗实业银行股份有限公司大连分行经营非外商投资企业人民币业务的函	中国银行业监督管理委员会
2006-03-13	关于批准日本三井住友银行股份有限公司天津分行经营非外商投资企业人民币业务的函	中国银行业监督管理委员会
2006-03-20	关于批准日本瑞穗实业银行股份有限公司深圳分行经营非外商投资企业人民币业务的函	中国银行业监督管理委员会
2006-03-21	关于批准美国加州联合银行有限公司关闭上海代表处的函	中国银行业监督管理委员会
2006-03-29	关于配合商务主管部门做好外商投资建筑业企业、建设工程设计企业设立管理的通知（建市函〔2006〕第76号）	建设部
2006-04-06	关于办理鼓励类外商投资企业免税确认书有关问题的复函	商务部

续表

发布时间	政策法规名称	发布部门
2006-04-10	关于外商投资企业和外国企业所得税汇算清缴数据审核工具有关问题的函（际便函〔2006〕第 43 号）	国家税务总局国际税务司
2006-04-20	关于进一步做好物流领域吸引外资工作的通知（商资函〔2006〕第 38 号）	商务部
2006-04-24	关于印发《关于外商投资的公司审批登记管理法律适用若干问题的执行意见》的通知（工商外企字〔2006〕第 81 号）	国家工商行政管理总局、商务部、海关总署、国家外汇管理局
2006-04-29	关于办理外商投资企业《国家鼓励发展的内外资项目确认书》有关问题的通知（商资发〔2006〕第 201 号）	商务部
2006-07-04	关于认真做好外商投资上市公司股权分置改革有关工作的通知（商办资函〔2006〕第 63 号）	商务部办公厅
2006-07-12	外国保险机构驻华代表机构管理办法（中国保险监督管理委员会令第 5 号）	中国保险监督管理委员会
2006-07-19	关于外国企业在中国境内提供劳务活动常设机构判定及利润归属问题的批复（国税函〔2006〕第 694 号）	国家税务总局
2006-08-01	关于做好 2005 年度外商投资企业年检工作总结的通知	国家工商行政管理总局外资局
2006-08-16	关于中摩两国政府避免双重征税协定生效执行的通知（国税发〔2006〕第 125 号）	国家税务总局
2006-09-01	外商投资企业投诉工作暂行办法（中华人民共和国商务部令第 2 号）	商务部
2006-09-27	关于印发内地和香港避免双重征税安排文本并请做好执行准备的通知（国税函〔2006〕第 884 号）	国家税务总局
2006-12-04	关于办理 2007 年豆油、棕榈油、菜子油进口资质的通知	中国食品土畜进出口商会、中国植物油行业协会、中国外商投资企业协会
2006-12-11	关于允许外国保险经纪公司设立外商独资保险经纪公司的公告	中国保险监督管理委员会
2006-12-31	关于发布《鼓励外商投资高新技术产品目录（2006）》的通知（商资发〔2006〕652 号）	商务部、科技部
2007-01-04	《外商投资民用航空业规定》的补充规定（二）（中国民用航空总局、商务部、国家发展和改革委员会令第 174 号）	中国民用航空总局、商务部、国家发展和改革委员会
2007-01-05	关于印发《外商投资建设工程设计企业管理规定实施细则》的通知（建市〔2007〕第 18 号）	建设部、商务部
2007-01-25	关于征求《外商投资合伙企业管理办法（送审稿）》意见的函（商办法函〔2007〕第 14 号）	商务部办公厅

续表

发布时间	政策法规名称	发布部门
2007-01-28	关于中墨两国政府税收协定及其议定书若干条文解释的通知（国税函〔2007〕第131号）	国家税务总局
2007-01-29	关于美国利宝互助保险公司重庆分公司与关联企业从事再保险业务的批复（保监产险〔2007〕第89号）	中国保险监督管理委员会
2007-02-06	《〈外商投资民用航空业规定〉的补充规定（二）》有关问题的解释	中国民航总局政策法规司
2007-02-07	关于丰泰保险（亚洲）有限公司上海分公司与关联企业从事再保险业务的批复（保监产险〔2007〕第109号）	中国保险监督管理委员会
2007-02-07	关于美国美亚保险公司上海分公司与关联企业从事再保险业务的批复（保监产险〔2007〕第110号）	中国保险监督管理委员会
2007-02-07	关于美国美亚保险公司上海分公司与关联企业从事再保险业务的批复（保监产险〔2007〕第111号）	中国保险监督管理委员会
2007-02-07	关于美国美亚保险公司广州分公司与关联企业从事再保险业务的批复（保监产险〔2007〕第112号）	中国保险监督管理委员会
2007-02-07	关于美国美亚保险公司深圳分公司与关联企业从事再保险业务的批复（保监产险〔2007〕第113号）	中国保险监督管理委员会
2007-02-07	关于美国美亚保险公司深圳分公司与关联企业从事再保险业务的批复（保监产险〔2007〕第117号）	中国保险监督管理委员会
2007-02-07	关于美国美亚保险公司广州分公司与关联企业从事再保险业务的批复（保监产险〔2007〕第118号）	中国保险监督管理委员会
2007-02-08	关于公布2007年第一批符合进口豆油、棕榈油、菜子油资质条件企业名单的通知	中国食品土畜进出口商会、中国植物油行业协会、中国外商投资企业协会
2007-02-09	关于美国美亚保险公司上海分公司与关联企业从事再保险业务的批复（保监产险〔2007〕第133号）	中国保险监督管理委员会
2007-02-09	关于美国美亚保险公司上海分公司与关联企业从事再保险业务的批复（保监产险〔2007〕第136号）	中国保险监督管理委员会
2007-02-09	关于美国美亚保险公司广州分公司与关联企业从事再保险业务的批复（保监产险〔2007〕第137号）	中国保险监督管理委员会
2007-02-09	关于美国美亚保险公司深圳分公司与关联企业从事再保险业务的批复（保监产险〔2007〕第138号）	中国保险监督管理委员会
2007-02-12	关于中毛两国政府避免双重征税协定议定书生效及执行的通知（国税发〔2007〕第14号）	国家税务总局

续表

发布时间	政策法规名称	发布部门
2007-02-12	关于委托宁波经济技术开发区审核管理部分服务贸易领域外商投资企业有关工作的通知（商资函〔2007〕第7号）	商务部
2007-02-12	关于委托哈尔滨经济技术开发区审核管理部分服务贸易领域外商投资企业有关工作的通知（商资函〔2007〕第8号）	商务部
2007-02-12	关于委托广州南沙经济技术开发区审核管理部分服务贸易领域外商投资企业有关工作的通知（商资函〔2007〕第9号）	商务部
2007-02-12	关于委托青岛经济技术开发区审核管理部分服务贸易领域外商投资企业有关工作的通知（商资函〔2007〕第10号）	商务部
2007-02-12	商务部关于委托广州经济技术开发区审核管理部分服务贸易领域外商投资企业有关工作的通知（商资函〔2007〕第11号）	商务部
2007-02-12	商务部关于委托大连经济技术开发区审核管理部分服务贸易领域外商投资企业有关工作的通知（商资函〔2007〕第12号）	商务部
2007-02-12	关于委托威海经济技术开发区审核管理部分服务贸易领域外商投资企业有关工作的通知（商资函〔2007〕第13号）	商务部
2007-02-12	关于委托北京经济技术开发区审核管理部分服务贸易领域外商投资企业有关工作的通知（商资函〔2007〕第14号）	商务部
2007-02-12	关于委托上海金桥出口加工区审核管理部分服务贸易领域外商投资企业有关工作的通知（商资函〔2007〕第15号）	商务部
2007-02-12	关于委托萧山经济技术开发区审核管理部分服务贸易领域外商投资企业有关工作的通知（商资函〔2007〕第16号）	商务部
2007-02-12	关于委托烟台经济技术开发区审核管理部分服务贸易领域外商投资企业有关工作的通知（商资函〔2007〕第17号）	商务部
2007-02-12	关于委托秦皇岛经济技术开发区审核管理部分服务贸易领域外商投资企业有关工作的通知（商资函〔2007〕第18号）	商务部
2007-02-12	关于委托杭州经济技术开发区审核管理部分服务贸易领域外商投资企业有关工作的通知（商资函〔2007〕第19号）	商务部

续表

发布时间	政策法规名称	发布部门
2007-02-12	关于委托惠州大亚湾经济技术开发区审核管理部分服务贸易领域外商投资企业有关工作的通知（商资函〔2007〕第20号）	商务部
2007-02-12	关于委托郑州经济技术开发区审核管理部分服务贸易领域外商投资企业有关工作的通知（商资函〔2007〕第21号）	商务部
2007-02-12	关于委托呼和浩特经济技术开发区审核管理部分服务贸易领域外商投资企业有关工作的通知（商资函〔2007〕第22号）	商务部
2007-02-12	关于委托南昌经济技术开发区审核管理部分服务贸易领域外商投资企业有关工作的通知（商资函〔2007〕第24号）	商务部
2007-02-12	关于委托长沙经济技术开发区审核管理部分服务贸易领域外商投资企业有关工作的通知（商资函〔2007〕第25号）	商务部
2007-02-12	关于委托南京经济技术开发区审核管理部分服务贸易领域外商投资企业有关工作的通知（商资函〔2007〕第26号）	商务部
2007-02-12	关于委托沈阳经济技术开发区审核管理部分服务贸易领域外商投资企业有关工作的通知（商资函〔2007〕第27号）	商务部
2007-02-12	关于不同意韦莱浦东保险经纪有限公司经营大型商业险经纪业务的批复（保监国际〔2007〕第123号）	中国保险监督管理委员会
2007-02-14	关于美国友邦保险公司分支机构设立增长组合投资账户的批复（保监寿险〔2007〕第155号）	中国保险监督管理委员会
2007-02-14	关于美国友邦保险公司分支机构变更优选平衡组合投资账户的批复（保监寿险〔2007〕第156号）	中国保险监督管理委员会
2007-02-26	国家工商总局外资局关于调整部分外商投资企业登记管辖权及档案迁移的通知	国家工商总局外资局
2007-02-27	关于委托审批部分外商投资企业变更事项（商务部公告〔2007〕第11号）	商务部
2007-03-13	关于中英人寿保险有限公司设立投资连结险投资账户的批复（保监寿险〔2007〕第234号）	中国保险监督管理委员会
2007-03-14	关于政府统计系统参加外商投资企业联合年检的通知（国统字〔2007〕第32号）	国家统计局、商务部
2007-03-15	中国人民银行办公厅关于外资银行改制有关事宜的通知（银办发〔2007〕59号）	中国人民银行办公厅
2007-03-16	关于中韩税收协定第二议定书有关条款解释的通知（国税函〔2007〕第334号）	国家税务总局

续表

发布时间	政策法规名称	发布部门
2007-04-03	关于在招商引资工作中严格执行国家有关土地政策的通知（商资字〔2007〕第32号）	商务部办公厅
2007-04-04	关于《内地和香港特别行政区关于对所得避免双重征税和防止偷漏税的安排》有关条文解释和执行问题的通知（国税函〔2007〕第403号）	国家税务总局
2007-04-10	关于上报外资投资企业证照使用情况的通知	国家工商行政管理总局外资局
2007-04-27	关于上海市外资法人银行的监管意见（沪银监发〔2007〕第125号）	中国银行业监督管理委员会上海监管局
2007-06-01	关于外商投资企业和外国企业征收城镇土地使用税问题的批复（国税函〔2007〕第596号）	国家税务总局
2007-06-05	关于《中华人民共和国政府和文莱达鲁萨兰国政府关于对所得避免双重征税和防止偷漏税的协定》生效及执行的通知（国税发〔2007〕第64号）	国家税务总局
2007-06-06	关于外商独资银行、中外合资银行开办银行卡业务有关问题的通知（银监发〔2007〕第49号）	中国银行业监督管理委员会
2007-08-03	关于《中华人民共和国政府和希腊共和国政府关于对所得避免双重征税和防止偷漏税的协定》生效及执行的通知（国税发〔2007〕第93号）	国家税务总局
2007-08-10	关于在内地与香港、澳门《〈关于建立更紧密经贸关系安排〉补充协议四》框架下港澳资旅行社设立和经营有关事项的通知（旅发〔2007〕第44号）	国家旅游局、商务部
2007-09-06	关于加强外商投资食品生产经营企业登记管理的通知（外资综字〔2007〕第6号）	国家工商行政管理总局、外商投资企业注册局
2007-11-16	海关关于明确外商投资企业出口应税商品予以征税（海关总署公告2007年第61号）	海关总署
2007-11-16	关于《中外合资人才中介机构管理暂行规定》的补充规定（人事部、商务部、国家工商行政管理总局令〔2007〕第8号）	人事部、商务部、国家工商行政管理总局
2007-11-16	关于授予福建省福州经济技术开发区、福清市、长乐市、连江市、漳浦县、龙海市工商行政管理局外商投资企业核准登记权的通知（工商外企字〔2007〕第248号）	国家工商行政管理总局
2007-11-16	关于授予江苏省苏州工业园区工商行政管理局外商投资企业核准登记权的通知（工商外企字〔2007〕第249号）	国家工商行政管理总局
2007-11-16	关于授予山东省烟台市工商行政管理局经济技术开发区分局外商投资企业核准登记权的通知（工商外企字〔2007〕第255号）	国家工商行政管理总局

续表

发布时间	政策法规名称	发布部门
2007-12-26	关于香港、澳门保险代理公司申请在内地设立独资保险代理公司有关事项的公告	中国保险监督管理委员会
2008-01-29	商务部关于废止和宣布失效六个规章的决定（中华人民共和国商务部令第 2 号）	商务部
2008-02-27	国家税务总局关于外商投资企业和外国企业原有若干税收优惠政策取消后有关事项处理的通知（国税发〔2008〕第 23 号）	国家税务总局
2008-03-06	商务部办公厅关于 2008 年全国吸收外商投资工作的指导性意见（商资字〔2008〕7 号）	商务部办公厅
2008-04-03	国家税务总局关于外国企业所得税纳税年度有关问题的通知（国税函〔2008〕301 号）	国家税务总局
2008-06-11	外国航空运输企业航线经营许可规定（中国民用航空局令第 192 号）	中国民用航空局
2008-06-18	商务部关于做好外商投资房地产业备案工作的通知（商资函〔2008〕23 号）	商务部
2008-07-18	外商投资矿产勘查企业管理办法（中华人民共和国商务部、中华人民共和国国土资源部令 2008 年第 4 号）	商务部、国土资源部
2008-08-29	关于完善外商投资企业外汇资本金支付结汇管理有关业务操作问题的通知	国家外汇管理局综合司
2008-10-16	关于外资银行开展债券担保业务有关事项的意见（银监办发〔2008〕250 号）	中国银监会办公厅
2008-11-11	关于地方不再上缴中央级外商投资企业场地使用费收入的通知（财企〔2008〕293 号）	财政部
2008-11-12	关于《设立外商投资印刷企业暂行规定》的补充规定》（中华人民共和国新闻出版总署、商务部令第 38 号公布）	新闻出版总署、商务部
2008-11-14	保监会关于印发《保监会关于适用〈外国保险机构驻华代表机构管理办法〉若干问题的解释》的通知（保监发〔2008〕101 号）	保监会
2008-11-19	关于印发《外资非正常撤离中国相关利益方跨国追究与诉讼工作指引》的通知（商资字〔2008〕323 号）	商务部办公厅、外交部办公厅、公安部办公厅、司法部办公厅
2009-01-12	关于对外资企业及外籍个人征收房产税有关问题的通知（财税〔2009〕3 号）	财政部、国家税务总局
2009-01-19	关于海峡两岸海上直航营业税和企业所得税政策的通知（财税〔2009〕4 号）	财政部、国家税务总局
2009-01-19	关于执行《中西部外资目录（2008 年修订）》（海关总署 2009 年第 4 号公告）	海关总署

续表

发布时间	政策法规名称	发布部门
2009-02-25	外商投资担保业审批指引	商务部外资司
2009-06-22	关于外国投资者并购境内企业的规定（商务部令 2009 年第 6 号）	商务部
2009-07-07	关于内外资鼓励项目免税确认审批有关问题的通知（署税发〔2009〕290 号）	海关总署、国家发展改革委
2009-09-29	合格境外机构投资者境内证券投资外汇管理规定（国家外汇管理局公告〔2009〕第 1 号）	国家外汇管理局
2009-12-31	国家税务总局关于《中华人民共和国政府和新加坡共和国政府关于对所得避免双重征税和防止偷漏税的协定》第二议定书生效执行的通知（国税发〔2009〕158 号）	国家税务总局
2010-01-04	关于进一步加强外国企业常驻代表机构登记管理的通知（工商外企字〔2010〕4 号）	国家工商行政管理总局、公安部
2010-01-05	关于执行《中华人民共和国政府和新加坡共和国政府关于对所得避免双重征税和防止偷漏税的协定》第二议定书有关问题的通知（国税函〔2010〕9 号）	国家税务总局
2010-02-12	关于启用《外商投资合伙企业营业执照》和《外商投资合伙企业分支机构营业执照》的通知（工商外企字〔2010〕35 号）	国家工商行政管理总局
2010-02-20	税务总局关于印发《外国企业常驻代表机构税收管理暂行办法》的通知（国税发〔2010〕18 号）	国家税务总局
2010-07-26	关于印发《〈中华人民共和国政府和新加坡共和国政府关于对所得避免双重征税和防止偷漏税的协定〉及议定书条文解释》的通知（国税发〔2010〕75 号）	国家税务总局
2010-09-06	关于海峡两岸空中直航营业税和企业所得税政策的通知（财税〔2010〕63 号）	财政部、国家税务总局
2011-01-06	关于《中华人民共和国政府和新加坡共和国政府关于对所得避免双重征税和防止偷漏税的协定》第三议定书生效执行的公告（国家税务总局公告 2011 年第 3 号）	国家税务总局
2011-01-06	关于《内地和香港特别行政区关于对所得避免双重征税和防止偷漏税的安排》第三议定书生效执行的公告（国家税务总局公告 2011 年第 1 号）	国家税务总局
2011-01-12	关于外商投资企业进口触媒剂、催化剂、磨料、燃料有关事宜（总署公告〔2011〕2 号）	海关总署
2011-10-13	外商直接投资人民币结算业务管理办法（中国人民银行公告〔2011〕第 23 号）	中国人民银行

续表

发布时间	政策法规名称	发布部门
2011-12-08	商务部、外汇局关于进一步完善外商投资性公司有关管理措施的通知（商资函〔2011〕1078 号）	商务部、外汇局
2012-05-07	商务部关于完善外商投资创业投资企业备案管理的通知（商资函〔2012〕269 号）	商务部
2012-11-19	关于进一步改进和调整直接投资外汇管理政策的通知（汇发〔2012〕59 号）	国家外汇管理局
2013-02-20	台湾投资者经第三地转投资认定暂行办法（商务部、国务院台湾事务办公室公告 2013 年第 12 号）	商务部、国务院台湾事务办公室
2013-02-21	关于开展 2013 年外商投资企业联合年检工作的通知（商资函〔2013〕84 号）	商务部、财政部、税务总局、工商总局、统计局、外汇局
2013-05-10	关于印发《外国投资者境内直接投资外汇管理规定》及配套文件的通知（汇发〔2013〕21 号）	国家外汇管理局
2014-03-10	关于《中华人民共和国政府和厄瓜多尔共和国政府对所得避免双重征税和防止偷漏税的协定》及议定书生效执行的公告（国家税务总局公告 2014 年第 16 号）	国家税务总局
2014-06-17	关于改进外资审核管理工作的通知	商务部
2014-06-24	关于中外合资经营等类型企业转变为外商投资股份有限公司有关问题的函（商办资函〔2014〕516 号）	商务部办公厅
2014-07-04	关于在部分地区开展外商投资企业外汇资本金结汇管理方式改革试点有关问题的通知（汇发〔2014〕36 号）	国家外汇管理局
2014-07-25	关于开展设立外资独资医院试点工作的通知（国卫医函〔2014〕244 号）	国家卫生和计划生育委员会、商务部
2014-08-01	关于《中华人民共和国政府和荷兰王国政府对所得避免双重征税和防止偷漏税的协定》及议定书生效执行的公告（国家税务总局公告 2014 年第 46 号）	国家税务总局
2015-01-13	关于外资银行结售汇专用人民币账户管理有关问题的通知（银发〔2015〕12 号）	中国人民银行
2015-02-12	关于规范个人本外币兑换特许业务和外币代兑业务有关事项的通知（汇综发〔2015〕38 号）	国家外汇管理局综合司
2015-02-13	关于进一步简化和改进直接投资外汇管理政策的通知（汇发〔2015〕13 号）	国家外汇管理局
2015-03-03	关于在广东省对香港、澳门服务提供者暂时调整有关行政审批和准入特别管理措施的决定（国发〔2015〕12 号）	国务院

续表

发布时间	政策法规名称	发布部门
2015-04-09	关于明确外商投资殡葬服务设施审批权限的通知（商办资函〔2015〕123 号）	商务部办公厅
2015-04-13	商务部关于做好取消鼓励类外商投资企业项目确认审批后续工作的通知（商资函〔2015〕160 号）	商务部
2015-07-01	中华人民共和国外资银行管理条例实施细则（修订）（中国银监会令 2015 年第 7 号）	中国银监会
2015-08-05	关于印发《跨国公司外汇资金集中运营管理规定》的通知（汇发〔2015〕36 号）	国家外汇管理局
2015-08-19	关于调整房地产市场外资准入和管理有关政策的通知（建房〔2015〕122 号）	住房城乡建设部、商务部、国家发展改革委、人民银行、工商总局、外汇局
2015-11-06	关于进一步改进外商投资房地产备案工作的通知（商资函〔2015〕895 号）	商务部、外汇局
2016-01-08	关于《多边税收征管互助公约》生效执行的公告（国家税务总局公告 2016 年第 4 号）	国家税务总局
2016-02-06	外商投资电信企业管理规定（2016 修订）	国务院
2016-04-13	关于开展修订《中西部地区外商投资优势产业目录（2013 年修订）》工作的通知（发改办外资〔2016〕950 号）	国家发展改革委办公厅
2016-04-26	《外商投资民用航空业规定》的补充规定（四）（交通运输部令 2016 年第 53 号）	交通运输部，商务部，发展和改革委员会
2016-04-26	《外商投资民用航空业规定》的补充规定（五）（交通运输部令 2016 年第 54 号）	交通运输部，商务部，发展和改革委员会
2016-05-18	公布《港澳服务提供者在内地投资备案管理办法（试行）》（商务部公告 2016 年第 20 号）	商务部
2016-05-19	关于开展 2016 年外商投资企业年度投资经营信息联合报告工作的通知（商资函〔2016〕223 号）	商务部、财政部、税务总局、统计局
2016-05-23	关于《中华人民共和国政府和巴林王国政府关于对所得避免双重征税和防止偷漏税的协定》议定书生效执行的公告（国家税务总局公告 2016 年第 31 号）	国家税务总局
2016-05-31	关于在内地对香港、澳门服务提供者暂时调整有关行政审批和准入特别管理措施的决定（国发〔2016〕32 号）	国务院
2016-09-30	关于做好外商投资企业实行备案管理后有关登记注册工作的通知（工商企注字〔2016〕189 号）	国家工商总局
2016-10-08	《外商投资企业设立及变更备案管理暂行办法》（中华人民共和国商务部令 2016 年第 3 号）	商务部

续表

发布时间	政策法规名称	发布部门
2016–12–13	关于做好外商投资企业设立及变更备案监督检查有关工作的通知（商资函〔2016〕第 954 号）	商务部
2016–12–28	关于境内外资银行申请 2017 年度中长期外债借用规模有关事项的通知（发改办外资〔2016〕2830 号）	国家发展改革委办公厅
2017–02–03	关于外商投资企业注册登记有关事宜的公告（公告〔2017〕9 号）	海关总署
2017–02–17	中西部地区外商投资优势产业目录（2017 年修订）（中华人民共和国国家发展和改革委员会、中华人民共和国商务部令第 33 号）	国家发展和改革委员会、商务部
2017–03–17	关于执行《中西部地区外商投资优势产业目录（2017 年修订）》的公告（海关总署公告 2017 年第 14 号）	海关总署
2017–06–28	外商投资产业指导目录（2017 年修订）（中华人民共和国国家发展和改革委员会、中华人民共和国商务部令第 4 号）	国家发展和改革委员会、商务部
2017–07–18	关于执行《外商投资产业指导目录（2017 年修订）》有关问题的公告（公告〔2017〕30 号）	海关总署
2017–07–25	关于印发《外商投资统计制度（2017 年）》的通知	商务部
2017–07–30	关于外商投资企业设立及变更备案管理有关事项的公告（商务部公告 2017 年第 37 号）	商务部
2017–07–30	关于修改《外商投资企业设立及变更备案管理暂行办法》的决定（中华人民共和国商务部令 2017 年第 2 号）	商务部
2017–08–08	关于促进外资增长若干措施的通知（国发〔2017〕39 号）	国务院
2017–09–08	关于印发《外商投资企业知识产权保护行动方案》的通知（打假办发〔2017〕8 号）	全国打击侵犯知识产权和制售假冒伪劣商品工作领导小组办公室会同知识产区局、公安部、农业部、商务部、海关总署、工商总局、新闻出版广电总局、林业局、邮政局、最高法院、最高检察院
2017–11–04	中华人民共和国中外合作经营企业法（2017 修订）	全国人民代表大会常务委员会
2017–11–06	关于印发《外商投资企业参与我国标准化工作的指导意见》的通知（国标委综合联〔2017〕119 号）	国家标准委、国家发展改革委、商务部
2018–02–13	关于修改《中华人民共和国外资保险公司管理条例实施细则》等四部规章的决定（保监会令 2018 年第 4 号）	中国保险监督管理委员会

续表

发布时间	政策法规名称	发布部门
2018-02-28	关于实行外商投资企业商务备案与工商登记“单一窗口、单一表格”受理有关工作的通知（商办资函〔2018〕87号）	商务部办公厅、工商总局办公厅
2018-03-12	关于开展2018年外商投资企业投资经营信息联合报告的通知（商资函〔2018〕92号）	商务部、财政部、税务总局、质检总局、统计局、外汇局
2018-03-13	关于支持原油等货物期货市场对外开放税收政策的通知（财税〔2018〕21号）	财政部，税务总局，证监会

资料来源：摘选自中国投资指南网—法律法规库—引进来政策法规，http：//www.fdi.gov.cn。

附录12　改革开放以来中国对外投资政策法规

发布时间	政策法规名称	发布部门
1989-03-01	国家外汇管理局关于外商投资企业在境外开立帐户的管理规定	国家外汇管理局
1989-03-06	境外投资外汇管理办法	国家外汇管理局
1997-12-11	境外外汇帐户管理规定（汇政发字〔1997〕第10号）	国家外汇管理局
2002-11-12	国家外汇管理局关于清理境外投资汇回利润保证金有关问题的通知（汇发〔2002〕110号）	国家外汇管理局
2003-03-19	国家外汇管理局关于简化境外投资外汇资金来源审查有关问题的通知（汇发〔2003〕43号）	国家外汇管理局
2003-09-01	国家外汇管理局关于调整境内居民个人经常项目下购汇政策的通知（汇发〔2003〕104号）	国家外汇管理局
2004-02-16	关于印发《外派劳务培训管理办法》的通知（商合发〔2004〕63号）	商务部
2004-03-18	关于2004年境外投资联合年检和综合绩效评价工作有关事项的通知（商合函〔2004〕第6号）	商务部、国家外汇管理局
2004-07-08	关于发布《对外投资国别产业导向目录》的通知（商合发〔2004〕63号）	商务部、外交部
2004-07-26	对外劳务合作经营资格管理办法（商务部、国家工商行政管理总局令第3号）	商务部、国家工商行政管理总局
2004-08-10	关于外商投资企业对外投资资产评估增减值财务处理问题的补充通知（财企〔2004〕第134号）	财政部
2004-09-02	关于印发《对外劳务合作经营资格证书管理办法》的通知	商务部

续表

发布时间	政策法规名称	发布部门
2004-09-02	关于执行《对外劳务合作经营资格管理办法》有关问题的通知	商务部
2004-09-09	关于启用《内地企业赴港澳地区投资批准证书》的通知	商务部办公厅
2004-09-29	关于启用《中华人民共和国境外投资批准证书》的通知	商务部办公厅
2004-10-27	关于对国家鼓励的境外投资重点项目给予信贷支持政策的通知（发改外资〔2004〕第2345号）	国家发展和改革委员会、中国进出口银行
2004-12-30	关于印发《对外承包工程、劳务合作和设计咨询业务统计制度》的通知（商合发〔2004〕第690号）	商务部
2005-01-06	关于对对外劳务合作经营资格核准实行网上公示的通知	商务部办公厅
2005-03-31	关于印发《企业境外并购事项前期报告制度》的通知（商合发〔2005〕第131号）	商务部、国家外汇管理局
2005-04-06	关于2005年境外投资联合年检和综合绩效评价工作有关事项的通知（商合函〔2005〕第9号）	商务部、国家外汇管理局
2005-08-15	《对外劳务合作经营资格管理办法》补充规定（商务部、国家工商行政管理总局令第14号）	商务部、国家工商行政管理总局
2005-09-14	境外中资企业（机构）报到登记制度	商务部
2005-09-25	关于进一步加强对境外投资重点项目融资支持有关问题的通知（发改外资〔2005〕第1838号）	国家发展和改革委员会、国家开发银行
2005-11-23	外派海员类对外劳务合作经营资格管理规定（中华人民共和国商务部令第15号）	商务部
2005-12-01	关于印发《对外承包工程项下外派劳务管理暂行办法》的通知	商务部
2006-01-09	关于2005年对外承包工程项目贷款财政贴息有关问题的通知（财企〔2006〕第5号）	财政部、商务部
2006-01-22	关于规范境外中资企业及机构冠名有关事项的通知	商务部
2006-06-02	关于2006年境外投资联合年检和综合绩效评价工作有关事项的通知（商合函〔2006〕第8号）	商务部、国家外汇管理局
2006-09-30	关于印发《2006年度境外企业财务会计决算报表》的通知（财企〔2006〕第341号）	财政部
2006-12-11	关于印发《对外承包工程、劳务合作和设计咨询业务统计制度》的通知（商合发〔2006〕第659号）	商务部
2007-01-31	关于公布《对外投资国别产业导向目录（三）》的通知（商合发〔2007〕第29号）	商务部、外交部、国家发展和改革委员会
2007-03-23	关于做好对外劳务合作项目确认工作的通知（商合字〔2007〕27号）	商务部办公厅

续表

发布时间	政策法规名称	发布部门
2007-07-26	保险资金境外投资管理暂行办法（中国保险监督管理委员会、中国人民银行、国家外汇管理局令第2号）	中国保险监督管理委员会、中国人民银行、国家外汇管理局
2007-07-02	关于2007年境外投资联合年检和综合绩效评价工作有关事项的通知（商合函〔2007〕第23号）	商务部、国家外汇管理局
2008-06-06	关于进一步规范我国企业对外投资合作的通知（商合发〔2008〕222号）	商务部、外交部、国务院国有资产监督管理委员会
2008-07-21	对外承包工程管理条例（中华人民共和国国务院令第527号）	国务院
2008-09-01	关于2008年境外投资联合年检和综合绩效评价工作有关事项的通知（商合函〔2008〕65号）	商务部、国家外汇管理局
2008-12	对外承包工程国别产业导向目录（首批）	中华人民共和国商务部对外投资和经济合作司
2009-05-08	关于大陆企业赴台湾地区投资或设立非企业法人有关事项的通知（商合发〔2009〕219号）	商务部、国务院台湾事务办公室
2009-07-13	关于发布《境内机构境外直接投资外汇管理规定》的通知（汇发〔2009〕30号）	国家外汇管理局
2009-12-16	关于境外投资联合年检工作有关事项的通知（商合函〔2009〕60号）	商务部、国家外汇管理局
2006-12-25	关于企业境外所得税收抵免有关问题的通知（财税〔2009〕125号）	财政部、国家税务总局
2010-05-05	关于加强外派海员类对外劳务合作管理有关事宜的通知（商合发〔2010〕148号）	商务部、交通运输部
2010-05-07	关于做好2010年对外经济技术合作专项资金申报工作的通知（财企〔2010〕77号）	财政部、商务部
2010-06-02	关于境外分行取得来源于境内利息所得扣缴企业所得税问题的通知（国税函〔2010〕266号）	国家税务总局
2010-06-08	关于印发《银行业金融机构国别风险管理指引》的通知（银监发〔2010〕45号）	中国银监会
2010-06-30	关于境内银行境外直接投资外汇管理有关问题的通知（汇发〔2010〕31号）	国家外汇管理局
2010-07-02	关于发布《企业境外所得税收抵免操作指南》的公告（国家税务总局公告2010年第1号）	国家税务总局
2010-08-13	关于印发《境外中资企业机构和人员安全管理规定》的通知（商合发〔2010〕313号）	商务部、外交部、国家发展和改革委员会、公安部、国务院国有资产监督管理委员会、国家安全生产监督管理总局、中华全国工商业联合会

续表

发布时间	政策法规名称	发布部门
2010-08-26	商务部印发《对外投资合作境外安全风险预警和信息通报制度》	商务部
2010-09-15	商务部关于对外劳务合作经营资格核准有关事宜的通知	商务部
2010-11-09	关于印发《大陆企业赴台湾地区投资管理办法》的通知（发改外资〔2010〕2661 号）	国家发展改革委、商务部、国务院台办
2011-01-06	境外直接投资人民币结算试点管理办法（中国人民银行公告〔2011〕第 1 号）	中国人民银行
2011-04-18	关于做好 2011 年对外经济技术合作专项资金申报工作的通知（财企〔2011〕76 号）	财政部、商务部
2011-05-31	关于高新技术企业境外所得适用税率及税收抵免问题的通知（财税〔2011〕47 号）	财政部、国家税务总局
2011-07-27	关于印发《境外注册中资控股居民企业所得税管理办法（试行）》的公告（国家税务总局公告 2011 年第 45 号）	国家税务总局
2011-08-30	商务部、发展改革委、外交部关于发布《对外投资国别产业指引（2011 版）》的通知（商合函〔2011〕767 号）	商务部、发展改革委、外交部
2011-12-07	关于《对外承包工程项目投标（议标）管理办法》（商务部、银监会、保监会令 2011 年第 3 号）	商务部、银监会、保监会
2012-01-11	关于下发境外中资企业机构和人员安全管理指南的通知	商务部
2012-06-04	对外劳务合作管理条例（中华人民共和国国务院令第 620 号）	国务院
2012-08-16	关于对外劳务合作经营资格管理有关工作的函（商合函〔2012〕644 号）	商务部
2013-02-18	关于印发《对外投资合作环境保护指南》的通知（商合函〔2013〕74 号）	商务部、环境保护部
2013-03-18	关于印发《规范对外投资合作领域竞争行为的规定》的通知	商务部
2013-05-06	关于启用对外投资合作在外人员信息管理系统的通知（商办合函〔2013〕253 号）	商务部办公厅
2013-05-23	关于 2013 年境外经贸合作区考核工作的通知（商合函〔2013〕280 号）	商务部、财政部
2013-06-20	劳务派遣行政许可实施办法（中华人民共和国人力资源和社会保障部令第 19 号）	人力资源和社会保障部

续表

发布时间	政策法规名称	发布部门
2013-07-05	关于印发《对外投资合作和对外贸易领域不良信用记录试行办法》的通知（商合发〔2013〕248 号）	商务部、外交部、公安部、住房城乡建设部、海关总署、税务总局、工商总局、质检总局、外汇局
2013-10-15	关于加强对外投资合作在外人员分类管理工作的通知	商务部
2013-11-15	关于中国（上海）自由贸易试验区内企业以非货币性资产对外投资等资产重组行为有关企业所得税政策问题的通知（财税〔2013〕91 号）	财政部、国家税务总局
2013-12-13	关于支持境外经济贸易合作区建设发展有关问题的通知（商合函〔2013〕1016 号）	商务部、国家开发银行
2014-01-24	劳务派遣暂行规定（中华人民共和国人力资源和社会保障部令第 22 号）	人力资源和社会保障部
2014-02-08	关于印发《境外企业知识产权指南（试行）》的通知（商法函〔2014〕61 号）	商务部
2014-05-14	关于实施《境外投资项目核准和备案管理办法》有关事项的通知（发改外资〔2014〕947 号）	国家发展改革委
2014-06-13	关于印发境外投资项目核准文件格式文本的通（发改办外资〔2014〕1329 号）	国家发展改革委办公厅
2014-06-22	关于启用全国境外投资项目备案管理网络系统的通知（发改办外资〔2014〕1386 号）	国家发展改革委办公厅
2014-06-30	关于居民企业报告境外投资和所得信息有关问题的公告（国家税务总局公告 2014 年第 38 号）	国家税务总局
2014-07-04	关于境内居民通过特殊目的公司境外投融资及返程投资外汇管理有关问题的通知（汇发〔2014〕37 号）	国家外汇管理局
2014-07-18	对外劳务合作风险处置备用金管理办法（试行）（商务部、财政部令 2014 年第 2 号）	商务部、财政部
2014-09-05	关于加强对外劳务合作管理的通知（商合函〔2014〕733 号）	商务部
2014-09-06	境外投资管理办法（商务部令 2014 年第 3 号）	商务部
2014-12-26	关于印发《对外承包工程业务统计制度》和《对外劳务合作业务统计制度》的通知（商合函〔2014〕976 号）	商务部
2015-01-20	关于继续做好对外劳务合作管理有关工作的通知（商办合函〔2015〕35 号）	商务部办公厅
2015-10-10	关于印发《关于驻外经商机构为企业办理对外承包工程项目投标（议标）核准意见的暂行规定》的通知（商办合函〔2015〕686 号）	商务部办公厅

续表

发布时间	政策法规名称	发布部门
2015-10-19	保险公司设立境外保险类机构管理办法（2015 年修订）（中国保险监督管理委员会令 2006 年第 7 号）	中国保险监督管理委员会
2015-10-19	关于修改《保险公司设立境外保险类机构管理办法》等八部规章的决定（保监会令 2015 年第 3 号）	中国保险监督管理委员会
2015-10-28	关于境外中央银行类机构投资银行间市场外汇账户管理有关问题的通知（汇发〔2015〕43 号）	国家外汇管理局
2015-12-01	关于印发《对外直接投资统计工作考核办法》的通知（商办合函〔2016〕889 号）	商务部办公厅
2016-12-05	关于调整境外收购或竞标项目信息报告报送格式的通知（发改办外资〔2016〕2613 号）	国家发展改革委办公厅
2016-12-30	2016 对外直接投资统计制度	商务部、国家统计局、国家外汇管理局
2017-01-07	中央企业境外投资监督管理办法（国务院国有资产监督管理委员会令第 35 号）	国有资产监督管理委员会
2017-01-12	关于印发《对外承包工程业务统计制度》和《对外劳务合作业务统计制度》的通知（2017 年更新）	商务部
2017-05-31	关于开展规范外派劳务市场秩序专项行动的通知（商办合函〔2017〕215 号）	商务部办公厅
2017-07-14	关于进一步加强对外劳务合作管理的通知（商合字〔2017〕9 号）	商务部办公厅
2017-08-04	关于进一步引导和规范境外投资方向指导意见的通知（国办发〔2017〕74 号）	国务院办公厅转发国家发展改革委、商务部、人民银行、外交部
2017-09-27	关于做好对外承包工程资格审批取消后有关政策衔接工作的通知（商办合函〔2017〕390 号）	商务部办公厅、海关总署办公厅、质检总局办公厅
2017-10-25	关于做好“对外投资”监管方式海关申报的通知（商办合函〔2017〕422 号）	商务部办公厅
2017-10-26	关于印发《对外投资合作“双随机一公开”监管工作细则（试行）》的通知（商办合函〔2017〕426 号）	商务部办公厅
2017-10-31	关于加强对外经济合作领域信用体系建设的指导意见（发改外资〔2017〕1893 号）	国家发展改革委、商务部、人民银行、外交部、全国工商联

续表

发布时间	政策法规名称	发布部门
2017-10-31	关于印发《关于对对外经济合作领域严重失信主体开展联合惩戒的合作备忘录》的通知（发改外资〔2017〕1894号）	国家发展改革委、人民银行、商务部、外交部、中央组织部、中央文明办、中央网信办、工业和信息化部、公安部、财政部、国土资源部、环境保护部、交通运输部、农业部、文化部、国资委、海关总署、税务总局、工商总局、质检总局、食品药品监管总局、安监总局、统计局、银监会、证监会、保监会、能源局、外汇局
2017-11-21	关于企业境外承包工程税收抵免凭证有关问题的公告（国家税务总局公告2017年第41号）	国家税务总局
2017-12-06	关于发布《民营企业境外投资经营行为规范》的通知（发改外资〔2017〕2050号）	国家发展改革委、商务部、人民银行、外交部、全国工商联
2017-12-21	关于境外投资者以分配利润直接投资暂不征收预提所得税政策问题的通知（财税〔2017〕88号）	财政部、税务总局、国家发展改革委、商务部
2017-12-26	企业境外投资管理办法（中华人民共和国国家发展和改革委员会令第11号）	国家发展和改革委员会
2017-12-28	关于完善企业境外所得税收抵免政策问题的通知（财税〔2017〕84号）	财政部、税务总局
2017-12-29	关于规范银行卡境外大额提取现金交易的通知（汇发〔2017〕29号）	国家外汇管理局
2018-01-02	关于境外投资者以分配利润直接投资暂不征收预提所得税政策有关执行问题的公告（国家税务总局公告2018年第3号）	国家税务总局
2018-01-18	关于印发《对外投资备案（核准）报告暂行办法》的通知（商合发〔2018〕24号）	商务部、人民银行、国资委、银监会、证监会、保监会、外汇局
2018-01-31	关于发布境外投资敏感行业目录（2018年版）的通知（发改外资〔2018〕251号）	国家发展改革委
2018-02-09	关于发布企业境外投资管理办法配套格式文本（2018年版）的通知（发改外资〔2018〕252号）	国家发展改革委
2018-04-10	关于引导对外投融资基金健康发展的意见（发改外资〔2018〕553号）	国家发展改革委、财政部、商务部、人民银行、中国银行保险监督管理委员会、证监会

资料来源：摘选自中国投资指南网–法律法规库–走出去政策法规，http：//www.fdi.gov.cn/。

附录 13　1979—2015 年中国利用外资规模及增速变化

单位：亿美元，%

年份	利用外资总计	外商直接投资	利用外资增速
1979—1983	144.38	18.02	—
1984	27.05	12.58	—
1985	44.62	16.58	65.0
1986	72.58	18.74	62.7
1987	84.52	23.14	16.5
1988	102.26	31.94	21.0
1989	100.59	33.92	−1.6
1990	102.89	34.87	2.3
1991	115.54	43.66	12.3
1992	192.02	110.07	66.2
1993	389.60	275.15	102.9
1994	432.13	337.67	10.9
1995	481.33	375.21	11.4
1996	548.04	417.25	13.9
1997	644.08	452.57	17.5
1998	585.57	454.63	−9.1
1999	526.59	403.19	−10.1
2000	593.56	407.15	12.7
2001	496.72	468.78	−16.3
2002	550.11	527.43	10.7
2003	561.40	535.05	2.1
2004	640.72	606.30	14.1
2005	638.05	603.21	−0.4
2006	670.76	630.21	5.1
2007	783.39	747.68	16.8
2008	952.53	923.95	21.6
2009	918.04	900.33	−3.6
2010	1 088.21	1 057.35	18.5
2011	1 176.98	1 160.11	8.2
2012	1 132.94	1 117.16	−3.7
2013	1 187.21	1 175.86	4.8
2014	1 197.05	1 195.62	0.8
2015	1 262.67	1 262.67	5.5

注：2000 年及以前的实际利用外资金额含对外借款。增速：比上年%。

数据来源：1999 年、2002 年、2016 年《中国统计年鉴》。

附录14　1985—2015年中国外商直接投资的主要方式变化

单位：%

年份	合作经营企业	合资经营企业	外资企业	外商投资股份制企业
1985	58.9	34.2	0.8	—
1986	47.9	47.9	0.7	—
1987	34.6	52.6	12.7	—
1988	30.7	59.2	9.1	—
1989	19.3	47.5	29.5	—
1990	9.9	21.4	19.4	—
1991	16.2	46.2	27.8	—
1992	27.0	50.1	27.0	—
1993	22.9	49.5	27.3	—
1994	24.6	48.6	26.5	—
1995	19.5	43.5	36.9	—
1996	19.5	43.5	36.6	—
1997	19.7	43.1	35.8	—
1998	21.4	40.4	36.2	0.016
1999	20.4	38.6	38.6	0.007
2000	16.2	35.2	47.3	0.003
2001	13.3	33.6	50.9	0.011
2002	9.6	28.4	60.2	0.013
2003	7.2	28.8	62.4	0.006
2004	5.1	27.0	66.3	0.013
2005	3.0	24.2	71.2	0.015
2006	3.1	22.8	73.4	0.007
2007	1.9	20.9	76.6	0.007
2008	2.1	18.7	78.3	0.009
2009	2.3	19.2	76.3	0.022
2010	1.5	21.3	76.6	0.006
2011	1.5	18.5	78.6	0.014
2012	2.1	19.4	77.1	0.014
2013	1.7	20.2	76.2	0.019
2014	1.4	17.6	79.2	0.018
2015	1.5	20.5	75.5	0.026

注：（1）1985—1996年数据为合同协议金额比重，1997—2015年数据为实际使用金额比重。（2）《中国统计年鉴》最早从1985年开始统计外商直接投资主要方式数据。

数据来源：根据1986—2016年《中国统计年鉴》数据整理。

附录 15　2004—2015 年中国实际外商直接投资额（按行业分布）

单位：万美元

年份	2004	2005	2006	2007	2008	2009	2010	2011	2012	2013	2014	2015
农、林、牧、渔业	111 434	71 826	59 945	92 407	119 102	142 873	191 195	200 888	206 220	180 003	152 227	153 386
采矿业	53 800	35 495	46 052	48 944	57 283	50 059	68 440	61 279	77 046	36 495	56 222	24 292
制造业	4 301 724	4 245 291	4 007 671	4 086 482	4 989 483	4 677 146	4 959 058	5 210 054	4 886 649	4 555 498	3 993 872	3 954 290
电力、燃气及水的生产和供应业	113 624	139 437	128 136	107 255	169 602	211 206	212 477	211 843	163 897	242 910	220 290	225 022
建筑业	77 158	49 020	68 801	43 424	109 256	69 171	146 062	91 694	118 176	121 983	123 949	155 876
交通运输、仓储和邮政业	127 285	181 230	198 485	200 676	285 131	252 728	224 373	319 079	347 376	421 738	445 559	418 607
信息传输、计算机服务和软件业	91 609	101 454	107 049	148 524	277 479	224 694	248 667	269 918	335 809	288 056	275 511	383 556
批发和零售业	73 959	103 854	178 941	267 652	443 297	538 980	659 566	842 455	946 187	1 151 099	946 340	1 202 313
住宿和餐饮业	84 094	56 017	82 764	104 165	93 851	84 412	93 494	84 289	70 157	77 181	65 021	43 398

续表

年份	2004	2005	2006	2007	2008	2009	2010	2011	2012	2013	2014	2015
金融业	25 248	21 969	29 369	25 729	57 255	45 617	112 347	190 970	211 945	233 046	418 216	1 496 889
房地产业	595 015	541 807	822 950	1 708 873	1 858 995	1 679 619	2 398 556	2 688 152	2 412 487	2 879 807	3 462 611	2 899 484
租赁和商务服务业	282 423	374 507	422 266	401 881	505 884	607 806	713 023	838 247	821 105	1 036 158	1 248 588	1 004 973
科学研究、技术服务和地质勘查业	29 384	34 041	50 413	91 668	150 555	167 363	196 692	245 781	309 554	275 026	325 466	452 936
水利、环境和公共设施管理业	22 911	13 906	19 517	27 283	34 027	55 613	90 859	86 427	85 028	103 586	57 349	43 334
居民服务和其他服务业	15 795	26 001	50 402	72 270	56 992	158 596	205 268	188 357	116 451	65 693	71 813	72 131
教育	3 841	1 775	2 940	3 246	3 641	1 349	818	395	3 437	1 822	2 097	2 894
卫生、社会保障和社会福利业	8 738	3 926	1 517	1 157	1 887	4 283	9 017	7 751	6 430	6 435	7 757	14 338
文化、体育和娱乐业	44 776	30 543	24 136	45 109	25 818	31 756	43 612	63 455	53 655	82 079	82 338	78 941
公共管理和社会组织	180	370	707	44		1		66	5	5	930	

数据来源：2005—2016 年《中国统计年鉴》。

附录 16　1986—2015 年中国东、中、西部利用投资总额及占比变化

单位：亿美元，%

	东部合计	中部合计	西部合计	东部占比	中部占比	西部占比
1986	23.828 8	1.906 3	1.978 0	85.86	6.87	7.13
1987	27.986 3	1.868 5	2.256 7	87.15	5.82	7.03
1988	48.136 9	3.228 0	4.734 4	85.81	5.75	8.44
1989	49.604 5	4.053 2	4.824 4	84.82	6.93	8.25
1990	48.019 5	4.320 4	2.597 9	87.41	7.86	4.73
1991	58.304 8	5.198 7	3.988 1	86.52	7.71	5.92
1992	825.597 5	114.868 9	85.407 8	80.48	11.20	8.33
1993	3 176.140 1	363.351 2	284.396 4	83.06	9.50	7.44
1994	302.981 3	28.245 0	25.371 5	84.96	7.92	7.11
1995	332.639 8	41.581 0	22.987 3	83.74	10.47	5.79
1996	398.901 1	53.580 3	29.931 5	82.69	11.11	6.20
1997	365.038 5	50.117 8	28.463 6	76.59	10.52	5.97
1998	404.480 4	43.929 5	23.505 0	85.71	9.31	4.98
1999	358.561 9	37.571 1	18.397 7	86.50	9.06	4.44
2000	6 817.220 5	721.863 1	502.898 1	84.77	8.98	6.25
2001	7 315.067 3	680.525 1	526.338 8	85.84	7.99	6.18
2002	8 132.490 0	869.910 0	569.470 0	84.96	9.09	5.95
2003	9 169	983.370 0	639.170 0	84.96	9.11	5.92
2004	10 687	1 145	772	84.80	9.08	6.12
2005	12 412	1 356	870	84.78	9.26	5.94
2006	14 354	1 697	1 024	84.06	9.94	6.00
2007	17 369	1 977	1 281	84.21	9.58	6.21
2008	19 015	2 006	1 597	84.07	8.87	7.06
2009	20 037	2 230	1 765	83.38	9.28	7.34
2011	23 678	2 873	2 245	82.23	9.98	7.80
2012	25 689	3 149	2 567	81.80	10.03	8.17
2013	27 795	3 429	2 795	81.70	10.08	8.22
2014	30 797	3 943	3 236	81.09	10.38	8.52
2015	36 693	4 877	3 818	80.84	10.74	8.41

注：表中数据为历年外商投资总额，包括外商直接投资、对外借款和外商其他投资。

数据来源：1987—2016 年《中国统计年鉴》。

附录17　1986—2015年中国利用七大洲外资金额及总占比

单位：万美元

年份	总计	亚洲	非洲	欧洲	南美洲	北美洲	大洋洲	其他
1986	725 830	458 602	—	74 385	—	42 424	11 163	139 256
1987	845 156	520 195	—	129 489	3 472	60 595	1 600	118 805
1988	1 022 639	663 190	—	164 160	1 391	34 626	613	158 759
1989	1 005 915	603 452	—	198 086	—	46 160	4 646	121 829
1990	1 028 939	579 217	16	225 571	676	83 710	7 014	132 735
1991	1 155 417	542 687	—	223 679	356	84 733	3 252	300 710
1992	1 920 233	1 336 743	316	224 178	2 393	85 639	3 841	267 123
1993	3 895 972	2 929 767	3 568	294 898	5 704	304 282	19 740	109 375
1994	4 321 284	2 958 527	859	408 101	16 261	371 830	19 750	546 256
1995	4 813 269	3 305 298	1 461	323 256	—	—	—	—
1996	5 480 416	3 591 097	714	410 155	—	—	—	—
1997	5 238 734	3 540 641	8 237	455 961	198 152	391 019	58 619	586 105
1998	4 755 749	3 242 187	15 876	440 933	456 227	460 454	54 004	86 068
1999	4 244 696	2 815 667	19 606	496 693	321 835	462 284	51 265	77 346
2000	4 935 627	2 714 355	28 771	476 762	462 581	482 013	69 403	701 742
2001	4 967 212	3 142 330	32 977	450 261	631 623	520 589	101 502	87 930
2002	5 501 109	3 453 398	56 465	409 131	758 773	662 281	141 851	19 213
2003	5 614 015	3 650 728	61 776	431 329	691 441	533 388	173 424	71 929
2004	6 407 298	3 994 633	77 568	480 193	925 633	498 085	197 566	233 620
2005	6 380 497	3 812 652	107 086	565 718	1 140 844	374 311	199 916	179 970
2006	6 707 572	3 719 299	121 735	572 949	1 427 660	370 070	226 237	269 622
2007	7 833 941	4 461 516	148 683	438 985	2 011 967	342 391	281 290	149 098
2008	9 525 337	5 829 389	167 013	550 878	2 091 637	402 335	316 987	167 098
2009	9 180 388	6 180 055	131 075	556 958	—	—	—	—
2010	10 881 857	8 002 936	127 992	597 658	—	—	—	—
2011	11 769 730	9 056 666	164 091	589 343	1 293 651	359 783	262 228	43 968

续表

年份	总计	亚洲	非洲	欧洲	南美洲	北美洲	大洋洲	其他
2012	11 329 421	8 787 082	138 787	632 388	1 018 357	385 448	226 589	140 760
2013	11 872 059	9 562 513	137 901	698 319	820 687	408 372	232 652	11 615
2014	11 970 533	9 876 695	101 826	669 165	771 545	325 619	189 251	36 432
2015	12 626 555	10 415 946	58 507	689 705	913 768	304 272	244 357	—

数据来源：根据 1987—2016 年《中国统计年鉴》计算整理得到。

附录 18　1986—2015 年中国利用七大洲外资年度占比

单位：%

年份	亚洲	非洲	欧洲	南美洲	北美洲	大洋洲	其他
1986	63.2	0.0	10.2	0.0	5.8	1.5	19.2
1987	61.6	0.0	15.3	0.4	7.2	0.2	14.1
1988	64.9	0.0	16.1	0.1	3.4	0.1	15.5
1989	60.0	0.0	19.7	0.0	4.6	0.5	12.1
1990	56.3	0.0	21.9	0.1	8.1	0.7	12.9
1991	47.0	0.0	19.4	0.0	7.3	0.3	26.0
1992	69.6	0.0	11.7	0.1	4.5	0.2	13.9
1993	75.2	0.1	7.6	0.1	7.8	0.5	2.8
1994	68.5	0.0	9.4	0.4	8.6	0.5	12.6
1995	68.7	0.0	6.7	0.0	0.0	0.0	0.0
1996	65.5	0.0	7.5	0.0	0.0	0.0	0.0
1997	67.6	0.2	8.7	3.8	7.5	1.1	11.2
1998	68.2	0.3	9.3	9.6	9.7	1.1	1.8
1999	66.3	0.5	11.7	7.6	10.9	1.2	1.8
2000	55.0	0.6	9.7	9.4	9.8	1.4	14.2
2001	63.3	0.7	9.1	12.7	10.5	2.0	1.8
2002	62.8	1.0	7.4	13.8	12.0	2.6	0.3
2003	65.0	1.1	7.7	12.3	9.5	3.1	1.3
2004	62.3	1.2	7.5	14.4	7.8	3.1	3.6

续表

年份	亚洲	非洲	欧洲	南美洲	北美洲	大洋洲	其他
2005	59.8	1.7	8.9	17.9	5.9	3.1	2.8
2006	55.4	1.8	8.5	21.3	5.5	3.4	4.0
2007	57.0	1.9	5.6	25.7	4.4	3.6	1.9
2008	61.2	1.8	5.8	22.0	4.2	3.3	1.8
2009	67.3	1.4	6.1	0.0	0.0	0.0	0.0
2010	73.5	1.2	5.5	0.0	0.0	0.0	0.0
2011	76.9	1.4	5.0	11.0	3.1	2.2	0.4
2012	77.6	1.2	5.6	9.0	3.4	2.0	1.2
2013	80.5	1.2	5.9	6.9	3.4	2.0	0.1
2014	82.5	0.9	5.6	6.4	2.7	1.6	0.3
2015	82.5	0.5	5.5	7.2	2.4	1.9	0.0

数据来源：根据 1987—2016 年《中国统计年鉴》计算整理得到。

附录 19　1990—2015 年中国对外直接投资存量和流量

单位：亿美元

年份	对外直接投资净额	对外直接投资存量
1990	9	—
1991	10	—
1992	40	—
1993	43	—
1994	20	—
1995	20	—
1996	21	—
1997	26	—
1998	27	—
1999	19	—
2000	10	—

续表

年份	对外直接投资净额	对外直接投资存量
2001	69	—
2002	27.014 2	—
2003	28.546 5	332
2004	54.979 9	447.772 6
2005	122.611 7	572.056 2
2006	21.16	750.255 5
2007	265.060 9	1 179.105
2008	559.071 7	1 839.707 1
2009	565.289 9	2 457.553 8
2010	688.113 1	3 172.105 9
2011	746.540 4	4 247.806 7
2012	878.035 3	5 319.405 8
2013	1 078.437 1	6 604.784
2014	1 231.198 6	8 826.424 2
2015	1 456.671 5	10 978.645 9

附录 20　2003—2016 年中国对外直接投资主要行业占比

单位：%

年份	制造业	采矿业	批发零售业	租赁、商务服务业	交通运输、仓储邮政业	金融业
2003	27	4	19	14	7	
2004	13.80	32.70	14.50	13.60	15.10	
2005	18.60	13.70	18.40	40.30	47	
2006	4.30	40.40	5.20	21.40	6.50	16.70
2007	8.10	12.70	17.20	25.90	10.20	14.20
2008	3.20	10.40	11.70	38.80	4.80	25.10
2009	4	23.60	10.80	36.20	3.70	15.50
2010	6.80	8.30	9.80	47.90	8.20	12.50

续表

年份	制造业	采矿业	批发零售业	租赁、商务服务业	交通运输、仓储邮政业	金融业
2011	9.40	19.40	13.80	34.30	3.40	8.10
2012	9.90	15.40	14.80	30.40	3.40	11.50
2013	6.70	23	13.60	25.10	3.10	14
2014	7.80	13.50	14.90	29.90	3.40	12.90
2015	13.70	7.70	13.20	24.90	1.90	16.60
2016	14.80	1.00	10.70	33.50	0.90	7.60

附录 21　2004—2015 年中国对各大洲直接投资金额

单位：万美元

年份	合计	亚洲	非洲	欧洲	拉丁美洲	北美洲	大洋洲
2004	549 799	300 027	31 742	17 092	176 272	12 649	12 015
2005	1 226 117	437 464	39 168	50 502	646 616	32 084	20 283
2006	1 763 397	766 325	51 986	59 771	846 874	25 805	12 636
2007	2 650 609	1 659 315	157 431	154 043	490 241	112 571	77 008
2008	5 590 717	4 354 750	549 055	87 579	367 725	36 421	195 187
2009	5 652 899	4 040 759	143 887	335 272	732 790	152 193	247 998
2010	6 881 131	4 489 046	211 199	676 019	1 053 827	262 144	188 896
2011	7 465 404	4 549 445	317 314	825 108	1 193 582	248 132	331 823
2012	8 780 353	6 478 494	251 666	703 509	616 974	488 200	241 510
2013	10 784 371	7 560 426	337 064	594 853	1 435 895	490 101	366 032
2014	12 311 986	8 498 803	320 192	1 083 791	1 054 739	920 766	433 695
2015	14 566 715	10 837 087	297 792	711 843	1 261 036	1 071 848	387 109

附录 22　截至 2016 年中国对外直接投资行业分布

单位：亿美元，%

	对外直接投资行业存量	对外直接投资存量行业比重
租赁和商业服务业	4 739.9	34.9
金融业	1 773.4	13.1
采矿业	1 523.7	11.2
批发和零售业	1 691.7	12.5
制造业	1 081.1	8.0
交通运输、仓储和邮政业	414.2	3.1
房地产业	461.1	3.4
建筑业	324.2	2.4
信息传输、软件和信息技术服务业	648	4.8
电力、热力、燃气及水的生产和供应业	228.2	1.7
科学研究和技术服务业	197.2	1.4
居民服务、修理和其他服务业	169	1.2
农、林、牧、渔业	148.9	1.1
文化、体育和娱乐业	79.1	0.6
水利、环境和公共设施管理业	35.8	0.2
住宿和餐饮业	41.9	0.3

附录 23　2003—2016 年中国对外直接投资境内投资者按登记注册类型分类情况

单位：%

年份	2003	2004	2005	2006	2007	2008	2009	2010	2011	2012	2013	2014	2015	2016
国有企业	43	35	29	26	19.70	16.10	13.40	10.20	11.10	9.10	8.00	6.70	5.80	5.25
有限责任公司	22	30	32	33	43.30	50.20	57.70	57.10	60.40	62.50	66.10	67.20	67.40	43.20
股份有限公司	11	10	12	11	10.0	8.80	7.20	7.00	7.70	7.40	7.10	6.70	7.70	10.10
私营企业	10	12	13	12	11.00	9.40	7.50	8.20	8.30	8.30	8.00	8.20	9.30	26.20
外商投资企业	5	5	5	4	3.70	3.50	3.10	3.20	3.60	3.40	3.00	2.60	2.80	4.80
股份合作企业	4	3	4	9	7.80	6.50	4.90	4.60	4.00	3.40	3.10	2.50	2.30	2.00
集体企业	2	2	2	2	1.80	1.50	1.20	1.10	1.00	0.80	0.60	0.50	0.40	0.50
港澳台投资企业	2	2	2	2	1.80	1.80	1.80	2.00	2.40	2.20	2.00	1.80	1.90	3.20
联营企业	1	1	1	1	0.70	2.20	3.20	6.60	0.70	1.30	1.00	2.90	1.50	2.40
个体企业													0.90	

附录 24　2003—2016 年末中国境内投资主体行业分布情况

单位：%

年份	2003	2004	2005	2006	2007	2008	2009	2010	2011	2012	2013	2014	2015	2016
农、林、牧、渔业	4	4	4	4.30	4.20	4.10	3.40	3.60	3.60	3.70	3.60	3.30	3.80	4.05
采矿业	3	4	3	4.60	4.30	4.20	3.50	3.20	3.50	3.20	3.10	2.50	2.50	2.30
制造业	55	59	55	53.40	45.40	42.70	31.90	35.80	42.70	37.80	32.40	28.60	30.60	31.20
建筑业	5	6	5	6.10	5.20	4.80	4.50	3.60	3.70	3.50	3.50	3.15	3.00	3.30
交通运输、仓储业	3	3	3	2.40	1.60	1.90	1.70	1.60	1.80	1.60	1.60	1.60	1.70	2.10
批发和零售业	12	11	12	14.30	23	28.20	36.60	33.10	22.90	32.80	37.50	40.90	34.40	28.70
商务服务业	4	5	4	5.30	5	4.50	3.90	4.30		5.40	5.30	6.20	8.00	8.70
其他	14	8	14	2.30	4.80							3	2.40	5.20
信息传输、软件和信息技术服务业												2.10	3.10	
科学研究和技术服务业												2.00	2.20	

注：自 2008 年开始，商务服务业中包含租赁业。